国家级一流本科专业建设点监狱学 · 系列教材

罪犯改造心理学

Psychology of Offender Rehabilitation

章恩友／主编

法律出版社
LAW PRESS·CHINA

罪犯改造心理学

主　编： 章恩友

副主编： 李志艳　杜丙立

参编人员（以姓氏笔画为序）：

于海霞　刘光国　李志艳

杜丙立　陈　鹏　章恩友

总 序

如果从上世纪初国人翻译日本学者佐藤信安、小河滋次郎等人的监狱学著作算起，现代意义的监狱学在中国出现已有百余年。经历百年沧桑，监狱学已经发展成为涵盖十数门分支学科的学科群。从迻译西学到自主创新，从依附西方到独立自主，中国监狱学的百年发展成为中国学术由弱到强发展历程的缩影。

2018 年，为推进教材建设，我校启动了监狱学系列教材编写的计划，首批推出五本教材，分别是犯罪心理学、监狱学基础理论、狱政管理学、罪犯教育学和法医学。教材出版得到了兄弟院校的支持和肯定。三年来，高等教育形势发生了变化，监狱工作改革不断推进，司法警官教育取得了一系列成绩，现实对教材建设提出了新要求、新期待。

从全国高等教育形势看，全国教育大会胜利召开，为加快推进教育现代化、建设教育强国、办好人民满意的教育指明了方向；教育部发布《关于加快建设高水平本科教育全面提高人才培养能力的意见》（新时代高教 40 条），教育部会同 14 个中央部委和单位联合推出“六卓越一拔尖”计划 2.0；教育部、财政部、国家发展改革委联合发布《关于高等学校加快“双一流”建设的指导意见》，明确“双一流”建设的核心是人才培养；《深化新时代教育评价改革总体方案》印发，对引导全党全社会树立科学的教育发展观、人才成长观、选人用人观具有重大意义。

从监狱改革发展看，2018 年以来连续召开了两次全国监狱工作会议，要求夯实监狱事业发展基石，完善以确保安全为底线的安全治理体系，完善以“五大改造”为根本的罪犯改造体系，完善以严格规范公正文明执法为导向的监狱执法体系，完善以提升战斗力为重点的队伍建设体系，完善以保障有力为目标的监狱综合保障体系。2019 年 4 月，中共中央办公厅、国务院办公厅印发《关于加强和改进监狱工作的意见》，要求努力建设一支信念坚定、执法为民、敢于担当、清正廉洁的高素质监狱人民警察队伍。并强调，加强教学练战一体化培训，进一步加强司法行政系统所属院校警察类专业毕业生培养和入警工作。同时,《刑法修正案(十一)》施行,《社区矫正法》以及修订后的《未成年人保护法》《预防未成年人犯罪法》正式实施,这些新法的出台,都要求监狱学专业教育教学内容做出及时调整。

作为监狱学研究和教学的重要机构,中央司法警官学院三年来取得了一系列成绩。2019 年 12 月,经教育部高等学校教学指导委员会评议,中央司法警官学院监狱学专业、侦查学专业获批国家级一流本科专业建设点。这是全国首个监狱学一流本科专业建设点,标志着司法行政系统所属高等院校学科专业建设取得历史性突破,对提升人才培养质量、增强服务监管改造工作能力和水平具有重要意义。此后,狱内侦查学入选首批国家级一流本科课程,罪犯教育学课程和团队被评为国家级课程思政示范课程和团队,"新文科建设框架下的监狱学专业升级改造"成功获批教育部首批新文科研究与改革实践项目。

在上述背景下,监狱学专业人才培养目标、培养规格、课程体系乃至于教学方式方法等都有必要作出相应调整。为此,我们组织校内外相关学者,同时吸收实务部门专家共同编写"国家级一流本科专业建设点监狱学系列教材"。

教材是教育理念的反映,同时也引领教育理念的变革。一些重要的教育理念,往往可以通过教材内容、形式的变化得到反映。教育需求决定教育创新,学习需要影响教学方式。诚如陶行知先生所说,"教的法子必须根据学的法子",学习方式的变革正在悄悄影响着教学方法和教学理念。在教材编写过程中,我们充分考虑学习需求,努力贯彻"学生中心、产出导向、持续改进"理念。注重将价值塑造、知识传授和能力培养三者融为一体,力争体现高阶性、创新性和挑战度。同时在教材体例上做出调整,在每章之前增加了重点提示,章末设置研究与思考题,在章节中增加图例、图表、专栏或案例,尽量方便学生自学。

期待这个系列教材能为监狱学专业的教育变革、为司法警官教育的高质量发展做出应有的贡献。

中央司法警官学院教材编审委员会

2021 年 7 月

前　言

罪犯改造心理学是高校监狱学专业、刑事执行专业核心课程之一，在专业人才培养中发挥着重要作用。这本《罪犯改造心理学》是国家级一流本科专业建设点监狱学系列教材之一，本教材是基于高校专业教学需要编写的，也是适应我国监狱罪犯改造工作改革发展的新要求，在以往同类教材的基础上编写的。

罪犯改造心理学作为一门中间科学或交叉科学，是基于罪犯改造实践的需要而产生和发展的。现代社会赋予监狱对犯罪人实施惩罚与改造的职能，中国监狱坚持"惩罚与改造相结合，以改造人为宗旨"的方针。改造罪犯是一门复杂的人学，涉及各种专门方法和技术，需要自然科学与社会科学知识的综合运用。心理学以其特殊的学科优势，在促进罪犯改造科学化方面具有独特的价值。正如我国著名监狱学者吴宗宪教授在其著作中所写："国外100多年的罪犯改造历史表明，还没有发现更加有效的罪犯改造方法，在对罪犯尝试了人们所能想到的各种方法之后发现，以现代心理学等学科为基础的罪犯矫治仍然是迄今为止最可取的罪犯改造方法。"①英国学者 James McGuire 也在其著作中写道："基于心理学的干预在减少刑事累犯方面所显示的有效性，可能是当前刑事司法系统对心理学的兴趣复活的唯一重要的原因。"②

在西方国家，心理学家直接参与矫正活动始于1909年。③心理学家最早参与矫正工作是因为罪犯入监与假释需要对其精神状态进行检查。在那一时期，由于罪犯被认为是病人，因此心理学家参与监狱工作主要使用临床技术。第二次世界大战后，临床心理与精神治疗在监狱发展很快，诊断与咨询（治疗）是矫

---

① 吴宗宪编著：《国外罪犯心理矫治》，中国轻工业出版社2004年版，第396页。

② ［英］詹姆斯·马吉尔：《解读心理学与犯罪——透视理论与实践》，张广宇等译，中国人民公安大学出版社2009年版，第212页。

③ 翟中东：《国际视域下的重新犯罪防治政策》，北京大学出版社2010年版，第225页。

正设施内心理学工作者的主要工作。后来,其工作内容逐渐发生变化,渗透到矫正工作的更多方面。Smith 和 Sabatino 于 1990 年调查了在美国矫正设施中工作的心理学工作者的任务,包括诊断;个案管理活动;咨询或者治疗;提供心理学顾问;心理学训练;矫治项目管理;矫治项目规划;研究。[①] 在西方国家,关于我们所称的“罪犯改造心理学”的名称有多种,如“监狱心理学”(psychology of prison),“监禁心理学”(psychology of imprisonment),“矫正心理学”(correctional psychology)等,它被视为“司法心理学”(judicial psychology)的一个分支,是“刑罚心理学”(penal psychology)的延伸。

在我国,目前尚未查阅到中华人民共和国成立之前关于罪犯心理研究的著作。中华人民共和国成立后的 30 多年,由于历史原因,罪犯改造心理学也没有得到重视和发展。直到 20 世纪 80 年代初,研究罪犯心理,建立罪犯改造心理学才逐渐被重视起来。具体来说,罪犯改造心理学创建于 1981 年第八次全国劳改工作会议之后,源于青少年犯罪日益严重的现实需要和各方面对运用心理学原理改造罪犯的重视。最早明确提出要重视研究罪犯心理问题的是当时任中共中央书记处书记的习仲勋同志,他在 1981 年 8 月召开的第八次全国劳改工作会议上发表讲话,强调要开展对罪犯心理的研究,要求公安部成立一个“犯人心理研究所”。这一重要指示精神很快得到学术界、教育界的支持。原中国心理学会理事长潘菽教授明确提出要积极开展法制心理学的研究,包括司法心理、罪犯心理、罪犯改造心理等方面。原公安部劳改工作干部学校(中央司法警官学院的前身)开设罪犯心理学课程,一直延续至今,后来在全国司法警官院校推广,取得长足的发展。在近 40 年里,全国政法院校特别是司法警官院校的专业教师以及监狱、社区矫正系统大批实务工作者,致力于这门学科的教学和研究,出版了一系列论著,取得了许多有价值的高质量研究成果,如中国罪犯心理评估系统(COPA)等,罪犯改造心理学成为我国法律心理学领域成绩突出、影响较大的一门学科。

从罪犯改造心理学的研究内容看,也有一个不断丰富拓展的过程,可分为三个阶段:第一阶段,关于罪犯一般心理特征和转化规律的研究,主要是观察研究和经验总结;第二阶段,关于罪犯分类和个案转化的实证研究,普遍采用了心理测验等实证手段,对不同类型罪犯的人格特征、转化契机、改造方法等进行了

---

① Smith, R. R. & Sabatino, D. A. ,*Roles and Functions of Psychologists in American Correctional Institutions*,Journal of Offender Rehabilitation, 16, 1990, p. 163 – 174.

较为深入的研究;第三阶段,关于罪犯心理矫治技术的研究和应用,大量借鉴国际上成熟的心理评估、心理咨询治疗、心理危机干预等方法和技术,并不断开展本土化的探索与实践。目前,罪犯心理矫治作为一项重要的改造措施,已得到全国监狱系统和国家层面的高度重视,被列入司法部颁布的《监狱教育改造工作规定》《教育改造罪犯纲要》等重要规章和规范性文件中。特别是近年来,在中央和司法部的重视与明确要求下,全国各监狱都成立了专门的罪犯心理矫治机构,配备了专兼职结合的心理学专业人员。罪犯心理矫治作为新时期提高罪犯改造质量、降低重新犯罪率的一项重要举措,正在发挥着越来越重要的作用。

中央司法警官学院作为培养监狱人民警察的专门院校,始终高度重视罪犯改造心理学的建设和发展,多年来有许多教师致力于该学科的教学与研究,其中有两位教授我们必须提及:一位是何为民教授。他是罪犯改造心理学的奠基者,于 1981 年撰写《研究罪犯心理学的实践意义》一文在《光明日报》上发表,并首先在高校开设本课程,开启了罪犯改造心理学教学与研究的先河,为这门学科的创立和发展做出了重要贡献。另一位是张雅凤教授。她一生从事罪犯改造心理学的教学研究工作,严谨治学,孜孜以求,把本科罪犯改造心理学课程建成省级精品课程,为这门学科的丰富和发展做出了积极贡献。本教材就是在以上两位教授主编的罪犯改造心理学教材基础上发展而来,同时参阅了国内外该领域众多学者的著述和观点,在此表示衷心感谢。

本教材根据罪犯改造心理学研究对象的定位,内容安排分为三大部分:第一部分是基础理论,主要阐述罪犯心理和罪犯改造心理的基本理论问题,包括第一章至第四章;第二部分是不同类型罪犯心理与改造对策,包括第五章至第十一章;第三部分是罪犯改造活动中的心理学方法和技术,包括第十二章至第十七章。参与各章撰写的教师及承担的任务如下:

章恩友(中央司法警官学院教授):第一章、第二章、第八章、第十四章、第十五章。

李志艳(中央司法警官学院副教授):第四章、第六章、第九章、第十章、第十三章。

杜丙立(中央司法警官学院讲师、精神医学博士):第三章、第十一章、第十七章。

刘光国(中央司法警官学院教授):第五章、第十二章。

陈鹏(中央司法警官学院教授):第七章。

于海霞(中央司法警官学院副教授、博士):第十六章。

教材的编写需要继承与创新,需要严谨与规范,教材质量的提升是永无止境的。罪犯改造心理学是随着罪犯改造实践的发展和人才培养的需要而不断进步的,本教材尚有许多不足之处,我们将会在今后的教学和研究中继续充实完善。

《罪犯改造心理学》编写组

2021 年 7 月

目录
Contents

第一章　绪论　1

第一节　罪犯改造心理学的研究对象和学科性质　1
第二节　罪犯改造心理学与相关学科的关系　5
第三节　罪犯改造心理学研究的原则和方法　8

第二章　罪犯心理的构成特征　17

第一节　罪犯的刑罚心理　17
第二节　罪犯的犯罪心理　24
第三节　罪犯的常态心理　26

第三章　罪犯的人格特征　29

第一节　罪犯人格的动力系统　29
第二节　罪犯人格的调节系统　34
第三节　罪犯人格的特征系统　40

第四章　罪犯心理的发展变化　46

第一节　罪犯心理的发展　46
第二节　罪犯心理的转化过程　51
第三节　罪犯服刑的适应心理　55

第五章　不同犯罪动机的罪犯心理与改造对策　59

第一节　罪犯类型划分　60
第二节　物欲型罪犯心理与改造对策　63
第三节　性欲型罪犯心理与改造对策　83

第四节　情感型罪犯心理与改造对策　85
第五节　信仰型罪犯心理与改造对策　93

第六章　未成年犯和女犯心理与改造对策　101

第一节　未成年犯心理与改造对策　101
第二节　女犯心理与改造对策　112

第七章　不同刑期和犯罪经历的罪犯心理与改造对策　122

第一节　轻刑犯心理与改造对策　123
第二节　重刑犯心理与改造对策　125
第三节　初犯和偶犯心理与改造对策　129
第四节　惯犯和累犯心理与改造对策　131

第八章　特殊类型罪犯心理与改造对策　136

第一节　老病残罪犯心理与改造对策　136
第二节　艾滋病罪犯心理与改造对策　141
第三节　限制减刑罪犯心理与改造对策　144
第四节　社区矫正对象心理与改造对策　147

第九章　罪犯群体心理与改造对策　153

第一节　罪犯正式群体与非正式群体心理　154
第二节　罪犯交往心理及正向引导　172

第十章　罪犯违规心理与改造对策　181

第一节　罪犯违规心理概述　182
第二节　罪犯抗拒改造心理　186
第三节　罪犯脱逃心理　189
第四节　违规罪犯的改造对策　194

第十一章　罪犯常见心理障碍及矫治　198

第一节　罪犯心理障碍概述　199

第二节　拘禁性心理障碍 203
第三节　人格障碍 207
第四节　神经症 211
第五节　其他心理障碍 218
第六节　伪装心理障碍 225

第十二章　主要改造手段的心理学应用 231

第一节　政治改造的心理学应用 232
第二节　监管改造的心理学应用 236
第三节　教育改造的心理学应用 240
第四节　文化改造的心理学应用 246
第五节　劳动改造的心理学应用 252

第十三章　罪犯积极服刑动机的激励 258

第一节　罪犯服刑动机概述 258
第二节　动机激励理论 266
第三节　罪犯积极服刑动机的激励方法 277

第十四章　罪犯心理健康教育 290

第一节　罪犯心理健康教育概述 290
第二节　罪犯心理健康的标准 292
第三节　罪犯心理健康教育的内容 299
第四节　罪犯心理健康教育的方法 302

第十五章　罪犯心理评估 306

第一节　罪犯心理评估概述 306
第二节　罪犯心理评估的主要方法 312
第三节　不同服刑阶段的罪犯心理评估 318
第四节　罪犯危险评估 322
第五节　罪犯心理评估报告和罪犯心理档案 333

第十六章　罪犯心理矫治方法与技术 338

第一节　矫正罪犯错误认知的方法 339
第二节　调节罪犯情绪的方法 344
第三节　矫正罪犯意志的方法 349
第四节　矫正罪犯品德与价值观的方法 356
第五节　改造罪犯自我意识的方法 363
第六节　罪犯心理咨询与治疗 368

第十七章　罪犯心理危机与干预 384

第一节　心理危机 384
第二节　罪犯心理危机 388
第三节　罪犯心理危机干预 394

参考文献 399

中文部分 399
英文部分 403

第一章　绪　　论

重点提示

1. 罪犯改造心理学是研究罪犯改造活动中的心理现象及心理学方法和技术的一门学科。罪犯改造心理学之所以能成为一门独立学科得到发展，是基于其研究对象的特殊性，主要表现为：罪犯心理和罪犯改造心理的特殊性，罪犯改造活动中的心理学方法和技术的特殊性。

2. 罪犯改造心理学的学科性质表现为中间性（边缘性）、综合性、应用性。

3. 罪犯改造心理学与普通心理学、法律心理学、犯罪心理学、监狱学、精神医学等学科有着密切的联系。

4. 罪犯改造心理学的研究应当遵循客观性原则、实践性原则、伦理性原则。

5. 罪犯改造心理学的研究方法主要包括观察法、调查法、测量法、个案法、实验法等。罪犯改造心理学研究方法的发展趋势主要表现为：多种方法综合运用，定性研究与定量研究相结合，个案研究与群体研究相结合，自然实验法和准实验设计的应用。

第一节　罪犯改造心理学的研究对象和学科性质

一、罪犯改造心理学的研究对象

一门学科的存在与发展，是基于它特殊的研究对象。关于学科研究对象的划分，首先，是因为对客观现象要进行分门别类的研究。比如，就物理学来说，天体物理学研究天体运动的规律，这主要是从宏观的角度对大自然界的探讨；普通物理学则研究物质的结构以及物质运动的最基本规律，这些规律又可以用精确的数学语言加以表达。其次，还可以把客观现象分为不同水平，从不同的层次上进行研究，从而出现了许多研究对象范围相对较小的学科。比如，物理学根据所研究的物质运动的形态的不同又可以分为许多分支，如力学、电磁学、原子物理学、粒子物理学等，这些都是从不同层次、不同水平上对同一自然界的物理现象进行研究。显然，罪犯改造心理学属于后一种情况。

罪犯改造心理学是研究罪犯改造活动中的心理现象及心理学方法和技术的一门学科。其研究对象主要包括以下三个方面：

一是罪犯心理。它是指服刑者的特殊心理现象，是刑罚惩罚这一法律措施所产生的心理效应的一部分，即刑罚承受者的一般心理特征。罪犯心理研究属于静态研究，主要包括罪犯心理的构成特征、罪犯的人格特征、各种类型罪犯心理、罪犯群体心理、罪犯违规和又犯罪心理、罪犯常见心理障碍等。

二是罪犯改造心理。它是指罪犯在服刑改造过程中心理发展变化的规律及其相关因素。罪犯改造心理的研究属于动态研究，是要揭示罪犯心理转化的规律，研究它受到哪些内外因素的影响和制约，罪犯心理转化的过程和机制，罪犯服刑的适应心理等。

三是罪犯改造活动中的心理学方法和技术。它主要包括改造手段的心理学应用、对不同类型罪犯的心理改造对策、罪犯积极服刑动机的激励、罪犯心理健康教育、罪犯心理评估、罪犯心理改造方法与技术、罪犯心理危机与干预等。

罪犯改造心理学之所以能成为一门独立学科得到发展，是基于其研究对象的特殊性，主要表现为以下两个方面。

（一）罪犯心理和罪犯改造心理的特殊性

罪犯改造心理学所研究的心理是违法犯罪者的心理。研究违法犯罪者心理的学科有很多，如犯罪心理学、侦查心理学、审判心理学、罪犯改造心理学等。与其他学科不同的是，罪犯改造心理学研究的是处于服刑阶段的违法犯罪者，也就是那些因违法犯罪被判刑入狱、接受刑罚惩罚和教育改造的人员，他们在心理问题和心理发展变化的规律上不同于常人，也不同于其他违法犯罪者。其特殊性表现为：

1. 罪犯心理及其发展变化与罪犯服刑改造的客观现实相联系。人的心理是人脑对客观现实的反映，客观现实是人的心理的源泉和内容。因此，可以说，罪犯心理是一种特定时空条件下的心理。违法犯罪者无论过去有什么样的经历，无论他已经形成了怎样的心理，当他成为被监管改造的对象后，其心理内容及其发展变化必然与这种特定的时间——改造阶段，特定的空间——监狱环境有着密切的关系。众所周知，因违法犯罪被判处刑罚，在人的一生中都会是重大的挫折，监狱是一种特殊环境，使违法犯罪者在一定程度上失去自由。这种特殊经历和特殊环境会在他们心理上留下深深的烙印。

2. 罪犯心理与他们原有的经历相联系。人脑对客观现实的反映不是机械的、摄像似的，而是主观能动的。人在新的客观现实作用下产生的心理，必然受到原有知识、经验和个性特征的影响。因此，可以说，罪犯心理是服刑前已经形成的心理与监管改造环境相互作用的产物。他们在服刑前已经形成的心理包括常态心理、犯罪心理、接受刑事审判过程中形成的刑罚心理，这种心理状况与当前的监管改造环境相互作用，就构成了罪犯心理。

3. 罪犯心理与罪犯改造活动相联系。人的心理总是在活动中形成和发展变化的。罪犯心理也不例外，它存在于罪犯改造活动中，并通过罪犯改造活动得以表现。罪犯心理不会在监管改造环境中自发产生，而是要通过罪犯的学习、劳动、交往等活动逐步形成，并在这些活动中表现出来，而且不断发展变化。

（二）罪犯改造活动中的心理学方法和技术的特殊性

罪犯改造心理学研究的是罪犯改造活动中的心理学问题。随着社会的发展和文明进程的不断加快，关于对违法犯罪者的改造问题越来越重要，越来越受关注。现代监狱，除依法对犯罪者实施惩罚、管理，组织他们参加劳动外，更加重视消除其反社会性，转变其不良心理与行为，塑造其健全人格，促进其重新社会化。从不同角度、不同层次研究对违法犯罪者实施改造活动的学科有很多，比如，从法学角度进行研究的，有监狱法学；从历史学角度进行研究的，有监狱史学；从管理学角度进行研究的，有狱政管理学；从教育学角度进行研究的，有罪犯教育学；从心理学角度进行研究的，有罪犯改造心理学。虽然上述学科都在研究罪犯改造活动，但由于学科基础不同，应用的理论和方法不同，其研究对象也就各不相同。

近年来，随着心理学的迅猛发展及其向各个领域的渗透，针对违法犯罪者的改造活动也越来越重视心理学的运用，罪犯改造心理学便应运而生。罪犯改造心理学主要是从心理学角度研究罪犯改造活动，由于它所依据的心理学理论基础的特殊性，心理学方法和技术的科学性、有效性，使它在研究对象方面具有不可替代性，从而作为一门独立学科得以发展。罪犯改造心理学在研究内容上与监狱学、狱政管理学、罪犯教育学等会有所交叉，但它主要是从微观层面（罪犯的心理活动机制和规律）回答“是什么”和“为什么”的问题，为相邻学科的研究提供心理学的依据和效果评价手段。同时，它针对违法犯罪者的社会心理缺陷和心理、行为偏离，研究心理健康教育、心理评估、心理咨询与治疗、心理危机干预、再犯心理预测等专门技术，为罪犯改造活动服务。这种方法和技术上的特殊性，是其他学科无法替代的。

二、罪犯改造心理学的学科性质

科学间的交叉和融合，从而产生新的学科，是当代科学发展的重要特点。这一特点在罪犯改造心理学中表现得尤为明显。关于罪犯改造心理学的学科性质,可以从以下三个方面来理解。

(一)罪犯改造心理学是一门中间科学

分析罪犯改造心理学的学科性质,不能脱离它的母体学科和相关学科。罪犯改造心理学是心理学的分支学科,又与犯罪学、刑事法学、教育学等密不可分。关于心理学的学科性质,比较一致的看法是:在整个科学大家庭中,心理学处在中间的位置(指自然科学和社会科学的中间),因而可以称为中间科学或边缘科学。① 关于犯罪学、刑事法学、教育学,显然是属于社会科学。因此,我们认为,罪犯改造心理学兼有自然科学和社会科学的双重性质,是一门中间科学。一方面,罪犯改造心理学要研究心理现象的物质本体,即心理的神经生物学基础,如要研究犯罪人某些心理、行为问题的脑机制等,因此,它具有自然科学的性质;另一方面,罪犯改造心理学又要研究心理现象产生发展的社会环境,研究社会心理或团体心理等,比如要研究罪犯心理与监狱环境之间的关系,研究罪犯之间的人际交往和群体心理等,因此,它又具有社会科学的性质。

(二)罪犯改造心理学是一门综合性科学

根据罪犯改造心理学的研究对象——罪犯改造活动中的心理现象及心理学方法和技术,那么,罪犯改造心理学的研究领域必然涉及罪犯改造活动的各个方面,具有综合性的特点。从世界范围来看,多数国家的矫正机构是通过多种途径、多种手段来实现对违法犯罪者的矫正或改造,促进违法犯罪者重新社会化。比如,我国监狱工作坚持"惩罚与改造相结合,以改造人为宗旨"的方针,对罪犯进行教育改造是监狱的根本任务,那么,教育改造中的心理学问题就是罪犯改造心理学研究的重要内容,研究罪犯改造心理学必然要运用教育学、教育心理学(特别是德育心理学)等学科的知识和原理;我国监狱以组织罪犯劳动作为改造罪犯的基本手段,罪犯劳动是极其重要的改造活动,那么,劳动改造中的心理学问题就是罪犯改造心理学研究的重要内容,研究罪犯改造心理学必然要运用劳动组织学、劳动心理学等学科的知识和原理;我国监狱依法对罪犯实施严格、科学、文明的管理,以此保障监管秩序的稳定,促进罪犯良好行为习惯的养成,那么,罪犯管理中的心理学问题就是罪犯改造心理学研究的重要内容,研究罪犯改造心理学必然要运用管理学、组织行为学、管理心理学等学科的知识和原理;针对罪犯中的精神障碍者或行为异常者,我国监狱还采用专门的精神医学和心理学技术加以治疗,以促进其康复,因此,研究

---

① 彭聃龄主编:《普通心理学》,北京师范大学出版社 2004 年版,第 16 页。

罪犯改造心理学必然要运用精神医学、临床心理学等学科的知识和原理;监狱是一个特殊环境,罪犯群体是一个特殊的社会群体,我国监狱非常重视通过构建良好的监狱文化环境、营造和谐的人际关系氛围来促进罪犯的改造,因此,研究罪犯改造心理学必然要运用社会学、社会心理学等学科的知识和原理。由此可见,罪犯改造心理学是一门综合性科学。

(三)罪犯改造心理学是一门应用科学

目前,心理学有众多的分支学科,通常被分为理论心理学和应用心理学两大类。罪犯改造心理学虽然有自身的基本概念和理论体系,但作为心理学的一个分支,它显然属于一门应用科学。因为"创立这门学科的宗旨主要在于应用,其目的在于运用心理学的原理和技术,促进违法犯罪者的改造"。① 罪犯改造心理学的产生和发展是基于罪犯改造工作实践的需要,其研究价值就在于直接用于指导改造工作实践。这一点是罪犯改造心理学的研究者必须牢牢把握的。

罪犯改造心理学的学科性质,决定了这门学科的学习者、研究者要具有宽广的知识面和较高的科学素养。由于罪犯改造心理学具有中间科学和综合性科学的性质,研究者不仅要熟悉心理学的基本知识,还要了解生理学、神经科学、精神医学、生物化学、数学、计算机科学等自然科学知识,以及犯罪学、刑事法学、监狱学、教育学、社会学、管理学等社会科学知识;由于罪犯改造心理学具有应用科学的性质,要求研究者牢牢坚持理论与实践相结合的原则,养成实事求是、尊重客观事实的科学态度,还要具备从基层获取第一手资料,并加以统计分析、抽象概括的素质和能力。其实,在心理学的历史上,许多有重大成就的心理学家已经给我们做出了典范:冯特是实验心理学的创始人,又是一位著名的民族心理学家;西蒙(R. Simon)是现代认知心理学的创始人之一,在用计算机模拟人的复杂行为,特别是问题解决方面做出了开创性的工作,但他又因为在管理学方面的杰出成就获得了诺贝尔奖。② 他们取得的成就都不是偶然的,而是基于他们宽广的知识面和良好的科学素养。

第二节 罪犯改造心理学与相关学科的关系

罪犯改造心理学作为一门中间科学、综合性科学,与多种学科有着密切的联

① 何为民主编:《罪犯改造心理学》,法律出版社2002年版,第19页。

② 彭聃龄主编:《普通心理学》,北京师范大学出版社2004年版,第17页。

系。通过对罪犯改造心理学与相关学科之间关系的研究,一方面可以更好地吸收、借鉴相关学科的研究成果,丰富和完善罪犯改造心理学的理论体系;另一方面可以使罪犯改造心理学的研究成果丰富相关学科的内容和体系。

一、罪犯改造心理学与普通心理学的关系

罪犯改造心理学是心理学的分支学科之一,它与心理学的许多分支学科都有着十分密切的关系,尤其是与普通心理学的关系更为密切。

普通心理学是研究人的心理现象及其活动规律的学科,是心理学中的基础理论学科。罪犯改造心理学是一门应用学科,它主要是应用普通心理学的基本理论和方法去研究特殊领域——对违法犯罪者实施改造活动中的心理学问题,因此,普通心理学中关于人的心理的实质、心理的生理机制、各种心理活动的基本规律、人的心理发生发展变化的机制,以及心理学研究的各种方法等,都要在罪犯改造心理学的研究中得到应用;反之,罪犯改造心理学的研究成果又可以丰富和发展普通心理学的理论体系,促使其更加充实和完善。

二、罪犯改造心理学与法律心理学的关系

法律心理学是应用心理学的理论、方法和技术,研究和解决有关立法、司法、守法、违法和法律宣传教育中的心理学问题的一门学科,是介于心理学和法学之间的交叉学科。对罪犯的监管改造工作不仅是刑事诉讼程序的一个环节,而且有着丰富的实质性内容,同侦查、审讯、审判相比,它的工作历程要长得多,而且工作重点不在于认定犯罪,而在于改造罪犯。因此,罪犯改造心理学应当是法律心理学的一个非常重要的分支学科。

在西方心理学界,历来把罪犯改造心理学视为司法心理学的一个组成部分。司法心理学是研究刑事司法和民事司法活动中的有关心理学问题的学科,罪犯改造心理学无疑是刑事司法心理学的分支学科之一。从刑事诉讼程序来看,罪犯改造活动处在侦查、审讯、审判之后的终端环节,罪犯改造心理学是关于刑事判决执行过程中的心理学研究。①

三、罪犯改造心理学与犯罪心理学的关系

犯罪心理学和罪犯改造心理学是法律心理学中两个比较重要的学科,二者都

---

① 何为民主编:《罪犯改造心理学》,法律出版社 2002 年版,第 26 页。

研究犯罪人心理，但着重点完全不同。犯罪心理学主要研究犯罪人在犯罪前或犯罪时的心理，目的是了解犯罪的原因，着重分析人格、环境及刺激因素等对犯罪人形成犯罪心理、发生犯罪行为的影响；罪犯改造心理学主要研究犯罪人在犯罪后接受刑罚处罚过程中的心理，目的却不在于了解犯罪的原因，而在于了解犯罪人对于监狱环境、改造活动所出现的各种反应，以利于及时调整改造方法，促进犯罪人的重新社会化。

虽然犯罪前或犯罪时的心理不同于犯罪后接受刑罚处罚过程中的心理，但是这两种心理都与犯罪有关，所以非常有必要将它们合并加以研究。尤其是在获得犯罪心理学的知识后，若能再掌握罪犯改造心理学的知识，则对于我们了解犯罪和犯罪人，有很大的帮助。正是基于这种考虑，有关罪犯改造心理学方面的知识有时被纳入犯罪心理学的领域之中，这种犯罪心理学被称为广义的犯罪心理学。

四、罪犯改造心理学与监狱学的关系

监狱学是研究监狱、监狱法制、监狱行刑理论以及对罪犯实施惩罚与改造这一社会现象及其规律的科学。罪犯改造心理学也可以说是与监狱行刑有关的心理学，主要研究监狱内所出现的特殊心理现象，有时也称为监狱心理学（Prison Psychology）。[①] 从这个意义上讲，罪犯改造心理学应当属于监狱学的一个分支。

监狱学包含对监狱工作方方面面的研究，它是由监狱法学、狱政管理学、罪犯教育学、罪犯改造心理学等多门分支学科共同组成的学科体系。在这些分支学科中，监狱法学、狱政管理学、罪犯教育学着重于法规政策、对策和措施方面的研究，而罪犯改造心理学则着重于阐明这些活动的心理学意义以及对罪犯的心理影响，为其他分支学科提供心理依据和效果评价手段，同时也从心理学的角度提出改造罪犯的方法和技术。由此可见，罪犯改造心理学在监狱学中具有重要的地位，它既是一门基础性学科，又是一门技术应用性学科。实践证明，正是监狱学的发展和不断完善为罪犯改造心理学的建立和发展奠定了学科基础；同时，随着罪犯改造心理学研究的不断深入，也极大地推进了监狱学的发展进程。

五、罪犯改造心理学与精神医学的关系

精神医学是临床医学的一个分支，它是以研究各种精神疾病的病因、发病机理、临床病相、疾病的发展规律，以及治疗和预防为目的的一门科学。罪犯改造心理

---

① 蔡墩铭：《矫治心理学》，台北，正中书局1988年版，第6页。

学把对患有不同程度精神疾病罪犯的心理治疗作为重要的研究内容。正是在这一点上,罪犯改造心理学与精神医学产生了密切的联系。一方面,罪犯改造心理学必须充分吸收和运用精神医学的研究成果和技术手段;另一方面,罪犯改造心理学的研究和成功实践也会充实和完善精神医学的内容体系。

研究表明,处于服刑阶段的违法犯罪者是心理问题、精神疾病高发的群体之一,他们有的是在成长过程中由于社会化缺陷导致的人格不健全甚至人格障碍,并由此演变为犯罪心理,走上犯罪道路;有的是在监狱中由于对环境的不适应,加上个人主观因素的影响,导致的心理问题乃至精神疾病。这些心理问题、精神疾病不仅严重影响了罪犯的生活质量和改造进程,而且会产生心理危机,导致事故发生,影响改造场所的安全稳定。"心病还需心药医",其实,无论是心因性疾病,还是躯体疾病,心理因素的治疗作用均不容忽视,这一点已经被精神医学的研究成果所证实。在罪犯改造活动中,必须充分调动人的心理结构中的认知、情感、意志等因素,有效地治疗罪犯已经形成的各种心理障碍和躯体疾病。对心因性疾病的治疗,应以心理治疗为主,辅以药物治疗,以增强心理治疗的效果;对躯体疾病要在药物、手术治疗的基础上,辅以心理治疗,增强其疗效。[①] 这些都是需要管教工作者了解的知识,特别是监狱心理学工作者还要经过专门的学习和培训掌握基本的治疗技术。

第三节 罪犯改造心理学研究的原则和方法

整个自然科学和心理学的发展历史都证明,人类对自然界奥秘的认识,是随着方法的进步而越来越深刻的。正如巴甫洛夫所说:"科学随着方法论上所获得的成就而不断地跃进着。方法论每前进一步,我们便仿佛上升了一级阶梯。于是,我们就展开更广阔的眼界,看见从未见过的事物。"[②]罪犯改造心理学研究的对象较之其他心理学分支更为特殊,违法犯罪者的心理具有更大的隐蔽性和掩饰性,研究起来更加困难。因此,要推进罪犯改造心理学的发展,必须特别注重在研究方法上的进步和创新。

---

① 章恩友:《罪犯心理矫治基本原理》,群众出版社 2004 年版,第 93 页。

② [俄]巴甫洛夫:《巴甫洛夫全集》(俄文版第 2 卷第 2 册),人民卫生出版社 1950 年版,第 22 页。

一、罪犯改造心理学研究的基本原则

作为心理学的一个分支学科,罪犯改造心理学的研究自然要遵循心理学研究的普遍原则,但是由于罪犯改造心理学研究对象的特殊性,特别需要遵循以下三项原则。

(一)客观性原则

所谓客观性原则,是指研究者对待客观事实要采取实事求是的态度,既不能歪曲事实,也不能主观臆测。在罪犯改造心理学研究的过程中,坚持客观性原则具有特殊意义。一是研究违法犯罪者的心理比较困难,加上在监狱这种特殊环境中,很多方法难以实施,容易造成研究者简化研究过程,甚至凭经验总结和主观猜测;二是人们往往对犯罪人有许多固定看法和情绪倾向,甚至有许多偏见,许多研究者会不自觉地把这些看法、倾向和偏见带到研究中,从而影响研究过程的客观性。

客观性原则要求在罪犯改造心理学研究中,对每一个犯罪人的言语和行为表现,对研究中所获得的数据事实和个案资料,都要作出客观的具体分析。无论是研究罪犯心理的个体差异或类型差异,还是研究犯罪人心理与正常人心理的差异,都必须全面收集资料,如实、详尽地记录在研究中观察到的客观事实,切忌用研究者自己的主观体验、主观感受代替观察到的客观事实。在对资料的处理、结果的分析中,要尽可能用客观的尺度来评定,从客观事实到结果的推论都要建立在严密的逻辑规则之上,根据客观的数据和事实作出判断,不可任意取舍。

(二)实践性原则

所谓实践性原则,是指理论研究必须立足于实践,来自实践,同时用已经形成的理论去指导实践,并在实践中接受检验,不断发展理论。实践性原则是辩证唯物主义方法论所要求的基本原则,目前已成为国际心理学研究的一大趋势。这一原则对罪犯改造心理学的研究具有特殊的意义。罪犯改造心理学是一门应用性科学,其生命力就在于为实践服务。罪犯改造心理学研究的课题来自监管改造工作实践,如果其理论成果不能应用于指导罪犯改造活动,那么这种理论就毫无价值。在罪犯改造心理学研究中贯彻实践性原则,就是既要注意基本理论的研究,又要注意实际应用,在应用中使理论得到充实和完善。在研究中,理论工作者与实际工作者要密切合作,要注意从改造工作实践中提炼研究课题,升华为理论成果后,再回到实践中加以检验。这样形成的理论才有价值,这样建立的罪犯改造心理学才有生命力。目前,特别需要注意克服两种倾向:第一,一些理论工作者纯粹搞理论研究,从大脑中抽取理论,脱离实际,不注重调查研究,这样的理论即使再高深,也没有实践价值,其科学性也值得怀疑;第二,有些实际工作者过分注重经验,不注意理论研究和接受理论的指导,认为只有来源于改造工作实际的经验才是最可靠的。岂不知,经验是需要抽象概括的,经验如果不上升到理论,其价值是有限的。

(三)伦理性原则

所谓伦理性原则,是指在科学研究中要遵循普遍的道德准则,不对被研究者造成任何形式的伤害。由于罪犯改造心理学研究对象的特殊性,遵循伦理性原则更具有现实意义。在罪犯改造心理学研究中,经常要采用一些控制情境或被试的手段来收集资料,在创设情境时,切忌采取违背伦理性原则的方法,如欺骗被试、隐瞒研究目的、威胁恐吓以及可能造成研究对象身心损伤的方法。西方心理学中有名的对婴儿"恐惧"条件反射形成的实验和"模拟监狱实验",之所以受到严厉批评,就是由于实验者对伦理性原则的重视不够,造成被试心理紧张、情绪抑郁等心理问题。[①] 因此,在罪犯改造心理学研究中,在模拟实验设计、主试与罪犯的直接访谈以及对罪犯进行心理测验时,都要考虑并尽可能地避免给罪犯心理造成的负面影响。不管进行哪方面的研究,都应有利于罪犯改造目的的实现,有利于促进罪犯心理向健康方向发展。另外,在研究中无论运用哪种方法,都不能有损于罪犯的人格和尊严。虽然他们是违法犯罪者,但在科学研究中,应把他们视为平等的人,不要带有任何歧视态度。

二、罪犯改造心理学研究的主要方法

(一)观察法

观察法是科学研究必不可少的一种方法。爱因斯坦说过:"理论之所以能够成立,根源就在于它同大量的单个观察关联着,而理论的'真理性'也正在于此。"[②]其实,任何一种实验研究,也都是在严格控制条件下的观察,都是以观察为基础的。

所谓观察法,是指在自然情境中对被观察者的行为作系统的观察记录,以了解其心理的一种方法。[③] 严格来说,这应当称为客观观察法或自然观察法,是一种最常用的观察法。与此相对应,还有主观观察法或称为自我观察法,是观察者对自己的心理活动进行观察和分析的一种方法。主观观察法是由于心理学研究对象的特殊性而采用的一种必要而且可行的特殊方法,在罪犯改造心理学的研究中也可以

---

① 刘邦惠主编:《犯罪心理学》,科学出版社 2004 年版,第 10 页。

② [美]爱因斯坦:《爱因斯坦文集》(第 1 卷),许良英、范岱年编译,商务印书馆 1976 年版,第 115 页。

③ 黄希庭、郑涌:《心理学十五讲》,北京大学出版社 2005 年版,第 10 页。

适当采用,但必须与其他方法相配合。这里主要介绍客观观察法在罪犯改造心理学研究中的运用。

客观观察法一般在下列情况下使用:第一,对所研究的罪犯的某些活动无法加以控制;第二,在控制的条件下,可能会影响罪犯某种行为的出现;第三,由于伦理性原则的要求,不能对某种现象进行控制。客观观察法表面看起来简单易行,但实际操作起来并不像想象的那样简单,能否取得成功取决于观察的目的与任务、观察和记录的手段以及观察者的毅力和态度。在生态学领域,有研究者在自然环境中,利用各种现代化的观察设备,对各种野生动物的生活环境、习俗进行了长达1~2年的观察,为研究动物行为和心理积累了宝贵的资料。

客观观察法的实施要遵循一定的操作步骤。比如,要检验这样一个命题:“暴力犯比一般人更具有攻击性”,需要注意以下几个环节:第一,给“攻击性”这一概念下一个操作性的定义,即什么行为属于攻击行为,什么现象能够反映人的攻击性。第二,选择观察的时间和地点,并对观察作详细记录。一般情况下,人工记录容易受记录者主观因素的影响,所以最好使用自动观察设施,如摄像机等,力求对被观察者及观察情境作详细、全面、客观的记录。第三,对观察所获得的材料进行编码,即观察材料数据化。这是非常重要的一步,因为如果不进行编码,就不能对材料进行统计分析,也就不可能得出科学的结论。编码的方式不同,结论就可能不一样。第四,数据的统计分析,即在编码的基础上对数据进行科学的处理,从而得出适当的、可信的结论。

客观观察法的优势表现为:由于是对被观察者的行为进行直接的了解,因而能收集到第一手资料;由于是在自然条件下进行的,不为被观察者所知,他们的行为和心理活动较少或没有受到“环境的干扰”,因此,应用这种方法有可能了解到现象的真实状况。

客观观察法的缺陷主要有:第一,在自然条件下,事件的出现可能带有偶然性,很难按严格相同的方式重复出现,因此,对罪犯的某些行为难以进行重复观察,观察的结果也难以进行检验;第二,在自然条件下,影响罪犯心理的因素是多方面的,因此,用客观观察法得到的结果往往难以进行精确的分析,也就是说,材料的编码很困难;第三,由于对条件没加以控制,观察时可能出现不需要研究的现象,而需要研究的现象却不出现,观察者缺乏主动性;第四,观察的结果容易受到观察者本人的兴趣、愿望、知识经验和观察技能的影响,降低了客观性。

(二)调查法

所谓调查法,是以公众所了解或关心的问题为范围,预先拟定问题,让受调查者自由表达其态度或意见的一种方法。[1] 调查法既可以用来了解被调查者的自然状态变量,如了解某一罪犯的身体状况、教育程度、过去的职业、家庭情况等;也可以用来了解被调查者的反应变量,如他对问题的理解、态度、期望、信念、行为等;还可以用来了解两种变量之间的关系。根据研究的需要,可以向被调查者本人做调查,也可以向熟悉被调查者的人做调查。

调查法可分为问卷调查和访问调查。问卷调查也称问卷法,是研究者根据研究课题的要求,设计出问题表格,让被调查者自行填写,以便收集资料。这种方法的优点是可以同时向许多人收集同类型资料;其缺点是发出去的问卷难以保证全部收回,只能得到被调查者对问题的相对完整的答案。要得到一份良好的问卷,在设计时应注意:第一,要针对调查的目的来设计问卷;第二,提出的问题要适合于调查目的和调查对象;第三,使用方便,处理结果省时、经济。

访问调查也称晤谈法,是研究者根据预先拟好的问题向被调查者提出,以面对面的方式进行调查的方法。在运用晤谈法研究罪犯心理时,首先应注意创造坦诚和信任的气氛,使被调查者做到知无不言;同时,研究者应有充分的准备和良好的训练,预先拟好问题,尽量使谈话标准化,记录指标的含义保持一致,这样有利于对结果进行客观的分析和概括。与问卷法相比,晤谈法具有以下优点:一是可以直接向被调查者解释晤谈的目的,提高他们回答问题的准备程度;二是研究者可以控制谈话进程,使调查中的遗漏尽量减少;三是可以用不同的方式考察被调查者回答问题的真实程度;四是可以根据被调查者的反应提出临时应变的问题,可能获得额外有价值的资料。晤谈法的缺点主要有:一是在一定时间内只能晤谈数量有限的对象,要收集较多对象的资料则费时较长;二是研究者必须训练有素,才能很好地运用晤谈法;三是如果研究者的言语不当,那么被调查者就可能拒答或谎答问题;四是研究者的行为,有时甚至是无意识的行为也可能对被调查者的回答产生暗示作用。

(三)测量法

所谓测量法,就是用标准化的量表来测量被研究者的某种心理品质的方法。心理测验按照内容可以分为智力测验、成就测验、态度测验和人格测验;按照形式可以分为文字测验和非文字测验;按照测验规模可以分为个别测验和团体测验。

目前在罪犯改造心理学研究中,测量法已成为一种十分重要的研究方法。在实际研究过程中,测量法的使用要特别注意抽样和对资料的定量分析两个环节。抽样的科学性、代表性直接影响测验能否成功,所以在正式实施测验之前,必须根

---

① 张春兴:《现代心理学》,上海人民出版社1994年版,第40页。

据研究目的、现有条件等情况进行科学取样。测验材料收集之后必须进行统计分析,才能从中发现规律性的东西和实质性的问题。因此,运用测量法,抽样—心理测验—定量分析三个环节密不可分。

为了达到测验的标准化,还应注意以下几个方面:一是选用的测验工具应适合于研究目的的需要,如目的是研究罪犯的人格特征,就不能选用成就测验或智力测验量表;二是主持测验的人应具备使用测验的基本条件,如口齿清楚,了解测验的实施程序和指导语,有严格控制时间的能力,并严格按测验手册说明的实施程序进行测验等;三是要严格按照测验手册规定的方法记分和处理结果;四是对测验分数的解释应有一定的依据,不能随意解释。

(四)个案法

所谓个案法,就是对单个案例或有限数目的案例进行全面、深入、细致的研究,以便发现影响被研究者某种行为和心理现象原因的一种方法。例如,通过对个案的研究,可以了解个体的生活环境对产生犯罪心理和犯罪行为的影响。个案法有时和其他方法(如观察法、测验法等)结合在一起使用,可以收集更为丰富的个人资料。

由于个案法限于研究少数案例,研究的结果可能只适合于个别情况,因此在推广运用这些结果或作出更概括的结论时,必须特别慎重。一般来说,个案法常用于提出理论或假设,要进一步检验理论或假设,则有赖于其他方法的帮助。

(五)实验法

所谓实验法,就是在控制条件下对某种心理现象进行观察的方法。在罪犯改造心理学研究中运用实验法,研究者可以积极干预罪犯的活动,创造一定条件使某种心理现象得以产生并重复出现。这是实验法与一般观察法的不同之处。

实验法分为实验室实验法和自然实验法两种。实验室实验法是在实验室内借助专门的实验仪器和设备,在对实验条件严加控制的情况下进行的。这种方法便于严格控制各种因素,并通过专门的仪器进行测试和记录实验数据,一般具有较高的信度。也正是由于对实验条件进行了严格控制,运用这种方法有助于发现事件之间的因果联系,并允许人们对实验结果进行反复验证。实验室实验法的缺点主要有:由主试严格控制实验条件,使实验情境带有极大的人为性质。被试处在这样的情境中,意识到自己正在接受实验,就有可能干扰实验结果的客观性,进而影响将实验结果应用于日常生活中。在罪犯改造心理学研究中,由于研究对象的特殊性和监狱环境的特殊性,目前较少运用实验室实验法。

自然实验法又称现场实验法,是指在正常生活条件下,有目的、有计划地创设和控制一定条件对某种心理现象进行研究的一种方法。自然实验法既对实验条件进行适当控制，又是在正常的工作、生活情境中进行的，易于实施，所以这种方法兼有实验法和观察法的优点。目前，自然实验法被广泛应用于教育心理学、发展心理学、社会心理学等领域的大量研究课题中，随着罪犯改造心理学的发展，这种方法也必将得到大量运用。例如，要研究评价（表扬或批评）对罪犯改造态度的影响问题，就可以采用自然实验法：选择一批罪犯作为被试，随机地把他们分到三种不同评价性质的实验组中，对于A组罪犯，不管他们的实际劳动结果如何，总是予以表扬，即表扬组；对于B组罪犯，不考虑他们劳动的实际效果，总是进行批评，即批评组；C组为控制组，对于该组罪犯既不表扬也不批评，采取一种忽视的态度。这样经过一段时间后就可以对三组罪犯的改造态度、改造积极性进行比较，如果三组罪犯之间存在显著性差异，就可以得出"不同评价对罪犯的改造有影响"的结论。① 当然，自然实验法也存在一定的缺点。在自然条件下，由于条件控制得不够严格，有时会对实验结果产生影响，或者可能得不到精确的实验结果。

三、罪犯改造心理学研究方法的发展趋势

罪犯改造心理学的发展，依赖于研究方法的创新和进步。纵观心理科学研究方法发展的历史，根据本学科研究的现状和实际，罪犯改造心理学在研究方法上表现出以下发展趋势。

（一）多种方法综合运用

在罪犯改造心理学的研究中，要依据所要研究的课题性质来选取研究方法，应该以问题为中心，切忌拘泥于一种方法来研究复杂的犯罪人的心理问题。根据上述介绍，每一种研究方法都有其优点和局限性，仅仅采用某种单一的方法，往往难以得出全面、准确的结论。在一项具体的研究中，综合运用观察、调查、测量、实验等方法，对不同结果进行相互比较，往往可以提高研究结论的可靠性。

（二）定性研究与定量研究相结合

定性研究是用文字来描述现象，判定某对象是否存在，结构如何，各要素之间具有何种联结等，是一种基于经验和直觉之上的研究方法。定性研究缺乏量化，不能对特定事件作出严密的阐释，具有不精确性。定量研究是用数字和量度来描述现象，其关键是通过科学仪器来测量被观察对象的各种数量关系，刻画对象的数量特征，获得事物或现象的清晰、准确、普遍的认识。定性研究与定量研究各有优势和

---

① 黄兴瑞主编：《罪犯心理学》，金城出版社2003年版，第55页。

缺陷,应该把二者有机结合起来加以综合运用。事实上,定性研究与定量研究互补融合,是科学方法自身不断改进和完善的必然趋势。

在罪犯改造心理学的研究中,可以通过各种定性研究方法对罪犯心理进行充分了解,对其性质、意义作出定性分析,然后运用定量研究方法对定性研究的结果进行量化分析,这样不仅能获得较为全面的研究资料,而且能够挖掘其深层含义和内在规律,从而提升罪犯改造心理学的研究水平。定量研究方式与定性研究方式的比较见表1-1。

表1-1 定量研究方式与定性研究方式的比较

比较项目	定量研究	定性研究
哲学基础	实证主义	人文主义
研究范式	科学范式	自然范式
逻辑过程	演绎推理	归纳推理
理论模式	理论检验	理论建构
主要目标	确定相关和因果关系	深入理解社会现象
分析方法	统计分析	文字描述
主要方式	实验、调查	实地研究
资料收集技术	量表、问卷、结构观察等	参与观察、深度访问等
研究特征	客观	主观

(三)个案研究与群体研究相结合

个案研究能够在同类被试较少的情况下深入探讨一些特殊问题;群体研究可以发现某一群体心理现象的一般性规律,研究结果具有代表性和普遍性。如果能把个案研究与群体研究结合起来,则体现了普遍性与特殊性相结合的基本原则。目前,在罪犯改造心理学研究领域,积累了许多个案研究成果,如果能在此基础上提出理论假设,再以相应的群体为研究对象,在更广泛的人群中进行理论检验,进一步把研究结果提升到理论认识的高度,那么,不仅使群体研究建立在一定的理论假设之上,而且充分发挥了个案研究的作用。但总体而言,在罪犯改造心理学研究中,群体研究应占主要地位,因为只有具有普遍意义的研究结果才能上升为理论,只有形成了完整的理论体系,才能促进本学科的发展和成熟,实现其社会价值。

(四)自然实验法和准实验设计的应用

由于研究对象的特殊性和监狱环境的特殊性,罪犯改造心理学的研究不容易完全脱离实际情境进行严格的实验室实验,在这种情况下,可以充分发挥自然实验法的优势,在正常的监狱环境中,人为地创设和控制一定的条件进行研究,同样可以大大提高罪犯改造心理学研究的科学性。自然实验法虽然不像实验室实验法那样严格地控制各种条件,但也要基本满足被试的随机选择、随机分组以及各种处理的随机化的要求。但是,在监狱中,要完全做到这些有时也会遇到困难。在不能很好地运用自然实验法进行研究的情况下,可以充分发挥准实验设计的作用。在准实验设计中,无须运用随机化程序,也不需采用人为的严格的控制方法,所以它的适用范围更广,可以选取现成的罪犯群体进行研究。

研究与思考

1. 如何认识罪犯改造心理学的研究对象及其特殊性?
2. 怎样理解罪犯改造心理学的学科性质?
3. 如何认识罪犯改造心理学与相关学科之间的关系?
4. 罪犯改造心理学主要有哪些研究方法?在学习本章之后,你对“如何研究罪犯改造心理学”有什么新的认识?

第二章　罪犯心理的构成特征

重点提示

1. 罪犯心理，从理论上讲由三部分组成：刑罚心理、犯罪心理、常态心理。

2. 罪犯的刑罚心理，是罪犯对刑罚的认知、情感以及在此基础上形成的态度和行为倾向，是罪犯对刑罚的反应。

3. 罪犯的犯罪心理，是指影响和支配其实施犯罪行为的各种心理因素的总称。罪犯在服刑过程中的犯罪心理包括两方面：一是原有的犯罪心理，即在犯罪过程中形成的犯罪心理在服刑中的延续；二是新的犯罪心理，即在服刑过程中由于主客观因素的影响产生的犯罪心理。

4. 罪犯的常态心理，是指罪犯在服刑过程中表现出的与社会正常人群相似的心理，或与社会人普遍具有的一般认知、情感、意志、人格等相接近的心理状态。

从社会心理学的意义上讲，罪犯心理属于具有特定身份、生活于特殊环境中的人或人群所特有的心理。罪犯心理既不同于一般守法公民的心理，又区别于没有被抓获的犯罪人的心理，或已经被抓获但尚未作出刑事判决的犯罪人的心理。罪犯心理是以犯罪人的个性心理为基础，在特定的服刑环境的刺激下所产生的复杂的矛盾心理，这种心理是罪犯在刑罚心理影响下的犯罪心理与常态心理矛盾斗争的复合体。也就是说，从理论上讲，罪犯心理由三部分组成：刑罚心理、犯罪心理、常态心理。

第一节　罪犯的刑罚心理

一、刑罚心理及其特点

所谓刑罚心理，是罪犯对刑罚的认知、情感以及在此基础上形成的态度和行为倾向，是罪犯对刑罚的反应。罪犯的刑罚心理既是罪犯心理的组成部分，也是罪犯心理活动的背景，其形成、演变、发展决定着罪犯心理的基本状态。罪犯的刑罚心理具有以下特点：

1. 刑罚承受者的心理。刑罚能给人造成一定的痛苦，使人遭受一定的损失，从而体现国家对犯罪行为的惩罚、谴责和否定评价。刑罚心理是在罪犯对刑事法律或刑罚执行的认知与体验的基础上产生的。通过对刑事法律和刑罚执行的认知与直观感受，体验到刑罚惩罚的痛苦，进而形成一定的刑罚态度。在刑罚态度的基础上产生一定的意志，表现为一定的行为倾向。藐视法律或抵制法律的态度，将会产生违法的意志和行为倾向；反之，尊重法律的态度，将会形成守法的意志和行为倾向。

2. 复杂的矛盾心理。罪犯在刑罚执行条件下，心理上总体处于复杂的矛盾状态。其主要矛盾是原有的犯罪心理结构同监管改造目标和要求之间的矛盾。具体表现为：认罪与不认罪的矛盾；导致犯罪的需求与限制行动自由的矛盾；好逸恶劳与强迫劳动的矛盾；常态需要与生活限制的矛盾等。

3. 具有"双重属性"的心理。罪犯的刑罚心理具有积极和消极的双重属性。一方面，面对刑罚惩罚，罪犯不得不承受着痛苦、悲观、恐惧乃至憎恨、攻击等消极情绪和挫折反应，而且这种反应可能随着自由刑的负面作用而呈现经常化或周期性。另一方面，随着监管改造的深入进行，自由刑的优势所产生的正面作用得以发挥，促使罪犯由认罪到悔罪、由服判到服法，情绪日渐稳定，改造积极性日益增强，罪犯的心理和行为实现良性转化。

二、刑罚心理的表现

刑罚心理的具体表现，因每个罪犯情况的不同而存在差异。刑罚轻重的不同，恶习深浅的不同，认罪态度的不同，自我意识水平的不同，都会造成罪犯的服刑态度和改造心理出现较大的差别。这里介绍罪犯的刑罚心理的几个典型表现。

（一）痛苦

刑罚是一种强制性、剥夺性、抑制性刺激，使罪犯产生痛苦心理。这是一种否定性的情绪体验。罪犯的痛苦首先是消极的，而后经过改造会变成积极的。罪犯消极的痛苦主要因失去人身自由、被强迫劳动、思家恋亲、与民警或他犯交往发生矛盾纠纷等产生的痛苦。经过一定时间的改造后会把消极痛苦变成积极痛苦，主要包括与被害人的角色换位而产生的内疚心理；对社会、亲人的内疚；对自己的罪行自我悔恨等。

罪犯的痛苦心理对其改造进程会起到阻碍或推动作用，因为“痛苦作为一种动机力量，驱使人去应付和改变导致痛苦的因素，以致改善人的处境”。[①] 罪犯的消极痛苦会使他们以不合理甚至违规违法的方式解除痛苦，如抗拒改造或脱逃；罪犯的积极痛苦会使他们以积极改造的行为去解除痛苦。

（二）焦虑与恐惧

以剥夺自由为主要内容的监禁刑罚，使罪犯在整个服刑过程中都充满了焦虑，有时伴有恐惧。

1. 罪犯焦虑和恐惧的特点。罪犯焦虑的特点表现为两方面：一是焦虑的普遍性。由于特定的服刑环境、法律地位和角色，使罪犯的焦虑远比其他正常人普遍存在、持续时间长。焦虑是罪犯最为常见的情绪反应，包括现实性焦虑、神经过敏性焦虑、道德性焦虑等。二是焦虑的阶段性。服刑初期的焦虑主要是由对监狱环境的不适应和家庭变故或惦记亲人引起的；服刑中期的焦虑主要是由改造竞争和人际关系引起的；服刑后期的焦虑主要是由释放后的社会适应问题引起的。

罪犯恐惧的特点也表现为两方面：一是适度性的恐惧，由于监狱的威慑环境、服刑条件以及罪犯的疾病或心理因素引起的正常恐惧；二是过敏性的恐惧，主要是罪犯对某些刺激过于敏感而引起的恐惧，例如，没受过警戒具惩罚的罪犯对警戒具的过度恐惧。

2. 罪犯焦虑和恐惧的作用。焦虑可分为临床病理性的焦虑和正常范围的焦虑两种。过度焦虑即长时期持续的焦虑，可能变为病态情绪。病态焦虑过分的、超强度状态，使个体处于无助和不能适应的境地，会导致心理和生理上的功能障碍。严重的焦虑持续发生，还可能形成病态人格。罪犯服刑过程中过度的焦虑还是引起脱逃、自伤、自残、自杀的重要原因。适度焦虑即正常范围的焦虑，一般正常人都会存在。适度焦虑可以唤起人的警觉、激发斗志，可以提高个体生活、工作和学习的效率。罪犯服刑过程中的适度焦虑会促进罪犯好好改造。

恐惧的作用包括消极和积极两方面。一方面，恐惧使人感知狭窄、思维缓慢、肌肉紧张、活动刻板、行为僵化。罪犯过敏性的恐惧还会使他们产生恐惧症，影响正常改造。另一方面，恐惧具有警示的积极作用，可引起人远离和逃避危险违规行为。罪犯对刑罚的恐惧会使他们冷静思考自己的罪错，引以为戒。

（三）敌意

敌意是个体对他人或团体怀有的一种持久性的仇恨、对抗、不相容的负面态

---

① 孟昭兰主编：《情绪心理学》，北京大学出版社2005年版，第156页。

度。怀有敌意的人无法与他人融洽相处，抵触和对抗情绪较浓，有伤害他人倾向，试图让他人遭受痛苦和挫折，进而达到自己心理上的快意和满足。敌意是罪犯较普遍的负性情绪，是愤怒、厌恶和轻蔑的结合，包括仇恨、报复、嫉妒等情绪。

1. 罪犯敌意的类型。罪犯的敌意包括成长过程中形成的敌意和犯罪后形成的敌意两方面。成长过程中形成的敌意，包括对父母的基本敌意和对其他人的敌意。父母未能给予子女温暖和爱，或者给予子女的是虚假的温暖和爱，是父母的基本罪恶。父母表现基本罪恶的态度和行为均会在子女心中唤起敌意，这对于儿童的心理成长是非常不利的，使之陷入既依赖父母又敌视父母的不幸处境中。由于父母不良的态度和行为引起的敌意，会泛化为对一切人的不信任和仇恨，使儿童感到一切人都对他没安好心。美国心理学家和精神病学家卡伦·霍妮（Karen Danielsen Horney）将其称为基本敌意（basic hostility）。[①] 成长过程中形成的敌意还包括对其他人的敌意，即对他们认为曾经伤害自己的人产生敌意。例如，他们认为老师、同学、邻里、亲戚、朋友、陌生人等曾经伤害自己，因而对他们产生了敌意。这种敌意会埋在心底，成为攻击行为的弹药库，一旦遇到同类刺激的导火索，就会一触即发。

犯罪后形成的敌意，包括入狱前和入狱后形成的敌意。入狱前形成的敌意，主要是对那些使他们成为囚犯、进入监狱的执法者、被害人、证人、检举人的敌意。入狱后形成的敌意，主要是对那些严格监管、惩罚他们的监狱民警的敌意，以及与其他罪犯交往冲突产生的敌意。这种敌意导致罪犯不能正确地认知自己的罪行，容易滋生敌对和报复的行为倾向。

2. 罪犯敌意的危害。第一，罪犯成长过程中形成的敌意会阻碍他们对社会其他人的认同和接受，这不仅是导致他们犯罪的重要原因之一，而且会在服刑中延续，以致影响他们重新适应社会心理的形成。第二，罪犯对入狱前的执法者、被害人、证人、检举人的敌意，可能导致为报复而脱逃或刑满后的报复行为。第三，罪犯对监狱民警的敌意会引发他们的抗拒改造行为，甚至伤害、杀害行为。第四，罪犯相互之间的敌意危害很大，当他们在日常生活中发生矛盾时，在改造竞争中利益发生冲突时，都会产生仇恨、报复、嫉妒等情绪。由于情感的内隐性，使具有敌意的罪犯有时自己还没意识到的情况下，就会拒绝改造或者对其他人发起攻击，导致违规违法行为。

（四）自卑

自卑是指个体感到自己在周围环境中无意义和无价值而产生的自我否定性情

---

① 葛鲁嘉、陈若莉：《文化困境与内心挣扎——霍妮的文化心理病理学》，湖北教育出版社1999年版，第72页。

感。自卑是罪犯较普遍的心理。

罪犯的自卑可分为犯罪自卑、常态自卑和刑罚自卑。犯罪自卑是指罪犯与社会上的未犯罪者或违法犯罪未被抓获的人相比，深感自己的失败而自卑；常态自卑是指罪犯与社会自由人相比因失去自由而感到自卑，与成功的守法者相比深感自己不能以合法手段满足需要而自卑；刑罚自卑是指罪犯因被判刑入狱，身份的改变使其感到自己地位低下而自卑。

罪犯的自卑既有消极作用，也有积极作用，而且是通过补偿自卑来实现的。补偿自卑是指人们用以缓解自卑引起的压抑状态，为求得心理平衡而采取的某种行为。罪犯补偿自卑的消极作用表现为：以消沉、混刑度日或自我显示、狡猾多变的抗改方式补偿自卑，也称反向补偿自卑。罪犯补偿自卑的积极作用表现为：以合理的手段积极参与改造中的竞争，在竞争中体现自身价值，以此唤起赎罪感、自尊心和自信心来补偿自卑，也称正向补偿自卑。罪犯经历了从失落自我到补偿自卑与战胜旧我，再到重塑新我的转变过程。

（五）内疚

内疚是社会化的高级情感，通常涉及道德和良心，指个人自知违反道德标准时的一种内心感受。即内疚是个体实施了危害别人或违反了道德准则的行为而产生良心上的反省，对行为负有责任的一种负性体验。美国心理学家霍夫曼（M. L. Hoffman）认为，内疚是对他人痛苦的移情反应与对引起痛苦原因的觉知二者之间的结合。他将内疚定义为一种轻视、厌恶自己的痛苦体验，通常伴有强迫、紧张和后悔。

罪犯内疚的特点表现为：第一，有些罪犯入监初期没有内疚感，经过监狱机关的教育和与被害人的角色换位才产生内疚。第二，罪犯内疚的个体差异性明显，道德水平低的罪犯的内疚的程度较弱，有一定道德水平的罪犯的内疚的程度较深。例如，由于冲动情绪支配而犯罪或由于过失而犯罪的罪犯，往往内疚感较深。

内疚对罪犯改造既有积极作用，也有消极作用。首先，为了避免内疚，个体会努力杜绝伤害行为，或者是在伤害行为发生后对受害者进行补偿，以减少伤害和减轻内疚。罪犯对自己的罪行和服刑中的错误行为的内疚感，会成为采取补偿行为的动机力量，从而促进其改造。其次，过度的内疚会使罪犯失去重新做人的勇气，严重者还会导致自伤、自残、自杀。

（六）渴求自由

渴求自由心理是罪犯承受刑罚后最普遍、最迫切、最强烈的心理。罪犯对自由的渴望表现在两大方面：近期目标是争取从宽管理、从优待遇、扩大自由度；远期目标是争取减刑、假释，早日回归社会、获得自由。

罪犯对自由的渴望与刑罚的剥夺度成正比。一般来说，剥夺度越高，对自由的渴望度越大；剥夺度越低，对自由的渴望度越小。

渴求自由心理对罪犯改造有积极作用，表现为促使罪犯以积极改造的行为争取到真正的自由。渴求自由心理对罪犯改造也会产生消极作用，表现为促使罪犯以脱逃等不法行为暂时得到冒险的自由。

（七）期望变化

罪犯期望变化心理产生的原因主要有：一是因为监狱的服刑生活单调、枯燥、乏味；二是因为寻求新异刺激的需要，新异刺激会使人产生新的兴奋与快慰。

罪犯期望变化心理主要表现在期望发生符合自己需要的各种变化，如期望刑期的变化（改判、减刑、假释等）；期望物质生活的变化（改善伙食等生活条件）；期望精神生活的变化（文化娱乐活动更丰富）；期望管理的变化（放宽管理）；期望社会形势的变化等。

罪犯期望变化心理对其改造有积极作用，能够促使积极改造的罪犯以合理的手段争取合理的变化，丰富和促进改造生活。同时，会产生消极作用，促使消极改造的罪犯以不合理的手段寻求刺激、填补精神空虚。

（八）思亲

服刑的孤独使罪犯普遍具有思亲心理，希望亲人给自己以精神上和物质上的安慰，期望有机会与亲人团聚，希望能为亲人尽自己的责任。

思亲心理对罪犯改造的积极作用表现为：第一，把思亲化作动力，以积极改造报答亲人；第二，当思亲的需要得到满足后，会使罪犯受到极大激励而积极改造。

思亲心理对罪犯改造的消极作用表现为：第一，过度思亲的需要得不到满足，会使罪犯的身心健康受到损害；第二，罪犯会因为思亲的需要不能得到满足而绝望，导致自伤、自残、自杀等行为；第三，罪犯会因为思亲不能自制而脱逃。

三、罪犯的监狱化

（一）监狱化的内涵

“监狱化”（Prisonlization）一词是由美国社会学者克莱玛（D. Clemmer）在1940年出版的《监狱社会》一书中首先提出的，其表示在押犯“或多或少地沾染上监狱的生活方式、习惯和一般文化”。[①] 克莱玛断言，几乎所有罪犯都要在不同程度上经历

① ［美］理查德·霍金斯、［美］杰弗里·P. 阿尔伯特：《美国监狱制度——刑罚与正义》，孙晓雳、林遐译，中国人民公安大学出版社1991年版，第276页。

监狱化过程，而且刑期越长监狱化程度越深。监狱化的主要内容包括：(1)对罪犯群体内部的非正式规则、价值取向和习惯的学习与接受；(2)对监狱当局制定的正式规则和制度的学习与接受(出于一种自我保护心理)；(3)对监狱普通文化(如监狱气氛、特有的生活方式和感受等)的学习与内化。

监狱化的发生，与自由刑的执行有密切关系，或者说，它是监禁化的产物。就其心理机制而言，是罪犯为减轻监禁中的孤独与痛苦而作出的暂时性反应，是对自由被剥夺的逃避或补偿，它来源于罪犯作为人所具备的内在基本需要，植根于罪犯群体所追求的共同利益和共同目标之中。当然，促成监狱化发生的具体因素是复杂的，诸如监狱管理人员的工作态度与方式，监狱管理人员与罪犯之间以及罪犯群体内部的人际互动，罪犯的个性特征、既往经历及反社会性的大小，具有一定特质的社会文化以及社会公众对罪犯的摒弃或宽容态度等，都可能对罪犯监狱化的发生及其程度产生影响。

(二)监狱化对罪犯心理的影响

"监狱化过程是一个个性化过程，通过这个过程，罪犯人格会发生一定程度的变异或重塑。"[①]毋庸置疑，监狱生活对于任何人来说都算得上人生的重大挫折，它势必会给服刑者的人格发展带来影响，而且更多地造成人格的退化或萎缩。我国台湾地区学者蔡墩铭认为，对于一个监狱化的罪犯来说，其人格将会发生下列变化：

1. 依赖性增强。罪犯在监狱中的一切活动，如劳动、教育、日常生活起居等，完全由监狱当局为其安排，没有自由选择的余地。罪犯在监狱中只能唯命是从，毫无主见可言。久而久之，凡事均须依赖他人，无须自作主张，其依赖性不断增强。

2. 受暗示性增强。监狱管理人员对罪犯的控制，除使用多种明示方法外，还经常使用暗示方法。因此，罪犯不仅习惯于管理人员的明示控制，而且逐渐对暗示控制也习以为常，受暗示性不断增强。长此以往，经过监狱化的罪犯，就变得轻信易惑，缺少判断能力。

3. 思考能力下降。在监管极为严格的监狱中，不容罪犯对其所作所为作过多的思考，只需依令而行，因而罪犯的许多行为是在缺乏思考的情况下做出的。即使过去是勤于思考的罪犯，因长期被拘禁，也会使原来的思考习惯逐渐丧失，以至于到出狱之后，仍然难以恢复。

4. 惰性增强。由于日日相同的监狱生活节奏，使罪犯逐渐变得感觉麻木、迟钝，对任何事情均采取漠不关心的态度，既不热衷于劳动、交往，也不愿接受教育或技

---

① 赵宝成：《罪犯"监狱化"初探》，载《政法论坛》1992年第4期。

术训练,毫无奋发进取之心。这种惰性心理既可能在劳动中引起事故,造成灾害,也可能使罪犯在接受治疗中损害身心健康。

此外,在监狱化过程中,罪犯彼此间交叉感染,由原来的“一面手”变为“多面手”,道德观念进一步衰退。他们接受了罪犯内部的非正式价值观、规范和习惯,并对社会主导价值观和监狱当局的正式规范产生“免疫力”。这就进一步加深了其人格的反社会性,使罪犯的再社会化过程倍加困难。

应当注意,监狱化对罪犯人格的不良影响,造成一定的人格变异,与“拘禁反应”不能混为一谈。尽管二者都属于监禁后果,但前者是从社会学的角度,研究罪犯亚文化的生成以及监狱化过程的发生,而后者则是从精神病学的角度,研究罪犯由于拘禁而突然表现出来的既妄想又痴呆的暂时性精神异常状态(一旦拘禁解除,这种状态便逐渐消失)。

第二节　罪犯的犯罪心理

一、犯罪心理的形成

罪犯在过去的经历中曾经是一个犯罪人,被判刑前其个性心理由犯罪心理和常态心理两部分组成。犯罪心理是指影响和支配犯罪人实施犯罪行为的各种心理因素的总称。犯罪心理学研究认为,犯罪心理的形成是客观现实中的消极因素的刺激与个体主观能动性相互作用的结果。一个经历了不完全社会化或错误社会化,具有不健全人格的人,如果继续接受来自客观世界的消极因素的影响,就会萌发犯罪意向,在受到特定的情景(特别是侵害对象)刺激后,转变为犯罪动机,这就标志着犯罪心理的形成。可见,犯罪心理在犯罪行为实施前就已经存在,并且对犯罪行为的发生起到影响和支配作用。

对于犯罪人来说,犯罪心理只是其个性心理的一个组成部分或一个侧面,除了犯罪心理之外,还包括常态心理。二者共存于犯罪人个性心理结构之中,彼此相互斗争,此消彼长,交替出现。犯罪行为实施后,犯罪人的犯罪心理都不会立即消失,只是暂时处于退隐或松弛状态。尤其是那些惯犯、累犯、职业犯和恶习很深的罪犯,他们的犯罪体验深,心理定式已经形成,犯罪心理较稳固。所以,服刑罪犯虽然被判刑入狱,受到惩罚,原有的犯罪心理受到遏制,但并不会自动消失,有些人还经常产生某种犯罪需求和冲动,有的甚至受到监狱中或社会上某些因素的影响萌发新的犯罪心理,产生新的犯罪行为。

二、犯罪心理的特点

犯罪心理学的研究表明，犯罪心理的内涵十分丰富，从构成来看，包括犯罪人偏颇的认知、情感和意志，不良的需要、动机、兴趣、信念、价值观，不良的性格特征，消极的心理状态等；从分类来看，有诸多不同的标准，如故意犯罪心理和过失犯罪心理，犯罪不同阶段的犯罪心理，不同犯罪类型犯罪人的犯罪心理，不同性别、年龄犯罪人的犯罪心理，不同经历犯罪人的犯罪心理，个体犯罪心理和群体犯罪心理，常态犯罪心理和变态犯罪心理等。犯罪心理与普通人的心理现象相比，其特殊性主要表现为：

1. 反社会性。往往不受社会道德和法律规范约束，自我中心观念强烈；具有错误的信念体系，歪曲的需要结构或者需要的满足经常处于挫折状态；具有不适应社会生活、偏离社会化轨道的消极人格甚至反社会人格，无责任感、羞耻心和悔恨心；具有不良的道德情感，如冷酷、自私、残忍等。

2. 社会危害性。一方面，犯罪心理一旦形成，必然会以态度、行为等方式表现出来，进而给社会和他人造成损失，毒害社会环境，破坏社会安定；另一方面，犯罪心理形成后，行为人长期处于紧张、焦虑、恐惧、自责、矛盾冲突的消极心理状态之中，导致身心健康受到损害，产生各种心理障碍和生理疾病。

3. 隐蔽性。犯罪心理存在于犯罪人的大脑中，在发生犯罪行为之前，具有内隐性。犯罪人为了避免道德谴责和法律制裁，千方百计地掩盖其犯罪动机和目的，这就使犯罪心理与一般人的正常心理相比，具有更大的隐蔽性。因此，对犯罪心理的研究比普通心理的研究具有更大的困难。

三、罪犯犯罪心理的表现

罪犯在服刑过程中的犯罪心理总体上包括两方面：一是原有的犯罪心理，即在犯罪过程中形成的犯罪心理在服刑中的延续；二是新的犯罪心理，即在服刑过程中由于主客观因素的影响产生的犯罪心理。具体表现为以下几方面：

1. 满足不合理需要的心理。罪犯不合理的需要主要是指在满足需要的手段上不合理。犯罪人不能以国家法律所允许的正当手段满足自己的需要，为了满足需要甚至不择手段，因而导致犯罪或在服刑中又犯罪。罪犯不合理的需要主要表现为：过分的物欲，异常的性欲，错误的精神需要（如哥们儿义气、逞强好胜、报复与嫉妒、畸形的自尊、低级的兴趣、偏激的信仰等）。

2. 寻求消极代偿满足的心理。当一个人不能采取某种行为满足需要时，而用其他替代行为来满足,这种行为就是代偿行为。代偿行为可以分为对象代偿和手段代偿,也可以分为积极代偿和消极代偿。罪犯在服刑过程中,由于原有犯罪心理的延续,可能采取消极代偿的行为。罪犯原有的不合理需要往往无法通过监狱允许的方式满足,有些罪犯就会产生寻求代偿性满足的心理,产生代偿行为,如狱内同性恋、结成团伙、称王称霸等。

3. 抗拒改造心理。罪犯原有的犯罪心理和恶习如果得不到有效矫正,不认罪服法,就可能演变为抗拒改造心理。这是指罪犯对来自监狱和民警的改造意图及改造措施的排斥、抵制和反抗心理。它既可以以内隐的、不易观察的形式存在,也可以以公然对抗的行为表露出来;既可以由无意识的动机和愿望产生,不自觉地表现出来,也可以是有意识地故意实施抗拒改造行为。抗拒改造心理支配罪犯产生不服从管教、违反监规纪律、抗拒劳动、破坏劳动工具等抗拒改造行为,严重影响着监管安全和狱内正常改造秩序。

4. 又犯罪心理。罪犯以上心理现象的进一步恶性发展,就会形成又犯罪心理,导致狱内又犯罪行为。其主要表现为:由于与监狱民警或其他罪犯的交往发生矛盾而导致的伤害、杀人等心理和行为;由于对法官、被害人、证人的报复动机,或者因为家庭变故等原因而产生的脱逃心理和行为等。

第三节　罪犯的常态心理

一、罪犯常态心理的形成

在临床心理学研究中,常态心理是与变态心理相对应的,指人的心理与行为的正常状态,包括认知、情感、意志、人格等方面的正常表现。

罪犯的常态心理,是指罪犯在服刑过程中表现出的与社会正常人群相似的心理,或与社会人普遍具有的一般认知、情感、意志、人格等相接近的心理状态。

罪犯入狱前,虽然由于社会化的缺陷或不完全,产生了犯罪心理和犯罪行为,未能成为一个合格的社会成员,但在长期的社会生活中,社会教化使其仍形成并保持着社会一般人的正常心理。罪犯的常态心理在犯罪时被犯罪心理的优势兴奋中心诱导为抑制状态,而当他们被判刑入狱后,随着犯罪心理的削弱、犯罪情境的消失,其常态心理又得以恢复,并且在监狱机关的监管、教育、劳动改造等影响下,这些常态心理不仅会被重新唤醒,而且会被放大、补充、新生,逐步占领罪犯更大的心理空间。

罪犯的常态心理，在心理形式上，与社会守法公民一样都有心理过程和个性心理（人格），都有认识、情感、意志三种心理过程，都有区别于他人的稳定的个性心理（能力、气质、性格、自我意识等）。在心理内容上，罪犯与社会守法公民也有相同之处。例如，他们有正常人的需要、情绪情感、自尊心、羞耻感、健康的兴趣或爱好，许多罪犯具有正常人的同情心、爱心、正义感，甚至还有对党和国家、对人民、对社会主义的肯定情感。此外，许多罪犯所具有的某些较强的能力，可以通过正确的引导在有益于社会的活动中发挥作用。

二、罪犯常态心理的特点

尽管罪犯的常态心理与社会守法公民心理在形式和内容上存在一致性，但罪犯毕竟是触犯了法律并受到刑罚处罚的特殊人群，他们处在高墙电网的监狱中，失去了人身自由，并在半军事化的管理模式下，接受强制性的劳动改造和教育改造。在这种特殊的再社会化过程中，其常态心理也必然呈现出不同的特点，主要表现为：

（一）心理内容的“监狱化”色彩明显

与社会正常人相比，罪犯的常态心理带有明显的“监狱化”特点，而且有的被强化，有的被弱化。在罪犯的需要结构方面，有些需要比社会正常人表现得更强烈，如在艰苦的服刑环境中，罪犯对吃、喝改善生活条件的需要更强烈；面对刑罚惩罚和来自其他罪犯的可能侵害，罪犯对安全的需要更强烈；已婚罪犯由于性生活的中止，使他们更渴望满足性的需要；被判刑受到社会否定性评价，被强制与社会隔离，不能与亲人团聚，使罪犯更需要理解、关爱和帮助，即归属与爱的需要更强烈。与此同时，由罪犯的角色、法律地位和服刑环境所决定，他们在高级的精神需要（如自尊的需要、自我实现的需要等）方面，在一定程度上被弱化。

（二）心理满足方式具有特殊性

与社会正常人相比，罪犯的常态心理特别是需要的满足具有特殊性。如上文所述，罪犯在服刑期间，由于人身自由被剥夺，常态需要的满足受到很多限制，如自由的需要、正常的性生理需要、与亲人团聚的需要等都受到限制，使他们常以压抑、升华、代偿行为等方式寻求满足。最为典型的是性生理需要，由于没有满足途径，罪犯往往以代偿的方式获得满足。有些罪犯相互交流过去的性经验和性体验；有的偷偷摸摸，相互抚慰；有的将黄色淫秽、低级庸俗的图片、画册等视为珍宝，百看不厌；有的甚至搞同性恋来满足自己的性冲动。不过，狱内同性恋大多是假性同性恋，这与监狱罪犯单一性别环境密切相关。

（三）心理表现和发展的受限制性

受到刑罚和监禁条件的限制，罪犯常态心理的表现和发展也会受到影响，有些作为社会守法公民可以正常表现和发展的心理，但作为罪犯就会受到限制。比如，在人际关系方面，正常社会生活中的人际关系不仅具有情感性、直接性和感受性，更具有个人性。但罪犯在服刑过程中的人际关系就要受到一定的限制，不能自由随意地发展，尤其是在人际关系的个人性方面，往往会被严格限制，甚至被禁止。

三、罪犯常态心理的作用

（一）罪犯常态心理是监管改造工作的前提和基础

我国《监狱法》明确规定监狱工作的目标是“将罪犯改造成为守法公民”。在这里，“守法公民”不仅指守法行为，还包含守法心理，或者是建立在守法心理之上的。而培养罪犯的守法心理，必须以罪犯所具有的常态心理为前提和基础，否则，罪犯改造将很难实现或不可能实现。也就是说，正因为罪犯具有常态心理，才为我们的改造工作提供了可能，这是监狱机关改造罪犯的前提和基础。

（二）罪犯常态心理是罪犯改造历程的起点

我国监狱对罪犯的改造，既有提高思想认识、树立道德观念与改造信心方面的政治思想教育，又有提高科学文化知识水平，使其掌握一定职业技能的文化技术教育，还有以养成文明生活习惯和劳动习惯为主要内容的养成教育，以及直接针对罪犯不良心理与行为开展的心理矫治工作，涉及罪犯各方面素质的矫正与改善，而这一切，都是以罪犯的常态心理为起点的。在改造工作中，要充分认识到罪犯心理中的积极方面，恢复、发展其常态的心理品质，善于抓住其“闪光点”，并以此为突破口，促进其犯罪心理向良性方向转化，逐步成为适应社会的守法公民。

研究与思考

1. 结合实例，谈谈罪犯刑罚心理的特点和监狱化现象。
2. 结合案例，分析罪犯犯罪心理的表现和特点。
3. 如何认识罪犯常态心理的特点和作用？

第三章　罪犯的人格特征

重点提示

1. 人格指人类心理特征的整合、统一体，是一个相对稳定的结构组织，并在不同时间、地域影响着人的内隐和外显的心理特征和行为模式。

2. 罪犯人格的动力系统主要表现为需要特征和价值观特征。

3. 罪犯人格的调节系统主要表现为自我意识。罪犯的自我意识是指罪犯对自己以及自己与周围事物关系的自觉反映，由自我认知、自我情感和自我意志三部分构成。

4. 罪犯人格的特征系统主要表现为罪犯的气质特征、性格特征和能力特征。

人格（personality）指人类心理特征的整合、统一体，是一个相对稳定的结构组织，并在不同时间、地域影响着人的内隐和外显的心理特征和行为模式。人格具有独特性、稳定性、统合性和功能性等特点，它由遗传、环境、成长和学习等因素综合作用下形成，并具有很大的稳定性。罪犯的人格与其他人群的人格一样，也是在多种因素的综合影响下形成的，并具有一定的特性和作用，由动力系统、调节系统、特征系统组成。但在心理的内容上，罪犯人格的内容具有特殊性，由于人格具有整体性、独特性、稳定性、社会性特征，罪犯在犯罪之前、犯罪当时、入狱之后的人格是具有连续性的，对其服刑改造有重要的影响。

第一节　罪犯人格的动力系统

一、罪犯的需要

需要是人对某种目标的渴求或欲望，是人脑对生理和社会需求的反映，是人的行为的动力基础和源泉。从心理的形式上讲，罪犯的需要与其他人群的需要一样，都是个体缺乏某种东西时的主观感受,即个体的某种缺乏感或个体与内外环境的不平衡。但从需要的内容、特点和作用上讲,罪犯的需要有特殊性。

(一)罪犯需要的内容

罪犯需要的内容包括三大类:不合理需要、基本的常态需要、改恶向善的需要。

1. 不合理需要。这类需要主要是由罪犯原有的导致其犯罪的不合理需要延续而来,还包括在服刑期间新产生的不合理需要。它包括过分强烈的物质欲望、异常的性欲、错误的精神需要(包括哥儿们义气、逞强好胜、自我显示、报复与嫉妒、低级的兴趣、反动的政治需要)等。

2. 基本的常态需要。这类需要是罪犯与其他人群相同的需求,包括生理需要(衣、食、住),安全需要(生理安全和心理安全),精神需要(交往、自由、娱乐、尊重、自我实现)。这些需要是罪犯服刑改造的基本保障。

3. 改恶向善的需要。这类需要是罪犯在接受改造和教育之后形成的,包括新生学习和劳动的需要、重新做人成为守法公民的需要、道德和良知的需要。

(二)罪犯需要的特点

1. 罪犯需要类型的低级性。美国行为科学家马斯洛提出的需要层次理论认为,需要可以分为生理需要、安全需要、归属与爱的需要、尊重需要、自我实现的需要等按照由低级到高级的顺序排列的五个层次,不同层次的需要反映了人的不同要求。罪犯需要类型的低级性表现在:他们低层次的生理需要和安全需要占主导地位,尊重需要和自我实现的需要较弱且扭曲。例如,盼望改善生活、吃好的;聚集在一起搞低级下流的“精神会餐”来满足自己的不合理需要并进行自我显示等。他们在特定情境下容易表现出原始欲望的爆发,例如,罪犯之间发生冲突常常会引发相互间的野蛮打斗。罪犯需要类型的低级性是由他们的不合理需要和自身素质低决定的,也与监禁环境的压抑有关。

2. 罪犯需要的压抑性与爆发性。在服刑期间,由于被刑罚惩罚和剥夺自由,罪犯很多不合理的需要不能得到满足,经常处于压抑的状态。不合理的需要如果没有经过有效调节和控制,一旦遇到适当的刺激,压抑已久的无法满足的需要就会爆发出来,导致罪犯做出具有一定冲动性和破坏性的行为。

3. 罪犯需要的阶段性。罪犯在不同服刑阶段,其需要的类型和占据主导地位的需要各不相同。在服刑初期,安全需要占主导地位;在服刑中期,以常态需要和改造需要为主;在服刑后期,归属需要、就业和前途需要成为主导需要。

4. 罪犯需要的差异性。首先,不同类型罪犯之间的主导需要有差异,即仍然会延续着原有支配其产生犯罪的不合理需要。例如,物欲型罪犯的物质欲望强烈;性欲型罪犯的性欲突出；情感型罪犯注重情感需要；信仰型罪犯的偏激信仰仍较顽固。其次，罪犯个体也存在需要的差异。其主要表现为需要的强度、广度、速度和稳定性的差异。强度是指需要的强烈程度；广度是指需要种类的多少与复杂性；速度是指需要产生的快慢；稳定性是指需要形成后保持时间的长短。

（三）罪犯需要的作用

需要在人的发展中起着重要作用，它是人的心理活动与行为的基本动力，对人的发展起着积极的推动作用。值得注意的是，合理的、符合道德和法律规范的需要，会培养良好的个性、良好的情绪和良好的意志；不合理的、不符合道德和法律规范的需要会导致不良的人格、不良的情绪和不良的意志品质。

罪犯的需要是罪犯心理转化的原动力或根本动力。动机系统的其他成分——动机、兴趣、理想、信念、世界观（价值观、人生观）等都是需要的不同形式、不同层次的表现，分别表现为不同层次的动力。罪犯正当合理的需要对服刑矫正有一定的促进作用，而不正当、不合理的需要会导致不良的矫正效果，因此应该及时发现罪犯的不同类型需要并给予不同的处置。需要是产生人的行为动机的根源，由此监狱在惩罚和改造罪犯的过程中，要善于根据罪犯的需要激发罪犯的改造积极性。①

二、罪犯的价值观

价值观是人基于一定的思维作出的认知、理解、判断或抉择，也就是人认定事物、辨别是非的一种思维或取向。价值观具有稳定性和持久性、历史性与选择性、主观性的特点，它对人们自身行为的定向和调节起着非常重要的作用，决定着人的自我认识，并直接影响和决定一个人的理想、信念、生活目标和追求方向的性质。

在罪犯的高层次精神需要中最重要的是价值观，因为价值观是罪犯关于人生目的和意义的最高社会需要的社会意识，以内心的尺度和标准衡量某种事物对个人或社会的重要性及价值的观念。很多层次较高的犯罪者都是在极端利己的价值观支配下犯罪的，在服刑期间这种极端利己的价值观仍有所保留和延续。

（一）罪犯价值观的内容

根据内容可以把价值观分为六种类型：一是理性价值观，它是以知识和真理为中心的价值观，具有理性价值观的人把追求真理看得高于一切；二是美的价值观，它是以外形协调和匀称为中心的价值观，具有美的价值观的人把美和协调看得比什么都重要；三是政治性价值观，它是以权力地位为中心的价值观，具有这种价值

---

① 迪小华：《论罪犯的需要》，载《上海市政法管理干部学院学报》2001 年第 1 期。

观的人把权力和地位看得最有价值;四是社会性价值观,它是以群体和他人为中心的价值观,具有这种价值观的人把为群体、他人服务认为是最有价值的;五是经济性价值观,它是以有效和实惠为中心的价值观,认为世界上的一切,实惠的就是最有价值的;六是宗教性价值观,它是以信仰为中心的价值观,认为信仰是人生最有价值的。

在罪犯群体中,虽然不同的罪犯具有不同的价值观,但极端利己的价值观是所有罪犯都有的,具体表现为:物欲型罪犯具有拜金主义价值观,物欲型罪犯和性欲型罪犯具有享乐主义价值观,情感型罪犯具有情感至上价值观,信仰型罪犯具有为偏激的信仰和自我实现而生存的价值观。

(二)罪犯价值观的特点

1. 罪犯价值观的偏倾利己性。这是指多数罪犯对人生价值的认识完全偏倾于围绕着私利和欲望,表现在言行中也基本是不同角度的利己性,有的是物质或精神享受上的利己价值观,有的是情感上的利己价值观,有的是偏激信仰上的利己价值观。而这些偏倾利己的价值观会投射到他们的改造表现上,影响其改造效果。

2. 罪犯价值观个体水平的差异性。不是所有罪犯都有成熟、正确的价值观,不同罪犯的价值观存在一定的差异性和主观性,大体上可分为三种水平:一是无知型,年龄较小或头脑不够清晰的罪犯,没有明晰的价值观,而是在混乱的私欲支配下生存,或者在他犯的影响下产生行动。二是半模糊半清晰型,该类罪犯对人生价值的认识只能停留在事物的表面利弊上,没有清晰的深层的信仰和价值观念。三是清晰型,有些罪犯在改造过程中吸取教训、不断反思,形成成长和向善的价值取向,对其改造非常有利;而那些犯罪经历较长、犯罪经验较丰富、头脑清晰或文化水平较高、入狱前有一定社会地位的罪犯,仍然会延续导致他们犯罪的极端利己的错误价值观,他们认为"人不为己,天诛地灭""人为财死,鸟为食亡""宁在花下死,做鬼也风流"才是人生的真正信仰和价值,这对其改造非常不利。

3. 罪犯价值观的稳定性和可变性。罪犯的价值观来自服刑前的价值观念和服刑期间形成的新的价值内容,在特定的时间、地点、条件下,他们的价值观总是相对稳定和持久的,影响其价值判断和行为选择;然而,针对罪犯错误的价值观又是需要进行调整和改变的,可以通过教育改造和心理干预等有效方式去削弱并改变罪犯错误的价值观,同时使之树立正确的价值观。

(三)罪犯价值观的作用

价值观对人们自身行为的定向和调节起着非常重要的作用。价值观决定人的自我认识,并直接影响和决定一个人的理想、信念、生活目标和追求方向的性质。价值观作为人生观的核心，支配着个体的行动并渗透到整个人格之中。罪犯的价值观使罪犯人格稳定而明确，对罪犯改造和未来适应社会具有过滤、选择、定向和监督调节的作用。

1. 过滤。过滤是指价值观是个体对周围事物判断、筛选、区别的标准，以辨明事物的性质，进而决定自己的行为表现。人们行为的动机受价值观的支配和制约，在同样的客观条件下，具有不同价值观的人，其动机模式不同，动机的目的方向受价值观的支配，只有那些经过价值判断被认为是可取的，才能转换为行为的动机，并以此为目标引导人们的行动。具有正确价值观的罪犯可以明辨是非，痛改前非，积极改造成守法的公民；具有错误价值观的罪犯会关注消极事物，容易出现价值判断歪曲和不良行为，消极改造。

2. 选择。选择是指在过滤的基础上，个体以自己的价值观为标准对外界事物决定取舍，对符合自己价值观的事物选择接受，对不符合的则排斥。因此，有正确价值观的罪犯才能够接纳和选择积极改造的事物，遵守监狱规章制度和改造要求；而有错误价值观的罪犯则倾向于吸纳违背改造的信息，抗拒改造。

3. 定向。定向是指个体在过滤与选择的基础上，确定自己的行为方向。罪犯在服刑期间，有的注重积极改造，有的看重好逸恶劳，有的重视争强好胜，也有的过分关注性欲，这就是因为他们的价值观不同表现为不同的选择倾向，不仅影响罪犯个人的改造表现，对监管安全也起着不同的作用。

4. 监督调节。监督调节是指个体以自己的价值观来调节、控制、克服主客观困难，监督个体为实现特定目标持之以恒、奋斗到底。价值观的监督调节作用像支柱与基石一样使个体坚韧不拔。因此，在正确的价值观支配下，罪犯就能够在积极接受改造的道路上，克服任何困难，坚定地走下去。

价值观会使罪犯在行动上具有积极性、独特性、方向性、理智性、坚定性、一贯性。不论是正确的价值观还是错误的价值观，都对罪犯起着重要的作用，根本的区别是价值观的性质不同，导致罪犯关注和表现的行为存在差异，最终带来完全不同的改造效果。

（四）罪犯价值观的评估

关于价值观的评估，较著名的研究有 G. 奥尔波特等人的价值观研究、M. 莫里斯的生活方式问卷、M. 罗基奇的价值调查表等。价值观研究奥尔波特 - 弗农 - 林赛量表（1931，1951，1960），用以测量六种基本价值观的相对力量。该测验是根据德国哲学家 E. 施普兰格尔区分的六种理想价值类型编制的。它们是：理论的（重经验、理性），政治的（重权力和影响），经济的（重实用、功利），审美的（重形式、和谐),社会的(重利他和情爱)以及宗教的(重宇宙奥秘)。E.施普兰格尔认为,人们的生活方式朝着这六种价值观方向发展。六种价值观念的绝对划分并不表示有这六种典型人物存在,分类只是为了更好地理解个体差异。事实上,每个人都或多或少地具有这六种价值观,只是核心价值观因人而异。

当代监狱惩罚与改造罪犯,首先必须正确认知罪犯,罪犯价值观又是科学认知罪犯的重要内容。[①]评估罪犯的价值观可以借鉴社会上已经成型的评估量表,但要进行校正,同时结合罪犯劳动改造表现、个别谈话和自我评价等方式进行,以期对罪犯的价值观有客观真实的评价,采用适宜有效的矫正方式,使罪犯形成正确的价值观,进而促进其积极接受改造。在罪犯入监教育中,我们通常会让罪犯思考五个问题,即"我是谁""我从哪里来""我为什么要来这里""我来这里给自己造成了什么影响""我来这里给家人造成了什么影响"等,这样做的目的就是让罪犯对自己、对人生有一些思考,对其以往的价值观有所反思,以期促使其有所醒悟。

第二节　罪犯人格的调节系统

自我意识是对自己身心活动的觉察,即自己对自己的认识,具体包括认识自己的生理状况、心理特征以及自己与他人的关系。自我意识具有意识性、社会性、能动性、同一性等特点。自我意识由自我认知(包括自我观察、自我分析、自我评价)、自我情感(包括自卑感、自尊心、自信心、自我悔恨、自我喜悦)和自我意志(包括自我检查、自我调节、自我控制、自我监督)三个子系统构成。自我意识的形成包括构建正确的自我认知、确立客观的自我评价、进行积极的自我提升和关注自我健康成长。人生不同的发展阶段,其自我意识的形成各有特点。

从心理形式上讲,罪犯的自我意识是指罪犯对自己以及自己与周围事物关系的自觉反映,与一般人一样,也是由自我认知、自我情感、自我意志三部分组成;从心理的内容和表现方式上说,罪犯的自我意识有独特之处。

一、罪犯自我意识的内容

自我意识主要包括生计意识、竞争意识、危机意识、自主意识、多元选择意识和目标现实意识等内容,罪犯的自我意识表现为对这些意识内容的自我认知、自我情

---

① 马金虎:《试析罪犯价值观的几个主要问题》,载《犯罪与改造研究》2018 年第 6 期。

感和自我意志等。罪犯自我意识是罪犯人格结构的重要组成部分，是人格结构中的自我调节系统。①

（一）罪犯的自我认知

自我认知是自我意识的认知成分。它是自我意识的首要成分，也是自我调节控制的心理基础，它包括自我感觉、自我概念、自我观察、自我分析和自我评价。自我分析是在自我观察的基础上对自身状况的反思。自我评价是对自己能力、品德、行为等方面社会价值的评估，它最能代表一个人自我认知的水平。罪犯在犯罪前形成的错误的自我认知，是其犯罪行为产生的主要原因。在服刑期间，罪犯不仅会保留原有的错误自我认知，还可能产生新的不良认知，这些都会影响其服刑改造表现以及回归社会。监狱应该及时发现并纠正罪犯的错误认知，同时促其形成正确的自我认知，进而使其正确评价自我、服刑改造以及规划未来。

（二）罪犯的自我情感

自我情感是自我认知在情感方面的表现，自尊心、自信心是自我情感的具体内容。自尊心是指个体在社会比较过程中所获得的有关自我价值的积极的评价与体验。自信心是对自己的能力是否适合所承担的任务而产生的自我体验。自信心与自尊心都是和自我评价紧密联系在一起的。在服刑期间，有些罪犯容易产生畸形的自尊心，敏感多疑，争强好胜，容易做出违反监狱改造规定的行为；而有些罪犯由于消极的自我认知容易产生自卑情绪，因为看不到未来、消极低迷而“破罐子破摔”。罪犯的消极情绪情感均影响其改造表现和改造效果，监狱工作人员应该时刻关注罪犯的情绪变化，并在帮助罪犯进行情绪调控的基础上改变不良认知。

（三）罪犯的自我意志

自我意志是自我意识的意志成分。自我意志主要表现为个人对自己的行为、活动和态度的调控。它包括自我检查、自我监督、自我调节、自我控制等。自我检查是主体在头脑中将自己的活动结果与活动目的加以比较、对照的过程。自我监督是一个人以其良心或内在的行为准则对自己的言行实行监察、督促的过程。自我控制是主体对自身心理与行为的主动掌握。自我调节是自我意识中直接作用于个体行为的环节，它是一个人自我教育、自我发展的重要机制，自我调节的实现是自我意识的能动性质的表现。自我意识的调节作用表现为：启动或制止行为，心理活动的转移，心理过程的加速或减速，积极性的加强或减弱，动机的协调，根据所拟订的计划监督检查行动，动作的协调一致等。罪犯的自我意志体现在意志力的性质

① 连春亮：《罪犯自我意识障碍及其调适》，载《犯罪与改造研究》2004 年第 7 期。

与强度不同,即对不同性质行为的意志力既有性质的差异,又有强度的差异。通常罪犯正确的意志力比较薄弱,使其在积极接受改造的行为遇到困难时就会半途而废;错误的意志力比较顽固,使其对自己不合理的、错误的行为难以遏制。因此,应注重培养和强化罪犯形成积极接受改造的正确意志力。

二、罪犯自我意识的特征

罪犯的自我意识有其特殊性,表现出双向性、多层次性和多阶段性等特征。

(一)双向性

罪犯自我意识的核心特征表现为双向性,即罪犯的自我意识既有正确的又有错误的,既有正常的又有不正常的。具体表现为不同罪犯的自我意识存在个体差异,有正确和错误之分。有些罪犯能正确认识、客观评价自己的罪行,正确对待别人对自己的评价,具有自我悔恨的情感、正常的自尊、正向自信、适度的自卑,正向自我调控能力较强,有利于自身产生积极接受改造的行为;而有些罪犯不能正确认识、客观评价自己的罪行,不能正确对待别人对自己的评价,没有自我悔恨的情感和自我改造的意志,表现为过于敏感的自尊或不正常的反向自负和自信,即认为自己有能力与法律抗衡,不服法院判决,狂妄抗拒改造,反向自我调控能力强,或者表现为不正常的过分自卑,被"罪犯"的身份压得喘不过气来,萎靡不振、自暴自弃,失去重新做人的勇气。

(二)多层次性

罪犯自我意识的多层次性是指罪犯的自我意识存在自负、自尊、自信、自卑等多种形式。罪犯被判刑入狱,因失去自由且受到诸多限制必然会使其产生自卑。尽管罪犯过去实施了危害社会的行为,但仍然会有作为人的尊严,有同一般人一样的自尊。而且某些罪犯还可能因为具有某种特长或独门绝技,或者曾经拥有较高的社会地位而极为自信,甚至是自负。因此,在罪犯身上,很多时候是自卑、自负与自尊、自信并存的。为了更好地促进罪犯接受改造,我们需要培养罪犯形成正向自信与恰当的自尊,同时消除自卑与自负,或者引导罪犯用积极的方式来补偿自卑。

(三)多阶段性

罪犯自我意识的多阶段性是指罪犯有四个阶段的"我":一是现实的"我",即对当前的自我——服刑者的自我意识,这是罪犯自我意识的核心;二是回忆的"我",即对过去的自我——入狱前的自我意识,它为现实的自我奠定了心理基础;三是反射的"我",即对他人给予自己评价的意识,它影响现实的"我"与大多数人心目中的

"我"是否一致;四是理想的"我",即对未来自我的构想,是现实的"我"的发展目标。罪犯的自我意识在不同阶段会有一定的差异,并且大部分罪犯的自我意识需要完善。服刑期间,罪犯经过教育改造和正确引导,其回忆的"我"能够明确入狱前的犯罪行为是错误的,反射的"我"才能认可被社会否定的现实,现实的"我"才会接受自己承受刑罚惩罚和教育改造的现状,为了将来刑满释放后能适应社会生活,才会确立要改恶向善的理想的"我",进而产生积极接受改造的行为。如果罪犯回忆的"我"不能对自己过去的错误行为产生正确认识,不认可社会的否定,不接纳自己服刑者的身份,则不仅不会有接受改造的行动,甚至还可能产生抗拒改造的行为。

三、罪犯自我意识的作用

罪犯自我意识对自身改造的作用或功能靠"新我"战胜"旧我"实现。"新我"是指罪犯原有良好常态的心理和行为以及经过改造形成的健康、积极的心理和行为。[①] "旧我"是指罪犯原有的犯罪心理和犯罪行为以及其他消极心理和行为。"新我"和"旧我"都由"主体我"和"客体我"组成。"主体我"是反映的主体,是指罪犯个体通过大脑对"客体我"进行的一切自觉的反映活动,即罪犯自我的心理。"客体我"是反映的客体,是指罪犯客体及其与外界的关系是客观存在的,包括罪犯的罪行、躯体、言行以及他与外界的关系,即罪犯自我的行为。罪犯自我意识对自身改造的作用或功能体现在以下几方面:

(一)定向选择

1.罪犯自我意识中的某些常态因素支配他们选择健康信息。首先,自尊心支配罪犯选择健康信息。多数罪犯虽然犯了罪,但他们的自尊心尚未泯灭,为了能让监狱民警看得起自己,他们会接受监狱的正确影响和民警的管教。其次,自我安全的需要支配罪犯选择健康信息。对于自尊心较弱或丧失的罪犯,会在趋利避害的本能支配下选择监狱机关的正确影响。

2.罪犯在角色扮演中产生的肯定情感支配下选择正确影响。所谓角色扮演,是指罪犯按照监狱机关规定的罪犯行为规范来调节自己行为的过程。罪犯在自尊心和自我安全需要的支配下选择接受监狱机关的正确影响,在角色扮演中做出了符合改造目标和要求的行为,便得到了管教民警的肯定性评价,这会使罪犯产生肯定性情感体验,这种情感会对罪犯起到积极作用,它影响和支配着罪犯的认知选择,

---

① 连春亮:《罪犯自我意识障碍及其调适》,载《犯罪与改造研究》2004年第7期。

使罪犯继续选择接受监狱机关的正确影响。

3. 罪犯的正向自信决定其对长远目标的选择。所谓正向自信,是指个体坚信自己符合社会要求的正确行为能够成功。这是一种复合的自我肯定的积极情感,它可以调动罪犯思维的积极性去理智地战胜消极情绪,而缺乏自信的消极情绪会阻碍思维。只有形成了正向自信,罪犯才能战胜因犯罪被惩罚成为囚犯而产生的自卑感,才能唤起重新做人的勇气,才能承受和战胜现在和未来的各种挫折,并坚定不移地选择适应社会的目标,即正向自信决定着罪犯对未来长远目标的选择。因为这种自信是建立在罪犯正确的理想、信念、价值观、人生观的基础上,这正是罪犯在改造中逐渐将外在要求内化为主体需要的过程,使罪犯在坚信自己能够较好地适应社会的基础上积极改造。

(二)自我评价

1. 罪犯正确的自我评价促使其认罪服法。罪犯的认罪服法是他们接受改造的起点,能否认罪服法又取决于对自己罪行的评价是否恰当。罪犯认罪服法的过程经历了知和情的反复作用过程,即罪犯初步的自我客观评价→自我悔恨→深刻的自我客观评价→认罪服法。

2. 罪犯正确的自我评价有利于调节人际关系,并在角色互动中调整自我评价。罪犯完整的自我意识包括四个方面:一是现实的"我",即对自己作为一个服刑者的自我意识,这是罪犯自我意识的核心;二是回忆的"我",即对过去自我的意识,它为现实的自我奠定了心理基础;三是反射的"我",即对于他人心目中自我形象的意识,它影响现实自我对自己及他人的态度;四是理想的"我",即对未来自我的构想,它是现实的"我"的发展目标。这四方面均以自我评价为基础和核心。如果罪犯这四个"我"都是正确、客观的,就是有自知之明,罪犯就能处理好与监狱民警以及其他罪犯的关系,在角色互动中,通过他人对自己的评价,使自我评价更客观、更全面、更深刻,从而进一步增强自我评价对自身改造的积极作用。如果罪犯这四个"我"或某一个"我"是错误的、不客观的,就会阻碍其积极改造。

(三)自我激励或阻碍

1. 自我激励功能。罪犯正向、适度的自我积极情感对其积极改造具有激励作用。例如,罪犯的自我悔恨、适度的自尊心、正向自我喜悦和自信心、正向补偿自卑等自我情感能激励罪犯积极接受改造。

2. 自我阻碍功能。罪犯反向、不适度的自我消极情感对其积极改造具有阻碍作用。例如,罪犯自负或过于敏感的自尊心、反向自我欣赏和自信心、过度的自卑感或反向补偿自卑等自我情感,不仅对其积极改造有阻碍作用,还可能成为他们混刑度日甚至抗拒改造的动力。

(四)自我调控和监督

罪犯在改造中能否持之以恒地积极改造,关键要靠他们的自我意志。意志是人所特有的,充分体现了人的心理的能动性。在罪犯的自我意识中,自我意志尤其重要,许多认罪服法、自我悔恨的罪犯,就因为自我意志不坚强导致改造反复,甚至刑满释放后又重新犯罪。对不良行为和侵犯行为的控制,自我调控是最重要的控制,任何强大的外部控制也无法与自我调控相比。罪犯自我意志对其自身改造具有调节、控制和监督功能,具体表现在以下三个方面:

1. 调节控制消极情绪。罪犯服刑中的消极情绪阻碍他们改造,要靠自我意志调节控制,变消极情绪为积极情绪,推动罪犯改造。

2. 监督控制自我行为。首先,罪犯在改造中出现的动摇反复行为要靠自我意志监督调控;其次,罪犯持之以恒的积极改造行为要靠自我意志监督调控,最终形成良好的行为习惯。罪犯只有形成了坚定的自我意志,才能达到"从心所欲,不逾矩"的自觉程度。

3. 监督"现实我"去实现"理想我"。罪犯经过改造使"理想我"对未来充满信心,但"现实我"有时却因为遇到困难或阻碍而出现为难情绪,影响"理想我"的实现,这时就要靠自我意志去监督、鞭策、鼓舞"现实我",百折不挠地去实现"理想我"。

罪犯自我意志的形成,就标志着其自我调控能力的形成,此时也就有了自觉改造的能力。自我调控(self - regulation)的概念起源于生物学,指生物有机体缩小"现实与最佳情形之间的差异"的功能,它使机体的功能处于或接近稳定状态。心理学的自我调控是指个体主动地运用策略处理冲突、调节冲动,使自身最终实现与环境的协调、达到一个合适的目标或建立起一种良好的自我稳定状态的能力。这种能力是一种调控主体与调控对象为同一客观事物的智能调控,是调控主体不断地对调控对象进行的积极、自觉地计划、监察、检查、评价、反馈、控制、调节的过程。

四、罪犯自我意识的培养

(一)形成正确的自我认知

"人贵有自知之明",形成全面而正确的自我认知是培养健全的自我意识的基础。自我认知是从多方位建立的,既有自己的认识与评价,也有他人的评价;既有对过去的自我反思,也有对现在的正确认识,还包括对未来的自我期待。罪犯应该学会全方面的分析自我、反思自我和认识自我,为“重新做人”对自我进行全面和客观的分析。

(二)进行客观的自我评价

在形成正确的自我认知基础上,还需要客观地评价自我。罪犯在改造过程中,需要对过去的自我和当前的自我进行评价,以便认识自己的不足并及时改正,同时发掘自身的善良之处并不断发扬,用坚强的意志力进行自我改造。

(三)实施积极的自我提升

当人们期望自己成功时,他必然会尽自己最大的努力完成任务,即使面临巨大挑战,也会表现出更强的坚持力。因此,一个渴望自我发展的人必须主动克服自我障碍,进行积极的自我提升,在积极主动的自我尝试中发现自己的新优势,才能克服各种困难和挫折,取得更大成绩。作为罪犯,在正确的自我认知和客观的自我评价的基础上,只有不断地积极提升自我,才会用坚强的意志力克服各种障碍,使积极接受改造的活动坚持到底,最终实现“改恶向善”的目的。

(四)关注自我成长

罪犯自我成长与一般人一样,是在不断进行自我反思与自我监控的基础上完成的,因而分析自己成长的轨迹显得尤为重要。对罪犯而言,通过分析自我成长经历,才能更好地达到过去自我、当前自我与未来自我的统一。罪犯通过分析与反思自我,才能够认清自我发展中存在的问题,在接纳当前自我的同时,确立未来自我的成长目标,进而才能促使自己积极接受改造,使自我不断得到完善,早日实现未来的理想自我。

第三节　罪犯人格的特征系统

一、罪犯的气质特征

气质(temperament)是表现在心理活动的强度、速度、灵活性与指向性等方面的一种稳定的心理特征。人的气质差异是先天形成的,受神经系统活动过程的特性所制约,气质是人格发展的自然基础,从本质上是不容易改变的,每一种气质都有优点和缺点,社会适应良好者对自己的气质扬长避短,而社会适应不良者却对自己的气质扬短避长,使自己气质的缺点恶性膨胀,导致人际社会适应不良。单独的气质不会对犯罪产生直接的影响,但是当个体形成不良的人格特征走上犯罪道路时,气质类型会使犯罪行为打上不同的气质特点并且有不同表现。[①]许多罪犯就是在不适宜的环境或情境中使其气质的缺点恶性膨胀，同时又缺乏自我调控能力而导致的犯罪。气质与主体的犯罪倾向、犯罪性质、犯罪手段、犯罪行为的恶性程度都具有一定的关系。

罪犯原有的气质特征会影响其劳动改造，表现为与气质特征相应的情绪和行为。由于监禁环境的压抑会导致有些罪犯的气质特征更加明显，如胆汁质型罪犯会表现为脾气暴躁，抑郁质型罪犯会表现为无精打采、看不到希望。这种表现是与罪犯的气质特征密切相关的，需要监狱民警准确了解每个罪犯的气质特点，因人而异地采取不同的教育方式使其气质特点扬长避短，这样才能不断提高他们对服刑生活的适应程度及改造效果。

二、罪犯的性格特征

性格是指表现在人对现实的态度和相应的行为方式中的比较稳定的、具有核心意义的心理特征，它是一种与社会最密切相关的人格特征，在性格中包含有许多社会道德含义。性格表现了人们对现实和周围世界的态度，并表现在他的行为举止中。性格主要体现在对自己、对别人、对事物的态度及其与之相应的言行上。

许多犯罪人具有粗暴、多疑、冷酷无情、自私、贪婪、为所欲为的不良性格。根据心理测验报告可知，我国在押罪犯中不少人具有情绪波动大、人际关系敏感、抑郁、焦虑、敌意、恐怖、偏执、自制力差、粗暴、多疑、冷酷无情、自私、贪婪、为所欲为等不良性格。

惯犯、累犯的聪慧性、稳定性、独立性、自律性、心理健康水平都较差或较低，这些人格因素不仅与他们重新犯罪有密切的关系，而且对其接受改造非常不利。导致罪犯违法犯罪的不良性格有敏感多疑型性格、嫉妒型性格、偏执型性格、粗暴冲动型性格等，这些不良性格会在服刑中延续，严重影响着罪犯的自身改造。下面从性格结构的四个方面对罪犯的性格特征进行分析。

（一）罪犯性格的态度特征

罪犯性格的态度特征是指他们如何处理社会各方面关系的性格特征。性格的态度特征主要体现了人的品德，因而能反映人的本质好坏。多数罪犯的道德观念模糊、道德水准低，集中表现为自私、贪婪、卑劣、下流、冷酷、残忍、虚伪、凶狠、丑恶、无责任感等。

---

① 刘芩：《论气质与犯罪构成的关系》，载《大观周刊》2012 年第 14 期。

具体表现如下:损人利己和自私的品德在某些罪犯身上表现得非常明显和普遍。这些人在服刑中常表现出特别计较个人利益的得失,见利向前,见害退后,唯利是图;爱虚荣、图面子;他们善于美化自己、丑化他人,为满足自己的私欲,甚至不顾一切地向监狱民警进谗言,任意贬低和践踏别人,到处传播流言蜚语,制造无谓的纠纷;他们更善于投机钻营、虚假伪善;处处露出小人心态。

(二)罪犯性格的认知特征

罪犯性格的认知特征就是他们在认识方面表现出的稳定、持久特征。其主要表现在认知方式上,认知方式是个体在认知活动中表现出来的人格差异,它是指在认识过程中个人偏好使用的加工信息的方式,也称认知风格。在某种情境下不适宜的认知风格会导致自我调控不当引起的社会适应不良甚至犯罪。罪犯中很多人具有简单型、冲动型、依从型、冒险型、偏执型等不良的认知方式,这些认知方式主要是由不良的思维品质所决定,即思维的抽象性差、直观性强、肤浅,看不到事物的本质和规律,缺乏深刻性;思维方式片面、狭隘,缺乏广阔性;思维的盲目性、从众性,缺乏独立性、批判性;思维方式消极被动、懒于思考、封闭、保守、独创性差。思维固执、迟钝、缺乏灵活性、敏捷性差,甚至发展为偏执性、绝对化。即使是某些入监前社会地位和文化水平较高、某方面的思维品质较好的罪犯,与同一层次的未犯罪的人相比,他们思维的深度不够,因为他们看不到事物的本质,在侥幸心理支配下以身试法就是思维缺乏远见的表现。罪犯的不良思维方式不仅是导致他们犯罪的重要心理因素,也是他们难改造的重要原因之一。

(三)罪犯性格的情感特征

罪犯性格的情感特征就是他们在情感方面表现出的稳定、持久的特征。其主要表现在以下几个方面:

第一,外向轻率。大多数罪犯的情感经常是外向与轻率的,这已形成了他们的性格特征。对事、对人的内在情感很少加以掩饰,喜欢表露出来,表现为逞强好胜的特点,高兴时手舞足蹈,不高兴时就与别人对着干。持久性差,浮躁多,稳重少。英国心理学家艾森克认为:外向的人不容易形成适应社会的条件反射,因为这类人必须不断地寻求外界刺激、参加喧闹的活动,才能保证大脑皮层的唤醒水平较高,否则,他们就会感到无聊和厌倦。寻求刺激就容易导致犯罪,过于乐群外向是导致他们犯罪的重要原因之一。

第二,内向沉默。有一小部分罪犯表现出内向与沉默的特点。这类罪犯沉默寡言,不爱交际,受到负性刺激通常先是压抑、隐忍,负性刺激的不良影响不断累积超出一定限度无法自控时,则会情绪暴躁,行为失控,凶狠残忍,行为不计后果,尤其是某些杀人犯的这种人格特征最突出。

第三，消极否定情感突出。大多数罪犯嫉妒、仇恨、报复、抑郁、焦虑、易激惹、愤怒、敌意、逆反、偏执等否定性情感突出。易生烦恼、忧虑抑郁，对前途缺乏信心，沮丧悲观，缺乏安全感。

第四，情绪不稳定。由于罪犯原有性格的情绪特征的延续，加上服刑环境的压抑性，使多数罪犯在服刑期间情绪易变、起伏不定、忽高忽低、喜怒无常，性情暴躁，激情和应激情绪突出，激惹性强，复杂多变，不易恢复平静，容易受环境影响，有的一触即发①。有的甚至表现出重度神经症或精神病症状。

（四）罪犯性格的意志特征

罪犯性格的意志特征就是他们在意志方面表现出的稳定、持久特征。其主要表现为意志的两极性突出，即正确意志薄弱、错误意志顽固。正确意志薄弱是指罪犯自我调控能力低，不能抵制不良诱惑、不能克制自己的不合理欲望和情绪、为所欲为；错误意志顽固是指罪犯为实现反社会或不适应社会的目标时不怕任何艰难险阻，顽固地坚持自己的错误目标，敢于与法律和监规纪律抗衡，一意孤行、执拗偏激。意志的两极性突出的罪犯改造难度较大。

三、罪犯的能力特征

（一）多数罪犯的一般智力平均水平偏低

罪犯的平均智力水平偏低。多数罪犯的动作、直观思维能力较强，而语言和抽象思维能力较差，思维深度不够。

（二）少数罪犯具有特殊能力

违法犯罪人中有些人有某种专业能力，如研究能力、音乐能力、美术能力等。有些罪犯具有一些违法犯罪的特殊能力，并且导致行为的自动化，影响正确的改造。例如，有些技能盗窃犯的犯罪行为具有自动化的特点，盗窃技能的熟练使盗窃犯由于屡次犯罪得手而产生"愉悦"的体验与其神经系统建立起一定的联系，在服刑期可能会自动产生"小偷小摸"的行为，当然是否实施盗窃和罪犯的自然素质和人格密切相关。②

（三）多数罪犯的社会智力较低

社会智力（social intelligence）是指个体在人际情境中正确理解社会信息、恰当

---

① 耿德勤、刘运福、宋胜尊：《危险性罪犯人格特征分析》，第十七届全国心理学学术会议论文。

② 于世忠：《谈技能盗窃犯的特点及其矫正对策》，载《浙江省政法管理干部学院学报》1993 年第 4 期。

管理情绪、采取有效的社会行为的能力。其可以简单地理解为个体调节人际关系的能力。社会智力表现在以下三个方面:一是认知社会智力,这是指正确理解人际情境中社会信息的能力,如社会洞察力。二是情绪社会智力,即情绪智力或情感智力(emotional intelligence),简称为EI,这是指正确管理自己的情绪以及感知、理解他人情绪的能力。美国耶鲁大学的彼得·沙洛维(Peter Salovey)教授和新罕布什尔大学的约翰·梅耶(John D. Mayer)教授于1990年提出了情绪智力或情感智力,他们认为情感智力是社会智力的一种。美国哈佛大学心理学教授丹尼尔·戈尔曼(Daniel Goleman)认为情绪智力包括以下内容:识别和判断自己情绪的能力;调节和控制自己情绪的能力;识别和判断他人情绪的能力;自我激励的能力;维系良好人际关系的能力。三是行为社会智力,是指为实现特定社会目标而采取有效的社会行为的能力,主要包括人际交往能力和人际问题解决能力。

美国心理学家斯腾伯格(Sternberg)提出的"三元智力理论"中的"情境亚理论"对个体适应环境非常重要,即个体适应环境、选择环境、改造环境的能力。罪犯不能以道德和法律允许的健康手段适应健康的社会环境而犯罪,是他们的情境智力即社会智力低造成的。

社会智力低是很多人犯罪的重要原因。著名心理学家阿德勒曾说,所有失败者——罪犯、酗酒者、自杀者、堕落者、娼妓等,他们之所以失败,都是因为他们缺乏从属感和社会兴趣,从而对生活产生强烈的沮丧情绪。他们在处理职业、友谊和家庭问题时,都不相信这些问题可以用合作的方式加以解决,于是对现实充满失望感。经过对青少年犯罪的大量研究,清楚地勾画出了这些青少年逐步走向犯罪的过程。大多数青少年犯在上学念书之初就易冲动、脾气暴躁。被否定情绪支配而导致实施伤害、杀人、投毒、放火、爆炸、诬陷、诽谤、包庇等犯罪行为的情绪型罪犯,由于社会智力低,当遇到不顺心或障碍、困难时,极易产生挫折感,但又由于不能控制自己的否定情绪,因而以过激的行为发泄自己对社会或他人的不满。被判刑入狱后仍然由于他们的社会智力低而服刑情绪不稳定,焦虑状态远比其他类型的罪犯严重,很难处理好与监狱民警以及其他罪犯的关系,因而又常常产生新的挫折感。

(四)罪犯的犯罪能力和改造能力的一致性

一般来说,犯罪能力较强的罪犯,经过改造和教育,一旦产生改恶向善的需要,其改造能力也较强。国外有"汽车大盗成为汽车防盗专家"的例证,国内有"将罪犯的犯罪能力转化为创造力"的成功实践,都说明人的能力无好坏之分,在不同性质的需要统率下发挥作用时才具有善恶的意义,在良性需要支配下,犯罪能力就可能转变为符合正常社会要求的行为产生的必备心理条件。

总之，罪犯的人格既具有一定的独特性和共同性，又具有稳定性和发展性，并且具有一定的功能性。监狱系统应该在罪犯改造工作中，在分析罪犯人格特点的基础上，对其采用针对性的矫治方式，矫正和完善其人格特点，充分发挥其人格的积极作用，使罪犯矫正工作取得更大成效。

研究与思考

1. 简述罪犯人格的动力系统的构成要素及其特点。
2. 简述罪犯自我意识的概念、内容及其作用。
3. 简述罪犯人格的特征系统的构成要素及其特点。
4. 简述如何根据罪犯的人格特征开展罪犯改造工作。

第四章　罪犯心理的发展变化

重点提示

1. 罪犯的心理不是固定不变的，它既可以产生良性转化，也可以发生恶性变化。罪犯心理发展的动力是其自身的心理矛盾。

2. 影响罪犯心理发展变化的因素既有监狱因素、家庭因素和社会因素等主体外因素，也有罪犯的人格因素、行为习惯因素、文化因素和生理因素等主体因素。

3. 罪犯心理的良性转化经历服从阶段、同化阶段和内化阶段。在罪犯心理转化的过程中，具有从强制改造到自觉改造、知情意行相互联系和影响、需要结构的改变和补偿、罪犯群体和个人相互作用、罪犯心理的转化存在个别差异五个规律。

4. 罪犯在整个服刑期间对监狱生活的适应状况会发生变化，具体表现为服刑初期的心理不适应、服刑中期的心理适应和服刑后期的心理不安定。

第一节　罪犯心理的发展

一、罪犯心理发展的方向

罪犯心理的发展存在两种对立的倾向：良性转化和恶性变化。

（一）罪犯心理的良性转化

罪犯心理的良性转化是指罪犯接受监狱机关的改造后，犯罪心理逐渐减弱或消失，常态心理不断恢复或增强，守法心理逐渐形成。

罪犯心理的良性转化是监狱机关最期望罪犯产生的，但并非罪犯一入狱就能够产生。通常是在罪犯接受刑罚惩罚和监狱机关的教育改造一段时间之后，在多种罪犯自身和外界的积极因素相互作用和相互影响下才逐渐形成的。

（二）罪犯心理的恶性变化

罪犯心理的恶性变化是指罪犯在服刑期间由于原有犯罪心理的延续或受到其

他不良影响，导致其出现了抗拒改造的心理和行为。罪犯心理的恶性变化主要有两种情况：一是原发性的恶性发展，即罪犯在原有犯罪心理支配下表现出抗拒改造的行为，或者是罪犯相互间产生恶性感染，继而表现出抗拒改造的行为；二是动摇反复性的恶性变化，即已有改好表现的罪犯，由于受到主客观不良因素的影响而再次产生抗拒改造的行为。

导致罪犯心理产生恶性变化的罪犯间的相互感染有两种形式：一是交叉感染，即不同犯罪类型的罪犯之间的感染，罪犯因习得了新的犯罪技能而增加心理恶性。例如，通过向其他类型的罪犯学习犯罪技能，罪犯从"一面手"变成了"多面手"。二是深度感染，即同一类型罪犯之间不同水平的感染，这会使罪犯因犯罪能力增强而加大心理恶性。例如，小扒手向老扒手学会了更高超的盗窃技能。

导致罪犯心理产生恶性变化的原因有以下三个方面：一是罪犯自身原有犯罪心理的延续或其他不良心理因素的增强导致其恶性行为增加；二是罪犯群体风气不良、改造风气不正造成的负效应；三是监狱民警执法不公正、管教方法不恰当，使罪犯心理失衡导致恶性变化。

二、罪犯心理发展的动力

罪犯心理的发展变化是要靠动力推动的。发展心理学告诉我们，推动人的心理发展变化的根本动力是人自身的心理矛盾。罪犯心理的发展也不例外，推动其心理发展的根本动力同样是其自身的心理矛盾。

（一）罪犯自身心理矛盾的含义

罪犯自身心理矛盾是指罪犯原有的犯罪心理同改造目标和要求所引起的新的改造需要之间的矛盾。它实质上是罪犯的"旧我"与"新我"之间的矛盾，是罪犯旧的导致其犯罪的需要与新的改造需要之间的矛盾，也是罪犯的消极改造态度与积极改造态度之间的矛盾。

（二）罪犯自身心理矛盾的形成过程

罪犯自身心理矛盾的形成及发展是在刑罚惩罚的强烈刺激下，罪犯与监狱环境、改造措施相互作用的活动中实现的。一般来说，会经历这样的过程：罪犯原有的犯罪心理同改造目标和要求不协调，产生矛盾；在监狱机关的强制约束和监狱民警的教育下，促使罪犯形成新的改造需要；罪犯原有的犯罪心理与其新形成的改造需要必然会产生矛盾斗争，此时罪犯自身心理矛盾就形成了。矛盾双方斗争的结果是：如果"新我"力量强大而占了上风，罪犯心理就会出现良性转化；如果"新我"力量较弱而无法战胜"旧我"，"旧我"仍然占据主导地位的结果则会使罪犯心理出现恶性发展。

（三）罪犯自身心理矛盾的内容

罪犯自身心理矛盾主要包括以下四对矛盾：

1. 认罪与不认罪的矛盾。这是罪犯服刑过程中普遍存在的一种心理矛盾。这种心理矛盾的主导方面，决定着罪犯的改造态度和心境。

导致罪犯产生不认罪心理的原因有以下三种：一是有罪不认。由于接受刑事判决意味着承认犯罪事实和量刑裁决，这与罪犯自身的利益相悖，因此，那些狡猾的罪犯，为了维护自身利益，或者受对立情绪的驱使，就会有罪不认，无理申诉。二是与他犯攀比，认为自己的量刑过重而不认罪。这种情况在赶上“严打”的罪犯身上表现明显。三是法律意识不健全导致不认罪。有些罪犯因为不知法、不懂法，以自己的错误认识代替法律，不认为自己的行为是犯罪。例如，与从人贩子手中“买”回的妇女强行同居的罪犯，认为“是自己花钱买的‘媳妇’，并非强奸”；把抓住的小偷私自拷打致死的罪犯，强调“打死的是坏人，不应追究”等。

2. 导致罪犯犯罪的需求与限制其行动自由引起的约束感、恐惧感的矛盾。在承受刑罚的条件下，那些恶习较深的罪犯，还会因内在的犯罪心理冲动和罪犯之间的犯罪思想、犯罪体验的交流，而产生种种可能引发其犯罪的需求，不时地与监管措施限制其行动自由引起的约束感和恐惧感相矛盾。其表现为以下三种心理：一是恋旧心理。即留恋过去的放荡生活，经常在言论上流露出对昔日腐朽与奢侈生活的向往与怀恋，与他犯交谈犯罪经过与犯罪体验，形成犯罪思想的“交叉感染”。二是违反监规纪律心理。由于存在恋旧心理和犯罪冲动，因服刑限制而不能满足，必然会使罪犯时时处在焦虑不安之中，于是便有可能采取某些代偿性的违规违纪行为来减轻心理压力。三是孤注一掷心理。为了能够重操旧业，少数罪犯不惜孤注一掷，伺机脱逃。如果难以脱逃，便在监内重新犯罪，抗拒改造。

3. 好逸恶劳与对强迫劳动的惧怕心理的矛盾。好逸恶劳是罪犯中普遍存在的现象。而监狱机关是以强制劳动作为改造罪犯的重要手段之一，这就与罪犯原有的好逸恶劳的人格特点相矛盾。但是，这种矛盾在不同罪犯身上的表现程度却是因人而异的。有的罪犯会以拒不出工的方式公开表现出抗拒劳动的行为，有些则是消极怠工，出工不出力或欺骗他犯代劳。更有甚者，为了达到不劳动的目的，不惜自伤、自残或故意制造病情。

4. 合理的常态需要与生活受限制引起的不满足感、压抑感的矛盾。罪犯作为一个自然人，有着许多与社会上其他人相同的常态需要，如温饱、安全、休息、娱乐、与配偶同居、从事自己的业余爱好等。然而，罪犯的特定身份与处境，使他们难以按照自己的意愿,充分地满足自己的常态需要。尽管我国监狱实行人道主义政策,采取了一些措施满足其常态需要,但由于条件所限,仍有不少常态需要未能得到满足。这样,必然使罪犯产生心理上的压力,影响改造情绪的稳定。

(四)罪犯自身心理矛盾的个别差异

1.矛盾主导方面的差异。矛盾的主导方面是指强烈、稳定、起主要作用的矛盾方面。有的罪犯自身心理矛盾的主导方面是原有的犯罪心理,有的罪犯自身心理矛盾的主导方面是新的改造需要。同一个罪犯在不同的服刑阶段,其自身心理矛盾的主导方面也会发生变化。

2.矛盾尖锐程度的差异。矛盾尖锐程度是指矛盾双方斗争的激烈程度,一般有两种情况即尖锐或平缓,这由矛盾双方的力量对比所决定。

3.矛盾发展变化的差异。矛盾的发展变化有两种情况:一是性质相反的发展变化,即良性转化或恶性变化。当矛盾的主导方面是新的改造需要或新我、矛盾双方的斗争尖锐时,罪犯心理向良性转化;当矛盾的主导方面是原有的犯罪心理或旧我、矛盾双方的斗争不激烈时,或者出现反复时先激烈、后平缓(旧我战胜新我),罪犯心理向恶性变化。二是性质相同的差异性发展,即同为良性转化或恶性变化时,不同罪犯的具体变化情况各具特色。

三、影响罪犯心理发展变化的因素

罪犯心理是良性转化还是恶性变化,往往是多种因素综合作用的结果。因此,必须分析这些因素,以便从细微处入手来促进罪犯向良性转化。

(一)主体外因素

1.监狱因素。具体包括以下两方面:

(1)监狱工作因素。这是指监狱机关有目的、有计划、有组织地对罪犯施加影响的因素。其包括刑罚的执行、狱政管理、教育改造、劳动改造等工作。监狱工作因素是改造罪犯的决定性因素,它对罪犯心理转化起主导作用。

在监狱工作因素中对罪犯改造起决定作用的是监狱民警,监狱民警的素质,尤其是心理素质的高低,直接影响罪犯的改造质量。监狱民警的心理素质是指从事监管改造罪犯工作所需要的心理条件,包括高度的责任感与高尚的品德,公正的执法意识,健全的人格,综合的职业技能,健康的心理机能,较高的人文素养等。

(2)监狱环境因素。这是指监狱工作因素以外的直接对罪犯发生影响的一切事物。其包括监狱自然环境因素(生活环境和物质环境),监狱社会环境因素(监狱风气、罪犯群体及人际交往),监狱生产环境因素(劳动设施、劳动安全保护条件)。

监狱环境因素中可控因素和不可控因素并存,积极因素与消极因素同在。这些因素对罪犯改造虽然不像监狱工作因素那样能起到主导作用,但在潜移默化中也会对罪犯的心理产生一定影响。

2. 家庭因素。这是指罪犯的家庭及其与家庭成员的关系状况。由于多数罪犯对家庭有强烈的依恋,因此,家庭对罪犯服刑期间的心理变化具有重要的影响作用。罪犯的家庭是否稳定,罪犯与家人的关系是否和谐,罪犯的家人是否支持其接受改造等,都会直接影响罪犯的心态,进而使罪犯有不同的服刑表现。在改造实践中,很多时候就是因为成功地做好了罪犯亲人的工作,依靠家庭的力量去帮教罪犯,才促使抗拒改造的罪犯转变消极改造态度,走上积极接受改造的道路。

3. 社会因素。这是指监狱以外的大社会环境因素。其包括政治因素、经济因素、文化风尚因素、治安因素、民族人格因素等。社会政治稳定、经济繁荣、主流文化健康向上、社会治安良好,都会对罪犯的改造起到积极的影响作用。中华民族典型的人格特点,尤其是优秀的民族人格因素,更是极易被罪犯接受的传统文化力量,会对罪犯改造产生积极作用。但是,其中也会有一些消极的因素对罪犯的改造造成不利影响。

(二)罪犯主体因素

1. 罪犯的人格因素。罪犯入监前形成的人格,包括需要、动机、兴趣、价值观、气质、性格、能力、自我意识等,都具有相对的稳定性,必然在服刑中对罪犯心理的发展起到重要的影响作用。例如,具有强烈的不合理需要、不认罪的自我意识、不良的性格特点、较强的犯罪能力的罪犯,其心理向良性转化的速度肯定很慢;相反,具有改恶向善的需要、认罪的自我意识、良好的性格、较强的改造能力的罪犯,其心理向良性转化的速度则会很快。

2. 罪犯的行为习惯因素。罪犯入监前形成的行为习惯,包括犯罪习惯和常态习惯,必然要在服刑中表现出来,影响罪犯心理向良性转化的速度和稳定性。罪犯的行为习惯因素主要包括以下三个方面:一是犯罪习惯及其熟练程度。犯罪习惯越顽固、越熟练的罪犯,其转变速度就会相对较慢,其良好的心理和行为习惯的形成就不容易;反之,则较易。二是犯罪经历和消极经验。犯罪经历越复杂、消极经验越丰富的罪犯,其改造心理的形成、心理向良性转化的速度就越慢;反之,则越快。三是生活习惯。罪犯入监前有良好的生活习惯,就有利于他们很快适应服刑生活,其心理向良性转化的速度也会快;罪犯入监具有的前不良的生活习惯越多,就越不利于他们对监狱生活的适应。

3. 罪犯的文化因素。文化水平与人的认知能力密切相关。文化水平高的人,通常认知能力较高,知识储备较丰富,思考问题往往具有全面性、深刻性、灵活性、敏捷性、独创性、批判性,对事物易产生较准确深入的认识,进而能作出相对理性的正确行动决定。文化水平低的人则正好相反。调查发现,多数罪犯的文化水平偏低。文化水平低导致罪犯认知能力低下,他们在思考问题时会表现出狭窄、肤浅、迟钝、盲目受暗示的特点,使他们不易对事物产生正确认识,因而在关键时刻就会因决定失当而导致犯罪行为的发生。他们在入狱之后,也会因其认知能力不高而影响其对政府改造政策的正确理解和接受,进而会使其接受改造的进程缓慢而艰辛。

需要注意的是,在罪犯中占据少数的文化水平较高的罪犯,其较高的认知能力并不必然使他们有接受改造的行为表现。只有那些产生了改恶向善需要的高文化水平罪犯,才能在深刻认识自己的罪行的基础上,发自内心地产生改变自我的愿望,并表现出稳定的积极接受改造的行为。那些不合理需要仍然占据主导地位的罪犯,则会形成强烈的对抗心理,进而做出性质恶劣的抗拒改造行为。

4. 罪犯的生理因素。生理因素包括罪犯的遗传因素、体内的生物化学因素、健康状况、性别。对罪犯的服刑改造影响较大的生理因素主要是健康状况和性别。

(1)健康状况影响罪犯的改造心理。同样是有积极改造需要的罪犯,身体健康状况不同直接影响他们的改造目标能否实现,这突出地体现在劳动改造中。身体健康状况较好的罪犯,参与活动的积极性较高,在活动中容易取得好的成绩,这对其改造必然会带来促进作用,其心理的良性转化就容易产生。

(2)性别影响罪犯的改造状况。男犯和女犯由于生理上的差别,形成了各具优势的不同心理特征,使他们在服刑中会表现出服从监狱民警的控制和管理、劳动产量和质量、违规违纪发生频率和类型等方面的差异。

第二节　罪犯心理的转化过程

一、罪犯心理转化的阶段

如前所述,罪犯心理的发展存在良性转化和恶性变化两种完全相反的情况。监狱机关最希望罪犯产生的是良性转化,而不是恶性变化。罪犯从犯罪者到成为守法公民的转变,实际上就是社会态度的转变——从反社会态度转变为与公众利益相一致的正确的社会态度。社会心理学家凯尔曼提出的态度形成与转变理论认为，一个新态度的形成需要经历服从、同化、内化三个阶段。[①] 服从是在外力作用下接受新态度并产生相应的行为，但内心并不认可新态度。同化是接受了新态度并能够自觉主动地按照新态度产生相应的行为，但新态度尚未稳定形成，也没有变成自己的态度。内化是把新态度完全融化和吸收，变为自己的、稳定的态度。根据凯尔曼的理论，要使罪犯心理产生良性转化，即改变其反社会态度，使之确立正确的社会态度，同样要经历这三个阶段。

（一）服从阶段

服从是罪犯产生良性转化的开始。在服从阶段，罪犯仅仅是表面上接受了监狱机关的管制，在行动上是被迫按照监狱机关的要求去做，其内心却仍然保留着自己原有的态度。因此，服从也称被动服从，处于这个阶段的罪犯所表现出的老老实实接受改造的行为，完全是迫于监狱民警的严厉管制和监规纪律的严格约束，由于害怕受到惩罚才不得已表现出的行为，其内心常常会存有抵触和对抗情绪。

一般来说，罪犯的反社会态度越牢固，服从阶段所经历的时间就会越长一些。

（二）同化阶段

同化是罪犯良性转化的深入。在同化阶段，罪犯不再是被迫按照监狱机关的要求去做，而是心甘情愿地接受监狱机关的影响，并使自己的态度与监狱的改造目标和要求相接近，但尚未变成自己的态度，因而同化也被称作认同。

同化是罪犯真正开始接受改造的阶段，其改造的自觉性和主动性都在逐步提升。在这个阶段，罪犯首先出现醒悟初变，但由于新态度还没有稳定形成，因而也会在某些消极因素影响下产生动摇反复的情况。

醒悟初变是指罪犯在受到刑罚惩罚和监狱机关的教育后，初步认罪服法，有改恶从善的行为。促使罪犯醒悟初变的关键因素是帮助罪犯正确认识自己的罪行，在认罪的基础上才能促其悔罪，进而产生改变自己的愿望并付诸行动。从罪犯自身心理矛盾的角度来看，产生醒悟初变的罪犯，仅仅是"新我"暂时战胜了"旧我"，"新我"的力量还不够强大，一旦受到消极因素的影响，"旧我"还可能重新占上风，于是罪犯就会出现动摇反复。

动摇是指罪犯开始醒悟后由于主客观因素的影响，对继续改造犹豫不决、欲前又止；反复是指罪犯有了初步转变后又重新产生不接受改造的行为。动摇和反复既有联系又有区别，二者的联系是：动摇是反复的基础，反复是动摇可能出现的结果，动摇不一定出现反复。二者的区别是：动摇主要是心理活动，反复主要是行为

① 侯玉波编著：《社会心理学》（第 4 版），北京大学出版社 2018 年版，第 120 页。

表现。

罪犯在改造过程中,出现动摇反复是常见的现象。反复既有产生轻微的违规违纪行为等一般反复,也有产生抗拒改造行为等恶性反复。通常随着改造进程的推移,监狱民警对罪犯的教育管理能够真正起到作用后,罪犯出现反复的次数才会越来越少,反复的程度也会越来越弱,离改恶向善目标的实现就会越来越近。

(三)内化阶段

内化是罪犯良性转化的完成。在内化阶段,罪犯将监狱机关的要求完全变成了自身需要,从根本上改变了自己的态度,即新态度形成了。在内化阶段,罪犯接受改造的行为完全是自觉、主动的,即使没有纪律约束,他们也能表现出积极接受改造的行为。此时,罪犯真正进入了改造的稳定期,不再出现动摇反复,其原有犯罪心理已被消除或大大弱化,常态心理已大致恢复,守法心理基本形成。此时,罪犯的"新我"已经完全战胜了"旧我","新我"的力量也足够强大,因而使罪犯能够精神振奋,自我改造的要求强烈而迫切,自我改造的意志比较坚强,进而能持续稳定地表现出积极接受改造的行为。

二、罪犯心理转化的规律

(一)从强制改造到自觉改造

如前所述,罪犯的心理转化要经历服从、同化、内化三个阶段。由于服从阶段是在监规纪律等外力强制约束下,罪犯不得已才表现出的接受改造的行为,此时罪犯的改造是处于强制接受的阶段。在同化阶段,虽然罪犯能自觉主动地按照监狱机关的要求去做,但由于新态度尚未完全成为自己的态度,他们还需要在监狱民警的适当管控之下,才能有比较稳定的接受改造的行为,此时罪犯的改造是处于半强制、半自觉的阶段。在内化阶段,由于新态度已稳定形成,罪犯能完全在自己的调节控制之下产生接受改造的行为,此时罪犯的改造是处于自觉的阶段。总之,罪犯的心理转化是从强制接受改造开始,随后强制性逐渐减少,自觉性逐渐增加,最终才变为自觉接受改造。

(二)知情意行相互联系和影响

个体最基本的心理活动是知、情、意、行(行是心理活动的反应),一切复杂心理活动的产生都是以知、情、意、行为基础,并通过知、情、意、行的变化而变化。罪犯心理的转化同样是通过知、情、意、行的变化来实现的。

知、情、意、行这四者之间既相互联系,又相互影响。知是情、意、行产生和发展的基础,决定着情、意、行的方向和性质;情是知和意转化为行并使行为持久的动力,影响着知、意、行的深化和发展;意是知和情转化为行的桥梁和柱石,调节、控制、监督知、情、行;行既是知、情、意的目的和外在表现,又对知、情、意有反馈作用,即可以扩大、加深、提高或矫正知,增强或削弱情和意。因此,在促使罪犯产生心理转变时,我们既可以按照人类心理形成和发展的内在程序进行操作,即以知为开端,对知、情、意、行逐一进行调整,最后以形成良好行为习惯为终端;也可以利用知、情、意、行的相互影响,根据罪犯的具体情况,不拘泥于固有的模式,因人而异地选择促其转变的突破口,即知、情、意、行中的任何一个方面都可以作为转化罪犯的开端。因此,我们既可以从"知"入手,通过对罪犯晓之以理来促其转变;也可以将"情"作为突破口,运用感化促使罪犯转变;还可以从"意"入手,通过锤炼罪犯形成正确意志来促其转变;甚至还能以"行"为先导,通过矫正罪犯的不良行为习惯进而促其产生转变。

(三)需要结构的改变和补偿

罪犯的犯罪行为来源于不合理需要,要从根本上转变罪犯,就必须改变和剔除他们的不合理需要。但人的需要不可能出现空白,因为需要是个体心理活动的原动力和行为积极性的源泉,一旦出现空白,罪犯就会寻求消极代偿。所以在改变和剔除罪犯的不合理需要的同时,就必须补充以新的高级的精神需要和合理的常态需要,占领他们的需要空间。

改变罪犯的需要结构要把强制性限制与引导性约束相结合。强制性限制就是用监狱的规章制度限制罪犯不去满足不合理的需要;引导性约束就是在给罪犯讲明道理与原因的基础上,使罪犯认识到自己过去为所欲为的危害后,自觉约束自己的不合理需要和某些合理但现实不能满足的需要(例如,正常的物质需要、性需要、思亲的需要),形成自觉克制欲望和延迟满足的能力。

补偿罪犯的需要结构可以采取以下方式:一是引导罪犯学习道德、法律、文化、技术,通过提高其综合素质来优化其需要结构;二是以健康活泼的文化体育活动丰富罪犯的业余精神生活,使其放松身心并陶冶情操;三是组织罪犯开展有益于他们重新适应社会的各种技能竞赛,促其不断奋发向上;四是对积极改造的罪犯以增加亲人探监或离监探亲等奖励方式满足其合理需要,激励他们继续产生积极接受改造的行为。

(四)罪犯群体和个人相互作用

罪犯心理既是一种个体的心理现象,又是同一改造场所许多罪犯群体心理的共同反映。由于罪犯在服刑期间的个人处境、生活条件和接受的刺激、信息等具有一定的相似性,再加上罪犯群体和个人之间的相互影响,必然会使他们的心理不断地融合、接近,呈现出群体的社会心理现象。例如,罪犯中的群体舆论,是多数罪犯的共识和态度的反映,它必然会对群体中的所有罪犯产生一定程度的影响;在特定时刻,针对某人或某事,罪犯中会出现相同的情绪状态,即产生集体感受,这种相同的感受会拉近群体成员之间的距离,关系的密切又会带来行动上的一致;在群体中,被众人认可的行为会导致群体中其他罪犯的效仿,与多数罪犯的行为不一致者会感受到压力而放弃自己与众不同的行为,群体成员会对群体中的权威人物无条件地服从,多数罪犯对自己所隶属群体的归属感和集体荣誉感使他们愿意为了自己群体的利益而产生更多好的表现……所有这些都是值得重视的罪犯群体与个体之间相互作用、相互影响的心理现象。监狱民警应善于运用这一规律,建设一个好的罪犯集体,通过罪犯群体与个体的积极互动,推动所有罪犯都朝着使自己改恶向善的方向积极努力。

(五)罪犯心理的转化存在个别差异

由于罪犯的犯罪类型、犯罪原因、犯罪经历不同,性别、年龄、生活经历不同,人格特点不同,这就决定了在施教内容、管理方法和技巧等方面,必须因人而异,不能千篇一律,套用某种固定的模式。对每一个罪犯,必须具体问题具体分析,根据其实际情况,区别对待,才能取得成效。

第三节 罪犯服刑的适应心理

罪犯在整个服刑期间要经历从心理不适应到心理适应的变化过程,主要是通过服刑初期、服刑中期和服刑后期三个阶段的逐渐变化表现出来的。

一、服刑初期——心理不适应期

罪犯入监初期,由于社会地位、生活环境的变化,对监狱生活很不适应,表现出对刑罚处罚的不适应、对严格的监管纪律和制度的不适应、对强制劳动改造的不适应、对自己处于绝对服从地位的不适应。因此,罪犯在服刑初期基本是被迫接受改造,这个阶段大约要经历半年至一年。罪犯在服刑初期的不适应心理,以情绪不稳定为主要特征,具体表现为以下几种心理:

(一)悲观失望心理

从能够自作主张的自由人变成了绝对听命于监狱民警的囚徒,又是在高墙电网之下生活,使罪犯感到一切都完了,自然而然会产生悲观失望心理,他们对自己的前途、家庭的稳定、未来的生活等也失去信心。

（二）思亲与苦闷心理

罪犯由于失去了人身自由，行动受限制，又被强制劳动改造，还不能与家人团聚，面对陌生而又单调、清苦的监狱生活，内心会异常苦闷。这是罪犯思亲、孤独、寂寞、无助的综合心理。

（三）多疑和焦虑心理

罪犯初到监狱，面对监狱这个完全陌生的特殊环境，一切都不在掌控之下，因而不论是对监狱民警，还是对其他罪犯，时时处处都要提心吊胆、小心翼翼。这种状态时间一长，必然会导致罪犯紧张不安，内心充满了多疑和焦虑。

（四）企图蒙混过关心理

入监初期，一些罪犯从某种个人目的出发，在认罪问题上企图蒙混过关，不想认罪，因而也会表现出心神不宁的状态。有这种情况的罪犯主要有四类：一是对法院判决不服的罪犯；二是极端狡猾、抵赖的罪犯；三是在预审中接受消极教训的罪犯；四是信仰型罪犯。

二、服刑中期——心理适应期

罪犯经过半年或一年的服刑改造，对监狱生活基本适应了，就会进入心理适应期。这个时期的主要特征是情绪稳定。此时罪犯进入了半自觉或自觉接受改造的阶段，这是罪犯真正开始产生心理良性转化的时期，因而是罪犯改造的关键期。这一时期罪犯的心理以积极适应为主，以消极适应为辅，主要有以下几种心理：

（一）积极适应心理

积极适应心理是指罪犯以积极改造的心理和行为适应监狱的服刑生活。罪犯的积极适应心理主要有以下四种：

1. 认罪心理。这是罪犯对自己的罪行产生正确认识之后才形成的，能认罪的罪犯才会产生罪责感，进而才能有改变自己的愿望。罪犯通常需要经过监狱的教育、用法律对照自己的罪行并正确认识到自己犯罪的原因后，才能发自内心地感到自己有罪。认罪心理是罪犯积极改造的心理基础和前提。

2. 悔恨心理。这是罪犯在认罪基础上对自己的罪行发自内心产生的悔恨，是罪犯积极接受改造的内在动力，它取代罪犯悲观、颓废的情绪，使罪犯能投入积极改变自我的活动中。

3. 希冀心理。这是罪犯对新生活的希望和迫切追求，它使罪犯对改造前途和未来生活充满信心，产生巨大的内在动力，促使罪犯在希望中不断奋进。

4. 醒悟心理。这是罪犯经过较长时间的教育改造后，对人生道理有了比较准确、透彻的领悟，对如何做人有了清晰、深刻的认识。这对罪犯未来重新适应社会相当重要。

（二）消极适应心理

消极适应心理是指罪犯以消极的心理和行为对监狱服刑生活进行适应。混刑度日和监狱人格都是消极适应的表现。

监狱人格是指长期服刑生活所造成的消极效应，即在一部分重刑犯中有可能出现的以双重人格为主要特征的人格变异。其主要特征是：

一是屈从。一些刑期较长的罪犯由于长期被强制监管改造，逐渐失去了自己原有的人格特点，即一切听命于他人，委屈服从。

二是卑微。过分贬低自己的价值，过于谨小慎微，唯唯诺诺，对监狱民警唯命是从。

三是双重人格。即同一个人同时存在两种相互矛盾或完全对立的人格特征。比如，强与弱、好与坏同时并存。有双重人格的罪犯在监狱民警面前是一副卑躬屈膝、毕恭毕敬的弱者与尊敬的面孔，而背地里却对监狱民警恨之入骨、发泄怨气或对罪犯中的弱者欺侮、凌辱。

四是缺乏活力。这类罪犯整天循规蹈矩，行为死板，像机器人一样，无改造积极性和创造性。

监狱人格既不利于罪犯的彻底改造，也不利于罪犯刑满释放后重新适应社会。

（三）积极与消极的混合适应心理

在服刑中期，当罪犯有了良性转化后，可能会在多种主客观不良因素的刺激下，产生内心的矛盾冲突，进而出现改造的反复或倒退现象，这就是积极与消极的混合适应心理。

三、服刑后期——释放前不安期

罪犯刑满释放前的半年或一年里，面对即将回归社会，会打破服刑中期的平静心理，心理出现不安定的状态。这一时期的主要特征是情绪不平静，主要有以下几种心理：

（一）对前途的向往与忧虑的不平静心理

罪犯刑满释放前对未来的前途既向往又忧虑，向往的是自己即将重返社会，获得自由，与家人团聚，以后能够凭自己的勤劳致富获得心安理得的幸福，因而激动不安。但又担心回到社会后遭到歧视，无业可就，因而产生忧虑不安。两种不安使罪犯释放前的心理处于不平静状态。

(二)自卑与自尊相交织的不平静心理

自卑是因为自己是刑满释放者,在别人面前抬不起头;自尊是因为自己也有维护良好自我形象的需要,希望得到别人的尊重。自卑与自尊的矛盾使罪犯的内心难以平静。尤其是那些入监前有一定文化水平或较高社会地位的罪犯,这种不安情绪会更强烈。

(三)强烈的归属感造成的不平静心理

即将刑满释放回到家里与亲人团聚,罪犯怎能不激动?想象着即将回到家里所产生的喜悦使他们激动不已、彻夜难眠。这正符合心理学的一条规律:离目标越近,动机越强烈。

(四)欲行报复导致的不平静心理

对执法者、被害人、检举人、证人一直怀恨在心的罪犯,刑满释放前会在复仇心理支配下,整天想着自己如何实施报复以及报复计划即将实现,因而激动不安。

(五)欲重操旧业导致的不平静心理

对于那些混刑度日的罪犯,尤其是想把坐牢的损失尽快补回来的罪犯来说,急切地盼望着自己早日重返社会、重操旧业,想到这一天马上就要到了因而心绪难平。

(六)如释重负心理中隐含的不安心理

一部分即将刑满的罪犯,在刑满前的一两个月或半年中,想松口气好好享受一下,因而放松了思想改造,甚至有人出现改造的倒退行为。这种如释重负心理虽从表面上看不出不安,但实际上他们也常常随着并非心安理得去享受的不安心理,因为自己毕竟是罪犯。尤其是那些一贯表现较好的罪犯,这种不安心理会相对强烈一些。

研究与思考

1. 罪犯心理可以朝哪些方向发展?
2. 推动罪犯心理发展的动力是什么?它有哪些内容?存在哪些个别差异?
3. 影响罪犯心理发展的因素有哪些?
4. 罪犯心理转化经历哪些阶段?其中包含哪些规律?
5. 罪犯在不同服刑阶段对监狱的适应状况如何?各阶段有哪些主要心理表现?怎样根据罪犯对监狱的适应情况制定有针对性地促进其接受改造的措施?

第五章　不同犯罪动机的罪犯心理与改造对策

重点提示

1. 罪犯类型化具有理论和实践的双重意义，但也存在标准不统一以及罪犯类群的交叉等问题。

2. 犯罪动机只是划分罪犯类型的心理学标准之一，这种划分有利于更清楚了解罪犯相同的和不同的心理特征，以便对罪犯提出有针对性的心理改造对策。

3. 物欲型罪犯区别于常人的显著特点是：物质占有的贪婪性及占有物质行为的违法性，这对了解他们的心理特征、提出改造对策非常重要。

4. 在性欲型罪犯中，性观念的错位和生理上性满足的暴力性是它的两个主要特点。入狱后地位低下，自卑心理是他们服刑期间的一个心理特点。

5. 情感型罪犯的情绪容易冲动、意志力品质差、控制不了自己的情绪，这些既是情感型罪犯的心理特征，也是改造他们的切入点。

6. 信仰型罪犯的主要特征是认知的扭曲偏狭、信仰的极端以及行为的无法无天。也由于认知的极端偏狭，因此转化的难度比较大。

对罪犯进行类型划分并研究每类罪犯服刑期间的典型心理特征，有助于深刻理解罪犯心理的特殊性与共同性，有利于对罪犯实施分类处遇、分类施教、因人施教及有针对性的心理矫治，提高改造罪犯的质量。由于人们认识及研究视角不同，对罪犯分类的标准有很大的差异，这也就导致对罪犯的类型划分千差万别。本章研究的是以犯罪心理动力为标准划分的不同类型罪犯的心理特征，并提出相应的改造对策。

第一节　罪犯类型划分

一、罪犯类型的概念

类型是按照事物的共同性质、特点而形成的类别。类型是一种对象群结构。对象群就是以事物某种特征为标准,这一群较之另一群具有更多的共同性,而舍去了每一个个体的特殊性和个别性。

对事物进行类型划分,是为了对该事物(特别是复杂事物)更好地进行研究,得出更深刻的认识。比如说罪犯,虽然每一个因实施犯罪行为而被判刑入狱的人都被称作罪犯,但罪犯与罪犯之间存在很大差异,他们所实施的犯罪行为千差万别,他们在犯罪原因、犯罪目的、犯罪性质上有差异,他们的刑期、性别、年龄、文化程度、入狱前的职业、社会地位以及生理、心理状况等均有所不同。总之,罪犯是一个由多种类型组成、成分复杂的特殊人群。对于这样一个复杂的群体,必须从罪犯的特殊性、个别性中找出共同性,从罪犯的共同性中理解个别性和特殊性。因此,有必要在对罪犯共同的心理特征研究之后,进一步对罪犯进行科学的归纳和分类,即进行罪犯的类型化。

按照一定的原则和标准,将具有共同性质、特点的罪犯划归一类所形成的人群,就是罪犯类型。对罪犯进行类型划分,其实质就是从罪犯心理结构的差异中寻求共同的"类",找出其类型心理特征。例如,按犯罪心理动力标准可把罪犯分为物欲型、性欲型、情感型、信仰型、集合型、过失型等;按年龄标准可分为未成年犯和成年犯;按性别标准可分为男犯和女犯,按犯罪经历标准可分为初犯、偶犯和惯犯、累犯;按刑期标准可分为轻刑犯和重刑犯等,每一类型都有区别于其他类型的典型心理特征。

二、罪犯类型化的意义

罪犯类型化有两方面意义,即理论意义和实践意义。

(一)理论意义

1. 丰富发展了人格心理学。一般来说,心理学家研究人格心理时主要是以社会个体为研究对象,强调个体人格心理的特殊性以及与其他社会个体的差异性;而罪犯类型化则是把研究的重点放在具有共同心理特征的某一罪犯类群上,强调的是这一类型罪犯共性的心理问题,而抽离了罪犯个体的特殊性和个别性。这就在一定程度上丰富发展了人格心理学。

2. 拓展了罪犯改造心理学理论。随着心理科学迅猛发展以及广泛地应用，作为新兴学科的罪犯改造心理学日益成熟和完善。罪犯改造心理学研究罪犯在服刑期间的各种心理现象，力图揭示罪犯在服刑期间心理变化的规律。但这种规律性的认知，大多数是以罪犯个体为样本，缺乏对具有某些共同心理特征的类群的对照。从这个层面上说，对罪犯进行类型化，既拓宽了罪犯改造心理学的研究视野，又拓展了罪犯改造心理学的基本理论。

(二)实践意义

1. 立法意义。处遇制度是现在世界监狱通行的行刑制度之一，对于促进罪犯改过自新意义重大。处遇制度的实施以分级分类为前提，目的是在监狱里对表现不同的罪犯区别对待。为保障处遇制度的贯彻实行，必须有法律的明文规定。在我国，无论是《刑法》还是《监狱法》都对罪犯分押分管分教及分级处遇有详细的规定。因此，罪犯的类型化不仅是法律意志在监狱工作中的具体体现，而且对有关方面的立法及法律修改都会产生重大影响。

2. 实际工作意义。在我国监狱的实际工作中，多年的分押分管分教工作取得了巨大成就，对于避免罪犯交叉感染，深化教育改造意义非凡。这些成绩的取得离不开对罪犯科学地分类。

3. 预测预防意义。客观上说，无论制度怎样完善，也无论管教者如何费尽心力，都不可能把所有的罪犯改造成功，有些罪犯甚至抗拒改造。这些罪犯人身危险性极大，对监管改造秩序破坏力极强。这些罪犯不管伪装得多好，表现得多么积极，存在于他们心理上的核心特征是能够识别出来的，只要我们仔细观察，科学归类，也是可以对他们进行预测的。另外，有一些抗改罪犯服刑期满，但主观恶性并没有消除，人身危险性依然存在，回归社会以后极有可能造成更大的破坏，为此我们必须依靠科学手段，描摹这些罪犯真实的心理状态，正确归类，并联合公安及社会治安人员重点盯防，以便有效防范更大的损失和伤害。

三、罪犯类型划分的标准

类型划分的标准是区别事物进行分类的尺度。标准不同，所划分的类型就有所不同。本学科罪犯类型划分标准的确定，是以有效惩罚和改造罪犯为目的，并有利于对罪犯的心理改造工作。

国外学者从不同的角度出发，使用不同的标准对罪犯进行不同的类型划分。例如，有人按精神医学标准把罪犯分为脑病犯、精神病犯、社会行为疾病犯、正常行为犯;有人按遗传生物学标准把罪犯分为神经症犯人、普通犯人、受器质性病变影响而犯罪者;有人按教育学标准把罪犯分为一般少年犯、年长少年犯、倾向犯、机会犯、冲突犯与色情犯、状态犯与习惯犯,等等。

我国学者根据我国的实际情况认为,根据罪犯的犯罪心理结构的不同来确定类型,应作为本学科的基本分类方法。这种分类方法有三个特点:一是和刑法学的犯罪名称相结合,不脱离犯罪行为和犯罪性质;二是以导致罪犯实施犯罪行为的需要和动机为主要标准;三是体现犯罪原因。由此把罪犯分为六类:物欲型罪犯、性欲型罪犯、情感型罪犯、信仰型罪犯、集合型罪犯、过失型罪犯。本学科作以上分类,是为了研究不同犯罪心理结构的罪犯在服刑期间心理矫治的重点和心理转化的机制。

除上述基本分类方法外,本学科通常还采用以下八种分类标准:第一,性别标准(分为男犯与女犯);第二,年龄标准(分为未成年犯与成年犯);第三,犯罪经历标准(分为初犯、偶犯与惯犯、累犯);第四,刑期标准(分为轻刑犯与重刑犯);第五,精神正常与否标准(分为心理正常的罪犯与心理异常的罪犯);第六,组织形式标准(分为罪犯个人与罪犯群体);第七,改造态度标准(分为接受改造罪犯与抗拒改造罪犯);第八,其他标准,如地域、民族、国籍、被逮捕前职业、社会地位、人格、处遇等。

对罪犯运用多种标准进行类型划分,有利于对罪犯作多角度、多视野、多层次的观察,并采取相应的改造对策和矫治措施。

本章所讨论的罪犯类型,是以犯罪心理动力为分类标准的,包括物欲型、性欲型、情感型、信仰型。

四、罪犯类型划分的困难

罪犯改造心理学对罪犯进行类型化时,遇到了相当大的困难。众所周知,人格或人类行为的类型化,不能像动物的分类(如根据有无脊椎分成脊椎动物和无脊椎动物)那样是确定的、严格的,而是具有很大的模糊性。尤其是对罪犯的类型化,存在着比一般人格分类更大的困难,具体表现在以下几个方面:

(一)法律标准的局限性

刑事法律是根据行为人实施的犯罪行为事实来确定行为人是否犯罪,一般按行为人所侵犯的客体的不同和行为人的动机、目的、手段等不同进行类型化,对于其人格特点和犯罪心理结构的特殊性往往不加区分。如果按法律标准来划分罪犯类型,必然在一定程度上忽视罪犯的人格特征和犯罪心理,而且可能造成类型之间的重叠交叉。例如,低智能者的盗窃行为和高智能者利用高科技(如计算机技术)实施的盗窃行为,虽在法律上同属盗窃犯罪,但其心理和行为机制存在差异,服刑期间也有不同心理表现。盗窃犯、贪污犯、诈骗犯、抢劫犯虽罪名不同,但却有共同的犯罪动机——强烈的物质欲望,而且在服刑中也会表现出物质需求较强的共同特征。在实际工作中,按犯罪性质不同,将罪犯划分为物欲型罪犯、性欲型罪犯、暴力型罪犯等,但对暴力型罪犯的分类是以犯罪方法、手段为标准的,而对物欲型罪犯和性欲型罪犯的分类是以犯罪目的、需要为标准的,这不仅会出现同一层次的分类标准不统一,而且会造成同一罪犯可以划分到不同类型中的现象。例如抢劫犯,从犯罪方法、手段来划分属于暴力型罪犯,从犯罪目的来划分属于物欲型罪犯,由此使抢劫犯具有物欲型罪犯和暴力型罪犯的双重特征,造成类型间的重叠交叉。因此,单纯按法律标准对具有多样性人格特征和复杂心理机制的罪犯进行类型化时,就会发生困难。

(二)心理学本身的困难

根据心理学的人格特征划分犯罪类型同样会遇到困难。例如,冲动型罪犯与一般冲动型人格怎么区分?意志薄弱型罪犯与一般缺乏意志力的人格怎么区分?他们之间是存在质的差异?还是量的差异?事实上这是很难区分的,因为二者之间无明晰的界限,只是因行为及其后果的不同,使两者的身份(罪犯或社会公民)存在根本差异。再者,罪犯在犯罪之前、犯罪当时、入监之后的人格是连续的同一人格,并非不同的人格。因此,只体现罪犯在服刑期间的独立的人格特征是很难确定的,以人格特征来划分罪犯类型具有很大困难。

(三)类型间的重叠交叉

对罪犯进行类型划分时,可以依据多种不同的标准划分出不同的类型。因此,按照某种标准所划分出的罪犯类型,就可能与按照其他标准所划分出的罪犯类型产生重叠交叉。有人按犯罪心理动力标准将罪犯划分为物欲型、性欲型、情感型、信仰型等,这与主张按年龄或性别标准进行的分类,相互之间就会造成重叠交叉。例如,少年犯或男犯与物欲型罪犯之间,就会出现相互包含现象。

第二节　物欲型罪犯心理与改造对策

本章所指的物欲型罪犯,是指以违法犯罪行为非法侵占公私财产和牟取经济利益,被追究刑事责任,依法判处刑事处罚的罪犯。物欲型罪犯的种类较多,包括盗窃、抢劫、诈骗(非法集资、金融票据诈骗、保险诈骗等)、贪污受贿、绑架、敲诈勒索等多种不同犯罪行为。其中,盗窃、抢劫、诈骗、贪污受贿罪犯所占比例最大。本节主要分析以上四类物欲型罪犯的心理特征,并提出相应的改造对策。

一、盗窃犯的心理特征与改造对策

盗窃犯是指实施盗窃违法犯罪行为而被判处刑罚的罪犯。根据违法犯罪经历,可以将盗窃犯划分为盗窃偶犯和盗窃惯犯两类;根据罪犯受教育的程度以及智力的高低,可以将盗窃犯划分为普通盗窃犯和智能型盗窃犯两类;根据犯罪时有无预谋,可以将盗窃犯划分为预谋型、机会型、冲动型三类;根据犯罪时的人员构成特征,可以将盗窃犯划分为单个盗窃犯和结伙盗窃犯两类。这里分析的是根据罪犯受教育程度以及智力高低划分的普通盗窃犯与智能型盗窃犯的心理特征及其改造对策。

(一)盗窃犯的一般心理特征

1. 普通盗窃犯主要的心理特征。

(1)利己主义的价值观。盗窃犯以非法占有他人财物为目的,实际上是利己价值观的反映,一切从“我”的利益出发,从不考虑他人,把自己的欢乐建立在别人的痛苦之上。其主要表现为追求腐朽的不劳而获的生活方式;大多从小养成了小偷小摸、顺手牵羊的不良行为习惯;分不清是非、善恶,不能正确对待社会上的一些不公平现象,往往把社会上的不公平竞争、不正之风、分配不公平等消极现象看作社会的主流,认识上偏激、极端、夸大,形成了反社会的错误观念,崇尚“金钱万能”“人生在世、吃喝二字”“人不为己,天诛地灭”等错误价值观。

(2)犯罪动机以物欲动机为主,多种动机并存。有研究者对全国 21 个省、区、市的 98 个监狱的盗窃犯进行大规模研究的结论充分证明了盗窃犯的犯罪动机是以物欲动机为主,同时存在多种其他动机(见表 5-1)[①]。在盗窃犯的犯罪动机中,物质性动机高居首位。表 5-1 中第 1 项、第 2 项主要为满足物质需要产生的动机,两者相加为 71.5%,占全部动机的 2/3 以上,表明物质性动机占首位。而且,选择第 1 项的比例远远超过第 2 项(40.1% >31.4%),表明盗窃犯罪不仅与贫穷有关,而且与贪婪有关,物质性犯罪动机体现出从“贫穷出盗窃”转向“贪婪起贼心”。位居第二的是贪图享受、追求虚名、沉溺于脱离个人生活实际的高消费欲望强烈,即使有正当收入,生活富裕,也照样盗窃。有的罪犯不仅贪得无厌,而且好逸恶劳,习惯于奢侈生活又无正当的生活来源,便以盗窃为生,不能自拔。位居第三的是“虚荣”动

---

① 朱济民主编:《来自监狱的报告——中国盗窃犯心理研究》,百家出版社 1999 年版,第 95 页。

机，想用物质奢华和高贵来证明自身的价值，调查中因“讲排场、要面子、显露自己等”而盗窃的达到20%。位居第四的是“交往”动机引发的盗窃。为了满足友谊和爱情的需要而结交男女朋友，尤其是结交异性朋友时，需要用钱、物来发展或维持这种关系，当力所不及时便采用盗窃手段达到目的。女性一旦陷入情网而丧失理智则更加危险。位居第五的是扭曲的嫉妒、报复动机。有的犯罪人由于对他人事业、爱情与家庭生活产生嫉妒心理，便通过盗窃他人财物使对方蒙受损失和打击；有些犯罪人在生活或工作中遭受挫折，把挫折归因于外界打击，出于报复心理而窃取单位或他人的财物。

表5-1　盗窃犯罪的主要动机(n=9594)

犯罪动机类型	第一动机(%)	第二动机(%)	第三动机(%)	合计(%)
1 满足吃喝玩乐、穿着打扮等	39.2	0.3	0.6	40.1
2. 维护基本生活的需要	24.8	6.4	0.2	31.4
3. 讲排场、要面子、显露自己等	5	10.2	4.8	20
4. 结交男女朋友	4.5	10.5	1.8	16.8
5. 好玩、有趣	3.4	5.5	3.6	12.5
6. 跟着他人干	1.9	5	4.8	11.7
7. 不愿他人过得比自己好	2.8	4.3	3.5	10.6
8. 报复他人或单位	5	2.7	0.9	8.6
9. 为了还债	1.3	4.9	1.6	7.8
10. 为了赌博	1.9	2.8	2	6.7
11. 自己东西丢了或被偷了	0.7	2.4	3.5	6.6
12. 其他	2.2	1.6	1.7	5.5
13. 看到他人类似行为，学着干	0.8	2.4	1.4	4.6
14. 显示自己的活动能力	0.4	1.7	1.8	3.9
15. 报复社会	0.8	1.4	1.4	3.6
16. 为了吸毒	0.5	0.9	0.5	1.9
17. 为了玩异性	0	0.3	0.8	1.1
18. 为出国集资	0.1	0.1	0.1	0.3

(3)具有多种不良人格特点。对盗窃犯的人格特征,国内有不少学者做过实证研究。例如,有研究者利用明尼苏达多项人格测验(MMPI)对47名重刑盗窃犯(刑期在15年以上)进行了测试,发现这些盗窃犯的人格特征如下:①具有掩饰心理,性格上表现为内向退缩、自卑、依赖,不能正确地估量自己,常为某些事担忧而产生忧郁情绪,由于过多地运用自我保护的防御机制,因此常常是被动的;②具有较明显的反社会人格特点,不愿意遵守法规,性格不稳定、情绪化,处事往往采取不负责任的态度,不多考虑行为后果;③以自我为中心,对量刑和家庭存在怨恨心理,虽然在某些场合语言不多,但内心可能坚持着自己的某些想法,而且有时会爆发出来,轻率地实施一些造成有害后果的行为,具有一定的危险性。[①] 再如,有研究者运用《中国罪犯心理测试个性分测验》(COPA - PI)对60名盗窃犯进行测试,发现盗窃犯有如下人格特征:①人格趋向于独立,有自己的见解,不太受社会舆论的约束;②冲动性强,情绪容易激动,缺乏抑制;③不安守本分,恃强霸道,不甘心于现状,胆大妄为;④具有较强的戒备心理,对周围世界有敌视和排斥态度,固执;⑤有焦虑抑郁感,对前途缺乏信心,容易出现不理智行为,如自杀、自残等;⑥有比较明显的犯罪思维模式,唯利是图,不择手段,不计后果,侥幸心理较强。[②] 在上述实证研究的结果中,很多是一致的,当然由于多种因素的影响也存在研究结论不一致的地方,但总体而言这些研究结果为我们认识盗窃犯的人格特征提供了一定的参照。

2. 智能型盗窃犯主要的心理特征。

(1)自我显示动机较强。智能型盗窃犯在需要、动机和价值观方面与普通盗窃犯基本一致,但在"显示自己活动能力"方面较普通盗窃犯突出。他们利用自己的高智商进行犯罪,不仅是为了更好地避免犯罪被揭露,也是为了充分体现自己的"高超能力"。

(2)自我评价过高。在自我意识上,智能型盗窃犯的自我价值感膨胀,极端自信甚至自负,认为自己的行为无人能够识破,能玩弄他人于股掌之中,对物质予取予求;这类罪犯大多法律意识淡薄,其过高的自我评价往往导致其不断重复实施违法犯罪行为。

(3)不良性格特征明显。在性格的理智特征上,有较高的认知水平,但认知方式褊狭;抽象思维能力较强,但思维深度不够,理性精神缺乏。性格的情绪特征表现为情绪呈现两极化,一方面表现为孤僻、冷傲,难以与人相处;另一方面表现出高激惹性,冲动、易怒,睚眦必报。性格的意志特征表现为意志具有两极性,一方面对物

---

① 骆荣:《对47名重刑盗窃犯人格测试分析》,载《江苏临床医学杂志》2001年第1期。

② 石律涛:《60名盗窃型罪犯的个性调查研究》,载《江苏临床医学杂志》2001年第1期。

质和新鲜刺激的诱惑抵抗能力差,意志力薄弱;另一方面在实施犯罪行为时表现出很强的耐力性和有恒性。此外,这类罪犯的社会交际与沟通能力较差。

(二)盗窃犯在改造过程中心理特征

1. 普通盗窃犯在改造过程中的心理特征。国内学者通过对正在监狱服刑的盗窃犯进行调查,发现盗窃犯在改造过程中的心理特征主要包括以下几个方面:

(1)逆向认罪。有的盗窃犯认为第一次犯罪就受到了重判,“不够本”“如果知道如今判这么重,当初就该多偷点”“如果知道退了赃还判刑,当初就不该退赃”;有的盗窃犯把盗窃行为说成“开开玩笑”“闹着玩”“不得已才干的”“自己也是受害者”等。这种逆向认罪是盗窃犯对所犯罪行的社会危害性、犯罪手段的恶劣性还没有充分认识的态度表露,是对自己罪责的否认,目的是想要“翻案”“改判”或逃避处罚。因此,他们在改造中经常无理申诉,装病抗拒改造,打架斗殴,混刑度日。

(2)不良行为习惯延续。一是怕苦怕累,厌恶劳动。某些罪犯为了能够逃避劳动,不惜自伤、自残。二是生活作风散漫,经常违反监规。其表现为大错不犯、小错不断,屡惩屡犯,改造行为极不平稳。三是物质欲望强烈,犯罪恶习顽固。他们在改造过程中经常故技重演,以满足其物质欲和享乐欲。

(3)情绪不稳定。由于盗窃犯对环境刺激的承受力薄弱,因此容易受他犯或环境的影响而发生情绪变化,改造表现忽冷忽热,反反复复。

2. 智能型盗窃犯在改造过程中的心理特征。

(1)高层次需要占据主导地位。因为智能型盗窃犯大多文化水平较高,有些人在某些方面有专业特长,因此他们的读书学习的需要、尊重的需要、自我实现的需要、对安静环境的需要等都较为强烈。其中某些罪犯还有比较强烈的与其他低层次的罪犯分开关押、分别管理的需要。

(2)情感复杂。这类罪犯对判刑和服刑存在消极抵触情感,但其较高的认知能力使其对自己的罪行能有比较正确的认识而萌生较重的自我悔恨情感。但由于被判刑入狱的现实无法改变,他们又常常会产生自居的情感,即经常以想象中的成功者自居,以此进行自我安慰。这类罪犯总体来说情绪比较稳定,心理健康程度较高。

(3)意志品质较好。这类罪犯做事有恒心、敢为性高、自制力强,与其他类型的罪犯相比,意志品质相对较好。尤其是他们一旦认罪悔罪,就会表现出坚强的改造意志,改造行为比较平稳。但是,由于这类罪犯入监前基本从事脑力劳动,因此在服刑中会表现出对体力劳动的不适应,在劳动改造中往往会表现出意志薄弱的一面。由此可见,这类罪犯的犯罪不是由于心理机能的不健康,而完全是由于恶性膨胀的物欲和拜金主义价值观的支配而导致。

(4)自负、自我显示、自尊、自卑、自我悔恨的自我意识相交织。第一,由于这类罪犯的智商和文化水平都较高,因此在服刑中首先表现更多的是自负和自我显示,他们对监狱民警表面恭敬、内心鄙视,对低层次罪犯鄙视,同类型罪犯之间也互相鄙视。第二,由于这类罪犯自身文化素质较高,即使是被判刑入狱,他们也相信自己不是弱者,因而有比其他类罪犯较强的自尊。第三,这类罪犯毕竟是由条件、地位都较好的人变成了囚徒,前后反差太大,所以他们又感到深深的自卑和自我悔恨,尤其是想到刑满释放后面对社会上其他人的鄙视,自卑和自我悔恨就更重。

(5)强的能力与弱的能力并存。这类罪犯因为文化水平高,其抽象思维能力、独立思考能力、专业能力都相对较强;但其体力劳动能力较差,一些人还因为具有内向、孤僻的性格特点而表现为交往能力相对较弱。

(三)盗窃犯的改造对策

国内外的理论研究和矫治实践证明,无论是普通盗窃犯还是智能型盗窃犯,改造起来是有相当大的难度的。我国台湾地区学者杨士隆的研究发现,所调查的大部分盗窃犯的矫治效果不明显,盗窃犯的累犯(再犯)率很高。[①] 例如,国外曾经有人对一名已收住院的48岁妇女进行心理矫治的情况就可以说明这一点。这名妇女曾因进行商店偷窃而被逮捕10次,被判处罚金、监禁和缓刑,但是对其进行包括电休克治疗、心理治疗、药物治疗和电厌恶治疗在内的多种矫治措施,都未能获得成功。[②]从大的方面看,盗窃犯改造困难的主要原因是经济因素。由于盗窃犯存在经济方面的需求,其中既有基本生活方面的需求,也有奢侈生活方面的需求,还有其他非正常的经济需求,如吸毒者为了购买毒品而进行盗窃等。对于很多盗窃犯来说,这些需求不可能都得到满足,因此,只要存在无法满足的物质方面的需求,盗窃活动就是难以完全消除的,这就是盗窃犯罪不断重复发生的重要原因。

对盗窃犯的改造,需要根据其心理行为特点,着重从以下几个方面进行:

1. 调整需要结构。盗窃犯的"物质性动机高居首位",这种物质性动机源于物质性需要或生理需要。在盗窃犯的需要结构中,以较低层次的物质或生理需要占主导地位,生理需要在其活动中的地位被无限夸大,物质欲望的满足成为其生活的唯一目的。由于他们对物质需要的自我调控机制存在缺陷,即他们不善于或者因其错误的思想观念而不愿意调节自己的需要层次和内容来适应环境要求,导致欲望的极端发展,恶性膨胀,并与社会要求相背离。当客观条件和个人能力无法满足

---

① 杨士隆:《窃盗犯罪:窃盗犯与犯罪预防之研究》,台北,五南图书出版公司1997年版,第163页。

② [美]米切尔·T. 尼茨尔:《犯罪及其矫正》,北京心理学会翻译组译,北京心理学会1981年版,第232页。

这种畸形的需要时，就会以非法的方式加以满足，从而产生盗窃行为。因此，调整盗窃犯的需要结构是减弱他们违法犯罪动机的关键环节。在监狱里，应培养和发展他们的社会性情感和社会性需要，如集体荣誉感、自尊心等。在改造集体中进行教育是发展盗窃犯社会性需要的有效手段。因为个体在群体的压力下，会改变自己的态度、观点和标准，出现顺从和趋同于群体准则的倾向，形成积极的认同感和归属感，不再沉溺于低级的物质需要中，而是逐渐向其他罪犯看齐，形成高级的精神需要，进而产生高尚的行为。因此，对盗窃犯进行矫治的过程中，必须建立和培养健康的改造集体，为盗窃犯从低级的生理或物质需要占主导向高级的社会或精神需要占主导奠定良好的环境基础。

2. 改变畸形认知结构。主要有以下三种方法：

(1)启迪盗窃犯认识盗窃行为的危害性。盗窃是以损害别人的利益为代价的违法行为，是一种不通过合法劳动谋生的手段。盗窃行为不仅是违反社会伦理道德的行为，而且是对社会和他人构成危害的违法犯罪行为。要帮助盗窃犯认识到盗窃可耻，理应受到舆论的谴责或法律的惩罚，才能促使他们不再产生偷盗行为。

(2)引导盗窃犯了解被害人的痛苦。盗窃犯不理解被害人的痛苦，或者对被害人的痛苦无视或感觉麻木，是盗窃犯罪发生的原因之一。因此，要设法让盗窃犯深刻地体验盗窃犯罪中被害人的痛苦，以此促使盗窃犯“良心发现”，进而自觉抑制自己的犯罪欲望，减少盗窃犯罪的发生。

(3)运用集体讨论法，矫正“盗贼之道”。集体讨论法是指通过让盗窃犯一起讨论盗窃犯罪，从而达到矫治目的的方法。进行集体讨论的目的是针对在社会上，特别是在盗窃者中间可能存在的一种盗窃亚文化(theft subculture)[①]。这种亚文化的重要内容是把盗窃看成和社会上的其他职业一样的谋生活动，不认为它是违法犯罪行为。例如，专门盗窃社会上某些人员(如贪官等)或者场所、机构的财物，不被视为犯罪；赞赏高超的盗窃技巧，推崇盗窃手段“高明”的盗窃者；鄙视某些卑劣的盗窃行为，如偷盗他人的纪念品，盗窃病人的财物，偷盗孩子们的存钱罐等。这种盗窃亚文化构成了盗窃犯的行为准则，即所谓的“盗亦有道”，使某些盗窃犯的盗窃行为变得“理所当然”。因此，要改造好盗窃犯，就必须让他们充分认识这种亚文化的危害性，摆脱这种亚文化的负面影响。

3. 矫正不良行为。主要有以下五种方法：

(1)自我控制法。自我控制法是指在改造过程中，创造不同程度的有利于进行盗窃活动的情境，鼓励盗窃犯在这种情境中通过自我控制约束自己不进行盗窃行为，并且对其是否进行盗窃行为的情况给予强化，以便增强盗窃犯的自我控制能力的矫治方法。[1] 在自我控制训练的过程中,还可以指导盗窃犯学习如何使自己远离容易诱发盗窃冲动的情境,在产生盗窃冲动时如何通过转移注意、自我提示等方法控制冲动性盗窃行为。这种方法对于那些机会诱发性盗窃犯更有针对性,也更有必要性。

(2)替代行为的自我强化法。一些盗窃行为是在遇到犯罪机会时采取不恰当行为方式的结果。替代行为的自我强化法,就是启发盗窃犯在遇到适合进行盗窃行为的机会时采取适当的行为反应,如离开这种诱惑情境,心中默念一些警戒性的词语,想象进行盗窃行为可能产生的严重后果等,从而避免盗窃行为的发生,并进行自我奖励。通过这样的训练,逐渐摆脱盗窃机会的诱惑力,减少盗窃次数。

(3)厌恶疗法。厌恶疗法(aversion therapy)是指使用厌恶性或惩罚性刺激减少和消除不良行为习惯的行为矫正方法。这种方法其实是一种"以毒攻毒"的治疗方法,它用痛苦的条件刺激来代替不良行为可能产生的快感。每当盗窃犯产生不良行为的欲望时,就呈现或使用会产生痛苦的条件刺激,使这些条件刺激产生的痛苦体验抵消不良行为可能产生的快感,从而逐渐消除不良行为习惯。用厌恶疗法对盗窃犯进行矫治时,治疗人员首先需要利用一些方法,有意识地诱发盗窃犯的盗窃欲望;当他们产生盗窃冲动时,就给予厌恶刺激(主要使用影视作品、电击作为厌恶刺激),使其产生不适和痛苦。通过反复进行这样的活动,使盗窃犯在盗窃欲望、冲动与痛苦体验之间形成条件反射,从而抑制盗窃行为的发生。另外,还可以进行想象性厌恶治疗,也就是在诱发或者产生盗窃冲动时,治疗人员可以指导盗窃犯想象如果进行盗窃行为可能产生的有害后果(被抓住后遭受侮辱、打骂、刑罚惩罚等),从而克制盗窃冲动。

专栏 5-1　厌恶疗法治疗案例[2]

在国外,有人曾经使用影视作品作为厌恶刺激对一名 48 岁的女性盗窃犯罪人进行治疗实验。这名女性盗窃犯罪人曾经因为在商店行窃而被逮捕 10 次,曾经被判处罚金、监禁、缓刑,也曾经对她采用电惊厥疗法(electroconvulsive therapy, ECT)、心理疗法、药物治疗和电击治疗方法,但是都没有奏效。最后,矫治人员采用影视作品对这名女性盗窃犯罪人进行治疗。具体方法是:为这名女性盗窃犯罪人拍摄了一部 10 多分钟长的影片,影片的内容是让她模拟自己进入一家商店进

---

① 吴宗宪编著:《国外罪犯心理矫治》,中国轻工业出版社 2004 年版,第 374 页。

② 吴宗宪编著:《国外罪犯心理矫治》,中国轻工业出版社 2004 年版,第 373 页。

行了19次盗窃活动。但是经过编辑加工的影片在呈现每次的盗窃活动时，都被闪现出的不赞成盗窃的画面遮断。为了增强影片的现实感，还在影片的开头和结尾印上这名女性盗窃犯罪人的头像。在让其观看影片的过程中，想象自己参加这种盗窃活动，每当出现她的身影时，就给予电击。在整个疗程中，共放映影片4次。在治疗结束时，这名女性盗窃犯罪人报告说，她对商店和被监视产生了恐惧泛化现象。在以后间隔随访的3个月中，她偷东西的欲望和冲动减少了。在3个月的随访和再次评价之后，又为她放映4次影片，巩固疗效。

(4)角色扮演法。角色扮演(role playing)方法是通过让罪犯扮演现实生活中的不同角色，体验角色的感情，明确角色期待的内容，从而产生领悟和变化的一种心理治疗方法。用角色扮演法对盗窃犯进行心理矫治，其目的是通过角色扮演，让盗窃犯真切而深刻地体验盗窃行为带来的危害。这种危害主要表现在两方面：首先，对盗窃行为被害人的危害。盗窃了被害人的财物，给被害人造成不同程度的心理痛苦和其他损害。其次，对犯罪人的危害。在进行盗窃行为的过程中，盗窃犯要受到高度的情绪紧张和压力，担心自己的犯罪行为被别人发觉和受到惩罚。总之，可以通过角色扮演方法，让盗窃犯饰演犯罪人、被害人、旁观者等不同的角色，体验和了解人们对盗窃行为的反应，认识盗窃行为的危害性，直到停止盗窃。

(5)系统脱敏法。系统脱敏法(systematic desensitization)是按照对敏感事物的紧张程度，将刺激情境由弱到强、由小到大分成不同等级，然后逐步训练其心理承受力，增强对刺激情境的适应力，最后达到对敏感事物不产生“过敏”反应的方法。这种矫治方法主要适用于“偷窃狂”(kleptomania)和生活中焦虑紧张的盗窃犯。“偷窃狂”又称“偷窃癖”，是在不能控制的、反复出现的偷窃冲动驱使下，偷窃并不需要也无多大价值的物品为特征的一种冲动控制障碍。“偷窃狂”在偷窃行动前具有紧张感，在偷窃后又具有轻松感和悔恨感，有的甚至产生抑郁状态，但是到一定时候，又会产生不可抑制的偷窃冲动和偷窃行为，似乎有一定的周期性。“偷窃狂”行为是一种异常的降低焦虑、释放紧张的行为。在矫治时，首先对“偷窃狂”进行放松训练，然后把“偷窃狂”安排在能够产生不同程度焦虑的情境之中，逐渐减弱敏感性，从而消除“偷窃狂”行为。

对于那些盗窃行为与其生活中的焦虑和紧张情绪有关的盗窃犯，也可进行系统脱敏训练，让他们学会自我放松和系统脱敏的一切技巧和方法，在以后的生活中，就可以通过消除焦虑紧张情绪而使其减少盗窃行为。

4.养成良好生活方式和掌握劳动技能。盗窃犯罪的产生与犯罪人的一些不良的生活方式密切相关。例如，结交酒肉朋友，在虚荣心的驱使下摆阔斗富、与他人进行物质上的攀比，沾染吸毒等恶习，养成好吃懒做的生活习惯等，都是产生盗窃犯罪的温床。因此，帮助盗窃犯消除这些不良生活方式和习惯，形成良好的生活方式非常重要。与此同时，还要帮助盗窃犯掌握必要的劳动技能，使他们有一技之长，将来刑满释放后能够凭自己的技术谋得一份工作来维持基本的生存，这应该是消减盗窃犯罪的非常有效的途径。

二、抢劫犯的心理特征与改造对策

抢劫犯罪，是指当场采用暴力、胁迫或者其他手段使人不敢反抗、无法反抗或无力反抗，将公私财物据为已有的犯罪行为。抢劫罪从其犯罪动力来看属于物欲犯罪的范畴，但从其犯罪手段来看属于暴力犯罪。因此，抢劫犯既具有物欲犯贪婪、自私、好逸恶劳的特点，又具有暴力犯动机险恶、手段残忍、后果严重的特征。抢劫犯罪已经成为暴力犯罪中影响最坏、社会危害最广、对人民生命财产构成极大威胁的犯罪。

（一）抢劫犯的心理特征

1. 抢劫犯的一般心理特征。

（1）存在多种认知误区。抢劫犯法治观念淡薄，道德观念错误，为了满足其贪婪、自私的欲望，不惜以身试法，甚至滥杀无辜。他们具有反社会的野蛮英雄观，崇尚暴力，相信“只要刀子威逼，对方就会乖乖地交出财物”，认为“不怕死”“心狠手辣、大胆亡命”是勇敢的表现，鼓吹“只要钱到手，休管他人死活”的谬论。

（2）犯罪动机多样化，贪婪物欲为主导。抢劫犯罪的主要动机是满足贪婪的物欲，抢劫的直接目的是钱财，但是近年来抢劫犯罪的动机更加复杂多样，有的犯罪人通过抢劫疯狂地报复社会，发泄对社会的强烈不满；有的犯罪人则是通过抢劫追求刺激，满足自己空虚无聊、好奇求异，甚至是变态的心理。例如，有研究者通过对湖北省某县 1995 年至 1999 年逮捕的 159 名抢劫案犯的调查分析，发现抢劫犯罪动机主要表现为：脱困心理、奢侈心理、补偿心理、义气心理、侥幸心理、逞能心理。[①]另外，预谋抢劫犯的动机斗争较为激烈：一方面向往成功后的快乐，另一方面惧怕受到刑罚处罚；而突发型抢劫，其犯罪动机是在具体情境刺激下迅速形成的，动机斗争则相对简单。

---

① 李文友、周天俊：《抢劫犯罪心理与行为特征及治理策略》，载《湖北公安高等专科学校学报》2000 年第 6 期。

(3)人格不成熟。有研究者采用访谈和人格测量(16PF)相结合的方法,对247名男性、年龄在18~35岁、正在监狱服刑的抢劫犯(主要为拦路抢劫犯和入室抢劫犯)进行研究,结果发现,抢劫犯的聪慧性、稳定性、有恒性、自律性显著低于中国成年人的常模;其敢为性、幻想性、紧张性显著高于中国成年人的常模。这表明,抢劫犯表现出人格的不成熟和严重的缺陷,具体表现在:一是缺乏对崇高理想目标的追求,显得精神空虚。二是情绪不稳定,缺乏社会感情,羞耻心、同情心和怜悯心欠缺,对人冷漠、心怀敌意。三是自控能力差。社会责任感低,规范约束力差,易产生攻击行为。四是气质上多为兴奋性高、外倾型的人。在作案时,一旦遇到被害人的反抗,就会产生强烈情绪而导致行为走极端。①有研究者应用《中国罪犯心理测试个性分测验(COPA-PI)》(试用版)量表对福建省各监所的3868名抢劫犯进行测验,结果也表明抢劫犯具有人格不成熟的特点,他们总体倾向为情绪不稳,同众性低,冲动性、攻击性高,报复性强,有一定的戒备心理,同情心不足,自卑,焦虑不安,聪慧性低,有较为明显的心理变态倾向和犯罪思维模式②。

2.抢劫犯改造过程中的心理特征。

(1)认罪悔罪意识差,自我改造动力不足。由于抢劫犯法律意识淡漠,不能正确认识自己的犯罪行为对受害人及社会带来的巨大伤害,因此他们对法院的判决不能正确接受,入狱后悔罪意识较其他类型的罪犯差。又由于抢劫犯道德水平低下,大多没有养成理性和自律品质,其较差的认罪悔罪意识必然使其在改造过程中缺乏自我改造的动力。

(2)自我意识偏颇,改造行为错位。抢劫犯大多具有恃强心理且崇尚暴力,他们信奉丛林法则,过去的犯罪经历也使他们对弱肉强食有切身体验,因此,他们在改造过程中,为了能在贪污受贿犯、盗窃犯、诈骗犯等比自己“能干”的物欲型罪犯面前树立良好形象,以免遭受他人欺侮,会有一些“敢打敢拼”“敢冒风险”的极端行为表现。例如,对于一些危险性大的、其他罪犯不太愿意进行的劳动,他们会抢着做;其他罪犯受人欺负时他们会因为看不惯而打抱不平;甚至是其他罪犯不敢产生的违规行为他们也敢去做,以显示自己的与众不同。正是因为抢劫犯对自己没有正确认识,不知道怎样恰当树立良好自我形象,才导致他们的改造行为易偏离正轨,即使是好的改造行为,也并非为了改恶向善,而是为了进行自我显示。

---

① 赵曾渝:《谈抢劫犯的犯罪心理结构》,载《辽宁警专学报》2004年第6期。

② 周苏东、郑剑锋:《犯抢劫罪服刑人员心理特点及矫治对策探讨》,载《社会心理科学》2005年第1期。

(3)情绪多变,改造行为不平稳。由于抢劫犯人格不成熟,气质类型大多为胆汁质,情绪冲动易怒,自我调控能力较差,很容易因为小事与其他罪犯发生冲突。因而与其他类型的罪犯相比,不仅在改造中容易出现动摇反复的情况,也更容易产生违规违纪行为。

(二)抢劫犯的改造对策

针对抢劫犯的心理特点,对其进行改造应从以下几方面着手:

1. 改变错误认知。如前所述,抢劫犯因为存在多种错误观念才导致其疯狂地实施抢劫犯罪,所以在改造抢劫犯时,要帮助他们修正扭曲的观念,构建新的认知结构。在具体实施时一般使用两种方式:一是质问(confrontation)。质问是指监狱民警对抢劫犯的认知方式与思维方法提出挑战与质疑的过程。其目的在于推动抢劫犯重新审视其生活中的困难与挫折,克服其认知方式中的某些片面性与主观性,以进一步认识自我、开发自我。需要注意的是,质问旨在推动抢劫犯重新认识自我、发展自我,要力戒主观武断、强加于人的倾向。二是换位思考。换位思考是指站在别人的角色、心理、观念以及立场上去思考同一问题,从而找到妥善处理问题的方法,也就是推己及人、设身处地的意思。抢劫犯同情心弱、自我中心意识重,凡事从自己的立场出发,很少为他人考虑,故做出很多损人利己的事。通过换位思考,充分体验受害人的感受,有利于抢劫犯认识到自己的行为给他人造成的伤害,从而促使其认罪悔罪或预防监管安全事故的发生。

2. 矫正不良行为。主要有以下两种方法:

(1)自我控制训练。首先,强化监所纪律,逐渐提高抢劫犯的自控能力。抢劫犯性格冲动、自控力差、存在无视纪律的恶习,要充分利用惩罚效应,实施严格的管理。但对散漫成性的犯罪人,需要循序渐进,既不放松,又要注意逐渐强化。对他们表现的进步要及时予以表扬肯定,帮助制定中短期的改造目标。其次,合理分组,集体监督。安排一些较成熟、性情温和的罪犯与之同组,使他们多接受正面的影响;要求他们参加文化学习,提高知识水平,明理启智,并配合开展"静心"教育。最后,加强自我认识,控制自身弱点。针对抢劫犯自身发生的违纪实例,监狱民警需要帮助他们分析自己的弱点,及时展开教育,让他们学会自我控制。总之,要从严格的他律着手,引导抢劫犯渐渐地向自律发展,学会对环境、秩序、纪律的尊重和服从。

(2)放松训练。这是对抗由于心理应激而引起的交感神经兴奋的紧张反应,最后达到消除紧张、防病治病的一种行为训练方法。抢劫犯具有易冲动、缺乏自控的特点,进行循环式肌肉松弛训练,有助于提高他们的自我控制能力,以达到减少违反监规纪律的行为发生的目的。放松训练包括呼吸放松、肌肉松弛法等。

3. 调整情绪。主要有以下三种方法：

（1）宣泄法。运用宣泄法，就是让抢劫犯将压抑已久的多种不良情绪以适当的方式释放出来。抢劫犯具有情绪不稳、易冲动、易激惹等特点，在情绪或行为自我克制的情况下容易导致不良情绪的累积，若没有及时宣泄、疏导，在外界的刺激下易产生"火山爆发"，所以应引导他们学会合理宣泄，使其摆脱恶劣心境，并强化其战胜困难的信心与勇气。宣泄的方式包括与知心朋友交谈、用努力改造来发泄烦恼和不安、对外物宣泄（如击打橡皮假人或沙袋）等。宣泄法应在监狱民警的指引下，在罪犯谈话室内、心理咨询室内或心理宣泄室内等特定的地点进行，以避免在宣泄时伤害他人或影响正常的改造秩序。在进行宣泄后，要进行必要的心理辅导。应注意的是，宣泄法只是调节情绪的过渡性、辅助性手段，不能作为根本性的甚至是唯一的方式。因为宣泄只能起到缓解负性情绪的作用，并不能从根本上消除负性情绪产生的根源，有时还可能对人的情绪起到反向强化作用。因此，解决人的情绪问题，归根结底还是需要行为人自己从内心进行调整。

（2）情感陶冶法。情感陶冶法是指利用环境、气氛、作风等因素对抢劫犯进行潜移默化的影响，使其耳濡目染、心灵受到感化的方法。一般包括人格感化、环境陶冶和艺术熏陶等方式。人格感化是指监狱民警利用自己的人格魅力，尤其是对抢劫犯的人文关怀，对其改造产生至关重要的影响。监狱民警无私的"爱"、真诚的"理解"、"信任"、"尊重"和"关怀"，是其工作取得成效的基础，也是开启抢劫犯心灵的钥匙。环境陶冶是指利用监狱内优雅的自然环境、人际关系、集体舆论和语言环境等，对抢劫犯产生潜移默化的影响，促其积极接受改造。艺术熏陶是指通过音乐、美术、诗歌、文学、影视等人类智慧的结晶，给抢劫犯美的感受，促其产生改恶向善的愿望。监狱民警可选择有感染力、有趣味、有教育意义的故事、录音、录像、电影等，以生动、直观的方式，提高抢劫犯的精神境界和道德水平。

（3）自我心理调适法。主要包括以下三种方法：

①自我安慰法。自我安慰法就是在身处逆境或情绪不良时，自己寻找积极的理由，暂时平衡或调节不良的情绪。例如，在因为走不出监狱而激动、生气时，想想比自己目前更可悲、更不利的后果，或许在监狱中还可能遇到更好的机会和变化。抢劫犯在改造中受挫折容易焦虑不安，容易失去信心，所以在日常改造中监狱民警要引导他们适当地应用自我安慰法，以起到稳定心态的作用。

②自我激励法。自我激励法就是通过充分肯定自己的优点，充分发现自己的不足，充分评价自己的能力来激发鼓励自己去争取进步、取得成绩。抢劫犯容易产

生自卑心理，在改造受挫时情绪会大起大落，因而监狱民警需要引导他们进行自我激励。自我激励的主要方法有：一是目标激励，就是通过自己设立改造目标，并努力去实现目标，从而达到激励作用；二是成绩激励，就是通过取得的荣誉和成绩，来激发自己再接再厉、更上一层楼；三是名言激励，就是把喜爱的名人名言，转化为自己的行为准则，来激发勉励自己，这种方法特别适用于改造中暂时受到挫折、遇到困难和烦恼、遭到不幸等情况的抢劫犯；四是责任激励，就是把自己应承担的责任转化为激发勉励自己积极改造的动力；五是特长激励，就是把自己的特长、优点作为激励自己积极改造的动力，以此来获得心理上的平衡。

③注意转移法。这是一种在消极情绪出现前把注意转移到其他对象上，防止消极情绪的出现并矫正不良行为的一种心理调适方法。这是罪犯在改造中进行心理自我控制和调节的一种常用方法。它一般包括两个方面的内容：一是转移注意，调控情绪。情绪总是针对特定的人和事而发生的，即使是“无名火”，也有产生的条件。因此，当抢劫犯情绪爆发、难以抑制时，引导他们有意识地避开导致自己情绪变坏的情境，以免产生冲动；或者有意识地将自己的情绪转移到其他的事情上，避开情绪冲动期。二是行为转移或替代。这是用积极的行为代替消极的行为，用有价值的行为弥补无价值的行为，从而改变自己的不良行为习惯的方法。例如，抢劫犯如果在生活小事上争高低、闹矛盾，监狱民警就可以指导他们有意识地在学习、劳动上竞争以达到补偿。

三、诈骗犯的心理特征与改造对策

一般认为，诈骗犯罪是指以非法占有为目的，用虚构事实或者隐瞒真相的方法，骗取数额较大的公私财物的行为。广义的诈骗犯罪，既包括骗取数额较大的公私财物的行为，也包括骗取名誉、荣誉的行为。与其他财产犯罪的类型相比，诈骗犯罪是一种高智能的犯罪。与秘密窃取公私财产的盗窃犯罪不同，诈骗犯罪是以公开的方式进行；与用暴力手段强行夺取别人财产的抢劫犯罪不同，诈骗犯通过各种欺骗的手段，以“和平的方式”在光天化日之下骗取国家、集体和他人的财物。当前，在市场经济条件下，诈骗犯罪愈演愈烈，除了传统的诈骗案件外，金融诈骗案件占相当大的比重，给国家造成很大的损失，严重地危害了社会。

（一）诈骗犯的心理特征

诈骗犯使用欺骗的方法之所以能掩人耳目、以假乱真，使被害人“心甘情愿”地交出财物，是因为诈骗犯巧妙利用了自身的心理条件和被害人的心理弱点。诈骗犯的心理特征主要表现为以下几方面：

1. 诈骗犯的一般心理特征。

(1) 人生观、价值观错误。诈骗犯的法治观念淡薄,道德沦丧,受"人不为己,天诛地灭"人生观的支配。诈骗犯大都好逸恶劳,贪婪成性,损人利己,无责任心,把自己的享乐建立在别人的痛苦之上。他们认为,自己干这行是无本万利的,即使欺骗了他人钱财,罪过也不大,心安理得地享用骗来的钱财。

(2) 获得钱财的犯罪动机占据首位。诈骗犯的犯罪动机主要是获得财物。他们在极端个人主义、利己主义的心理背景下,个人需要恶性膨胀,为实现个人的金钱欲、享乐欲、畸形的成就欲,骗取对方钱财是第一位的目标,其他目标如骗色、满足虚荣心等退居其次。

(3) 具有多种较强能力。诈骗犯的智力水平相对高于其他犯罪人,他们一般有比较强的观察能力、抽象思维能力、言语表达能力、模仿能力、人际交往能力和应变能力。诈骗犯主要利用被害人的贪婪、虚荣心、同情心、急于求助、疏忽大意以及拉关系、开后门的庸俗心理诱其上钩,进行诈骗。他们多为中年人,社会阅历丰富,了解社会各阶层人士的心理特点,善于察言观色,能捕捉到他人的细微心理变化;思维灵活,善于随机应变;言语表达能力强,见什么人说什么话,易于得到他人信任;模仿和表演能力强,扮演不同的角色惟妙惟肖,以假乱真;对环境的适应能力强,能随时根据现场情况、对象身份调整言语和行为方式;社会交往能力强,善于伪装,给人留下活泼、善于交际、待人和气、肯帮助人等良好印象,进而使他人在不知不觉中上当受骗。

(4) 虚伪狡诈的人格特点突出。诈骗犯罪既不使用暴力,也不是以秘密的方式窃取公私财物,而是公然利用受害人或者受害单位的某些弱点行骗,显然具有极大的欺骗性、虚伪性。诈骗犯表现于外的印象是诚实、热情、活泼、和善可亲、乐于助人、对人关怀备至,但其内心则极端自私、典型的冷酷无情,缺乏起码的同情心,有时为了满足自己贪婪的欲求,不惜致人于死地。这种表里不一的虚伪的人格特征在诈骗惯犯、累犯身上更为突出。诈骗犯的自我调节能力较强,敢于冒险,在大庭广众之下实施欺诈行为能较好地做到脸不变色心不跳,即使遇到意外情况,也能临危不乱,巧言掩饰自己的骗财动机,将被害人的钱财顺利骗到手。

(5) 比较自负。诈骗犯常常过高地评价自己,认为自己智力超人,足智多谋,可以瞒天过海。在这种自负心理作用下,他们产生冒险侥幸心理,不断连续实施诈骗犯罪,直至落入法网为止。

2. 诈骗犯改造过程中的心理特征。

(1) 错误观念根深蒂固,改造行为浮于表面。在实际改造过程中,无论诈骗犯怎样积极迎合监狱民警的要求,"自觉主动"地表现出接受改造的行为,但在他们内心深处仍然固守"人不为己,天诛地灭"的极端自私的观念,坚守"马无夜草不肥,人无外财不富"的错误理念。他们不愿意直面其违法犯罪行为对受害人和社会造成巨大伤害的事实,难以敞开心扉、触及灵魂深处去认识其犯罪的丑恶本质,使其改造行为仅仅是浮于表面,很难实现促其真正改恶向善的目的。

(2)精于投机取巧,改造的功利性强。从本质上说,诈骗犯就是不愿吃苦,不能脚踏实地一步一个脚印干事,总期望走捷径,企图一夜暴富才导致犯罪的发生。入狱服刑后,还是抱有投机心理,不愿老老实实地接受改造,总爱要小聪明,善于揣摩监狱民警的心思,说的比做的多。凡事都要比较得失,总抢着做付出少得分多的事情。他们这样做的原因有二:一是他们自认为比其他罪犯甚至是监狱民警都聪明,善于发现所谓的"捷径";二是他们自认为别人都不如自己聪明,看不出他们行为的端倪。

(3)善于伪装,改造具有欺骗性。在改造过程中,诈骗犯基于自己所谓的"高智商"和"高情商",善于在众人面前做表面文章,为了能够赢得更多的积分,在外部行为上会表现出很积极的样子,尤其是在监狱民警面前会表现得特别乖巧、听话。尽管其内心并不认可监狱的改造政策,也不愿接受监狱民警的管理,甚至对其被判刑入狱心怀不满,但为了能够使自己早日出狱,他们只能表现出这种虚假的积极接受改造的行为。

(二)诈骗犯的改造对策

1.改变错误认知。诈骗犯的智力水平相对较高,思维能力较强,可以运用认知改变的方法对他们进行改造。诈骗犯普遍存在不合理的思维方式,存在不负责任的"思维错误"(thinking error),表现出大量的反社会价值观。例如,认为诈骗是无本万利的行业;诈骗是让人自愿掏钱,自己没有什么责任;诈骗不像抢劫那么严重,既不动刀也不流血,危害很轻;诈骗是自己谋生的手段;诈骗富人和贪官是应该的,不算犯罪,等等。因此,运用认知疗法帮助诈骗犯改变其思维模式,促使他们形成更加合理、负责的思维,同时帮助他们用更加建设性的方式解决问题。在具体应用时主要按照两种模式进行:一是认知重构。认知干预的重点是转变信念、价值观和态度。典型的方法是合理情绪疗法和思维错误矫正技术。合理情绪疗法的目的在于帮助诈骗犯认清其思想中的不合理信念,建立合乎逻辑、理性的信念,以减少个人的自我挫败感;思维错误矫正技术是通过矫正思维错误来建立合理思维模式的一种心理治疗方法。二是认知技能。认知干预的重点是改善诈骗犯的思维过程,即推理的结果与形式,而不是推理的内容。①

2.矫正行为。使用行为矫正方法对诈骗犯进行改造时,要识别那些助长诈骗行

---

① 吴宗宪编著:《国外罪犯心理矫治》,中国轻工业出版社2004年版,第181~190页。

为的外部环境条件，然后设法改变这些条件。典型的行为矫正技术是正强化、负强化。下面以正强化为例说明进行行为矫正需要注意的问题：第一，选择好要增加的行为，即明确需要强化什么行为。例如，诈骗犯超额完成一天的劳动任务、综合评价改造质量时成绩优秀、真诚对待他犯和监狱民警等。第二，选择好强化物，即选择那些能引起诈骗犯愉快体验的刺激物，同时应充分考虑罪犯个人的需要、年龄、兴趣等。第三，以恰当方式进行正强化，即综合运用连续强化和间隔强化以免单调的强化使诈骗犯产生厌烦，对诈骗犯的良好行为表现要及时给予强化，明确告知诈骗犯对其进行强化的满意行为是什么。第四，注意使用脱离计划。如果经历一定次数的强化后，诈骗犯的行为出现了令人满意的结果，就可以逐渐将具体的强化物改为抽象的社会性强化物（如言语表扬等）来维持这种行为。此外，还要注意定期评估诈骗犯的行为，准确了解其行为变化情况。

3. 环境陶冶。通过建设健康和谐的自然环境或人文环境，潜移默化地对诈骗犯产生积极的影响，使他们在不知不觉中受到教育。例如，上海市青浦监狱利用先进文化吸引诈骗犯，转移注意，淡化消极情绪，塑造积极健康心理，取得了良好效果。罪犯吴某因诈骗罪被判处有期徒刑 7 年 6 个月，入狱后又用剪刀把他人扎成重伤，被加刑 5 年。在主管监狱民警的耐心教育下，他拿起久违的书，用了 3 年多通过了华东师范大学汉语言文学专业大专全部 13 门课程考试。在掌握知识、提高素质的基础上，吴某看到了自己的未来，才全身心投入积极接受改造的活动中。

专栏 5-2　诈骗犯改造个案

蔡犯，男，1952 年生，离婚，大专文化，上海市人。1976 年以来，他多次触犯刑律被判刑 4 次，曾因脱逃被加刑 1 年。1995 年 2 月其因诈骗罪被判处有期徒刑 8 年。入监初期，蔡犯想博得监狱民警好感，以便挑个“洋差”，有过帮助文盲罪犯代写书信和汇报材料，给予经济困难罪犯物质帮助的行为，但未能得到监狱民警的激励。继而采取“合法斗争”，专抓监狱民警执法中的漏洞，后发展到与监狱民警严重对立，不和监狱民警讲内心话，消极怠工，对抗管教，屡次违反《罪犯行为规范》的要求。多次受到处罚，与监狱民警的敌对情绪愈加严重，感觉在这里改造无前途、无希望，要求移地改造或换队改造，自认“思想上患了癌症”，成为一名顽危犯。后来，心理矫治部门主动干预，对蔡犯实施心理转化和矫治。

第一次会谈，蔡犯抗拒、逆反心理明显，情绪激动，怨恨监区民警。针对蔡犯的心理状态，为了稳定其情绪，鼓励他把心中的苦闷全部讲出来，然后给予疏导。会谈结束时蔡犯已能与咨询师心理相容，表示相信咨询师。

第二次会谈,蔡犯提出这样的问题:“我的情况不知你调查没有,你说都是我的错吗?我错在哪里?”针对其歪曲认知,咨询师采取了认知疗法,劝导他做监区作业,回忆入监以来的所作所为;自己哪些言行错了,该负什么责任,监区民警为什么给予处分?下次会谈交作业。后来,蔡犯将监区作业分别投到监狱长信箱和心理咨询信箱,自诉了入监以来的情况,信中怨恨、逆反、消极心理仍非常严重。为了有效地转化蔡犯,咨询师通过全面调查和分析,针对其犯罪经历、心理特征和顽危行为的成因,制定了矫治转化对策,得到了监区、分监区及相关部门的支持和配合,营造了一个有利于蔡犯实现转化的氛围。

第三次会谈,咨询师答复了蔡犯来信中提出的问题,并指出他的四大毛病,对此,蔡犯表示认同。在此基础上,咨询师进一步指出他认知上的以偏概全和目前的处境,主要是自己造成的结果。然后,咨询师让他回顾和检讨自己在适应改造环境中存在的问题和不良态度,反省自己抗拒管教造成的恶劣影响及对自己造成的后果和损失,回忆自己有过的幸福自由的生活,激发他靠拢监狱民警、积极改造、争取奖励的信心。经过 9 次、历时半年的心理咨询和心理治疗,同时在分监区民警有针对性的个别教育下,蔡犯的抗拒、逆反、怨恨心理得到了明显转化,能遵守监规监纪,积极改造,完成劳动和学习任务,内务卫生良好,并能及时制止一起他犯自伤自残事件。两年来他获监狱表扬 3 次,记功 3 次,被评为改造积极分子 1 次,获得减刑 1 次(8 个月)。

四、贪污受贿犯的心理特征与改造对策

贪污犯罪,是指国家工作人员利用职务上的便利,侵吞、窃取、骗取或者以其他非法手段占有公共财物的行为。犯罪主体一般年龄较大,有一定的文化素养,犯罪手段带有欺诈性和隐蔽性。受贿犯罪,是指国家工作人员利用职务上的便利,索取他人财物,或者非法收受他人财物,为他人谋取利益的行为。

(一)贪污受贿犯的心理特征

1. 存在多种错误观念。贪污受贿犯大部分曾经身居要职,一般受教育程度高,文化及认知水平都较高,但却存在一些错误观念,才导致其产生违法犯罪行为。总结起来有以下几点:

(1)过分看重金钱。不管是出身贫困,还是家境富裕,贪污受贿犯普遍把对物质利益的攫取放在首位,认为金钱很重要,越多越好,于是利用自己的职权来谋取私利。有人对山东某监狱 70 名贪污受贿犯做的问卷调查表明,儿童时期家庭经济

情况一般的占44%，较差的占32.4%；儿时羡慕富裕家庭的占34.4%；因家庭经济条件差，有自卑感，立志长大后多赚钱改变家庭贫困状况的占60.1%。被逮捕前经济条件好，生活比较富裕，对国家发的工资不满足，认为不够花的占56.4%；作案所得钱财用于发家致富，从事营利性经济活动的占51.6%。①

（2）扭曲的补偿观。贪污受贿犯大多将其贪腐行为视为一种必要的补偿：一是认为自己的工作要求高、任务重、压力大、工作的时间长，而国家给予的待遇与自己的付出严重不匹配，只有贪污受贿才能使自己在经济上得到补尝；二是认为现实与自己的人生理想差距较大，从而产生被组织遗弃或者相对剥夺感，为了使自己心理平衡，于是从经济上进行补偿。

（3）错位的自我价值观。贪污受贿犯一般自视甚高，自以为很了不起，对社会上许多人看不起，尤其轻视那些文化水平不高的商人老板。可恰恰是这些他们认为不学无术的人，却出手阔绰，生活方式前卫，比他们这些“社会上层人士”生活得有滋有味、丰富多彩，使其自愧不如、颜面扫地。为了使自己在生活方面也处于优势，为自己真正成为“上层人士”奠定丰厚的物质基础，他们必然会利用自己的权力疯狂敛财。

2. 自我优越感强烈。贪污受贿犯因为入狱前拥有一定的权力，有较高的社会地位，已经习惯于对他人进行控制管理并受到他人的敬重、爱戴。尽管现在变成了一名罪犯，但在其他罪犯面前，仍保持“高人一等”的姿态，既看不起其他罪犯，也不屑与其他罪犯为伍，表现出强烈的自我优越感。在这种自我优越感支配下，他们在罪犯群体中常常自恃清高，又喜欢显示自己“文雅高贵”的一面，明显表现出不合群的状态，对其顺利接受改造可能会带来不利影响。

3. 善于协调与他人的关系。这类罪犯入狱前大多担任一定领导职务，深知监狱民警在他们的改造生活中所处的举足轻重的地位，因此对监狱民警较为尊重。他们能主动与民警亲近，博取好感。同时，他们对民警实施“区别对待”的原则，依据民警职位高低、权力大小，特别是对自身改造利益的大小予以明确区分。他们一般不与民警发生正面冲突，即使对民警存在意见和看法，也不会轻易表露。他们对分管民警观察细致，时刻揣摩其心理，讨好民警，极尽奉承巴结之能事。贪污受贿犯虽然自恃清高，但在处理与其他犯人的关系时能够把握分寸，在改造生活中能显示自己的大度，能妥善化解与他犯的矛盾。同时，他们能充当他犯利益的维护者，为他犯“谋利益”，在罪犯群体中有一定的威信。

---

① 李成、刘居祥、张安民主编：《罪犯心理矫治专论》，中国文联出版社2001年版，第86页。

4.认罪态度较好,改造态度一般。贪污受贿犯了解有关政策,能认识到自己的犯罪危害性,认罪态度较好。同时,贪污受贿犯又竭力寻找借口为自己的罪行辩护,认为“大贪污大有人在”,自己与他们相比是“小巫见大巫”,自己运气不好,是政治斗争的牺牲品。在这种思想支配下,他们缺乏诚实改造的愿望和艰苦改造的决心,改造态度一般,并时有反复。但他们善于掩饰自己,尽管内心思想斗争比较激烈,但外在表现平静,甚至还装出一副靠拢政府、积极改造的样子。

5.投机改造心理重。在改造中,由于能认识到自己犯罪的危害性,特别是对其犯罪给家人和个人造成的危害认识较为深刻,因此悔罪心理较强。但由于监狱的生活和劳动与过去在社会上有天壤之别,怕苦怕累心理就会暴露出来。他们希望积极改造,但又不愿付出艰辛的劳动来洗刷罪恶灵魂;希望多获得奖励,早日回归社会,但又不愿老老实实地改造,经不起改造生活的磨炼。因此,他们想方设法地与监狱民警搞好关系,或通过社会关系利用社会力量产生影响,使自己能够分到较轻的劳动岗位或任职于特殊改造岗位,期望能用最少的付出得到尽可能多的改造成效。

(二)贪污受贿犯的改造对策

1.改变错误认知。帮助贪污受贿犯认清犯罪危害,加重赎罪心理,转变其极端利己的人生观和价值观。一方面,可以让他们到社会上现身说法,既警醒别人,又教育自己,巩固和强化认罪、悔罪心理;或者创造条件让他们走出高墙,了解社会的发展变化,特别是原单位的变化,转变其错误的认知结构,提高积极改造的自觉性。另一方面,可以邀请劳模、英模来监狱作报告,请专家开设国家政策及反腐败斗争的专题讲座等,使他们在潜移默化中接受正确的人生观、价值观教育。

2.促其养成劳动习惯并掌握职业技术。多数贪污受贿犯对体力劳动有厌恶和轻视的思想,好逸恶劳、贪图享受观念根深蒂固。因此,要根据各自的特长安排到一定的劳动岗位上,使他们逐步树立“劳动光荣”的思想,养成劳动习惯。另外,贪污受贿犯大多缺乏劳动技能,所以刑满释放后就业的难度较大。因此,要根据他们的特长和爱好,有针对性地开展技术教育,使他们在狱内能掌握一定的职业技术,提高就业能力。

3.培养健康心理和塑造健全人格。组织贪污受贿犯进行心理测试,建立心理档案,让他们了解自己的人格特征、心理行为特征、情绪情感状况等。在此基础上,帮助他们深挖犯罪根源,端正改造态度,消除不良心理,形成正确的改造观。对一些心理压力大、情绪不稳定或存在明显心理问题乃至心理疾病的贪污受贿犯,要进行必要的心理咨询或心理治疗,及时缓解或消除其心理问题和心理障碍。

4. 引导罪犯积极进行自我心理调适。贪污受贿犯由于入狱前后在自由程度、社会地位、个人尊严等方面的巨大反差，内心痛苦感强烈，情感体验复杂，紧张、抑郁、悔恨、愤闷、失落的心理贯穿于改造的全过程。大起大落的情绪情感和烦躁不安的心理状态如不加以科学引导，就会成为影响其顺利进行改造的重大障碍。因此，在对这类罪犯进行心理卫生教育，促其形成健康心理的同时，要积极引导他们采用内省、宣泄、转移、自我安慰等方法进行自我心理调适，使他们学会自我调控负性情绪，进而安心服刑。

第三节　性欲型罪犯心理与改造对策

性欲型罪犯是指实施了以满足性欲为目的的违法犯罪行为而被判处刑罚的人，包括强奸犯（轮奸犯、奸淫幼女犯）、聚众淫乱犯等，在押犯中所占比例仅次于物欲型罪犯。性欲型罪犯的共同特征是性需要过于强烈、性观念“错位”、性行为越轨，这是导致其犯罪的心理动力和原因。性欲型罪犯有时并非单一型的，可能兼有物欲型犯罪动机，如组织、容留、强迫妇女卖淫，制作色情淫秽物品，出卖色相换取钱财等。从犯罪心理学的角度加以观察，可将性欲型罪犯分为四种：一是暴力性性行为，如强奸、轮奸、伤害侮辱妇女、性报复等；二是淫乱性性行为，如群奸群宿等；三是性心理变态性性行为，如奸淫幼女、性倒错等；四是与财物动机有关的性行为，如组织妇女卖淫、用色情方式欺诈、抢劫等。

一、性欲型罪犯的心理特征

（一）强烈的性需求

性欲型罪犯主要是为了满足生理上的性需要才产生犯罪的，他们在入狱之后，其性需要并不会消失，仍会继续存在。尤其是那些有性淫乱史、性体验较深刻的罪犯，在相当长的时间内，在其意识活动中，性表象会不时闪现，很容易激发性冲动。但进入监狱后，受到监狱条件的限制，其性需求是无法得到满足的，越是得不到满足的需要就越强烈，因而必然会导致他们采取各种代偿性行为，例如，采用剪贴画报上的女性图像、翻阅小说里男欢女爱的细节描写、看电视中拥抱接吻镜头、互相讲淫秽故事和犯罪中的性体验等方式来寻求代偿性满足。有的罪犯甚至还可能产生同性恋、鸡奸等代偿性的性行为。性欲型罪犯所产生的这些代偿行为，不仅其本身就可能具有违规的性质，甚至还可能引发其他严重危害监管安全的行为。

（二）歪曲的自我意识

某些性欲型罪犯受西方的“性自由”“性解放”思潮的影响，形成了错误的性观念，认为自己的犯罪行为是“时代发展的趋势”，是很“前卫”的，只不过不被世人理解罢了。某些罪犯认为在改革开放的年代仍旧固守传统的性观念似乎太落伍了，因而把“能玩女人”“能过糜烂的淫乱生活”看成“有本事”的象征，因此他们对自己的丑恶行径不以为耻，反以为荣。正是这种歪曲的自我意识，使他们对自己的罪行缺乏羞耻感，无悔罪之心，不好好接受改造。

（三）不认罪心理

性欲型罪犯较普遍地存在推卸罪责或缩小应负责任的不认罪心理。他们总是把自己的犯罪行为归因于社会环境和他人，为自己的犯罪百般寻找借口，企图达到减轻刑罚或逃避惩罚的目的。例如，强奸犯谎称发生性行为是女方“心甘情愿”，属通奸性质，因而不认罪；轮奸犯在责任扩散心理的作用下，认为作案责任是人人有份、责任均摊，可减轻罪责；男女流氓在一起鬼混，群奸群宿，则认为是双方自愿、无害社会，无罪可言。

（四）存在多种不良性格

1. 认知水平低下。大多数性欲型罪犯的受教育程度比较低，缺乏高层次的理想和目标，容易受生理需要左右及感官刺激的诱惑而产生行为变化。其改造的持续性动力不足，容易出现起伏波动。

2. 情感扭曲且缺乏同情心。性欲型罪犯多数情感冷漠，对他人没有同情心，难以对他人产生共情，因而对受害人所受的痛楚置若罔闻，很难认识到其犯罪行为的罪恶本质，对其认罪悔罪非常不利。

3. 性格冲动，行为不计后果。某些认知水平低下的性欲型罪犯，往往思维肤浅，难以通过表面现象认识到事物的内在本质，容易被事物的表面现象所迷惑而产生强烈的情绪变化，其情绪变化又会直接表现在行动上，使其行为完全是负面情绪的宣泄，因而很容易失去控制而导致非常严重的后果发生。

（五）情绪不平稳，无心改造

这类罪犯由于性欲较强，但又无法通过正当途径得以满足，因而时常表现为心神不宁、烦躁不安，对学习、劳动抱无所谓态度，无心改造。他们虽能适应劳动改造的要求，但内心的畸形需要往往无多大变化。

二、性欲型罪犯的改造对策

（一）提高认知水平

认知水平低下既是性欲型罪犯无法正常满足生理性需求，而采取极端的方式实施犯罪行为的重要原因,同时也是他们扭曲的性幻想、贪婪的性追求不可或缺的因素。因此,可以通过文化知识教育,提高罪犯的认知水平。首先,通过文化知识教育使他们对人的生理结构有充分了解,对性有正确的认识;其次,认知水平提高了,罪犯的视野开阔了,关注点及兴趣就会多样化,慢慢转移其兴奋点,性的心理需求也会逐渐淡化;最后,认知水平的提高可以帮助罪犯提高挫折承受能力以及培养理性精神,从而具备一定的情绪与行为的管控能力。

(二)培养羞耻感

羞耻心人皆有之,圣人如此,罪犯亦如此。只是因为受教育程度、为文化所化的程度高,圣人(包括社会的精英阶层)的羞耻感被强化。反观罪犯,一次次社会舆论的谴责、自己心里的煎熬,他们的羞耻心被渐渐遮蔽。但是一时的遮蔽不等于永远的丧失。所以,唤醒沉睡的羞耻心,培养羞耻感就成为这类罪犯心理改造之必需。

(三)磨炼意志,形成罪犯对性欲的自制力

大多数性欲型罪犯对自己的行为也会产生厌弃心理,但由于意志力薄弱,不能抵抗深刻的性体验带来的诱惑,随意屈从于生理性召唤。因此,磨炼他们的意志,形成一定的自制力,提升自己的意识境界,以抵制低端无意识的生理需求就成为心理改造的重要内容。

(四)换位思考,促使罪犯产生悔恨情感

站在被害人角度,被性侵造成的伤害是巨大的,心灵的伤口往往难以弥合,极端情况下甚至会使被害人产生人生幻灭的绝望心理。如果性欲型罪犯能够体会到被害人的这些感受,就会促使他们在心里产生悔恨的情感,认罪服判进而真心接受改造。这种悔恨情感体验还会对性欲型罪犯以后行为的选择具有导向作用。

第四节　情感型罪犯心理与改造对策

情感型罪犯是指消极的情绪、情感的积累或突然爆发而实施杀人、伤害、爆炸、投毒、放火、诬陷诽谤、包庇等犯罪行为的罪犯。

一、情感型罪犯的心理特征

(一)情感型罪犯共同的心理特征

1. 品德良莠不齐。品德是性格中反映个体本质好坏的特征,情感型罪犯的道德水平个别差异较大,他们中的大多数人品德还是比较好的,比如,勤劳、做事认真、有同情心、诚实、直爽等。但也有少数人有阴险、冷酷、残忍、暴戾的不良品德。

2. 气质类型偏重强型。情感型罪犯的气质类型大多偏重强型。有人对因为人际冲突而导致杀人和伤害的犯罪人进行调查发现，胆汁质、多血质、黏液质所占比例较高（见表5－2和表5－3）。胆汁质在杀人和伤害两类犯罪中所占比例都比较高，这是因为胆汁质的神经类型特点是喜欢冒险、急躁易怒、激惹性强且难以自制，一旦遇到侮辱与伤害类的刺激，情绪即急剧变化，短时间内出现激情状态而丧失理智，并迅速外化为攻击性暴力行为，如杀人或严重伤害等犯罪行为。多血质在伤害罪中的比例高于杀人罪，这是因为多血质的神经特点是做事浮躁且轻率，不甘寂寞，常因寻求刺激、争强好胜而惹事生非，又由于他们灵活性较强、注意转移快，产生否定情绪容易转移与消失，不至于一定致人于死地，因而伤害犯罪多于杀人犯罪。粘液质在杀人犯罪中的比例高于伤害罪。黏液质的神经特性表现为理智沉稳、情感冷漠、善于克制忍让、不轻易动怒、明显内向。但这种深沉、冷静和坚韧也容易走向另一个极端，即挫折和矛盾冲突积蓄过久，就会在忍耐中产生愤恨和仇视，而且内心的体验非常强烈固执，只是多数人不会立即表现在行为上，而是将否定情绪埋藏在心底，寻机报复。一旦遇到较强烈的负性刺激，其否定情绪就会以暴力性攻击行为表现出来，甚至孤注一掷，犯罪过程具有明显的反向自我调控特征，即犯罪前不露声色、精心预谋策划，有目的、有计划地实施犯罪活动。抑郁质在伤害罪和杀人罪中所占的比例都比较低，这是因为抑郁质的人比较脆弱，缺乏攻击性，即使受到刺激和伤害也极少表露于外，在挫折状态下多产生内罚反应，因而暴力性犯罪较少。抑郁质的人一旦发生伤害、杀人等犯罪，是由于敏感多疑，在受到挫折和否定刺激时内心体验过于强烈，自我调节能力又太弱，消极情绪累积过多，才实施孤注一掷的报复行为。

表5－2　68名青少年故意杀人犯气质类型①

气质类型	胆汁质	多血质	黏液质	抑郁质	混合型	
					抑郁质＋胆汁质	其他
人数	19	8	23	6	8	4
百分比	27.9%	11.8%	33.8%	8.8%	17.6%	

① 陈雯：《气质与青少年杀人伤害犯罪——对132名青少年杀人、伤害犯的气质分析》，载罗大华主编：《犯罪心理与罪犯心理矫治》，中国社会出版社2000年版，第110页。

表5－3　64名青少年故意伤害致死犯气质类型[①]

气质类型	胆汁质	多血质	黏液质	抑郁质	混合型	
					抑郁质＋胆汁质	其他
人数	20	18	12	2	6	6
百分比	31.3%	28.1%	18.8%	3.1%	18.8%	

3. 与刑罚相关的消极情绪。

(1)明显的犯罪后果恐惧。情感型罪犯所实施的犯罪行为产生严重的后果，引起被害者、被害者亲属以及社会舆论的愤怒和强烈谴责，这种信息的冲击以及罪犯本人对犯罪情景的回忆、对被害人及其亲属仇恨态度的想象，会使罪犯产生犯罪后果的恐惧，具体表现为常常做噩梦，整天情绪紧张、坐卧不安，个别严重者会出现暂时性的幻听和幻视。这种心理一方面会激发罪犯的罪恶感，促其认罪悔罪而积极接受改造；另一方面会导致罪犯情绪过度紧张、恐惧而影响其正常改造活动的顺利进行。

(2)强烈的刑期焦虑。所谓刑期焦虑是指与刑期密切联系在一起的焦虑，是刑期较长所致。一般刑期越长，刑期焦虑越严重，轻者烦躁不安、唉声叹气，重者以绝食、自残、毁物来减轻焦虑带来的否定体验，或者以自杀来寻求解脱，彻底逃避焦虑。很多重刑犯都有刑期焦虑，由于情感型罪犯的犯罪后果较严重，刑期普遍较长，其刑期焦虑自然会最重、最普遍。

4. 情绪稳定性差。情感型罪犯中以实施杀人、伤害的暴力犯居多，这类罪犯的犯罪行为的发生与其情绪不稳定、容易冲动密切相关。有人用EPQ(艾森克人格问卷)对暴力犯、普通犯、一般人进行测量发现，暴力犯组在P、E、N、L四个维度上均与常人有极显著差异，P、E、N均高于常人，而L低于常人(见表5－4)。在暴力犯与普通犯的比较中，E无显著差异，P、N、L都有极显著差异(见表5－5)。暴力犯与普通犯和一般人相比，其情绪稳定性(N)差，不仅忽高忽低，而且具有冲动性的特点。由此可见，情感型罪犯因为情绪稳定性差，其改造行为就容易受其情绪影响而发生变化，这类罪犯更容易出现改造中的动摇反复。

① 陈雯：《气质与青少年杀人伤害犯罪——对132名青少年杀人、伤害犯的气质分析》，载罗大华主编：《犯罪心理与罪犯心理矫治》，中国社会出版社2000年版，第110页。

表 5-4 暴力组与常模组 EPQ 比较[①]

	暴力犯组（N=80）m±s	常模组（N=368）m±s	t	p
P	7.1±3.2	6.1±3.2	28.29	<0.001
E	12.6±3.4	9.9±4.4	41.67	<0.001
N	13.9±4.5	10.1±4.6	54.21	<0.001
L	11.8±3.9	13.3±5.8	17.79	<0.001

表 5-5 暴力犯与普通犯 EPQ 比较[②]

	暴力犯组（N=80）m±s	普通犯组（N=79）m±s	t	p
P	7.1±3.2	6.1±2.7	12.50	<0.001
E	12.6±3.4	12.7±4.3	1.02	>0.05
N	13.9±4.5	13.2±4.2	6.36	<0.001
L	11.8±3.9	13.3±3.7	15.63	<0.001

5. 缺乏对不合理情绪的自我调节能力。情感型罪犯之所以受情绪情感支配而犯罪，就是因为他们对自己的不良情绪情感缺乏自我调控能力，即调节情绪的意志力薄弱。这也与他们多数人思维的广阔性、深刻性、灵活性较差有关。这类罪犯一旦遇到微小的刺激，就会产生强烈的情绪反应，无法自控而出现过激行为。因而，这类罪犯比其他类罪犯更容易做出违规违纪行为。

6. 劳动、学习的意志较坚强。情感型罪犯一旦认罪，改造意志就会比较坚强，突出表现在劳动改造中踏实肯干，不怕苦不怕累；学习知识、技术上肯钻研。其改造活动会比较平稳，容易取得较好的改造成绩。

7. 心理健康水平较低。暴力犯之所以使用暴力手段犯罪，与他们的人格有密切关系。暴力犯的主要心理特征是：社会道德水准低，心理问题普遍，敌对、偏执心理严重。有人用 16PF（卡特尔 16 种人格因素问卷）测试得知，心理健康水平（Y1）的数值分别为：伤害犯 19.6，杀人犯 17.8，说明他们的心理很不健康。有人用症状自

① 李成、刘居祥、张安民主编：《罪犯心理矫治专论》，中国文联出版社 2001 年版，第 73 页。

② 李成、刘居祥、张安民主编：《罪犯心理矫治专论》，中国文联出版社 2001 年版，第 73 页。

评量表 SCL - 90 测试得知,与常人及普通罪犯比较,暴力犯在躯体化(心理问题渐变为躯体化症状)、强迫、人际关系紧张、忧郁、焦虑、敌对、恐怖、偏执、精神病性9个因子上均高而且达到极显著水平($P<0.001$),说明暴力犯的心理健康水平很差,存在着广泛而严重的心理问题。[①] 上述数据集中反映出这类罪犯的情绪智力太低,因而他们受到外界刺激后容易做出盲目冲动的行为。

(二)情感型罪犯不同的心理特征

人的情绪与情感是有区别的,表现在:情绪与生理性需要相联系,是外露的、短暂的、不稳定的;情感与社会性需要相联系,是内在的、持久的、稳定的。由于支配犯罪的情绪和情感不同,使情感型不同类型的罪犯除了共同的心理特征外,还有不同的心理特征。情感型罪犯大致可分为消极否定情感型、消极肯定情感型、消极否定情绪型、消极肯定情绪型支配犯罪的四类罪犯。

1. 消极否定情感型。这是指在稳定的否定性情感支配下产生预谋性犯罪的罪犯,例如,嫉妒、报复、愤怒、仇恨等情感支配下导致的杀人、伤害、侮辱诽谤等犯罪的罪犯。这类罪犯具有以下心理特征:

(1)消极否定情感具有一定的积蓄性。支配这类罪犯犯罪的情感仍然会在服刑中延续,情感的内隐性使这类罪犯自己不能觉察、难以控制原来支配犯罪的情感的延续。因嫉妒而犯罪的罪犯在服刑中仍会产生新的嫉妒,这类罪犯在原有导致犯罪的嫉妒情感和刑罚引起的消极心理驱使下,他们的妒嫉心理很可能演化成为攻击他人的强大动力,严重者会导致重新犯罪。例如,这类罪犯在改造竞争中未获得奖励时,他们对受奖者的嫉妒会比其他罪犯强烈得多,于是,对他人的攻击和诽谤也会远远超过其他人。因报复、仇恨导致犯罪但未达到目的的罪犯,他们对被害人的仇恨仍郁积在心里,一旦有机会定会向被害人报复。

(2)性格内向、偏执。这类罪犯大多性格内向,少数罪犯还具有偏执的人格,这一点在杀人犯身上尤其明显。有学者用16PF测试伤害犯、杀人犯的人格,突出的几项人格因素的平均分如下所述。①兴奋性:伤害犯6分、杀人犯5.2分,说明伤害犯喜欢刺激,而杀人犯喜欢安静。②忧虑性:伤害犯6.7分,杀人犯7.5分(是所有罪犯中的最高分),说明杀人犯具有极强的忧虑抑郁、烦恼多端的情绪特征。③内向与外向(X2):伤害犯5.17分、杀人犯4.49分,说明杀人犯明显内向。④心理健康水平(Y1):伤害犯19.59分,杀人犯17.83分(是所有犯罪类型中最低的),两类罪犯的心理都不健康,而杀人犯的心理严重不健康。这就使他们在服刑中表现出

① 李成、刘居祥、张安民主编:《罪犯心理矫治专论》,中国文联出版社2001年版,第77页。

忍耐性、积蓄性、沉默性、发泄性的特征。通过上述比较可以明显看出杀人犯的人格偏执。监狱警察在日常工作中通过观察发现,杀人犯平时很少聚在一起谈笑,反应较迟钝,难得听到他们大声讲话,对集体活动不感兴趣,沉默寡言,性格内向①。

2. 消极肯定情感型。这是指在亲情、友情等肯定性消极情感支配下产生犯罪的罪犯,包括包庇罪、窝赃罪、窝藏罪等罪犯。这类罪犯具有以下心理特征:

(1)重情义,易感化。这类罪犯在人际交往上重情谊,容易被监狱民警感化。但也容易受友情支配而打抱不平,造成打架斗殴事件,这说明他们对自己的情绪缺乏克制力。

(2)认罪意识差。这类罪犯在服刑初期往往不认罪,他们认为自己并未作案,是受他人牵连,不该判刑。因而这类罪犯必须在懂得了法律之后,对其犯罪行为的实质有了清晰、准确的认识才不得不认罪,但内心仍会感到委屈。

(3)情绪受能否得到亲友关心的影响较大。如果亲友常常关心他们,尤其是自己为之付出犯罪代价的亲友能经常来探视他们,其改造情绪就会比较积极,改造行为也会比较平稳,改造积极性会大大提升;如果亲友对其不闻不问、不关心,尤其是自己为之付出犯罪代价的亲友对其不理不睬,会使他们心灰意冷,否定性消极情绪就会占主导地位,他们就会无心改造。

3. 消极否定情绪型。这是指在冲动性否定情绪支配下导致激情犯罪的罪犯,其心理特征是:

(1)自我悔恨情感强。因为他们的犯罪不是精心预谋的,而且是在强烈情绪支配下产生的典型的情绪化行为,所以其犯罪后果往往超出了自己的预料,他们会深感对不起被害人及其亲属。

(2)情绪不稳定、易冲动。这类罪犯情绪不稳定,激惹性强,会因与其他罪犯的小矛盾或其他小事而引起情绪波动,甚至大打出手。罪犯中最容易与他犯产生矛盾冲突并拳脚相加的就是这类罪犯。但这类罪犯与那些在消极否定情感支配下有预谋伤人、杀人的罪犯不同,他们的情绪不积蓄,冲动后很快消失。

4. 消极肯定情绪型。这是指在消极躁动情绪支配下,为寻求刺激而导致游戏型、娱乐型犯罪的罪犯,一般是青少年罪犯,其特点是:

(1)认罪意识和改造情绪不稳定、不深刻。由于这类罪犯年龄较小、不成熟,因而认罪意识和改造情绪都不稳定,经常反复无常,时好时坏。即使是认了罪、产生了改造热情,也不深刻,不能深刻认识自己的犯罪原因,更无自我悔恨的情感,即自我

① 张雅凤主编:《罪犯改造心理学新编》,群众出版社2007年版,第136页。

麻木。

(2)寻求刺激以填补精神空虚。由于这类罪犯是游戏型犯罪,因此在改造中经常为填补精神空虚而寻求刺激,如经常发生有意向其他罪犯挑衅、故意拿监狱民警寻开心等胡闹行为。藐视一切规范和纪律,生命价值观淡漠。

二、情感型罪犯的改造对策

(一)对情感型罪犯的共同改造对策

1.团体情感教育。这是指针对不良情绪情感导致他们犯罪及改造中发生种种问题的事实对他们进行教育,主要采取以下两种措施:一是启发引导他们认识不良情绪带来的危害,以及控制情绪对人生的意义;二是通过心理训练,如合作训练、争论焦点问题、事后分析等,让情感型罪犯学会调节控制不良情绪的技巧,转移优势兴奋中心,使他们的优势兴奋中心从支配犯罪的消极情感转移为有利于改造的积极情感,提高他们对情绪的控制能力。

2.刚柔相济的管教方法。对情感型罪犯暴躁的性格或冲动的情绪,应首先以强制的方式压住其嚣张气焰,之后用柔和细腻的方法培养其耐心和信心。例如,通过干细活(绣花、纺织、编织、针织、雕刻、剪纸、接手表链、修剪花木、养花种草等)磨炼他们的耐心,用养宠物(观赏鱼、鸟等)来培养他们的爱心和耐心,养成细致做事的好习惯。

3.个体心理咨询和治疗。通过心理医生的启发和引导,让情感型罪犯系统地回顾自己成长过程中来自社会、学校、家庭等方面造成的心理创伤。心理医生在耐心倾听的基础上,给予合理的解释和疏导,继而与其共同分析否定情绪产生的原因,逐步消除他们与他人、社会的对立情绪或敌意,帮助他们学会用心平气和的方式来解决分歧,从而有效地控制不良情绪,防止暴力行为的产生。

(二)对不同类型情感型罪犯的区别性改造对策

1.对因嫉妒引起犯罪的罪犯。

(1)引导他们公平竞争、进步向上。竞争可以转移优势兴奋中心,把嫉妒别人的注意力转移到竞争上,就会产生以下效应:第一,竞争可以使有嫉妒心理的罪犯增强自信,从而消除嫉妒心理。因为自信者不嫉妒,自卑者才嫉妒别人。第二,竞争对罪犯具有榜样引导作用。在竞争中的优胜者就会成为失败者学习的榜样。第三,竞争心理可以使罪犯产生合作意识。在劳动、技术等方面的竞争会产生很多新问题,这些问题很难通过一个人的努力解决。当罪犯难以单独解决问题时,就会在监狱民警的指导下产生与他人合作的愿望并付诸实施,最终合作使竞争双方都获益而得到双赢的效果。在与敌对者合作的过程中,嫉妒者的优势兴奋中心就转移到为实现共同目标而忙碌上,这样就会因没有时间顾及嫉妒而使嫉妒自然消除。

(2)重新判断嫉妒的价值并寻求新的价值。引导有嫉妒心理的罪犯,从自己嫉妒他人的痛苦体验中认真思考嫉妒是否有价值。经过认真思考他们就会领悟到因为嫉妒别人使自己饱尝痛苦是最愚蠢的,只有愚蠢的人才嫉妒,聪明的人不嫉妒。在此基础上进一步引导他们把精力放到健康有益的活动上,从成功的体验中寻求新的价值,这样自然会否定嫉妒的价值。一旦认识到嫉妒没有价值,就不会再嫉妒别人了。

(3)"酸葡萄"与"甜柠檬"自慰法。"酸葡萄"法是指自己得不到的东西就故意贬低它的价值,以消除心中的不平衡。"甜柠檬"法是指自己现有的无法舍弃,就说是最好的,以求得心理安慰,即知足常乐。这两种方法都可以有效地帮助罪犯消除嫉妒心理。

2. 对因报复和仇恨引起犯罪的罪犯。

(1)人际关系训练。情感型罪犯大多处理人际关系的能力较差,因报复和仇恨引起犯罪的罪犯调节人际关系的能力就更差,所以要对他们进行人际关系训练。具体做法是:把这类罪犯与处理人际关系能力较强(如贪污犯)并积极改造的罪犯编在一个小组,监狱民警或心理咨询人员事先设计好处理人际关系的小组活动主题,让每个罪犯当场解决问题。先让因报复和仇恨引起犯罪的罪犯解决,当他们发生矛盾冲突出现僵局时,让处理人际关系能力较强的罪犯以成功解决给他们做示范,然后再出同类的问题,让他们尝试自己解决,直到成功为止。这种模拟训练进行几次就会使这类罪犯处理人际关系的能力得到提高。

(2)培养豁达的心理素质。因报复和仇恨引起犯罪的罪犯,一般心胸狭窄,所以要注重培养他们形成豁达的人格特点。豁达是由忍耐、宽容、自我安慰组成的复合心理特点。

3. 对因亲情友情引起犯罪的罪犯。这类罪犯主要是由于对亲友的肯定情感冲淡了他们的理智,或者由于缺乏法律意识而犯罪,因此要培养他们形成正确区分情与理、情与法的意识。

4. 对因激情引起犯罪的罪犯。这类罪犯是由于否定性激情导致犯罪,因此要培养他们形成较好的对情绪的自我调控能力,也就是要培养他们形成自制力。

5. 对因闲情引起游戏型犯罪的罪犯。对这类罪犯应引导他们把闲情变成改造热情,以深入浅出的教学方法使他们对读书学习产生兴趣,并不断引导他们为自己确定合适的目标。由于青少年罪犯的心理尚未完全成熟,其行为很容易受到外界因素的影响而发生变化，因而需要把一个大目标分解成若干个小目标，每一个小目标的实现，都会使他们产生成功的喜悦，成功的喜悦又会进一步促使他们去努力实现下一个小目标。如此循环地做下去，在实现了所有的小目标的同时，就会使他们寻求刺激的空虚头脑变得充实而善于思考，进而减少闲情支配下的害人又害己的行为。

第五节　信仰型罪犯心理与改造对策

揆诸历史，信仰来源于人类祖先由于对大自然的无知而产生的恐惧以及图腾崇拜。从这个层面上说，信仰是人类的天性，有信仰对今天的人类来说意义重大。面对当今世界的物质化、低俗化、平面化、碎片化以及快餐化，纯粹的信仰可以妥帖安置人类浮躁、焦虑的精神（灵魂），可以降低人类对物质贪婪的欲望，更可以涵养人类逐渐缺失的人文精神，养成自律的良好品质，树立底线意识，使人类的情绪与行为有所禁忌。但本节所探讨的不是正常的信仰带来的问题，而是信仰的异化。包括借信仰之名行违法犯罪之实的犯罪行为（分裂、恐怖活动），以及受封建迷信毒害或者受邪教的蛊惑而实施违法犯罪行为。信仰型罪犯就是在错误的信仰支配下实施危害国家安全秩序的犯罪行为的罪犯，包括典型的政治信仰型和邪教信仰型罪犯。

一、政治信仰型罪犯的心理特征及其改造对策

（一）政治信仰型罪犯的心理特征

1. 服刑初期反动的政治需要和精神需要强烈。这类罪犯反动的政治需要在服刑初期很强烈，他们并没有因为被判刑而动摇自己的反动信仰，利用一切机会在罪犯中传播自己的反动观点，表现出很强的领袖欲、权力欲。其他的政治性精神需要也十分强烈。他们关心国内外形势并发表见解，对文化生活的需要和读书写作的爱好仍延续。

2. 服刑中期多方面需要发生转变。服刑一段时间后，这类罪犯从切身的体验中渐渐感到“搞政治危险”，又由于自己被判刑入狱政治前途已无望了，因而转为追求多样的代偿性满足，如关心经济形势及其相关知识，关心物质生活，关心学技术、学管理，即由政治需要转为经济需要、由精神需要转为物质需要、由理想需要转为实际需要。

3. 情感的反动倾向性明显。信仰型罪犯对自己信仰的反动观点、理论和党派的肯定情感十分执着,而对共产党的领导和现行政府极其仇恨。这种特点在服刑初期表现得十分明显。只有经过监狱民警耐心细致的教育和真诚的感化,他们才有可能被感动,使其反动情感逐渐弱化。

4. 反动意志顽固。这类罪犯的反动意志十分顽固,他们顽固坚持自己的反动思想和立场,决意要推翻共产党的领导和社会主义制度,而且时刻准备为自己翻案。

5. 极度自负。这类罪犯大多很自负,因为他们自认为是“持不同政见者”“民主自由的战士”,无罪可言,因而目空一切、妄自尊大,既不认罪服判,也无自我悔恨情感。他们还会因为自己原有社会地位较高或科技文化知识丰富而藐视监狱民警,瞧不起其他刑事犯。这类罪犯就是由于对共产党、对社会主义存有偏见,才攻击党和社会主义而引发危害国家的犯罪,其片面、偏激的认识在服刑中仍然延续,又进一步强化了他们自负的自我意识。

6. 独立型、支配型性格居多,双重人格突出。其一,这类罪犯中独立型、支配型性格居多,表现在他们对服刑中的各种问题都有自己的独立见解,不随波逐流,并以各种方式支配、控制其他刑事犯。其二,双重人格突出,表现在对监狱民警表面上服从,背地里却以隐蔽的手段与监狱机关和监狱民警周旋;对刑事犯既鄙视又利用,其内心看不起刑事犯,但行为上又煽动、利用刑事犯与监狱民警闹对立。

7. 无懒馋刁滑的不良品行。这类罪犯一般没有生活上的不良品行,个人品德不像多数刑事犯那样低劣。

8. 能力强弱不一。这类罪犯有强的能力,也有弱的能力。他们的智力和文化水平较高,理论文字功底较好,其演讲能力、煽动能力、组织能力都较强。但是,他们在恶劣环境中生活的能力、谋生能力较弱,所以这类罪犯一般不脱逃。

(二)政治信仰型罪犯的改造对策

1. 以多重比较法纠正其片面、偏激的错误认识及信仰。可重点从三个方面进行比较:一是社会主义与资本主义的比较;二是中国共产党与其他党派的比较;三是优秀的共产党员与腐败者比较。通过比较,使他们认识到共产党和社会主义的光明之处,尤其是看到身边监狱民警中优秀共产党员的高尚品德时,会使他们十分感动,继而有利于纠正其片面、偏激的错误认识及信仰。

2. 以法律的威严强化其罪犯角色意识。政治信仰型罪犯在没有意识到自己触犯法律之前认为自己没犯罪,所以要用法律的威严和规定让他们认识到自己的罪行,清楚地感知到自己是罪犯,要按照罪犯的行为规范去做,以此打消他们的嚣张气焰。

3. 做好罪犯家属工作,变阻力为动力。政治信仰型罪犯的家属与其他刑事犯的家属不同,他们对自己的亲人被判刑入狱毫不痛恨,甚至还鼓动被判刑的亲人不要认罪,这就给政治信仰型罪犯的认罪带来了阻力。监狱机关要努力做好这类罪犯家属的工作,变阻力为动力,促使罪犯认罪服法。实践证明,这是行之有效的对策。

4. 以人道主义管理唤醒其自我悔恨。尽管政治信仰型罪犯犯罪时和入狱后相当长一段时间里对党和政府、监狱机关带有极大的对抗情绪,但他们也有人的情感,当他们生病或有困难得到监狱民警真诚的关怀时,感动之后就有可能产生自我悔恨心理。

二、邪教信仰型罪犯的心理特征及其改造对策

(一)邪教信仰型罪犯的心理特征

1. 邪教信仰型罪犯心理的偏执性特征。由于邪教信仰型罪犯对邪教的痴迷,因此他们的心理特征就集中表现为不同程度的偏执性。具体表现在以下几个方面:

(1)歪曲的社会认知。邪教信仰型罪犯对邪教教主和邪教产生了极强的盲目崇信和精神依赖,使其具有歪曲的社会认知,主要表现为不同程度的认知障碍:一是认知选择性偏离,认知的绝对化、片面化、极端化等;二是反社会意识,即与我国社会主义所倡导的思想体系相背离,与正常的社会生活相对立,以极端个人主义为核心的各种错误观念。这使他们不能全面、深刻、正确地认识社会上的某些复杂现象,看不到社会的主流,尤其对社会上的腐败现象不能全面分析、客观看待,进而对社会和政府不满。所以,当其个人利益遭受损害时,便会产生强烈的挫折感,因心理严重失衡而实施违法犯罪行为。

(2)失真、虚幻的自我意识。邪教信仰型罪犯在邪教教主惊人的暗示和诱导下产生了幻觉,使他们自以为看到了天物,看到了其他星球,所以产生了失真、虚幻的自我意识:他们狂妄自大、自我评价极高,自认为邪教是宇宙的唯一真理,自己掌握了这种“宇宙真理”,因而高人一等,正常人很难与他们沟通;他们认为自己“忧国忧民”,具有“扭转乾坤”“改变社会”的能力,是不可多得的“人才”。这种失真、虚幻的自我意识,严重影响着他们的服刑态度:一是影响着他们对别人的态度,“自命清高”的他们瞧不起监狱民警和其他类型的罪犯;二是使他们不认罪、不服判,听不进去揭批邪教的言论,不肯接受别人的意见。认为有朝一日总能翻案,自己肯定能出人头地。

(3)为求“圆满”导致自私、无情、残忍的反社会性情感。邪教型罪犯为了达到所谓“圆满”的境界,无条件地按照邪教教主的话去修心性、去掉执着心、去掉人的

各种欲望（包括七情六欲）。他们为了修炼邪教，抛弃了名、利、情，置荣誉、亲友于不顾，甚至会亲手杀死自己的亲人。他们只执迷不悟地信仰邪教，对其他一切事物都冷漠无情。他们嘴里说的是“真善忍”，实际上真正关心和爱护的只是他们自己所谓的“圆满”，他们追求的解脱也只是他们自己的解脱。他们这种由于对邪教的痴迷而产生的自私、无情、冷酷的情感阻碍了自己正确的认知、意志和行为，使他们完全失去了人性。这实质上体现了一种反人类、反社会的情感特征。

（4）漠视处罚与教育，以消极抵抗对待服刑的顽固性错误意志。由于对邪教痴迷，邪教信仰型罪犯用邪教教义看待和解释一切事物。对待服刑也是如此，即以反常规的思维方式和顽固的错误意志漠视处罚与教育，对服刑消极对抗。其具体表现为以下两个方面：一是把服刑视为修炼的必要过程或者经历磨难的英雄行为。他们中有的人认为服刑是“师傅”的安排，是“考试”“过关”，可使自己上层次，早日修成正果。也有的认为监狱是尼姑庵、和尚庙，是“师傅”安排进来的，要他们抛开人世间的名、利、情，在这里静心修炼，早日圆满。甚至有一些人把服刑看成一种英雄行为，是为护法而牺牲自己，是大公无私，消除业力，走向“圆满”。二是以消极抵抗对待正面教育。邪教罪犯不仅不怕处罚，而且拒绝正面教育。由于存在认知障碍，造成他们思维很偏执，认为监狱民警是“魔”，讲的都是“魔”话，与他们追求的真、善、忍是完全相反的。因此，对监狱民警的教育置之不理，采取消极抵抗的方式对待服刑，如暗中练功、默背经文等，充分反映了他们顽固的错误意志。

（5）改造心理的多样性特征。邪教信仰型罪犯在服刑中的改造心理呈多样性特征，主要有以下四种表现：一是顽固不化型。顽固坚持自己对邪教的偏激信仰，甚至公开对抗管教。二是矛盾反复型。这类罪犯入监后，经过监狱民警的精心教育后意识到邪教的一些危害，想停止练功。但同时他们又惧怕一旦转化，就会被邪教教主看作“破坏邪教教义的叛徒”，担心“形神俱灭”的报应。所以，时常矛盾反复、变化无常。三是等待观望型。这类罪犯入监后表现得比较平静，处于观望阶段。他们一方面观望其他邪教罪犯的表现，另一方面观望监狱民警对他们的态度。四是真诚悔悟型。这种罪犯是受邪教教主那套“练功包治百病”的歪理邪说蛊惑走到练功行列中来的。可他们练功后病痛也未见好转。因此，入监后，他们在监狱民警的精心教育和说服下，对自己以前的错误行为有了一定的认识，出现了悔恨的表现，态度缓和并写了“悔恨书”“保证书”“决裂书”，甚至许多人都写了揭批邪教教主骗人把戏的材料。他们不仅自己积极认罪、接受改造，而且对其他邪教信仰型罪犯做思想工作，促其认识到自己行为的错误后及时转化，接受教育改造。

2.邪教信仰型罪犯心理的偏执性和转化困难的原因。主要包括以下三个方面：

（1）邪教教主使用诱骗术和精神控制法。邪教教主采用的诱骗术是：①对于想强身健体的人，以本教可以包治百病骗人；②对于相信修行的人，以本教可以长生不老骗人；③对于追求修身养性的人，以本教可以让人真、善、忍骗人；④对于想探索宇宙奥秘的人，以本教是超科学来骗人；⑤对于遭受挫折的人，以“前世作孽，今世消除业力”来骗人；⑥对于出现信仰危机的人，以本教是终极真理来骗人。邪教教主使用的精神控制法包括①用“法外不闻”控制练功者；②用心理暗示法控制练功者；③通过自我神化使练功者对他崇拜；④诱导练功者产生幻觉；⑤以形神俱灭对练功者恐吓。总之，邪教教主以诱骗术和精神控制法使邪教信仰型罪犯对他和邪教产生盲目崇信和依赖，导致社会认知歪曲，以致无法对社会事务进行正确认识和判断。

（2）受同类暗示性强，团体观念重。邪教信仰型罪犯犯罪前受他们练功群体内环境的影响很大，他们在练功期间，不与社会上其他人接触，只局限在邪教的小圈子中，经常聚会和联系，结成比较紧密的团伙，相互暗示、模仿、提醒，强化其对邪教的盲目崇信、依赖。他们入监后仍延续这种极强的团体观念，总是避开监狱民警相互接触，利用各种隐蔽的手段传播小道消息。注重团体观念不仅强化了邪教信仰型罪犯对邪教的盲目崇信、依赖，乃至痴迷，也进一步歪曲其社会认知。

（3）自身存在心理弱点。邪教信仰型罪犯心理的偏执性与其自身心理品质差有关，主要包括自信心不足、自卑感重、思维品质差或社会科学知识贫乏、有不同程度的精神障碍等，其中后两个因素最重要。首先，邪教信仰型罪犯痴迷邪教的根本原因是思维品质差或社会科学知识贫乏。思维品质差具体表现为：缺乏思维的独立性、批判性，具有思维的受暗示性、依赖性和盲目性；缺乏思维的广阔性和深刻性，具有思维的狭窄性、片面性和表面性、肤浅性；缺乏思维的灵活性、敏捷性，具有思维的迟钝性和轻率性；缺乏思维的逻辑性，具有思维的混乱性。思维品质差使他们对邪教盲目崇拜和依赖，甚至会出现幻觉。这种幻觉又进一步强化了他们对邪教的盲目崇拜和依赖及社会认知的歪曲性。从调查中发现，多数邪教练功者文化素质较低，在社会的发展变化面前，他们感到难以适应，受到打击使他们丧失信心。在邪教信仰型罪犯中，一部分文化素质较高的罪犯是由于缺乏社会科学知识且人文科学素质差，缺乏广阔深刻地认识社会和人生的知识经验，或者由于没有树立坚定的科学世界观、人生观、价值观，才经不起实践的考验，对社会生活中出现的新情况和新问题难以认识和解释而产生了种种疑虑和不安，从而接受邪教教主的歪理邪说。其次，邪教信仰型罪犯痴迷邪教与其存在不同程度的精神障碍有关。这些罪犯因为存在敌对、偏执、强迫症状或精神病态(幻听、思维扩散、被控制感)等症状①,才使他们痴迷于邪教并难以转化。

(二)邪教信仰型罪犯的改造对策

1. 培养其形成良好的思维品质。邪教信仰型罪犯对邪教产生不同程度的盲目崇拜与依赖,导致歪曲的社会认知,以致对邪教痴迷,主要是由于他们不良的思维品质所致,其中缺乏思维的独立性是关键。思维的独立性是指能够独立思考问题,善于独立地发现问题、分析问题、解决问题,而不受别人的暗示和影响。邪教信仰型罪犯就是因为对"邪教教义"没有进行独立地分析,所以在生活中遇到某种困扰不能独立解决时,就受到邪教教主的暗示,便想依靠练功来逃避遇到的问题和困难。对于这样的人应采取如下措施:

(1)要以邪教的伪科学性和反人类性教育他们,培养其思维的独立性。要使邪教信仰型罪犯逐步认清邪教金玉其外、败絮其中的邪恶本质,以此使他们能够独立地分析问题、解决问题,不再受邪教的暗示。

(2)科学解释"奇效"个案发生的原因,打消对邪教教主的敬惧和崇拜心理。例如,用静坐臆想与催眠幻觉发生的条件和机理,帮助邪教信仰型罪犯对某些奇特现象产生正确认识,彻底打消他们对邪教教主及其"邪教教义"的敬惧和崇拜心理。曝光邪教教主欺世盗名的原形,使邪教罪犯不再盲目相信邪教教主的歪理邪说,不再受邪教教主的暗示。另外,根据每个人的情况来寻求恰当的精神寄托,取代他们对邪教的依赖。

(3)教育邪教信仰型罪犯学会用联系的、发展的观点看问题。教育他们懂得任何事物都要一分为二地看,社会也同样,既有光明的一面,也有阴暗的一面。要客观认识社会,看到社会的主流是好的。使其发现自己原有认知方式及信仰的错误和偏激,并加以改变。

(4)瓦解狱内邪教团伙,消除受同类暗示形成的对邪教的依赖心理。要及时制止邪教罪犯入监前形成的比较紧密的团伙成员之间的交流和相互鼓励,对他们实施分管分押,消除同类型罪犯之间的依赖心理,培养其形成思维的独立性。

2. 培养其形成正确的自我意识。针对这类罪犯的失真、虚幻的自我意识特征,必须培养他们对自己产生正确的自我意识。主要从以下两个方面入手:

(1)以强制与教育结合培养他们的罪犯角色意识。强化邪教信仰型罪犯的罪犯角色意识,目的是维护执法的严肃性和监狱奖惩政策的稳定性。入监伊始,就应

---

① 何为民主编:《罪犯改造心理学》,法律出版社 2002 年版,第 259 页。

及时打掉他们的心理优势和抗拒改造的气焰，绝不容许个别邪教信仰型罪犯将政府的宽松政策当作抵触教育改造的挡箭牌或与监狱机关讨价还价的筹码。使他们认识到自己的行为触犯了国家的法律，促其产生罪犯角色意识，进而虚心接受教育改造。

(2)用科学教育及与社会的杰出人物比较，培养他们平常人的角色意识。针对邪教信仰型罪犯自我评价的幼稚性、歪曲性、狂妄自大等特征，要做到：第一，教育他们充分认识科学与迷信是人类两种截然相反、相对立的认知方式。引导他们用科学的世界观和方法论认识到邪教歪理邪说的荒谬实质，使他们消除邪教是宇宙的唯一真理的荒谬观点。第二，用杰出的科学领域精英人才教育他们，让其感到自己失真、虚幻的自我意识是太自不量力、没有自知之明，进而使其真实的、平常人的自我意识逐渐恢复。

3. 唤起和培养其正常人情感。针对这类罪犯自私、无情、残忍的反社会性情感特征，必须唤醒他们的正常人性，促使他们重新拥有正常人的情感。其主要采取以下两方面措施：

(1)以事实与理论相结合矫治其自私、无情、残忍的反社会性情感。以邪教痴迷者自杀和杀人的血淋淋事实揭示邪教的危害，使他们认识到自身的残忍性。在此基础上，再从法学、伦理学的角度剖析邪教活动潜在的社会危害，以此矫治邪教信仰型罪犯的自私、无情、残忍的情感。

(2)用真诚的情感唤起他们正常人的情感。绝大多数邪教信徒的本质并不坏，他们只是受到了蒙骗和利用。要培养他们正常人的情感，就必须多和他们交流，以此作为教育转化他们的突破口。首先，以社会众人对他们的关心、帮助，唤起他们的亲社会情感，迷途知返；其次，以监狱民警的真情唤起他们的情感，让他们与监狱民警在情感上沟通和认可，拉近情感距离；最后，对邪教信仰型罪犯增加亲情投入，以亲情感化突破其心理防线，拉近距离，消除对立情绪并化解矛盾。一旦他们的正常人情感复苏了，就会使他们悔恨自己，痛恨邪教教主，认识到邪教的本质，并彻底地脱离邪教。

4. 矫治其顽固的错误意志并培养其形成正确的意志。针对这类罪犯漠视处罚与教育，以消极抵抗对待服刑的顽固行为，必须矫治其顽固的错误意志，同时促使其形成正确的意志。可采用以下两种方法：

(1)以反思法促使他们形成意志的自觉性。意志行动的方向正确与否，首先是由意志的自觉性即目的性决定的，这是改造罪犯意志的关键。在已经转化的邪教罪犯典型做报告和组织其多看关于揭批邪教的录像和材料的基础上，让邪教信仰型罪犯写回忆录,思考和回答如下问题:自己为什么走到练功行列中来,练功后自己的得失是什么,邪教教主其人其事,何时会圆满,往哪里修炼,等等。通过对上述问题的思考,使他们逐渐认识到邪教的罪恶本质,这样才能使其明确意志行动的正确方向,即形成正确意志的自觉性,进而使其顽固的错误意志得以转化,同时有助于形成意志的坚持性和自制性。

(2)以监狱民警的榜样力量使他们接受正面教育。邪教信仰型罪犯顽固的错误意志的第二方面特征就是对正面教育消极抵抗。为了能让他们接受正面教育,需要做到以下两点:首先,监狱民警要以清正廉洁、执法公正、以身作则、人格魅力、丰富的知识教育感染他们,使他们产生敬佩感;其次,监狱民警要以诚心、耐心和爱心感化他们,使他们产生亲近感。这样会使他们从监狱民警身上看到社会光明和纯洁的一面,对监狱民警敬佩后就会接受他们的教育。

研究与思考

1. 分析盗窃犯的心理特征,结合实例谈谈如何改造。
2. 分析抢劫犯的心理特征,结合实例谈谈如何改造。
3. 分析诈骗犯的心理特征,结合实例谈谈如何改造。
4. 贪污受贿犯的心理特征与其他物欲型罪犯有哪些不同?
5. 性欲型罪犯的心理特征有哪些?结合实例谈谈如何改造。
6. 情感型罪犯有哪些共同的人格特征?结合实例谈谈不同类型的情感型罪犯如何改造。
7. 两类不同的信仰型罪犯各有哪些心理特征?结合实例谈谈如何改造。

第六章　未成年犯和女犯心理与改造对策

重点提示

1. 按照年龄标准，可将罪犯分为未成年犯和成年犯。未成年犯正处于身心快速发展的特殊时期，具有体型接近成人引起成人感导致独立性意向增强，脑和神经系统日趋成熟促进智力发展和自控力增强，性的发育和成熟促使性意识萌发，内分泌旺盛促使情感变化等年龄特征。

2. 未成年犯在服刑期间具有政治上的非对抗性与改造中的对抗心理相交织、强烈的不正当欲求和改好的愿望相冲突、放荡不羁和寻求刺激的不良习惯与畏惧严格监管相矛盾、情绪的波动性和冲动性与意志的薄弱性并存、认知低下且世界观未定型和依附性强与独立性意向相抵触、急功近利与不能吃苦耐劳相矛盾、可塑性强但存在两极发展的可能性等心理特征。对未成年犯可以采取注重感化、提高认知能力、培养自制力、矫正恶习、满足合理需要、组织丰富健康的改造活动、建设积极的改造集体、进行社会技能训练等措施进行改造。

3. 按照性别标准，可将罪犯分为男犯和女犯。女犯与一般女性一样，比男性的支配欲、自信心、活动性、独立性、攻击性要差，成就动机大多比男性低，但情感丰富。

4. 女犯在服刑期间，在认知、情感、意志、自我意识、需要等方面都表现出与男犯不一样的心理特征，女犯还有与其特定生理特征密切相关的心理。对女犯进行改造要特别注重个别教育技巧、尽量满足其思亲需要、充分发挥其专业特长、强化珍爱生命教育、开展丰富多彩的文化娱乐活动、对处于特殊生理期的女犯给予适当照顾等。

第一节　未成年犯心理与改造对策

一、未成年犯的界定

未成年犯也称少年犯，指的是尚未达到法定完全承担刑事责任年龄的罪犯。

2015年修正的《刑法》第十七条第一款、第二款、第三款规定：已满16周岁的人犯罪，应当负刑事责任。已满14周岁不满16周岁的人，犯故意杀人、故意伤害致人重伤或者死亡、强奸、抢劫、贩卖毒品、放火、爆炸、投毒罪的，应当负刑事责任。已满14周岁不满18周岁的人犯罪，应当从轻或者减轻处罚。2020年最新修正的《刑法》第十七条第三款规定："已满十二周岁不满十四周岁的人，犯故意杀人、故意伤害罪，致人死亡或者以特别残忍手段致人重伤造成严重残疾，情节恶劣，经最高人民检察院核准追诉的，应当负刑事责任。"因此，未成年犯应为已满12周岁未满18周岁，实施了犯罪行为，依法被判处刑罚在监狱服刑的罪犯。按照发展心理学通用的标准，未成年犯正处于青春期，这个时期的人最大特点就是从心理不成熟向心理成熟过渡，其心理的可塑性极强，这就决定了未成年犯有一些不同于其他年龄段罪犯的特点，研究这些特点对于改造未成年犯具有重要意义。

二、未成年犯的年龄特征

年龄特征是发展心理学中的一个重要概念，它是指心理发展的各个年龄阶段中形成的一般的、典型的和本质的特征。[①]年龄特征代表某个年龄段特有的、与其他年龄段不同的心理发展的整体特征，这些特征直接决定了该年龄段的人在行为方式上会表现出与其他年龄段的人不一样的特色。未成年犯的年龄特征主要体现在以下四方面：

（一）体型接近成人引起成人感导致独立性意向增强

由于未成年犯已进入身高、体重急剧增长的青春期，他们从外形上逐渐接近成人，有些人的身高已超过父母。正因为有了与成人近似的身高，所以未成年犯就会认为自己已经不再是那个幼稚、单纯的小孩子了，是"大人"了，产生了强烈的成人感。成人感的产生使未成年犯的独立性意向明显增强，他们在心理上期望自己能快速进入成人世界，希望尽快摆脱童年时的一切，认为自己已经可以像成人一样，独立自主地进行选择并自己作出行动的决定，无须像以前那样完全听从家长、老师等成人的指挥控制。但是，由于未成年犯心理发展水平还不够高，其社会经验和生活经验也很有限，他们还不能真正完全独立，如果缺少成人的指导和帮助，他们在思想和行动上往往具有较大的盲目性，很容易做傻事、蠢事。某些未成年犯的犯罪在很大程度上就与他们过于自作主张、胆大妄为又敢冒风险有关。一些独立性意向极强的未成年犯往往是特立独行、不愿接受管理的"叛逆者"。

---

① 林崇德主编：《发展心理学》（第2版），人民教育出版社2009年版，第10页。

（二）脑和神经系统日趋成熟促进智力发展和自控力增强

未成年犯已过脑发展的第二加速期，脑重和脑容量已接近成人，大脑皮质沟回组合完善，神经纤维完成髓鞘化，脑的功能与成人已没什么差异。随着脑和神经系统的发育成熟，其各种心理活动水平，尤其是认知能力与童年期相比有了很大提高。认知能力即智力，其核心是思维能力。未成年犯的思维已经是以抽象逻辑思维为主要形式，但与成年人相比水平还很低，处于从经验型向理论型过渡的时期，因而他们对事物的认识往往缺乏深度，容易被表面现象所迷惑。他们的辩证思维刚开始萌芽，对事物进行认识、判断仍处于非此即彼的"二元论"阶段，不能辩证地看问题，喜欢钻牛角尖，易走极端，这是某些未成年犯产生犯罪的重要心理根源。总之，未成年犯的认知与成年犯相比还是带有很大的表面性、片面性与肤浅性，他们的是非分辨能力还较弱，容易接受外界不良刺激的暗示和诱惑而做出不良行为。

对未成年犯来说，随着脑神经的内抑制机制不断完善，其自我控制能力不断增强，自律意识比童年期有所提升，但与成人还有一定差距，因而未成年犯比成年犯更容易出现违规违纪行为。其负责冲动控制的脑区——前额叶此时也有显著的发展。前额叶发育完全的个体就可以很好地控制自己的情绪，而不是简单地表现出愤怒或狂暴等情绪。但由于未成年犯的前额叶发育还不完全，造成其冲动控制能力虽然有，但还不能做到与成人完全一样，因而未成年犯更容易做出某些颇具青春期特点的危险行为和冲动行为。

（三）性的发育和成熟促使性意识萌发

进入青春期以后，随着性激素分泌增多，性器官迅速发育，性机能也日趋成熟，第二性征的出现，使不同性别的人产生了明显的生理结构上的差异，个体开始关注自己的身体，同时对异性产生了好奇和兴趣，萌生了与性相联系的一些新的情绪体验，滋生了对性的渴望，其性意识开始萌发。性意识的萌发，使未成年人迫切需要掌握更多有关性的知识来武装自己，以便使自己顺利成长。由于未成年人的认知水平有限，对外界信息的选择难免会出现偏差，某些未成年犯由于受到不良性信息的误导，尤其是受到"黄毒"的影响后，形成了错误的性意识，再加上他们缺少正确的性道德观念，于是就会因性好奇和性冲动而导致性犯罪的产生。

（四）内分泌旺盛促使情感变化

14～18 岁的人的身体内各种激素的分泌很活跃，一系列内分泌的变化，影响和制约着他们的生理、心理的发展。个体进入青春期，下丘脑的变化影响着附近的脑垂体前叶，促使性腺激素分泌增加，促进了卵巢和睾丸的增长，其分泌的性腺激素的水平也在相应提高。这一系列的变化，又反过来作用于下丘脑，使个体的内分泌处于持续活跃和逐渐旺盛的状态。内分泌的变化,既带来了未成年犯身体的快速发育,也促成了性机能发育成熟。青春期内分泌的变化,尤其是脑下垂体、甲状腺、肾上腺等功能异常活跃,可刺激高级神经系统,使大脑的兴奋性增强;同时未成年人体内积蓄了大量的性能量,也易兴奋过度造成情绪上的不平衡;青春期神经系统还未完全成熟,不能很好地控制和调节情绪。因此,未成年犯的情绪、情感丰富且强烈,但很不稳定,易强烈波动、大起大落,表现出强烈、冲动的一面与温顺、驯服的一面并存,自尊与自卑并存。

总之,处于青春期中后期的未成年犯,生理发展趋于平缓,其认知和社会性逐渐朝成熟的方向发展。未成年犯的认知总体来说比同龄人的水平要低一些,其思维逐渐变得更抽象和理想化,但还缺乏一定的深度和广度,这使他们对很多事物还是不能产生完全正确的认识,青春期特有的自我中心思维的两种表现——假想观众和个人神话,使得未成年犯既有服从、合作的一面,也有不惧危险、敢冒风险的一面;未成年犯虽然情绪、情感更丰富多彩而强烈,但不够稳定、变化莫测,情绪易冲动而导致情绪化的行为产生;未成年犯的意志品质虽有所提升,但其意志的两极性明显,意志的坚韧性和自制性与成人还有很大差距;未成年犯通过不断的自我探索逐渐形成自我认同,但他们的自我评价往往偏高,他们的自尊心很强,爱慕虚荣,过分看重别人的评价;未成年犯在人际交往中更加注重的是平等交往,对外部高压控制非常抵触,同龄人对他们的言行举止的影响作用更大;未成年犯的世界观刚刚开始萌芽,人格尚未定型,未来的行动方向还不明确,存在较大的发展变化的可能性。

三、未成年犯的服刑心理特征

(一)政治上的非对抗性与改造中的对抗心理相交织

未成年犯大多是误入歧途的失足者,在政治上同人民不具有对抗性。这种政治上的非对抗性,为教育改造转化他们提供了较为有利的条件。但是,在服刑期间,由于未成年犯的认知水平不高,对我国的监管改造政策不能产生完全正确的认识时,就有可能引发对监管改造的不满与抗拒,严重的就可能激化为改造与反改造的矛盾,成为抗改分子;某些独立意向过强的未成年犯,自由散漫惯了,不愿受严格的监规纪律约束,在逆反心理支配下也有可能引发抗拒行为。政治上的非对抗性与改造中的对抗心理的并存,使未成年犯的改造在前进、倒退的交错中艰难前行,监狱民警需要付出更多努力,用真心去感化他们并给予他们更多耐心、细致的帮助,才能使他们比较顺利地接受改造。

(二)强烈的不正当欲求和改好的愿望相冲突

由于未成年犯处于身心快速发展的时期,他们在物质上、精神上的需要不仅数量多,而且强度较大。某些强度过大、通过正当方式难以得到满足的需要,他们不仅不能有效进行调控,反而为了使这些需要得到满足不择手段,才导致了犯罪的发生。这些过分强烈的不正当欲求并不会随着他们被判刑入狱而消失,受这些需要的影响,他们在服刑期间也会做出某种不恰当的行为,甚至是违规违纪的行为。例如,在过分强烈的物质需要支配下,监狱清苦、贫乏而单调的生活会使他们痛苦难耐,他们往往无心接受改造,而是刻意追求,斤斤计较监狱内物质文化生活的改善,有些未成年犯因此还产生了新的犯罪冲动;在扭曲的自尊需要支配下,他们为了在他犯面前树立自己的高大"形象",动不动就会以打架斗殴的方式、用拳头来显示自己的本领强大,等等。与此同时,可塑性极大的未成年犯在监狱民警的谆谆教导下,也能产生悔悟,并下定决心要痛改前非,表现出积极接受改造的行为。但是,因为未成年犯心理尚未完全成熟,刚刚萌芽的世界观对其行为的调控作用还很弱,因而他们所作出的决定常常很难一贯坚持,一旦受到外界不良因素的诱惑,情绪冲动之下,极有可能管不住自己而用不正当方式来满足自己的某种非分欲求。事后头脑清醒时又会产生深深的悔恨,痛下决心要改过自新。因此,强烈的不正当欲求与改好愿望的冲突,会使未成年犯的改造反复的次数更多,改造进程更曲折。

(三)放荡不羁和寻求刺激的不良习惯与畏惧严格监管相矛盾

未成年犯在进入未管所之前就已经形成了随心所欲、放荡不羁、喜欢寻求刺激、敢冒风险的不良性格特点,他们行事不惧风险,也不愿接受各种社会规范约束,想干什么就干什么,而且刻意寻求刺激性强的事情去做,才导致犯罪行为的发生。进入未管所后,这种行事风格仍然会延续,但这与严格的监规纪律是相抵触的,必然会引发未成年犯产生内心的矛盾冲突。未成年犯习惯了自由散漫、无拘无束的生活,对严格的监规纪律非常反感,特别不情愿受监规纪律的制约,但由于他们年龄小,社会经验不丰富,使他们与政府抗争的胆量不够,而且他们不想也不愿意因违规遭受惩罚,因而他们又不敢不遵守监规纪律。身心发展尚未成熟的未成年犯往往有多种需要想要满足,他们精力充沛,活泼好动,好奇心强,希望能进行丰富多彩的活动,但未管所的条件有限,既不能在更大程度上满足他们的需要,甚至某些合理需要的满足也可能会受到一定限制,也不能组织更多丰富多彩的活动。因此,管理严格又单调划一的服刑生活会使他们感到难以忍受,只是在严格的监规纪律约束下还能暂时容忍,时间一长,自制力比成年犯要差一些的未成年犯就可能管不住自己,露出喜欢寻求刺激的本性,来使自己的服刑生活多些色彩,但如果行为选择不当,就可能引发违规违纪行为。放荡不羁、寻求刺激的不良习惯与畏惧严格监管的矛盾,会使未成年犯内心充满焦虑不安而不能安心接受改造,而且他们违规的次数也会比成年犯多，监狱民警需要付出更多精力、有更大耐心才能把他们管理好。

（四）情绪的波动性和冲动性与意志的薄弱性并存

“情绪是人的第二动机”，这一点在未成年犯身上表现得尤为突出。由于人格不成熟、社会经验不足，他们对各种刺激容易动情，其情绪产生得快，消失得也快，稳定性差。未成年犯受暗示性强，敏感冲动，容易因为一点小事而兴奋激动或怒不可遏，情绪的冲动性较明显。由于未成年犯的内抑制机制还没有发展到很好的程度，其意志仍具有薄弱的特点，因而他们对自己冲动情绪的调控能力较差，在冲动情绪支配下极易产生盲目的行动，往往出现对他人、对自己都不利的危害结果。尤其是在激情状态下，可以不顾监规纪律约束，恣意行事，不计后果，因而存在现实的危险性。例如，某未成年犯由于完不成生产任务被组长要求晚上加班，当他完成生产指标后，见组长已睡着，因对组长憎恨而顿起杀机，便用生产工具将组长砸死。[①]未成年犯薄弱的意志还表现为知行脱节，在监狱民警的教育感化下，他们下定决心要痛改前非，但真正做的时候却吃不得苦，耐不得劳，经不起考验，遇到小小的挫折，马上就会灰心丧气，改造行为就可能急转直下，甚至出现大的倒退。因此，情绪的波动性、冲动性与意志的薄弱性的矛盾的存在，使未成年犯的改造经常出现反复，有时甚至是大起大落，监狱民警需要倾注更多爱心和耐心来培养他们形成好的自制力，这样才能促使他们不断进步。

（五）认知低下且世界观未定型和依附性强与独立性意向相抵触

如前所述，未成年犯由于身高、体重迅速增加，外形接近成人使其产生成人感，进而形成独立性意向，于是他们期望自己与成人一样能自主作决定。但是，由于其认知能力比成人相对较低，使他们并不能真正像成人那样作出正确的决定并做出恰当的行为。因为低下的认知能力使未成年犯对是非、善恶不能完全辨别清楚，这必然会导致其选择不当而产生错误的行动，其犯罪的产生就可能与此有关，在改造中出现的违规违纪行为也可能是他们的错误选择造成的。未成年犯的世界观刚刚开始萌芽，尚未定型，很容易受到主观唯心主义的世界观、吃喝玩乐的人生观、拜金主义的价值观、哥们儿义气的友谊观、无政府主义的自由观、亡命称霸的英雄观等的影响而形成许多错误的观念，这些错误观念既是他们走上犯罪道路的导向因素，又是他们进行思想改造的阻碍因素。正因为未成年犯的世界观尚未定型，一旦给予他们正面引导和教育，是可以纠正他们的错误思想观念的。此外，未成年犯虽然

① 黄兴瑞主编：《罪犯心理学》，金城出版社2003年版，第210页。

外形接近成人，但内心仍很幼稚，他们想独立却无法真正做到独立，对于心目中的权威人物还具有较大的依附性，因而他们在作决定时依然会受到外界因素的影响，尤其是容易受到同辈群体的观念的影响，易出现“近朱者赤、近墨者黑”的现象。因此，认知低下、世界观未定型、依附性强与独立性意向的矛盾，使未成年犯的改造容易出现受他人或错误观念误导而发生动摇反复的情况。

（六）急功近利与不能吃苦耐劳相矛盾

过去未成年犯的要求往往比较简单，能吃上饭、会见家人、争取减刑早回家就行。现在，随着社会的发展和未成年人心理成熟速度的加快，未成年犯的观念发生了变化，要求变多了，也更高了：生活上，他们不再仅仅满足于吃饱，更要吃好；改造上，他们也不再以积极改造为荣，不再仅仅满足于获得减刑，而是专注于如何用最少的付出尽快换取更多的减刑，表现出明显的急功近利的思想。现在的未成年犯大多是被家长过分娇惯、在蜜罐中成长起来的，独生子女尤甚，他们往往习惯于一切事情都由家长包办代替，坐享其成，既吃不得苦，又耐不得劳。因此，急功近利的他们为了能多得减刑，不会以付出更多辛苦的积极改造的方式来换取，而是想方设法讨好监狱民警，以投机取巧的方式大做表面文章，以期得到“格外关照”，最终达到“少出力、多出成绩”的目的。急功近利的未成年犯，对自己的权益会过分维护，其违规违纪行为即使被抓现行也会百般狡辩，尽量减少自己的损失；对他犯的违规违纪行为从不检举揭发，以免他犯报复使自身受害；日常生活中常常为了一些“鸡毛蒜皮”的小事与他犯对立，甚至大打出手。一旦他们感到减刑、假释无望时，便会消极度日，混度刑期，遵纪以不犯大错为原则，文化学习以考试及格为准则，背地里经常牢骚满腹，认为“识字不多出狱后照样能挣大钱”，但慑于法律的威严，迫于监规纪律的压力，不得不到课堂学习，于是就消极应付，作业找别人代劳，考试照别人的抄，得过且过。因此，急功近利与不能吃苦耐劳的矛盾，使未成年犯的改造带有更多的功利色彩，大大降低了未成年犯的改造质量。

（七）可塑性强但具有两极发展的可能性

未成年犯正处于从心理不成熟向心理成熟过渡的时期，其人格尚未完全定型，存在进一步发展变化的可能，即可塑性强。心理不成熟的未成年犯在接受外界影响时，是正反两方面都可以接纳的，因而其心理发展存在两种可能：在正确的教育和引导下，他们可以向转变思想成为新人的方面发展，但如果受到消极因素的影响或错误观念的误导，也可以进一步恶化。正是由于未成年犯可塑性极强，又存在两极发展的可能性，再加上其意志比较薄弱，因而在改造中常常会出现动摇反复，不仅次数多，而且周期短，其改造成果不易巩固。

四、未成年犯的改造对策

依据前面分析的未成年犯的服刑心理特征，可采取以下措施对未成年犯进行改造：

(一)注重感化并激发改好愿望

虽然某些未成年犯会出现对监管改造的不满与抗拒，但他们并不具有政治上的对抗性，其对监管改造的不满与抗拒并非十恶不赦的本性所致，而是对改造政策的不理解或逆反心理所致。因此，对这类未成年犯不仅仅要进行教育，更应注重用真情实意来温暖他们的心，消除他们内心的抗拒，以此促其接受改造，并使其产生改恶向善的强烈愿望。首先，监狱民警要用真情去感化未成年犯，通过对他们在服刑中的日常生活、生产劳动、学习等活动的关心，遇事能真正替他们着想，他们遇到困难时能设法帮助解决等，使未成年犯感受到监狱民警的真情，出于对这种真情的回报，他们就会放弃对抗，萌生接受改造的动机，再加上监狱民警苦口婆心的说教，就有可能激发他们产生改好的愿望。其次，使未成年犯感受到更多亲情，在亲人的召唤与鼓励下，产生强烈的改变自己的愿望，并表现出更多积极接受改造的行为。可通过适当增加接见次数和时间、打亲情电话或网络视频通话、写亲情寄语等方式，使未成年犯实实在在地感受到更多的来自亲人的关心、爱护及殷切期望，为了亲人，也为了自己能早日与家人团聚，必然会促使他们不再对抗，而是积极接受改造，并力争使自己彻底改头换面。

(二)提高认知能力

由于认知能力低下，未成年犯不仅在正确选择行动目的和方向上会存在差误，对改造政策不能完全理解而产生对抗行为，而且易于产生消极情绪、不能形成很好的自我控制能力，还可能错误地选择接受消极影响而导致自己进一步恶化。因此，必须采取有力措施提高未成年犯的认知能力。首先，要进行文化知识教育。因为文化水平的提高对认知能力的发展有促进作用。这要求未管所要按照正规办学的方式，先给没有完成九年制义务教育的未成年犯普及九年制义务教育，然后为所有未成年犯提供高中教育。其次，要多组织有利于认知能力提高的活动。例如，进行主题读书活动并写读后感、组织演讲比赛或智力竞赛、开展小发明与小创造活动等。通过这些活动，不仅能使未成年犯在活动中掌握更多的知识，更重要的是可使其认知能力得到锻炼并进一步发展，这对他们更好地进行社会活动并有所成就具有重大意义。

(三)强化自制力的培养

未成年犯因难以控制自己的冲动情绪才导致做出盲目冲动的行为，不能有效调控自己的非分欲求才导致用不正当手段满足需要而引发犯罪，不能严格控制自己按照社会道德和法律的要求行事、不能拒绝外界不良刺激的诱惑才做出违法犯罪的行为，他们在服刑期间也经常会出现违规违纪的行为，所有这些都是他们缺乏自制力造成的恶果。因此，应加强对未成年犯自制力的培养。可以用延迟满足法提高其抗拒诱惑的能力；用反其道而行法锻炼其按规矩行事，即越是厌烦监规纪律的约束，就越要按照监规纪律行动；用合理宣泄法、转移注意法、心理暗示法、回避刺激法等来有效调控消极情绪，避免冲动行为的产生；用积极补偿法将消极情绪产生的强大动力用于进行有益的活动，如找一件喜欢的工作埋头苦干或拼命读书等，使消极情绪得到积极的运用。总之，用上述多种方法帮助未成年犯提高自制力，不仅有利于他们遵规守纪，更好地接受改造，而且对其将来顺利回归社会、减少再犯罪都具有非常重要的作用。

（四）严格管理矫正恶习

由于未成年犯大多缺少教养，在过去长期的生活实践中形成了放荡不羁、恣意而为的恶习，做事跟着感觉走，完全在自己的主观意识支配下行事，根本就没有遵纪守法的意识。虽然经过一段时间的改造未成年犯的认识有所提高，态度也端正了许多，但知行脱节仍然是常见的情况，使人感觉未成年犯知错易，但改错却很难。针对未成年犯的这个特点，必须对其进行严格管理，既要对其日常生活起居及各种业余活动进行规范，又要组织他们按时参加学习和生产劳动。未成年犯在按照要求进行各种活动的过程中，就可以建立起新的良好的生活动力定型，这样就能使新的良好行为习惯逐渐取代原来的不良行为习惯，使其恶习彻底根除。与此同时，在严格按照要求进行各项活动的过程中，未成年犯还可养成沉静、理智、耐心的人格特点，这有利于未成年犯平心静气地接受改造，自觉主动地调控自己按照监规纪律的要求行事，遵纪守法成为自然轻松的过程，使其改造不断进步。由于未成年犯的自制力还不够好，通过严格管理矫正恶习必然要经历一个比较艰辛的过程，监狱民警必须反复抓，坚持不懈，才能收到实效。

（五）注意满足未成年犯的合理需要

针对未成年犯物质、文化需要快速增长的实际，在严格管理的前提下，要尽可能改善未成年犯的物质条件和人际环境，在对未成年犯合理的物质生活需要给予一定程度满足的同时，更要注重其求知、自尊、上进等有益于身心发展的特殊需要的满足。针对未成年犯入监后情感需要增强的特点，监狱民警要满腔热情地关心未成年犯生活上、心理上的各种问题，帮助未成年犯卸下思想包袱，解决实际困难，使监狱民警成为未成年犯的依附对象，减少未成年犯结伙的向心力，为教育改造好未成年犯奠定良好基础。此外,监狱民警要多创造各种机会,让未成年犯发挥其能力和才华,通过实干和竞争,产生满意感和成功感,激发未成年犯自觉改造的热情。

(六)组织丰富健康的改造活动

未成年犯好奇心强、求知欲旺盛,精力充沛又活泼好动,每天都需要进行大量活动才能把身体中的能量耗费掉。仅仅参加正常的学习、劳动还不能消耗完他们体内的能量,那些剩余的能量必须通过一定方式被消耗掉,他们才会安宁。某些未成年犯喜欢寻求刺激,就是因为其低下的认知能力使其选择不恰当的方式消耗剩余能量带来的恶果。因此,在正常的学习、劳动之余,要给未成年犯组织丰富多彩、健康向上的改造活动。比如,组织他们进行唱歌、跳舞等文艺活动,开展各种球类或棋类比赛,举行趣味运动会,练习书法或绘画,进行手工艺品制作,开办各种讲座,针对未成年犯的共同问题进行专题教育或团体训练,开展有利于提高未成年犯的心理素质的特色教育,等等。这些活动不仅有利于将未成年犯剩余的能量以恰当方式使用掉,而且可以丰富未成年犯的改造生活,消除单调划一的监狱生活给他们带来的痛苦,更为重要的是可以起到寓教于乐的作用,使未成年犯在活动中增长知识、提升素质,最终达到提高其改造成效的目的。

(七)建设积极的改造集体来促进个体心理转化

未成年犯的受暗示心理较强,榜样对他们的感染作用较强,易结成小群体进行共同活动并且极易受到群体其他成员的影响。因此,建立好的改造集体,形成良好的改造风气,对矫正未成年犯具有重大意义。在改造集体中,每一个未成年犯都与其他人有相互作用和相互影响,同时也接受整个改造集体的潜移默化的影响,因此,好的改造集体每日每时都会发挥着对每一个未成年犯的教育、督促、控制、感染、激励作用,这种作用是监狱民警进行的专门教育所不能替代的。此外,未成年犯乐群、外向、好动的心理特点也使改造集体的这种影响很容易发挥作用,只要监狱民警善于进行正面引导,不仅能杜绝未成年犯之间的交叉感染和深度感染,而且能使未成年犯在集体中体验到荣誉感、尊严感和自豪感,进而有可能使消极改造的未成年犯产生积极的转变,同时可加快其他未成年犯的改造步伐。

(八)进行社会技能训练

社会技能是指个体在特定的社会情境中,运用已有的社会知识,有效地与他人进行积极交往以实现自己与他人互动目标的行为方式。有研究表明,由于未成年犯在社会技能上存在缺陷,才使他们在解决问题时更可能运用不恰当或不合法的方式而导致犯罪。在服刑期间,其社会技能缺陷同样会造成与他犯沟通不畅而引发各种各样的违规违纪行为。因此,可对未成年犯进行社会技能训练,通过训练提高其与他人顺利沟通、交往的能力，这既有利于他们顺利度过服刑阶段，也可有效减少其刑满释放后产生重新犯罪的可能性。社会技能训练有很多变式，其核心成分主要有以下几种技术：模仿、指导、角色扮演、重复、反馈、社会性强化以及训练人际交流技能的家庭作业。

在对未成年犯进行社会技能训练时，应当重点训练的社会技能有：一是人际关系技能，主要是如何建立和维护良好的人际关系，包括如何与别人打交道、如何对待友人等；二是社会观察技能，主要是指导未成年犯如何看待社会中的各类现象，包括社会阴暗面、别人的悲惨遭遇、对社会现象的价值评判等；三是自我认知与控制技能，主要涉及自己如何认识自己、如何评价自己、如何控制自己的冲动等。上述三方面技能的提高，可以帮助未成年犯更顺利地与他人进行交往，更好地解决社会交往过程中产生的问题，更重要的是可以大大减弱其用攻击性行为解决冲突的观念，进而减少攻击性行为产生的可能性。

表 6－1 未成年犯社会技能训练的五十项内容①

1	倾听和了解别人谈话的能力	15	体验和理解自己情感变化的能力
2	谈话的技巧	16	表达情感的能力
3	交谈的技巧	17	理解他人情感的能力
4	咨询问题的技巧	18	理解和正确对待别人的愤怒情绪
5	表示感谢的技巧	19	表达对别人关心的技巧
6	自我介绍的技巧	20	理解和对待自己恐惧情绪的技巧
7	介绍他人的技巧	21	自我鼓励的技巧
8	表达赞扬的技巧	22	请求允许的技巧
9	请求帮助的技巧	23	分享欢乐的技巧
10	参加社会活动的能力	24	助人为乐的精神
11	解说的能力	25	商谈与调解的技巧
12	接受教诲的能力	26	自制能力
13	表示歉意的技巧	27	捍卫正当权利、表达立场的技巧
14	说服能力	28	处理别人对自己开玩笑的技巧

① 欧阳重晖主编：《监所在押人员心理矫治、狱内侦查与罪犯改造质量评估实务全书》，安徽音像出版社 2005 年版，第 685 ~687 页。

续表

29	避免与其他人发生纠纷的技巧	40	正确对待遇到的责难
30	避免殴斗的技巧	41	准备解决争端的谈判
31	倾诉苦衷的技巧	42	正确对待别人的阻挠
32	对待别人发牢骚的技巧	43	摆脱无聊的状态
33	培养运动和游戏的道德	44	考虑后果
34	解除窘态的技巧	45	提出目标
35	正确对待被抛弃的情境	46	正确估计自己的力量
36	帮助朋友伸张正义	47	收集信息
37	自我劝解	48	根据重要性安排工作的技巧
38	学会如何面对失败	49	决策能力
39	正确对待受骗	50	就业准备
注:1 ~8 属于初级社会技能训练的内容;9 ~14 属于高级社会技能训练的内容; 15 ~21 属于训练处理感情的社会技能;22 ~30 属于训练攻击行为替代措施的技能; 31 ~42 属于训练如何处理压力的技能;43 ~50 属于训练制订计划的技能。			

第二节 女犯心理与改造对策

一、女性的心理特征

(一)攻击性较男性差

攻击性的强弱不同,是古今中外心理学家区分男女人格的主要指标之一。在大多数情况下,男性比女性富有攻击性,主要表现在直接的身体攻击上。女性的攻击性之所以比男性差,主要有以下三个方面的原因:一是男性的荷尔蒙为男性攻击性强提供了非常重要的生理基础;二是社会刻板印象决定的,在我们的社会中,攻击性被认为是男性角色的重要特征,而消极被动才是女性角色的主要特征,因而人们对男性的攻击行为往往作正面评价,而对女性的攻击行为往往作负面评价;三是不良示范产生的负面影响,在影视作品中所展示的男性的攻击行为远多于女性,日常生活中很多父母,尤其是父亲习惯用暴力方式惩罚犯错误的孩子。因此,男性受到刺激和欺侮时,就会像电影中的人物或自己的父母那样,表现出怒不可遏,甚至大动干戈;而女性则更多地将愤怒指向内部,焦虑不安,自艾自怨,即使指向外部,也大多采用语言攻击、怒目相向、冷战等比较温和的非身体攻击的方式。

(二)支配欲、自信心、活动性、独立性较男性差

现代社会虽然提倡“男女平等”,但实际上并非真正实现男女全面平等。社会对不同性别的人在很多方面的要求不同,所提供的机会也不完全相同。比如,很多人仍是认为男性要干大事,而且必须成功,女性则干不干大事都无所谓,失败了也没有关系。因此,社会把获得成功的机会大多留给了男性,也赋予他们占有更多资源的权利,女性则很少能得到,她们难以在社会活动中充当主角,几乎没有什么机会来发挥自己的潜能,除了那些比较优秀的职业女性能获得较大程度的社会承认而形成自信外,其他女性的自信心很难得到确立,自然要比男性差。

由于缺乏自信心,很多女性在社会生活中,更愿意把自己放在从属的地位,喜欢并习惯于接受他人的指挥、控制,不愿出头露面,也比较胆小怕事,不敢冒险,其支配欲与活动性都要比男性弱。但不同女性也有差异,一般来说,支配欲较弱的女性具有较强的依附性,更愿意听从他人的指挥、控制;而“无知”导致的“无畏”会使其活动性增强。支配欲较强的女性,她们不愿依附于他人,而是喜欢管控他人,使他人听从自己的指挥;她们因理性程度高而使其行动更慎重,活动性会略低一些。

在人际交往中,女性的独立性也要比男性差,因为她们有更强的爱面子和受尊重的愿望,更注意别人对自己的态度和评价,对来自团体的舆论和压力尤其敏感,因而会根据他人的好恶而调整自己的行为,经常出现“随大溜”的行为,尤其是对团体规范、命令的遵从度较高,有时到了盲从的地步。

(三)成就动机两极分化

每个人都想把事情做好并取得一定成绩,使自己获得成就的动机得以实现,女性也不例外。由于社会对女性成功的要求不像对男性那么高,因此,女性的成就动机总体上要低于男性。但不同女性仍然是有差异的,有些女性所受的高等教育及其工作、生活环境中的某些因素大大激发了她们的成就动机,因而她们的成就动机水平并不比男性差;在有些女性的生活中,能激发她们产生高成就动机的因素相对较少,因而她们的成就动机水平要比男性差。

(四)情感丰富

女性心理特征中最突出的表现是比男性情感丰富,这是因为女性的神经系统具有较大的兴奋性,对任何刺激反应都比较敏感。与男性相比,女性不仅容易因各

种环境因素的变化而产生丰富多彩的情绪、情感，而且她们非常看重情感，也很容易受情感的影响做出某种行为，表现出明显的情绪化色彩，因而女性通常被认为是感性的。女性的情绪具有较强的易受感染性和外显性，她们很容易受他人情绪的感染而产生与他人一样的情绪，而且女性一旦产生某种情绪，就会通过各种表情动作表达出来，容易被识别。女性因其母性本能，大多心地善良，富于同情心、怜悯心和爱心，移情能力也比较好，所以她们更愿意为慈善事业和人道主义活动奉献爱心。由于能力上的欠缺和自信心的缺乏，她们遇到困难就会退缩，极易因遭遇失败或挫折而难过得痛哭流涕。担心自己可能做不好事情时，她们更容易产生焦虑不安、心神不宁的消极情绪状态。

不同年龄阶段的女性在情感上的表现是不同的：少女和青年女性精力充沛，热情奔放，对事物的敏感性强，反应强烈，其行为往往被打上深深的情感烙印，常陷入感情泥沼不能自拔；中年女性则更多地表现出围绕家庭而产生的“为情所累”或“为情所乐”，因为结婚后她们考虑自身少但顾及家人多，丈夫和孩子成为她们生活的中心和精神的寄托，再加上对父母的牵挂和孝心，她们的情绪情感的发生更多的是与亲人的健康、幸福相连，表现出这个阶段的女性在情感方面特有的关联性、狭隘性和深刻性。

二、女犯的心理特征

（一）认知特征

由于女犯中初中以下文化程度的人居多，文盲、半文盲占据一定比例，女犯的生活范围又相对比较狭小，因而她们的认知能力总体偏低。但文化层次高低不同的女犯是存在差异的。

文化程度较高的女犯大多接受过高等教育，聪慧性高，通常从事技术型的工作或担任过领导干部，她们的社会活动范围较大，比较见多识广，认知能力相对较强，她们的犯罪大多是一时糊涂所致。由于认知能力强，她们对国家的改造政策能比较容易理解，一旦认罪，就会产生比较稳定的积极改造行为。

文化程度较低的女犯的聪慧性低，大多从事没什么技术含量的工作，其社会活动的范围比较狭窄，因而认知能力相对较低，她们沦为罪犯大都经历了没文化→不懂法→触犯法的过程。由于认识水平低，她们在认识问题时眼界和范围较窄，分析社会问题的能力较弱，往往被事物的表面现象所迷惑，看问题存在片面性和局限性，不能透过现象剖析问题的根源。因此，她们对于国家的改造政策和较复杂的教育内容难以理解和吸收，某些女犯由于对自己的罪行不能正确归因而产生不认罪心理，于是对改造有厌烦心理，抱应付态度，思想改造不易深入。但是，对于那些犯罪恶习较浅的女犯，若运用浅显易懂的方式对其进行教育，也可使其理解、接受进而产生服从改造的行为，而且只要方法得当，还是比较容易获得大面积的教育改造成果的。需要注意的是，文化程度较低的女犯大多缺乏主见，易受他人暗示影响，认识易反复，思想不稳定，因此，要对她们多进行积极的引导，对她们改造中的反复要有宽容的态度，这样才有利于她们稳步向前。

（二）自我意识特征

女犯的自我意识受其文化层次高低的影响较大。文化程度较高的女犯比较自尊、自强、自立、自信，文化程度较低的女犯则比较自卑、依附、自信不足。文化程度较高的女犯由于认知能力相对较强，其中某些人因为有某种技术专长而被安排在监督岗、号室长、小报编辑、仓库保管员、文化教员等特殊改造岗位，她们接受新事物比较快，在改造及其他活动中容易发挥自己的优势而取得好成绩，所以这类女犯会具有较高的自尊心，自信心也比较强。她们一旦认罪，就会形成比较正确的罪犯角色意识，能有效控制自己比较稳定地表现出持续的积极改造行为，其改造行为的主动性、积极性和自觉性都比较强。由于能力较强，她们大多比较独立自主，再加上其成就动机水平较高，交给她们的任务通常都能顺利完成并取得好的成绩，这又会进一步强化她们的自尊，提升自信，进而对其改造有更大促进。

文化程度较低的女犯由于认知能力相对较低，见识短浅，大多没有技术专长，来自农村、家庭条件差、被逮捕前又没有稳定收入来源的女犯尤甚，她们接受新事物比较慢，在改造及其他活动中不容易取得较好的成绩，尤其与条件较好的女犯相比时，就会产生较重的自卑心理，其自信心也往往不足。例如，家境贫困的女犯看到别人家里人每次探视都给钱，就感到惭愧和自卑；不善言辞的女犯面对能说会道的女犯，就自叹不如；笨手笨脚的女犯与干活麻利的女犯相比，认为自己再怎么努力也赶不上他人而自暴自弃；甚至有的女犯会因为自己在狱内超市只能买最便宜的生活必需品，数量又不多，就觉得丢面子。每个人都期望自己的尊重需要得到满足，文化程度较低的女犯受自身能力所限，很难通过自身获得大的成功强化自尊，因而她们喜欢依附于其他能力较强的女犯或监狱民警，这不仅仅是她们自强自立的意识较弱所致，她们期望能够得到依附对象的帮助使自己的服刑生活更顺利一些，而且也是她们通过增强关系取向的自尊来减弱自己的自卑，增强自己的自尊与自信。如前所述，文化程度较低的女犯对国家的改造政策的理解存在难度，某些人对自己的罪行不能正确归因而产生不认罪心理，这些对她们形成正确的罪犯角色意识会带来不利影响，因此需要监狱民警对她们进行更耐心细致的教育，才能帮助她们尽快形成正确的角色意识。但是,由于缺少主见,容易受他人影响而产生行为变化,所以她们的改造很容易出现动摇反复,因而需要监狱民警对她们多进行正面引导以巩固其改造成果。

(三)情感特征

1. 不同层次女犯的差异性情感特征。文化程度较高的女犯大多情绪稳定,焦虑性、紧张性较低,而文化程度较低的女犯则大多情绪不稳定,焦虑性、紧张性较高。这是因为前者相对见多识广,对很多事情能有比较深刻、准确的认识,再加上其自身能力相对较强,自我调控能力也较强,遇事往往比较镇定自若,她们相信自己总能找到解决问题的办法,因而会表现出情绪相对平稳,即使有紧张、焦虑,也是比较短暂的。而后者由于认识狭窄,自身能力有限,自我调控能力也不够强,遇事往往想不开,易钻牛角尖,越怕自己办不好就越容易遭遇失败,因而她们的紧张、焦虑程度会较高,情绪的稳定性也比较差,往往喜怒无常,情绪受情境变化的影响较大,表现出明显的情境性特点。此外,文化程度较低的女犯由于自身素质较低,社会接触面小,活动范围较窄,因而容易变得心胸狭窄,也易于滋生嫉妒心理。嫉妒有可能引发与嫉妒对象的争斗,但其自身能力上的弱势使其不能明争,只能暗斗,所以可能会引发各种矛盾的产生,甚至出现危害监管安全的事件。

2. 共同性情感特征。一般女性对爱的需要超过男性,因为女性往往以家庭为中心,只与有限的亲朋交往。女犯多数是农民、工人、家庭妇女、待业者、学生等,其社交面狭窄,因而她们自然会比男犯更恋家。尤其是入狱服刑之后,监狱将她们与外界隔离,也不能天天见到家人,因而使她们对爱的需要变得更加强烈,其思家恋亲之情,远比男犯强烈和外露,持久而不易自控。不少女犯因思念亲人神不守舍,严重者竟不进饮食,终日哭泣,悲痛欲绝。亲人的探视、来信和邮包,被女犯视为极大的幸福和安慰。而长期无人问津的女犯,则产生深深的不幸感,情绪低沉。思家情结是相当长时间内支配女犯积极改造的首要因素。

女犯像其他女性一样,非常重感情,她们的情感不仅持久性较强,而且她们也特别恋旧,因而一旦某种亲密关系遭到破坏,女犯就会很受打击,对其改造会带来很大负面影响。与此同时,女犯的情感细腻且敏感,她们非常注重细节而且易感性强,对他人或环境中的任何细微变化都会敏锐地感知到,并产生相应的情绪变化,所以女犯的改造更容易因受到微小的外界刺激或某些生活琐事的影响而产生波动,其改造的稳定性相对较差。

有学者进行的问卷调查表明,女犯比男犯有更重的自责、羞愧、内疚或悔恨等自我否定性法律情感,这种情感的积极作用是有利于女犯在产生悔恨后用积极改造的行为进行补偿，但消极作用是导致女犯轻生者较多。[①]在司法实践中，一些刑期较长、罪责感过重，尤其是被家人抛弃的女犯，就是在这种强烈的自责、羞愧、内疚等自我否定性情感影响下，内心非常痛苦，无心接受改造，严重的就可能产生轻生的念头并付诸行动。

（四）意志特征

女犯意志的两极性突出。首先，与男犯相比，意志坚强的女犯要强于男犯，而意志薄弱的女犯要比男犯更弱；其次，不同层次的女犯意志品质不同，文化程度较高的女犯的意志相对坚强，而文化程度较低的女犯的意志相对薄弱。这种意志品质上的差异使女犯的改造表现有明显的区别。意志比较坚强的女犯，由于认知水平较高，又比较自尊、自强、自立、自信，她们对自己的罪行一旦产生正确认识，就会认罪悔罪，并在强烈的赎罪意念支配下产生积极接受改造的行动，其改造行为的稳定性较强，不太容易出现反复。相反，意志比较薄弱的女犯，由于她们的认知水平相对较低，又比较自卑、依附、自信不足，她们对自己的罪行的认识要经历一个比较长的过程；即使认罪后产生悔恨心理和赎罪意念，并下定决心要好好改造以便早日出狱、重新做人，但她们往往经不起微小的刺激和伤害，一旦遭遇挫折就会放弃初衷，常出现较大的反复波动，不容易产生持久的踏实改造的行动，使其改造质量大打折扣。例如，性犯罪女犯，由于性犯罪恶习难以戒除，常沉溺于过去的风流韵事和享乐体验中自我陶醉，难以自拔，虽有好的改造表现，但思想改造浮在面上，其中一些罪犯会通过同性恋等方式寻求性的代偿满足，由此还可能引发某种违规违纪行为而影响其顺利接受改造。刑满释放后重新犯罪的女犯主要是这种意志比较薄弱的罪犯。

（五）需要特征

总体来说，女犯的物质需要强于精神需要，精神需要处于较低层次。除了少数曾经担任领导干部的女犯外，大多数女犯不关心政治，目光短浅，对事业没有什么大的追求，对吃穿住用却非常重视，在改造中只要能吃饱穿好、健康安全、人际关系和谐、受到监狱民警的称赞，她们就会心满意足。女犯的精神需要主要表现在自尊心较强，爱面子，害怕受他人冷落，害怕监狱民警当众批评。因此，女犯一般能服从分配、吃苦耐劳、按时完成生产任务，在竞赛中也不甘落后。为了缓解在改造中产生的紧张、焦虑情绪以及丰富服刑生活，女犯对文化娱乐活动有较强的需要。一些女

---

① 张雅风：《罪犯的罪行与危害社会心理恶性程度的相关性探索》，法律出版社 2016 年版，第 218 页。

犯在监狱民警苦口婆心的教育下，产生了通过积极改造争取得到更多减刑的需要，但是，她们的积极改造行为并非以矫正自己的恶习、使自己真正改恶向善为目的，而是单纯追求多减刑以便能够早点儿回家，表现出强烈的功利色彩。这种纯粹为了减刑而积极改造的女犯，对如何转变自己的人生观、世界观和怎样提高自身素质来获取新生考虑很少，更多关心的是考核、评审、奖惩制度等与减刑密切相关的事务，她们特别期望自己能被分到计分考核高但劳动轻松的岗位，日常改造中常常通过各种方式来表现自己，目的是骗取监狱民警的信任和重用以便得到某种好处。

（六）与特定生理特征有关的心理

1. 月经期紧张症。月经期是女犯区别于男犯的一个重要生理特征，很多生育年龄的女犯，月经期的紧张症状远比社会上自由女性严重。而且很多女犯月经不正常、无规律。这除了由女性的生理特征决定外，更重要的是女犯在监狱这种被监禁的环境中否定性情绪过重造成的。有月经期紧张症的女犯，在每月月经来潮前，情绪波动较大，心神不宁，烦躁不安，紧张焦虑，激动易怒，很容易因为一些小事与他犯发生冲突。此时的女犯还表现出思想不集中、疲劳无力，这会降低她们的劳动和学习成效，对其服刑改造产生很大不利影响。

2. 更年期不适症。40～50 岁的中年女犯开始进入更年期，由于监狱环境的特殊性，女犯不仅容易出现更年期综合征，会表现出很多不适应的症状，而且其更年期还有可能提前。产生更年期综合征的女犯，在生理上会有阵发性烘热、出汗、胸闷气短、心悸、眩晕、血压忽高忽低、乏力、失眠、皮肤异样感觉等与以前不一样的感受，这会使她们体验明显的身体不适；在心理上会有情绪不稳定、易激动、紧张、多虑、有时忧郁、爱哭、注意力难以集中等消极心理特点，这不仅会使女犯体验明显的心理不适，还使其易与他犯产生矛盾冲突，服刑生活的方方面面都容易出现不协调，进而使其心情更灰暗、更不稳定。

三、女犯的改造对策

（一）进行个别教育要特别注重技巧

对女犯进行个别教育要充分考虑女犯的心理特点。第一，要根据女犯的犯罪性质、犯罪恶习的不同，有针对性地进行个别教育。第二，要根据不同女犯的典型特点采用不同的教育方式。例如，对眼浅心细的女犯要以细对细进行教育，对心存疑虑的女犯则要以诚开导（也可以加上必要的心理矫治），对心灰意冷的女犯则要以热对冷进行鼓励教育，对爱慕虚荣的女犯要在尊重其人格的基础上进行教育，对情感脆弱的女犯则要以情动人、循循善诱，对依附心理强、好弄小圈子的女犯要赏罚分明、瓦解其小集团。第三，针对女犯情感细腻且重感情的特点，与女犯谈话时最好不要高声大嗓、语气生硬，而是要轻声细语，最好是语调温柔地与之交流，要多对其进行感化，而且在谈话时要适当缩小与女犯的空间距离，以便使女犯产生亲切感，从而能更好地达到被女犯接受的目的。第四，由于女犯具有爱面子、虚荣心强的特点，在对女犯进行批评时，尽量避开大庭广众，但表扬则宜在公开场合进行，这样才能获得最佳的教育效果。第五，对文化层次高低不同的女犯进行批评教育时要使用风格不同的语言，对文化程度较高的女犯要使用理论性强的观点进行说服，她们经过仔细分析之后才能认识错误并改正错误；而对文化程度较低的女犯则要使用简单明了、生动形象的语言把道理讲清楚，同时还要给她们提供一些改正方法供其选择。总之，对具有不同心理特点的女犯，要采用针对性的方式方法进行个别教育，才能取得预期的成效。

(二)尽量满足女犯的思亲需要

女犯的思家念亲心理较强，对家庭非常依恋，亲人的关心与规劝对女犯的改造具有非常大的促进作用，而一旦缺少或失去亲人的关爱，女犯就会心神不宁、焦躁不安，无心接受改造，严重的还可能轻生。因此，应通过尽量满足女犯的思亲需要来调动女犯的改造积极性。可以适当增加会见、通信、打亲情电话的次数，路途遥远不能按时来会见的可适当进行网络视频会见，以此使女犯感受更多亲情来促其改造。还可以在床头粘贴亲情寄语使女犯在感受亲情的同时受到亲人的鼓励，在墙上粘贴全家福使女犯天天都能看到亲人而受到鼓舞。对表现非常好的女犯，还可以采用亲情聚餐、离监探亲等形式，使她们更深切地感受亲情，在进一步增加对其积极改造行为肯定的同时，增添巨大的改造动力，同时对其他女犯也可起到榜样示范作用。总之，通过多种途径使女犯思亲恋家的需要得到满足，就会使她们积极接受改造的动力不断增强。

(三)对有专业特长的女犯迁移激励

由于存在这样或那样的问题，某些女犯在监狱的生产劳动中并不占据优势，这势必会影响其劳动改造的成效，进而影响其整体改造成绩的提升，对其获得减刑、假释等刑事奖励非常不利，最终就会大大降低她们的改造积极性。迁移激励就是针对这类女犯中具有某种特长的罪犯，通过充分发挥她们的特长来促使其积极接受改造。劳动改造是对罪犯进行计分考核的内容之一，劳动改造成果的好坏直接影响劳动改造分的高低，在监狱的生产劳动中不具有优势的人，劳动改造成果就会差一些，她们就很难得到让自己满意的高分，这会使女犯产生自卑并进行自我贬低，认为自己什么都干不好，进而使其整体改造质量下滑，改造积极性锐减。如果能通过适当的活动充分发挥其特长，使其在活动中因表现出色而取得好的成绩，就可以强化其自尊，使其消除自卑并产生自我肯定、树立自信，进而对其他改造活动也带来积极的影响。

（四）以珍爱生命教育培养女犯正确的生命价值观

如前所述，女犯比男犯更易于因犯罪而产生强烈的自责、羞愧、内疚等自我否定性情感，这种情感过于强烈的女犯想到自己的犯罪既害了他人，也害了自己和家人，痛苦地难以自拔，就会狭隘地认为自己没脸活在这个世界上，易走极端而产生自我毁灭的行为。因此，应对女犯进行珍爱生命的教育，尤其要对有轻生念头的女犯加强教育，培养她们形成正确的生命价值观，尽量减少其愚昧轻生的行为。进行珍爱生命教育，目的就是使女犯认识到生命的珍贵，明确生命无价的道理，进而使她们清楚地知道，人只有活着才能拥有一切并感受美好，才能通过创造价值为社会做出自己的贡献来提升自己的价值，才能通过具体行动来弥补自己过去犯下的过错以减轻罪恶感；虽然死亡可使自己暂时摆脱痛苦，但却使自己永远远离世间美好的一切，还会给家人带来痛苦，更重要的是使自己丧失通过对被害人进行补偿来消除自己的罪恶的机会，自己的恶名将永远留在世上。面对已造成害人害己的结果并使自己羞愧难当的犯罪事实，不能简单地一死了之，以死谢罪，因为死亡不仅不能解决问题，反而会增加问题，只有用积极接受改造的行动，争取早日出狱将来为社会多做贡献，才能真正弥补自己的过失，才能使自己的生命更有意义。总之，通过珍爱生命教育，促使女犯正确看待生与死，调整好自己的心态，使自己重新焕发生命活力，进而自觉主动地投入积极接受改造的行列中。需要注意的是，由于女犯中认知水平低的人较多，而且女性的形象思维占据优势，对女犯进行珍爱生命教育时不能单纯讲大道理，要多采用生动形象的方式，用简明易懂的语言并密切结合实例进行教育，才能取得较好的成效。

（五）对处于特殊生理期的女犯给予适当照顾

如前所述，某些女犯在月经期会出现紧张症，一些中年女犯在更年期会产生不适症，此时的她们都会因情绪不稳多变、激动易怒而易与他犯发生冲突，或容易遭受挫折。因此，应对处于月经期和更年期这两个特殊生理时期的女犯给予适当照顾，例如，多给予她们关心、适当减轻劳动量、加营养餐、尽量少刺激她们等，使她们能够在一定程度上保持情绪平稳，以免她们产生不理智的情绪爆发性行为，顺利度过这两个特殊时期，安安稳稳地接受改造。

（六）开展丰富多彩的文化娱乐活动

由于女犯对刑罚惩罚的感受更强烈，她们在服刑改造过程中更容易产生紧张、焦虑等负面情绪，因此，应创造条件尽可能多地为女犯开展文化娱乐活动，使她们在活动中能娱悦身心、缓解紧张、消除压抑、减轻焦虑，在与他犯和谐相处中顺利进行各项改造活动。实践证明，女犯参与文化娱乐活动的兴趣和热情远大于男犯，文化娱乐活动开展好的时期，女犯之间的矛盾和纠纷就少得多，女犯之间的关系更和谐，女犯的情绪更平稳，对其积极接受改造有一定的促进作用。

研究与思考

1. 未成年犯的年龄特征有哪些？这些年龄特征对其改造会有什么影响？
2. 未成年犯有哪些服刑心理特征？结合实例谈谈如何改造。
3. 女性的典型心理特征会对女犯的改造产生什么影响？
4. 女犯的服刑心理有哪些？结合实例谈谈如何改造。

第七章　不同刑期和犯罪经历的罪犯心理与改造对策

重点提示

1. 轻刑犯一般指原判刑期7年以下的罪犯。轻刑犯在服刑期间的心理特征主要有：认知偏激，缺乏罪责感；不思进取，混刑度日；情绪不稳定，浮躁易怒；意志薄弱，缺乏坚定性。轻刑犯的改造对策主要有：消除对轻刑犯的错误认识并更新改造观念，充分发挥教育改造的作用，注重培养良好行为习惯，避免和减少罪犯之间的恶性感染。

2. 重刑犯是指被判处10年以上有期徒刑或无期徒刑、死刑缓期2年执行、限制减刑、终身监禁的罪犯。重刑犯在服刑期间的心理特征主要有：苦闷抑郁，悲观绝望；思维偏激，抗拒改造；凶残冷酷，反社会心理强。重刑犯的改造对策主要有：注重满足多种需要，强化教育，做好情绪管理工作，开展丰富多彩的监狱文化活动。

3. 初犯和偶犯在服刑期间的心理特征主要有：自责与懊悔心理，恐惧与焦虑心理，接受改造的意志薄弱，欲求不满心理。初犯和偶犯的改造对策主要有：注重增强法律意识，运用感化消除负面情绪，通过与被害人角色换位助其认清犯罪危害，正确引导促其心理良性转化。

4. 惯犯是指以某种犯罪为常业，或者以犯罪所得为主要生活来源或肆意挥霍的经济来源，或者犯罪已成习性而屡教不改，在较长时间内反复多次实施某种危害社会的行为的犯罪。累犯是指受过一定的刑罚处罚，刑罚执行完毕或者赦免以后，在法定期限内又犯被判处一定的刑罚之罪的罪犯。惯犯和累犯在服刑期间的心理特征主要有：心理冷漠，表面服从、内心抗拒，恶习难改，悔悟再生心理。惯犯和累犯的改造对策有：实行分管分押并从严管理，促其形成正确是非观，合理运用奖惩机制促其接受改造，注重教育感化，强化技术教育。

第一节　轻刑犯心理与改造对策

一、轻刑犯的含义

轻刑犯又称短刑犯，是重刑犯的对称，指被人民法院判处短期徒刑、拘役的罪犯，在改造工作实践中一般指被判处 7 年以下有期徒刑和拘役的罪犯。[①] 由于轻刑犯刑期短、刑罚轻，减刑的期望值不高，普遍存在消极改造心理，缺乏接受改造的内在动力，使监狱机关对轻刑犯的改造质量很难提高。因此，研究轻刑犯的服刑心理及其改造对策现实意义重大。

二、轻刑犯在服刑期间的心理特征

轻刑犯的心理特点既有消极的一面，也有积极的一面。本节主要阐述的是轻刑犯的消极心理特点，因为只有认清轻刑犯的消极改造心理，才能采取有效的应对措施，化消极为积极，达到改造好这类罪犯的目的。

（一）认知偏激，缺乏罪责感

大多数轻刑犯由于自身认知水平低下，对事物的理解偏激，不能对自己的违法犯罪行为进行公正客观的评价，很多人把责任推向社会、他人，甚至是受害人，因而缺乏罪责感。服刑期间，他们心怀怨恨，认罪悔罪意识淡薄，不愿考虑自己犯罪的思想根源和犯罪造成的社会危害；平时行为散漫，自律性差，严重缺乏接受改造的动力。

（二）不思进取，混刑度日

轻刑犯因刑期短，仅仅把服刑当作人生的一个短暂过程和经历，改造过程中缺乏正确的改造目标，不思进取，没有改造动力。虽然轻刑犯也希望得到减刑，但是考虑到吃苦受累努力改造，减掉的刑期也是微不足道的，因而得过且过，混度刑期。由于刑期短，刑罚的惩罚效应不容易快速显现，再加上他们接受系统的文化、政治思想教育相对较少，其错误思想和行为很难在短期内得到有效改变，因而在改造实践中轻刑犯的改造质量相对较差。

（三）情绪不稳定，浮躁易怒

在短刑犯中，青壮年居多。他们大多自我情绪管理能力较差，不够世故圆滑，遇

① 中国劳改学会编：《中国劳改学大辞典》，社会科学文献出版社 1993 年版，第 502 页。

事易冲动，且不计后果，动辄因为一件小事而大发雷霆，对他人恶语相向，甚至大打出手，这既是导致他们产生犯罪的心理根源，也是造成他们在服刑期间容易违规违纪的重要心理原因。由于他们多方面的需求很难得到完全满足，导致他们焦躁不安，不能安心改造，对教育改造抱有应付的态度，又经常沉溺于对往事的回忆中，难以自觉地发生思想意识的深刻转变。

(四)意志薄弱，缺乏坚定性

某些短刑犯意志薄弱，缺乏主见，在服刑期间很容易受到罪犯群体的改造风气和其他罪犯的影响，如果不良改造风气占上风，他们就会放松对自己的改造要求，得过且过，随波逐流。再加上原有的违法犯罪思想和不良行为习惯的影响，他们不仅容易出现改造中的动摇反复，甚至会做出主动违反监规纪律的行为，危害监管安全和稳定。

三、轻刑犯的改造对策

(一)消除对轻刑犯的错误认识并更新改造观念

长期以来，监狱民警普遍认为轻刑犯刑期短、恶习浅、危险小、好改造，这种在思想认识上的偏差，造成客观上放松了对轻刑犯的改造，对他们疏于管理，关注度不够。所以，必须消除对轻刑犯的错误认识，更新改造观念，加强对轻刑犯的管教。为了有效提高轻刑犯的改造质量，按照分押、分管、分教的原则，可设立轻刑犯监区，将轻刑犯集中关押，统一管理，根据轻刑犯的特点实施有针对性的改造，与此同时还可防止长、短刑期罪犯混合关押对轻刑犯的改造带来不利影响。

(二)充分发挥教育改造的作用

加强对轻刑犯的改造，必须强化教育，要充分运用教育这一主动进攻手段，促其思想转变，为他们将来回归社会打下坚实的思想基础、心理基础、谋生基础，并促其形成守法意识。对轻刑犯进行教育，应当根据其特点，制订相应的教学计划，设置合理的课程，使用多样化的教育形式。

1. 科学设置教育内容。轻刑犯因刑期短，没有足够的时间进行学历教育，因而轻刑犯的教育应以思想教育为核心，技术教育和技能培训为重点。思想教育应以认罪服法教育、道德教育、法律常识教育为重点，并将三者有机结合起来，促使轻刑犯形成稳固的改造意识和守法意识。技术教育和技能培训要注意考虑轻刑犯的特点和当前社会的需求，开设以市场为导向的、实用性较强的技工培训班，如电脑班、电气焊班、汽车修理班等。经培训的轻刑犯还可参加全国统一的职业技能资格考试，考核合格者能获得人力资源和社会保障部颁发的职业技能资格等级证书。这对轻刑犯刑满释放后的就业有很大帮助,这样的技术教育和技能培训才能对轻刑犯有更大的吸引力,提高其参与的热情。

2. 大力开展特色教育活动。开展特色教育对轻刑犯来说,既有直观的教育效果,又具有潜在的教育意义。例如,开展"二进宫"罪犯现身说法活动,既有鞭策"二进宫"罪犯本身加强改造的作用,又能起到警示他犯的作用。开展倾听"三声"(受害者的控诉之声、自己的悔过之声、亲人的呼唤之声)教育活动,能促使轻刑犯产生强烈的自责感、赎罪感,激发他们的改造动力。

(三)注重良好行为习惯的培养

许多轻刑犯走上犯罪道路,是因为不想从事艰苦的劳动,幻想一夜暴富,不劳而获的意识浓厚,吃不得苦、耐不得劳。因此,监狱应该多组织有利于他们养成纪律观念和吃苦耐劳习惯的改造活动,使他们在活动中不仅能养成良好的行为习惯,还可以使他们因表现好获得奖励而产生愉快心情,进一步提高其接受改造的积极性。尤其是在劳动改造中,通过让轻刑犯感受到收获劳动果实的快乐,坚定其劳动致富的信心。

(四)避免和减少罪犯之间的恶性感染

国内大量的调查统计表明,许多重刑犯是由于一再触犯法律而被判重刑,其中不少人第一次投入监狱改造仅仅是单一的犯罪类型且刑期较短的轻刑犯,因为在监狱受到他犯的影响,形成了新的犯罪意识或加重了原有的犯罪意识,或者学到了新的犯罪技能,才逐渐转变成一个五毒俱全的罪犯。所以,避免和减少轻刑犯之间的交叉感染以及轻刑犯与重刑犯的深度感染是监狱机关的重要工作。对轻刑犯不仅要单独编队,还要分类管理、分类教育,提高其思想教育的针对性,增强他们的免疫力。此外,要安排好他们业余时间的活动,尽量减少他们与品行恶劣的罪犯的接触机会,尽量减少他们受到外界不良影响的可能性。

第二节　重刑犯心理与改造对策

一、重刑犯的含义

重刑犯是指主观恶性很大,客观危害性较大,犯罪情节严重或特别严重,被判处10年以上有期徒刑或无期徒刑、死刑缓期2年执行、限制减刑、终身监禁的罪犯。在我国,涉及重刑的犯罪为严重的暴力犯罪、毒品犯罪和经济职务犯罪,如故意杀人罪、强奸罪、贩卖毒品罪或严重的贪污贿赂罪等。重刑犯具有刑期长、刑罚重的特点，大多数重刑犯道德沦丧，恶习较深，反改造意识强烈，增加了监管和教育工作的难度。当前，监狱机关对罪犯尤其是重刑犯在入监、改造中期、出监前期都要进行罪犯危险性评估，据此进行分类管理、分类施教。

二、重刑犯在服刑期间的心理特征

重刑犯因犯罪性质恶劣，自知难逃法律严惩，心理复杂多变，会给其他罪犯造成强势心理，导致监管场所不稳定因素大幅度提升，因此深入研究在押重刑犯的心理特征，对维护好监管安全极其重要。

（一）苦闷抑郁，悲观绝望

很多重刑犯认为刑罚过重，刑期漫长，看不到前途和未来，特别是被判处无期徒刑、死刑缓期2年执行、限制减刑的罪犯，坐牢的日子似乎没有尽头。《刑法修正案（九）》首次在贪污罪中设立了终身监禁制度，这一制度的实施，使那些被判处终身监禁的罪犯因再无出狱的机会而绝望至极。改造初期，因为刑期压力大，很多重刑犯常常处于苦闷烦躁、悲观低沉的消极状态中，没有动力，缺乏活力。有的人对严格的刑罚和监管制度产生一定的畏惧感，有的人害怕自己的婚姻破裂影响子女的健康成长，有的人对艰苦繁重的劳动生产抱有恐惧心理……在这种消极心态的影响下，他们思想压力大，情绪低沉悲观，更容易对前途丧失信心，一旦遇到某些变故便无法承受，不仅易出现情绪反常，还可能引发自杀、行凶等恶性事件。

（二）思维偏激，抗拒改造

抗拒改造心理是狱内罪犯普遍存在的心理。重刑犯大都思想偏激，犯罪意识和反改造思想的顽劣性植根较深，改造意识淡化，罪犯身份意识不明确，更容易产生抗拒改造行为。服刑期间，重刑犯中有的消极怠工，逃避劳动；有的思想消极，悲观厌世；有的消极改造，混刑度日；有的甚至直接和监狱民警谈改造条件，要求监狱民警承诺给奖励才好好改造，否则就消极改造。因为他们改造的目的是拿奖励，以获得减刑为主，这使监狱惩罚与改造相结合的总方针不能得到很好的体现。少数重刑犯因恶习较深，在受到原有消极因素的惯性作用下，对严格的监管产生强烈的对立情绪，对劳动改造和民警的管理教育持抵触的态度，甚至采取公开顶撞和无理取闹的过激行为；有的重刑犯甚至具有较大的暴力脱逃、行凶袭警、狱内自杀的风险。

（三）凶残冷酷，反社会心理强

重刑犯因缺乏法律知识和社会认知能力低下，常常夸大自身犯罪的客观原因，对犯罪后果没有正确的认识，主观上认为被判刑入狱是政法机关对他们有偏见的结果，因此判决后对政法机关（包括监狱）及其各项政策心怀敌意和不满。他们往往具有较强的反社会心理，认知偏执，情感冷酷、残忍，缺乏同情心，思维易走极端，行为容易冲动，不会与人相处，难以适应社会。投入监狱改造后，他们不会深挖自身犯罪根源，而是怨恨他人和社会，在其反社会心理的驱使下，有的罪犯不思悔改，不服管教；有的罪犯混日子，熬刑期；有的罪犯消极改造，甚至反改造。其中一些重刑犯甚至会把其抗拒、敌视心理转向专管民警，但平时却伪装积极，因此这部分重刑犯具有相当大的危险性和潜在的攻击性。重刑犯中使用暴力手段实施犯罪的较多，当这些罪犯在改造中受到委屈时，他们要用自己习惯的暴力方式去解决问题，进行报复行动而不考虑后果。这一特性在产生涉黑犯罪的罪犯中表现得更加明显，他们认为自己不能吃亏，否则就没有面子，即使被严管或给予禁闭，哪怕是加刑也在所不惜，这充分暴露了他们固执、粗野、凶残的一面。

三、重刑犯的改造对策

要把重刑犯管教好，使他们遵守监规、服从管教、认罪服法，确保监管安全无事故，并非易事。

（一）注重满足多种需要

重刑犯由于刑期漫长，他们的很多需要因为受到监狱条件的限制很难得到完全满足，这种情况必然会对重刑犯的改造带来不利影响。因此，监狱机关要多关注重刑犯的各种需要，加强对他们的特别帮教和心理疏导，尽量使他们在服刑期间的多种合理需要能在最大程度上得到满足，使其重拾生活的勇气并坚定改恶向善的信心。重刑罪犯被判刑后，给其家庭带来了巨大的变故，比如一些家庭因为失去主要劳动力而使家庭生活陷入困境，已婚罪犯的配偶可能会提出离婚，某些家庭因为自家出了犯罪人而受到他人歧视等。这些变故会导致罪犯整天胡思乱想，心不在焉，有的甚至情绪低落，严重的会出现怠工、违规违纪、自杀等不良行为，这不仅影响重刑犯的正常改造，对监管安全也非常不利。因此，监狱民警应对重刑犯高度关注，细心观察重刑犯的言行举止，准确掌握重刑犯的各种信息，尤其是对其家庭情况要密切关注，一旦发现危险因素，要及时采取有效措施进行化解，积极防范各种危害监管安全的事件发生。比如，当罪犯的配偶提出离婚时，要对罪犯的配偶尽可能地进行调解说服工作，调解不成的，也要帮助罪犯维护合法权益。当罪犯家庭难以维持生活时，要尽量帮助其家人从当地民政部门得到适当的救济。只有这样才能尽量稳定重刑犯的情绪，同时加强他们对监狱民警的信任，让其能充分地感受到政府的关怀，从而调动其改造的积极性，让其能够在监狱踏实改造，安心服刑。

(二)强化教育

重刑犯之所以被判重刑,是因为其犯罪性质、犯罪手段极其恶劣,犯罪后果极为严重,给社会和他人造成了极大的危害和恶劣影响。洞察其犯罪心理结构,重刑犯大多具有犯罪体验深刻、违法犯罪动力定型稳固的特点,因此,要想改造好重刑犯,对其教育必须真正“触及灵魂”,可着重进行以下三方面教育。首先是社会主义法治理念教育。通过法律法规和监规监纪教育,促使重刑犯真正认罪服法,达到使其知罪悔罪进而主动接受改造的目的。其次是人生观、价值观的教育。对罪犯改造的核心问题是转变他们扭曲的人生观、价值观,解决好他们的思想意识问题。重刑犯的严重危害的社会行为的产生是与其错误的人生观、价值观密切相关的。因此,必须对重刑犯进行系统的政治思想教育,转变他们的错误思想,使之形成正确的人生观、价值观,这样才能从根本上消除其犯罪行为。最后是如何处理人际关系的教育。某些重刑犯因为缺乏人际关系协调技巧才导致人际矛盾升级而引发犯罪,他们入狱后也易因小事与其他罪犯发生矛盾冲突,严重的就可能演化成打架斗殴等影响监管安全的事件。因此,要对重刑犯进行如何处理人际关系的教育,传授给他们必要的人际沟通技巧,帮助他们学会与他人和谐相处,遇到人际矛盾时能采取有效措施化解,这既有利于他们顺利服刑,对其将来刑满释放后更好地适应社会也有很大帮助。

(三)做好情绪管理工作

重刑犯因刑期较长,必然会在监狱中生活很长时间,长期监禁会使他们容易产生情绪问题,因此,做好重刑犯的情绪管理工作,使他们情绪平稳地进行改造,就显得尤为重要。监狱民警应关注可能引起重刑犯情绪变化的各种因素,如身体状态、与家人的关系、与他犯的关系、劳动状态等方面出现的异常变化,发现问题及时做好心理疏导,必要时可进行心理干预,让他们及时释放不良情绪,以免在消极情绪支配下做出不理智行为。在对重刑犯进行改造的日常活动中,还应充分发挥监狱心理矫治工作的作用,强化对重刑犯的心理健康教育,不仅要向他们普及心理学和心理卫生知识,更要帮助他们掌握进行情绪自我调控的方法,逐步提高他们自我调节情绪的能力,这样才能使重刑犯的改造活动平稳有序地进行。

(四)开展丰富多彩的监狱文化活动

为了更好地改造重刑犯,可为他们开展丰富多彩的监狱文化活动。一方面,这样可以丰富他们的服刑生活,缓解长期服刑引发的消极情绪。通过活动可以增加罪犯与监狱民警之间的沟通交流,减弱警犯之间的对立情绪,缩短二者之间的心理距离,从而能使罪犯更容易接受监狱民警的教育,提高改造工作成效。与此同时,丰富的监狱文化活动也可以促进罪犯之间的团结、协作，使他们在改造中互相关心、互相帮助、共同进步，增强罪犯的集体荣誉感，使整个罪犯集体有更好的改造氛围。另一方面，通过组织开展形式多样、内容丰富的主题活动，还可以对重刑犯进行有针对性的教育，使他们通过活动进一步强化自己的罪犯角色意识，树立正确的改造观，发自内心认罪悔罪，真正实现从被动改造向主动改造转变，最终更好地实现促其根除犯罪思想、矫正不良恶习的改造工作目标。

第三节　初犯和偶犯心理与改造对策

一、初犯和偶犯的含义

初犯是指第一次实施犯罪的人。初犯大多尚未形成犯罪的习癖，主观恶性不深，人身危险性和社会危害性相对较小，可改造性大。但仍有部分初犯实施犯罪时经过长期预谋、犯罪动机卑鄙、手段残酷，犯罪性质恶劣。

偶犯是偶然实施某种犯罪行为的人。偶犯的犯罪主要是由于偶然的外部事件所引起，一般表现为未经充分思考和精心预谋而实施犯罪，经精心预谋后实施犯罪行为的人则不是偶犯。

偶犯与初犯不同，偶犯是从犯罪原因的角度划分的犯罪人类型，而初犯是从犯罪序数的角度划分的犯罪人类型。偶犯的人身危险性一般比较小，处罚较惯犯相比较轻。中国刑法对偶犯未作明文规定，在刑事政策上，一般是从宽处理。

二、初犯和偶犯在服刑期间的心理特征

初犯和偶犯在服刑期间的心理特征主要表现在以下几个方面：

（一）自责与懊悔心理

由于初犯和偶犯的犯罪恶习不深，很多人是在突发或激情状态下走上犯罪的道路，因此，往往会对自己的犯罪行为陷入深深的自责之中。服刑期间他们往往表现为情绪低落、寡言少语，不愿与其他罪犯来往，在改造上往往持消极回避态度。多数初犯和偶犯有一定的社会道德和法律意识，还没有完全丧失良知，经过监狱机关的教育改造后，开始对自己过去的违法犯罪行为进行深入反思，能够深挖犯罪根源；在对自己对社会造成的危害后果有了正确认识之后，就会对自己的犯罪产生内疚和懊悔心理，并逐步转化为悔过自新、立功赎罪的积极心理，进而表现出接受改造的行动。

（二）恐惧与焦虑心理

初犯和偶犯初次入监，一般不同程度地存在恐惧和焦虑心理。一方面，他们对陌生的监狱环境、刑罚执行活动及罪犯群体抱有恐惧心理。另一方面，因为被判刑入狱，人生发生重大转折，丧失工作、中止学业、婚姻破裂、家人与其断绝关系等情况的出现，使初犯和偶犯感到前途渺茫，难免会产生焦虑不安心理。部分初犯和偶犯，尤其是因激情或过失而犯罪的未成年犯，被判刑入狱后充满了无助和绝望，改造生活中遇到的各种困难和挫折，极易引起他们产生强烈的情绪波动，甚至痛不欲生，悲观失望，自我否定，整天垂头丧气。大多数初犯和偶犯的情绪管理能力差，很容易在恐惧和焦虑情绪影响下出现违规违纪等极端行为。

（三）接受改造的意志薄弱

大多数初犯和偶犯意志薄弱，很容易受到诱惑和暗示而做出错误的行动。他们的意志虽然有一定的自觉性，但还不够坚定，在改造中常常出现动摇反复行为。在监狱民警耐心细致的教育下，这类罪犯因为本身恶习不深，很快就能产生认罪悔罪心理，但是，一旦遇到困难或挫折，或者受到其他罪犯的教唆和引诱，他们就容易出现内心的矛盾与困惑，进而出现改造中的动摇，甚至还可能出现违规违纪行为等反复行为。因此，对这类罪犯必须加强意志力的培养，才能使他们的改造活动趋于平稳。

（四）欲求不满心理

初犯和偶犯初次犯罪即受惩罚，有很大的心理落差，突然入狱，很多人还没有做好入监服刑的思想准备和心理准备，就被割断了与社会的联系，被剥夺了正常的社会交往和活动。在未来的一段日子里还无法面对和适应现实处境。在严峻的现实面前，有人认为自己的行为量刑过重，不断进行申诉；有人思亲恋家，更盼家人会见；有人怕苦怕累，希望早日减刑、假释；有人盼望改善伙食；有人希望丰富业余文化生活。但因为受到监狱这个特殊环境的限制，种种需求无法得到最大程度的满足，因而常常处于欲求不满的状态。

三、初犯和偶犯的改造对策

初犯和偶犯都是初次违法犯罪即受到了法律的严惩。他们初次作案就被抓，因而刑罚对他们的心理产生的影响非常强烈，能够较好地发挥威慑和预防再次犯罪的作用。初犯和偶犯的犯罪意识和犯罪恶习不深，加之在服刑期内往往表现出悔过的心理，对其采取的教育改造措施易于发挥作用。

（一）注重增强法律意识

对于许多初犯和偶犯来说，尤其是文化水平比较低的初犯和偶犯，其法律意识非常淡漠，缺乏相应的法律知识和法治观念，对触犯法律的后果认识不清，他们是在利益的驱使下，一时头脑发热，才最终铸成了大错。所以，监狱机关要加大宣传教育力度，不仅要给这类罪犯开设专门的法治教育课程，还要综合运用宣传栏、黑板报、书籍、标语、新媒体LED屏、宣教视频等方式进行宣传，开展专题讲座、知识竞赛、主题征文、文艺创作等丰富多彩的宣传学习活动。在激发这类罪犯学习法律知识的热情的同时，重点引导他们学法、尊法、守法、用法，使其法律意识得到显著增强。

（二）运用感化消除负面情绪

面对法律的严惩，初犯和偶犯心理上往往难以承受，感觉自己的人生就此染满了污点，情绪会变得非常低落，内心焦虑不安。又加之对监狱生活缺少思想准备，在服刑过程中一旦遇到困难和挫折，就可能引起他们产生较强的情绪波动。因此，监狱民警应该对初犯和偶犯给予更多理解、关怀和支持，尤其是在他们遇到困难和挫折时，更要多关心他们并提供必要的帮助，这样才能促使他们尽快适应监狱的生活，从消极情绪中解脱出来，也有利于他们更好地面对将来的服刑生活。

（三）通过与被害人角色换位助其认清犯罪危害

绝大多数初犯和偶犯是以自我为中心，在实施违法犯罪行为时，并没有考虑到受害者的感受，对其违法犯罪行为所带来的危害没有足够的认识。因此，可以借助角色换位，让初犯和偶犯站在被害人的角度考虑问题来辨清其犯罪的本质。监狱机关可以通过心理剧或角色扮演等方式，让初犯和偶犯通过扮演受害者的角色来体验遭受犯罪侵害的感受。有了亲身感受，他们才能认清其犯罪的错误本质，进而对自己的违法犯罪行为所带来的危害有清晰、深入的认识。认识到自己错了，他们才能认罪悔罪，进而好好接受改造。

（四）正确引导促其心理良性转化

由于初犯和偶犯易受诱惑和暗示，在惯犯、累犯的教唆下极易变坏，在不良改造风气的熏染下也极易蜕变。因此，监狱机关应采取必要的措施，为初犯和偶犯创建良好的改造环境，营造积极向上的改造风气，树立积极接受改造的良好榜样，正确引导初犯和偶犯走上积极改造的道路，促其心理出现良性转化。

第四节 惯犯和累犯心理与改造对策

一、惯犯和累犯的含义

惯犯是指以某种犯罪为常业，或者以犯罪所得为主要生活来源或肆意挥霍的经济来源,或者犯罪已成习性而屡教不改,在较长时间内反复多次实施某种危害社会的行为的犯罪。

累犯是指受过一定的刑罚处罚,刑罚执行完毕或者赦免以后,在法定期限内又犯被判处一定刑罚之罪的罪犯。

惯犯和累犯虽然数量少,但恶习深,危害广,能量大,难改造,是监管场所传习、教唆其他罪犯的主要人物和社会治安的危险因素,因此是当前罪犯改造工作的重点和难点。

二、惯犯和累犯在服刑期间的心理特征

惯犯和累犯由于多次进出监管场所,思维上、行动上已经有了比较强的适应能力,加之社会经历复杂,思想近于成型,因此内心有了本能的防御体系。他们对监狱生活中的一些事物的看法,并不带有初次入监的罪犯那种幼稚和盲动,而是比较狡诈、隐蔽。所以,他们在改造中的思想动态不易掌控。

(一)心理冷漠

惯犯和累犯大多缺少家庭温暖,入狱前常遭受社会的歧视,是带着一颗冷漠的心进入监狱的。他们虽然多次接受改造,但大多数采取"开始闹,中间泡,到了末尾混改造"的服刑方式,教育改造很难触及他们的心灵,恶习难以根除才导致其犯罪行为反复发生。多次服刑虽然使他们体验到痛苦,但这种痛苦体验没能起到促使他们深刻反省自己、知错改错的作用,而是进一步强化了他们对社会的敌视和对立、对入狱服刑的排斥和厌恶,从而使其内心更加灰暗,心理冷漠程度不断增加,进而刑满释放后用再次犯罪报复社会,以此来发泄自己的不满。

(二)表面服从、内心抗拒

惯犯和累犯大部分恶习深、本质坏,对判刑入狱无多大顾忌。再加上多次受到刑罚惩罚入狱服刑,会使他们心怀不满,对社会产生强烈的敌对情绪,因而容易产生对改造的抗拒。尤其是那些把犯罪原因归之于社会的惯犯和累犯,会因为缺少罪责感、不认罪不悔罪而产生强烈的抗拒改造心理。但是,由于惯犯和累犯社会阅历多,服刑经验相对丰富,他们深知抗拒改造没有好结果,因而擅做表面文章,对监狱民警言听计从,在各项日常改造活动中都尽量有好的表现,但私下里却是完全相反的表现。他们会寻找各种机会向他犯传习、教唆犯罪伎俩,煽动其他罪犯进行反改造活动,或者腐蚀、拉拢、诱骗其他罪犯与之共同抗拒改造。因此,惯犯和累犯在改造中的表现是:"服"在外表,能伸能缩;"抗"在心里,变化不定。

(三)恶习难改

由于惯犯和累犯犯罪历史长,犯罪次数多,甚至反复实施同一类型的犯罪,其

犯罪行为已成动力定型，犯罪思维固化，形成了犯罪人格，因而在改造中恶习难改的特点表现得非常明显。一些惯犯由于养成了“伸手钱到手，吃喝玩乐有”的恶习，在服刑改造期间也经常“顺手牵羊”盗窃其他罪犯的财物。那些欺骗成性的罪犯，会经常玩弄骗术为自己渔利。某些惯犯和累犯的违规违纪行为实际上就是其原有恶习的延续。正因为惯犯和累犯具有恶习难改的特点，他们在改造中更容易出现动摇反复现象，对他们的改造不容易取得成效。

(四)悔悟再生心理

随着年龄的增长，惯犯和累犯的人格逐渐变为以冷静、理性、求实为主，开始重视遵守社会规范，产生顺应社会、守法生存的观念，他们考虑问题的现实性会逐渐提高，自控能力也在不断增强。尤其是当他们从屡次受罚的教训中真正悟出了犯罪的危害性，对走过的弯路、浪费的时光懊悔不已，并产生了到社会上过正常人生活的强烈愿望时，就会发自内心产生悔悟再生心理。此时惯犯和累犯因为对自己的罪恶有了深刻的认识，知道犯罪之路是行不通的，就会彻底死了继续犯罪的心。为了能够重新融入社会，他们就会完全否定“旧我”，产生重新做人的真诚愿望，于是他们不仅会发生良性转变，其积极接受改造的行为也会变得非常平稳。需要注意的是，并非所有惯犯和累犯都能产生悔悟再生心理，而是需要监狱民警进行长期的耐心细致教育，对惯犯和累犯不断进行刺激并促其反省才可能出现。

三、惯犯和累犯的改造对策

由于惯犯和累犯身上有一些有利于其接受改造的好的因素，只要我们做好有针对性的教育改造工作，在改变其犯罪心理上下大功夫，那么这部分人也是能够改造好的。对惯犯和累犯的改造应主要从以下几方面入手：

(一)实行分管分押并从严管理

在条件允许的情况下，尽量把惯犯和累犯统一集中到一个监区或某个监区的一、二个分监区，单独编队，分管分押，这是加强对惯犯和累犯改造的关键措施。因为这样做既有利于对惯犯和累犯采取有针对性的措施进行严格管理，也可避免他们对其他类罪犯产生负面影响，尤其是可以有效避免他们向初犯和偶犯传习犯罪伎俩，增加初犯和偶犯的心理恶性。对惯犯和累犯单独编队进行分管分押，要多配备一些从事改造工作多年、政策水平高、素质较好的监狱民警，集中力量对其实施教育改造。对惯犯和累犯的改造，惩罚应占据主导地位，因而必须对他们从严管理，使他们从思想上、肉体上都感受到刑罚惩罚的痛苦，对监狱产生恐惧感，以此来促使他们主动控制自己的不良行为。与此同时，还要注重铲除他们“监狱是家和旅社”的错误思想，使其刑满释放后不再实施危害社会的犯罪行为。特别是对惯犯和累犯中的“尖子”人物，无论在惩罚标准或管教强度上，都要提高标准，充分体现监狱这个国家专政机关的权威性和震慑性，以减少他们重新犯罪或传习、教唆其他罪犯的可能性。在对惯犯和累犯注重惩罚的同时，也不能忽视对他们的教育、感化、挽救，改造他们的终极目标是尽量消除他们的劣根性，使其真正改恶向善，回归社会后不再危害社会。

（二）促其形成正确是非观

是非观念薄弱，缺乏正确辨别是非的能力，是造成一些罪犯不断重复实施犯罪行为的主要因素之一。是非观念差的人在出现犯罪动机时，不能及时地加以辨别因而无法及时阻止犯罪行为的发生。在犯了罪错后，也不会产生忏悔和改恶从善的意向，因而才一错再错，在犯罪的道路上不能自拔。所以，教育改造惯犯和累犯，必须使他们形成正确的是非观念，提高他们辨别是非的能力，这样他们才能分清好坏，才能真正远离危害社会的违法犯罪行为。

（三）合理运用奖惩机制促其接受改造

由于惯犯和累犯的犯罪历史较长，社会经验丰富，他们大多阴险狡诈、阳奉阴违，在改造中善于察言观色，做表面文章，也精于弄虚作假。因此，在对这类罪犯进行改造的过程中，监狱民警要注意识别，对他们的错误绝不迁就。一旦发现他们有造谣生事、传习教唆犯罪、拉帮结伙抗改或逃跑等违反监规纪律的行为，必须及时给予严厉打击，使之低头服输，放弃对抗管教的行为。当他们产生了符合监规纪律要求的行为时，应当及时给予表扬、鼓励，以激起他们仅存的荣辱感，唤起他们做人的良知，使其有可能向良性转化的方向发展。

（四）注重教育感化

惯犯和累犯虽然比较难改造，但并非铁板一块，他们也有常人的合理需求，只要在政策允许的范围内予以满足，还是能够触动他们的心灵，他们中大多数人或早或迟是可以转变好的。由于这部分罪犯大多已病入膏肓，我们就要像医生对待重病人那样进行精心治疗和特殊护理，不能因为他们屡次犯罪，就嫌弃不管，更不能因为他们恶习深，就憎恨他们，把他们一棍子打死，而是应该满腔热情、耐心细致地改造教育他们。对惯犯和累犯的教育，不能进行空洞的说教，应结合现实事例，以个别谈话教育为主，循循善诱，耐心启发，使他们愿意听，感到“有道理”进而主动按照我们的要求去改变自己。

（五）强化技术教育

惯犯和累犯刑释后又会重新犯罪，可能与其缺乏职业技能，不能自谋生路有一定关系。为此，监狱机关应充分发挥教育职能，在组织惯犯和累犯完成好监狱的生产劳动的同时，要抓好他们的技术教育，特别是在改造的后期，要尽可能多给他们安排一些实用技术的学习和训练，使他们在刑满释放前能够熟练掌握一两门技术，为刑满释放后能够顺利就业创造条件，打下坚实的基础。与此同时，监狱还可与社会有关部门建立联系，做好惯犯和累犯刑满释放后的安置就业工作。例如，湖南全省余刑在3个月的罪犯一律送到湖南省星城监狱（该监狱是湖南省唯一一所出监监狱）进行出狱前的技能培训和重新融入社会前的准备工作，该监狱与社会相关组织及企业建立了“一条龙”就业通道，为刑释人员出狱后顺利就业提供了便利条件。

研究与思考

1. 轻刑犯在服刑期间有哪些心理特征？结合实例谈谈如何改造。
2. 重刑犯在服刑期间有哪些心理特征？结合实例谈谈如何改造。
3. 初犯和偶犯在服刑期间有哪些心理特征？结合实例谈谈如何改造。
4. 惯犯和累犯在服刑期间有哪些心理特征？结合实例谈谈如何改造。

第八章　特殊类型罪犯心理与改造对策

重点提示

1. 老病残罪犯的心理特点主要表现为：负面情绪多，情绪稳定性差；敏感多疑，戒备心理强烈；自尊心强，自卑心理突出；孤独感强，依赖性严重。老病残罪犯的改造对策主要包括加强对老病残罪犯的分类矫治；生理与心理并重，多种方法综合运用；加强健康教育，强化心理矫治；开展群体活动，消解孤独感；锻炼意志品质，培养改造信心；尊重人格，维护自尊。

2. 艾滋病罪犯的典型心理特征主要包括焦虑和恐惧；悲观和抑郁；敏感和自卑；易怒和抗拒。艾滋病罪犯的改造对策包括开展有针对性的心理健康教育；建立心理评估与干预机制；进行人本主义关怀；增强社会支持系统。

3. 限制减刑罪犯在心理过程、人格心理方面都表现出不同于其他罪犯的特征，而且形成了以抵制和对抗改造为主的行为特征。限制减刑罪犯服刑初期改造工作的主线是改变其认知模式；服刑中期改造工作的主线是如何调动和保持罪犯改造的动力问题；服刑后期改造工作的主线是如何提升罪犯的社会适应性问题。

4. 由于服刑的环境不同，个体自由度不同，接受管理与改造的方式不同，社区矫正对象的心理活动有别于在监狱服刑的罪犯。对社区矫正对象的一般改造策略，遵循"满足基本需要—适应社区环境—矫正犯罪心理"的过程和规律。基于研究和矫正工作的需要，本章对社区矫正对象中的初偶犯、职务犯、假释人员、暂予监外执行人员的心理及改造对策问题进行了讨论。

第一节　老病残罪犯心理与改造对策

老病残罪犯，是指年龄在60周岁以上，或患有各种严重的生理疾病、精神疾病，以及肢体残疾、智力低下的罪犯群体。随着我国老龄人口的不断增长，监狱押犯中的老病残罪犯人数也呈现增加趋势。老病残罪犯生理上的衰弱、病痛和伤残，以及不能正常地参加狱内各项改造活动，不能适应监狱对罪犯的改造要求，从而引发一系列的思想和心理问题，表现出生理和心理上的双重不健康状态。这些思想和心理问题又成为影响改造、导致监管安全事故的潜在因素，老病残罪犯成为自伤、自残、自杀等监管安全事故的高发群体。研究老病残罪犯的心理特点，提出有针对性的改造对策，对于维护监管安全和实现改造目标至关重要。

一、老病残罪犯的心理特点

老病残罪犯总体上心理健康状况较差，心理问题较多，是狱内押犯中的特殊群体和心理病患的高危群体。根据调查研究，老病残罪犯的心理特点主要表现在以下几方面：

（一）负面情绪多，情绪稳定性差

老病残罪犯由于体弱多病，内心常处于矛盾冲突状态，容易导致焦虑、愤怒、绝望、羞愧、厌恶等负性情绪。他们往往对困难估计过高，遭受挫折时容易自我责备。因患病影响了劳动改造，或患病导致了形象变化，其情绪往往变得异常悲观，通常表现为少言寡语，不愿交往，抑郁苦闷，常被失望、凄凉的情绪所包围，对改造失去信心，对生活缺乏乐趣。有的罪犯迫切希望逃脱难以忍受的生活环境，摆脱身体、精神上的痛苦，可能导致自杀意念和行为。

躯体的病痛以及病情的变化，会引起罪犯烦躁不安、情绪多变。一些慢性病罪犯不能忍受长期病痛带来的压力和痛苦，担心改造前途，顾虑自己及家人的未来，常感到不顺心，常有怨言。听到与自己想法一致的话，会认为对方同情自己而落泪，听到相反的意见又会认为对方不重视自己而大发雷霆。有的罪犯容易产生恐惧情绪，对外界刺激反应强烈，如看到重症病号，便害怕医疗设备，害怕诊断和治疗，怕痛、怕开刀、怕留下后遗症，害怕死亡，经常处于焦虑、紧张状态。

（二）敏感多疑，戒备心理强烈

老病残罪犯往往对周围事物特别敏感，存在戒备心理，尤其是那些慢性病患者和诊断不明的患者，表现更明显。对别人的好言相劝，将信将疑，既想了解有关疾病的信息，又对听到的解释抱有怀疑，甚至曲解。听到别人低声私语，就认为是在议论自己的疾病，怀疑医生的诊断有误、治疗不当，常常根据医生或民警的细微表现来猜测自己的病情。有的患者一方面怕别人认为自己装病，小病大养；另一方面觉得病期一长会影响自己的改造和减刑，内心十分矛盾。有的患者总认为狱内环境及生活规律对自己的健康不利，监狱医院设备条件差，而外出就医又非常困难，就过分注意躯体的变化，不停地述说身体的不适，有的甚至出现幻觉，如会听到自己的心跳、呼吸和肠胃蠕动的声音，在安静时更为严重。

（三）自尊心强，自卑心理突出

老病残罪犯虽属于监狱中的弱势群体，但也是自尊心较强的群体，总是希望得到信任和重视，害怕受到冷落，非常在乎别人对自己的态度和评论。有的病犯采取各种手段来表明自己的优越，让他人关注自己；有的病犯会采取一定的方式，争取得到一视同仁的对待。这样做的结果若得不到重视，就会产生冷遇感，自尊心受挫，变得心情沮丧。

过分的自尊心往往源于强烈的自卑感。有研究者对老病残罪犯的问卷调查中，对问题“你是否觉得处处不如人?”，选择“是的”一项占 89%。[①] 由于缺乏竞争能力，对掌握劳动技能也没有足够的信心，因而对改造前途充满悲观情绪，很容易导致“破罐子破摔”的心态。这种心态在某些特定的情境下，非常容易产生自卑—自怨—自虐—自绝的心理演化，导致心理危机，成为监管安全的严重隐患。

（四）孤独感强，依赖性严重

孤独感是老病残罪犯普遍存在的情感体验。他们担心被疏远，怕受到冷落、鄙视，渴望温暖。为此，总是心事重重，郁郁寡欢，情绪低落或焦虑紧张。尤其是住院的病号，四周病床都是陌生面孔，更易产生孤独感，盼望有亲人陪伴。由于病房内的病号各式各样，病情千变万化，容易加重患者的不安全感，害怕交叉感染，总担心自己的病会加重或治不好，苦闷抑郁，急盼能早日痊愈，回到正常的生活环境中。

罪犯在生病时自然会受到监狱民警和医务人员的照顾，成为众人关心、帮助的对象，但时间久了会变得软弱无力，缺乏主见，被动性增强，事事都要依赖别人。有的病犯的行为会变得幼稚，为得到别人的注意而故意呻吟不止，见到民警更显可怜。有的病犯原本性格大胆泼辣，久病之后却变得提心吊胆、小心翼翼、畏缩不前。这种现象应属于病犯心理行为的一种适应性倒退，即相对于健康时所具有的心理成熟水平而变得脆弱、不成熟，独立性下降，依赖性增强。

以上是老病残罪犯的共同心理特征，这些特征在不同性别、不同年龄阶段、疾病发展的不同程度、不同意志品质的罪犯身上的表现会有所不同。因此，在对老病残罪犯的改造中，监狱民警除掌握老病残罪犯的共同心理特征外，还应根据罪犯不同的个体心理特征，有的放矢，在配合医务人员实施药物治疗的同时，有针对性地

---

① 李汉斌、曾华伟、文秀兵：《老病残犯的心理问题分析及矫治对策》，载《中国监狱学刊》2006 年第 6 期。

制订心理矫治方案，从而有效地开展改造工作。

二、老病残罪犯的改造对策

（一）加强对老病残罪犯的分类矫治

对老病残罪犯这一特殊群体，在改造中不能与一般罪犯混为一体，应加强分类矫治，提高针对性。例如，将老病残罪犯集中到一个监区或一个分监区，然后按照年龄、身体状况、心理特点等进一步分类矫治，这样不仅有利于提高矫治的针对性，还可有效地防止传染病及犯罪心理的交叉感染。特别是对患有精神性疾病、传染性疾病的罪犯，应设置单独的隔离分监区，严格监控监护，开展专业性的治疗。

（二）生理与心理并重，多种方法综合运用

老病残罪犯的心理问题往往是与生理上的衰弱、疾患伴生的，其心理压力的产生直接或间接地与生理问题有关。同时，罪犯被剥夺自由，亲情交流受到限制，在衰弱、病痛的情况下，不仅希望得到医疗照护，而且对情感关爱的需求更加强烈。因此，对老病残罪犯的心理矫治，应特别注意对其身体状况的关注，施以人文关怀，将医疗手段与矫治手段相结合，情感感化与心理疏导相结合，解决心理问题与为其困难提供帮助相结合，以达到理想的矫治效果。例如，有的监狱为加强对老病残罪犯的医疗救治，建立与狱外定点医疗机构的合作机制，探索建立罪犯医疗保险制度；有的监狱在法律法规允许的范围内制定一些有利于老病残罪犯改造的保护措施，因地制宜地引进适合老病残罪犯的劳动项目，在计分考核、生产劳动、生活保障等方面体现向老病残罪犯的倾斜；许多监狱积极引进社会老年团体、扶贫组织、公益机构等社会力量，开展对老病残罪犯的帮教活动，等等。

（三）加强健康教育，强化心理矫治

健康教育对老病残罪犯具有更重要的意义。除了有计划地开展有关生理卫生、心理卫生的知识教育，增强老病残罪犯的自我分析、自我调节能力，还要特别注意开展符合他们特点的生命观、价值观教育。例如，开展以“生命观”为主题的教育活动，引导他们珍爱生命、珍爱健康；进行人生价值观教育，帮助老病残罪犯坚定人生信念，战胜病魔，战胜自我。同时，将健康教育和政治思想教育相结合，弘扬时代主旋律，倡导健康积极的主流文化，利用警言警句、英雄画像、优美的环境等，激发老病残罪犯立志改造、积极进取的动力。在此基础上，监狱心理矫治工作者针对老病残罪犯的个体心理特点，制订个体矫治方案，开展有针对性的心理咨询、治疗工作。同时，建立完善的心理危机干预机制，针对老病残罪犯的突发问题，及时开展危机干预，防止自杀行为发生。

（四）开展群体活动，消解孤独感

根据老病残罪犯的兴趣爱好，鼓励他们多参加集体活动，加强相互交往、交流，把生活安排得丰富多彩、饶有乐趣，以减少他们的无助感、孤独感，增强自我调控能力和环境适应能力。例如，组织老年犯开展种花、代写一封家书、困难救助、家庭和社会联合帮助等活动；组织老病残犯参加棋类、有奖知识竞猜、音乐演奏和欣赏、书画、读书、演讲等活动。这样既丰富了老病残罪犯的生活内容，转移他们对挫折与病痛的注意力，又使他们感受到群体活动的乐趣和成功的喜悦，激发他们对生活的兴趣，从而融入群体中，从内心消除孤独感。

（五）磨炼意志品质，培育改造信心

老病残罪犯往往缺乏明确的生活、改造目标，自我调控和支配行为的能力较差，克服困难、战胜挫折的勇气不足，在改造上常常表现出情绪化和挫败感。因此，要正确引导和培养他们的特长，激发其生活热情，挖掘潜能，充分认识到个人的能力和自身价值，从而克服自卑感，投入正常改造中。在矫治方法上，主要采取以下两种方法：一是采取移情与暗示教育。通过专题讲座、现身说法、树立榜样，促进老病残罪犯热爱生活，树立积极改造的信心，激发他们抵御病魔、战胜挫折的毅力。二是培养老病残罪犯自我接受的态度。一个人若能较好地接受自己，就没有显著的自卑感，就能维持心理平衡。因此，在做好对老病残罪犯心理抚慰的同时，引导他们平静地面对自己的现实状况，确定合理的需求值和比较对象，以诚实的态度对待自己的优点和缺点，正确认识自己、接纳自己，养成平和心态，减小心理反差，减轻挫折感和自卑感。

（六）尊重人格，维护自尊

监狱民警在对老病残罪犯的改造过程中，要切实注意尊重其人格，维护其自尊。第一，避免进行不恰当的比较和评价，避免任何带有侮辱性或歧视性的言语和行为。对老病残罪犯心理、生理的缺陷，要给予恰当的关心、理解和同情。如果关心、同情不够，就会加重他们的自卑感和孤独感；如果关注、同情过度，又可能伤害他们的自尊心和自信心。第二，加强正面教育引导，用社会上同类人摆脱困难、战胜挫折、走向成功的典型范例，鼓励老病残罪犯自立、自强、自尊，让他们充分发挥自身潜能，展示自身价值，做一个对他人、对家庭、对社会有用的人。第三，在监狱内营造尊重、理解、帮助老病残罪犯的良好风尚，积极肯定老病残罪犯在改造中取得的点滴进步，以强化他们的自尊和自爱心理，为他们创造一个良好的改造环境。

第二节　艾滋病罪犯心理与改造对策

近年来,随着社会上艾滋病群体的扩大,监狱服刑罪犯中患艾滋病的人数也在不断增加,给监管改造工作带来一定困难。从生理方面看,艾滋病罪犯一旦发病,会出现各种各样的身体不适情况,如呼吸困难、持续性的腹泻,甚至引起血管性的血栓心内膜炎症,出现血小板减少性脑出血等问题。从心理方面看,由于艾滋病是一种病死率很高的慢性传染病,目前没有药物可以治愈,罪犯一旦被告知感染艾滋病病毒,往往表现得极易冲动,对未来充满恐惧,对生活极度绝望。艾滋病罪犯的心理问题发生率显著高于一般人群。

一、艾滋病罪犯的典型心理特征

艾滋病罪犯常常要面对来自家庭、社会的压力或指责,很容易出现心理问题和心理障碍,甚至出现严重的心理危机。其典型心理特征主要表现在以下几方面:

(一)焦虑和恐惧

调查研究发现,艾滋病罪犯经常会有身体不适、焦虑与抑郁情绪,甚至会产生自杀倾向。一方面,罪犯在得知感染艾滋病病毒后,往往不能接受现实,情绪不安,时刻感到焦虑、恐惧。尤其是在并发症发生的时候,由于缺乏基本的艾滋病知识,他们担心难以度过刑期,出于对死的恐惧和对生的绝望,变得抑郁、恐慌,甚至出现自杀倾向。另一方面,人们普遍对艾滋病患者会有不同程度的偏见,导致艾滋病罪犯萌生悔恨和罪恶,产生“病耻感”,[①]担心别人的不理解,对未来生活不知所措,感到焦虑、恐慌。

(二)悲观和抑郁

人们对于艾滋病患者的偏见和歧视同疾病本身一样会导致灾难性后果,如被配偶或家庭抛弃、被社会排斥、缺乏关怀和支持、遭遇暴力等。艾滋病罪犯长期在这种歧视环境下,感觉被社会和亲人所抛弃,常常陷入严重的悲观、沮丧和抑郁之中。国外有研究者针对非洲地区艾滋病感染者和患者心理健康的相关研究进行回顾,

---

① 王素萍等:《营口监狱服刑人员艾滋病健康教育效果评价》,载《中国公共卫生》2008 年第 4 期。

结果发现大约一半的感染者存在精神异常,其中抑郁是最为普遍的情绪状态。[①] 除此之外,艾滋病病情本身的发展,会给罪犯带来身体上的痛苦和心理上的煎熬,原本生活的规律会被打破,导致艾滋病罪犯出现比一般罪犯更严重的抑郁、厌世情绪。

(三)敏感和自卑

监狱是一个特殊的环境,罪犯入狱后本来对周围的人和事已失去信心,缺乏信任,一旦被确诊感染艾滋病病毒,更会加剧他们的不满、多疑,情绪波动较大,进而对人际关系产生不良影响。由于他们感受到其他罪犯的歧视和家人亲属的忽视,人际关系变得特别敏感,总觉得别人在背后议论自己,易暴易躁,少言寡语,自我封闭。同时,艾滋病罪犯需要承受较大的病痛和心理压力,认为已经给自己和家人造成伤害,会感到低人一等,进而产生孤独和自卑心理。

(四)易怒和抗拒

相对于普通罪犯来说,艾滋病罪犯在监狱中不能像正常人一样过有效率的生活,个人能力得不到发挥,长期缺乏满足感,使他们很容易产生对社会的不满,认为社会对自己不公平,命运对自己不公平,变得容易激动,甚至表现出公然的报复和对抗情绪。在日常服刑生活中,一些艾滋病罪犯会因为琐事主动袭击其他罪犯,甚至袭击监狱民警,给监管改造秩序带来严重影响。由于他们无法有效适应监狱环境,在医护人员对其进行医治的过程中,很容易出现抵触情绪,不配合医务人员的治疗,甚至导致更为严重的后果。这是艾滋病罪犯不良心理状态的突出反应。

二、艾滋病罪犯的改造对策

(一)开展有针对性的心理健康教育

针对艾滋病罪犯的心理健康教育,除了普及心理健康知识和自我调节方法,帮助他们掌握稳定情绪和平衡心理的技巧之外,还包括艾滋病基本知识、自身行为、传播途径、预防方法等内容,特别是应该对艾滋病罪犯在环境适应、意志品质和生命价值等方面进行教育疏导。在环境适应的教育方面,通过组织艾滋病罪犯学习监狱各项管理规定,帮助他们更好地理解监狱管理制度制定的目的、原理等,从而更快地适应监狱环境。在意志品质的教育方面,可通过一定强度的运动训练,帮助他们磨炼意志,重拾生活信心,抵制病魔侵袭的消极情绪,主动接受现实、投入改造。

---

① Brandt. R. ,*The Mental Health of People Living with HIV/AIDS in Africa*: *A System atic Review*, African JAIDSRes,8(2),p. 123 – 133(2003).

在生命价值的教育方面,可以对艾滋病罪犯进行积极人生观和生命观的教育,如通过开展团体心理辅导或个别心理辅导,重新建构艾滋病罪犯对生命的理解和认识,帮助他们建立正确的人生观和世界观,激发他们对人生和生活的热爱,让他们每天的生活都具有一定的生存实在感,从而让他们能够从行为受限与个人自由的矛盾中感受到心理的统一。

(二)建立心理评估与干预机制

许多研究都表明,艾滋病罪犯同普通罪犯相比,心理健康水平低,心理问题多发。监狱针对这一特殊群体,应建立更完善、高效的心理评估和干预机制。通过心理评估,建立艾滋病感染者的心理健康动态监测和预警机制,进而有效开展咨询治疗和心理危机干预。监狱的心理咨询工作对艾滋病罪犯也要更加积极主动,应建立针对艾滋病罪犯的常规咨询与治疗机制,做到及早发现,及时疏导,及时消减恐惧心理。此外,有研究表明,针对同质心理问题进行团体心理辅导效果良好,能在较大程度上缓解罪犯的抑郁与焦虑症状。[①] 团体心理辅导的内容涉及面较广,其中有关教育、管理、行为修正、个人成长、情绪调整的主题,正好符合艾滋病罪犯的心理需要,可为艾滋病罪犯的矫治及干预提供有效的手段和方法。

(三)进行人本主义关怀

监狱对艾滋病罪犯群体应当给予最大限度的人本主义关怀,这是开展其他一切改造工作的基础。努力为艾滋病罪犯提供一个“人性化”的生活环境,使他们在监狱中达到心理的动态平衡和人格的完整。只有他们感受到个人尊严受到了尊重,才会更加尊重其他罪犯,尊重监狱民警,服从管教。监狱可以为艾滋病罪犯配备定时收看的电视,发放小型收音机等物品,提供报刊、图书等读物,传递正能量,帮助他们经常保持心情愉快、放松,营造健康的心理环境。监狱的人文关怀还可以根据每个罪犯的具体情况进行设计,比如对老年艾滋病罪犯,尽量给予充足的日常休息时间,防止他们出现身体衰竭;当艾滋病罪犯出现食欲减退、发烧发热、体重减轻等情况时,为他们改善饮食,提供更为可口的食物。

(四)增强社会支持系统

对于身心脆弱的艾滋病罪犯来说,有力的社会支持系统至关重要。首先,要增强来自监狱民警的支持。监狱民警在心理上绝不能忽视或歧视这一群体,而应该在法律法规允许的前提下,对艾滋病罪犯给予特别的关心和帮助,适当满足其心理

---

① 马立骥等:《团体心理咨询在青年罪犯心理矫治中的应用初探》,载《青少年犯罪问题》2007 年第 4 期。

发展的基本需要。其次,要增强来自罪犯亲属的支持。监狱民警要及时与艾滋病罪犯亲属进行沟通,争取得到亲属对罪犯的理解和支持,发挥亲情帮教的特殊作用,让他们感受到安全和被爱,而不是被抛弃,从而增强其改造、治疗的信心。最后,要增强来自社会力量的支持。可以通过邀请专家学者或志愿者开展专题讲座和艾滋病问题咨询等形式,宣传普及艾滋病防治知识,在监狱中营造良好的艾滋病防治环境。也可以通过社会帮教志愿者对艾滋病罪犯进行有针对性的看望、座谈交流,或者举办演出、演讲等形式,加入对艾滋病罪犯的帮扶改造中,通过社会力量,唤起他们对生活的向往和希望。

第三节　限制减刑罪犯心理与改造对策

限制减刑是《刑法》中的一项特别规定,是指对被判处死刑缓期执行的累犯以及因故意杀人、强奸、抢劫、绑架、放火、爆炸、投放危险物质或者有组织的暴力性犯罪被判处死刑缓期执行的犯罪分子,人民法院根据犯罪情节等情况可以同时决定对其限制减刑。在监狱中,限制减刑罪犯因刑期长且减刑受到限制,又缺乏有效激励,改造积极性难以调动,大多成为顽危犯或重点犯,导致监管改造压力显著增大。为此,加强对限制减刑罪犯心理和改造对策的研究十分必要。

一、限制减刑罪犯心理与行为特征

(一)心理过程特征

在认知过程方面主要表现为以下三点:一是大多数限制减刑罪犯文化程度不高,认知水平有限,感知力和自我觉察力不足,不合理认知明显,道德认知能力偏低,美丑不辨、善恶不分。二是在认知模式上,限制减刑罪犯在判刑前已经形成的蔑视规则、否定现存秩序的认知模式,进入监狱后并不会立即改变,表现出对监狱教育管理工作的否定态度。三是大部分限制减刑罪犯属于暴力型犯罪者,暴力思维明显,认罪悔罪意识差,普遍认为判刑过重,存有抵触情绪,对司法机关和社会存在强烈的怨恨,随意发泄不满。

在情绪过程方面主要表现为以下三点:一是限制减刑罪犯情绪稳定性差,反应强烈,容易冲动,常常实施违法乱纪行为;二是由于刑期长,出监遥遥无期,又缺少社会支持,普遍存在自暴自弃心理,容易产生悲观、抑郁甚至绝望情绪;三是受离婚、家人去世等家庭变故的影响,心理压力大,焦虑情绪严重,生活积极性下降。

在意志过程方面主要表现为以下两点：一是限制减刑罪犯往往自我控制能力弱，且好逸恶劳，易受不良环境影响，容易被激惹，实施违法乱纪行为；二是面对漫长刑期，感觉前途无望，缺少改造动力，容易丧失改造信心，对自己的要求降低，缺乏自我约束，得过且过，消极改造明显。

（二）人格心理特征

相比其他罪犯，限制减刑罪犯更容易形成监狱化人格。一是受监狱亚文化的影响不断加深。长时间身处监狱环境，接受监管改造，会逐渐失去自己的个性，慢慢形成一种屈从的人格，自觉降低自己的价值，形成过分谨小慎微、唯唯诺诺的卑微心态、缺乏活力，循规蹈矩，做任何事情都不主动、不积极。二是容易形成双重人格。其具体体现在：面对监狱民警是一种卑躬屈膝、毕恭毕敬的态度，而在与其他罪犯相处时，却欺负弱者，把自己的不良情绪随意宣泄给他人。

（三）行为特征

受上述心理特征的影响，导致限制减刑罪犯形成以抵制和对抗改造为主的行为特征。一是限制减刑罪犯经过入监教育，普遍对自己的罪行和造成的社会危害有一定的认识，但又感觉判刑过重，认罪意识、身份意识、服刑意识较差，言论消极、偏激，行为冲动。二是感觉出狱遥遥无期，对教育改造敷衍将就，认为学习没有用处，抱着无所谓的态度，不愿意接受思想、文化、技能教育，纪律规矩意识淡薄，小错不断，常以轻微违纪试探监狱执法底线。三是有些限制减刑罪犯不仅对监狱民警的管理和教育不配合、不接受，还会做出极端的违纪违法行为，破坏正常的监狱管理秩序，成为脱逃、行凶、自杀的高危人群。从近年来发生的狱内严重事件来看，限制减刑罪犯占很大比例，成为影响监狱安全重要的不稳定因素。

二、限制减刑罪犯的改造对策

针对限制减刑罪犯的心理与行为特征，下面根据罪犯服刑的不同阶段，讨论相应的改造对策。

（一）服刑初期改造对策

由于限制减刑罪犯的刑期很长，这里的“服刑初期”不同于一般罪犯，可以把时间划定在整个死刑缓期、无期阶段。这一阶段改造工作的主线是改变罪犯的认知模式，具体措施包括：

1. 政策与人生价值教育。目的是引导限制减刑罪犯正确对待法院判决，让他们认识到判决不是加重了，而是从轻了，是为了解决“死刑过重，生刑过轻”这一社会问题而产生的结果。同时，通过举办人生价值专题讲座或大讨论活动，帮助他们辨明人生的价值不仅仅在于金钱和物质享受,更在于回报社会,在于精神上的充实和道德上的积极向善,从而引导他们认真忏悔,学会感恩,而不是埋怨、对抗和自暴自弃。

2. 改造过程中实施严格管理。对限制减刑罪犯在改造过程中实施高度戒备管理,目的是防范他们因悲观、绝望而自杀、脱逃,或因畸形心理做出极端举动,同时也是对他们所犯严重罪行的惩戒,迫使他们深入反省。此外,作为一种辅助措施,对一些表现较为自觉的罪犯,在高度戒备的基础上,可以在学习、娱乐、物质生活等方面给予适当的自由度。

3. 运用心理改造方法。目的是帮助限制减刑罪犯正确面对判刑入狱且被限制减刑这一重大的人生挫折,既要让他们接受失去自由、从严管理的惩罚,认识到这是一种赎罪,又要引导他们转变观念,认识到将要在监狱度过近 30 年的服刑生活,是一种特殊的人生,是另一种生活方式,也一样可以有人生价值。

(二)服刑中期改造对策

限制减刑罪犯从死刑缓期减为无期徒刑后,要经过 4 年的无期考核期,从无期徒刑减为有期徒刑后,一般还要再服刑 20 年以上。如何让他们安心地度过服刑中这漫长的 20 余年,是一个非常现实的问题。这一阶段改造工作的主线是如何调动和保持这类罪犯改造的动力问题。实践证明,监狱为限制减刑罪犯提供一个有利的学习平台,帮助他们持之以恒地学习一些感兴趣的生产技能或文化艺术,如工艺品制作、书法艺术、文学创作等,不仅可以充实他们的改造生活,也可以稳定思想,让他们体会到成就感、被尊重感,是一种人生价值的体现。与此同时,还可以改变当前相对简单的生产劳动方式,增加技能学习的多样性,提升劳动的附加值,这样的劳动既可提升限制减刑罪犯对技能学习的兴趣,也可以让他们通过劳动获取一定的补贴,体现自己的生活价值。比如,一些家庭经济困难的罪犯,如果把省吃俭用节省下来的劳动补贴寄一部分给家人,就不仅是尽孝和亲情补偿,更是一种人生意义。

(三)服刑后期改造对策

这是限制减刑罪犯改造生涯的最后一个阶段,可以把时间划定在刑满释放前的一两年。这一阶段改造工作的主线是如何提升限制减刑罪犯的社会适应性问题。对于一般罪犯来说,这一阶段的改造会比较顺利,因为即将刑满释放,心态轻松,心理压力小。但对于限制减刑罪犯而言,却并不容易,不容轻视。因为经过近 30 年的改造,他们已经完全适应了监狱生活,形成了特有的监狱化人格,社会生活对于他们来说已非常陌生,而且很多罪犯已进入老年,能否顺利地适应社会是个大问题。因此,在这一阶段,必须对限制减刑罪犯开展有效的社会适应性教育,主要包括形势政策教育、社会道德教育、社会规范教育、基本生活技能教育等。同时,要教给罪犯必要的心理调适方法,以减少乃至消除监禁生活带给他们的负面影响,使他们在脱离严格的监管生活后,自觉调整心态,提高挫折承受能力,以适应丰富的社会生活。

第四节　社区矫正对象心理与改造对策

我国《社区矫正法》第三条规定:“社区矫正工作坚持监督管理与教育帮扶相结合,专门机关与社会力量相结合,采取分类管理、个别化矫正,有针对性地消除社区矫正对象可能重新犯罪的因素,帮助其成为守法公民。”第十一条规定:“社区矫正机构根据需要,组织具有法律、教育、心理、社会工作等专业知识或者实践经验的社会工作者开展社区矫正相关工作。”从《社区矫正法》对社区矫正的目的、方法的相关规定看,在社区矫正工作中,应用心理学方法和技术开展心理矫治,具有特殊意义和广阔前景。

一、社区矫正对象一般心理与改造对策

《社区矫正法》第二条第一款对社区矫正对象进行了明确规定:“对被判处管制、宣告缓刑、假释和暂予监外执行的罪犯,依法实行社区矫正。”社区矫正对象首先是经法院判决的罪犯,他们进入社区后,又是普通的居民。总体上,社区矫正对象的心理符合罪犯心理构成与发展变化的一般规律,比如在心理构成上,也包括刑罚心理、犯罪心理、常态心理三部分。但是,由于服刑的环境不同,个体自由度不同,接受管理与改造的方式不同,他们的心理活动的具体状况有别于在监狱服刑的罪犯。某研究者对我国南方某市1080名社区矫正对象的调查研究表明,社区矫正对象中多数存在抑郁、焦虑、冲动、敏感、悲伤问题,其中约有一半的人情绪状态不佳,对生活缺乏热情;80%的人遇事容易紧张,焦虑不安;62.6%的人遇事容易冲动,对自己的情绪缺乏控制能力;95.8%的人过于敏感,对他人或外界事物存在怀疑、抵触的态度。[①] 另有研究者对某地农村社区罪犯心理状况的实证研究表明,社区矫正对象中的心理不健康者的比例低于监狱中服刑的罪犯,但高于社会一般群体。社区矫正对象表现出的具体心理问题主要是抑郁、人际关系敏感、强迫症状等。[②]

---

① 李芳、吴痕:《社区服刑人员分析报告》,载《中国监狱学刊》2015年第6期。

② 沈海英:《农村社区服刑人员心理健康状况的调查研究》,载《法制与社会》2011年第6期。

社区矫正是做人的工作。矫正对象同样具有普通人的情感和物质、精神需要。矫正工作者要从尊重人、感化人、塑造人的理念出发，为矫正对象正当需求的满足创造条件，帮助他们解决生活困难和心理困惑，以调动其自我改造的自觉性，这样才能收到良好的矫正效果。从改造的一般策略上看，对社区矫正对象可采取以下三个方面对策。

(一)满足基本需要

我国司法机关有严格的确定社区矫正对象的标准，他们中的大多数属于青少年初犯和偶犯，实施的不是暴力型犯罪，其社会危害性和人身危险性相对较小。其中许多人犯罪是因为激情驱使、“一念之差”，或者是“饥寒起盗心”，抑或不能正确处理生活中的矛盾和冲突。转换为罪犯的身份后，不仅原有的困难没有解决，原有的矛盾没有消解，反而遭遇来自亲人和社会的冷遇和歧视，生活状况雪上加霜。所以，矫正工作者第一位的工作是弱化这些矛盾和冲突，创造条件满足矫正对象正当、合理的需要，使他们安定下来，为下一步的改造奠定基础，创造条件。

1. 满足生存需要促其安心接受矫正。根据调查，社区矫正对象大多属于社会的弱势群体，生活中遇到的困难要比常人多得多，如就业、医疗、基本生活保障、住房、落户等。许多人初入社区时，都有过到处碰壁、生活无着的经历，甚至一度丧失生活的信心。少数人还萌生了怨恨社会、重操旧业的念头。统计表明，刑释和假释人员回归社会后的第一年到第三年，是适应社会的困难期，经历了人生中从没遇到过的生活困难和自尊心的伤害，是重新犯罪的危险期。在这一时期，社区矫正对象能否顺利就业谋生，生活来源有无着落，直接关系到他们能否安心参加矫正活动，也关系到他们情绪的稳定，是否重蹈覆辙。社区矫正机构和矫正工作者应当创造条件，努力为他们推荐就业岗位，帮助办理劳动资格手续，免费提供技能培训，办理重大疾病专项保险，发放困难补助金，做好亲属的工作，使他们接纳矫正对象。为矫正对象就业谋生提供社会事务咨询和心理咨询，就他们遇到的民事、劳动纠纷提供法律援助。

2. 满足尊重需要助其顺利适应社会。基本生活需要被满足后，大多数社区矫正对象面临着重新适应社会的心理难点。他们再次回到社区的时候，发现自己过的是不同于普通居民的另类生活：必须到指定的机关报到，定期写出思想汇报，随时接受政府的监督，不得随意外出，不知什么时候会被叫去谈话，还要参加社会劳动和定期的学习、教育，经常承受社区人们异样的眼光，甚至受到歧视。这种状况干扰着他们的正常生活，阻碍其自信心的提升，降低其生活积极性，有些人甚至自暴自弃。这一阶段，矫正机构适时提供心理咨询等心理学服务项目，帮助他们达到心理平衡，有着十分重要的意义。

3. 满足发展需要使其真正改恶向善。社区矫正对象中，那些过去个人条件较好，有一定社会地位，只因“一念之差”犯罪的人，虽然被判刑，但其自尊心、上进心并没有因此全部泯灭。他们虽然犯了罪，但属于轻刑，不收监狱，还让他们在原来的社区生活，给其更好的改过机会，对此他们内心是很感激的。许多人在服刑初期，都诚恳地表达了自己改好的决心和对新生活的憧憬，有些人还制订了自己的人生发展计划。此时，保护他们的热情和积极性，创造条件帮助他们实现人生目标，具有十分重要的意义。在实践中，也常见一些原来有地位、有身份、有一技之长的人，因为没有得到施展才能的机会，发展受挫而一蹶不振。有些人甚至自甘堕落，沾染恶习，从事一些具有报复社会色彩的经济犯罪，涉及黄赌毒的犯罪等。可见，让他们人尽其才、健康发展，不仅是取得改造效果的条件，也是促进他们自我教育、改恶向善的实在内容。

（二）适时心理辅导

判刑改造的事实，生活境遇的变化，打破了社区矫正对象的心理平衡，消极情绪情感经常困扰着他们。与在监狱服刑的罪犯不同，他们更多时间和场合是与普通社会居民相处，经常感受人们的不屑、白眼和歧视，而且无法逃避。因此，在整个矫正过程中，他们都会常常感到周围环境的排斥、抛弃和否定。长期消极情绪的积累，可能使他们产生各种心理问题甚至心理疾病，因此，适时的心理辅导尤为重要。在不同的矫正阶段，他们遇到的困难和矛盾不同，心理辅导的内容也不尽相同。矫正初期，他们与社会公众容易发生激烈的矛盾冲突，此时以危机干预、介入治疗为主；矫正中期以接受现实，达到心理平衡为主；矫正后期以培养积极的人生态度，助人助己的行为为主。矫正工作者还要区分每个人的不同情况，因人施教，适时疏导。同时，社区矫正对象本人也要学习一些心理学知识，学会自我教育、自己调节。

（三）矫正犯罪心理

在社区矫正对象就业、就学、生活有了基本保证，初步适应了社区环境后，对其犯罪心理及其他心理问题的矫治，就应当及时跟进。矫正工作者要启发矫正对象了解和剖析自己犯罪的原因，在他们有了初步的认识和配合后，深入对“犯罪机理”“犯罪心理结构”“心理问题”“心理障碍”的分析和掌握，发现自己心理上的弱点，尤其是性格、社会态度上的缺陷，引起警觉，并注意克服和改变。经过较长时间的努力，内化为自身的需要和生活的常态，带动心理面貌发生质的变化。

二、不同类型社区矫正对象心理与改造对策

《社区矫正法》所规定的社区矫正对象，是从法律执行角度对在社会上服刑罪

犯的归类，如果按照心理学、犯罪学的分类标准，他们很难成为一种独立的罪犯群体，因为每个个体的情况不同，心理差异也很大。基于研究和矫正工作的需要，这里对以下几类矫正对象的心理及改造对策进行讨论。

（一）初犯和偶犯

初犯和偶犯是社区矫正对象中最常见、人数最多的一类。他们之中多为青少年，初次涉入犯罪，主观恶性不大，尚未形成犯罪恶习，有一定的自尊心和上进心，心理可塑性较大。对这类矫正对象，应以正面引导和生活帮助为主，努力向他们展示社会的光明面，在就学、就业方面提供及时、特别的帮助。同时也应当看到，他们初入社会就成为罪犯，被社区的人们所唾弃，心理压力较大，承受着比其他类型罪犯更大的痛苦，又由于人生阅历不足，承受挫折能力差，情绪性行为多见，因此他们更容易发生自暴自弃、重蹈覆辙的行为。这就要求矫正工作者在他们身上投入更多的精力，适时观察和监督，发现问题及时介入，给他们更多的心理支持，帮助他们顺利度过波动期和危险期。

（二）职务犯

在社区矫正对象中，职务犯罪者占有较大比例。与前一类罪犯不同，这类罪犯的年龄一般在中年以上，有丰富的社会阅历，过去是公职人员，有较高的社会地位。他们的犯罪一般属于预谋犯罪，连续犯罪，犯罪行为延续时间较长。被判刑后，他们虽然也有普通罪犯的失落感和后悔心理，但却有不同的内涵。重回社区后，大多数人依靠自己过去的社会关系、工作能力、处事能力，可以很快找到新的工作，重新安顿下来。其中一些人能吸取教训，合法生存，但也有一些人恶习不改，继续违法敛财，非法经营，而且手段更加隐蔽。有的人对自己的犯罪进行客观归因，但也有一些人将自己的犯罪和被判刑归结为运气不好，靠山不硬，而不真正反思自己的罪行。还有些人埋怨政府对自己处理太重，产生补偿心理，回到社区后继续堕落下去，甚至产生更加严重的犯罪行为。

职务犯罪者涉及的犯罪一般没有具体的犯罪对象和明确的受害人，又属于非暴力犯罪，不构成对居民人身、财产的安全威胁。再加上他们的知识、政策水平和处世能力高于一般居民，因此易于融入社区，能很快被居民接受。但是，这类矫正对象往往自恃有能力、曾经有较高的社会地位，轻视矫正工作者，对教育内容采取阳奉阴违、表面应付的态度，一般的教育措施对他们往往不起作用，改造难度较大。当然，矫正工作者给予他们持之以恒的关心，诚恳的帮助，尤其是在他们个人生活、家庭生活发生变故时，给予及时、真诚的安慰和帮助，也能使他们幡然悔悟，告别“旧我”，走上新的人生之路。

(三)假释人员

假释人员在社区服刑的心理状况,是其在监狱服刑心理的延续。矫正初期表现出对社会生活的不适应,随着时间的推移,生活新内容的增加,社区居民的逐步接纳,他们开始重新适应社会生活。因为假释人员有过较长时间的服刑经历,所以对他们的心理矫治就不同于其他矫正对象,不是简单地学习、成长,而是有一个思维和行为方式转变的过程,是在改变旧有习惯基础上的再社会化过程。

我国监狱出于改造罪犯的目的要求,对罪犯实行军事化管理,定时参加劳动、组织学习,实行一日生活制度,罪犯每天的生活都由监狱安排,自主性行为、决策性行为较少。假释后虽然也要定期向社区矫正机构报到,参加学习和劳动,但日常生活中的大多数时间,他们还是自己管理自己,对适应了在严格管束下生活的罪犯来讲,突如其来的自由,反而使他们无所适从。在与居民的交往中和使用社会公共资源的过程中,出现了许多困难。另外,他们也同样需要面对社会公众的戒备和歧视。由于他们有过被监禁的经历,公众对他们的戒心比其他矫正对象会更重。

矫正工作者对假释人员矫正工作的重点,首先,应当放在帮助他们解决生活、社会交往、就业上遇到的困难,灌输社会知识和社会交往规则,使他们尽快实现心理平衡,易于为社区所接受。其次,假释人员潜伏着较大的重新犯罪的可能,矫止工作者要加强对他们的预防和监控,使他们顺利度过重新犯罪的危险期,以崭新的面貌开始新生活。

(四)暂予监外执行人员

这类矫正对象大致分为两部分:一部分是因为病重而保外就医的罪犯;另一部分是分娩后正在哺乳自己未满周岁婴儿的女犯。他们的共同特点是:主观恶性不一定小,本该收监执行,但由于具有法律规定的特殊情况,而暂时离开监狱服刑。虽然从客观上看,他们重新犯罪的能力有限,但其犯罪的内部因素和再犯的可能并不由于犯罪能力的减弱而必然减弱,仍然是一类需要重点防控的对象。在司法实践中,一些保外就医的罪犯借看管漏洞脱逃不归或就医期间重新犯罪并不鲜见。

这类矫正对象由于特殊原因,离开监狱后一般不参加社区的劳动和教育,只是在家或在医疗单位服刑。对他们的管理、教育往往会弱化甚至形成空白。即便是纳入教育计划,落实起来也会遇到特殊困难。这要求矫正工作者根据他们的情况,制订针对性强的矫正计划,在有限的时间内,强化教育矫正,消除空白,才能收到实效。

研究与思考

1. 结合实例,论述老病残罪犯的心理特点与改造对策。
2. 结合实例,分析艾滋病罪犯的心理问题与改造对策。
3. 结合实例,论述限制减刑罪犯的心理与行为特征及改造对策。
4. 结合调查研究,谈谈对当前我国社区矫正实践中心理矫治工作的看法。

第九章　罪犯群体心理与改造对策

重点提示

1. 罪犯正式群体是监狱机关依照法律规定和按照改造需要在罪犯中设置的人群联合体。罪犯正式群体具有监督效应、促进效应、同化效应、调节效应、利他效应。

2. 罪犯非正式群体是罪犯在服刑场所的日常交往活动中自发形成的人群联合体。罪犯非正式群体有良性、中性、恶性之分。罪犯非正式群体既有有利于罪犯消除寂寞和促进心理健康、增强正式群体的凝聚力、弥补正式群体的不足、在做好落后罪犯的转化工作中有独特作用等正向效应,也有削弱正式群体的作用、强化罪犯不良思想和行为等负向效应。对于罪犯非正式群体,要激励良性的非正式群体充分发挥作用、引导中性的非正式群体对集体产生归属感、削弱和打击恶性的非正式群体。

3. 罪犯团伙是在监狱服刑的部分罪犯出于逃避或抗拒改造的需要而结成的比较紧密的罪犯非正式群体。罪犯团伙属于恶性非正式群体,它具有凝聚力较强、离心力不弱、具有特殊能量等心理特征;还具有聚众斗殴、称王称霸,打击积极、对抗管教,违反监纪、有恃无恐,暗示模仿、传习教唆,恶性发展、重新犯罪等行为特征。对于罪犯团伙,可以采取净化环境、给予罪犯更多关心、做好有针对性的教育改造工作、强化罪犯角色意识等治本之策进行改造。

4. 监狱主流文化是由政府、法律推动或认可,作为标准范式在监狱内推行的文化。它具有导向效应、趋同效应、凝聚效应、缓冲效应。监狱亚文化是罪犯本身的消极思想观念和心理倾向的延续,以及罪犯非正式群体在监禁生涯中逐渐形成的偏离监狱主流文化的价值标准、行为方式的综合体。它具有潜移默化效应、构建“囚犯道德”效应、联结为消极罪犯群体效应、形成监狱化人格效应。

5. 罪犯的交往具有限制性、阶段性、单调性、两极性、低层次性、不平等性等特点。根据交往动机可将罪犯的交往分为利益型、同乡型、趣味型、志向型、投机型。对罪犯的交往可通过把握交往的导向、培养罪犯良好的道德观念、促进罪犯改变不利于交往的人格特点、教会罪犯人际交往的技巧进行引导。

第一节 罪犯正式群体与非正式群体心理

在监狱中服刑的罪犯,与一般公民一样,他们的各种活动都是在群体中进行的。所谓罪犯群体,是指在监狱的组织结构中,由于接受刑罚惩罚与改造的共同活动而组成的相互作用、相互影响、具有相应的行为规范、心理上存在共同感受并具有情感联系的、由两个以上的罪犯结成的人群联合体。一方面,监狱机关按照监管改造的要求对罪犯分组编队,建立罪犯正式群体,使罪犯在服刑过程中能按照一定的规则顺利开展各种活动;另一方面,罪犯在日常生活中又自发地构成各种人际关系,形成了罪犯非正式群体,使罪犯相互之间在思想和信息上有更多经常性和广泛性的交流。总之,罪犯正式群体和非正式群体从不同的方面,对每个服刑罪犯产生长期而稳定的心理影响。

一、罪犯正式群体心理

(一)罪犯正式群体概述

1. 罪犯正式群体的概念。罪犯正式群体是监狱机关依照法律规定和按照改造需要在罪犯中设置的人群联合体。由于罪犯正式群体是罪犯群体中组织性、规范性、整体性、凝聚力等均较高的群体,我们通常习惯于将其称为罪犯集体。罪犯正式群体的存在,目的是使罪犯在严格监管的条件下,听从监狱民警的指挥,按照统一的监狱规章和日常生活准则开展活动,顺利接受改造,最终更好地实现使其改恶向善、重新成为合格的社会公民的监狱工作目标。

2. 罪犯正式群体的特征。具体包括以下六项:

(1)由监狱机关设立。罪犯正式群体是为了更好地改造罪犯,依照相关法律的规定,并结合改造罪犯的实际需要,由监狱机关通过一系列组织程序专门设立的特定群体。罪犯正式群体的存在或撤销,必须报上级主管部门批准并备案才行,不能自生自灭。其活动也必须是监狱机关按照一定的组织原则和制度,井然有序且科学规范地进行。

(2)其群体目标与监狱机关的改造目标一致。因罪犯正式群体是由监狱机关设立的,其活动也是监狱机关负责组织、协调,因此,其群体目标必然与监狱机关的改造目标相一致,这样才能使监狱机关更好地完成改造罪犯的任务,履行好国家赋予他们的职责。

(3)有固定的组织结构。罪犯正式群体实际上就是监狱机关根据改造需要对罪犯进行的分组编队,因而它必然具有固定的组织结构。在我国,通常每个监狱会分为几个监区,每个监区又可能分成若干分监区。每个监区或分监区由监狱机关指派监狱民警担任相关职务并按照监狱的要求进行管理。监狱机关按照一定的分类原则将罪犯分到相应的监区或分监区,而且使每个监区或分监区的人数大致固定在某个范围内。为了便于管理,也为了更好地完成改造任务,监区或分监区的监狱民警会把罪犯分成若干小组,并指派改造表现比较好的罪犯担任小组长、号室长、监督员、仓库管理员等协助监狱民警进行特定的罪犯管理工作。因此,构成罪犯正式群体的成员、人数及成员之间的相互关系都是按照监狱机关的要求来设定的,其组织结构不易发生变化。

(4)带有一定的强制性。罪犯正式群体有监狱机关制定的群体规范——《监狱服刑人员行为规范》,所有罪犯都必须熟记这一规范,他们在服刑过程中的各种活动都必须严格按照《监狱服刑人员行为规范》的要求来做,一旦违规,将受到相应的处罚。因此,罪犯正式群体是带有一定的强制性的。

(5)其活动是公开、合法的。在正式群体中,罪犯不仅是按照监狱机关的要求进行各项活动,而且各种活动都是在规定的时间、地点按照法定程序来进行,其活动明显具有合法性的特点。罪犯在正式群体中进行活动时,都是在监狱机关指定的公共场所进行,监狱民警也参与其中。因此,罪犯正式群体的活动不仅是合法的,而且是光明正大地公开进行的。

(6)群体成员的性别单一。根据《监狱法》第三十九条第一款的规定,监狱对成年男犯、女犯和未成年犯实行分开关押和管理。因此,在我国,通常将男犯关押在男犯监狱,而女犯被关押在女犯监狱,即使有男犯和女犯在同一个监狱的情况,也是将男犯与女犯分别关押在不同的监区。因此,罪犯群体是由单一性别的罪犯组成的。

(二)罪犯集体的改造心理效应

1. 监督效应。监狱对罪犯的每日生活实行军事化管理。每个罪犯的行为必须和集体保持一致,处在集体的监督之下。良好的集体改造氛围,是对罪犯心理的有力钳制,使一些企图脱逃、闹监和纠合为狱内团伙的行为没有产生的土壤和促其滋生的市场,找不到得逞的机会。在改造场所内,罪犯互相监督制度的建立,是监狱机关对罪犯实现有效的心理控制的重要手段。监督效应靠群体压力实现。

2. 促进效应。监狱机关总是在对罪犯进行分类的基础上对不同的罪犯提出不同的改造要求,也着意在罪犯集体之间开展生产、改造、文体竞赛,使罪犯个人的改造与集体改造紧密地结合起来,成为集体改造效果指标的一部分。因此,其中一些落后的罪犯必然会受到来自集体的批评和促进,对其产生“推着走”的效果。在改造任务量化、细化、对协同劳动要求较高的情况下,罪犯集体对罪犯个人改造的促进作用尤为明显。促进效应靠集体的支持力量实现。

3. 同化效应。一个集体内部一旦形成了良好的改造风气和一致的集体舆论,就对进入这个集体的每个罪犯产生强大的同化作用。使进入这个集体的罪犯在行为习惯、价值观念、思维方式等方面发生较大变化。集体的凝聚力越强,对外口径越一致,共同生活时间越长,这种效应越明显、强烈而深刻。如果罪犯集体的价值观念、生活目标达到一定的水平和高度,必将对罪犯个体产生有力的同化作用。同化效应靠集体目标和共同认识实现。

4. 调节效应。作为社会化的高等动物,人有很强的交往需要与合群需要。在交往环境和交往对象受限制的情况下,这种需要反而更加强烈。罪犯集体为罪犯合法与正常交往提供了机会和场所。不管何类罪犯,都需要集体的劳动、生活。在集体活动中,随着注意力的转移,新的兴奋点的形成,罪犯在消耗体力的同时,也能宣泄消极、否定的情绪,忘却刑期的苦恼,还可以调节改造生活,振奋改造精神,即使身处服刑场所,也能体验到一定的生活乐趣。这种效应在“独居式”“沉默制”和单纯关押式的监狱生活背景下是不可能发生的。调节效应靠集体情感实现。

5. 利他效应。在集体中,为了实现共同的目标,所有成员要相互配合、相互合作,共同进行活动。在共同活动中,为了能够步调一致,相互间就要进行必要的沟通和交流。沟通不仅协调了活动,提高了活动效率和质量,而且使群体成员相互之间有了更多的了解与信任,也产生了更多的共识,相互间的关系就会变得越来越融洽与和谐,心理距离越来越近。关系的密切必然会使每个集体成员把他人当作“自己人”对待。当这些“自己人”遇到困难时,人们就会不讲价钱、毫不犹豫地给予帮助。因为社会心理学家通过研究证明,在亲密关系中“人”“我”是不分的,不管谁遇到困难,与之关系密切的另一方都会感同身受,进而及时给予帮助。因此,在人际关系比较和谐的罪犯集体中,不同罪犯在共同活动中,在相互支持、相互帮助共同实现目标的过程中,其利他心理就会不断得到增强。凝聚力越强的罪犯集体,集体成员之间的关系就越和谐,相互帮助的行为就越多,其利他心理就越容易形成和发展。利他效应靠集体成员和谐的关系实现。

(三)如何建设健康的罪犯集体

1. 形成积极的集体目标。一个好的集体,必须有积极的集体目标,才能使其健康发展。如果,目标选择不当,这个群体就可能丧失集体的特性,甚至其性质还可能发生逆转。因此，建设健康的罪犯集体，就要使其形成积极的集体目标。首先，要对全体成员加强集体主义意识和集体荣誉感教育，使每一个人在做事时不仅要考虑自己的利益得失，更要考虑维护集体的利益和荣誉，不做有损集体利益的事，为形成积极的集体目标奠定良好的基础。其次，积极的集体目标应该是对集体和罪犯个人双方都有利的，这样才能使罪犯愿意留在集体中，集体才能有更大发展。因此，要在对每个罪犯的情况和整个集体的情况进行综合分析的基础上，结合监狱的改造工作的要求，选择一个对集体和个人都有利的目标作为集体目标，使集体目标和个人目标有机整合在一起，这样才能够既充分发挥每个罪犯的主观能动性使其有更好的改造表现来得到最大益处，也能使集体目标得以更好的实现来圆满完成监狱机关交给的任务。同时应注意，集体目标的确定不能只考虑眼前利益，而不考虑集体和罪犯个人的长远发展，因此既要有能使集体和个人尽快得到实惠的近期目标，也要有可使集体保持旺盛生命力、使罪犯有更大发展的长远目标。最后，要通过恰当的集体活动实现集体目标。因为目标确定得再好，如果不能实现，也是无效的目标。因此，应组织罪犯以恰当的方式，积极进行集体活动，使目标得以实现，集体和罪犯个人就会因有所收获而受到鼓舞，继续有更好的表现，实现更大的目标，使整个罪犯集体的改造活动顺利进行并取得较好的改造成效。

2. 选择好罪犯集体的“班组长”。为了更好地进行改造工作，顺利完成上级机关交给的改造任务，当然也是为了便于管理，在罪犯集体中会设立一名“班组长”，协助监狱民警进行一定的管理工作。好的“班组长”，能较好协调集体中所有罪犯之间的关系，使他们在改造活动中能相互协调与配合，不仅能够做到行动上步调比较一致，顺利完成特定的改造任务，还能取得较好的成绩。因此，应选择好罪犯集体的“班组长”。能担任“班组长”的罪犯，除真诚认罪、靠拢政府外，必须具备以下条件：一是诚信公正，对自己和他人都能客观评价与看待，少有私心；二是人缘好，但不拉帮结伙，不搞个人势力范围；三是恶习不深，刑期不长，不宜选择无期、死缓犯或惯、累犯；四是具有一定的管理能力，能做好监狱民警的助手；五是具有良好的性格。

3. 形成正确的集体舆论和集体规范。集体舆论是集体内多数成员对某种事物或人的行为公开表达的评价与态度，是集体成员信息沟通后的一种心理共鸣，它对集体中的每一个罪犯的心理和行为具有较强的约束力。集体规范是集体本身具有的制约其成员思想、信念与行为的准则，它不仅使整个集体表现出某种程度的一致性，还调节成员的活动及其相互关系。因此，只有形成了符合监狱机关改造活动要求的正确的集体舆论和集体规范，才能使罪犯集体有良好的改造氛围，集体中的大多数罪犯才能像我们所期望的那样持续做出积极接受改造的行为，罪犯集体才能更加健康地发展，整个罪犯集体的改造质量才能不断得到提升。

4. 适度开展罪犯集体内部与外部的竞争与合作。竞争与合作是人际互动的主要形式。竞争是个体与个体、群体与群体争夺一个共同目标的行为，合作则是个体与个体、群体与群体之间为了达到共同目的彼此相互配合的行为。适度开展罪犯集体内部与外部的竞争与合作，有利于罪犯集体的健康发展，也非常有利于罪犯集体及其成员取得更好的改造成绩。对某一个罪犯集体而言，如果集体内部只有竞争而无合作，罪犯之间就会因为相互之间的利益争夺而出现隔阂，甚至引发矛盾导致不团结，最终可能使整个集体变成一盘散沙，难以完成监狱机关赋予的各项改造任务，对集体中的每一个罪犯的改造都会造成不利影响；如果集体内部只有合作而无竞争，整个集体虽然一团和气，但没有争抢就缺少了激励力量，时间一长罪犯就可能丧失斗志，不思进取，出现改造成绩平平的状况。因此，在罪犯集体内部应通过适度开展竞争与合作，使其中的每一个罪犯都能产生昂扬的改造斗志，积极投入改造之中，而且整个罪犯集体也会因为有了好的改造氛围而取得更好的改造成绩。

对于不同的罪犯集体来说，集体之间的竞争能增进每一个集体内部的团结合作，使集体中每一个罪犯的归属感、集体荣誉感大大增强，他们为了能使自己的集体获胜，同时为了使自己获益最大，都会竭尽全力做出更好的改造表现，这样就可以使所有的罪犯集体都出现改造活动蒸蒸日上的良好局面。但不同罪犯集体之间的竞争，却会导致相互之间的矛盾纷争，可能对监狱的整体工作带来不利影响，因此，不同罪犯集体还需要进行适当的合作，使不同罪犯集体能和谐相处，最终使整个监狱所有的罪犯集体都能健康、有序、和谐地发展。

二、罪犯非正式群体心理

（一）罪犯非正式群体概述

1. 罪犯非正式群体的概念。罪犯非正式群体是罪犯在服刑场所的日常交往活动中自发形成的人群联合体。它就是我们通常所说的“小集团”“小圈子”。罪犯非正式群体存在于罪犯正式群体中，但它并非由监狱机关设立，是罪犯在服刑过程中，根据自己进行社会交往的特殊需要，依照自己的好恶，并以心理相容、情感相通为支撑，为了获得某种共同利益才偶然地、自发地结合在一起。罪犯非正式群体既有弥补罪犯正式群体的不足、有利于罪犯改造的一面，又有破坏罪犯正式群体的活动、不利于罪犯改造的一面。

2. 罪犯非正式群体的特征。具体包括以下六项:

(1)自发形成。非正式群体的一个显著特征就是它的形成没有外力作用,完全是群体成员自觉、自愿地聚在一起构成群体。罪犯非正式群体同样具有这个特征。由于罪犯正式群体并非完美无缺,不能满足罪犯的所有需要,那些在正式群体中得不到满足的需要,罪犯就会另辟蹊径去寻求满足。于是,罪犯为了寻求更好的归属、能够得到更多的认同与理解、更充分地展示自己并进一步完善自己,就会与那些自认为志同道合的人自然而然地走到一起,形成一个特定的、属于自己的、相对自由的小圈子。

(2)活动受限。由于监规纪律明文禁止罪犯私下活动和交往,因此罪犯非正式群体的活动必然要受到这样或那样的限制,不能像社会上的非正式群体那样光明正大地进行活动。即使是良性的罪犯非正式群体,虽然对罪犯的改造有积极作用,但由于它与罪犯正式群体相比,居于相对次要的地位,它既不能占据罪犯正式群体活动的时间和空间,也不能影响罪犯正式群体活动的顺利进行,因而,这类罪犯非正式群体的活动只能利用各种劳动、学习等的间隙进行。对于那些恶性的罪犯非正式群体,因其活动会干扰罪犯正式群体的活动,它必然会受到打击,最终还要被拆散,因而这类罪犯非正式群体的活动就会非常隐蔽,必须避开监狱民警的监管,秘密地进行。

(3)性别单一。像罪犯正式群体一样,罪犯非正式群体也会因为我国监狱将男犯与女犯分别关押而导致群体成员的性别单一。这是罪犯群体与社会上的一般群体明显不同的群体成员特征。

(4)交往直接。罪犯非正式群体与罪犯正式群体相比,成员人数相对较少,罪犯与罪犯之间因相互认识与了解,接触交往的机会较多,因而他们大多进行直接的、面对面的交往,这种交往形式会进一步密切群体中所有罪犯之间的关系,使整个群体的凝聚力不断增强,罪犯之间的相互作用与相互影响也越来越大。这也是罪犯非正式群体比罪犯正式群体对罪犯更有吸引力的主要原因之一。

(5)结构松散。罪犯非正式群体不像罪犯正式群体那样有明文规定的群体规范,只有一些约定俗成的、被众人公认的、口头上的规矩和行为准则;其成员构成不固定,人数也经常变化,群体中每一个罪犯的角色地位经常会随着情况的变化而变换;其角色分工也不明确,尤其是多数罪犯是为了达成某种个人目的才与他犯临时纠合在一起,所有这些造成非正式群体的结构相对松散。因此,罪犯非正式群体既容易形成,也容易在某种外力作用下出现解体。

(6)目标整合。罪犯非正式群体的形成既是为了弥补罪犯正式群体的不足,更是为了在更大程度上满足罪犯个人的某种需要。因此，罪犯非正式群体目标的确立，不会仅仅考虑群体头目或群体中某几个人的需求，而是要综合考虑所有成员的需求，最终所确定的目标必须是使每一个罪犯的个人目标得以实现、需要得到满足。所以，罪犯非正式群体的目标是高度整合的，它是在综合考虑群体中每一个成员的需求基础上形成的。正因为群体目标的实现可使罪犯个人的需要得到满足，才使得罪犯愿意留在群体中，罪犯的个人需要满足程度越高，群体对罪犯个人的吸引力就越大。

3. 罪犯非正式群体的类型。可以从以下两个方面进行分类：

（1）根据与罪犯正式群体的价值目标是否一致进行的分类。根据罪犯非正式群体的价值目标是否与罪犯正式群体一致，可将其分为以下三类：

①积极型。这类罪犯非正式群体的价值目标与罪犯正式群体一致，在功能上它对罪犯正式群体具有重要的补充作用。罪犯在监狱内自发组织的互助小组、学习小组、技术攻关小组等就是典型例子。积极型罪犯非正式群体对罪犯正式群体的建设有积极作用，它有利于维护监内正常的秩序和树立良好的改造风气，对罪犯的改造具有积极的推动作用。这类群体是监狱机关应该重点扶持的对象。

②中间型。这类罪犯非正式群体的价值目标与罪犯正式群体不相违背，多为罪犯中的自娱性群体，通常不影响监管秩序，因其具有的娱乐性质会使罪犯放松身心，还可能对罪犯的改造带来一些有利影响。应注意的是，这类罪犯非正式群体存在两极发展的可能性：若给予正面引导就有可能向积极型转变；若受到某些抗拒改造的罪犯的教唆、引诱，则可能向消极型转变。

③消极型。这类罪犯非正式群体的价值目标与罪犯正式群体相背离，它对罪犯正式群体的功能具有削弱作用，对监狱正常的改造秩序具有极大的破坏作用。具体表现为：削弱罪犯正式群体规范对罪犯的约束力量，影响和干扰罪犯正式群体成员对事物的认识和评价，对罪犯正式群体的利益有破坏和干扰作用，尤其是当罪犯非正式群体的核心人物与罪犯正式群体的领导因个人意见或工作分歧产生矛盾冲突时，罪犯非正式群体不仅会直接影响罪犯正式群体的工作绩效，而且会制造恶性事件破坏监管秩序的稳定。这类群体是监狱机关重点打击的对象。

（2）根据形成原因进行的分类。根据罪犯非正式群体形成的原因，可将其分为以下六类：

①利益型。这是因罪犯在利益上的一致而形成的非正式群体。这是监狱内最常见的一种非正式群体。在服刑过程中经常受到批评、打击的落后罪犯易结成落后群体；经常受到其他群体或罪犯欺侮的罪犯易结成对抗群体；一些骨干罪犯为了

获得在奖励、伙食分配等方面的好处，也会结成诸如“伙食团”之类的小群体。[①]利益型罪犯非正式群体具有种类多、凝聚力强、规模相对大等特点，它对改造大多有害，而且由于这类群体对罪犯个人的作用非常明显，因而其对罪犯改造的危害相对较大。

②情感型（互慰型）。这是因罪犯有强烈的情感需要，相互之间能够给予心理慰藉产生相互依恋而形成的非正式群体。这种群体在女犯中较为普遍，在监狱内相处时间较长的男犯也容易形成这类群体。罪犯中的同性恋是这种群体的典型形式。情感型罪犯非正式群体一般人数较少，成员关系密切，群体对罪犯个人的影响较大。这类群体既有帮助罪犯宣泄负面情绪的积极作用，也有一定的消极作用。

③兴趣型（趣味型）。这是因罪犯有相同的兴趣、爱好而自然形成的非正式群体。这类群体在监狱中较为普遍，大多为娱乐群体，例如，固定的球友、牌友、棋友，文艺或音乐爱好者小组，书法、绘画兴趣小组等，也有少量因共同的学习、创新兴趣结成群体。极个别的则因互通犯罪信息、交流犯罪经验、分享犯罪乐趣等纠合在一起。兴趣型罪犯非正式群体一般结构相对松散，群体凝聚力不是很强，除极个别的对改造秩序有危害，大多对改造有一定促进作用。

④观念型。这是因罪犯有共同的观点、信念而形成的非正式群体。这类非正式群体的凝聚力较强，如果其观点、信念与监狱机关倡导的一致，就会对罪犯的改造带来促进作用；如果其观点、信念与监狱机关倡导的不一致，则会对罪犯的改造产生阻碍作用。

⑤年龄型。这是因罪犯的年龄相同或相近而形成的非正式群体。未成年犯极易结成这样的群体，这是由未成年犯的年龄特征决定的。由于未成年犯极易受到同龄人的影响，这种群体中多数人行为的性质决定其对改造的影响。如果群体中多数未成年犯都有积极接受改造的行为，其他未成年犯也会纷纷效仿而表现出积极的改造行为；反之，在多数人的带动下，其他未成年犯同样会出现消极的抗拒改造的行为。

⑥地域型（同乡型）。这是因罪犯来自相同地域而形成的非正式群体。相同的地域，小至同一个生活的街道或村庄的小组，大至同一个省、市（外籍犯则以国籍论“老乡”）。地域的相同，会使人们因为出生和成长地接近，乡音俚语、文化和风俗习惯相同，自然而然地就会产生亲密感，相互间也容易产生心理共鸣，因而结成小群体就是顺理成章的事。地域型罪犯非正式群体在监狱中较为普遍，不同地区的罪

---

① 狄小华：《冲突、协调和秩序：罪犯非正式群体与监狱行刑研究》，群众出版社 2001 年版，第 27 页。

犯常常表现出不同的结伙倾向。地域型罪犯非正式群体一般凝聚力较好,由于它常与封建行帮思想等亚文化结合在一起,大多具有阻碍改造工作顺利进行的消极性质。

此外,还有因入狱前有一起求学、求艺、求职、入伍、创业等共同经历的罪犯形成的业缘型罪犯非正式群体,有直系或旁系血亲关系的罪犯形成的血缘型罪犯非正式群体,入狱前系同一犯罪团伙成员或受制于同一犯罪头目、有过相似甚至同一性质的犯罪经历等情形的罪犯形成的案缘型罪犯非正式群体等多种不同类型的罪犯非正式群体,此处不作详细分析。

4. 罪犯非正式群体的性质。根据罪犯非正式群体对罪犯改造所起的作用不同,其性质主要有良性、中性、恶性三种类型。良性的罪犯非正式群体(积极型罪犯非正式群体)对罪犯的改造起促进作用,我们要积极扶持这类群体;恶性的罪犯非正式群体(消极型罪犯非正式群体)对罪犯的改造起阻碍作用,我们必须分化打击这类群体;中性的罪犯非正式群体(中间型罪犯非正式群体)对罪犯改造的作用既有积极的一面,也有消极的一面,它存在两极转化的可能,因而我们需要对这类群体进行引导控制,尽量采取有效措施促使其向良性罪犯非正式群体转变。

(二)罪犯非正式群体的改造心理效应

1. 正向效应。这主要是积极型的罪犯非正式群体起到的作用,具体表现在以下四个方面:

(1)有利于罪犯消除寂寞和促进心理健康。每一个人都有亲和需要,期望能和他人在一起,建立协调友好的关系并得到他人的喜爱、关心、理解与支持,如果这种需要得不到满足,人就会产生寂寞感,寂寞的持续存在对人的心理健康极为不利。对于因受到刑罚惩罚而失去自由,从而不得不在监狱这个相对封闭的环境中被迫接受改造的罪犯来说,亲和需要就更加强烈。原因之一是,罪犯在与外界隔离的监狱中服刑,远离亲人和朋友的他们虽然渴望得到更多亲友的关爱,但由于见一面都很难,导致亲情和友情在一定程度上处于缺失的状态,越是得不到满足的需要就会越发强烈。原因之二是,在监狱这个特殊环境中生活的罪犯,像一般人一样,也需要能够进行心理上的沟通、交流的对象,这样才能使其与他人和环境相协调,使其自我得以确认并获得心理平衡。而且通过与他人的交流与互动,还可以在一定程度上排解其因监禁引起的各种心理不适,维护好他们的心理健康。但是,由于在监狱中,罪犯与其管理者——监狱民警存在身份、角色等方面的差异,双方难以形成心理相容、平等和谐的关系,相互间的交流往往不太顺畅,而且罪犯正式群体所提供的罪犯间自由交流的平台有限,又存在诸多限制,所以罪犯也很难找到合适的沟通与交流对象。因此，罪犯强烈的亲和需要通过正当方式往往不容易得到满足，或者仅能得到较低水平的满足。而罪犯非正式群体的存在，就为罪犯满足亲和需要、消除寂寞和促进心理健康提供了比较便利的条件。因为非正式群体是由罪犯根据各自在身份、经历和某种心理特点上的相同或相似自发形成的，而且在非正式群体中，不同罪犯之间的地位是平等的，他们的关系比较密切，尤其是比较情投意合，因而可以毫无顾忌地自由交流。他们之间不仅有相互理解，还能够给予比较有力的精神支持，甚至还能有物质上的帮助，这对于那些遇到困难和挫折的罪犯来说，也是一个有助于其化解危机的重要社会支持力量。因此，通过建立非正式群体，罪犯不仅与他犯建立了协调的关系，满足了亲和需要，消除了寂寞，还在与他犯共同活动的过程中使其多种心理需要得到满足，进而能够达到维护和促进其心理健康的目的。

（2）有利于增强正式群体的凝聚力。由于非正式群体是自发形成的，其成员是自觉主动地加入其中，他们对群体的接纳程度较高，而且非正式群体能在很大程度上满足其成员在正式群体中无法满足的多种需求，群体成员的心理相容度较高，关系比较密切，因而非正式群体的凝聚力通常比正式群体要略高一些。因此，积极型罪犯非正式群体因其价值目标与罪犯正式群体一致，关系和谐的非正式群体成员，在正式群体中同样会团结紧密，齐心协力，必然会起到增强罪犯正式群体的凝聚力的作用。由于中间型罪犯非正式群体的价值目标与罪犯正式群体不相违背，这类非正式群体中的罪犯在娱乐过程中形成的协调关系也会带入罪犯正式群体中，对增强罪犯正式群体的凝聚力也会产生一定的促进作用。

（3）可以弥补正式群体的不足。由监狱机关设立的罪犯正式群体，因带有强烈的政治色彩而显得刻板，缺乏灵活性。它必须按照上级机关的要求来组织活动，其任务固定，形式受限，虽然为了丰富罪犯的服刑生活，会组织多种活动，但仍然不如社会上组织的活动多，使得监狱生活具有一定程度的单调、枯燥、清苦的特色。尤其是在罪犯正式群体中，所有的活动都必须按照特定的组织程序一丝不苟、严肃认真地进行，明显缺乏情感色彩。因此，罪犯非正式群体的存在，可以很好地弥补上述罪犯正式群体的不足。首先，罪犯非正式群体可增加罪犯活动的灵活多样性。罪犯非正式群体通常会根据其成员特点和需要，组织众人都喜欢的活动，这一方面会增进群体中所有罪犯的关系，另一方面也能丰富罪犯的业余生活，还可在一定程度上减轻监禁给他们带来的痛苦。其次，罪犯非正式群体的活动的自由度高。由于非正式群体不像正式群体那样有明文规定的群体规范，仅仅是用一些约定俗成的规矩制约其成员的行为，因而在非正式群体中罪犯进行活动的自主性较高，可以比较充分地发挥罪犯个人的主观能动性，这一点与罪犯正式群体明显不同。再次，罪犯非正式群体的人情味更浓。由于非正式群体成员之间的关系比较和谐，相互之间可有更多心理上的交流，这会更好地满足罪犯的情感需求，也进一步增进了罪犯之间的关系，整个群体就会像一个和谐的大家庭，使其中每一个罪犯都会有好的感受而更愿意留在群体中。最后，罪犯非正式群体能增加罪犯之间的互帮互助行为。监狱受自身财力的限制，在确保为罪犯提供基本的吃、穿、住、用、学习、劳动及进行其他活动的物质条件外，很难再给那些家庭经济条件确实困难的罪犯更多帮助，以使其顺利进行改造活动。虽然中华民族有互助互爱的传统，但并非每个罪犯都能继承这个传统。在罪犯正式群体中，除非监狱民警大力倡导，一般很少有罪犯自发地为他犯提供帮助。但在非正式群体中，由于罪犯之间关系和谐，人情味较浓，不管谁遇到困难，其他罪犯都会自觉主动地及时给予帮助，使其顺利渡过难关。而且这种帮助是全方位的，既有物质上的支援，又有生活上的照顾，还有精神上的安慰。

(4)在做好落后罪犯的转化工作中有独特作用。罪犯正式群体通过规范约束、教育引导等方式，虽然能有效控制罪犯的思想和行为，但这是外力强制作用下的表现，并不一定能使罪犯从内心真正产生转变，出现动摇反复是在所难免的。在罪犯非正式群体中，虽然它没有明文规定的群体规范，仅有不成文的、约定俗成的一些规矩，但这是所有成员都认可、默许的，所以众人会自觉自愿地遵守，一旦有人违背，必将受到众人谴责，甚至会遭遇被驱逐出群体的厄运。因而，在非正式群体中的罪犯会自觉主动地保持与其他成员在行为上的一致，这不是外力强制的结果，而是罪犯发自内心的自觉行动，是罪犯按照隶属群体的规矩行事的必然结果。因此，一个在改造上落后的罪犯，一旦置身于众人都积极接受改造的非正式群体中，他就会不好意思继续落后，而是要与他犯看齐，慢慢地就会走上积极接受改造的道路。

2. 负向效应。这主要是消极型的罪犯非正式群体所产生的作用，具体表现在以下两个方面：

(1)削弱正式群体的作用。罪犯之所以走上犯罪道路，是因为其经历了不完全或错误的社会化，没能成为合格的社会公民所致。我们对罪犯实施惩罚与改造，就是强制其进行再社会化，使之重新成为合格的社会成员，不再危害社会。对罪犯的改造，是在监狱机关设置的罪犯正式群体中，通过运用教育、劳动、管理、心理矫治等诸多手段进行。但是，某些罪犯不仅不认为其犯罪是错的，反而认为是合情合理的，这必然会使他们对监狱机关持敌视态度，对改造产生抗拒，尤其是那些贪图享乐、好逸恶劳的罪犯会对监狱的劳动改造深恶痛绝。因此，这类罪犯就会在个人利益驱动下自发形成非正式群体，其群体价值观念必定与罪犯正式群体相背离，于是他们就成为对抗罪犯正式群体的力量，用各种方式阻碍罪犯正式群体目标的实现、减弱罪犯正式群体规范对罪犯的约束力、影响罪犯正式群体活动的顺利进行、混淆视听以干扰罪犯正式群体成员对事物的正确认识和评价等，这必然会大大削弱罪犯正式群体的作用，对改造秩序的稳定和改造工作的顺利进行极为不利。由于非正式群体的情感色彩较浓，群体凝聚力较强，群体对成员的约束力大，其核心人物对其他成员的影响力较大，这类具有恶性的消极型罪犯非正式群体对罪犯正式群体所起到的破坏作用不可低估，这类群体的滋生壮大，必然阻碍我们顺利实现改造罪犯为守法公民的工作目标。

（2）强化罪犯的不良思想和行为。罪犯的不良思想和行为是导致其违法犯罪的根源，对罪犯进行改造就是为了铲除这个根源，以避免他们将来回归社会后再次犯罪。消极型的罪犯非正式群体，作为罪犯正式群体的对抗力量，不仅阻止正式群体对罪犯的不良思想和行为的消除，反而还不断使其得到强化。具体表现为：第一，促进消极监狱亚文化的形成和发展。在罪犯非正式群体中，由于罪犯之间的互动既不受监狱民警的直接控制，也不受其他积极接受改造的罪犯监督，原本就具有恶性的罪犯通过相互作用与相互影响，极易偏离监狱主流文化的要求，产生恶习的交叉感染和深度感染，使消极的监狱亚文化形成并进一步发展。于是，在罪犯非正式群体这个“黑染缸”中，罪犯原有的恶习不仅得不到矫正，反而会越染越黑，越学越坏。第二，恶化改造风气。由于罪犯非正式群体对其成员具有强烈的凝聚力，使其对罪犯行为的影响明显超过正式群体，这种影响会使本群体成员继续表现出不思悔改的恶劣行径，同时还会污染改造环境，恶化整个群体的改造风气，反过来又会使罪犯的不良思想和行为得到进一步强化。第三，使罪犯的反改造行为更为猖獗。罪犯进入消极型非正式群体后，通过与其他成员的积极互动，再加上群体压力的影响，也为了个人的安全，常常是身不由己地表现出与其他成员一样的反改造行为，这样的行为自然会得到群体的认可和支持。而群体的认可和支持对其行为会产生强化作用，使其今后更易于表现出类似的行为。随着消极型非正式群体的日趋成熟，群体对其成员的影响力也越来越大，群体中的每一个人都会更乐于为群体卖力，再加上群体的促进作用和责任扩散的效应，罪犯的反改造行为必然会越来越猖獗。

（三）罪犯非正式群体的改造对策

罪犯非正式群体像社会上的其他非正式群体一样，它的存在具有客观必然性。因此，我们应该正确看待罪犯非正式群体，充分认识它对罪犯改造的双向功能，切实把握好它对罪犯正式群体作用的两面性，以便合理利用罪犯非正式群体来促进罪犯的改造。

1. 激励良性的罪犯非正式群体充分发挥作用。对于学习互助小组、技术攻关小组以及书法、绘画、球类、文艺类等文体娱乐小组等良性的罪犯非正式群体，由于它们的存在不仅对罪犯的改造无害，还会对罪犯的改造有一定促进作用，监狱机关应对这类群体给予积极扶持，激励它们更好地发挥促进罪犯改造的作用。首先，监狱机关可以动员这些群体由隐蔽转向公开，让他们名正言顺地开展活动；其次，可为这些群体提供进行活动的时间、场地、资料、工具等，为他们开展活动创造便利条件；最后，对于那些取得优异成果的罪犯非正式群体及其成员，要给予适当奖励，并大张旗鼓地宣传，使这些罪犯非正式群体在继续发挥积极作用的同时，也带动更多的罪犯非正式群体注重发挥自身促进改造的积极作用。

2. 引导中性的罪犯非正式群体对集体产生归属感。中间型的罪犯非正式群体大多以消磨业余时间的闲谈、娱乐活动为主，这种群体虽然对罪犯的改造没有直接危害，但由于缺乏明确的目标，不容易起到促进罪犯改造的作用，而且这种群体容易被反改造分子所利用而发生恶变。因此，在无法禁止这类罪犯非正式群体产生的情况下，要对这类群体进行适当引导和控制，以积极向上、丰富多彩的文体娱乐活动占据他们的空余时间。通过娱乐活动，不仅能使其产生强烈的集体归属感，还能愉悦身心，增强改造动力。

3. 削弱和打击恶性的罪犯非正式群体。消极型的罪犯非正式群体不仅恶化改造风气，还破坏监管改造的正常秩序，因此，必须对其予以削弱和严厉打击。应根据这类罪犯非正式群体形成时间的长短、造成危害的大小，采取不同的方式进行处理。对已有苗头但尚未造成危害结果的，要及时教育引导促其转化，若无效则要强行拆散，做到防患于未然；对已成气候或已产生危害结果的，则要在摸清情况的基础上，予以分化瓦解，尤其要对其核心人物严肃查处，绝不能姑息迁就，否则后患无穷。

三、罪犯团伙心理

（一）罪犯团伙概述

1. 罪犯团伙的概念。罪犯团伙是在监狱服刑的部分罪犯出于逃避或抗拒改造的需要而结成的比较紧密的罪犯非正式群体。罪犯在服刑期间结成各种各样的团伙，是监狱中常见的现象。罪犯团伙不仅对其成员的服刑心理进行控制并恶化其改造行为，而且罪犯团伙所具有的特殊能量产生的相乘效应使团伙活动具有特别大的危害性。此外，罪犯团伙对罪犯集体和其他罪犯非正式群体也可能发生各种消极影响。总之,罪犯团伙的存在,对改造罪犯工作的顺利进行极为不利。

2. 罪犯团伙的性质。罪犯团伙属于恶性非正式群体。从罪犯团伙的形成来看,团伙成员是基于逃避改造或抗拒改造的目的才聚到一起形成群体,这是与监狱机关的工作目标完全对立的,因而这样的群体的性质必然是恶性的。从罪犯团伙对其成员的作用来看,团伙通过有效控制其成员的心理而使其表现出更多的抗拒改造的行为,恶化改造风气,破坏改造秩序,这也充分体现了这类群体的恶劣性质。从罪犯团伙的影响来看,罪犯团伙属于恶性非正式群体也是毋庸置疑的。因为它不仅使其成员的改造行为恶化,而且对罪犯集体和其他罪犯非正式群体也具有这样或那样的消极影响,不利于整个监狱的改造质量的提升。

3. 罪犯团伙形成的原因。具体包括以下五个方面:

(1)原有犯罪团伙心理的延续。团伙犯罪是现代犯罪领域越来越突出的一种趋势。随着防范与打击犯罪力量的增强,犯罪人在依靠个人力量很难达到犯罪目的时,借助团伙的方式就成为必然。罪犯在狱内形成团伙,主要是其原有犯罪团伙心理在监狱内的延续。社会上的团伙犯罪增多,必然促使监狱内的罪犯团伙增多。只不过狱内罪犯团伙的主要活动内容由结伙共同犯罪转向了以或明或暗的方式抱团逃避或抗拒改造。

(2)封建行帮思想的延续。行帮是旧社会里同一行业的人为了维护自己的利益而结成的小团体,这样的小团体对内相互帮助以确保众人都获益,对外进行打压使自己不受损失。因此,受封建行帮思想的影响,一些罪犯为了更好地维护自己的利益并使自己的利益最大化,于是就拉帮结伙,形成具有一定势力范围的小团体,通过各种方式使自己在服刑过程中尽量多得利、少受损失。

(3)共同的不合理需要。罪犯非正式群体是部分服刑罪犯为满足罪犯集体不能够满足的某种心理需要而自发形成的。罪犯团伙作为这种非正式群体的一种恶性层面,它的形成与团伙成员共同的不合理需要密切相关。一是畸形的自我保护需要。罪犯之所以会加入团伙,就是为了在罪犯之间的互相倾轧中,遇事能有人庇护,以免遭受他犯凌辱和欺侮的厄运。二是逞强拔份的需要。对于那些在正常的改造活动中,难以取得优异的成绩、无法在他犯面前树立权威形象的罪犯而言,他们就会通过加入团伙,以“拳头硬”来树立自己的硬汉形象,以敢做违反监规纪律之事来显示自己的强大,更以敢于带领大家与政府作对来大出风头,以此表现和扩张自己的反改造力量,同时抬高自己在众多罪犯中的身份,进而树立自己的“权威形象”。三是共同的抗改需要。某些罪犯由于害怕自己一个人与政府对抗势单力孤,于是就与那些同自己有相同想法的罪犯纠合在一起,形成小团体,合力与政府抗争，以使自己的某种不可告人的目的能顺利实现。

(4)监狱场所提供了产生团伙的便利条件。监狱环境不同于社会环境的一个重要方面是交往对象单一，罪犯只能和罪犯、监狱民警两种人交往。罪犯与罪犯之间在朝夕相处中，接触交往的机会较多，很容易产生感情。与此同时，他们在参加监狱组织的各种正式活动和日常活动中，也会不断增进感情，因而形成团伙就在所难免。

(5)年龄特征与欲求不满。据对罪犯团伙成员的年龄特点调查发现，绝大多数团伙由青少年罪犯组成。这种状况主要由青少年依附心理强的年龄特征决定。青少年涉足社会后，其依附对象由家长、老师转向同龄人中的佼佼者。他们渴望友谊，害怕孤独，活动能量大，希望在同龄人的小圈子里表现自己，渴望得到欣赏，实现价值，因此有强烈的交友、合群愿望。监狱环境割断了罪犯对原有社会关系的依附，处境发生了不利的变化。社会阅历不深的青少年犯尤其难以适应，急于寻求新的依附对象，以缓解紧张感和危机感，加入团伙对他们来说就是能够满足其需要的较好选择。中老年罪犯已走完人生的大半路程，积累了许多经验教训。许多人在长期的犯罪、改造生涯中，已经饱尝了轻信他人、参加团伙之苦，深知其中利害，不愿重蹈覆辙。他们一般不轻易与人交往，自律性、封闭性很强。

(二)罪犯团伙的特征

1. 罪犯团伙的心理特征。具体包括以下三项：

(1)团伙的凝聚力较强。凝聚力是团伙吸引罪犯个体、使之愿意融入团伙并为之效劳的力量。罪犯团伙的凝聚力较强的原因主要有以下四个方面：一是团伙头目能力强，使团伙成员都乐于接受其控制而步调一致。罪犯个体出于对“能人”的倾慕，也为了使自己得到更多好处，便不管团伙的性质和社会意义如何，加入团伙跟着“能人”干，心甘情愿地听从“能人”的指挥并接受团伙的制约和影响。二是团伙认知同化。由于团伙成员都有犯罪心理这一共同的消极心理，他们又是自愿加入团伙的，因而相互之间很容易形成共同的认知，同流合污而产生极大的破坏力量。三是团伙情感相容。加入团伙的罪犯，大多因为团伙能够在更大程度上满足自身的多种需要，因而容易与其他团伙成员和谐相处，形成心理相容、情意相投的密切关系，于是就会使每个团伙成员产生“有福同享、有难同当”等特有的心理，还会形成注重“江湖义气”的氛围，这种状况会大大增强团伙的凝聚力，每一个团伙成员都会被牢固地吸引至团伙中，为了团伙肝脑涂地也在所不惜。四是团伙目标一致。团伙成员通常是为了达成共同的抗改目标才聚到一起，再加上认知同化和情感相容，必然会使团伙成员心往一处想、劲往一处使，整个团伙的活动能量大增，进而提高其抗改行为成功的可能性，这势必进一步增强团伙对其成员的吸引力。

凝聚力使团伙对内增强亲和力，对外加大排斥力，因而监狱民警、积极改造的罪犯、与之有矛盾的罪犯团伙及其成员、社会帮教人员等与团伙不相容的对象及其观念、情感、行为，都被视为异己力量而加以排斥。凝聚力还会导致对不利于团伙的思想、言论、态度、志趣、行为的排斥，因此为了保持团伙的稳定，阻止团伙成员脱离团伙，他们往往会对动摇者警告、对退缩者威胁、对自首者陷害、对揭发者打击。

(2)团伙的离心力不弱。离心力是促使罪犯团伙解体的力量。罪犯团伙所固有的特点，决定了离心力的存在不仅不可避免，而且力量不弱。罪犯团伙离心力的产生，主要受以下六个方面的因素影响：一是团伙目标出现分歧。这是由于罪犯团伙成员出于某种私心加入团伙，一旦他们为了维护自身利益互不相让，就会无法达成一致目标而动摇团伙存在的基础。二是团伙情感相斥。当团伙成员因为利益瓜葛产生矛盾分歧时，必然导致心理难以相容，情意不再相投，最终使团伙难以维系。三是团伙责任推诿。当团伙的行动暴露后，某些团伙成员为了保护自己可能会把责任推托给别人，使团伙成员化友为敌，互相揭发，导致团伙处于混乱状态。四是团伙头目自私且垄断，使其他团伙成员心灰意冷，不想继续留在团伙中。五是团伙头目无能，使其他成员因失望而离开团伙。六是为团伙付出多、回报少，导致团伙成员出现心理不平衡，因强烈的不满和失望而最终离开团伙。

(3)团伙具有特殊能量。在有组织的团伙内，各成员活动的总能量，不是个体能量的简单相加，而是成倍地扩大，即产生了整体大于部分之和的相乘效应，这使得团伙具有特殊能量，其破坏力大大增强。团伙的特殊能量与下列因素有关：一是团伙目标的约束性。团伙通过确定整体目标将各个罪犯的行动统一起来，将分散的力量结合起来，提高了活动的能量与效率。二是团伙责任的扩散性。因与他犯一起行动而使自身分担的责任减少，自然会使罪犯减弱产生抗改这种违规行为的恐惧感，于是，团伙中的所有成员就会对自己的行为减少约束，甚至有可能变得肆无忌惮、为所欲为，其破坏能量自然大大增强。三是团伙头目指挥的得力性。团伙头目通常是反改造经验丰富且能力较强的罪犯，他们通常能很好地协调团伙中各个罪犯的行动，使团伙整体的活动效率大大提高，其破坏能量必然会显著增强。四是团伙成员心理的默契性。组成团伙的罪犯在共同活动中，相互之间会慢慢变得彼此能够心领神会，不谋而合，这在无形中就聚合了团伙的力量，并使这种力量成倍地发挥出来，进而会使团伙活动具有极大的危害性。五是团伙对其成员行为的助长性。在团伙中，他人的存在会产生巨大的支持力量，强化每一个团伙成员产生抗改行为的胆量，这必然会弱化罪犯产生抗改行为的恐惧感，激发出巨大的破坏能量。

2. 罪犯团伙的行为特征。具体包括以下五项:

(1)聚众斗殴,称王称霸。这是以牢头狱霸为核心组成的罪犯团伙的典型特征。由于这类团伙的头目大多是具有反改造经验的惯犯和累犯和亡命之徒,他们不仅对团伙的成员实行强力控制,而且对外恃强凌弱,常常通过武力来确立自己的霸主地位,以使自己的团伙能得到更多实惠。

(2)打击积极,对抗管教。罪犯团伙出于对自身利益的维护,常常找各种借口聚在一起,对他犯尤其是积极接受改造的罪犯说三道四、讽刺挖苦,以打击他们的改造积极性,干扰罪犯集体活动的正常进行;对监狱民警攻击谩骂、散布谣言,无事生非,为他们不服管教、不参加集体活动制造借口。尤为恶劣的是,他们恶毒攻击社会主义制度,对监狱机关和我国的改造政策表达强烈不满,致使罪犯集体的正气受损,反改造邪气上升。

(3)违反监纪,有恃无恐。罪犯团伙成员常常依靠人多势众,借助"群威群胆",有恃无恐地违反监规纪律。在改造活动中,他们常常纠合在一起对抗管教、传播不良信息、助长恶习的传播,产生各种危害监管安全的事件。为了满足其不良交往的需要,他们经常脱离互监、走室串组、游监串队地进行共同交往,干扰和破坏监狱的正常改造秩序。

(4)暗示模仿,传习教唆。首先,团伙头目因其自身具有的权威性,使团伙成员极易对其产生崇拜模仿心理,一些团伙成员把头目当作自己的偶像,不仅模仿其言行举止,刻意学习头目的犯罪技能和经验,而且对头目言听计从,只要头目一声令下,就会毫不犹豫地跟着去干。其次,罪犯团伙成员由于心理相容、情感融洽、沟通顺畅,在其成员之间也容易产生模仿、暗示、感染等社会心理现象。通常情况下,如果哪个成员的行为一旦被公认为最佳,其他成员就会纷纷效仿;团伙成员在日常的活动中不知不觉地就会产生思想、观点的交流并相互影响;为了能够提高团伙的"战斗力",团伙成员之间也会相互传习犯罪技能和经验,能产生非常明显的"近墨者黑"的结果。

(5)恶性发展,重新犯罪。这是出于抱团抗改的需要而形成的罪犯团伙的典型特征。这类团伙中的罪犯往往是同类相聚、同案相结的多次受到打击的反改造分子,其反社会意识较强,抗改情绪高昂,因而其活动带有明显的情绪性、明确的指向性和突出的破坏性。他们往往联合起来共同对抗监狱民警的管教,不仅经常制造各种事端扰乱改造秩序,而且可能实施报复行凶、哄监闹事、暴狱、脱逃等重新犯罪行为。

(三)罪犯团伙的改造对策

1. 治标对策。只要有罪犯的群集生活,就必然会形成各种各样的罪犯团伙。一旦发现罪犯团伙的能量达到对监管秩序构成威胁和破坏的程度时，就要及时、快速、有力地拆散罪犯团伙。通常可采取以下三种策略：首先是分化，即采用调离的方法，将其核心人物调出原来服刑的监区（分监区），使其他团伙成员因失去主心骨和精神支柱而难以维系团伙的存在。与此同时，还要对每个团伙成员有针对地进行教育，使其丢掉幻想，重新回归罪犯集体中。其次是异化，即采用将改造积极的罪犯掺进团伙成员较多的罪犯集体，对团伙的存在和发展起到隔离、抵制和弱化作用，进而削弱团伙的势力。最后是严打首领，对于恶性罪犯团伙的首领和骨干分子，要给予严厉打击，同时要严格管教，强化针对性教育，促其发生转化，同时借用这种转化来带动其他成员的转化。

2. 治本对策。每个监狱都有产生罪犯团伙的条件，消除罪犯团伙心理必须坚持不懈地做好以下基础性工作：

（1）净化环境。不同的地区都有自己独特的监狱文化。在改造风气不好的地方，罪犯的结伙现象往往一茬接一茬，很难根治。创造良好的改造氛围，就成为预防团伙产生的根本方面。净化环境需要注意以下四点：一要做长远规划，注意挖掘监狱所在地良好的文化传统，并通过日常活动，努力将这些传统发扬光大；二要建设好的罪犯集体，用健康集体的凝聚力吸引罪犯；用健康集体监督、牵制罪犯团伙，抵消其不良影响力；三要树立积极接受改造的罪犯典型，以典型的力量引导罪犯抛弃恶习，积极向上；四要注意对罪犯的动态管理和现场管理，不给罪犯以结伙的可乘之机，发现有结伙的苗头时，可以通过人员调配和个别教育予以消除。

（2）给予罪犯更多关心。罪犯结成团伙，尤其是一些属于弱势群体的罪犯要求入伙，说明我们在管理上有欠缺，不能使监狱民警成为罪犯的依附中心。因此，要切断结伙的根源，就要真心实意地关心罪犯，越是处于弱势的罪犯就越要多给予关心，还应实实在在地为罪犯的切身利益着想。一旦罪犯感受到了政府的诚意和温暖，就会自动向正式群体靠拢。

（3）做好有针对性的教育改造工作。矫正罪犯的团伙心理，不宜实行大而化之的大课教育，必须切实贯彻区别对待、分类教育的原则。分清每个成员在团伙中的地位、表现和需求，因人施教，各个击破。对于一些处境特别困难、有特殊需要的罪犯，以及性格软弱的罪犯，应给予及时的帮助和保护，防止他们受人欺辱和裹挟，成为罪犯团伙的牺牲品。

（4）强化罪犯角色意识。罪犯之所以会形成团伙，与其罪犯角色意识不清密切相关。因此，应主动开展有针对性的守法、认罪、悔罪教育，通过挖犯罪根源、摆改造前途、查落实规范和现身说法、典型批判等方式，强化罪犯的羞耻心和责任感，促其明确自己的罪犯身份,产生正确的罪犯角色意识,同时激发其产生积极改造的上进心,进而达到使其彻底与团伙决裂并投入罪犯集体之中的目的。

第二节 罪犯交往心理及正向引导

在多种影响罪犯服刑的因素中,人际交往是影响罪犯的改造状况和身心健康的较为重要的因素之一。掌握罪犯人际交往的特点及其活动规律,帮助人际关系不协调者进行适当调整,是矫正罪犯心理的重要方面之一。

一、罪犯交往心理发生的文化背景

文化是指人类创造的物质财富和精神财富的总和,也泛指弥漫在特定人群内部的价值观念、生活目标与心理氛围。监狱文化是监狱在执行刑罚、改造罪犯的长期实践中形成,并为管理人员和服刑罪犯所接受的稳定的思想观念、道德准则和行为模式。从宏观上看,监狱文化是由监狱机关倡导的主流文化与罪犯自发形成的居于次要地位的亚文化组成,在监狱中接受监管改造的罪犯是在双重文化背景下生活的,他们不仅要受到监狱主流文化的教化,而且要受到监狱亚文化的影响。对多数罪犯来说,他们一方面表示积极接受监狱主流文化的教化,努力改造自己的错误思想;另一方面热衷于在亚文化中寻找依靠,满足自己的多种不合理需要,自觉或不自觉地接受它的影响。不同监狱的罪犯之所以会出现较大的心理、行为差异,是因为他们生活的改造环境不同,隶属的群体不同。他们的思想、行为就是从他们生活的那个群体里学来的。所以,研究监狱文化是认识罪犯群体,提高罪犯心理矫正效应的重要方面。

(一)监狱主流文化

1.监狱主流文化的概念。主流文化是指在特定历史时期内,由占据统治地位的生产方式所决定的,体现统治阶级意志的文化,是特定历史时期占社会主导地位的伦理道德、政治规范、审美情趣、宗教信仰的总和。监狱主流文化是由政府、法律推动或认可,作为标准范式在监狱内推行的文化。它是广大监狱民警在长期改造罪犯的工作实践中逐步培养起来的精神、物质成果,符合社会主义精神文明建设的要求,是促进罪犯心理良性转化的重要因素。

2.监狱主流文化的群体心理效应。主要包括以下四个方面:

(1)导向效应。导向效应是指监狱主流文化在潜移默化中,使罪犯接受集体主义的价值观念，树立正确的人生目标。良好的改造风气和优良的监狱传统，会在罪犯进行集体活动的过程中，在罪犯的日常生活中，“润物细无声”地不断对罪犯产生正面影响，并形成良性循环。无论哪类罪犯，也不管他从哪里来，只要他来到监狱服刑，就会感受到这个监狱的传统和舆论，在无形的群体压力下检点自己的行为，学会约束自己按规矩行事，逐渐适应和接受这里的改造方式，改变不良的动力定型。监狱的个性越鲜明，传统越稳定，领导越有力，其对罪犯群体的改造效应就越明显。

(2)趋同效应。趋同效应是指监狱文化能使罪犯群体产生趋于一致的行为习惯。对罪犯的每日生活进行规范化管理是社会主义监狱文化建设的基础内容。每个罪犯在入监初期都处在和监狱主流文化的“非同状态”，即罪犯原来的生活方式与监狱规范格格不入，这使他们很难适应监狱的统一要求，在心理上持有抵触、拒绝和排斥的态度。但监狱文化不同于一般的社会文化，它是以国家强制力为保障的文化传播，对罪犯进行规范化管理是社会主义监狱文化建设的基本内容，不遵守监狱的规章制度就要受到相应的处罚。这就迫使罪犯必须学习符合社会要求的行为规范，克服原来的陋习，达到文明的外在要求，以此求得群体的认同和接纳，进而获得自我的心理平衡。趋同效应不仅使罪犯群体面貌整齐划一，训练有素，行为端庄，也为其他教育改造措施发生效用准备了良好的群体氛围条件。

(3)凝聚效应。凝聚效应是指监狱主流文化的价值观念一旦被罪犯群体认同之后，就会在罪犯中形成一种服从管教、积极改造的向心力。这种向心力的大小，直接影响着监狱秩序的稳定。向心力也会促进罪犯之间健康、和谐的人际氛围的形成，从而使罪犯摆脱对消极因素的认同而产生的相互吸引，由此减少罪犯亚文化群体产生的机会，使罪犯个体恢复社会责任心和集体荣誉感，积极参与集体活动并表现出更多的积极接受改造的行为。

(4)缓冲效应。缓冲效应是指监狱主流文化建设既注重促使罪犯之间形成和谐的人际关系，也注重创建优美的改造环境，以满足罪犯进行交往、获得友谊、休闲娱乐、提高审美情趣、获得精神享受等多种需要，使其保持一种平和、愉悦的改造情绪。通过提供丰富多彩的文体活动，不仅使罪犯有了消耗剩余能量的正当渠道，缓解过度紧张的情绪，而且开阔了罪犯的视野，提高了生活品位，淡化了消极失望情绪，减少了暴力事件的发生概率。无论是一本好书，还是一出好戏，都能在罪犯心理上引起情感共鸣，激发他们产生高尚的情感体验，启迪良知，促进认罪悔罪。现代监狱文化建设突出贯彻社会主义人道主义的内容，对罪犯产生巨大的感染作用，能软化其顽固的意志，缓冲矛盾，弱化对立情绪，消除其社会偏见，最后融合于集体之中，安心改造。

(二)监狱亚文化

1. 监狱亚文化的概念。亚文化是指不占统治地位的或某一局部的文化。亚文化在其存在和发展的过程中,总是或多或少地表现出与主流文化相背离的倾向。监狱亚文化是罪犯本身的消极思想观念和心理倾向的延续,以及罪犯非正式群体在监禁生涯中逐渐形成的偏离监狱主流文化的价值标准、行为方式的综合体。监狱亚文化的表现主要有:罪犯的腐朽观念、“亚审美文化”、“亚道德文化”、罪犯暗语、罪犯特定的服刑心态,某些禁忌和仪式、监狱经验、监禁反应等。监狱亚文化与监狱同步产生和发展,常常是由监禁场所的罪犯之间一代一代的衍生、继承和扩散而成的,因不同的历史、民族、地域背景而显示出不同的形式和特色。

2. 监狱亚文化的群体心理效应。主要包括以下四个方面:

(1)潜移默化效应。潜移默化效应是指不管何类罪犯,只要生活在罪犯群体中,就在耳濡目染中自觉或不自觉地受到其他罪犯言行的影响。这种效应在那些初次入监、好奇心强、内心空虚,尤其是不知道自己在监狱中该如何行事的罪犯身上表现得尤为明显。他们在与“老犯人”的不断接触中,逐渐学会了罪犯非正式群体的规范、语言、禁忌和习惯等,积累了“囚犯经验”。有的罪犯还模仿他犯或在他犯教唆下文身。罪犯在长期监禁生活中从“老犯人”那里感染的那些罪犯的不良习性,不仅在服刑期间有所表现,而且在其被释放后的一段时期内仍会有所表现。

(2)构建“囚犯道德”效应。构建“囚犯道德”效应是指在监狱这个特殊环境中,罪犯作为素质低下且对社会不满与破坏现行秩序的特殊人群,在其畸形心态作用下,会形成具有其自身特色的生活方式和行为方式,即构建了独特的“囚犯道德”。有学者把这种“囚犯道德”概括为崇武心态、江湖义气、流氓意识三个方面。[①]崇武心态使罪犯藐视一切社会规范,信奉“弱肉强食”“用拳头解决问题”的生活信条,为了保护自己,出人头地,经常为争夺“狱内生活空间”和对他犯的控制权发生殴斗。讲江湖义气使罪犯非正式群体的凝聚力和吸引力增强,其内部团结,一致对外,形成较大的破坏监管安全的能量。流氓意识使罪犯为人做事不讲信用、是非不辨、美丑不分、缺少廉耻,严重恶化改造风气。总之,“囚犯道德”使罪犯很难有符合监规纪律要求的行为,对罪犯的改造极为不利。

(3)联结为消极罪犯群体效应。联结为消极罪犯群体效应是指通过监狱亚文化的相互熏染,在观念相似、心态相近的基础上,一些罪犯基于一定的动机和目的,逐渐自发或自觉地结成松散的或紧密的消极群体。这类罪犯群体一般有一定的结

---

① 何为民主编:《罪犯改造心理学》,中国人民公安大学出版社 1997 年版,第 194 页。

构和活动规则，对其他罪犯具有保密性和排他性，对监狱机关具有隐秘性与抗拒性。其首领常为服刑时间长、具有监狱生活经验的惯犯和累犯或反改造分子，或凭借身强力壮、性情凶残来支配他人的罪犯。这类罪犯常享有某些特权，在罪犯群体中引人注目。他们在群犯中具有一定的威慑力和号召力，往往成为部分罪犯的“意见领袖”和驾驭力量，是监狱机关有效控制局面所不能忽视的因素。因此，这类罪犯群体对监管改造工作顺利进行和监狱秩序安全稳定的干扰和破坏作用不可小觑。

(4)形成监狱化人格效应。形成监狱化人格效应是指经常在监狱亚文化氛围中生活，排斥和远离健康的集体生活，容易使部分罪犯在人格倾向上出现某些共性的偏差，形成带有监狱色彩的人格特点。形成监狱化人格的罪犯主要有以下三种类型：一是抗争型。这类罪犯与监狱机关或社会严重对立，他们经常在一起发牢骚、泄私愤，不仅强化了消极的共同舆论，而且造成晕轮效应，导致他们怀疑一切、仇恨一切，反社会倾向得到共振和加强。二是顺从型。这类罪犯在过度的监狱适应中，毫无保留地顺从于监狱文化的影响，在兼收并蓄中，监狱亚文化的糟粕也成为其人格的一部分。其表现为卑躬屈膝，完全听命于他人，丧失自己的独立人格和判断、决定能力，随波逐流，缺少自强自立的生存能力，极易在他犯的拉拢、胁迫下走入歧途。三是双重人格型。这类罪犯对权威和强者卑微、屈从，对弱者和失势者则盛气凌人，完全是一副“在狼面前是羊，在羊面前是狼”的丑恶面孔，谙熟腐朽的罪犯关系学。他们在与同类的倾轧中锻炼出了胆量，增强了能力，习惯于耍两面派，欺上瞒下，巧取豪夺。其人格的欺骗性、投机性很强。

二、罪犯交往的一般特点

宏观地看，犯罪是个体不适应社会的表现。许多罪犯走上犯罪道路与其人际交往存在问题密切相关。这既可能是交友不慎，受劣友的不良影响而走上犯罪的道路；也可能是人际关系紧张引发矛盾冲突，为报复他人而触犯刑律。人际交往对服刑罪犯顺利度过改造生活也有重要意义。据某省监狱局统计，在 54 名自杀的罪犯中，因父母死亡、妻离子散失去心理支持和不善交往而导致自杀的人占 75.9%；在狱内暴力案件中，起因是当事者与他犯关系紧张和冲突的占 69.7%。[①]罪犯之间的交往虽然与一般人的交往一样，遵循人类交往的基本规律和法则。但由于罪犯所处环境和其身份的特殊性，决定了其交往活动必然会带有独特之处，具体表现在以下六个方面：

---

① 张雅凤主编：《罪犯改造心理学新编》，群众出版社 2007 年版，第 211 页。

(一)限制性

虽然从理论上讲,罪犯对交往对象和行为方式有自己的选择权,但在实践中,这种选择却因环境的限制大打折扣。对罪犯狱内人际交往的限制,主要来自两个方面:一是司法部颁发的《监狱服刑人员行为规范》中要求罪犯在服刑期间严格遵守的十条纪律,其中包含对罪犯交往对象、交往区域、交往内容的限制;二是监狱内文化背景下,一些通行于犯群的道德标准对罪犯交往行为的钳制影响。这些因素使罪犯狱内人际交往的选择性受到很大限制,在时间、空间和质量上遵循监狱既成的、延续的法则和方向。罪犯在此氛围下,逐步形成特殊的社会行为和人格,并被打上"监狱化"的烙印。

(二)阶段性

监狱是为改造罪犯设置的特殊环境,罪犯需要经过痛苦的过程,才能以特殊的交往方式和生存模式适应这里的改造生活,在其刑满释放后,又会出现对外面的社会生活的不适应。罪犯在服刑初期、中期、后期三个阶段对狱内人际关系的适应状况是不一样的。入监初期,罪犯不能很快适应由一般社会环境到服刑改造的监狱环境的转变,以消极被动为主,对他人具有突出的恐惧、戒备、猜忌、对立心理;进入服刑中期,罪犯逐步掌握了狱内人际交往的常识,积累了一定的与他犯和监狱民警相处的经验,比较适应监狱的交往生活;到了服刑后期,罪犯经过大量的实践锻炼,在处理人际关系方面已经得心应手,生活的主动性、积极性大大增强。

(三)单调性

首先,罪犯交往的单调性表现在罪犯所接受的社会信息是单调的。收监关押使罪犯在监狱这个相对封闭的环境中失去了社会上丰富多彩的信息的刺激,使其进行交往活动的兴趣与热情大大降低。虽然改造场所刺激的贫乏、单调使罪犯的外部感官清净了很多,但刺激的减少却使其视觉、听觉、嗅觉等感觉变得过于敏感,罪犯的性格也随之发生不好的变化,如变得心胸狭窄、敏感多疑、嫉妒心强等,他们容易大惊小怪、庸人自扰,甚至还会无事生非、无痛呻吟。于是,罪犯人际交往中的纠葛和摩擦会不断增多,犯群中会出现更多的不和谐因素。

其次,服刑的事实使罪犯由多重角色变为单一角色。虽然罪犯与家人、亲友并未中断联系,但实际上并不能像入狱前那样和他们保持正常的社会交往,尽管因此使其遇到的生活矛盾大为减少,在某种程度上减轻了罪犯的社会负担,但却使罪犯失去了许多生活的乐趣。时间一长,罪犯就会变得信息闭塞、观念落后、活动呆板。刑满释放回到社会后,服刑时间较长的罪犯就会有恍如隔世之感。单调使罪犯对服刑生活中的人和事感到厌倦,造成其活动积极性大大降低。

（四）两极性

许多罪犯在其生活和犯罪过程中，对于交往对象的评价和选择具有突出的两极性，即与人交往，关系非好即坏，非朋友即仇人，不能客观、辩证地处理人与人之间的关系。这种狭隘、偏倾的人际交往倾向会在罪犯入狱后与他犯的人际交往中延续。

通常情况下，以成熟的人格和他人相处时，与每个人都保持适度的距离，既不过分亲密也不过分疏远，才能维持稳定和谐的人际关系。但在人际交往上原本就具有两极性的罪犯，在监禁条件下往往更易走极端。一方面，由于罪犯处境相似，年龄、个人经历、社会态度相近，有共同的利益要求，因而容易形成共同感受而产生心理相容；另一方面，由于长期与社会隔离，彼此过于熟悉和了解，达到乏味的程度，往往会因为利益之争而造成关系紧张、相互排斥。这样，就出现了两种相互矛盾的现象：一是罪犯之间形成了过于亲密的关系，罪犯之间的接触和交流远远超过了与监狱民警的交流。与监狱民警交往时，用冠冕堂皇的话来应付；而罪犯私下接触时，才表达真实的思想和感情，具有双重人格的表现。二是由争夺和厌恶导致罪犯人际关系的过于疏远和对立、纠葛及冲突不断发生，罪犯相互之间争斗不休、互相打压，甚至有可能引发凶杀、械斗、投毒等恶性案件。

（五）低层次性

主体文明程度的高低，决定着交往水平与层次的高低。就罪犯整体的素质来看，其文化水平、社会知识、道德水准、生活能力、思想情调等，都低于社会一般水平。罪犯交往的自然趋向，往往是向下的。由于许多罪犯具有较深的劣迹，与他犯相处时，发生交叉感染是不可避免的，因而在罪犯之间的交往中，经常会出现“近墨者黑”的情况。监狱是社会渣滓的密集之地，生活在那里的罪犯，其安全感远低于一般社会生活中的人。一些罪犯经常担心上当受骗，受人欺辱，在与他犯交往中常处于紧张戒备的状态，并且为了保全自己，常以虚伪的面目待人接物。罪犯强烈的利己动机和道德沦丧相结合，会导致其交往行为上的急功近利、不择手段。绝大部分罪犯向监狱民警汇报的情况含有不同程度的水分，缺少做人的诚意和良心，甚至为一点私利而陷害他人。罪犯群体内人际斗争的复杂性、残酷性远较其他群体、其他环境下的情况严重。

（六）不平等性

这种不平等并非发生在罪犯的集体生活中，而主要发生在罪犯分散的个人交往之中。生活在群体中的罪犯，相互之间也存在竞争。但其低下的道德水准决定了这种竞争往往是畸形的、不公正的。古今中外，任何监狱内罪犯之间的互相倾轧、弱肉强食都是无法消除的，不过是表现程度不同而已。罪犯中的牢头狱霸或被不恰当使用的“拐棍”，往往倚仗暴力或权势实现对其他罪犯的控制。一些家庭富裕的罪犯是凭借金钱，养尊处优，支使他人。与之对应的是，处于劣势或家境贫穷的罪犯，则被迫接受他们的强制或自愿接受他们的指使。

三、罪犯交往的类型

根据交往的结果，罪犯的交往可分为交往成功型和交往失败型两类。根据交往的对象，罪犯的交往可分为与其他罪犯的交往、与监狱民警的交往、与亲人或朋友的交往。这里重点分析根据交往动机划分的五种类型。

（一）利益型

这是以罪犯之间互惠互利、互相帮助、互相包庇为目的的交往。以这种类型进行交往的，在犯群中占大多数。许多罪犯交朋友不分是非善恶，不讲正义原则，而是奉行“谁对我好，我就对他好”的人生信条。这主要源于罪犯群体是以利欲型罪犯为主干，以利相交是其一贯的行为模式。

（二）同乡型

来自同一地域的罪犯，在交往中不存在语言与习惯障碍，易产生亲近感，进行思想沟通比较顺畅，能很快取得一致。在特殊的归属感支配下，能够互相扶助，战胜生活困难，抵御其他罪犯的侵扰。以这种类型交往的罪犯，主要寻求的是感情慰藉。

（三）趣味型

这是由于相同的爱好和审美情趣形成的愉悦的人际关系。如果没有其他因素掺杂，可以在相互吸引、轻松愉快的气氛中，保持长期稳定的交往。

（四）志向型

这是由于相近的知识水平和精神层次，对社会生活有共同的见解，特别是在人生观、价值观上有一致的看法而形成共鸣后产生的交往。这是较高层次罪犯中出现的交往类型。

（五）投机型

这类罪犯在与哪类罪犯进行交往的问题上缺少自己的主见，其交往不是发自内心地对某个罪犯产生认同和喜爱，而是在投机心理支配下的追赶潮流。比如，某罪犯在监狱民警面前受重视，或在犯群中吃得开，就顺应潮流与之交往；众人都与某个罪犯交往，就跟大家一样与之交往。这类罪犯的交往对象不定，反复无常。罪犯以这种不健康的心态对待交往，会降低狱内人际关系的可信度，当事者难以从交往中汲取有益的养料。

四、罪犯交往心理的正向引导

罪犯之间人际交往的效应优劣参半,在不同的条件下产生不同的作用。监狱民警的工作就是适当进行引导,以便充分发挥罪犯交往心理的积极作用,同时遏制和消除其消极发展的倾向,帮助罪犯正确适应监狱人际环境,从交往中得到教益并增添上进力量。

(一)把握交往的导向

监狱除规范罪犯在集体活动中的交往外,还要注意罪犯业余时间的人际交往,防止出现失控现象。要充分调查研究,全面掌握犯情,运用各种手段和力量,保证罪犯交往发展的正确方向。

一是权力导向。监狱民警要运用好国家赋予的管理罪犯的行政权力,调度罪犯,实现最佳人际组合,防止交叉感染。运用奖罚手段,抑恶扬善,加强罪犯集体的凝聚力,形成良好的文化氛围。

二是规范导向。,要花大气力抓好《监狱服刑人员行为规范》的落实。尤其要注意新时期罪犯人际交往中的新动向,制定相应的规范,使罪犯的交往有章可循,文明进步。

三是利益导向。要正视商品经济条件下,人的社会行为主要受利益导向的现实,划清罪犯正当合理的需要与非分欲求的界限,在条件许可的情况下,适当满足罪犯正当合理的需求,以调动其参与集体活动的积极性。同时,有效运用奖罚手段,引导罪犯之间恰当进行竞争与合作,使罪犯之间因争名夺利而钩心斗角、互相倾轧的不良风气得到遏制。

四是舆论导向。要通过适当方式在犯群中大力宣讲不良交往的危害,倡导比奉献、献爱心的活动。注意培育良好的罪犯集体,发挥其对罪犯个人的教育作用。要适应国情变化,经常对罪犯进行守信教育,抵消腐朽观念、落后思想对罪犯人际关系的侵蚀,使罪犯追求高水平的交往和崇高的事业。

(二)培养罪犯良好的道德观念

罪犯的交叉感染和深度感染不可避免,单纯进行查、禁、堵、塞的作用也很有限。从治本的角度来看,培养罪犯形成良好的道德观念,是发挥罪犯交往心理的积极作用的关键。因为如果多数罪犯具备了良好的道德观念,社会主义的道德标准就会在多数人身上产生一体遵循的效力,尔虞我诈、损人利己等不良风气就会失去存在的市场。

罪犯与普通公民的社会心理相异的本质,使其具有颠倒的道德观念和反社会意识,这是其负向人际交往的决定因素。监管改造不仅使罪犯接受的来自监狱民警的正面教育信息成倍增加,也使罪犯接受的来自他犯的消极有害信息倍增。解决罪犯之间相互感染的根本出路,就是提高罪犯的思想觉悟和道德水平,增强其社会责任感和抵御外界不良刺激的能力,自觉地吸收交往中的积极因素,抛弃精神垃圾,尽快转变为合格的社会公民。

(三)促使罪犯改变不利于交往的人格特点

许多人际交往失败的根源在于交往一方或双方存在人格缺陷。对那些与多人长期关系紧张的罪犯进行调查发现,他们大多具有为人虚伪、自私自利、不尊重人、报复心强、嫉妒心重、猜疑心多、苛求于人、吹毛求疵、过分自卑、傲慢无礼、孤独固执等不良人格特点。对于这类罪犯人际矛盾的解决和人际关系的改善,不能仅仅着眼于帮助其解决某个具体问题,而要帮助他们深入分析人际矛盾产生的内在根源,尤其是重点从其自身的人格特点方面找原因,以便使他们能够从挫折中总结经验教训,并在日常生活中注意改变自身存在的那些不利于人际交往的不良人格特点,最终才能使其人际关系状况切实得到改善。对人际关系状况不佳的罪犯进行人格优化的起点,是使其养成对生活的热望和对他人的信任,这也是对罪犯人格优化的根本目的。

(四)教会罪犯人际交往的技巧

这是取得良好的罪犯交往心理效应的技术性问题。有时,从良好的动机出发,如果缺乏相应的与人交往的技巧,未必能实现预期的目的。因此,要引导罪犯学习社会交往的基本知识,掌握人际交往的基本规律,了解与人顺利交往的基本操作技巧。在学习知识的基础上,还应强化技能训练,可设计各种人际交往场景,让罪犯通过角色扮演的方式进行演练,从中接受锻炼和考验。与此同时,在日常的改造活动中,也要不断给罪犯提出新的要求,使罪犯通过在实践中的具体操作来巩固其习得的技能,进而真正促其养成良好的交往习惯。

研究与思考

1. 罪犯集体对罪犯心理有哪些影响?如何建设健康的罪犯集体?
2. 罪犯非正式群体的改造心理效应有哪些?
3. 罪犯团伙的心理特征表现在哪些方面?罪犯团伙的行为特征有哪些?
4. 监狱主流文化的群体心理效应有哪些?
5. 监狱亚文化的群体心理效应有哪些?
6. 罪犯人际交往的一般特点是什么?如何对罪犯的交往进行正向引导?

第十章　罪犯违规心理与改造对策

重点提示

1. 罪犯违规是指在服刑期间违反监规纪律的行为，广义的罪犯违规还包括罪犯的又犯罪行为。罪犯违规行为主要有野蛮狂暴、虚伪狡诈、沉默孤僻、颓废懒散四种表现形式。

2. 导致罪犯产生违规心理的自身因素包括原有不良心理的延续、对判决与惩罚不服、对前途悲观失望、恶习太深、情绪易冲动、强烈的自我显示欲望、能力欠缺、特定的生理因素等；外界因素包括监狱民警因素、罪犯群体交往矛盾或相互感染、社会消极因素的刺激、家庭中的消极因素等。

3. 罪犯抗拒改造属于严重违规，包括严重违反监规纪律和狱内又犯罪（重新犯罪）两个层次。抗改罪犯具有片面偏激的认知、悲观冷酷的情感、正向薄弱与反向顽固的意志、偏执与自我显示的人格、角色意识严重淡化的自我意识等心理特征和凶残性、顽抗性、狡诈性、纠合性等行为特征。

4. 脱逃是严重的抗改行为。罪犯脱逃动机的产生既与过分的物欲、强烈的性欲、安全需要等生理性需要有关，也与自尊和自由的需要、逃避惩罚的需要、亲情和友情的需要、报复的需要、申诉的需要、自我保护的需要等社会性需要有关。罪犯产生脱逃动机后，在认知、情感、意志上都有与平时不一样的变化，我们可以根据罪犯表现出的多种异常行为迹象来辨识罪犯是否已经产生了脱逃心理。

5. 对抗改罪犯可以运用积极开展情感教育、修正扭曲人格、发挥个别教育优势、抓好养成教育、发掘和强化闪光点等改造对策进行改造；对脱逃罪犯可以运用创设良好的改造氛围、增强刑罚的威慑力、强化防逃意识并落实好防逃措施等改造对策来进行改造。

第一节　罪犯违规心理概述

一、罪犯违规心理的含义

罪犯违规有狭义与广义两种理解。狭义的罪犯违规是指在服刑期间违反监规纪律的行为,包括两方面:一是一般性违规违纪,例如,不遵守监规纪律、不服从管理、经常完不成劳动任务、私藏现金等;二是严重的违规违纪,如反抗管教、抗拒劳动、自伤自残、自杀等。广义的罪犯违规,除了包括狭义的罪犯违规外,还包括罪犯的又犯罪行为。属于狭义范围的违规可以运用监狱行政法规和规章制度予以制裁和处罚,而狱内又犯罪则需要报请人民法院给予刑罚惩罚。本章研究的罪犯违规属于广义范围。

违规心理是支配违规行为的内在机制,违规行为是违规心理的外部表现,二者紧密联系。确定罪犯有违规表现,必须是既有违规心理又有违规行为。如果只有违规心理而无违规行为者不能视为违规。

二、罪犯违规心理的类型

(一)按心理状态划分的类型

1. 故意违规。故意违规是指罪犯明知自己的行为会出现违反监规纪律的结果,却在希望或者放任此结果发生的清醒心理状态下发生的违规违纪行为。例如,罪犯不服从监狱民警的管教,故意拖延不完成劳动任务等。这种违规是罪犯为了达到某种个人目的,故意实施的违规行为。

2. 过失违规。过失违规是指罪犯可以预见自己的行为可能发生违反监规纪律的结果,因为某种原因没有预见,或者在非故意的心理状态下发生的违规违纪行为。例如,罪犯因连续工作产生疲劳导致劳动事故的发生,或者因劳动技术不熟练而完不成劳动任务等。这种违规是罪犯在无意中导致或由于偶然因素导致的违规,并非有意实施的违规行为。

(二)按主动性划分的类型

1. 主动违规。主动违规是指罪犯有意识地创造条件去违反监规纪律或破坏改造秩序的行为。例如,偷窃他人财物、聚众赌博、故意丢失或破坏劳动工具等。主动违规属于故意违规。

2. 被动违规。被动违规是指罪犯因他犯引诱或胁迫,或受群体影响而产生的违反监规纪律的行为。例如，被动参与赌博、受其他罪犯感染而违反作息制度等。被动违规有的是故意违规，有的是过失违规。

（三）按发生次数划分的类型

1. 偶然违规。偶然违规是指罪犯偶尔违反监规纪律的行为。这种违规有时是在不知不觉的情形下发生的，不一定是明知故犯，事后往往后悔。

2. 习惯性违规。习惯性违规是指罪犯经常地、反复地出现违规行为。这种违规可能有两种原因：一是与某些罪犯不良的行为习惯有关，例如，入监前过惯了夜生活的罪犯，就会经常违反作息时间，晚睡晚起，早点名时常常迟到；二是缺乏纪律意识，明知故犯，这种罪犯不能严格要求自己按照《监狱服刑人员行为规范》去做，因而大错不犯、小错不断，视违规为家常便饭。

（四）按严重程度划分的类型

1. 轻度违规。轻度违规是指普通的、平常的或按罪犯奖惩规定中规定的某一扣分值以下的违规行为。例如，不按时起床就餐、劳动中闲聊、三课教育时做小动作等等。

2. 严重违规。严重违规是指重大的或按罪犯奖惩规定中规定的某一扣分值以上的违规行为。例如，威胁监狱机关工作人员、教唆他人实施违法行为或传授犯罪方法、自伤自残、脱逃等。狱内又犯罪行为属于最严重的违规。

（五）按违规对象划分的类型

1. 对人的违规。对人的违规是指罪犯针对人实施的违规。其可分为两种类型：一是对他人的违规，即罪犯针对监狱民警或其他罪犯实施的违规行为，如不服从监狱民警的管教、伤害监狱民警或其他罪犯等。二是对自己的违规，即罪犯针对自身所产生的违规行为，如罪犯出现自伤、自残、自杀行为等。

2. 对事的违规。对事的违规是指罪犯在服刑期间参加某种活动过程中所产生的违规行为，如破坏劳动工具、抗拒劳动、不愿参加学习等。

三、罪犯违规行为的表现形式

由于每一个罪犯都具有独特的心理特征，他们的违规心理不同，违规情境又各具特色，使其违规行为往往呈现出多种不同的表现形式，归纳起来主要有以下四种：

（一）野蛮狂暴型

这类罪犯违规的手段比较单一、明显，常常表现出亡命徒作风，只图一时的行为发泄，不考虑行为后果。违规时气焰嚣张、态度恶劣，明目张胆地对党和国家的方针、政策进行言语攻击,有时还对其他罪犯或监狱民警直接进行身体上的暴力侵害。其行为明显表现出严重的违法性。这类罪犯大多是年轻人,文化水平偏低,自我调控能力差,具有某种人格缺陷,如性格粗野,情绪冲动,思维方式属简单型、偏执型、冒险型等。

(二)虚伪狡诈型

这类罪犯违规时常常用表面顺从、花言巧语、伪善来掩饰其内心对刑罚惩罚、政府、监狱机关、监狱民警、其他罪犯的不满或仇视情绪。其行动诡秘、阴险,极少直接出面抗改,而是采取在罪犯中教唆、拉拢、煽动等伎俩,"借刀杀人"。他们一方面教唆其他罪犯抗改,另一方面有极好的自我保护本领,即一旦事情败露就会以揭发者的面目出现,企图逃避罪责。这类罪犯一般年龄较大、文化水平稍高或犯罪经历复杂,大多是罪犯团伙中的策划者、组织者。

(三)沉默孤僻型

这类罪犯抗改比前两种形式显得"温和"些,不经常表现攻击行为,也不轻易介入其他罪犯的公开违规活动。有的甚至长时间不说一句话,日常交往经常用手势表达。他们对监狱机关的号召、监狱民警的管理教育常常无动于衷,以沉默来表示反抗。仅在自认为时机成熟时,伺机进行严重抗改活动,如呼喊反动口号、劫持人员、破坏生产等。这类罪犯大多属于内向型性格,孤僻安静,喜怒不形于色,其改造难度较大。

(四)颓废懒散型

这类罪犯违规行为的特点是:在服刑的日常生活中,表现为拖沓、懒散、肮脏;在劳动中,常常是消极怠工,甚至用装病逃避劳动,表现出严重的好逸恶劳;在待人接物上,既没有与他人接触交往的主动性,也不愿对他人的影响产生反应,因而无论是来自监狱民警的教育管理,还是周围罪犯的嘲笑,全都无动于衷。这类罪犯综合表现为缺乏自尊心和荣誉感,不思进取,消极麻木,破罐破摔。

四、罪犯违规心理形成的原因

(一)罪犯自身因素

1.原有不良心理的延续。罪犯原有的与其犯罪密切相关的不良心理,不会因其被判刑入狱而消失,这些不良心理的延续会直接引发罪犯产生违规行为。例如,具有好逸恶劳恶习的罪犯,在服刑中就可能通过在劳动中擅离岗位、消极怠工、恶意破坏劳动工具使劳动无法顺利进行、以身体有病为借口不参加劳动等形式表现出抗拒劳动或刻意逃避劳动的违规行为。

2. 对判决与惩罚不服。这是因为罪犯对自己的行为错误归因,把自己的犯罪和服刑中不良行为产生的原因归于外界因素,因而对法律的判决和监内的惩罚不服。于是用违规行为来表达自己内心的不满。

3. 对前途悲观失望。罪犯违规的发生与他们对自己未来前途的预测是密切相关的。当罪犯感到自己的未来一片灰暗,看不到前途时,就会悲观失望、万念俱灰,于是自暴自弃,无心改造,消极懈怠,违规行为就会自然而然地发生。

4. 恶习太深。一些犯罪恶习较深的惯犯和累犯,犯罪行为已高度自动化,他们往往因控制不了自己的恶习而易于实施违规行为。例如,盗窃惯犯入狱后,只要遇到合适机会,就会实施盗窃他犯财物的行为。

5. 情绪易冲动。某些受到刺激就容易情绪冲动的罪犯,往往会在特定情境下,在意外刺激影响下情绪激动、失去理智而无法自控,迅即做出明显情绪化的冲动行为,导致违规行为的发生。在改造实践中,暴力型罪犯比其他类型的罪犯容易产生违规行为,根源就在于暴力型罪犯具有情绪易冲动且自我控制能力较差的特点,他们受到小的刺激就极易情绪激动与他犯发生冲突而导致违规行为,甚至有时会在监狱民警指出其所犯的错误后,害怕遭受严厉处罚而迅即出现顶撞监狱民警的不服管教的行为。

6. 强烈的自我显示欲望。有些入狱前在社会上习惯于称王称霸的罪犯,在服刑过程中其恶劣的本性依旧难改,总想表现自己的“勇敢”和“英雄气概”,于是故意找碴儿顶撞监狱民警,成了违规“能手”。

7. 能力欠缺。有些罪犯的违规行为并非有意为之,而是能力太弱造成的,感知、记忆、思维能力较差,或操作能力较弱,致使他们常常完不成劳动任务或者出次品较多。例如,从事服装制作的罪犯,因为自己的手艺差,使其所在工序出现质量问题,导致整个小组的货物批量出错。这类罪犯的违规常常是过失违规。

8. 特定的生理因素。罪犯违规也可能与某些生理因素有一定关系:一是身患疾病,这类罪犯害怕在监狱治不好病,或者因病程长,心理负担过重,情绪波动大,心态消极,易犯过失违规或被动违规。极个别患病罪犯也可能会因为自己的治病请求,因条件限制无法尽快得到批准,心存不满而导致故意违规。二是体内某些生理因素异常,这种状况会导致罪犯出现经常性情绪紧张或冲动而产生违规行为。三是患有原发性或继发性精神障碍或拘禁性精神障碍,这类罪犯因心理异常也容易发生违规行为。四是处于青春期这一特定年龄段的罪犯,由于他们体内的内分泌旺盛,造成他们易激惹因而容易做出违规行为。

(二)外界因素

1. 监狱民警因素。一是监狱民警的素质不高,导致对罪犯管教方法不当或奖惩不公等,都可能引发罪犯的不满而使其产生违规行为;二是监狱民警的管理方式或内容存在问题,有的监狱民警怕管理的宽严度掌握不好,尤其害怕管严了激化矛盾,有的监狱民警则只重视罪犯的劳动表现、轻视思想改造,上述情况间接促进了罪犯违规心理的产生和违规行为的泛滥。

2. 罪犯群体交往矛盾或相互感染。罪犯群体汇聚了各种各样的具有心理恶性的人,因而罪犯与罪犯之间发生矛盾冲突就不可避免,当这种矛盾冲突逐渐升级就可能演变为打架、斗殴等违规行为。与此同时,罪犯群体中的某些不良情绪和不良行为方式会发生相互间的感染,尤其是狱内团伙中的罪犯会进行犯罪技能和经验的相互教唆传习,如果再有牢头狱霸的控制,罪犯违规行为就极易发生。

3. 社会消极因素的刺激。社会腐败现象的严重和其他消极社会信息的影响,使罪犯在服刑中感到心理失衡、压抑、迷茫和痛苦,这些消极心理如果不能进行有效调适,发展到一定程度就可能转化为违规心理进而导致违规行为的产生。

4. 家庭中的消极因素。家庭是影响罪犯是否接受改造的重要因素,家庭中的消极因素与罪犯违规行为的产生关系密切,主要表现为:一是家人对罪犯的态度。如果家人将罪犯遗弃或对其态度冷漠,会使罪犯心灰意冷、自暴自弃,失去改造信心,破罐破摔,进而出现违规行为。二是家庭变故。亲人生病、配偶提出离婚、家中突发灾祸等都可能导致罪犯情绪消极而可能引发违规行为。例如,如果得知妻子离家出走,音信全无,家中老人、孩子无人照管且生活困难时,罪犯的情绪就会突然低落,稍有刺激就可能产生向他人恣意发泄的行为,消极情绪严重者还可能为了回家看看而实施脱逃行为。

第二节 罪犯抗拒改造心理

一、罪犯抗拒改造的概念

罪犯严重违规就是抗拒改造,包括两个层次:一是严重违反监规纪律,二是狱内又犯罪(重新犯罪)。

(一)罪犯严重违反监规纪律

这种类型的抗拒改造是指一贯地、屡教不改地反抗管教、抗拒劳动的行为,以及罪犯所产生的自伤自残、自杀行为。

1. 罪犯反抗管教。这是指罪犯一贯地、屡教不改地与监狱民警对立,不服从监狱民警的管理教育,甚至辱骂、殴打监狱民警的严重违规行为。那些偶尔出现的顶撞监狱民警，但事后有悔改表现的行为则不在此列。

2. 罪犯抗拒劳动。其有两种形式：一是罪犯个人拒绝劳动，主要因为某些罪犯对劳动持敌视态度，或存在畏惧劳动心理，或因劳动强度大难以承受，才产生拒绝劳动的行为；二是罪犯集体拒绝劳动，这是因为存在过分追求经济效益而忽视对罪犯的思想教育、有少数罪犯恶意煽动、监狱经济困难使罪犯的生活和劳动条件差等不利因素，导致罪犯集体产生拒绝劳动的行为。

3. 罪犯自伤自残、自杀。自伤自残是罪犯针对自己的身体所采取的故意伤害行为。例如，有的罪犯故意造成自己的右手受伤，以达到不参加劳动的目的；有的罪犯故意造成下肢受伤，因行动不便，就可以心安理得地躺在床上不参加各种改造活动。自杀是罪犯自愿、主动结束自己生命的行为。虽然自伤自残与自杀不同，但因为二者都是有意识的行动，而且都是针对自己的躯体和生命，所以某些罪犯若自伤方式不当，就有可能导致自杀的结果出现，而自杀未遂的罪犯又可能造成自伤自残的结果。例如，割腕自杀的罪犯，因被及时发现，没有自杀成功，但其手臂却受伤严重。某些罪犯原本想吞食异物吓唬监狱民警，同时自己可以因为住院治疗而不用参加劳动，但因为吞食异物的量太大、速度太快，致使自己被异物堵塞气管而死亡。

（二）罪犯狱内又犯罪

这是指罪犯在服刑期间重新产生犯罪行为，例如，狱内盗窃、诈骗、伤人、杀人、传授犯罪方法、闹监、暴狱、脱逃等触犯刑律的犯罪行为。

二、抗改罪犯的心理特征

（一）片面偏激的认知

抗改罪犯习惯于用歪曲的视角观察、思考人生和社会问题，使其认知带有极大的片面性和偏激性。这是在其错误、灰暗的人生观、价值观支配下所产生的强烈的反社会意识和逆反心理决定的。抗改罪犯强烈的反社会意识表现为对社会的冷漠、仇视、反抗、攻击、损害等有意识心理，在这种心理支配下，他们不承认自己被判刑入狱是罪有应得，不相信法律的公正、改造政策的人道和监狱民警的善意，因而对监管改造产生抗拒，对监狱民警滋生对立情绪；抗改罪犯强烈的逆反心理表现为反控制心理，监狱机关禁止的事物他们偏要认同、支持或着力去做，监狱机关提倡的正确事物他们却反感、抵触或打击。因此，这类罪犯的抗拒改造行为就是与监狱机关相矛盾、相对立的必然产物。

（二）悲观冷酷的情感

抗改罪犯多数失去家庭温暖，刑期又长，因而会产生严重的悲观绝望情感。许多对人生有深刻认识的思想家都有同样的感悟:人一旦对未来没有了希望,就会无所顾忌。抗改罪犯正是如此,悲观绝望的情感使他们破罐破摔。这种情感与他们片面偏激的认知相结合,更加重了他们对他人和社会的冷酷情感,具体表现为:对监狱民警极端仇视,对监督和揭发他们的其他罪犯极其愤恨。在这种情感支配下,他们会实施残酷的反改造行为,例如,抢夺武警的武器、暴力越狱、杀害监狱民警或其他罪犯以及自杀等。

(三)正向薄弱与反向顽固的意志

抗改罪犯之所以不能克制自己的不合理需要和冲动的情绪,无所顾忌地抗拒改造,除了片面偏激的认知和悲观冷酷的情感外,另一个重要的原因就是他们具有两极性的意志特征,即正确意志薄弱与错误意志顽固。其正确意志薄弱表现在:他们缺乏改恶向善的意志,对于自己能否改好没有信心,因而在劳动中害怕吃苦受累,任何微小刺激都会引发他们剧烈的情绪波动而导致其出现改造中的动摇反复,尤其是他们对自己的犯罪恶习缺乏自制力,导致违规行为多发。其顽固的错误意志表现在:不管是入狱前的犯罪活动,还是服刑中的抗改活动,他们都有惊人的勇气和毅力将其完成。因而他们为了将反改造活动进行到底,不惜忍受各种挫折和痛苦,例如,为了逃避劳动改造,不惜进行自伤、自残,而且不达目的绝不罢休。

(四)偏执与自我显示的人格

抗改罪犯的人格具有两种典型特征,即偏执和过分自我显示。抗改罪犯的偏执表现在:易钻牛角尖,听不进任何善意的劝告,顽固坚持自己的“道理”,一旦发现监狱民警有丝毫的疏忽,就抓住不放,纠缠不休,非常执拗。在错误的自我实现心理支配下,抗改罪犯还具有强烈的自我显示欲望,他们往往极其冒险敢为、逞强争霸,以此来表现自己的强大,在他犯面前树立“光辉形象”。因此,抗改罪犯往往以公开顶撞监狱民警为“英雄”,以其他罪犯惧怕自己为自豪,以打架占上风为“本事”,借此来显示自己的反改造能量。陆庆红等人用 COPA – PI 量表对江苏某监狱 68 名重危分子、抗改尖子进行测试的结果显示,顽危犯较集中和普遍的人格特征是:冲动性、攻击性、报复性较强;自卑感、焦虑感较重;具有较为明显的犯罪思维方式;情绪不稳定、性情暴躁,易生烦恼;有较强的戒备心理,对他人敌视和排斥,固执己见。[①]

(五)角色意识严重淡化的自我意识

角色意识是人们对自己所扮演的社会角色的反映。罪犯角色意识淡化是指罪犯忘记或否认自己的罪犯角色。罪犯角色意识淡化的主要表现是:罪犯不像罪犯,

---

① 张雅凤主编:《罪犯改造心理学新编》,群众出版社 2007 年版,第 224 页。

不认罪服法，不服从管教，不遵守监规纪律，与监狱民警称兄道弟等。抗改罪犯的角色意识严重淡化，致使他们视监狱为自由场所，完全不受《监狱服刑人员行为规范》的约束，为所欲为，抗改气焰嚣张，对监狱改造秩序造成极其恶劣的影响。

三、抗改罪犯的行为特征

（一）凶残性

抗改罪犯在其抗改心理支配下，行为上目无法纪和权威，疯狂地对抗刑罚惩罚，表现出行为的凶残性。他们为了实现脱逃等目的，不仅敢于将监视或阻拦他们的罪犯杀害，还会向当班监狱民警行凶，甚至还可能将监狱的围墙或大门撞毁。在监狱中发生的杀害监狱民警及其家属的恶性案件，多半也是在服刑中就抗拒改造的罪犯所为。

（二）顽抗性

大部分抗改罪犯的抗改行为持续的时间都很长，有的罪犯在同样问题上的反改造态度可能坚持多年不变。某些抗改罪犯尽管多次被惩处，但仍旧就恶习难改，一犯再犯。个别罪犯虽然经过耐心细致的教育，抗改行为似乎有所收敛，但很难坚持长久，过不了多长时间又会表现出来，具有明显的顽抗性。

（三）狡诈性

有些罪犯在抗改活动中，尤其是在策划脱逃或组织罪犯团伙的重新犯罪过程中，会表现得极为狡诈。例如，互通情报往往是单线口传；策划纲领也是口头密谋，不留任何文字痕迹；预谋暴狱往往先暗藏凶器等。他们善于声东击西，转移视线，为了确保抗改行为顺利实施，他们常常伪装积极来骗取监狱民警的信任，减少监狱民警对自己的关注以使自己便于行动。

（四）纠合性

抗改罪犯由于反改造需要相同，臭味相投，目标统一，彼此极易结成联盟，共同抗改。他们纠合成伙，煽动闹事，集体怠工、罢食，甚至成群结伙地一起向监狱民警示威，表现了极强的纠合性。这种纠合性的抗改活动，往往是在个别抗改尖子的组织和操纵下实施的。

第三节　罪犯脱逃心理

越狱脱逃，是罪犯为了逃避刑罚惩罚、逃避监管改造、非法获得人身自由的一种手段。这是罪犯服刑期间较为常见而又比较严重的抗拒改造行为。这种行为不仅严重破坏了监狱的改造秩序,而且不少罪犯脱逃后重新犯罪,对社会治安造成极大危害。

一、罪犯脱逃动机的产生

罪犯脱逃动机的产生,与一般的行为动机一样,也是源自罪犯的某种需要,在特定条件下,这种需要就可以转化为脱逃动机,一旦时机成熟(出现有利于成功脱逃的机遇),罪犯就会在脱逃动机的推动下迅即产生脱逃行为。

(一)引起罪犯脱逃的需要

需要是人的行为积极性的源泉,导致罪犯产生脱逃的需要有生理性需要和社会性需要两大类。

1. 生理性需要。主要有以下三类:

(1)过分的物欲。某些罪犯在犯罪过程中养成了吃喝玩乐、挥霍无度的恶习,具有强烈的物质需要。但受监狱条件的限制,这类罪犯的强烈物质需要不可能得到满足。于是,为了满足自己的强烈物欲,也为了摆脱监狱清苦的生活,这类罪犯就会铤而走险实施脱逃行为。

(2)强烈的性欲。性激素分泌正处于旺盛期的青壮年罪犯,尤其是那些过惯了淫乱生活的性欲型罪犯,因监狱环境无法使其性需要得到满足,加上他们道德和法律意识淡漠、自制力薄弱,难以抑制其性欲冲动,于是就会不顾一切地想逃出去满足其性需要。

(3)安全需要。安全需要引发的脱逃主要有三种情况:一是生病的罪犯怕在监狱治不好自己的病,死在监狱里,因而想逃出去到监外治病保命;二是经常遭受其他罪犯欺负的罪犯,因害怕遭受更多欺负而不敢向监狱民警报告来寻求保护,又难以继续承受被他人欺负的痛苦,不得已用脱逃的方式来获得安全感并远离痛苦;三是某些罪犯认为监狱的安全设施不完善,生活卫生条件又较差,难以获得安全感,于是就想逃出去以便得到生存的安全。

2. 社会性需要。主要有以下六类:

(1)自尊和自由的需要。个别监狱民警的管教方法不当,伤害了罪犯的人格,那些受到侮辱的罪犯就可能在自尊需要促使下产生脱逃行为;某些罪犯受不了监规纪律的约束,因而想逃出去寻求自由自在的生活。

(2)逃避惩罚的需要。某些罪犯尚有余罪隐瞒,怕时间长了自己失言或说梦话泄露真相后被加刑,整天担惊受怕,于是产生脱逃行为以寻求尽快解脱。某些罪犯因产生了严重违规行为,不想遭受惩罚加重自己的服刑痛苦,因而想逃出去一了百了。

(3)亲情和友情的需要。某些罪犯家庭发生重大变故,因对家人过于担心,想回家看看或想帮助家人解决问题,但受监规纪律的限制无法实现,于是就有可能实施脱逃行为。某些特别注重情谊的罪犯,听说朋友遇到危险,迫切地想前往帮忙,除了脱逃出去,别无他法。

(4)报复的需要。一些罪犯错误地认为,是法官、被害人、证人把自己送进监狱的,心中一直对这些人耿耿于怀,充满仇恨。为了使自己尽快恢复到心理平衡的状态,某些罪犯就想脱逃出去对那些人实施报复来消除自己的心头之恨。

(5)申诉的需要。认为自己被错判、重判的罪犯,在反复提出申诉无结果、外面又无人帮助自己申诉的情况下,便孤注一掷地想逃出去,企图达到自己亲自去申诉的目的。

(6)自我保护的需要。某些罪犯认为监狱的劳动强度过大、劳动时间较长,自己难以适应,长此以往,自己将被累垮。由于劳动是改造罪犯的重要手段之一,在监狱服刑的罪犯,只要身体健康,没有理由不参加劳动。因此,这类对劳动很难承受的罪犯就可能出于自我保护的需要而脱逃。

如前所述,经常遭受欺负的罪犯有可能实施脱逃行为,是源自他们维护自身安全的需要,但这仅仅是原因之一。某些罪犯之所以经常遭受欺负,根源在于他们相对弱小,无力反抗,或者因反抗会招致更严重的欺负而使其放弃反抗,逆来顺受,但这却反而强化了对方的行为。对这类罪犯来说,为了使自己不受欺负,最好的办法只能是离开这个是非之地。于是,他们为了保护自己,也为了使自己能有安全感,不得已才走脱逃这个"捷径"使自己能快速离开。

(二)有利于脱逃的条件

当罪犯产生了有可能引发其实施脱逃行为的需要后,就会开始寻找有利于其实施脱逃的条件。主体内外都可能存在这样的条件。

1. 外界因素。主要有以下三类:

(1)监所因素。如果监狱的改造秩序存在混乱的状况,罪犯就可能浑水摸鱼而实施脱逃;如果监狱民警存在认知偏差,对某些别有用心的罪犯过分相信而放松监管,就可能为这类罪犯的脱逃提供有利条件;监狱设施不完善,存在这样或那样的问题或漏洞,也可能成为罪犯脱逃的有利条件。例如,2009 年内蒙古自治区呼和浩特市第二监狱 4 名罪犯成功越狱脱逃,就与门禁系统存在漏洞有一定关系。

(2)社会环境因素。社会治安状况不太好和社会经济比较繁荣,因对罪犯脱逃后在社会上隐藏和生存有利，使脱逃罪犯不容易被抓回，这必然会对罪犯的脱逃带来一定促进作用。罪犯的亲人、朋友对罪犯的脱逃非常支持，可为其脱逃后的生活提供相应的资助，也会成为促使罪犯脱逃的有利条件。

（3）自然因素。适宜的时间、地域、气候以及发生地震、水灾等特定的环境条件，都可能成为罪犯脱逃的有利条件。一般在夏季和秋季、节假日、监狱地处交通沿线、出现刮大风或下大雨、大雾等恶劣气候条件时，罪犯脱逃的较多。

2. 罪犯自身因素。罪犯年轻力壮、身体健康、有作案能力和技能、独立性较强、有脱逃经验等，都可能成为罪犯脱逃的有利因素。

二、罪犯脱逃动机的类型

（一）按照引发脱逃动机因素进行的分类

1. 原发型脱逃动机。这是罪犯本身原有不合理需要在服刑中的延续而产生的脱逃动机。例如，某些罪犯过惯了花天酒地的生活，入狱后对监狱清苦的生活难以适应，因而非常留恋过去的生活，于是产生脱逃动机。

2. 诱发型脱逃动机。这是由于主客观因素的刺激或影响而萌生的脱逃动机。例如，某些改造意志薄弱的罪犯在其他罪犯的拉拢、引诱或教唆之下产生脱逃动机；因个别监狱民警执法水平低，滥用处罚，使罪犯产生对立情绪，走极端的罪犯就可能以脱逃来表达不满；因劳动强度大、生活条件太差，罪犯难以忍受，也可能以逃跑来避开艰苦。

（二）按照脱逃动机的产生是否有计划进行的分类

1. 偶发型脱逃动机。这是由于意外事件的刺激或其他偶然因素的影响而产生的脱逃动机。例如，罪犯家中发生意外事件，如父母病重、妻子突然离家出走、孩子受伤等，引起罪犯对亲人强烈的惦记，一时不冷静便萌发脱逃动机。

2. 预谋型脱逃动机。这是指有目的、有计划、有准备地进行脱逃的动机。这种动机恰好与偶发型动机相反。现实中产生脱逃行为的罪犯，大多是在预谋型动机推动下实施脱逃行为的，因而他们大多能顺利逃出监狱（但最终还是会被抓回来）。由于这类罪犯是经过长时间的谋划才实施脱逃的，他们在脱逃过程中往往会孤注一掷，任何阻碍其脱逃的人、物都会被除掉，因而此类动机推动下的脱逃行为常常带有暴力色彩，危害相对严重。

三、罪犯产生脱逃动机后的心理表现

（一）认知特征

罪犯在产生脱逃动机以后，会仔细观察监狱的地形，寻找可以利用的漏洞，以便确定脱逃的方式。与此同时,罪犯也会仔细观察监狱民警的活动规律,以便找到监管力量最薄弱的时间点,据此选择脱逃的最佳时间段。此外,罪犯还会产生相信自己定能脱逃成功的错误自我评价,为此,他们会抓紧一切时间、绞尽脑汁地谋划脱逃方案,所有的心思会全部放在思考如何成功实施脱逃上。

(二)情感特征

产生了脱逃动机的罪犯,既有对监外生活向往的肯定情感,尤其是想到脱逃成功后可以过上自由人的生活,喜悦、激动之情有可能溢于言表,又有准备脱逃时的焦虑、烦躁、苦闷与心神不宁,还有脱逃时的紧张不安、恐惧、冷酷等。这些情绪情感交织在一起,使罪犯常常处于心情难以平静的状态。

(三)意志特征

有了脱逃动机,罪犯的改造意志会更加薄弱,更难以踏实进行改造,对自己的犯罪恶习也更加缺乏自制力。虽然现实中也有想要脱逃的罪犯表现出积极改造的行为,但那是为了使监狱民警放松对其监管,以利于其顺利脱逃,因而并非改造意志坚强的表现。与改造意志薄弱相反的是,罪犯决意脱逃的错误意志会变得越来越坚定,他们往往表现出一意孤行、敢冒风险,排除万难将脱逃行动坚持到底。

四、罪犯脱逃动机的识别

由于脱逃是严重危害监管安全的行为,因而对脱逃动机进行识别,以便将脱逃行为阻止于萌芽状态,对监狱而言就具有重要意义。对罪犯脱逃动机的识别,可以综合运用观察、访谈、测试等多种方法,收集罪犯的多方面信息,进行综合分析与判断,进而对罪犯产生脱逃行为的可能性作出评估。虽然我国目前尚无专门性的罪犯脱逃测试量表,但可以通过对罪犯进行人格量表测试、再犯罪可能性测试和人身危险性评估来加以推断,这项工作可以在监狱的心理矫治人员的协助下进行。在现实的罪犯改造工作中,监狱民警对罪犯脱逃动机的识别,更主要的是借助于自己的细心观察,看罪犯是否有某些异常的行为表现。与罪犯脱逃密切相关的异常行为迹象主要有以下七个方面:

第一,伪装积极改造。想要脱逃的罪犯,为了降低监狱民警对他的关注度,通常会出现改造行为的逆变,即改造表现不好的罪犯突然变得积极接受改造。

第二,为脱逃准备资金、衣物及作案工具。这是为顺利脱逃所做的物质上的准备。

第三,注意观察地形和警戒设施,了解社会风情和交通情况。这主要是为了寻找到有利于脱逃的监管漏洞,同时为逃出监狱之后选择出一条最合适的逃跑路线。

第四，了解监狱民警和武装警戒人员的活动规律。这可帮助罪犯找到监管力量最薄弱的时间段，选择这个时间段脱逃，成功的可能性才大。

第五，为申诉或报复而脱逃的罪犯，脱逃前会流露出对判决不服和不满的情绪。这不仅表露了罪犯脱逃的根本原因，也间接表达了其想要脱逃的企图。

第六，结伙脱逃的罪犯，脱逃前接触频繁。这是因为要共同商议脱逃计划，才会有更多的接触交流。

第七，身体较弱的罪犯，脱逃前加紧锻炼身体。因为脱逃是高度危险的事情，体力耗费较大，罪犯必须有一个强壮的身体才能较好地完成脱逃行动。

五、罪犯脱逃行为的实施方式

当罪犯的脱逃动机产生后，一旦时机成熟，就会迅即产生脱逃行为。罪犯实施脱逃行为的方式主要有以下几种：一是挖洞和钻洞，即罪犯利用建筑用的千金顶把围墙顶出洞，或者通过厕所、下水道等固有的洞口实施脱逃；二是翻墙，即罪犯在掌握了电网的供电规律、武警的换岗时间后，选择合适的位置和时机，翻越高墙电网逃跑；三是潜藏，罪犯先在监内某处躲藏起来，例如，藏在机动车或物品包装箱内、汽车底盘下等，然后再伺机脱逃；四是直接冲撞，即在熟悉监狱大门的开关规律后，乘工作人员稀少之机，硬性冲出监狱大门而脱逃，或者开着大型机动车将监狱大门冲撞倒塌而脱逃；五是暴力，即抢夺武警枪支或使用事先准备好的刀具杀害武警和监狱民警而脱逃；六是伪装，即偷盗监狱民警的警服和工作卡，伪装成监狱民警从大门逃出，或装病住院期间借机脱逃；七是利用机遇，即罪犯利用各种到监狱外的机会，如外出参观、就诊等，趁监狱民警不备脱逃。

第四节　违规罪犯的改造对策

一、抗拒改造罪犯的改造对策

对抗改罪犯进行改造首先应注意：对罪犯不同类型、不同程度的违规应分清原因，区别对待，做到既不让抗改罪犯产生侥幸心理而继续抗改，又不能因对其抗改行为处理不当而引起罪犯的逆反心理，力争使罪犯对自己的抗改行为发自内心地反省和悔悟。

（一）摸透心扉，积极开展情感教育

如前所述，罪犯产生抗改行为大多因失去家庭温暖，再加上刑期又较长，对前

途悲观绝望所致。因此，对这类抗改罪犯要在准确掌握其抗改原因的基础上，积极开展情感教育，温暖他们冰冷的心。首先，监狱民警要用真情来感化他们。在日常的服刑生活、劳动、学习活动中，监狱民警要对这类罪犯给予更多关注，多关心他们、爱护他们，在他们遇到困难时及时提供必要的帮助使其尽快渡过难关。当监狱民警的真情让他们实实在在地感受到人间的温暖时，就可以慢慢激起他们对美好生活的渴望，因对前途悲观绝望而产生的抗改行为就会逐渐减少以致消失。其次，要动员罪犯的家属多给予他们亲情的温暖。抗改罪犯大多因过去的恶劣行为对家人造成伤害，不被家人接受才失去家庭温暖的。因此，监狱民警要做好罪犯家属的工作，帮助罪犯恢复与家人的正常关系，使其能与家人顺畅地进行沟通交流。当罪犯能源源不断地感受到家人的亲情时，才能重新燃起对前途的希望，才能为了不辜负家人的期望并尽快与家人团聚而停止抗拒改造的行为，表现出更多积极接受改造的行为。

（二）把准脉络，修正扭曲人格

抗改罪犯大多具有对社会的冷漠、仇视、反抗、攻击、损害等心理，他们不承认自己被判刑入狱是罪有应得，不相信法律的公正、改造政策的人道和监狱民警的善意，再加上悲观绝望的情感，缺乏改恶向善的意志和改好的信心，才对监管改造产生抗拒。因此，必须帮助抗改罪犯改变扭曲的人格，才能从根本上消除其抗改行为。首先，要调整他们的错误认知方式，使之对自己的罪行有正确认识，相信法律的公正，深刻认识我国的罪犯改造政策的正确性，进而认罪服判，老老实实地接受改造；其次，要帮助他们提高自我调控能力，使他们能有效控制自己的行为并学会合理驾驭自己的情绪，以免情绪冲动之下做出不理智的行为，轻则违反监规纪律，重则产生重新犯罪行为；最后，要帮助他们形成正确的罪犯角色意识，使他们清楚认识自己的身份，知道自己到监狱是因为什么、要干什么，这样才能真正减少因罪犯角色意识不清而导致的抗拒改造行为。

（三）充分发挥个别教育优势

每个人都有自己的特色，其问题的产生都有特定的原因，抗改罪犯也不例外。因此，在对抗改罪犯进行改造时，必须充分发挥个别教育的优势，根据每个抗改罪犯的特点及其产生问题的根源，因人而异，有针对性地进行教育，才能有效打开抗改罪犯这把“锈锁”，使其改造行为出现质的变化。

（四）抓好养成教育

由于抗改罪犯的抗改行为很多时候是其不良行为习惯的延续，因而必须抓好对抗改罪犯的良好行为养成教育。首先，要用严格的规章制度约束抗改罪犯的行为，即要求他们必须按照《监狱服刑人员行为规范》行事，同时要借助监控设施和罪犯联号进行监督与控制，并用规范化的方式对罪犯实施管理；其次，利用奖励进行行为引导，对有积极接受改造的良好表现的抗改罪犯要及时给予表扬鼓励予以肯定，使他们明确什么行为是可以给自己带来好处的，是可以继续表现的；最后，要净化监区环境，给抗改罪犯树立更多积极接受改造的好榜样，让他们在环境的熏陶下，在榜样的带动下，逐渐向改恶向善的方向转变。

（五）发掘和强化闪光点

不管抗改罪犯多么恶劣，他们总有好的一面，他们身上总会有一些“闪光点”，这正是我们可以采取措施促使抗改罪犯产生好的转变的基础。发挥罪犯的优势来促进罪犯的改造运用的是迁移激励，其实质就是通过使罪犯发挥优势把事情做成来确立自尊并形成自信，进而把这种自信扩展到其他改造活动上，使其后续的改造活动有一个全新的变化。对抗改罪犯来说，迁移激励既可以让他们看到自己的优势，又可以获得成功的体验，还可以因取得成功而得到“实惠”——受到表扬和得到奖励，这对之前总是遭受批评的抗改罪犯来说是尤为珍贵、独特的经历，也是比之前遭受惩罚感受更好的经历。于是，已找到自己的优势并形成自信的抗改罪犯，就可能为了得到更多好的感受而继续产生积极接受改造的行为，其改造表现将会越来越好。

二、脱逃罪犯的改造对策

（一）创设良好的改造氛围使罪犯不想逃

为罪犯创造好的改造氛围，可以消除罪犯的脱逃动机，使罪犯不想产生脱逃行为。具体可以从以下五个方面着手：一是监狱民警要做到公正执法，对罪犯进行科学的管理，实施文明的改造；二是监狱民警要准确了解罪犯需要的特点，充分保障罪犯的合法权益，尽量满足罪犯的合理需求；三是创建好罪犯改造集体，净化改造环境，为罪犯创造良好的群体改造氛围；四是在罪犯遇到特殊的家庭生活事件时，监狱民警要协助罪犯正确、及时地处理好相关事宜，切实帮助罪犯解决实际困难，消除其后顾之忧；五是监狱民警要帮助罪犯正确进行自我评价，使其在认罪悔罪的基础上树立积极接受改造的信心。

（二）增强刑罚的威慑力使罪犯不敢逃

增强刑罚的威慑力，可以消除罪犯的侥幸心理，使罪犯不敢实施脱逃行为。首先，要强化刑罚的震慑力。对于实施了脱逃行为的罪犯必须从重从快惩罚，使其为脱逃行为付出惨重的代价，让其知道脱逃没有好下场，这样才能迫使他们老老实实地在狱内接受改造。其次，要弱化他犯的模仿和暗示作用。对脱逃罪犯进行惩罚，不仅是让脱逃者为其违规行为付出代价，而且可以教育其他罪犯，脱逃行为是不可取的，这样做有害无益。最后，要改变罪犯的错误认知，消除其幻想。很多脱逃罪犯就是心存侥幸，认为自己有能力跑出去过上“幸福生活”，才冒险脱逃的，因此必须对罪犯进行“三个跑不了”（人、刑期、罪恶跑不了）和“四个要增加”（刑期、罪恶、痛苦、亲人的怨恨要增加）的针对性教育，消除他们的错误认识，使其丢掉幻想，安心接受改造。

（三）强化防逃意识并落实好防逃措施使罪犯不能逃

强化监狱民警的防逃意识，落实好监狱的防逃措施，罪犯就无法找到可乘之机，进而达到使罪犯逃不了的目的。首先，要使所有的监狱民警充分意识到防逃的重要性，增加安全意识，防止麻痹思想，不给罪犯提供任何有利于其脱逃的可乘之机。尤其是那些很多年都未发生监管安全事故的监狱，更要提醒所有的监狱民警提高安全防范意识，工作中出现的任何疏漏都可能成为诱发罪犯脱逃的有利之机。其次，要使所有的监狱民警都树立科学的防逃观念，特别要注意消除三个误区：一是认为只要硬件设施好，罪犯就无法脱逃。物是死的，人是活的，再先进的物品，随着时代的发展，也会逐渐暴露出缺陷或不足，就有可能被罪犯利用而变为脱逃的好机会。二是认为只要实施人性化管理，罪犯就不会逃跑。罪犯是有心理恶性的人，不管你对他多好，都不可能完全消除其恶性，因而对他们而言，产生脱逃行为是具有客观必然性的。三是认为罪犯脱逃是必然的，我们无能为力。虽然罪犯因具有心理恶性使其脱逃行为具有客观必然性，但是只要我们用心防范，发现罪犯有脱逃的迹象时及时采取有力措施，还是能够有效制止罪犯脱逃的。

研究与思考

1. 广义和狭义的罪犯违规分别包含哪些内容？
2. 抗拒改造的罪犯有哪些心理特征和行为特征？
3. 罪犯脱逃动机是怎样产生的？有助于识别罪犯的脱逃动机的异常行为迹象有哪些？
4. 对抗拒改造的罪犯怎样进行改造？
5. 对脱逃罪犯怎样进行改造？

第十一章　罪犯常见心理障碍及矫治

重点提示

1. 罪犯心理障碍就是在监狱服刑的罪犯出现了某些心理方面的异常。罪犯作为在监狱中服刑的特殊人群，其心理障碍必然会带有监狱的特色。

2. 拘禁性心理障碍又称拘禁性精神障碍、拘禁性心理反应等。拘禁性心理障碍指那些在遭受拘禁后或在服刑期间，在被拘禁者身上出现的异常的心理现象和心理反应。拘禁性心理障碍主要有拘禁性情绪反应、拘禁性精神病、拘禁性癔症、拘禁所诱发的精神病、监狱化人格。

3. 人格障碍（过去又称“变态人格”）是指人格特征明显偏离正常，使病人形成了一贯的反映个人生活风格和人际关系的异常行为模式。因人格障碍导致犯罪的罪犯，其人格障碍仍会在监狱中延续。在监狱服刑的罪犯中各种人格障碍比较多见，其中最常见的是偏执性人格障碍、反社会性人格障碍、冲动性人格障碍、表演性人格障碍、强迫性人格障碍、焦虑性人格障碍等。对违法犯罪人格障碍者的矫治较为困难，但采取综合性的矫治措施仍可起到一定的作用。

4. 神经症是一组主要表现为焦虑、抑郁、恐惧、强迫、疑病症状或神经衰弱症状的精神障碍。罪犯中常见的神经症的主要类型为恐惧症、焦虑症、强迫症、躯体形式障碍和神经衰弱等。

5. 罪犯还可能出现的心理障碍有性心理障碍、癔症、心境障碍、精神分裂症、精神发育迟滞、心理生理障碍、吸毒者脱毒后的稽延性戒断症状等。

6. 伪装心理障碍是诈病的一种形式。狭义的诈病是指为了逃避外界某些不利于个人的处境，摆脱某种责任、义务或获得某种个人利益，故意模拟和（或）夸大自己躯体的和（或）精神方面的某种疾病和（或）损伤、残疾的行为。由于伪装心理障碍成功的可能性更大，因此罪犯的诈病以伪装心理障碍为主。

第一节　罪犯心理障碍概述

一、罪犯心理障碍的概念

心理障碍,又称精神障碍(mental disorders)。① 这是一个内涵并不是很严密的术语。② 一般认为,在发生心理障碍的个体身体或心理方面出现了比较明显的行为异常和内心体验异常,这些异常行为或内心体验给个体造成了社会功能不完整和内心痛苦,或是给其他人造成了不良影响。心理障碍者这些“异常”的产生,可能是器质性损害或功能性损害的结果,或两者兼而有之。罪犯心理障碍就是在监狱服刑的罪犯出现了某些心理方面的异常。

心理学的研究表明,人的各种心理现象的产生,与其生存的社会环境密切相关,心理障碍的产生也是如此。罪犯作为在监狱中服刑的特殊人群,其心理障碍必然会带有监狱的特色,如Ganser综合征就是罪犯中比较常见的异常心理症状。

二、罪犯心理障碍的发现与识别

发现与识别罪犯的心理障碍并不是一件容易的事情,因为罪犯的心理现象非常复杂,变化多端,并具有“监狱”特色。因此,准确发现与识别罪犯的心理障碍需要有比较扎实的精神医学方面的相关知识和经验,并主要使用比较的方法。一般来说,可进行以下几个方面的比较:

(一)与罪犯自己的过去比较

把罪犯过去长期一贯的心理活动和行为表现视为“正常”,将其近期的言行举止与之比较,判断有无明显异常的变化。例如,过去一直劳动表现非常好的罪犯,最近却一反常态地出现纪律松懈、生活懒散、劳动效率下降等“异常”表现,或者夜间睡眠从没有发生问题的罪犯,最近却总是难以入睡、到处走动等,这些均提示罪犯的心理可能发生了问题。

(二)与其他罪犯比较

在监狱的大环境下,罪犯的各种心理现象和行为表现会有一些基本的模式。我们可将多数罪犯的日常表现视为“正常”表现,如果某个罪犯的言行举止明显

---

① 心理学名词审定委员会编:《心理学名词·1999》,科学出版社2001年版,第70页。

② 田成华、胜利、于欣译:《精神病学与精神卫生词汇》,载《中国心理卫生杂志》1998年增刊。

与这些正常表现不一致，而且离奇古怪，就提示其心理活动有可能发生了异变。

（三）是否符合客观事实

人的心理是对客观现实的主观能动反映，正常的心理活动都是与客观现实互相吻合、互相协调的。如果心理活动不能正确反映客观现实，对客观现实作出了明显歪曲的反映，与客观现实之间不协调，就有可能是心理障碍的表现。

（四）是否具有现实的动机和目的

人的心理活动和行为都有一定动机和目的，这些动机和目的通常都是人们可以理解和认可的，而缺乏现实的动机和目的的心理活动和行为表现往往意味着心理活动的异常。

（五）内在的心理活动是否协调一致

每个人的感觉、知觉、记忆、想象、思维、情绪、意志、人格等多种心理活动，都是相互联系、协调一致、相互配合的有机整体。如果各种心理活动之间的有机联系遭到破坏，发生了紊乱，就难以协调一致，出现互相不配合的情况。这显然是异常现象。

三、罪犯心理障碍的分类

（一）从产生和发展角度的分类

从产生和发展的角度可将罪犯心理障碍分为入狱前已有的心理障碍和入狱后形成的心理障碍两类。罪犯入狱前已有的心理障碍，是指罪犯在入狱之前就已经形成的某种类型的心理障碍，因为罪犯没有对其心理障碍进行治疗或者虽经过治疗但效果不显著，这类人被判刑入狱后，其原有的心理障碍并不会马上消失，而是继续存在。罪犯入狱后形成的心理障碍，是指罪犯在服刑期间，由于受到监狱这个特殊环境中的某些因素的影响，再加上罪犯自身所具有的一些独特心理特点，造成一些罪犯出现心理问题无法调适并逐渐加重，最终就有可能演变为心理障碍。罪犯在入狱后所形成的心理障碍，因与监狱环境密切相关而带有强烈的监狱色彩，比如拘禁性心理障碍，只有在监狱环境中才有可能产生。

（二）从表现形式和偏离程度角度的分类

心理异常的表现可以是严重的，也可以是轻微的，一般将心理障碍分为以下五类：一是严重的心理异常，包括精神分裂症、躁狂抑郁性精神病、偏执性精神病、反应性精神病、病态人格和性变态等；二是轻度的心理异常，即神经症，包括神经衰弱、癔病、焦虑症、强迫症、恐怖症、疑病症、抑郁症；三是身心障碍，包括躯体疾病伴发的精神障碍和各种心身疾病（如高血压、冠心病、溃疡病、支气管哮喘等）所引起的心理异常;四是大脑疾患和躯体缺陷引起的心理异常,包括中毒性精神病、感染性精神病、脑器质性精神病、老年性精神病、精神发育不全等;五是特殊条件下的心理异常,包括某些药物、致幻剂引起的心理异常,特殊环境引起的心理异常,催眠状态或某些特殊意识状态下的心理异常等。

就罪犯而言,其心理障碍主要有拘禁性心理障碍、人格障碍、神经症、性心理障碍、心境障碍、精神反应迟滞和精神分裂症等类型。

四、罪犯心理障碍产生的原因

(一)生物原因

1. 遗传因素。遗传因素决定了个体对某种心理障碍是否具有易感素质和罹病基础。根据目前各方面的研究发现,精神分裂症、心境障碍、人格障碍、神经症、精神发育迟滞等多种心理障碍常常具有比较明显的遗传倾向。

2. 性别因素与年龄因素。由于性激素和内分泌等特殊的生理功能的影响,不同的性别对某些心理障碍的发生有着非常重要的影响和作用。在不同的生命过程中,个体的精神状态可因年龄和性别的不同而表现出明显差异,这一差异主要表现为对某些心理障碍的易感性。老年期因机体各组织器官功能衰退,易导致某些老年人特有的心理障碍,如老年痴呆、脑血管病所致心理障碍等。

3. 器质性因素。机体感染、营养缺乏、内分泌障碍、电解质紊乱、严重内脏疾病、颅脑疾病、机体功能障碍等,都会导致心理障碍或为某种心理障碍的产生提供条件。

(二)心理原因

导致罪犯心理障碍的心理因素主要包括心理素质和心理应激两个方面。前者往往是条件因素,后者则常常为诱发因素。心理刺激作用于心理素质有缺陷的个体,便可出现应激障碍。

1. 心理素质。这是在先天遗传的基础上,在后天社会环境的影响下,个体在生长发育过程中所逐渐形成的较稳定的心理特质。专家发现很多个体发生心理障碍前常常具有某些特殊的人格特征,这种人格特征与之后发生的心理障碍之间有着非常密切的关系,有人将这种特殊人格称为“特殊病前人格”。例如,强迫性神经症患者往往具有强迫性人格,具体表现是谨小慎微、敏感多疑、拘谨呆板、墨守成规、优柔寡断、心胸狭隘、顾虑重重、苛求自己、责任心重等。具有“特殊病前人格”的人,一旦受到精神刺激(应激源),就有可能发病,而且“特殊病前人格”越明显,可致病的精神刺激就越轻微。

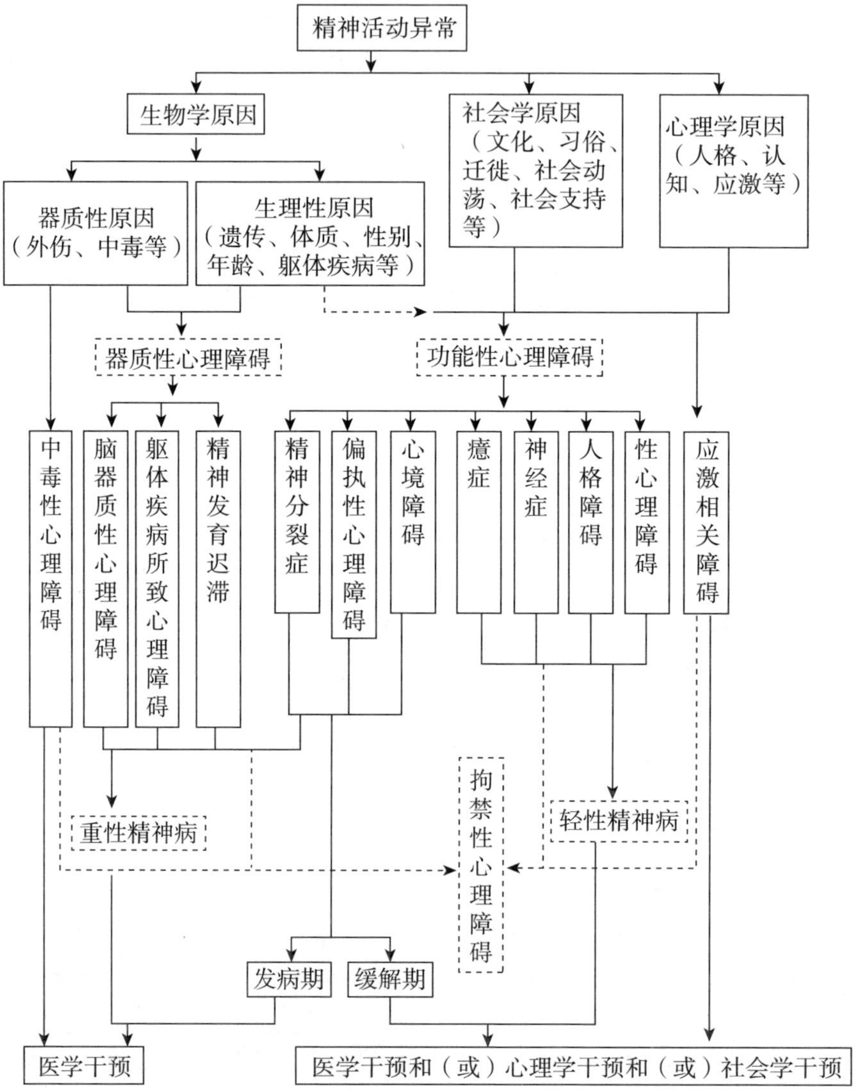

（注：虚框内的名词术语为不规范用语）

图 11－1　心理障碍的病因、诊断、分类及治疗方法选择示意图[①]

① 章恩友主编:《罪犯改造心理学》,法律出版社 2008 年版,第 336 页。

2. 心理应激。一般称心理刺激或心理创伤，通常来源于生活中的各种重大生活事件。剧烈的超强心理创伤、生活事件或持续的困难处境都可构成心理刺激或应激源，并可能会引起个体异常的心理反应或导致心理障碍。

（三）社会原因

1. 社会文化。在不同文化环境中，心理障碍的发生率及症状表现等均有明显差异。在监狱服刑的罪犯中，各种心理障碍的发生远高于社会普通人群，并且不可避免地带有“监狱社会”的特点。例如，监禁性人格就是“监禁环境”的直接产物。

2. 社会生活环境变化。对于罪犯来讲，由普通社会公民转变为罪犯，由自由人变成随时被监视、被拘禁的人，这种对罪犯本身不利的社会生活环境变化对其心理健康的影响显然是负面的，因而易导致心理障碍的发生。

3. 社会压力。由于监狱环境是一种非常态的、法律强制性的环境，监狱的生活又是枯燥、单调和乏味的，在监狱这种特殊环境下服刑的罪犯所承受的社会压力也是很大的，因此对于自我调适能力较弱且社会支持系统薄弱的罪犯来说，其心理健康遭受的损害肯定是严重的。

4. 社会支持系统。由于罪犯的社会支持系统常常存在缺陷，不能为罪犯提供良好的社会支持，有的甚至还会起到相反的作用，因而也容易导致罪犯发生心理障碍。

第二节　拘禁性心理障碍

一、拘禁性心理障碍的概念

拘禁性心理障碍又称拘禁性精神障碍、拘禁性心理反应等，这并非医学或心理学名词，也不是疾病名称或疾病诊断，而是一个概念非常含糊、界限并不明确的“监狱学”名词。但仅从“拘禁性”的名称上也可以提醒人们注意到，拘禁性心理障碍仅仅是笼统地指那些在遭受拘禁后或在服刑期间，在被拘禁者身上出现的异常的心理现象和心理反应。也就是说，在被拘禁之前，当事人的心理状态是基本正常的，或者虽然可能有某些异常心理，但并未明显表现出来，至少是还没有被周围的人认识到。仅仅是在被拘禁到看守所、戒毒所或者监狱等失去自由的场所之后，当事人才出现或是被发现了某些心理方面的异常现象，或者原本不很明显的异常心理变得严重而被发现和认识。①

二、拘禁性心理障碍产生的原因

拘禁性心理障碍大多因若干不良因素或刺激，共同或先后作用于心理素质有缺陷的罪犯后产生的，纯粹由单一因素直接导致拘禁性心理障碍的很少。

（一）封闭隔离的拘禁环境是造成心理紧张的重要原因

心理学研究早已证实，个体长期处在社会隔离状态下，会出现非常明显的心理障碍。监狱、看守所、集中营、战俘营等场所都是与社会隔离的拘禁环境。这些场所一般都是以高墙、电网等形式将当事人与外界社会强制性地隔离，拘禁场所内的社会环境、人文环境等与拘禁场所之外截然不同。这些都会对当事人造成强大的心理压力，成为一组不良的刺激或所谓“负性生活事件”。

（二）过度的心理防御是拘禁性心理障碍产生的主观因素

在拘禁状态下，当事人对心理防御机制的不恰当运用是拘禁性心理障碍产生的另一个重要原因。他们在被拘禁初期往往使用不健康的心理防御机制或心理应对方法。例如，不恰当地使用投射、被动性攻击、幻想、情感隔离、转换等比较低级的心理防御机制，并试图在一种实际上并不稳定的状态下勉强“维持”其情绪的稳定与心理的平衡。

（三）罪行轻重与刑期长短等因素是拘禁性心理障碍产生的外在条件

拘禁性心理障碍的产生与被拘禁者的罪行和刑罚轻重、个人心理素质和生活经历、被拘禁的环境、当事人的身体状况、初犯还是累犯等多种因素的关系都非常密切。例如，被拘禁在单身牢房中的当事人，就很有可能也非常容易发生急遽的心理反应和情绪反应，但在离开单身牢房后，这些心理方面的症状就可以迅速消失，不治而愈。根据日本的资料，在重罪罪犯中，约有69%的概率可以见到各种各样的拘禁性心理反应；而在一般被告的罪犯中，只有0.87%的概率可以出现拘禁性心理反应。②

（四）不健康的心理是犯罪行为和拘禁性心理障碍的共同素质基础

在司法实践中，某些罪犯的犯罪行为是在其异常的心理活动支配下发生的，如

---

① 陈立成、宋胜尊、刘晓温：《监所内拘禁性精神障碍的发生及其医学地位》，载《广东司法警官职业学院学刊》2006年第2期。

② 李从培：《司法精神病学鉴定的实践与理论——附各类鉴定案例97例分析讨论》，北京医科大学出版社2000年版，第240～243页。

智能障碍者、人格障碍者、性心理障碍者的犯罪等。①因此，监狱中的心理异常者会比一般社会上相对多一些。这些因心理异常导致犯罪的人到了监狱之后，其异常心理不仅不会消失，反而有可能受监狱这个特殊环境的影响逐渐变得明显和严重起来。按照拘禁性心理障碍的概念，这些罪犯的异常心理显然也是属于这一范畴。所以，罪犯中出现比较多的心理障碍者也就不奇怪了。

三、拘禁性心理障碍的分类与症状表现

（一）拘禁性情绪反应

这是程度最轻的一组拘禁性心理障碍。它往往在被拘禁后1个月内急性或亚急性地起病，多在被拘留后、接到判决书后、关禁闭后以及在服刑期间出现其他重大家庭变故（离婚、父母去世等）后发生。它主要是以各种情绪障碍为主，如情绪低落消沉、心情压抑沉重、烦躁焦虑、紧张不安、恐惧担心、害怕退缩、坐立不宁、悲观哭泣、自卑自责、言语减少，或目光呆滞、进食少、睡眠差；有的可能会产生轻度的意识障碍，或者出现各种心因性的幻听、幻视，表情恍恍惚惚，好像隐隐听到亲人在呼唤自己；也可以见到一些疑病症状，或某些躯体不适症状，或神经衰弱症状，等等。他们的症状大都类似神经症。

（二）拘禁性精神病

拘禁性精神病主要表现为各种精神病性症状。急性发病者多表现为意识障碍、木僵状态、急性反应性偏执状态（或幻觉、妄想状态），在未决重刑犯、初犯中比较多见。亚急性与慢性起病者大多表现为反应性抑郁状态，或者是反应性偏执状态。智能有问题者或人格有某种缺陷者往往以兴奋躁动、行为紊乱为主要临床表现。

（三）拘禁性癔症

这是拘禁环境诱发的一种癔症发作，尤其是比较多见于女性或是有癔症性人格特点的罪犯中，在性犯罪、迷信犯罪的罪犯中也占有相当的比例。其主要表现为癔症性假性痴呆（如Ganser综合征、童样痴呆等）、转换性癔症、癔症性情感爆发等。

（四）拘禁所诱发的精神病

这是指罪犯在“拘禁”这一特殊和强烈的刺激作用下，其原有的、隐蔽的疾病特点可能会更容易地显现出来。其中以精神分裂症最多见。心理症状的内容和表现形式与罪犯所在的监狱环境等多种社会文化因素密不可分，如出现无罪妄想或伴

---

① 林秉贤、张克荣：《犯罪心理学纲要》，中国科学技术出版社2001年版，第169～433页。

有夸大内容的赦免妄想等。

（五）监狱化人格

长期被拘禁的罪犯，极有可能出现性格偏离正常的倾向，这是罪犯在监狱化过程中人格发生的变异和重塑，是罪犯对监狱环境和监狱生活的一种“适应”。这种适应使罪犯在生活方式、行为习惯等方面逐渐发生某些改变，造成罪犯在人格方面退化或萎缩。这种人格退化与萎缩具有明显的“监狱文化”和“服刑”的特点，表现为依赖性增强、受暗示性增强、惰性增强、思考能力下降等。①

四、拘禁性心理障碍的特点

（一）拘禁后才出现

罪犯在被拘禁前没有明显的心理障碍的病史，但在被拘禁后却急性、亚急性地出现了某种或某些心理障碍的症状表现。

（二）心理障碍的产生与心理压力过大有关

当事人在被拘禁后一般都有比较重的思想负担、比较大的心理压力或是心理应激因素，当事人无法调适，承受不了才导致心理障碍的产生。

（三）病情轻重受拘禁环境影响大

当事人心理症状表现的程度或轻或重，但无论轻重，基本上都能反映出其心理应激因素以及拘禁性的内容，而且病情多变化波动，并且与当事人内心的紧张程度和环境的随时变化有关系。

（四）症状表现类似伪装

当事人所出现的心理症状常常带有明显的做作性，症状好转时会自称当时“脑子糊涂”“控制不住”等，所以会使人产生该罪犯是在“装傻充愣”“装腔作势”“装疯卖傻”等伪装精神病的印象。

（五）特定条件下病情可缓解

在某些条件下，如改变拘禁环境、解除拘禁状态、加强教育、进行心理学干预或者医学干预等，其病情可以缓解。

（六）病情持续时间通常较短

拘禁性心理障碍在一般情况下持续的时间比较短暂，多在 3 个月以内恢复和消失，但也有少数人的病程（如监狱化人格等）可能持续的时间比较长一些。

---

① 何为民主编：《罪犯改造心理学》，法律出版社 2002 年版，第 368 页。

五、对拘禁性心理障碍的干预

第一，对于一般的拘禁性情绪反应，在监所内进行就地处置。给当事人讲明政策，使其领悟到拘禁性心理反应的潜意识性，并进行现实原则的疏导，必要时也可以对症投以少量的抗焦虑药物或抗抑郁药，以便帮助其在较短的时期内恢复。

第二，对于拘禁性精神病，可以根据病情的轻重转至监狱专科医院内进行必要的医学干预和心理学干预。一般情况下，不要轻易移至监外治疗。

第三，对于在拘禁条件下所诱发的精神分裂症、心境障碍等心理障碍，应给予积极的医学干预，并酌情评定其相应的法律能力。

第四，对于未决犯，迅速的判决有时可以起到很好的“治疗”作用，使病情迅速缓解。因为这种判决能够打破当事人潜意识中存在的企图以心理障碍为借口而拖延审判和减轻处罚的幻想。

第五，对于出现拘禁性心理障碍的罪犯，以不中断拘禁为宜。但应该聘请监所外的精神医学方面的专业人员进行会诊，并视情况送入精神病医院或精神科病房。

第三节　人 格 障 碍

一、人格障碍的概念

人格障碍（过去又称“变态人格”）是指人格特征明显偏离正常，使病人形成了一贯的反映个人生活风格和人际关系的异常行为模式。这种模式显著偏离特定的文化背景和一般认知方式（尤其在待人接物方面），明显影响其社会功能与职业功能，造成对社会环境的适应不良，病人为此感到痛苦，并已具有临床意义。病人虽然无智能障碍，但适应不良的行为模式难以矫正，仅少数病人在成年后症状有所缓解。人格障碍通常开始于童年期或青少年期，并长期持续发展至成年或终生。

如果人格偏离正常系由躯体疾病（如脑病、脑外伤、慢性酒中毒等）所致，或继发于各种精神障碍，应称为人格改变。在监狱中长期服刑的罪犯所出现的监狱化人格，由于并非开始于童年或青少年时期，而是发生于成年之后，是受到长期监禁因素的影响所致，所以监狱化人格应属于人格改变而不是人格障碍。因人格障碍导致犯罪的罪犯，其人格障碍仍会在监狱中延续。在监狱服刑的罪犯中，各种人格障碍比较多见。国外根据不同标准的调查发现，罪犯中的反社会人格患病率为男犯78%,女犯65%;总的患病率为20% ~70%。①

二、罪犯人格障碍的诊断标准与主要类型

(一)人格障碍诊断标准

1. 症状标准。个人的内心体验与行为特征(不限于精神障碍发作期)在整体上与其文化所期望和所接受的范围明显偏离,这种偏离是广泛、稳定和长期的,并至少有下列一项:(1)认知(感知、解释人和事物而形成对自我及他人的态度和印象的方式)的异常偏离;(2)情感(范围、强度及适切的情感唤起和反应)的异常偏离;(3)控制冲动及对满足个人需要的异常偏离;(4)人际关系的异常偏离。

2. 严重标准。特殊行为模式异常偏离,使病人或其他人感到痛苦或社会适应不良。

3. 病程标准。开始于童年期、青少年期,现年18岁以上,至少已持续2年。

4. 排除标准。人格特征的异常偏离并非躯体疾病或精神障碍的表现或后果。

(二)常见的罪犯人格障碍的表现特点与诊断标准

1. 偏执性人格障碍。其以猜疑和偏执为特点,始于成年早期,男性患病率多于女性。诊断标准如下:

(1)符合人格障碍的诊断标准。

(2)以猜疑和偏执为特点,并至少有下列三项:①对挫折和不幸遭遇过度敏感;②对侮辱和伤害不能容忍,长期耿耿于怀;③多疑,容易将别人无意的、非恶意的,甚至是友好的行为误解为敌意或轻视;④明显超过实际情况所需的好斗,对个人权利执意追求;⑤易有病理性嫉妒,过分怀疑恋人有新欢或伴侣不忠,但不是妄想;⑥过分自负和自我中心的倾向,总感觉受压制、被迫害,甚至上告、上访,不达目的不肯罢休;⑦具有将其周围或外界事件解释为"阴谋"等的非现实性优势观念,因此过分警惕和抱有敌意。

2. 反社会性人格障碍。其又称无情型人格障碍、悖德型人格障碍,以行为不符合社会规范,经常违法乱纪,对人冷酷无情为特点,男性患病率多于女性。该类病人往往在童年期或青少年期(18岁前)就出现品行问题。成年后(指18岁后)习性不改,主要表现为行为不符合社会规范,甚至违法乱纪。诊断标准如下:

(1)符合人格障碍的诊断标准,并至少有下列三项:①严重和长期不负责任,无视社会常规、准则、义务等,如不能维持长久地工作(或学习),经常旷工(或旷课),

---

① 沈渔邨主编:《精神病学》(第3版),人民卫生出版社1998年版,第744页。

多次无计划地变换工作;有违反社会规范的行为,且这些行为已构成拘捕的理由(不管拘捕与否)。②行动无计划或有冲动性,如进行事先未计划的旅行。③不尊重事实,如经常撒谎、欺骗他人,以获得个人利益。④对他人漠不关心,如经常不承担经济义务、拖欠债务、不抚养子女或赡养父母。⑤不能维持与他人的长久关系,如不能维持长久的(1年以上)夫妻关系。⑥很容易责怪他人,或对其与社会相冲突的行为进行无理辩解。⑦对挫折的耐受性低,微小刺激便可引起冲动,甚至暴力行为。⑧易激惹,并有暴力行为,如反复斗殴或攻击别人,包括无故殴打配偶或子女。⑨危害别人时缺少内疚感,不能从经验,特别是受惩罚的经验中获益。

(2)在18岁前有品行障碍的证据,至少有下列三项:①反复违反家规或校规;②反复说谎(不是为了躲避惩罚);③习惯性吸烟、喝酒;④虐待动物或弱小同伴;⑤反复偷窃;⑥经常逃学;⑦至少有2次未向家人说明外出过夜;⑧过早发生性活动;⑨多次参与破坏公共财物活动;⑩反复挑起或参与斗殴;⑪被学校开除过,或因行为不轨而至少停学一次;⑫被拘留或被公安机关管教过。

3.冲动性人格障碍。其又称攻击性人格障碍,以情感爆发,伴明显行为冲动为特征,男性患病率明显多于女性。诊断标准如下:

(1)符合人格障碍的诊断标准。

(2)以情感爆发和明显的冲动行为作为主要表现,并至少有下列三项:①易与他人发生争吵和冲突,特别在冲动行为受阻或受到批评时;②有突发的愤怒和暴力倾向,对导致的冲动行为不能自控;③对事物的计划和预见能力明显受损;④不能坚持任何没有即刻奖励的行为;⑤不稳定的和反复无常的心境;⑥自我形象、目的及内在偏好(包括性欲望)的紊乱和不确定;⑦容易产生人际关系的紧张或不稳定,时常导致情感危机;⑧经常出现自杀、自伤行为。

4.表演性人格障碍。其又称癔症性人格障碍,以过分的感情用事或夸张言行吸引他人的注意为特点。诊断标准如下:

(1)符合人格障碍的诊断标准。

(2)以过分的感情用事或夸张言行吸引他人的注意为特点,并至少有下列三项:①富于自我表演性、戏剧性、夸张性地表达情感;②肤浅和易变的情感;③自我中心、自我放纵和不为他人着想;④追求刺激和以自己为注意中心的活动;⑤不断渴望受到赞赏,情感易受伤害;⑥过分关心躯体的性感,以满足自己的需要;⑦暗示性高,易受他人影响。

5.强迫性人格障碍。以过分的谨小慎微、严格要求与完美主义,及内心的不安全感为特征。男性患病率多于女性2倍,约70%强迫症病人有强迫性人格障碍。

诊断标准如下:

(1)符合人格障碍的诊断标准。

(2)以过分的谨小慎微、严格要求与完美主义及内心的不安全感为特征,并至少有下列三项:①因个人内心深处的不安全感导致优柔寡断、怀疑及过分谨慎;②需在很早以前就对所有的活动作出计划并不厌其烦;③凡事需反复核对,因对细节的过分注意,以致忽视全局;④经常被讨厌的思想或冲动所困扰,但尚未达到强迫症的程度;⑤过分谨慎多虑,过分专注于工作成效而不顾个人消遣及人际关系;⑥刻板和固执,要求别人按其规矩办事;⑦因循守旧,缺乏表达温情的能力。

6. 焦虑性人格障碍。以一贯感到紧张、提心吊胆、不安全及自卑为特征,总是需要被人喜欢和接纳,对拒绝和批评过分敏感,因习惯性地夸大日常处境中的潜在危险而有回避某些活动的倾向。诊断标准如下:

(1)符合人格障碍的诊断标准。

(2)以持久和广泛的内心紧张及忧虑体验为特征,并至少有下列三项:①一贯的自我敏感、不安全感及自卑感;②对遭排斥和批评过分敏感;③不断追求被人接受和受到欢迎;④除非得到保证被他人接受和不会受到批评,否则拒绝与他人建立人际关系;⑤惯于夸大生活中潜在的危险因素,达到回避某种活动的程度,但无恐惧性回避;⑥因"稳定"和"安全"的需要,生活方式受到限制。

三、对人格障碍罪犯的矫治

对违法犯罪人格障碍者的矫治较为困难,但采取综合性的矫治措施仍可起到一定的作用。

(一)进行人格测试

对有人格障碍的罪犯首先应进行人格方面的心理测验,以了解其一贯的人格特点,并结合其入监前、后的具体表现做出明确诊断,以便分类分管、因人施治。常用的人格测验有:明尼苏达多项人格问卷(MMPI)、艾森克人格问卷(EPQ)、卡特尔16项人格因素问卷(16PF)等。根据上述测验可将人格障碍进行初步分类。但人格测验的结果仅能为明确诊断提供辅助证据和参考,做诊断结论时一定要结合临床表现。

(二)心理治疗

常用的心理治疗方法有支持性心理疗法、认知疗法、行为疗法、森田疗法等,其中以认知疗法为主。进行心理治疗,首先,要让患者正视自己的人格缺陷,充分认识到自己在人格方面的明显偏离对自己、对社会的严重危害,以及与自己的违法犯罪之间的关系,从而使其发自内心地产生纠正愿望,并积极主动配合治疗,方能收到比较好的效果。为此,心理咨询人员首先要与人格障碍罪犯建立良好的咨访关系,在此基础上帮助他们认识到自己人格中的缺陷及其改变的可能性,鼓励他们树立矫正自己不良人格的信心。其次,咨访双方都应充分认识到矫正人格并非一朝一夕就能完成,往往需要较长的时间,不能急于求成。

(三)药物治疗

一般来说,任何药物都难以改变人格结构,但当罪犯出现异常应激和情绪反应时可以少量使用某些相应的药物进行辅助治疗。例如,具有攻击行为者可用小量抗精神病药物或碳酸锂,情绪不稳、冲动者可用小量抗精神病药物等,但一定要在专科医生的指导下使用。

(四)劳动与教育、训练相结合

在监狱内,有劳动能力的罪犯都应当参加劳动。但对于有人格障碍的罪犯,应当根据其身体状况、技术水平、年龄大小和生活特点来安排劳动。同时,还应对其进行法治教育、道德教育、形势教育、文化教育、职业技术教育、心理健康教育(重点放在如何处理不良刺激、克服心理冲突、保持情绪稳定等方面),并开展一些针对性的训练,如适应能力训练、人际关系调整、行为方式指导等。另外,还应注意合理利用奖惩,对做得好的罪犯要给予奖励,对违规违纪的罪犯则予以处罚,这样才能使他们了解哪些事可以做,哪些事不可以做,从而逐渐地矫正其不良行为。

第四节　神　经　症

一、神经症的概念

神经症是一组主要表现为焦虑、抑郁、恐惧、强迫、疑病症状或神经衰弱症状的精神障碍。该障碍有一定人格基础,起病常受心理社会(环境)因素影响,症状没有可证实的器质性病变作基础,与病人的现实处境不相称,但病人对存在的症状感到痛苦和无能为力,自知力完整或基本完整,病程多迁延。各种神经症性症状或其组合可见于感染、中毒、内脏、内分泌或代谢和脑器质性疾病,称神经症样综合征。

神经症(包括癔症)的患病率为 1.51% ~2.22%,女性患病率(3.99%)明显高于男性(0.47%)。[①]神经症在监狱罪犯中的患病率不详,一般认为高于社会上的患病率。

---

① 沈渔邨主编:《精神病学》(第4版),人民卫生出版社2001年版,第103页。

二、罪犯神经症的主要类型

(一)恐惧症

恐惧症是一种以过分和不合理地惧怕外界客体或处境为主的神经症。病人明知没有必要,但仍不能防止恐惧发作,恐惧发作时往往伴有显著的焦虑和自主神经症状。病人极力回避所害怕的客体或处境,或是带着畏惧去忍受。

1. 恐惧症的表现形式

(1)社交恐惧症。其又称“社会焦虑恐惧症”。患者害怕的对象主要为社交场合(例如,在公共场合进食或说话、聚会、开会,或怕自己做出一些难堪的行为等)和人际接触(例如,在公共场合与人接触、怕与他人目光对视,或怕与人群相对时被人审视等),还常常伴有自我评价低和害怕批评等。

(2)场所恐惧症。患者害怕的对象主要为某些特定的环境,如广场、闭室、黑暗场所、拥挤的场所、交通工具(拥挤的船舱、火车车厢)等,其关键的临床特征之一是过分担心处于上述场所中时没有即刻能用的出口。

(3)特定的恐惧症。患者害怕的对象是场所恐惧症和社交恐惧症未包括的特定物体或情景,如动物(昆虫、鼠、蛇等)、高处、黑暗、雷电、鲜血、外伤、打针、手术或尖锐锋利物品等。

2. 恐惧症的诊断标准

(1)符合神经症的诊断标准。

(2)以恐惧为主,需符合以下四项:①对某些客体或处境有强烈恐惧,恐惧的程度与实际危险不相称;②发作时有焦虑和自主神经症状;③有反复或持续的回避行为;④知道恐惧过分、不合理或不必要,但无法控制。

(3)对恐惧情景和事物的回避必须是或曾经是突出症状。

(4)排除焦虑症、分裂症、疑病症。

3. 恐惧症的处置。针对各种表现形式的恐惧症患者,最佳的处置方法是应用各种行为治疗的手段。例如,放松训练、系统脱敏疗法等。由于冲击疗法有很强的副作用,且必须同时采取医疗干预措施,所以不宜使用。

(二)焦虑症

这是一种以焦虑情绪为主的神经症。焦虑症的焦虑症状是原发的,凡继发于高血压、冠心病、甲状腺机能亢进等躯体疾病的焦虑应诊断为焦虑综合征。其他精神病理状态如幻觉、妄想、强迫症、疑病症、抑郁症、恐惧症等伴发的焦虑,不应诊断为焦虑症。

焦虑症有两种比较常见的表现形式：惊恐障碍（又称急性焦虑发作或者惊恐发作）和广泛性焦虑（又称慢性焦虑发作）。

1. 惊恐障碍。这是一种以反复的惊恐发作为主要原发症状的神经症。这种发作并不局限于任何特定的情景，具有不可预测性。惊恐发作作为继发症状，可见于多种不同的心理障碍，如恐惧症、抑郁症等，并应与某些躯体疾病鉴别，如癫痫、心脏病发作、内分泌失调等。诊断标准如下：

（1）症状标准。①符合神经症的诊断标准；②惊恐发作需符合以下四项：第一，发作无明显诱因、无相关的特定情景，发作不可预测；第二，在发作间歇期，除害怕再发作外，无明显症状；第三，发作时表现出强烈的恐惧、焦虑及明显的自主神经症状，并常有人格解体、现实解体、濒死恐惧或失控感等痛苦体验；第四，发作突然开始，迅速达到高峰，发作时意识清晰，事后能回忆。

（2）严重标准。病人因难以忍受又无法解脱而感到痛苦。

（3）病程标准。在 1 个月内至少有 3 次惊恐发作，或在首次发作后继发害怕再发作的焦虑持续 1 个月。

（4）排除标准。①排除其他精神障碍，如恐惧症、抑郁症或躯体形式障碍等继发的惊恐发作；②排除躯体疾病，如癫痫、心脏病发作、嗜铬细胞瘤、甲亢或内发性低血糖等继发的惊恐发作。

2. 广泛性焦虑。这是一种以缺乏明确对象和具体内容的提心吊胆及紧张不安为主的焦虑症，并有显著的植物神经症状、肌肉紧张及运动性不安。病人因难以忍受又无法解脱而感到痛苦。诊断标准如下：

（1）症状标准。①符合神经症的诊断标准；②以持续的原发性焦虑症状为主，并符合下列两项：一是经常或持续的无明确对象和固定内容的恐惧或提心吊胆；二是伴随自主神经症状或运动性不安。

（2）严重标准：社会功能受损，病人因难以忍受又无法解脱而感到痛苦。

（3）病程标准：符合症状标准至少已 6 个月。

（4）排除标准：①排除甲状腺机能亢进、高血压、冠心病等躯体疾病的继发性焦虑；②排除兴奋药物、催眠镇静药物过量，或抗焦虑药物的戒断反应，以及强迫症、恐惧症、疑病症、神经衰弱、躁狂症、抑郁症或精神分裂症等伴发的焦虑。

3. 焦虑症的处置。针对焦虑症的治疗方法主要有药物治疗和心理治疗两种方法。在实际应用时，应该两种治疗方法配合、综合使用，并根据患者的不同情况随时调整治疗的侧重点。对于惊恐障碍，治疗的目的在于尽早控制惊恐发作，预防再发，防止引起广泛性焦虑。因此，在惊恐障碍发作时，应配合医生使用各种抗抑郁药物和抗焦虑药物,并辅以支持性心理治疗方法。在惊恐障碍发作的间歇期间,在继续辅助药物治疗的同时,应以各种心理治疗方法为主。支持性心理治疗、认知行为治疗、暴露疗法、放松训练、认知重建等心理学方法都比较有效。对于广泛性焦虑,除根据情况按照医嘱使用抗焦虑药物和抗抑郁药物外,各种心理治疗方法是非常重要的。首先要对其进行心理健康教育,让其明白疾病的性质,这种方法本身就可以降低其焦虑水平。支持性心理治疗、认知行为治疗、生物反馈疗法、放松训练、认知重建等心理学方法也非常有效,但需要正规、系统地坚持比较长的时间。

(三)强迫症(强迫性障碍)

以强迫症状为主的神经症,其特点是有意识地自我强迫和反强迫并存,二者强烈冲突使病人感到焦虑和痛苦;病人体验到的观念或冲动来源于自我,但违反自己意愿,虽极力抵抗,却无法控制;病人也意识到强迫症状的异常性,但无法摆脱。病程迁延者可以仪式性动作来减轻精神痛苦,但社会功能严重受损。

1. 强迫症的诊断标准。诊断标准如下:

(1)症状标准。①符合神经症的诊断标准,并以强迫症状为主,至少有下列一项:一是以强迫思想为主,包括强迫观念、回忆或表象,强迫性对立观念、穷思竭虑、害怕丧失自控能力等;二是以强迫行为(动作)为主,包括反复洗涤、核对、检查或询问等;三是上述的混合形式。②病人称强迫症状起源于自己内心,不是被别人或外界影响强加的。③强迫症状反复出现,病人认为没有意义,并感到不快,甚至痛苦,因此试图抵抗,但不能奏效。

(2)严重标准:社会功能受损。

(3)病程标准:符合症状标准至少已 3 个月。

(4)排除标准:①排除其他精神障碍的继发性强迫症状,如精神分裂症、抑郁症或恐惧症等继发性强迫症状;②排除脑器质性疾病特别是基底节病变的继发性强迫症状。

2. 强迫症的处置。对于强迫症,目前还没有特效的治疗方法。首选的常用药物是氯丙咪嗪,这是一种抗抑郁药物。即使有效,也需要长期使用,而且副作用比较大。支持性心理治疗、行为治疗、森田疗法等心理学干预方法都可以尝试。

(四)躯体形式障碍

这是一种以持久地担心或相信各种躯体症状的优势观念为特征的神经症。病人因这些症状反复就医,各种医学检查阴性和医生的解释均不能打消其疑虑。即使有时存在某种躯体障碍,也不能解释所诉症状的性质、程度或其痛苦与优势观念。经常伴有焦虑或抑郁情绪。尽管症状的发生和持续与不愉快的生活事件、困难或冲突密切相关,但病人常否认心理因素的存在。本障碍男女均有可能出现,为慢性波动性病程。

躯体形式障碍有四种比较常见的表现形式:躯体化障碍、疑病症、躯体形式自主神经紊乱和持续性躯体形式疼痛障碍。

1. 躯体化障碍。这是一种以多种多样、反复出现、经常变化的躯体症状为主的神经症。症状可涉及身体的任何系统或器官。最常见的是胃肠道不适(如疼痛、打嗝、返酸、呕吐、恶心等),异常的皮肤感觉(如瘙痒、烧灼感、刺痛、麻木感、酸痛等)、皮肤斑点、性及月经方面的主诉也很常见,并常存在明显的抑郁和焦虑。常为慢性波动性病程,常伴有社会、人际及家庭行为方面长期存在的严重障碍。有躯体化障碍的女性远多于男性,多在成年早期发病。诊断标准如下:

(1)症状标准。①符合躯体形式障碍的诊断标准。②以多种多样、经常变化的躯体症状为主,在下列四组症状之中至少有两组:一是胃肠道症状,如腹痛,恶心,腹胀或胀气,嘴里无味或舌苔过厚,呕吐或反胃,大便次数多、稀便或水样便;二是呼吸循环系统症状,如气短、胸痛;三是泌尿生殖系统症状,如排尿困难或尿频、生殖器或其周围不适感、异常的或大量的阴道分泌物;四是皮肤症状或疼痛症状,如疤痕,肢体或关节疼痛、麻木或刺痛感。③体检和实验室检查不能发现躯体障碍的证据,不能对症状的严重性、变异性、持续性或继发的社会功能损害作出合理解释。④对上述症状的优势观念使病人痛苦,不断求诊或要求进行各种检查,但检查结果阴性和医生的合理解释均不能打消其疑虑。⑤存在自主神经活动亢进的症状,但不占主导地位。

(2)严重标准:伴有社会、人际及家庭行为方面长期存在的严重障碍。

(3)病程标准:符合症状标准和严重标准至少已 2 年。

(4)排除标准:排除精神分裂症及其相关障碍、心境障碍、适应障碍或惊恐障碍。

2. 疑病症。这是一种以担心或相信患严重躯体疾病的持久性优势观念为主的神经症,病人因为这种症状反复就医,各种医学检查阴性和医生的解释,均不能打消其疑虑。即使病人有时存在某种躯体障碍,也不能解释所诉症状的性质、程度,或病人的痛苦与优势观念,常伴有焦虑或抑郁。对身体畸形(虽然根据不足)的疑虑或优势观念也属本症。本障碍男女均有可能出现,无明显家庭特点(与躯体化障碍不同),常为慢性波动性病程。诊断标准如下:

(1)症状标准。①符合神经症的诊断标准。②以疑病症状为主,并至少有下列一项:一是对躯体疾病过分担心,其严重程度与实际情况明显不相称;二是对健康状况,如通常出现的生理现象和异常感觉作出疑病性解释,但不是妄想;三是牢固的疑病观念,缺乏根据,但不是妄想。③反复就医或要求医学检查,但检查结果阴性和医生的合理解释均不能打消其疑虑。

(2)严重标准:社会功能受损。

(3)病程标准:符合症状标准至少已3个月。

(4)排除标准:排除躯体化障碍、其他神经症性障碍(如焦虑症或强迫症)、抑郁症、精神分裂症、偏执性精神病。

3. 躯体形式自主神经紊乱。这是一种主要受自主神经支配的器官系统(如心血管、胃肠道、呼吸系统)发生躯体障碍所致的神经症样综合征。病人在自主神经兴奋症状(如心悸、出汗、脸红、震颤)基础上,又发生了非特异的,但更有个体特征和主观性的症状,如部位不定的疼痛、烧灼感、沉重感、紧束感、肿胀感,经检查这些症状都不能证明有关器官和系统发生了躯体障碍。因此,本障碍的特征在于明显的自主神经受累,非特异性的症状附加了主观的主诉,以及坚持将症状归咎于某一特定的器官或系统。诊断标准如下:

(1)符合躯体形式障碍的诊断标准。

(2)至少有下列两项器官系统(心血管、呼吸、食管和胃、胃肠道下部、泌尿生殖系统)的自主神经兴奋体征:①心悸;②出汗;③口干;④脸发烧或潮红。

(3)至少有下列一项病人主诉的症状:①胸痛或心前区不适;②呼吸困难或过度换气;③轻微用力即感过度疲劳;④吞气、呃逆、胸部或上腹部的烧灼感等;⑤上腹部不适、胃内翻腾或搅拌感;⑥大便次数增加;⑦尿频或排尿困难;⑧肿胀感、膨胀感或沉重感。

(4)没有证据表明病人所忧虑的器官系统存在结构或功能的紊乱。

(5)并非仅见于恐惧障碍或惊恐障碍发作时。

4. 持续性躯体形式疼痛障碍。这是一种不能用生理过程或躯体障碍予以合理解释的持续、严重的疼痛。情绪冲突或心理社会问题直接导致了疼痛的发生,经过检查未发现相应主诉的躯体病变。病程迁延,常持续6个月以上,并使社会功能受损。诊断需排除抑郁症或精神分裂症病程中被假定为心因性疼痛的疼痛、躯体化障碍,以及检查证实的相关躯体疾病与疼痛。诊断标准如下:

(1)症状标准:①符合躯体形式障碍的诊断标准;②持续、严重的疼痛,不能用生理过程或躯体疾病作出合理解释;③情感冲突或心理社会问题直接导致疼痛的发生;④经检查未发现与主诉相应的躯体病变。

（2）严重标准：社会功能受损或因难以摆脱的精神痛苦而主动求治。

（3）病程标准：符合症状标准至少已6个月。

（4）排除标准：①排除检查出的相关躯体疾病与疼痛；②排除精神分裂症或相关障碍、心境障碍、躯体化障碍、未分化的躯体形式障碍、疑病症。

5. 躯体形式障碍的处置原则。各种心理治疗方法是躯体形式障碍的主要治疗手段，可以应用支持性心理治疗、认知行为治疗、精神动力疗法、环境及家庭治疗、催眠暗示治疗等方法。药物治疗主要用来消除和缓解患者与各种躯体不适相伴随出现的或因各种躯体不适所导致的焦虑、抑郁、失眠等症状。此外，针灸、理疗也是针对慢性疼痛的行之有效的传统方法。

（五）神经衰弱

这是一种以脑和躯体功能衰弱为主的神经症，以精神易兴奋却又易疲劳为特征，表现为紧张、烦恼、易激惹等情感症状，以及肌肉紧张性疼痛和睡眠障碍等生理功能紊乱症状。这些症状不是继发于躯体或脑的疾病，也不是其他任何精神障碍的一部分。多缓慢起病，就诊时往往已有数月的病程，并可追溯导致长期精神紧张、疲劳的应激因素。偶有突然失眠或头痛起病，却无明显原因。病程持续或时轻时重。

1. 神经衰弱的表现与诊断

（1）症状标准。①符合神经症的诊断标准。②以脑和躯体功能衰弱症状为主，特征是持续和令人苦恼的脑力易疲劳（如感到没有精神，自感脑子迟钝，注意不集中或不持久，记忆差，思考效率下降）和体力易疲劳，经过休息或娱乐不能恢复，并至少有下列两项：一是情感症状，如烦恼、心情紧张、易激惹等，常与现实生活中的各种矛盾有关，感到困难重重，难以应付。可有焦虑或抑郁，但不占主导地位。二是兴奋症状，感到精神易兴奋（如回忆和联想增多，主要是对指向性思维感到费力，而非指向性思维却很活跃，因难以控制而感到痛苦和不快），但无言语运动增多。有时对声光很敏感。三是肌肉紧张性疼痛（如紧张性头痛、肢体肌肉酸痛）或头晕。四是睡眠障碍，如入睡困难、多梦、醒后感到不解乏，睡眠感丧失，睡眠觉醒节律紊乱。五是其他心理生理障碍，如头晕眼花、耳鸣、心慌、胸闷、腹胀、消化不良、尿频、多汗、阳痿、早泄或月经紊乱等。

（2）严重标准：病人因明显感到脑和躯体功能衰弱，影响其社会功能，为此感到痛苦或主动求治。

（3）病程标准：符合症状标准至少已3个月。

（4）排除标准：①排除以上任何一种神经症亚型；②排除分裂症、抑郁症。

2. 神经衰弱的处置。针对神经衰弱,目前通常采用多种手段综合治疗。心理治疗方法是治疗神经衰弱的主要手段。可以采用个别心理治疗与团体心理治疗相结合的方法,也可以应用森田疗法、生物反馈疗法、音乐疗法、支持性心理治疗等。中国传统的中药、针灸、理疗也应同时配合使用。此外,医疗体育、合理安排劳动和作息时间等在治疗过程中也都是非常重要的。药物治疗可以有针对性地使用抗焦虑药物、抗抑郁药物和镇静催眠药物等,但一定要注意用药原则:少量、短期,见好就收。

第五节　其他心理障碍

一、罪犯的性心理障碍

(一)性心理障碍的概念

性心理障碍(过去称“性变态”或“性倒错”)泛指个体以两性行为的心理和行为明显偏离正常,并以这类性偏离作为性兴奋、性满足的主要或唯一方式为主要特征的一组心理障碍。有性心理障碍者的正常的异性恋受到全部或者某种程度的破坏和干扰,一般的心理活动并无其他明显异常。性心理障碍一般包括以下三类:一是性身份障碍,即有变换自身性别的强烈欲望,主要指“易性症”;二是性偏好障碍,即采用与常人不同的异常性行为满足性欲,主要包括恋物症、异装症、露阴症、窥阴症、摩擦症、性施虐症与性受虐症等;三是性指向障碍,即不引起常人兴奋的人、物,对这些人有强烈的性兴奋作用,主要包括同性恋和双性恋。性心理障碍者除上述异常之外,与之无关的精神活动均无明显障碍。单纯性欲减退、性欲亢进及性生理功能障碍不属于性心理障碍。

由于客观环境限制没有机会和条件接触异性,或者因性欲暂时不能用正常方式满足的人,偶然发生的一时性的性偏离现象不能归入性心理障碍。因此,对罪犯而言,他们在入狱之前,各种类型的性心理障碍都可能有,但在入狱服刑之后,由于客观方面没有机会和条件,除同性恋外,其他类型的性心理障碍基本上是不可能存在的。

(二)同性恋概述

1. 概念。同性恋属于性指向障碍。性指向障碍是指源于各种性发育和性定向的障碍,从性爱本身来说不一定异常。但某些人的性发育和性定向可伴发心理障碍,如个人不希望如此或犹豫不决,为此感到焦虑、抑郁及内心痛苦,有的试图寻求治疗加以改变。这也是 CCMD－3[《中国精神障碍分类与诊断标准(第三版)》]之所以将同性恋纳入其中的主要原因。

2. 同性恋的诊断标准。根据 CCMD－3 的规定,同性恋的诊断标准如下：

(1)符合性指向障碍的定义。

(2)在正常生活条件下,从少年时期就开始对同性成员持续表现性爱倾向,包括思想、感情及性爱行为。

(3)对异性虽可有正常的性行为,但性爱倾向明显减弱或缺乏,因此难以建立和维持与异性成员的家庭关系。

3. 监狱内罪犯的同性恋现象。根据中华医学会 CCMD－3 的诊断标准,在监狱内,罪犯之间的多数同性恋行为显然不构成同性恋,因此一般习惯上称为“境遇性同性恋”“暂时性同性恋”“假性同性恋”“相对性同性恋”等。对于符合 CCMD－3 诊断标准的同性恋行为被称为“真性同性恋”“绝对性同性恋”等。罪犯的同性恋大多为“境遇性同性恋”,“真性同性恋”极少。

(三)罪犯同性恋及其他性心理障碍的处置和干预

针对同性恋本身,目前还没有比较好的干预措施。心理学干预方法不仅能够缓解和减轻同性恋者因自己的同性恋问题而产生的心理痛苦,还可以为其提供一定的社会支持。对于监狱内比较常见的“暂时性同性恋”现象,产生心理痛苦的,应该给予必要的心理学干预;对于因同性恋问题而引发其他恶性事件的,应该按照狱政管理的有关规定进行处理。

对于其他类型的性心理障碍者,由于主要发生于入狱之前,因此在狱内应主要针对其为此而产生的自责、内疚等内心痛苦或难以克制的变态欲望进行心理学干预,主要有支持性心理治疗、认知疗法、行为疗法、认识领悟疗法、森田疗法等。

二、癔症

(一)癔症的概念

癔症指一种以解离症状(部分或完全丧失对自我身份识别和对过去的记忆,CCMD－3 将其称为癔症性精神症状)和转换症状(在遭遇无法解决的问题和冲突时产生的不愉快心情,以转化成躯体症状的方式出现,CCMD－3 将其称为癔症性躯体症状)为主的精神障碍。这些症状没有可证实的器质性病变基础。本障碍有癔症性人格基础,起病常受心理社会(环境)因素影响。除癔症性精神病或癔症性意识障碍有自知力障碍外,自知力基本完整。常见于青春期和更年期,女性较多。

诊断标准如下：

1. 症状标准

（1）有心理社会因素作为诱因，并至少有下列一项综合征：①癔症性遗忘；②癔症性漫游；③癔症性多重人格；④癔症性精神病；⑤癔症性运动和感觉障碍；⑥其他癔症形式。

（2）没有可解释上述症状的躯体疾病。

2. 严重标准。社会功能受损。

3. 病程标准。起病与应激事件之间有明确联系，病程多反复迁延。

4. 排除标准。排除器质性精神障碍（如癫痫所致精神障碍）、诈病。

（二）癔症的处置

早期、充分恰当的治疗对于防止癔症症状的反复发作以及癔症的慢性化倾向是十分必要的。各种暗示治疗、催眠治疗、解释性心理治疗、分析性心理治疗、行为治疗、支持性心理治疗等方法是治疗癔症的基本方法。及时消除癔症产生的不良社会心理因素是预防复发的有效手段。物理治疗方法可以根据癔症的不同表现酌情使用。

三、心境障碍

（一）心境障碍的概念

心境障碍又称情感性精神障碍，过去称为躁狂抑郁症或简称躁郁症。这是以明显而持久的心境高涨或低落为主的一组精神障碍，并有相应的思维和行为改变。可有精神病性症状，如幻觉、妄想。大多数患者有反复发作的倾向，每次发作多可缓解，部分可有残留症状或转为慢性。

心境障碍首次发病多在青壮年期。症状可表现为单相的躁狂发作、单相的抑郁发作、双相的躁狂抑郁交替发作以及混合发作等形式。缓解期间可完全恢复正常，一般预后良好。我国人群中心境障碍的总患病率为 0.76‰，时点患病率为 0.37‰；城市患病率为 0.80‰，农村患病率为 0.29‰。近年来，心境障碍尤其是抑郁症的患病率呈逐年上升趋势。

（二）心境障碍的症状表现与诊断标准

1. 躁狂发作。其又称躁狂症。典型的躁狂发作是以心境高涨为主，与其处境不相称，可以从高兴、愉快到欣喜若狂，某些病例仅以易激惹为主。病情轻者社会功能无损害或仅有轻度损害，严重者可出现幻觉、妄想等精神病性症状。躁狂发作的症状标准以情绪高涨或易激惹为主，并至少有下列三项（若仅为易激惹，至少需四项）：（1）注意力不集中或随境转移；（2）语量增多；（3）思维奔逸（语速增快、言语迫促）、联想加快或意念飘忽的体验；（4）自我评价过高或夸大；（5）精力充沛、不感疲乏、活动增多、难以安静，或不断改变计划和活动；（6）鲁莽行为（如挥霍、不负责任或不计后果的行为等）；（7）睡眠需要减少；（8）性欲亢进。

2. 抑郁发作。抑郁发作以心境低落为主，与其处境不相称，可以从闷闷不乐到悲痛欲绝，甚至发生木僵。严重者可出现幻觉、妄想等精神病性症状。某些病例的焦虑与运动性激越很显著。抑郁发作的症状标准以心境低落为主，并至少有下列四项：（1）兴趣丧失、无愉快感；（2）精力减退或有疲乏感；（3）精神运动性迟滞或激越；（4）自我评价过低、自责或有内疚感；（5）联想困难或自觉思考能力下降；（6）反复出现想死的念头或有自杀、自伤行为；（7）睡眠障碍，如失眠、早醒或睡眠过多；（8）食欲降低或体重明显减轻；（9）性欲减退。

3. 双相障碍。目前发作符合某一型躁狂或抑郁标准，以前有相应的临床相或混合性发作，如在躁狂发作后又有抑郁发作或混合性发作。

（三）心境障碍的病程、预后和处置

1. 病程和预后。多数急性或亚急性起病，病程呈发作性、长短不一。躁狂症病程往往较抑郁症短。不管单相或双相发作均可以自动缓解，也可以复发。但随着复发次数增多，一般不会出现精神衰退，通常预后良好。部分患者可演变成慢性，但此时症状亦较轻。总的来说，本病预后与发病年龄、症状严重程度、发作次数、人格特征、家族史、家庭和社会支持、治疗情况等因素有关。一般发病年龄大、症状重、发作次数多、病前人格适应不良、有情感疾病家族史、缺乏家庭和社会支持、治疗不充分等，容易演变成慢性，预后相对欠佳。

2. 处置。在疾病发作期间，首先应该考虑给予精神医学方面的干预，使用抗躁狂药物或者抗抑郁药物进行治疗，辅助进行心理学方面的干预。恢复期则是以药物巩固疗效并配合心理学干预。

四、精神分裂症

（一）精神分裂症的概念

精神分裂症是一组（并非一种）病因未明的精神障碍，多起病于青壮年，常常缓慢起病，具有思维、情感、行为等方面的障碍及精神活动不协调。通常意识清晰，智能尚好，有的患者在疾病发作过程中可出现认知功能损害。自然病程多迁延，呈反复加重或恶化，但部分患者可保持缓解或基本缓解状态。有学者调查表明，在监狱服刑的罪犯中精神分裂症的患病率远高于全国平均水平。[①]

(二)精神分裂症的症状表现

精神分裂症的症状表现多样、变化多端,比较常见的症状有以下四个方面的特征。

1. 认识过程障碍。

(1)感知觉障碍。幻觉是精神分裂症的常见症状,而且往往是妄想形成的基础。在精神分裂症的幻觉中,又以各种言语性听幻觉较为多见,也可出现嗅幻觉、味幻觉等。幻觉常常会影响到患者的情绪,并支配其行为,有可能导致严重的危害后果。

(2)思维障碍。这是精神分裂症最具有特征性的症状。其主要表现为思维联想障碍(如思维散漫、思维破裂、强制性思维、思维被剥夺等)、思维逻辑障碍(如逻辑倒错性思维、病理性象征性思维、语词新作等)、思维内容障碍(如各种妄想)等。

(3)智力障碍。少数精神分裂症进入衰退阶段可能会出现智力障碍,即智力下降。

2. 情绪情感过程障碍。情感淡漠、情感倒错等症状是精神分裂症患者比较常见的情感障碍。

3. 意志行为过程障碍。偏执型精神分裂症患者常常会有意志增强的症状表现,其他各种类型常常会出现意志减退或意志缺乏的症状表现;幼稚愚蠢、怪异离奇的动作行为主要见于青春型精神分裂症;自言自语和自笑常常与幻听相伴随;紧张综合症等也都是精神分裂症患者中比较常见的症状。

4. 缺乏自知力。绝大多数精神分裂症患者在发病期间缺乏自知。其具体表现为不认为自己的精神活动已经失去了正常,并且没有任何治疗的欲望和要求。

(三)精神分裂症的病程、预后及处置

1. 病程。精神分裂症的病程持续进行者往往病程迁延不愈,逐渐呈现精神衰退状态。间断发作者在病情发作一段时间后,间隔以缓解期,缓解期精神活动可基本恢复正常,也可能遗留一定的精神症状或精神缺损。但随着复发次数增多,每况愈下,部分患者可能逐渐出现精神衰退;也有仅发作一次,缓解后不再发作而无精神缺损者。

2. 预后。精神分裂症的预后与诸多因素有关。一般来说,急性起病、起病前有

---

① 参见马恩轩、赵万利等:《在监罪犯精神障碍流行学调查》,载《山东精神医学》1998 年第 2 期;沈渔邨主编:《精神病学》(第 4 版),人民卫生出版社 2001 年版,第 101~102 页。

一定诱因、病程呈间歇性发作、发病年龄晚、病前人格无明显缺陷、无精神病既往史、无精神病家族史、病前有稳定良好的工作、人际关系好、发现早、治疗及时正规、有良好的家庭照顾和社会支持等，都是预后比较好的因素。反之，起病隐匿、病程长、持续或反复发作、发病年龄早、独身、离婚、病前人格缺陷明显、工作条件差、经济贫困、被社会隔离、发现晚、治疗不及时或不正规、无家庭照顾和社会支持等，预后往往不良。

3. 处置。对于狱内处在发病期间的精神分裂症患者，应该以医学干预为主，及时聘请精神医学方面的专业人员对患者进行正确诊断和及时治疗。对于已经进入恢复期的患者，应该在接受继续医学干预、维持药物巩固性治疗的前提下，适时地开展各种心理学方面的干预，并酌情允许患者尽早参加狱内合适的劳动。

五、精神发育迟滞

（一）精神发育迟滞的概念

精神发育迟滞是指精神发育不全或受阻的综合征，特征为智力低下和社会适应困难，起病于发育成熟以前（18 岁以前）。该症可单独出现，也可同时伴有其他精神障碍或躯体疾病。其智力水平低于正常水平（按标准化的智力测评方法得出）。智商在 70 ~ 86 为边缘智力。罪犯中比较常见的智力障碍主要是轻度精神发育迟滞患者或者边缘智力患者。

（二）轻度精神发育迟滞的表现和诊断标准

1. 轻度精神发育迟滞的表现。轻度精神发育迟滞者的一般语言能力发育良好，通过学习，他们对阅读、背诵无多大困难，应付日常生活的交谈能力还可以，因此在与其短时间的接触中不容易觉察。但其思维活动水平不高，在抽象思维和有创造性要求的活动方面能力差。日常生活可以自理，并能学会一技之长，在他人照顾下可从事熟练技能劳动。他们大都性情温顺、安静，比较好管理，可参加社会生产劳动，能自食其力。但由于其思考问题简单，容易被人利用或出现冲动性行为。

2. 轻度精神发育迟滞的诊断标准。

（1）智商在 50 ~ 69，心理年龄为 9 ~ 12 岁。

（2）学习成绩差（在普通学校中学习时常不及格或留级）或工作能力差（只能完成较简单的手工劳动）。

（3）能自理生活。

（4）无明显言语障碍，但对语言的理解和使用能力有不同程度的延迟。

（三）精神发育迟滞的处置

导致精神发育迟滞的病因有很多，但至今很多病因不详。因此，应采取综合措施处置。医学干预手段主要是对症治疗，针对患者的活动过度、注意障碍和行为异常等特征，可以选用某些精神药物。非医学措施的效果似乎更佳，主要是训练和培训其劳动和社交这两大方面的技能，以使其将来出狱后能够自谋生路，减少再犯罪的可能。

六、心理生理障碍

（一）心理生理障碍的概念

心理生理障碍是一组与社会心理因素有关的，以进食、睡眠及性行为异常为主的心理障碍。进食异常是指神经性厌食、神经性贪食、神经性呕吐等；睡眠异常是指失眠症、嗜睡症、睡眠—觉醒节律障碍、睡行症、夜惊、梦魇等；性行为异常是指性欲减退、阳痿、冷阴、性乐高潮障碍、早泄、阴道痉挛、性交疼痛等。

在监狱服刑的罪犯中比较常见的心理生理障碍主要是失眠症。

（二）失眠症的概念与诊断

失眠症是一种普通的睡眠障碍，是对睡眠的质和量持续相当长时间的不满意情况，其他症状均继发于失眠。失眠可引起病人焦虑、抑郁或恐惧心理，并导致心理活动效率下降，妨碍社会功能。诊断标准如下：

1. 症状标准。

（1）几乎以失眠为唯一的症状，包括难以入睡、睡眠不深、多梦、早醒，或醒后不易再睡、醒后不适感、疲乏，或白天困倦。

（2）具有失眠和极度关注失眠结果的优势观念。

2. 严重标准。对睡眠数量、质量的不满引起明显的苦恼或社会功能受损。

3. 病程标准。至少每周发生 3 次，并至少已持续 1 个月。

4. 排除标准。排除躯体疾病或精神障碍症状导致的继发性失眠。

（三）失眠症的处置原则

首先应全面了解失眠病史，并进行详细的医学检查，以彻底排除其他疾病；并根据情况进行心理学方面的检查和心理测验（人格测验、情绪测验等）。确定是失眠症后应该首先调整其作息时间，使患者规律作息，尽量避免白天休息，令其参加力所能及的劳动；可以采用某些药物治疗，如各种抗焦虑药物、抗抑郁药物或者镇静催眠药物；中医治疗也可获得良好的疗效；心理治疗措施应该作为主要的治疗手段贯穿于治疗失眠症过程的始终，如支持性心理治疗、放松训练、生物反馈疗法、森田疗法、音乐疗法等。

七、吸毒者脱毒后的稽延性戒断症状

在监狱中，入狱前有过吸毒行为的罪犯不在少数。虽然他们在入狱时大都已经接受了戒毒治疗，基本上消除了毒瘾，但由于各种毒品所具有的某些特殊药理作用，即使成功脱毒，也可能会遗留很多稽延性戒断症状(protracted abstinence)。这些稽延性戒断症状一般在脱毒者身上可以持续存在达数年乃至终生，尤以使用海洛因和苯丙胺类(通常所说的冰毒、摇头丸、致幻性摇头丸及其混合品等)兴奋剂者最为突出。这些症状表现为顽固性失眠、长期感觉倦怠乏力、精神空虚、周身不适、感觉手脚无处放置、坐立不安、骨关节及肌肉莫名地疼痛等；还会出现多种情绪问题，如焦虑、抑郁、易激惹、情绪脆弱，不能忍受挫折或打击，人格改变等。

针对罪犯中出现的脱毒后的稽延性戒断症状，应该采取综合措施进行干预。医学方面的干预措施主要是对症治疗，努力减轻和缓解其各种躯体不适，缓解其不良情绪。所使用的药物包括各种抗焦虑药物、抗抑郁药物、镇静催眠药物、解热镇痛药物等；针灸、理疗的效果也比较好；康复训练、劳动等措施应该贯穿于始终。也可用支持性心理治疗、放松训练、音乐疗法、行为治疗方法(如生物反馈疗法)、认知治疗、森田疗法等。

第六节　伪装心理障碍

一、伪装心理障碍的概念

根据国家有关法律和法规的规定，罹患心理障碍的患者是具有特殊法律地位的人，他们常常会得到一些比较特殊的法律待遇。《刑法》第十八条第一款就明确规定，精神病人在不能辨认或者不能控制自己行为的时候造成危害结果，经法定程序鉴定确认的，不负刑事责任。监狱中的罪犯为了逃避劳动改造或刑罚惩罚，或者企图达到保外就医的目的，就可能试图钻法律的空子，故意伪装成言行紊乱的心理障碍患者。因此，对这种行为应该及时正确地加以识别和处置。

(一)什么是诈病

诈病是一种带有欺骗性的行为，是一类试图规避法律和法规以及逃避责任和义务的社会性行为。诈病的概念可以分别从广义和狭义两个角度来理解：

狭义的诈病主要是指当事人为了逃避外界某些不利于个人的处境，摆脱某种责任、义务或获得某种个人利益，故意地模拟和(或)夸大自己躯体的和(或)精神方

面的某种疾病和(或)损伤、残疾的行为。广义的诈病通常包括三种情况:一是狭义的诈病;二是造作病和造作伤,即当事人通过某种手段对自己身体所采取的、对生命没有危险性的一种自伤性或自残性行为;三是匿病或瞒病,当事人有意识地对外隐瞒自己早已存在的某种疾病,或谎称自己尚未痊愈的某种疾病已经痊愈。

在监狱中,罪犯的诈病既可以是伪装躯体疾病,也可以是伪装精神疾病。由于伪装精神疾病没有相应的生化指标变化,诈病成功的可能性更大,因此罪犯的诈病以伪装精神疾病为主。

(二)什么是伪装心理障碍

伪装心理障碍一般又称伪装精神病或诈精神病,是当事人有意识地去伪装或夸大自己心理方面的症状或问题,从而误导他人认为自己有某种心理疾病,借此获取某些不当个人利益或达成某种不良企图。伪装心理障碍属于诈病的范畴,是不被精神医学的专业人员所认可和接受的一种欺骗行为。

二、伪装心理障碍的特点

在监狱中,服刑的罪犯伪装心理障碍的情况还是比较多见的。有人在北方某监狱中调研时发现,在该监狱接受精神医学监管医疗的100余名罹患心理障碍的罪犯中,精神症状彻底消失并最终主动、明确地承认自己当初的心理障碍是伪装的人,大约占到全部被鉴定为精神分裂症患者的1/10。罪犯装疯卖傻,故意伪装成言行紊乱的心理障碍患者,主要是为了达到逃避劳动改造、逃避刑罚或保外就医等不良目的。罪犯伪装得是否真实,常常与其文化程度、个人心理素质及其对心理障碍知识的了解程度密切相关。一般来讲,文化水平越高,对精神医学知识了解的越多,其伪装表演得就越可能“惟妙惟肖”。但由于罪犯并不真正了解心理障碍的本质,只能是根据自己并不一定正确的经验和知识去简单模仿一些心理障碍的外在表现,所以其伪装得越像心理障碍,常常反而越容易露出破绽。

(一)心理障碍的症状表现不完全对症

罪犯之所以伪装心理障碍,是因为他们对心理障碍有一定了解。进行伪装时,他们就会根据自己对心理障碍的认识和理解程度来表现出相应的心理异常的症状。由于绝大多数伪装者并不真正了解心理障碍的内在本质特征和症状表现规律,他们对心理障碍的认识是比较肤浅的,因而在大多数情况下他们所表现出的症状也都是非常片面和不完全正确的。这一特点反倒有利于我们识别出罪犯的伪装。

(二)伪装的心理障碍往往没有任何“发病”诱因

虽然精神刺激不一定就是心理障碍发生的直接病因或是诱发因素,但确实有很多心理障碍者在发病前常常会遭遇社会、心理方面的某些挫折或刺激。伪装心理障碍者在“发病”前常常是没有任何原因的，常常是莫名其妙地就出现了心理异常的症状表现。

（三）伪装者大多“突然”起病且病情常常戛然而止

伪装者由于不了解心理障碍的内在本质，他们的发病常常是在没有任何先兆和前驱症状的情况下，绝对“突然”地“发病”，没有真正的心理障碍者在发病前常有的前驱症状和先兆表现。一旦被识破和揭穿其伪装的实质，其“疾病”表现的中止也是非常突然的。当然，由于是一种伪装，所以它的“病程”的长短、病情的“转归”和发展变化规律常常是不确定的。

（四）伪装者常常是在接受探访后不久“发病”

只有在接受探访时，他们才能够获得外部的信息，并与外界进行某种形式的沟通、交流和密谋。在这些罪犯“发病”时间的前后，他们在监所外面的代理人也会适时地向有关部门提出自己的当事人有某种心理障碍，并要求对自己的当事人进行司法精神医学鉴定或者申请为当事人办理保外就医的手续。也就是说，监所外的诉讼活动与罪犯的“心理障碍”在出现的时间方面是一致的。这明显是一种里应外合、相互呼应与配合的欺诈行为。

（五）伪装者的症状表现特点常与其伪装目的紧密相连

伪装心理障碍的罪犯，往往是为了达到某种目的，如保外就医、逃避劳动、减免刑罚或为彻底翻案做准备等，所以他们会根据自己想要达成的目的来选择伪装特定的症状。例如，因盗窃罪服刑者可能会伪装有命令性幻听的症状，然后再设法诱导他人把自己当初的盗窃行为与“命令性幻听”的症状表现联系在一起，使他人误以为自己当初是在所谓命令性幻听的指使下才出现了盗窃行为，妄图以此为自己开脱罪责。

（六）伪装者的症状表现有明显的表演色彩

伪装者为了使自己的表现能够像真正有心理障碍的人，常常会出现非常夸张过火的表演。因为具有表演性，所以他们的症状往往是有关人员在场时表现严重，有关人员离去后症状表现就会明显减轻或消失，并且症状还会随着有关人员的再次出现而变得再次明显和严重。

（七）伪装者很会“学习”

在进行司法精神病学鉴定过程中，专业人员常常会建议把当事人留置在精神病医院或精神科病房进行进一步认真仔细的观察。当事人在入住医院后，为了使自己的表现更逼真，他们就非常注意其他真正罹患心理障碍的患者的各种病态表现和病理体验,“善于”从其他患者的症状表现或者医护人员的谈话中“学习”到自己以前没有伪装出来的“心理障碍”的症状表现,以此来“充实”“丰富”自己“心理障碍”的表现内容。因此,伪装者的症状表现在住院观察期间就会变得越来越“严重”。

(八)伪装者非常善于“发明创造”

伪装者善于根据自己对心理障碍的了解和认识,“发明创造”出来一些他们认为真正的心理障碍者会有的症状表现。这些被“发明创造”出来的症状表现形式与心理障碍的真正表现形式显然是不可能一致的。

(九)伪装者的症状表现不能坚持长久

由于缺乏必要的病理基础,伪装者虽然可以在一段时间内表现出乱打乱闹、装疯卖傻、打人毁物、兴奋躁动等症状,但常常是在有其他人在场的情况下才会“发作”或加重,并且症状的表现不能坚持很久,并且在“表演”之后他们像正常人一样会出现疲劳,甚至出现精疲力尽的现象,所以他们无法伪装得真实和持久。而且,真正的心理障碍者在发病同时常常伴有血压增高、脉搏加速、体温升高、皮肤潮湿出汗、易激惹性、思维奔逸、言语速度加快等病理性的症状表现,这些都是伪装者所难以模拟的客观体征。

(十)伪装者的“症状”表现混杂

由于缺乏确切的、全面的专业性知识,不了解心理障碍的本质特征和表现规律,伪装者所表现出来的症状形式离奇古怪,不符合任何一种心理障碍的活动规律和表现特点,其生理性的节律活动基本上都是保持在正常的范畴内。例如,睡眠的时间不会有明显的昼夜颠倒。

(十一)伪装者常常主动暴露自己“不正常”的表现

一般来说,真正罹患心理障碍者(如精神分裂症患者)在发病期间没有自知力。在精神病学领域,自知力是指心理障碍者对自己异常心理状态的认识能力、批判能力以及有无治疗要求等。也就是说,心理障碍者在发病期间,并不认为自己所出现的幻觉、妄想、言行紊乱等心理障碍的症状有什么异常之处。基于此,他们一般不会有任何积极的治疗愿望以及主动的求医行为。

与此类表现不同的是,伪装者总是唯恐其他人不知道自己有“心理障碍”,所以他们总是把自己那些所谓的“心理症状”主动和盘托出,这种现象在真正的心理障碍患者身上并不多见。同时他们又讳疾忌医,唯恐自己的伪装被人识破。所以,他们的警惕性往往都很高,防御性也比较强。

(十二)其心理活动随伪装被揭穿后立即恢复正常

一旦伪装被揭穿,或者伪装者发现自己的伪装不可能达到目的,这种伪装也就失去了存在的价值,此时伪装者那些一反常态的“病态行为”即可全部消失。2004年,有学者在北方某监狱调研时发现的数例伪装心理障碍的罪犯,其最初的伪装目的几乎都是为了要“保外就医”。但当他们发现自己虽然暂时成功地骗过了鉴定医生,但却没有被“保外就医”,而是接受了精神医学的监管医疗,与其他真正罹患心理障碍的罪犯住到了一起时,大失所望。此时,为了避免服用各种精神药物或避免接受其他医疗措施,他们最终只能是主动、明确地承认自己当初的心理障碍是伪装的,而他们各种心理障碍的症状表现也随之消失的无影无踪。

三、伪装心理障碍的诊断

在监狱内确诊包括伪装心理障碍的诈病行为,首先要对疑似伪装者的日常表现进行认真、系统的观察,必要时可利用监狱内的各种监控设施进行录音和录像,以保证资料的客观性、可重复性与可验证性。还要从与其有密切接触的其他罪犯那里收集可靠的“证人证言”或其他资料。将上述资料提供给专业的司法精神医学鉴定人员,由专业人员综合分析这些资料,并结合详细认真的精神检查,最后根据伪装者的各种症状表现形式和特点,依据中华医学会精神科分会制定出版的CCMD－3中关于“诈病”的诊断标准,最终作出诊断结论。

四、对伪装心理障碍的处置

由于监狱民警缺乏必要的专业训练,很少具有精神医学方面的知识,他们既没有能力也没有相应的法律资格去识别或鉴定罪犯的心理障碍是否伪装。因此,发现有心理障碍迹象的罪犯后,应及时聘请专业的、具有相应法律资格的司法精神医学鉴定人员进行鉴定工作,这样才能对罪犯心理障碍的真假作出准确判断。

对于经过司法精神病学鉴定后确认为伪装心理障碍的罪犯,必须予以严肃的惩处。可以根据伪装者所产生的影响范围大小和造成的不良后果的严重程度,按照狱政管理的相关规定进行相应的惩罚。对后果特别严重、影响特别恶劣并产生不良法律后果的罪犯,应该提请人民法院进行相应审判并定罪量刑。

研究与思考

1. 引发罪犯心理障碍的原因主要有哪些?
2. 怎样发现和识别罪犯的心理障碍?
3. 拘禁性心理障碍产生的原因有哪些? 它具有哪些特点?

4. 简述罪犯人格障碍的表现及矫治。
5. 罪犯常见的神经症的类型有哪些？如何处置？
6. 罪犯伪装心理障碍的症状表现有哪些？

第十二章　主要改造手段的心理学应用

重点提示

1.政治改造具有统领地位。其心理学意义在于:帮助罪犯树立坚定信念,培养爱国情感,消解罪犯的仇视对抗情绪,满足高层次心理需要等。政治改造适用实践性、体验性等心理学原则。

2.监管改造是前提,为其他改造奠定基础、提供保障。其心理学意义在于:群体规范与群体压力有助于罪犯约束自己的认知和行为;实施科学文明管理,改变罪犯不良人格;施行严格管理,改变罪犯不良生活习惯;建立科学奖惩制度,调动罪犯改造积极性。监管改造适用的心理学原则包括:尊重原则、公平原则、激励原则、利用群体心理效应的原则及榜样示范原则等。

3.教育改造是根本,为其他改造提供方法和抓手。其心理学意义在于:提高罪犯的认知水平;培养罪犯稳定的道德情感;培养罪犯适应社会生活的能力。教育改造适用的心理学原则包括:社会化原则、主体性原则、因人施教原则、期待原则及感化教育原则等。

4.文化改造是灵魂,是对其他改造的巩固与升华。其心理学意义在于:改变罪犯错误的认知;帮助罪犯建立积极、乐观的生活信念;培养罪犯爱人、贵己的人道主义情感;重塑罪犯的道德规范;矫正罪犯的不良行为。文化改造适用的心理学原则包括:陶冶性原则、循序渐进原则等。

5.劳动改造是载体,为罪犯顺利回归社会、自食其力创造条件。其心理学意义在于:建立正确认知体系;培养积极情感;磨炼坚强意志;改变不良行为习惯;培养劳动技能,提高适应能力。劳动改造适用的心理学原则包括:根据人格特征合理分工的原则、正确运用强化原则和充分发挥劳动主体能动性原则等。

第一节 政治改造的心理学应用

监狱作为国家机器,政治属性是其基本属性。政治改造在所有改造手段中居于统领地位,是总开关、指挥棒,为其他改造手段确定方向和标准。政治改造可以充分发挥心理学的作用,帮助罪犯确立政治信念、培养爱国情感、消解仇视对抗情绪、满足高层次心理需要等,对罪犯改造的功效无可替代。

一、政治改造的心理学意义

(一)有利于罪犯树立坚定信念

从心理学的角度来看,在人的动态心理系统的平衡中,信念是非常重要的因素,它不仅仅是制约了其他因素诸如认知、情感等的发展,坚定的信念还可以弥补一些心理因素的不足,更好地维持心理平衡。一旦信念缺失,个体的心理平衡系统很快就会被打破,会产生挫败感,甚至是强烈的怨恨以及对抗情绪,进而产生违法犯罪的行为。对于罪犯而言,缺乏坚定的政治信念,不单是某些特殊类型的罪犯如各种危安犯、职务犯产生犯罪的根本原因,同时是普通罪犯疏离国家和社会,失去心理平衡,从而产生犯罪行为的内在原因之一。从监狱改造的实践来看,只有监狱强化了政治改造,促使罪犯树立了坚定的信念,罪犯改造才能取得良好的效果。比如,中华人民共和国成立之初,我国监狱成功地改造了一大批包括末代皇帝、伪满战犯、日本战犯和国民党战犯在内的政治犯,其中最为宝贵的经验就是,利用政治思想教育,破除他们原有的错误思想观念,确立了新的政治信念,在思想意识上真正服膺于中华人民共和国巨大变化,从而心甘情愿地接受改造,自觉地成为中华人民共和国建设的一分子。但是,一旦我们弱化了政治改造,罪犯没有树立对党和国家的坚定信念,监狱罪犯改造工作就会走弯路,甚至监狱的基本功能被异化。

作为改造目标的信念,并不是单一的思想观念,而是一个系统。这个系统由三部分组成:第一,政治信仰。要求罪犯通过政治改造,不一定要达到很高的政治觉悟,但一定要拥护中国共产党的领导,拥护党和国家的方针政策,遵守国家的宪法和其他法律。让罪犯及时了解国家的新发展、新变化和经济社会发展的巨大成就,促使罪犯感激党和政府的教育挽救,激发罪犯产生接受改造的内在动机。第二,世界观、人生观和价值观。要求罪犯具有正确的世界观,科学看待一切事物,破除迷信,不为邪教、邪说所迷惑;树立和谐的人生观,保持积极的生活态度,正确对待人生中的挫折和困境;树立社会主义核心价值观,尊重自己和他人的生命,合理地满足对物质的需要和追求。第三,历史观、民族观和国家观。要求罪犯了解自己国家、自己民族的历史,认同国家和民族文化,逐步建立国家和民族的自信心和自豪感,自觉抵制西方反华思想的侵蚀。

(二)有利于培养罪犯的爱国情感

心理学认为,情感与其他心理现象一样,是人脑对外界事物刺激的一种反应,是个体对外界事物是否满足自己的需要而产生的态度体验。它有四个方面的作用:一是个体适应生存的心理工具。二是能够激发个体心理活动和行为的动机。三是个体心理活动的组织者。四是个体人际沟通和交流的重要媒介和手段。情感往往与情绪相联结,热烈的情感能激发良性情绪,维持良好的心理状态,导致友善的行为,而情感缺乏不仅仅使人出现心理与行为异常,更有可能导致个体的生存危机。爱国情感是一种高级情感,同时也是一个国家公民应该具有的基本情感。任何人都有国家属性,这是最起码的心理归属。一个对自己的祖国怀有深情的人,时刻感受到的是祖国的温暖,也会时时处处为祖国自豪,即使受到不公正待遇也会正确对待,理性化解心里的矛盾。缺乏爱国情感就会导致个体对国家和社会的冷漠、疏离,只注重自己的感受,从不顾及社会与他人,也从未考虑国家的利益。例如,一小部分所谓的“公知”们,数典忘祖,无视自己的衣食父母,受西方思想的蛊惑,无限放大某些社会丑恶现象,肆意谴责甚或谩骂自己的祖国。从罪犯的实际情况来看,有相当一部分罪犯由于认知低下,只关心和满足自己(最多也只是限于亲人和朋友及小团体)的利益和生活,对国家和社会漠不关心,更谈不上有感情。还有一部分罪犯,由于特殊的人生经历,受到一些挫折,从不反思自己身上的问题,而总是怨天尤人,从情感上远离了国家和社会。正因为这些罪犯缺乏爱国情感,才使他们产生肆意践踏祖国和人民的犯罪行为。政治思想教育的目的就是要让罪犯明白国家与社会对个体的意义,让罪犯了解我国发展经历的各个历史阶段,特别是中国共产党领导下艰苦的革命历程,促使罪犯正确地面对自己的人生际遇,增进罪犯与国家和社会的感情,从而成为与社会和谐的好公民。

(三)有利于消解罪犯仇视对抗的不良情绪

根据心理学理论,情绪与情感一样,也是个体对外界事物是否满足自己的需要而产生的态度体验与行为指向。与情感不同的是,情感体验注重体验的内容,情绪则更注重体验的过程。情感具有持久性,情绪具有暂时性。从情绪的功能来看,情绪具有适应功能,是个体生存和发展的重要手段之一;情绪还具有动机功能,确定行为方向、提高效率。另外,情绪具有社会功能包括趋向功能和阻断功能。它既可以是一种黏合剂,促进个体与社会的融合;也可以是一种阻隔剂,阻断个体与社会的融合,使人远离社会。应该指出的是,今天社会上,人们情绪异常和行为失控发生的概率逐年升高,特别是对于政府和社会的不良情绪大量存在。在罪犯中,有这种对政府和社会的不良情绪的人也不在少数。究其原因,大概有四个方面:一是由于历史上的民族及宗教问题导致的对政府和社会的不满,如一些极端的民族恐怖分子;二是一些人受邪教(如法轮功、全能神等)的宣传和蛊惑对政府和社会产生不满情绪;三是有少数人因为特殊的经历,遭遇人生困境,不能正确面对,导致人格扭曲,产生极端的不良的社会情绪;四是在当今自媒体时代,不具备理性判断能力,轻信各种网上谣言,从而产生所谓"激愤"的仇视政府和社会的情绪。凡此种种,其核心的原因不外乎两点:一是认知水平低下,缺乏坚定的社会主义信念及理性精神,或执拗于狭隘的民族观念,或迷失于虚无缥缈的邪教宣传;二是与国家、与社会自我屏蔽,崇洋媚外,对国家、社会及他人漠不关心,毫无情感。因此,对罪犯进行政治改造一方面要提高罪犯的政治素质,使罪犯真正地理解和拥护党和国家的民族方针政策,从而消除罪犯仇视和对抗社会的不良情绪,融入社会主义大家庭中;另一方面通过正确的历史解读,使罪犯产生自豪感和荣誉感,理性面对自己的人生挫折,淡化和消解不良情绪,能够在心里归属国家和社会。

(四)有利于满足罪犯高层次心理需要

按照马斯洛的需要层次理论,人的需要由低到高依次可分为生理、安全、归属与爱、尊重及自我实现五个层次。在这五个层次中,生理与安全是最基本的需要,也是比较低级的需要,归属与爱、尊重及自我实现是相对高级的需要。较高层次需要的产生,都是建立在低层次需要满足基础之上的。那么,作为罪犯这种另类的社会人群,他们有没有高层次需要呢?回答是肯定的。一方面,我国监狱文明的管理,罪犯的人道处遇,使其低层次需要都最大限度地被满足,可以有条件产生高层次需要;另一方面,对罪犯自身而言,法律的惩罚、自由被剥夺带来的其与社会与家庭的疏离,在一定程度上强化了他们的高层次需要,他们比一般社会人更期望被爱、被接纳、被尊重,甚至于他们比一般人更关注政治和国家的发展状况。政治改造可以通过各种教育形式,让罪犯了解国际国内形势,与祖国同呼吸共命运。同时,政治改造还可以让罪犯感受到党和国家对他们的挽救,不放弃、不抛弃,这种接纳、爱与尊重会在罪犯心里产生极大触动。

二、政治改造适用的心理学原则

(一)实践性原则

在对罪犯进行政治改造过程中,适用实践性原则尤其重要。人的思想观念的形成不是一朝一夕的事，它是个体经过长期的生活积累逐渐稳固下来的。要破除一种旧的观念，建立新的观念，其难度可想而知。对于罪犯来说，过往的生活经历形成了他们扭曲的思想意识，其惯性思维本能排斥新的观念进入，更何况相当一部分罪犯认知低下、褊狭，执念甚重，新观念的植入确立何其难哉。此种情况下，理论上空洞的说教，不仅不能起到良好的改造效果，而且很有可能激起他们强烈的反感。事实上，有一段时间，我们对罪犯的思想教育流于形式化、口号化，其结果不言而喻。基于此，我们在对罪犯进行政治改造过程中必须坚持实践性原则。一切基于事实说话，用中华人民共和国成立以来经济与社会发展的巨大成就作为切入点，以无可辩驳的事实昭示，中国共产党领导和社会主义制度的无比优越性，从心理上瓦解罪犯旧的观念。也可以利用特定的历史事件比如重大的自然灾害救助和疫情防控等，彰显党和国家坚定的信心和卓越的领导能力，以及共产党员的牺牲精神和社会温暖。还可以利用对比的方法，用事实来说明我们国家和所谓"完美"的西方制度，在面对同样人类灾难时所采取的不同方法带来的截然不同的结果。人的思想意识来源于人脑对外界刺激的反应，铁的事实必然会激起罪犯思想斗争，旧观念的破除与新观念的确立也就会顺理成章，同时能使罪犯在心里升起对国家的自豪感和亲近感，慢慢形成爱国热情。

当然，对罪犯进行政治改造坚持实践性原则，并不是要我们放弃对罪犯进行政治理论教育。心理学常识告诉我们，人的认识水平的高与低对于信念的确立、情感的培养关系甚大。对于罪犯来说，限于政治意识的低水平，很多罪犯不具备评判能力，无法深刻地认识到制度的内涵。例如，面对重大疫情，我国采取封城之策略是基于对我们的文化、对我们人民、对我们的制度高度自信，而一些西方国家无法做到，也是有其深刻的历史文化、民众理念、制度因素原因。因此，强化政治理论教育，提高罪犯政治理论水平，增强其对政治事件辨别、判断能力，是政治改造的一项非常重要的内容。

（二）体验性原则

体验是指个体亲身经历，并在大脑记忆中留下深刻印象的生命历程，它包括生活经历以及情感经历。体验是人类生存的基本方式。在生命过程中，我们都能体验到大自然的存在，家人的情感，生活的滋味，自己的成长经历，每时每刻的思想与变化，自己有意讲过的话，亲自参与的事件，亲自动手做的工作，对一个时代的记忆等。随着时光流逝，我们亲身体验到的生活内容越来越丰富，包括对外界的印象和自己内心的变化，一起构成一个人全部的生活经历。尽管一个人的生命历程是短暂的，但是在他（她）的人生历程中所能体验到的一切的确是十分丰富的。每个人的人生体验都是独特的、不可复制的，我们不可能完全感受、了解他人的人生体验。所有这些人生体验都是个体形成某种观念认识，具有某种情感的重要原因。唯其如此，基于人生体验的观念和情感改造起来非常艰难。对于罪犯来说，每个人都有自己不同的人生经历，也有着自己的人生体验，而这种体验在很大程度上决定了罪犯个体对世界、对人生的看法，甚至决定了他（她）的人生道路。譬如一个吸毒的人，在短时间内亢奋的体验，很容易使他（她）成为瘾君子，也极有可能走上以贩养吸的道路。就算在生理上阻断体验，但心理体验却无法消弭。因此，一沾毒品，终身难戒。有鉴于此，在对罪犯进行政治改造过程中，应坚持适用体验性原则，“心病还须心药医”。在条件允许的情况下，可以组织人身危险性比较小、改造比较好的罪犯现场观摩，增加他们的感性认识，强化他们内心的体验，从而逐步转变他们的认知，树立新的信念。在条件不具备的情况下，可以挑选一些影像资料（如《大国重器》等），以视频形式展示给罪犯，通过视觉的冲击，以动摇他们原有的错误观念，转变他们的认知，慢慢树立新的信念，培养爱国情感。

在对罪犯进行政治改造时适用体验性原则一定要注意时机的把握。时机契合，事半功倍；时机违和，事与愿违。比如，疫情、地震、火灾等重大历史事件发生时，都是很好的时机。

第二节　监管改造的心理学应用

监管改造是指我国监狱代表国家依法对罪犯实施的各项具体监督管理改造活动，主要包括对罪犯的监督管理、生活卫生管理以及对罪犯的考核奖惩等内容。监管改造是前提，为其他改造奠定基础、提供保障。监管改造侧重于对罪犯的惩罚和约束，对罪犯的认知、情感、人格及行为习惯都会产生很大影响。在监管改造中，运用心理学的原理与方法可以提高改造工作的效能。

一、监管改造的心理学意义

（一）群体规范与群体压力有助于罪犯约束自己的认知和行为

群体规范是指群体所确定的行为标准，这些标准为群体每个成员所公认，每个成员都必须遵守。群体规范既可以是正式规定的，也可以是自发形成的，它直接影响着每个成员的心理和行为，促使群体成员在社会生活中遵守共同的行为模式，顺利进行共同生活和生产，并能顺畅地沟通思想、交流情感。群体规范对罪犯管理的作用主要体现在两个方面：一方面体现在统一罪犯的认识、评价的标准，使罪犯形成共同的看法和意见，如认罪服法、服从管理、接受改造、重新做一个守法公民等。即使个别罪犯持不同意见，但由于群体规范的压力和个人的从众性，也会使其与群体规范保持一致。另一方面，群体规范约束着群体中的每一个罪犯的行为，使他们表现出共同的群体行为特点，知道应该做什么，不应该做什么，怎样去做。

群体压力是指群体中由大多数成员的意见产生的，使每个成员自觉或不自觉地保持与多数人一致的一种无形的力量。群体压力虽不具有强制性，但它对于每个群体成员来说却是一种难以违抗的力量。每个人都有归属于一定群体的需要，而偏离大多数人的意见，则意味着对这种归属感的威胁。因此，如果一个人不愿意处于孤立的境地，他就会在群体压力面前顺应大多数人的意见。在罪犯管理过程中，群体压力的意义在于它可以约束罪犯的异端行为，促使罪犯群体成员采取一致的行动。罪犯群体的一致行为，一方面有助于增强罪犯群体的团结，提高罪犯群体活动效率，有助于群体任务的完成，维护好改造活动的秩序；另一方面罪犯群体成员的一致行为，增加了罪犯个体被群体接受的可能性，有助于增加罪犯的安全感，使罪犯摆脱在服刑中产生的孤独感和恐惧感，保持安定、平和的心态，进而有助于教育改造目标的实现。

监狱在监管改造过程中，要重视群体规范与群体压力对罪犯个体的影响和控制，充分利用罪犯正式群体和良性的非正式群体的作用，发挥群体规范与群体压力对罪犯管理的积极作用，帮助罪犯约束自己的言行，遵守监狱纪律，积极接受改造。例如，可有意识地把反改造的罪犯调到改造风气好的集体中去，他会因为反改造言行无人认可、找不到"市场"而陷入孤立。然后再利用集体气氛和有利的环境，通过形成正面舆论，迫使他不得不从众而放弃原来的反改造立场。同时，对一些恶性的非正式群体要注意正确引导和监控，防止出现不利于改造的行为。

（二）实施科学文明管理，改变罪犯不良人格

科学而文明的管理是现代监狱实施管理的基本特点，表现为管理的制度、措施和方法要符合罪犯心理行为转化的规律，对罪犯实行人道主义政策，尊重其人格，保障其法定权利，使他们在优良的环境和气氛中受到陶冶和训练。科学文明的管理能改变罪犯的不良人格，起到心理改造的作用。①

1. 改变错误认知。罪犯初入监狱时，对改造工作不甚了解或存在一定的错误认识，心存疑虑，对监狱民警存有戒心。当他们亲眼目睹了我国监狱科学、文明的管理

① 何为民主编：《罪犯改造心理学》，法律出版社2002年版，第192～193页。

之后,就会改变错误认识,对改造工作的价值和目标产生比较正确的认识。

2. 培养社会化人格。许多罪犯在社会化过程中,形成了不健全人格甚至反社会人格,监狱科学、文明的管理所形成的文明气氛和优雅环境,以及互助互让的人际关系,将使罪犯低级的情感和肮脏的心灵受到洗礼,逐渐形成适应社会的正常人格。

3. 建立合理的需要结构。科学、文明的管理着眼于罪犯正当、合理需要的满足,如给予基本的物质生活保障,保护其合法权利和人身安全等,同时注意抑制其不合理需要的满足,这对于改变罪犯的需要结构,使其产生正当的高层次精神需要具有重要意义。

(三)施行严格管理,改变罪犯不良生活习惯

监狱通过严格的制度和纪律、严密的组织形式和防范措施、严明的要求和考核奖惩,使罪犯达到行动军事化、生活制度化、劳动集体化、行为规范化等管理目标。这样在罪犯心理上就会产生积极的作用。[①]

1. 抑制和强化作用。即强制性地限制罪犯的各种不良欲求、旧的生活方式和不良行为习惯。同时,对罪犯已经形成的符合社会要求的生活方式和良好行为习惯则给予适当强化。

2. 净化作用。严格的管理,能够净化监狱的气氛,协调人际交往和人际关系,使罪犯在良好的改造氛围中逐渐实现内部心理环境的改善。

3. 养成作用。严格的管理使罪犯身上早已存在的不良行为习惯不能得以表现而逐渐消退;与此同时,新的品行因被提倡和强化而日益养成。

(四)建立科学奖惩制度,调动罪犯改造积极性

罪犯管理中的奖惩制度,是监狱依法对罪犯的表现作出肯定或否定评价的有关制度、规定,分为行政奖惩(如表扬或警告,记功或记过等)和刑事奖惩(如减刑、假释或加刑等)两大类。这些奖惩制度,特别是刑事奖惩关系到罪犯的切身利益,对罪犯心理影响很大,科学的奖惩制度可以调动罪犯改造的积极性。其心理学意义主要表现在:

1. 为罪犯明确改造方向。奖励是对罪犯符合监狱规定和要求的行为给予肯定和赞赏;惩罚则是对罪犯违反监规纪律的行为给予否定和处罚。由此,就为罪犯指明了改造的方向,使罪犯由被迫到逐渐自觉地把自己的改造行为纳入监狱规范之中。

---

① 何为民主编:《罪犯改造心理学》,法律出版社 2002 年版,第 192 页。

2. 满足罪犯的自尊需要。通过奖励,鼓励罪犯的良好表现,不仅能使其认识到自身价值,还可满足他们的自尊需要,这无疑会大大调动罪犯改造的积极性。

3. 消除自卑感,增强罪犯改造的自信心。公正、严明的奖惩,能使罪犯因看到光明的前途而逐渐消除或超越自卑心理,进而增强改造的信心。

二、监管改造适用的心理学原则

(一)尊重原则

尊重原则是罪犯管理中应用的最基本的心理学原则。每个人都有尊重的需要,罪犯也不例外,也需要得到他人的尊重。监狱民警对罪犯的信任和理解,一方面可以使罪犯尊重的需要得到满足,同时能学会尊重他人;另一方面也可以拉近双方心理上的距离,有利于管理活动的顺利进行和改造目标的实现。首先,尊重原则要求信任、理解罪犯,信任是尊重的具体化,没有以信任为基础的尊重,只能是居高临下的严厉管控,无法使罪犯心服口服。只有充分信任,理解罪犯,才能使尊重落到实处,使罪犯发自内心愿意接受监狱民警的管理。其次,要尊重罪犯的各种权益,切实关心他们的思想、情感的变化和生活中遇到的实际困难,这样才能增强他们悔过自新的动力,调动其改造的积极性。

(二)公平原则

管理心理学意义上的公平,即心理平衡、心态平衡。坚持公平原则,首先在制定有关政策、制度时,要统筹兼顾,充分考虑不同年龄、不同层次、不同类型罪犯的状况。考核评估指标要科学、合理、全面,考核工作要经常化、制度化。制定了政策、制度就要认真执行,同时要保持政策、制度的相对稳定和连续。在罪犯管理的各个环节上,都应坚持公开性的原则,增强透明度。竞争机制和激励机制要尽可能建立在合理、平等的基础上,以避免挫伤罪犯的改造积极性。运用公平原则,要注意防止和克服平均主义。

(三)激励原则

所谓激励原则,就是在罪犯管理中,要根据罪犯不同层次的需要,采取不同的激励措施,激发罪犯的改造积极性。罪犯管理中一个非常重要的问题就是如何在了解罪犯需要的基础上,帮助罪犯设立合理的行为目标,充分发挥罪犯的内在潜力,最大限度地调动罪犯的改造积极性,使罪犯自觉主动地接受改造。按照美国心理学家马斯洛的需要层次理论,在不同时期,罪犯占据主导地位的需要层次是不同的。主导需要不同,其行动的方向和目标就会发生变化,因为主导需要是罪犯最迫切期望得到满足的需要,是决定其行动的主要力量。因此,监狱民警应针对罪犯的主导需要,制定相应的管理措施,通过满足罪犯的合理需要来调动其接受改造的积极性。

(四)利用群体心理效应的原则

在罪犯群体中,通过营造良好的集体氛围影响每个罪犯,有助于实现罪犯个体心理的良性转化。如前所述,罪犯集体(正式群体)对罪犯的改造具有监督效应、促进效应、同化效应、调节效应和利他效应五种心理效应。利用这五种效应,能够促使所有的罪犯按照监狱机关的要求产生符合监规纪律的行为,相互之间齐心协力共同配合,积极接受改造,始终朝改恶向善的方向发展,最终使监狱的工作目标得以更好地实现,罪犯改造质量也会不断提升。

(五)榜样示范原则

榜样的示范作用在罪犯管理中很重要,心理学研究表明,榜样的一个重要的特征是社会感染力,在人与人的交往中,由于模仿和暗示的作用,使榜样具有了改变他人心理与行为的能力。榜样人物的言行举止对他人有一种暗示的作用,可能成为大家模仿的对象。在罪犯管理中,监狱民警一方面可以有意识地在罪犯中树立积极改造的典型,用榜样人物不怕吃苦、积极改造而获得表扬、记功、减刑等奖励的典型事例,教育其他罪犯并对他们产生积极的暗示作用,促使他们向榜样人物看齐,提升改造的信心,进而调动起他们接受改造的积极性。由于身份、地位的相似性,使这种榜样的示范作用不仅生动,而且更有说服力,因而更容易产生作用。另一方面,监狱民警还可以利用自身的榜样作用,用自己鲜明而崇高的人格形象去感染罪犯,更能实现感化的效能。这就对监狱民警的自身素质提出了更高的要求,如果自身素质不过硬,缺乏献身精神与模范作用,其说服教育效果必将大打折扣。榜样的力量是无穷的,它能感人肺腑,催人奋进。在对罪犯进行管理的过程中,恰当地运用榜样的示范作用,往往能收到预想不到的效果。

第三节　教育改造的心理学应用

教育改造是我国监狱工作的根本,为其他改造提供方法和抓手。教育改造集思想引导、知识传授、技能培训于一体,贯穿于改造过程的始终,渗透于改造工作的方方面面。教育改造主要包括政治思想教育、文化知识教育和职业技能教育。三者有着密切的关系,构成一个有机整体。其中,政治思想教育是根本,为其他教育提供导向和动力;文化知识教育是基础,为其他教育提供科学依据;职业技能教育既是政治思想教育、文化知识教育理论联系实际的内容和途径，又是促进罪犯回归社会、适应社会的必要措施。教育改造工作与心理学密不可分，因为罪犯教育工作本身就有着心理学意义，同时，在教育改造过程中又要遵循心理学的原则和规律来提高教育改造的成效。

一、教育改造的心理学意义

（一）提高罪犯的认知水平

大多数罪犯文化程度较低，认知水平相对低下，致使他们适应社会的能力较差。面对困难和挫折，他们不仅不能及时地适应和调整，反而以消极不良的情绪指向社会和他人，这是他们违法犯罪的重要内在动因。在罪犯教育工作中，通过结合罪犯的思想实际开展的法治、道德、人生观、世界观、政策、形势、前途教育，通过组织文化科学知识、职业技能的学习，首先着眼于提高罪犯的认知水平，提高其辨别善恶、美丑、是非的能力，进而启发他们正确地认识自我与社会，增强社会适应能力。

（二）培养罪犯稳定的道德情感

罪犯虽然是对社会造成一定危害的不法者，但他们作为人这一点是不会改变的，他们绝大多数仍然具有人类的尊严和情感。我国监狱的罪犯教育活动，从人道主义的政策出发，充分尊重罪犯的人格，通过动之以情，晓之以理，让他们渐渐体会到国家和人民的真诚愿望，唤起他们尚未泯灭的良知和起码的道德感，促其醒悟，达到重新做人的目的。

（三）培养罪犯适应社会生活的能力

我国监狱的罪犯教育活动，从鼓励和发展罪犯之间的正常交往入手，引导罪犯接触社会，组织他们参加一定的社会实践，从而使他们在与社会接触和与他人交往中不断调整自己的心态，逐步达到与社会和他人在心理上的沟通、相容。不仅如此，罪犯教育还以开展文化、职业技术教育为契机，提高罪犯的谋生能力，增强其社会适应性。

二、教育改造适用的心理学原则

（一）社会化原则

所谓社会化原则，是指在教育改造中，从促进罪犯再社会化的角度出发，要打破监狱的封闭状态，借助社会各方面力量共同对罪犯进行有目的、有计划、有组织的教育活动。

社会化是个体从生物人成长为社会人，进而适应社会生活并形成特定人格特点的过程。罪犯是一个社会化失败的个体，由于他们经历了不完全或错误的社会化，才形成违法犯罪心理，进而导致犯罪行为的产生。因此，需要对他们重新进行社会化，以弥补原来社会化的不足。再社会化是指改变原已习得的价值标准和行为规范，建立新的价值标准和行为规范，确立新的生活目标的过程。[①] 由于罪犯身份的特殊性，其再社会化必然具有强制性。传统的封闭式行刑方式不利于罪犯的再社会化，要想更好地实现罪犯教育的目标，必须打破监狱的封闭状态，使罪犯在改造过程中尽可能多地接触多种社会信息，广泛接受社会对其施加的积极影响，才能有效消除其社会化缺陷。教育改造的社会化具体表现在以下三个方面：

1. 教育内容的社会化。罪犯处于监狱这样的特殊环境，与社会接触的机会很少，如果教育的内容脱离社会实际，等到罪犯回归社会后，可能会有恍如隔世的感觉，难以适应社会生活，可能重新走上违法犯罪道路。罪犯教育不是简单的说教，不论是思想政治教育，还是文化知识、职业技能教育，都应结合社会政治经济发展的新形势、科学技术发展的新趋势、社会对人才素质的新要求等内容来进行。帮助罪犯了解社会，增长见识，提高素质，掌握技能，改变自身社会化的缺陷，提高适应社会的能力。

2. 教育主体的社会化。监狱是罪犯教育的主体，但罪犯教育的主体不是单一的，而是多方面的。《监狱法》第六十八条规定："国家机关、社会团体、部队、企业事业单位和社会各界人士以及罪犯的亲属，应当协助监狱做好对罪犯的教育改造工作。"教育改造工作"三个延伸"中的向外延伸，强调的是动员社会各方面力量，通力合作，共同参与罪犯的教育改造工作。因此，社会各界力量也是罪犯教育的主体。教育改造主体的社会化是罪犯接触社会的有效途径之一。

3. 教育形式的社会化。《监狱法》第六十一条规定，教育改造罪犯要采取"狱内教育与社会教育相结合的方法"。教育形式的社会化，表现在监狱除了实施机构内的政治思想教育、文化知识教育、职业技术教育外，还采取"请进来""走出去""与有关方面签订帮教协议，组织社会帮教等"形式对罪犯进行教育，帮助罪犯认清社会形势，熟悉社会环境，掌握社会基本规范，从而增强其社会适应性，促进其再社会化进程。

（二）主体性原则

所谓主体性原则，是指在教育改造工作中，既要看到监狱民警作为施加教育影响者的主体地位，又要充分考虑到罪犯作为接受教育影响者在学习、自我改造活动中的主体地位，充分发挥罪犯接受教育改造的主观能动性，促进教育改造目标的实现。

---

① 周晓虹：《现代社会心理学：多维视野中的社会行为研究》，上海人民出版社 1997 年版，第 161 页。

教育改造活动是监狱民警“教”的活动和罪犯“学”的活动的对立统一。从“教”的活动看，监狱民警作为传递教育影响者，是罪犯教育过程的主体，是罪犯教育活动的发出者、控制者、规范者；而罪犯是教育影响作用的客体，是罪犯教育活动的接受者、受控制者、被规范者，是相对被动接受教育影响的一方，可以看成罪犯教育过程的客体。从“学”的活动看，罪犯是接受教育影响者，是学习和自我改造的主体，学习和改造的内容则成了客体。罪犯在接受教育改造的过程中具有主观能动性，外部的教育影响的最终效果必须通过罪犯的自身活动和内心矛盾运动，即通过自我感受、自我认识、自我接受才能巩固下来。因此，在罪犯教育过程中，要坚持主体性原则，充分发挥罪犯的主体作用。教育改造坚持主体性原则需要注意以下四个方面。

1. 应充分发挥罪犯的主观能动性。监狱民警在认识上要打破条条框框，解放思想，注意发挥罪犯在教育改造过程中的主观能动性，使罪犯由被动接受灌输变为积极、主动的自我认识、自我改造，这样才能使罪犯教育的外部要求更好地内化为罪犯主动追求的目标，进而加速他们的转化进程。

2.“三课”教育方式要多样化。在“三课”教育中，积极采用问题教学、发现教学、活动教学、非指导性教学等教学方法和模式，重视罪犯接受教育的主动性、参与性、积极性和创造性的发挥，培养他们积极思考、勇于探索的精神。

3. 强化罪犯的自我管理和教育。对罪犯进行教育，应采用参与式管理和自我管理的形式，充分发挥罪犯自我管理、自我教育的积极性，培养罪犯的主体意识和责任感，通过提高罪犯接受教育的内在动力来提升教育成效。

4. 不能弱化监狱民警的主导地位。明确罪犯在教育改造过程中的主体地位，绝不是否认监狱民警在罪犯教育改造过程中的主导作用，而是让这种作用发挥得更有利于促进罪犯的转化。对罪犯来说，监狱民警的教育引导是有针对性的、恰到好处的开启，能帮助他们排除难以逾越的障碍；这种教育引导是与罪犯的人格特点相适应的，促使罪犯的人格向积极方向发展，它要求监狱民警必须具有更强的责任心、更高的教育水平和教育艺术。

（三）因人施教原则

所谓因人施教原则，就是在教育改造中，要根据罪犯不同的心理特点，采取不同的教育方式，有针对性、有目的、有计划地进行教育，减少教育的盲目性，增强主动性和科学性。坚持因人施教原则要注意做到以下三点：

1. 依据罪犯的人格特点因人而异进行教育。不同的罪犯，具有不同的人格特点，他们的气质、性格、智力、技能、接受理解能力、兴趣等千差万别。在教育改造中，必须了解和掌握每个罪犯的独特心理，采取“一把钥匙开一把锁”“对症下药”的个别教育方法，结合罪犯个人背景、思想差异、性格、气质、能力特点，进行有针对性、有目的、有计划的教育。这样才能减少教育的盲目性，增强主动性和科学性，使教育改造深化、细化，达到最佳的教育改造效果。例如，监狱民警通过对罪犯进行心理测验，了解罪犯的气质特征，然后根据不同罪犯的气质特点，采用不同的批评教育方式，选择不同的时机进行批评教育，批评的程度也有所区别，这样才能收到理想的教育效果。

2. 针对改造初期的心理状态实施不同的教育。对入监初期的罪犯的教育改造，是教育改造罪犯的第一道工序，是以后各种教育改造的基础工作。掌握罪犯改造初期的心理变化规律，对促进他们认罪，消除思想疑虑，全身心投入改造具有重要作用。罪犯在改造初期思想波动大，对监狱的生活充满疑虑。国内有研究者根据新收押罪犯入监后的心理变化特点，将入监教育分为三个阶段：入监前三周为第一阶段，称为罪犯的自我保护阶段；入监后的四周至七周为第二阶段，称为罪犯表露阶段；入监后七周至分配下监区为第三阶段，称为罪犯思想变化波动阶段。只有掌握每一阶段罪犯的心理变化特点及思想状况，制定出相应的教育改造对策，才能做好超前教育引导工作，防患于未然。①

3. 针对不同类型罪犯实施分类教育和个别教育。因人施教还体现在应针对不同类型罪犯的特征进行分类教育。罪犯的实际情况千差万别，要想对罪犯进行深层次的教育改造，更加有效地转化罪犯的思想，在罪犯教育中应针对不同类型罪犯的特征，进行分类教育和个别教育，以增强罪犯教育的针对性和有效性。比如，我国监狱按照分类教育的原则，一般从以下几个方面对罪犯进行类别划分，进行针对性的教育：一是从犯罪性质上分类，主要分为对危害国家安全犯的教育，对普通刑事犯的教育和对过失犯的教育；二是从恶习上分类，主要分为对累、惯犯的教育和对初、偶犯的教育；三是从刑期上分类，主要分为对短刑犯、中刑犯和长刑犯的教育；四是从年龄、性别上分类，主要分为对成年男犯的教育，对未成年犯和女犯的教育；五是从服刑阶段上分类，主要分为对服刑初期、服刑中期和服刑后期罪犯的教育。我国监狱的个别教育，是在分类教育基础上的进一步细化。

(四)期待原则

所谓期待原则，是指在教育改造中，监狱民警对罪犯的个人目标的实现与个人发展前途充满期待并表现出相应的行为反应，这种期待对罪犯的心理和行为会产

---

① 林秉贤等主编：《罪犯改造与心理矫治》(下)，吉林人民出版社 2003 年版，第 884 页。

生重要的影响,促使罪犯按照监狱民警的期待去塑造自己的行为。罪犯教育中的期待原则借鉴了教育心理学中的教师期望效应。对教师期望效应进行经典研究的是美国的罗森塔尔和雅各布森(R. Rosenthal & L. Jacobson)。他们对小学生做了一次所谓的学习潜力测验(实际上只是普通的智力测验)。然后,随机地在各个班级抽取少数学生,故意告诉教师说,他们是班级里最有发展潜力的学生,并要求教师注意长期观察,但不要告诉学生本人。8 个月后发现,这些学生的学习成绩和智力真的比其他学生进步快。十分明显,由实验者提供的假信息所引起的教师对学生的期望,产生了自我应验的预言效应。也就是说,教师的期望或明或暗地被传递给学生,学生会按照教师所期望的方向来塑造自己的行为。教师的预言似乎自动地应验了。罗森塔尔借用古希腊神话中的典故,把教师期望的自我应验的预言效应称作皮格马利翁效应。[①] 教育改造坚持期待原则要注意以下四点:

1. 依据罪犯的实际情况形成适宜的期待。监狱民警可以通过直接观察、查阅档案材料及与罪犯谈话等途径了解罪犯的各方面信息,结合自己过去的经验对罪犯的转化及未来发展作出预料,形成一定的期待。并通过制造相应的心理气氛,潜移默化地影响罪犯,促进他们积极改造。

2. 通过加强沟通使罪犯接受期待。监狱民警要加强与罪犯的交流,通过增加交往频率和谈话次数、目光注视、微笑、赞扬与肯定等向罪犯提供不同的反馈信息,使他们感受到监狱民警的期待,增强自尊,提升自信,激发出更高的改造积极性和主动性。

3. 利用亲情强化期待的效能。罪犯的亲朋好友等可在会见、通信、电话交谈中,表达对他们的期待,积极给予其情感上的支持,使他们看到未来和希望,进一步坚定改造信心,从而有更好的改造表现。

4. 监狱民警要力求准确把握罪犯的心理特征。在教育改造中,监狱民警对罪犯的期待并非总能产生自我应验的预言效应,因为这种期待效应的发生不仅取决于监狱民警自身的因素,也取决于罪犯的人格特征、原有认知水平、归因风格及自我意识等众多心理因素。这就要求监狱民警准确把握罪犯的心理特征,形成恰如其分的期待,才有助于期待效应的实现。

(五)感化教育原则

所谓感化教育原则,是感化者用行动或劝导的方法,对被感化对象的心理施以影响,促使其思想行为向感化者所要求的方向转化的一种有目的的活动。对罪犯

---

① 皮连生主编:《学与教的心理学》(第 2 版),华东师范大学出版社 1997 年版,第 11 页。

的感化教育，要求监狱民警用自身高尚的行动或情深意长的劝导，对罪犯的心理施以影响，使他们受到震撼和感动，从而自觉主动地按照监狱民警的希望与要求规范自己的行为。罪犯与普通人一样，有尊重的需要、爱的需要，他们希望得到他人的尊重与关心，而且因为失去自由使他们比正常人对尊重与爱的需要更为迫切。罪犯与监狱民警地位上的差异，使其对监狱民警存有戒备心理，对教育改造活动产生抵触情绪，这种状况必然会影响改造目标的顺利实现。对罪犯施以感化教育，做到“以情感人”，可以消除其对立情绪，激发改造热情，坚定改造信心，唤起良知，进而产生促其人格良性转化的良好效果。与此同时，也可提高监狱民警的威信。

我国监狱在对罪犯实施感化教育的过程中，主要采取以下几种做法：

1. 营造温馨的亲情氛围。对罪犯，尤其是对未成年的违法犯罪者，要做到“三个像”（像父母对待患了传染病的孩子，像老师对待犯错误的学生，像医生对待病人），“六个字”（教育、感化、挽救），营造一种充满亲情的氛围，使罪犯在这种氛围中感受政府的关怀、政策的温暖和监狱民警的期望，从而激发他们知恩图报的心理，并在此基础上升华为改过自新的决心和行动。

2. 组织丰富多彩的文体活动。我国监狱从人道主义出发，积极组织形式多样、内容丰富且有益于罪犯的文化、娱乐、体育等活动，这不仅丰富了罪犯的服刑生活，而且更为重要的是为罪犯创造了积极向上的改造环境。

3. 积极开展多种形式的社会帮教活动。我国监狱经常为罪犯开展多种多样的帮教活动。例如，邀请有关部门的领导、社会知名人士、英雄模范等，到监狱给罪犯讲形势、谈理想、送温暖、提希望，使罪犯感受到来自方方面面的关心和爱护，看到光明前途。

4. 开展特色亲情活动。开通亲情电话，设立亲情餐厅，实施“特许离监探亲”等制度，使罪犯能有机会与家人更多地沟通、联络感情，接受亲人的规劝，会收到良好的感化教育效果。

第四节　文化改造的心理学应用

一、文化与文化改造

文化是一个内涵丰富、外延宽广的多维概念。定义文化因研究者的学科、课题和内容不同而各执一端，莫衷一是。其实，我们并不需要对文化进行精准的界定，我们只需关注从文化结构层面对于人的意义。关于文化结构，总体上有四种不同观点，即物质文化与精神文化两分说，物质、制度、精神三层次说，物质、制度、风俗习惯、思想与价值四层次说，物质、社会关系、精神、艺术、语言符号、风俗习惯六大子系统说等。① 本节所说文化属于三层次说。为了叙述的方便，我们把文化放置在监狱这个特定的环境里，它的表述就是观念文化、制度文化和器物文化的综合体，同时衍生为主流文化和亚文化结合体。② 文化是人创造的，但是文化对人影响至为深远。从人正常的社会化过程来看，文化对人有模塑作用，什么样的文化培育什么样的人；从人的再社会化（改造罪犯就是对其进行再社会化）过程来看，文化又具有改造的功能。文化对人影响的程度有很大的不同，往往与人所处的文化层次有很大关系。承载文化程量越宏（文化精英），其文化所化之程度越深，其文化的使命感越强，甚至于文化与生命的交融；对于普通社会人来说，虽然没有达到生命的文化承载，但文化的影响无处不在，包括认知的确立、行为的选择、规则意识与遵守等，都显露出文化的痕迹；对于社会的另类人群——罪犯来说，人生的失足与挫败，很大程度上是文化适应的不良，诸如认知的缺欠、社会价值观的背离、社会融入障碍等。文化对于他们的意义是重塑，也就是改造，目的是使他们修复自己错误的认知，矫正不良行为，顺利回归并适应社会。

文化改造利用各种文化要素的凝聚力、引导力和影响力，对罪犯发挥规范、自律、导向和整合作用，促使罪犯在潜移默化中改变自己。值得注意的是，文化改造与教育改造有很大的不同。教育改造是显性的手段，如文化知识的传授、技能的培训等，制订靶向方案，最终实现确定的目标；而文化改造注重润物无声的陶冶，凭借的手段是多样的，管理、制度、语言、行为等不一而足，最终实现的目标具有不确定性。虽然文化改造罪犯的作用巨大，但绝不能把改造的目标定得过高。首先，文化化人是寸积铢累，非一日之功，终身浸润其中，未必能有大成，何况罪犯服刑就是十几年或几年。其次，文化化人与受体息息相关，一个正常的社会人经过几十年的文化教育，经受文化的濡染，真正达到文化的高层次殊非易事，何况认知水平低下、文化濡染被阻断若干年的罪犯。所以，我们制定文化改造罪犯的目标一定要实事求是。从现实的角度去看，我们寄文化改造以希望无非尽最大努力去改变罪犯错误的认知，尽可能矫正其不良的行为。拔高文化改造罪犯的目标，妄图把罪犯造就为优秀公民，在理论研究中是不切实际的空想，在罪犯改造实践中也注定不可能实现。

文化具有民族性、时代性特征。首先，文化具有民族性，“一方水土养一方人”，不同的民族创造了不同的民族文化，从而形成了各民族独特的生产、生活方式。浸

---

① 张岱年、方克立主编：《中国文化概论》，北京师范大学出版社 2000 年版，第 5 页。

② 王平：《刑罚执行现代化》，北京大学出版社 2017 年版，第 33 页。

润在本民族文化中,人毫无违和感。如果脱离民族文化环境,人就会在心理上产生极大的不适应,外化为异常行为是必然之事。因此,我们对罪犯进行文化改造必须以我国文化为依托。其次,文化具有时代性,历史时期的不同文化表现形式、价值主张有所不同。同时文化又具有传承性,今天的文化都是历史累积而来的,传统文化的内涵及价值主张在今天仍然有很强的现实意义。我国有着五千年悠久的文明史,许多优秀的传统文化不单孕育、涵养了我们伟大的民族,同时创造了无数辉煌。特别是在中国传统文化中占主体地位的儒家文化,它蕴含的天人合一、以人为本、积极进取、贵和尚中等基本精神,在今天仍具有巨大的教育意义。所以,对罪犯进行文化改造一定要充分挖掘、利用优秀传统文化。

二、文化改造的心理学意义

(一)改变罪犯错误的认知

不管什么类型的罪犯,也不管他们的犯罪情节存在何种差异,错误的认知是他们犯罪的共同根源。从心理学上看,人的错误认知主要集中在自我认知、价值认知和人际关系认知三个方面,其主要的表现形式是看问题极端化、公式化、疑心病、错误推断、自我否定以及消极化等,而这些心理在西方被称为"精神上的流行性感冒",它导致的结果就是人的情绪的不良和行为的异常。人产生错误认知的原因非常复杂。有的是因为看事情的角度、立场问题,在实践活动中直接产生错误的思想意识;有的则是因为某种特殊的生活经历,遭遇挫折而扭曲认知等。但是,不管什么样的错误认知,都来源于社会实践,都与社会文化息息相关。因此,对罪犯进行文化改造,可以利用传统和现代优秀文化,通过打造良好的文化环境、组织各种有益的文化活动等形式,用文化的涵养、浸润、修习、传承教化之功,在消除罪犯排斥心理、减少阻力、润物无声的情况下,对罪犯的内心进行熏陶与感染,逐步改变罪犯的错误认知,使他们明是非、知美丑、辨善恶。

(二)帮助罪犯建立积极、乐观的生活信念

相当一部分罪犯之所以违法犯罪,与他们灰暗、悲观绝望的生活态度有很大关系。从心理学层面上看,悲观、消极的生活态度很容易导致个体颓废、玩世不恭的生活方式。客观上说,当今社会的快节奏、高压力、单面化、虚拟化,在一定程度上致使人们在生活中迷失。但这并不是我们文化的原意,恰恰与我国文化的基本精神相背离。千百年来,中国文化一直高扬着积极乐观、刚健有为的大旗,砥砺国人不畏艰难奋力前行。《易经》曰"天行健,君子以自强不息",《论语》云"一箪食,一瓢饮,在陋巷,人不堪其忧,回也不改其乐"。那么,在改造罪犯的过程中,我们就可以利用

我国文化所固有的积极乐观、自强不息的精神，通过谈话、组织文化体育活动、观看视频影像等形式，逐步破除罪犯消极、悲观的生活观念，使之建立积极、乐观的生活信念。

（三）培养罪犯爱人、贵己的人道主义情感

罪犯的违法犯罪，从其思想深处审视，既有对他人生命的轻贱，也有对自己生命的漠视。一般来说，除了极少数先天的返祖行为，大多数人能够与他人在情感上产生共鸣、联结，爱惜同类是应有之义。但是，对于罪犯来说，一次次犯罪的体验，使他们对受害者已经产生情感上的麻木，有的甚至出现刺激性亢奋。从更深层次上讲，罪犯也都清楚，轻贱他人生命必然会遭到法律的严惩，但仍然执意为之，这说明他们对自己的生命也很漠视。有鉴于此，对罪犯的文化改造要从爱人、贵己开始，培养他们的人道主义情感。在这方面，中国优秀的传统文化矿藏丰富。从先秦时期，儒家的“仁者爱人”、道家的“慈与贵生”、墨家的“兼相爱”及法家的“爱民与利民”，到秦汉以来的团结互助、诚信相爱，无不昭示了中国文化浓厚的人道主义情怀。[①]因此，我们要充分挖掘优秀传统文化的教育素材，通过活泼多样的形式，潜移默化地对罪犯特别是未成年罪犯产生影响，一步步培养他们爱人、贵己的人道主义情感。

（四）重塑罪犯的道德规范

我国是一个伦理国度，几千年来虽屡遭磨难但文化却绵延不绝，其根本的原因是文化道统的传承。中国文化的修身、自律，不仅仅是个人成圣成贤必备的道德规范，也是社会和谐安定必不可少的道德环境。罪犯走向犯罪的道路，从某种角度上说就是社会文化适应不良，其中道德规范、底线意识的缺失是非常重要的因素。所以，对罪犯进行文化改造，一定要利用文化的塑造功能以及我国优秀传统文化的伦理向度，修复罪犯道德规范的缺失，强化其法律底线意识，激发其形成自我约束、自我调整的“自律基因”。还可以利用我国优秀传统文化的内省、慎独精神，构筑罪犯内在的定力，在细微处无人时不放纵、不逾矩，促使罪犯在反求诸己、反躬自省中唤醒沉睡的良知，引导其自省自悟、自警自励，从而达到重塑罪犯灵魂、重建道德规范的目的。

（五）矫正罪犯的不良行为

很多罪犯由于家庭变故、教育欠缺等诸多原因，形成了不良行为习惯，而这些不良行为一步一步突破底线，最终使其走入犯罪的深渊。让教育改造者倍感头疼的是，罪犯这些不良行为习惯，是长期日积月累，已经形成了动力定型，矫正起来并

① 张岱年、方克立主编：《中国文化概论》，北京师范大学出版社 2000 年版，第 382～389 页。

非易事。相对而言,利用文化的教育意义去陶冶、影响罪犯,从而矫正其不良行为,效果应该会好一些。比如,利用中国传统的“礼”文化,把社会主义核心价值观糅进礼仪规范中,以乐感的形式让罪犯知礼、守礼、行礼,从而培育罪犯的敬畏之心,使其遵礼守法。在日常改造中,通过开展礼仪养成训练,导之以行、戒之以规,促使罪犯矫正不良行为习惯。

三、文化改造适用的心理学原则

(一)陶冶性原则

所谓陶冶性原则,是指在罪犯改造过程中,利用文化内在的育人功能,通过丰富多彩的活动形式,把社会主义核心价值观念植入罪犯心田,唤起他们内心深处美好的感受,使其情感得以升华,心灵得以净化,从而改变他们原有的错误认知和行为。陶冶性原则强调调动罪犯美感,化枯燥为生动活泼,把教育改造活动还原为情感活动,营造改造者与被改造者情感沟通、心灵撞击的和谐气氛。罪犯的错误认知,是他们经历长期的生活之后逐步建立的,本能上会拒绝改变;他们的罪错行为,同样是在长期的生活中逐渐养成的不良行为习惯,已经形成动力定型,不容易破除。因此,无论是改变其错误的认知还是矫正不良行为,采取常规的改造手段,效果都不会很好。只有从情感上入手,激发他们内心改变的欲望,才能药到病除,事半功倍。与其他改造手段相比,文化改造最突出的优点是沟通、联结了罪犯的情感,减少或者消除了罪犯排斥、对抗的阻力,激发了他们改造的内在动机,使其变被动为主动,变强制为心甘情愿。另外,文化改造影响罪犯的形式很独特,它以“随风潜入夜,润物细无声”的陶冶之功,渗透滋润罪犯的心田。正因为文化改造具有这种特殊作用,才为罪犯改造实践所借重。在对罪犯进行文化改造过程中,运用陶冶性原则应注意以下三点:

1. 提高监狱民警的文化素质。要想让罪犯在思想深处有所改变,就一定要使他们有所敬畏,这就要求改造者必须具备较高的文化修养。改造者不仅要熟练地掌握各种文化典籍,还要准确地解读文化的内涵及其教育意义。在执法过程中,改造者要公正、公平,以理服人,以德服人,否则“己身不正,焉能正人”。

2. 创新文化改造方法。运用多种手段讲好文化故事,尽量发挥文化的隐性教育功能,组织罪犯成立多种形式的文艺表演队、体育运动队,定期开展文体活动。普及艺术教育与美育,学习音乐、美术、书法等,使罪犯在赏析、创作、展示过程中愉悦情感,陶冶道德情操。

3. 营造良好的监区文化改造环境。监区是罪犯须臾不可离的生活空间,也是教育改造罪犯可资利用的环境。可以通过精心设计，规划监区环境布置。既要有优美整洁的自然环境，又要有氛围浓厚的文化环境，让罪犯身处其中，既能身心愉快，也要颇受教益。

（二）循序渐进原则

所谓循序渐进原则，是指在对罪犯进行文化改造过程中，要遵循罪犯心理转化的一般规律，循序渐进地对罪犯开展文化教育活动。罪犯心理转化的过程实际上就是改变态度的过程。罪犯由于社会化不足或经历了错误的社会化，造成了社会化缺陷，表现为形成了错误的态度，因此，改造罪犯的重要任务之一就是要转变罪犯错误的态度，使之形成正确的态度。态度是个体通过与其生活的环境相互作用而形成的，也通过与环境的相互作用而改变。在影响态度的环境因素中，文化是其中重要的方面，因而文化改造对罪犯的态度改变至关重要。但是，利用文化来改变罪犯的态度并不能一蹴而就。从人类学和人格心理学层面审视，个体的人格及态度的形成与其早期生活的社会环境密切相关，特别是出生、成长、发展的环境。这种环境包括很多文化成分。诸如家庭组织形式、家庭教育与关怀方式、群体结构、谋生技能、语言及行为禁忌等，而经过初始文化环境塑造的人格及态度具有较强的稳定性，改变已经定型的人格及态度的难度不言而喻。一般来说，罪犯在改造过程中的态度改变经历了从服从到同化再到内化三个阶段并表现出不同的特点，对罪犯进行文化改造应根据罪犯在态度改变的不同阶段的心理特点循序渐进地进行。

1. 服从阶段。按照人格心理学的观点，此阶段罪犯首先要面对的是原已习得并内化的文化信念与监狱要求其必须遵循的文化规范的冲突，而这种冲突必然会对罪犯造成巨大的心理压力，这就是所谓的文化冲击（cultural shock），这种文化冲击必然导致罪犯内心的冲突与痛苦。在自我抗拒心理的作用下，此时的罪犯没有自我改造的要求，也缺乏改造的自觉性，但慑于刑罚惩罚的威力不得不表现出接受改造的态度。与此同时，为了减轻文化冲击所造成的心理痛苦，他们也会慢慢地接受新文化。当然此时对罪犯的文化改造必须带有强制的性质，目的在于在新的优良文化的不断冲击下促使他们放弃已有的错误态度，从内心形成愿意接受改造的正确态度。

2. 同化阶段。在经历了第一阶段新旧文化的冲突与调适后，罪犯逐渐形成新的认知，内心深处产生了向好的方向转化的动机，开始自愿接受教育，此时就进入了同化阶段。在此阶段，罪犯已经在一定程度上解决了新旧文化冲突的问题，心里的痛苦逐渐减弱直至消失，对新文化已产生一种文化适应（acculturation），以便更好地适应监狱里的生活。但罪犯这时候仅仅是半自觉、半主动地接受改造，其接受改造的正确态度尚未稳固形成,因而此时对罪犯的文化改造虽然不再需要强制实施,但要注意采取丰富多彩的形式来吸引罪犯的注意,使他们愿意继续接受新的优良文化的影响。与此同时,还要注意防止各种不良文化对罪犯的负面影响,使其接受改造的正确态度得以不断巩固。

3. 内化阶段。随着第二阶段的文化适应,罪犯在初始文化环境形成的信念体系逐渐崩塌,代之而起的是新的文化体系。这个时候罪犯已真正从内心深处想彻底改变自己,并把监狱机关的要求和社会准则变为自己的态度,其态度转变就从同化阶段转入内化阶段。在内化阶段,罪犯在经历过新旧文化痛苦地抉择之后,不仅会对新文化产生强烈的认同,而且还把原来排斥的文化规范内化为自己坚守的信条和践行的准则。此时,由于罪犯接受改造的正确态度已稳定形成,我们对罪犯的文化改造既不需要强制,也无须监狱民警的精心组织,可以充分发挥罪犯自身的主动性和积极性,让他们自觉主动地从优良文化中汲取营养。但需要监狱机关为罪犯提供丰富的文化资源,便于罪犯获取所需的文化信息。

第五节　劳动改造的心理学应用

劳动是人类创造物质财富和精神财富的活动,劳动在人类社会形成过程中起了决定性作用,是人类社会存在和发展的最基本的条件。劳动不仅具有创造物质财富和精神财富的价值和功能,而且对人的思想、行为、道德也有积极的影响,还对人形成正确认识和树立正确的世界观、人生观具有很大作用。对罪犯实施劳动改造是我国法律规定的,它是我国监管改造工作的一项重要政策。组织罪犯参加劳动的根本目的,是通过生产劳动的途径实现对罪犯的改造。劳动对于罪犯的改造作用寓于生产劳动的过程中,实践证明,它对转变罪犯的错误思想,矫正不良行为习惯,提高劳动技能,养成热爱劳动、相互协作的习惯,增强适应社会的能力等,起着不可低估的作用。

一、劳动改造的心理学意义

(一)建立正确认知体系

相当一部分罪犯存在不合理的认知体系,特别是具有错误的思想观念,他们鄙视劳动,却有着强烈的物质需求,追求腐化的生活方式,不愿通过诚实劳动去获取能够满足自己需要的财物,而是通过偷窃、抢劫、敲诈勒索、诈骗、贩卖毒品、杀人越货等非法手段得到钱财。他们的人生观是“人不为己，天诛地灭”“人为财死，鸟为食亡”等。对于这些罪犯，除了教育，必须让他们实际参加生产劳动，在生产劳动过程中促使他们重新认识世界、认识社会，也重新认识自身价值。首先，通过生产劳动，罪犯在给社会创造一定价值的同时，自己也可以享受到其中一部分成果，从而在心理上获得一种满足，产生积极的内心体验，逐渐理解劳动成果来之不易的道理，认识到劳动的伟大与不劳而获的可耻，从而珍惜劳动成果，鄙视不劳而获的生活，尊重劳动人民，树立为国家、为集体、为人民谋利益的人生观。其次，罪犯所从事的生产劳动是一种社会劳动，需要服从指挥，同他人协作，并要认真履行好自己的职责，扮演好自己所担当的角色，这样不仅能增强罪犯的集体观念和合作意识，而且可以促使他们重新审视自己在社会化过程中的不足，进而下决心重新塑造自己，争取成为合格的社会成员。

(二)培养积极情感

由于受到法律的处罚，罪犯不得不生活在监狱这个相对封闭的环境中，与社会和亲人隔离带来的孤独感增强；原有身份、地位、荣誉的丧失及社会舆论的谴责，可能给罪犯造成巨大的心理压力；亲人的责怪甚至抛弃，以及对自己的罪行产生的罪责感等，可能使罪犯陷入极度自卑、惶恐、烦躁等不良的心理状态之中。在监禁环境里，如果他们无所事事，必将加重其焦虑、精神空虚等病态反应。因此，通过合理组织罪犯从事一定的生产劳动，不仅可以使其旺盛的精力有用武之地，而且可以充实其改造生活，帮助他们调整灰暗的心态，使他们逐渐恢复到心理平衡的状态。与此同时，在劳动中因隶属于某一集体，可使罪犯产生集体归属感，在感受到集体温暖的同时，还可满足多种其他需要。尤其是通过生产劳动，罪犯不仅能得到他犯的支持与合作，还能得到监狱民警的认可，他们会因为尊重需要的满足而产生更多积极的情感，对其改造活动的顺利进行具有很大促进作用。

(三)磨炼坚强意志

生产劳动的艰巨性有利于磨炼罪犯形成克服困难的坚强意志。劳动是一种改造自然的有目的的活动，需要从事劳动的人付出艰苦的努力，尤其是对于过去放荡惯了的罪犯来说，从事艰苦的劳动是更加困难的。在生产劳动中，可能会遇到各种各样的困难，如可能遇到自然灾害、气候条件的不利、生产条件的限制、人为因素的破坏等，给劳动任务的顺利完成造成了一定的阻碍。为完成生产任务，想方设法地克服劳动中遇到的困难，就是磨炼意志的过程。对罪犯而言，开始是在强制下进行劳动，慢慢地才能逐渐学会劳动，适应劳动，即“除劳动的那些器官紧张之外，在整个劳动时间内,还需要有作为注意力表现出来的有目的的意志”,[①]当这种意志已经成为他们的劳动品质时,也就意味着,他们已经从社会的破坏者和寄生者,转化为社会的建设者和劳动者,这就为他们成为社会有用之才创造了条件。[②] 在劳动中,要培养罪犯不怕困难、勇于战胜困难、顽强奋斗的精神,要敢于向困难挑战,与各种困难作斗争。经过艰苦奋斗获得了丰硕成果,不仅使罪犯看到了自身的价值,也使他们在磨炼意志的同时,增强自信,因看到了希望而提高改造的积极性。

(四)改变不良行为习惯

相当一部分罪犯已经养成了好逸恶劳、游手好闲、放荡不羁、不遵守社会公德、违法乱纪等恶习,这也是他们违法犯罪的主要原因。这些不良行为习惯已经形成了动力定型,单纯依靠说教是无法彻底改变的,需要在实际参加生产劳动的过程中,来帮助他们树立正确的劳动观念,培养劳动的需要,改变原来好逸恶劳、游手好闲的不良习惯,养成劳动的好习惯。一方面,罪犯通过身体力行的生产劳动,取得劳动成果,逐渐体会到劳动的必要性和满足感,进而产生劳动的需要。另一方面,改造过程中的劳动是一项长期的有规律的活动,有着严格的劳动纪律和规章制度,要求罪犯必须服从指挥,保持良好的生产秩序;严禁粗制滥造,要保质保量完成任务;严格遵守操作规程,严禁违章操作;严格遵守岗位责任制,严禁擅离职守等。罪犯在这种劳动过程中,原有的行为恶习赖以滋生的各种外部条件受到遏制。由于日复一日的重复操作,就会形成新的动力定型,养成劳动习惯。这对于矫正他们自由散漫的恶习、养成遵纪守法的良好习惯是非常有益的。此外,罪犯在生产劳动中离不开与其他罪犯、技术人员及监狱民警的合作,只有团结协作才能顺利完成任务。这对于罪犯树立与他人互助合作、关心他人、热爱集体的观念,培养诚实、正直、勤奋、俭朴的良好品质是有益的。当然,由于改造过程中的劳动带有强制性,罪犯在心理上容易出现抗拒感,要想使它真正产生上述改造作用,还必须科学地、有计划有规律地组织实施,比如要注意劳动强度适中,不能超出罪犯体力所能承受的范围;要结合劳动进行思想教育;要注意改变罪犯的劳动观念和态度,调动其劳动的积极性等。

(五)培养劳动技能,提高适应能力

要使罪犯成为自食其力的劳动者、适应社会生活的守法公民,除了要消除其犯罪思想、矫正恶习、养成劳动习惯,还需要具备一定的劳动技能。在社会主义市场经

① 许涤新等主编:《马克思恩格斯全集》(第32卷),人民出版社1957年版,第202页。

② 林秉贤等主编:《罪犯改造与心理矫治》(下),吉林人民出版社2003年版,第901页。

济条件下，各类企业对从业人员的要求都越来越高，没有谋生本领和一技之长的罪犯即使回归社会，也难以在社会上立足。职业不仅仅是罪犯谋生的手段，也往往充当了阻碍罪犯实施犯罪行为的一道闸门。当其无业可就、生活无着落时，很容易重新走上违法犯罪道路。因此，监狱对罪犯进行职业技术培训是改造工作的重要组成部分，而生产劳动正是对罪犯进行职业技术培训最好的途径。罪犯在生产劳动中不仅可以学习生产技能，还可以了解现代化生产管理程序，学习生产管理知识。有的罪犯在长期的生产劳动中不仅成为技工，而且学会制图设计、施工、现场指挥。有的罪犯成了革新的能手，工艺的内行。有的回归社会后被企业聘为工程师、车间主任、主管技术的厂长。有的甚至成为企业家。罪犯在监狱内从事的学习和劳动，可能成为他们回归社会后的终身职业。因此，在罪犯劳动中，应根据他们的兴趣和特长，为他们创造条件，使他们的能力得到充分的发挥，通过生产劳动，不断增长劳动技能，提高他们回归社会的适应能力。

二、劳动改造适用的心理学原则

（一）根据人格特征合理分工的原则

根据人格特征合理分工的原则，是指在组织罪犯劳动中，应根据他们不同的人格特征，合理地分配劳动任务。不同的罪犯，兴趣、爱好、能力、气质、性格有所不同，通过心理评估，了解罪犯的人格差异，在安排生产劳动时，充分考虑到这种人格差异，尽可能科学、合理地安排适宜的岗位，有助于人尽其才，提高效率。

1. 注重发挥罪犯原有的技能和特长。在安排劳动岗位时，尽可能发挥罪犯原有的技能和特长，这不仅能人尽其才，有助于罪犯提高劳动效率而获得更好的劳动改造成效，而且能使罪犯充分看到自己的长处，体验到自己的价值，这必然会使罪犯进行劳动改造的积极性不断提升，更好地发挥劳动改造的作用。

2. 因人而异安排劳动岗位。在给罪犯安排劳动岗位时，要充分考虑每个罪犯的身体素质和原有劳动习惯的差异来合理安排劳动任务，而且还需注意劳动强度要由轻到重，所使用的劳动技能要由简到繁，循序渐进，给罪犯一个逐步适应的过程，这样才有助于劳动改造的顺利进行。此外，对于身体素质较差或有轻微疾病的罪犯，在分配劳动任务时要适当给予照顾。

3. 根据人格互补规律合理组建罪犯劳动小组。社会心理学研究表明，人格的互补有助于增进人际关系。选择那些与自己的人格特点互补的人来共同进行劳动，才能更好地完成劳动任务。例如，独立型的人与依赖型的人在一起，可以和睦相处，协调配合；爱唠叨的人与爱听唠叨的人能够建立亲密的关系。互补本质上是需要的相互满足，因此才会使两个人相互依赖、相互支持，共同促进。在组建罪犯劳动小组时，人格特点互补的罪犯因为可以相互满足对方需要，相互间就会因为互补而和睦相处并建立协调友好的关系，这不仅有助于他们共同协调配合完成任务，而且对稳定监管秩序也非常有利。

（二）正确运用强化原则

罪犯劳动中的强化，是指当罪犯的劳动行为符合我们的期望时，利用强化物（如表扬、奖励、减刑等）增强这种行为重复出现的概率；当罪犯的劳动行为与我们的期望不吻合甚至相反时，利用惩罚物（如批评、降低处遇等）使这种行为减少或消失。在罪犯劳动中，正确运用强化原则有助于罪犯塑造与养成良好观念和行为，矫正与去除错误观念和行为，推动劳动改造的顺利进行。正确运用强化原则要注意以下三点：

1. 对罪犯劳动的考核要实事求是，全面公正。要根据罪犯劳动的实际情况确定合理的考核标准，并以事实为依据，对其思想和行为进行全面的考核；同时考核要公正，考核不公正、有偏有倚不仅起不到激励和强化作用，还会打击罪犯劳动的积极性，导致他们与监狱民警之间关系的恶化。

2. 对罪犯劳动的奖惩要准确、公正。要根据罪犯劳动中的表现实事求是地进行奖惩，该奖则奖，该罚则罚，不能弄虚作假；奖惩要公正，要依罪犯劳动考核结果进行奖惩，从实际出发，让事实说话，保证奖惩的客观性和公正性。

3. 对罪犯劳动的强化要适度、及时。无论是对罪犯积极劳动行为的奖励，还是对不良行为的惩罚，都要恰如其分，应根据行为表现的差别，给予不同程度的奖惩。如果奖励过低，会使罪犯感到失望和不公正；如果惩罚过轻，会使罪犯得意忘形，更加肆无忌惮。因此，要严格掌握奖惩的尺度，才能发挥其应有的作用。此外，对罪犯的奖惩一定要及时，奖惩对其行为的塑造作用和对其思想意识的影响程度与奖惩的时效成正比：即错即罚，即罚即改；即对即奖，即奖即固。只有加强奖惩的时效性，奖惩才能真正成为劳动改造的加速器。①

（三）充分发挥劳动主体能动性原则

在生产劳动中，劳动者是生产劳动的主体和第一要素，因此，重视劳动者的主体性地位，发挥劳动者的主观能动性非常重要。在罪犯劳动中，罪犯是生产劳动的主体，在实现劳动改造目标中发挥着不可忽视的作用。由于身份的特殊性，使罪犯的劳动具有强制性。在劳动改造的初期，由于罪犯原有的错误观念和犯罪恶习，使

① 杜雨主编：《罪犯劳动改造学》，法律出版社2002年版，第279页。

他们对劳动大多持有消极态度，迫于强制性的压力，不得不参加劳动，但缺乏主动性和积极性。因此，在罪犯劳动中如何调动其劳动积极性成为改造工作的一个重要任务。

1. 强化罪犯在劳动中的主体地位。要改变罪犯是劳动中消极被动因素的片面认识，看到罪犯作为劳动主体与其他劳动主体一样，也具有主观能动性。要牢固树立“以人为本”的思想，注重发挥罪犯的劳动积极性和创造性。

2. 注重调动罪犯参加生产劳动的主动性。要制定有效的制度和措施，使罪犯自觉、主动地参加生产劳动。例如，制定科学合理的考核制度、奖惩制度、减刑假释制度以及给罪犯支付劳动报酬等措施，激发他们的劳动积极性，变“要我劳动”为“我要劳动”。

研究与思考

1. 联系实际谈谈如何运用心理学原则开展政治改造罪犯工作。
2. 监管改造的心理学意义表现在哪些方面？监管改造适用的心理学原则有哪些？
3. 教育改造的心理学意义表现在哪些方面？教育改造适用哪些心理学原则？
4. 联系实际谈谈如何运用心理学原则开展文化改造罪犯工作。
5. 劳动改造的心理学意义表现在哪些方面？适用哪些心理学原则？

第十三章　罪犯积极服刑动机的激励

重点提示

1. 罪犯服刑动机是指在罪犯的某种需要基础上产生的，推动罪犯实施某种性质的服刑行为以达到一定目的的内部动力。按照积极性的不同可将罪犯的服刑动机分为真诚的积极服刑动机、表面的积极服刑动机、混刑度日动机、抗拒改造动机四类。罪犯的服刑动机具有复杂性、广阔性、差异性和生存性、功利性服刑动机的普遍性等特点。罪犯的积极服刑动机的形成是其自身心理因素、监狱工作和环境因素、家庭因素和其他社会环境因素共同作用的结果。

2. 内容型激励理论包括马斯洛的需要层次论、奥尔德弗的ERG理论、赫茨伯格的双因素理论、麦克利兰的成就需要理论；过程型激励理论包括弗鲁姆的期望理论、亚当斯的公平理论、斯金纳的强化理论、洛克的目标设置理论、韦纳的成就动机归因理论；综合型激励理论包括波特和劳勒的综合激励理论、罗宾斯的整合理论。

3. 激发罪犯的积极服刑动机，可采用高度透明的阳光管理，物质激励、精神激励、刑事激励综合运用，迁移激励和反馈激励并用，内在激励与外在激励相结合，根据罪犯主导需要不同因人而异进行激励，从事不同种类劳动的罪犯激发不同强度动机等多种方法。

第一节　罪犯服刑动机概述

一、罪犯服刑动机的概念

罪犯服刑动机是指在罪犯的某种需要基础上产生的，推动罪犯实施某种性质的服刑行为以达到一定目的的内部动力。罪犯服刑动机同人的其他行为动机一样，也来源于某种需要，它所推动的服刑行为，正是为了达到一定的目的，从而使罪犯的需要得到满足。因此，罪犯的需要不同，产生的服刑动机就会有所不同，所推动的服刑行为、达到的目的就会存在一定差异。

二、罪犯服刑动机的类型

罪犯的服刑动机是复杂多样的,但为了研究方便,可以按照一定的标准对它进行类型划分。例如,按稳定性的不同,可把服刑动机分为长远动机和短近动机;按所起作用的不同,可把服刑动机分为主导动机和辅助动机;按积极性的不同,可把服刑动机分为真诚的积极服刑动机、表面的积极服刑动机、混刑度日动机、抗拒改造动机。这里重点分析按积极性的不同所划分的四类服刑动机。

(一)真诚的积极服刑动机

真诚的积极服刑动机是指推动罪犯自觉主动地产生积极服刑行为的内部动力。这种服刑动机是在罪犯形成改恶向善需要的基础上产生的,它是监狱机关最希望罪犯产生的服刑动机。这种动机并不是每一个罪犯都有,也不是罪犯一进入监狱就可以产生,它是罪犯入狱后,在其认罪服判的基础上,各种改造措施对其产生一定作用之后,才逐渐形成和发展起来的。

真诚的积极服刑动机对罪犯的服刑行为能产生积极的作用。具有真诚的积极服刑动机的罪犯,在学习、劳动、生活等各方面都有积极的表现,他们能模范地遵守监规纪律,积极配合监狱民警的工作,他们不仅争取早日新生的愿望迫切,而且通过积极有效的行动使愿望离现实越来越近。

(二)表面的积极服刑动机

表面的积极服刑动机是指罪犯迫于压力或为了达到某种个人功利性目的而产生积极服刑行为的内部动力。这种动机从表面上看是带有积极性的,而且它促使罪犯产生的也是积极服刑的行为,但它与真诚的积极服刑动机有本质的区别。这种动机并非来自改恶向善的需要,只是外界压力太大或目标太具诱惑力,为了自身安全或满足自己的功利心才产生的积极服刑动机。例如,新入监的罪犯,为了尽快融入监狱生活、获得主管监狱民警的好感,往往会在这种服刑动机的推动下有良好的行为表现;某些罪犯为了达到通过减刑、假释等方式使自己早点离开监狱以便尽快实现报复他人的目的,也会在表面的积极服刑动机推动下表现出愿意接受改造的"积极行为"。

表面的积极服刑动机具有一定的普遍性。特别是在市场经济条件下,对经济利益的刻意追求对罪犯产生影响,使其功利心理加重,在服刑中表现为急功近利,只要对自己有好处的事就会去做。因此,在表面的积极服刑动机推动下产生的服刑行为,只是一种虚假的积极行为,它对罪犯可能很实惠,但却不能使罪犯从根本上改变。具有表面的积极服刑动机的罪犯,往往有一定的对付监管改造的经验,他们只有在监狱民警面前才会表现得非常积极,因而,其积极服刑行为只是在做样子,只要能得到奖励或监狱民警的赏识,就算达到目的了。

(三)混刑度日动机

混刑度日动机是指推动罪犯产生既不积极也不消极的服刑行为的内部动力。这种服刑动机的产生主要受三种因素的影响:一是罪犯无改变自己的内在需要,而且认为在监狱中衣食有保障,与在家没有太大区别,没有必要为了早点回家而表现出积极服刑行为。二是罪犯虽有改变自己的内在要求,但强度不大,况且外在支持其改变的力量较弱,一旦遇到困难就会失去信心而放弃积极改变自己的努力。三是刑期因素的影响,刑期过长者,觉得减刑幅度小也解决不了大问题,仍然要在监狱中度过漫长的岁月;刑期短者,觉得减刑的期望较小,即使表现出积极的服刑行为,也可能是白费力气,还不如轻轻松松地度过刑期为好。

在混刑度日动机推动下,罪犯在服刑中不求有功,但求无过,除了能平安、轻松地度过刑期,别无他求。

(四)抗拒改造动机

抗拒改造动机是指推动罪犯产生拒绝接受改造的消极服刑行为的内部动力。这种动机是监狱机关最不希望罪犯产生的。这种动机的产生,主要是因为罪犯没有改变自己的内在需要,甚至是拒绝改变自己,而且监狱的监管改造目标对其没有吸引力,再加上外界要求他改变自己的压力太大,无法承受而导致逆反行为。此外,也有极少数罪犯认为自己无药可救,自暴自弃,破罐破摔,因而故意表现出拒绝改造的行为。

在抗拒改造动机的作用下,罪犯不仅会表现出各种违反监规纪律的行为,甚至会故意制造事端,破坏正常的监管改造秩序,以达到某种不可告人的个人目的。

三、罪犯服刑动机的特点

(一)服刑动机的复杂性

罪犯的服刑动机不是单一的,而是复杂的、多样的,是多种动机的矛盾复合体。它既是罪犯多种需要的综合反映,也是罪犯内心矛盾冲突的反映。在某些积极接受改造的罪犯内心深处,也不同程度地隐藏着“既要使监狱民警满意,又不能得罪其他罪犯”“留恋犯罪生活”等消极的服刑动机,不过势头较弱,未能占据主导地位;在抗拒改造的罪犯心理上,也可能包含着某些积极因素,如存在“某队长对我好,他值班时我不给他找麻烦”的动机,在某队长值班时,果然不闹事。在表现一般的罪犯中,更是充满着多种动机的矛盾斗争。

(二)服刑动机的广阔性

罪犯的服刑动机涉及不同的领域和内容。虽然其核心是个人的前途,但辐射的范围较宽。例如,既有经济方面的动机(如为获得超产奖而学技术,同时掌握一种谋生本领),也有政治方面的动机(如拥护或反对四项基本原则);既有法律上的考虑(如畏惧加刑,争取减刑等),也有道德上的权衡(如虽想破罐破摔,又唯恐对不起亲人的规劝);既有考虑个人利益、前途方面的动机,也有关心改造集体荣誉和国家利益的动机等。

(三)服刑动机的差异性

服刑动机的差异性主要表现在五个方面:一是不同刑期、不同罪类、不同处遇的罪犯的服刑动机存在一定差异。例如,重刑犯与轻刑犯的服刑动机存在差异,"多进宫"罪犯与"初进宫"罪犯的服刑动机不尽相同,严管犯与宽管犯的服刑动机有一定区别,等等。二是罪犯服刑动机在选择性上的差异。由于不同罪犯对是否接受改造形成不同的认识,因而产生不同的服刑动机并有不同的服刑表现。三是罪犯服刑动机在强度上的差异。不同的罪犯具有不同的人格特点以及在监管环境、教育力度、劳动强度等方面存在一定差异,因而不同罪犯的服刑动机的强度不一样。例如,具有积极服刑动机的罪犯,其积极接受改造的程度不同;同样是抗拒改造的罪犯,其严重程度也存在差异。四是罪犯服刑动机稳定性的差异。人的某种动机产生之后,不是一成不变的,在主体内外各种因素影响下,会出现一定的发展变化。如果罪犯的意志薄弱、控制力差,其服刑动机的坚持性就较差,即使形成了积极服刑动机,也不会保持长久,很容易发生动机的转变,出现反复。只有那些具有良好意志品质、自我控制能力较好的罪犯,一旦产生了积极服刑动机,才能长久保持,并持续表现出稳定、一贯的积极服刑行为。五是罪犯服刑动机层次性的差异。罪犯的服刑动机虽然复杂多样,但具有一定的层次性。在罪犯的服刑动机中,既有起决定作用的主导动机,又有起次要作用的辅助动机(如主导动机是"争取减刑奖励",同时有"学技术"等辅助动机);既有短近动机,又有长远动机(如短近动机是"给主管监狱民警留下好印象",长远动机是"做一个对社会有益的人");既有生存性、功利性动机,也有精神动力(自尊、自我实现、赎罪)的推动。此外,许多罪犯的正确动机与错误动机相互斗争,此消彼长,交替出现,也显示出一定的层次性。

(四)生存性、功利性服刑动机的普遍性

对于大多数罪犯来说,生存性服刑动机往往是支配其服刑行为的主要动力。所谓生存性服刑动机,是指由罪犯的生理需要和安全需要(主要是温饱、自身安全、性的需要等)引起的服刑动机。在生存性动机支配下产生的服刑行为,其往往是为了吃饱、吃好、住好以及自身安全有保障等。例如,初入监的罪犯为了人身安全不受到伤害,在趋利避害的本能驱使下就会表现出遵规守纪的接受改造的行为。

此外,具有功利性服刑动机的罪犯也较多。功利性服刑动机是指罪犯为了得到实际利益或实惠而表现出积极服刑行为的内在动力。在功利心理支配下,罪犯往往只以行为结果是否对自己有利来决定行动。所有的罪犯,特别是重刑犯、死缓犯,都会为了改善生活、改善处遇而积极接受改造。功利心理是人的一种本能,随着市场经济的发展,连社会上自由公民的功利心理都越来越强,因自私本能恶性膨胀而犯罪的罪犯的功利心理增强就在所难免。在社会道德和法律的约束下,个人的需要以社会允许的方式得以满足,这便是功利心理的体现。因此,罪犯在功利性动机支配下产生积极的服刑行为既实惠又无可非议。

但是,从监狱机关改造人的工作目标来看,如果罪犯自始至终都是在生存性、功利性动机支配下产生积极的服刑行为,这类罪犯就没有真正被改造好,没能实现重塑罪犯人格的工作目标,他们将来刑满释放回归社会后,极易在外界诱惑的作用下产生重新犯罪。

四、罪犯积极服刑动机的形成

(一)罪犯积极服刑动机形成的条件和过程

动机来源于需要,而需要转化为行为动机必须与一定的诱因条件相联系。因此,罪犯服刑动机的产生有两个条件:一是罪犯的需要,二是满足需要的对象、条件或可能性,即外部诱因的存在。

积极服刑动机不是罪犯一入狱就可以产生,也并非每一个罪犯都有,而是在监狱的改造和教育及多种因素的促进下形成的。要使罪犯形成积极服刑动机必须从以下两个方面入手:

第一,激发罪犯产生改恶向善的需要。要想使罪犯产生积极服刑动机,首先要促使罪犯产生改恶向善的需要,可从以下三个方面入手:其一,帮助罪犯正确认识其犯罪行为的性质。通过组织罪犯进行文化、法律、道德等方面知识的学习,在提高文化水平、增长法律知识、掌握道德规范的基础上,使罪犯深刻认识到其犯罪行为危害社会的恶劣性质,进而促其认罪服判。其二,帮助罪犯对犯罪后果进行客观评价。这种评价不仅是站在罪犯自己的立场上,更重要的是,要使罪犯学会站在他人的立场上来对事物进行评判,从而进一步加深罪犯对其犯罪危害性的认识。其三,促使罪犯产生自我悔恨心理并萌生改变自己的愿望。对犯罪本质的正确认识可促使罪犯否定其犯罪行为,在此基础上,监狱民警还要帮助罪犯进一步认清其犯罪行为与其自身不良人性的关系,从而促使罪犯产生自我悔恨心理,并由恨自己进而产生改变自己的愿望。当罪犯憎恨那个犯罪的“旧我”,产生改变“旧我”、重塑“新我”的愿望时,其改恶向善的需要就形成了。改恶向善需要的形成,使罪犯积极服刑动机的产生具有了内在动力。

第二,提供外部诱因条件。当罪犯产生了改恶向善的需要时,监狱机关应该为罪犯提供有利于其接受改造的环境、对罪犯提出一定的改造要求、采取多种多样的激励罪犯积极接受改造的措施,罪犯的亲人也要殷切期望他改好并以实际行动全力支持他,社会也要表现出对死不改悔者的拒绝。在这些外部诱因条件的作用下,罪犯改恶向善的需要才可以顺利转变为积极服刑动机。

(二)罪犯的动机冲突

由于服刑生活的复杂多变,罪犯自身需要的多样性,使罪犯可能会同时产生两种以上互不相容的动机,这时罪犯就会产生动机冲突。动机冲突主要有以下四种形式。

1. 双趋式动机冲突。两种目标都很诱人,都想实现,但受条件所限,只能实现一个而放弃另一个,这时就会产生双趋式动机冲突。

2. 双避式动机冲突。两种目标都是有害的,都想回避,但受外界因素所制约,必须接受一个,这时就会产生双避式动机冲突。

3. 趋避式动机冲突。同一目标既具有积极意义,又具有消极意义,需要主体权衡利弊大小而进行取舍,这时就会产生趋避式动机冲突。

4. 双重趋避式动机冲突。同时存在的两个目标既具有积极意义,又具有消极意义,主体在对这两个目标进行利弊权衡而决定取舍时,就会产生双重趋避式动机冲突。

因此,罪犯服刑动机的最后确立,是许多内外因素在罪犯头脑中经过冲突、斗争并进行权衡的结果。由于罪犯自身心理恶性的存在,使其在确立积极服刑动机时,必然存在积极服刑动机与混刑度日动机、抗拒改造动机的激烈冲突与矛盾斗争。

五、影响罪犯积极服刑动机形成的因素

罪犯的积极服刑动机是在主体内外多种因素的影响下形成的,大致包括以下四类因素。

(一)罪犯自身的心理因素

1. 罪犯的需要。罪犯的服刑动机是在罪犯需要的基础上产生的。罪犯的需要

包括生理或物质需要、精神需要、早日获得自由的需要、改善自己处遇的需要、维护好自己和亲人关系的需要等多个方面，这些需要都可能对罪犯产生积极服刑动机起到一定促进作用。但能引起服刑动机的需要，是罪犯当时最强烈的需要。其中改恶向善的需要对罪犯产生积极服刑动机具有至关重要的作用。

2. 罪犯的自我认识。与罪犯产生积极服刑动机有关的认识主要包括三个方面：一是认罪服判。这是罪犯形成积极服刑动机的认识基础。一个不认罪的罪犯，根本就没有认识到自己行为的错误性，也就不会产生改变自己的愿望。二是对犯罪原因和危害性的认识。对犯罪原因的认识可以使罪犯清楚地看到自己的犯罪与自身不良人性的关系，如果不消除这些不良因素，今后还可能会重蹈覆辙，因而改变"旧我"、形成"新我"才非常必要；认识到犯罪的危害性，特别是犯罪给自己带来的危害（如亲人的怨恨、社会的排斥、刑罚惩罚等），才能使罪犯产生强烈的自我悔恨，进而萌生告别"旧我"的愿望并付诸行动。三是对前途和未来的认识。罪犯服刑期满总要回归社会，回归社会后能否被社会接纳是罪犯最关心的。如果罪犯能认识到，只有积极接受改造，彻底洗心革面，才能被社会接纳和认可，那么，罪犯才会产生积极服刑动机，为早日新生而努力。

3. 罪犯的情感。心理学的研究表明，积极的情绪情感对行为有促进作用，消极的情绪情感对行为有阻碍作用。因此，监狱机关可以通过开展各种有意义的活动，激发出罪犯改造自我的热情，从而促使其产生积极服刑动机；同时要采取措施防止各种不利于罪犯改造的消极现象出现，以免这些消极现象使罪犯产生不满、仇恨、悲观绝望等消极情绪进而给其接受改造带来不利影响。

（二）监狱工作和环境因素

监狱环境中影响罪犯服刑动机的因素很多，这里仅从以下五个方面加以分析。

1. 监狱民警的影响。监狱民警可以通过"言传"让罪犯懂得什么是真善美，通过"身教"让他们看到现实中的真善美，使他们在真善美的陶冶中看到自身的丑恶，进而促使罪犯产生改变"旧我"、重新塑造"新我"的服刑动机。同时，如果监狱民警能公正执法，不徇私情，特别是在减刑、假释、保外就医等问题上能做到这一点，对罪犯积极服刑动机的产生和维持会起到极大的促进作用。如果监狱民警不能做到公正执法，不仅不能促使罪犯产生积极服刑动机，甚至会降低某些罪犯接受改造的愿望。

2. 罪犯群体的影响。如果罪犯所在群体积极接受改造的气氛浓厚，在其他罪犯的影响及群体压力作用下，罪犯也会表现出积极的服刑行为，虽然此时的行为并不一定就是积极服刑动机所推动的，但经过一段时间后，罪犯的积极服刑行为就可能由被迫的行为变为自觉主动的行为。如果罪犯所在群体不仅没有积极接受改造的气氛,甚至消极抗改气氛浓厚,在这样的群体中要想使罪犯形成积极服刑动机难度就较大。

3. 对罪犯的考核制度。对罪犯的服刑行为进行考核,并把考核结果与处遇、减刑、假释等奖励密切联系起来是监狱里通行的做法。考核的公正性、合理性,对罪犯的服刑动机有直接影响。如果考核公正合理,考核结果能真实反映罪犯的服刑状况,这样的考核才能对罪犯起到激励作用,激发罪犯产生积极服刑动机。监狱通行的把考核结果公示上墙,增加考核透明度的做法,对罪犯改造积极性的提高有很大的促进作用。如果考核缺乏公正性、合理性,随意性很大,往往会使罪犯产生困惑,甚至会因不公正的考核而与监狱民警产生对立情绪,以致引发危害监管安全的行为。

4. 对罪犯的教育。在监狱中对服刑罪犯的教育主要有文化教育、道德教育、政治教育、法治教育、技术教育等,这些教育不仅对提高罪犯自身素质有很大帮助,而且在一定程度上对激发罪犯的积极服刑动机也起到不可忽视的作用。在这些教育中,技术教育对罪犯更具吸引力。因为接受技术教育可使罪犯提高技术水平,进而提高劳动产量和质量,这为获得奖励奠定良好基础。但是,技术教育若只与监狱生产相结合,不与罪犯将来回归社会后的就业相结合,它对罪犯的吸引力就不会太大。将技术教育与监狱生产实际和罪犯回归社会后的就业进行双向结合,提高技术教育的实用性,特别是如果把技术教育与获得国家认可的专业技术等级证书结合起来,对罪犯的吸引力就会更大,才能更好地激发罪犯的积极服刑动机。因此,对罪犯进行各种有益的教育对激发罪犯的积极服刑动机有促进作用。

5. 监狱的物质环境。监狱物质环境的好坏,也会对罪犯的服刑动机产生一定影响。如果监狱的物质环境较好,罪犯的生活、医疗、劳动安全、文化娱乐等各方面都有保障,罪犯的基本生活需要都能被满足,在此基础上,罪犯才更易于产生改恶向善的高层次需要。如果监狱的物质环境较差,罪犯的生存条件恶劣,那么罪犯就会更多地考虑改善生活等低层次需要,而无暇顾及改恶向善的高层次需要。

(三)罪犯的家庭因素

罪犯积极服刑动机的产生与其家庭关系密切。如果罪犯的家庭关系稳定,家人不仅不歧视他,反而非常关心他,对他的服刑情况非常关注,强烈期望他能改邪归正,并给予全力支持,这会极大地激发罪犯接受改造的热情,对其积极服刑动机的产生有巨大的推动作用。如果家人对罪犯不关心,甚至与之断绝关系,就可能导致罪犯悲观、绝望,从而使罪犯对改造失去信心,混刑度日甚至出现各种违纪行为。

（四）其他社会环境因素

其他社会环境因素主要指监狱外的大社会环境因素，包括社会政治、经济、文化风尚、治安秩序等。社会政治稳定、经济繁荣、主流文化健康向上、社会治安稳定、社会对犯罪的打击力度大、社会对刑释人员不歧视，这些都会通过各种媒介传到监狱内对罪犯产生积极影响，促使罪犯产生将来过正常的社会生活的愿望，从而激发罪犯产生积极服刑动机。

第二节　动机激励理论

激励就是激发鼓励，调动人的行为积极性，其实质是激发动机，使个体的行为动机强度增加，提升完成目标的努力程度，进而取得更好的绩效。在监狱中对服刑罪犯运用激励，就是要调动起罪犯接受改造的积极性，使其产生接受改造的热情，并自觉、主动地按照监狱机关的要求去做，力争使监狱促使罪犯改恶向善、重新做人的工作目标更好地实现。为了更好地激发罪犯产生真诚的积极服刑动机，就需要了解动机激励的相关理论。

一、内容型激励理论

（一）马斯洛的需要层次论

需要层次论是1943年由美国心理学家马斯洛（Abraham Harold Maslow，1908～1970）提出的。马斯洛把需要的满足作为个体发展的基本原则，他认为人的需要按由低到高的顺序分为五个层次：生理需要、安全需要、归属与爱的需要、尊重需要、自我实现的需要。①其中，生理需要是需要结构中的最低层次，是其他需要产生的基础，而且生理需要的强度最大，必须首先予以满足。一般来说，低层次的需要满足之后，才能产生并满足高一层次的需要，需要的层次越高，满足后所产生的激励力量就越大。在某一时期，人可能会同时存在多种需要，但只有一种需要是主导需要，它是人的行为的主要推动力量。因此，在采取激励措施时，应针对人的主导需要进行，而且要注意引导行为人不断提升其主导需要的层次，以便激发更强大的行为动力。

将需要层次论应用于激励罪犯时应注意：首先满足罪犯的低层次需要，如生理

---

① 程正方编著：《现代管理心理学》，北京师范大学出版社1996年版，第147～153页。

需要、安全需要等，这两种需要满足之后，罪犯才能维持自身生存并安心改造。在满足罪犯低层次需要的基础上再激发其产生高层次需要，如获得自由、改恶向善等属于尊重或自我实现的需要，并且应该使这些需要成为主导需要，因为这些需要不仅对罪犯的激励作用大，而且只有在这些需要的作用下罪犯才能真正朝改恶向善、重新做人的方向发展。此外，还应注意的是，罪犯的需要不是一成不变的，随着罪犯需要层次的升高，要根据罪犯的需要特点及时调整罪犯的改造目标和管理策略，以使罪犯取得更大的改造成效。

（二）奥尔德弗的 ERG 理论

耶鲁大学的奥尔德弗（Clayton Alderfer）在马斯洛的需要层次论基础上，进行了更切实际经验的研究，提出了 ERG 理论。奥尔德弗认为，人们有三种核心的需要，即生存（existence）需要、相互关系（relatedness）需要和成长发展（growth）需要，因而这一理论被称为 ERG 理论。①

生存需要与满足人们基本的物质生存需求有关，是人对衣、食、住、行、性等方面的物质需要和维持生命安全直接相关的需要，这实际上相当于马斯洛理论中的生理需要和安全需要；相互关系需要是指人们对于维持重要的人际关系的要求，是希望与上级、同事、朋友、亲人等友好相处、相互尊重的需要，与马斯洛理论中的归属与爱的需要和尊重需要中的外在部分是相对应的；成长发展需要是指个人谋求发展的内在需求，这种需求通过创造性地发展个人的潜力和才能、完成挑战性的工作得到满足，这相当于马斯洛理论中的尊重需要的内在部分和自我实现需要。ERG 理论认为，人在同一时间可能有不止一种需要起作用，有时三种需要可以同时起作用，某种需要在得到基本满足后，其强烈程度不仅不会减弱，还可能会增强；高层次需要的产生并非以低层次需要满足为前提，各层次需要既可以是逐级上升的，也可以是跳跃的；如果较高层次需要的满足受到抑制，那么人们对较低层次的需要的渴望会变得更加强烈，即在 ERG 理论中，不仅有“（需要）满足—上升”，也有“（需要）受挫—回归”的观点。因此，管理措施应该随着人的需要结构的变化而做出相应的改变，并根据每个人不同的需要制定出相应的管理策略。

把 ERG 理论应用于激励罪犯时应注意，首先，监狱民警要准确了解罪犯的需要，并根据需要类型为每个罪犯量身定制改造方案；其次，监狱民警要善于将满足罪犯需要所设置的改造目标与监狱的工作目标密切结合起来；最后，应特别注重罪犯较高层次需要的满足，以防止“受挫—回归”现象的发生。

---

① 殷智红、叶敏编著：《管理心理学》，北京邮电大学出版社 2004 年版，第 111 ~ 112 页。

（三）赫茨伯格的双因素理论

20世纪50年代末，美国心理学家赫茨伯格（F. Herzberg）认为：激发动机的因素有保健因素和激励因素两类。保健因素是指工作以外的对人的积极性有影响的因素，如领导水平、工资奖金、工作环境、人际关系、劳动保护、娱乐休假等，这类因素只能防止职工对工作产生不满，只有保持人的积极性、维持工作现状的作用，没有从根本上激励人的作用。激励因素是指工作本身对人的积极性有影响的因素，如工作中充分表现的机会、工作带来的愉快感、对工作的成就感、责任心、兴趣、对工作发展的期望等，这类因素使人们从工作本身获得极大满足，这种满足成为持久、稳定地激励人们努力工作的内在力量。①

把双因素理论应用于罪犯管理中，应注意以下问题：一是注意保健因素，监狱要为罪犯创造良好的有利于其改造的外部环境和条件，防止罪犯产生不满情绪，这对罪犯的改造会产生积极作用。二是要使奖励成为激励因素，防止奖励变为保健因素。对罪犯进行奖励应根据其改造成绩大小来定，要使罪犯形成"改造成绩好才能得奖，所得奖励与改造成绩成正比"的观念，只有这样才能使奖励成为激励因素。如果进行奖励时搞平均主义，或大家轮流受奖，或采用不正当方式也能得到奖励，就会使奖励失去激励作用而变为保健因素。三是要使改造行为本身成为一种激励因素。在罪犯改造过程中，监狱民警应注意充分调动罪犯的主观能动性，让罪犯通过自己的努力改变自己，并感受自我改变的快乐，从而使改造行为本身成为一种激励因素，激励罪犯不断改变自我、完善自我。

（四）麦克利兰的成就需要理论

美国心理学家戴维·麦克利兰（David McClelland）于20世纪50年代提出了成就需要理论。他认为人的高层次需要是由权力需要、友谊需要、成就需要构成的。权力需要较强的人，往往对向他人施加影响和控制表现出极大兴趣。具有友谊需要的人，喜欢有一种融洽的人际关系，负有全局责任的管理者把友谊看得比权力还重要。具有成就需要的人，把具有挑战性的工作及事业成就看作人生最大的乐趣，会引发快感，振奋精神。其把做好工作达到自己所设置的目标视为最大的愿望。②

麦克利兰认为，个人的成就需要由直接环境和个性两个因素决定，用公式表示为：

成就需要 = f（直接环境 × 个性）

---

① 何为民主编：《罪犯改造心理学》，中国人民公安大学出版社1997年版，第92～93页。

② 何为民主编：《罪犯改造心理学》，中国人民公安大学出版社1997年版，第92页。

成就需要和经济发展密切相关,具有高成就需要的人才多,国家的经济就上升,否则就下滑。成就需要受组织管理状况的影响,如果把具有高成就需要的人放在具有挑战性的工作岗位上,就可以引起其成就动机和行为;如果把具有高成就需要的人放在一般的、没有挑战性的工作岗位上,其成就动机便难以激发。具有高成就需要的人才可以通过教育来培养。

把成就需要理论运用于激励罪犯时应注意:首先,要分析罪犯的成就需要的高低,根据其成就需要的程度来分配其进行适宜的劳动,即对成就需要强者要适当压重担,对成就需要弱者不宜压重担;其次,对成就需要弱者,要采取适当措施激发其成就需要,在此基础上逐渐增加任务难度。

二、过程型激励理论

(一)弗鲁姆的期望理论

美国心理学家弗鲁姆(Victor H. Vroom)于1964年在他的《工作与激励》一书中,全面地论述了期望理论。这一理论可用下面的公式来表示:

激励力量(M) = 效价(V) × 期望值(E)

激励力量是指人的动机或内在积极性被激发的强度,用英文字母M表示;效价是指达到目标对于满足个人需要的价值,即对目标意义的估价,用英文字母V表示;期望值(或称期望概率)是指根据个人经验判断实现目标的可能性大小(或概率),用英文字母E表示。由此可见,期望理论的基本含义是:激励力量的大小取决于效价和期望值的乘积。由于V与E的不同情况,M会出现五种情况:[①]

1. V高×E高=M高
2. V中×E中=M中
3. V低×E高=M低
4. V低×E低=M低
5. V高×E低=M低

弗鲁姆认为,个体选择某种行为,取决于该行为可能给个体带来的结果及这一结果对个体需要的满足程度,即当个体认为个人努力会带来良好的工作绩效,良好的工作绩效会带来组织奖励,如加薪、奖金、升职等,组织奖励是可以满足个人的需要和达成个人目标时,他才会受到激励而付出更大的努力。因此,要想真正调动个

① 程正方编著:《现代管理心理学》,北京师范大学出版社1996年版,第159页。

体的工作积极性,必须考虑四个因素和三个关系,如图 13－1 所示:①

个人努力 —关系1→ 工作绩效 —关系2→ 组织奖励 —关系3→ 个人需要

图 13－1 期望理论的四个因素和三个关系

把期望理论应用于激励罪犯时应注意:一是在帮助罪犯确定改造目标时,应充分考虑此目标对罪犯的效价和期望值。如果改造目标实现的可能性较大(期望值高),但目标的实现对罪犯意义不大(效价低),或者改造目标的实现对罪犯意义很大(效价高),但目标实现的可能性较小(期望值低),那么,这种改造目标对罪犯不会起到任何激励作用。只有那些罪犯通过努力能够实现(期望值高),而且实现后所得到的奖励能满足罪犯的需要(效价高)的目标,才能真正对罪犯起到激励作用。二是为罪犯实现改造目标创造有利条件。目标仅仅是一种期望,并非现实结果,只有实现目标才能使罪犯的需要得到满足。实现目标的过程必须要有一定的环境条件作保障,因此,监狱应尽量为罪犯创造有利的环境条件,使其改造目标能够顺利实现,进而达到激励罪犯积极改造的目的。三是对罪犯积极改造的表现要及时给予表扬、鼓励,表现突出的要根据其需要给予适当的奖励,以此来肯定其行为表现,使其改造积极性能巩固和保持下去。

(二)亚当斯的公平理论

公平理论是美国心理学家亚当斯(Adams)于 1967 年提出来的。这种理论是在社会比较中探讨个人所作的贡献与他们得到的报酬之间如何平衡的一种理论,侧重于研究报酬的合理性、公平性对个人积极性的影响。公平理论认为职工的工作动机(积极性),不仅受自己所得的绝对报酬(实际收入)的影响,而且受相对报酬(与他人相比较的相对收入)的影响。只有感受到公平,才会心理平衡,工作积极性才能提高。②

把公平理论应用于激励罪犯时应注意:一是对罪犯进行奖励时务必要做到公平、合理,不公平、不合理的奖励对罪犯的改造积极性会产生负面影响。对罪犯而言,他所获得的奖励就是其改造行为所得到的"报酬",如果他在改造中付出的努力比别的罪犯多,但得到的奖励却比别的罪犯少,或者他现在比过去付出努力多,但得到的奖励却比过去少,这时,罪犯就会感受到不公平而降低改造积极性。因此,在对罪犯进行奖励时,只有做到对每一个罪犯都公平合理,才能真正激发罪犯的改造

① 殷智红、叶敏编著:《管理心理学》,北京邮电大学出版社 2004 年版,第 123 页。

② 程正方编著:《现代管理心理学》,北京师范大学出版社 1996 年版,第 166～167 页。

积极性，特别是在对罪犯进行减刑、假释时，尤其要做到公平合理。否则，奖励就会失去意义，不仅不能起到激发罪犯改造积极性的作用，反而会起到相反的作用。二是要对罪犯的公平心理进行疏导，引导罪犯树立正确的公平观，既不刻意寻求绝对公平，进行比较时也不盲目攀比，能在多方听取他人意见、从多个角度进行分析的基础上对公平与否作出比较客观的判断，以使自己保持平和的心态，使各项改造活动顺利进行。

（三）斯金纳的强化理论

强化理论是美国心理学家斯金纳（Burrhus Frederick Skinner，1904～1990）等人在大量实验研究的基础上提出的。斯金纳认为，行为的结果对行为本身有强化作用，是行为的主要驱力因素。①所谓强化，是指在学习过程中增强有机体某种反应重复可能性的力量或实验程序。②强化有正强化和负强化之分。当环境中增加某种刺激，有机体反应概率增加，这种刺激就是正强化。③正强化的形式有：认可、赞赏、表扬及各种奖励措施（如加分、发放奖金、晋升、给予荣誉等）。当某种刺激在有机体的环境中消失或减少时，反应概率增加，这种刺激便是负强化。④负强化的形式有：不认可、批评及各种惩罚措施（如扣分、扣奖金、撤职、降级等）的减少或撤销。

斯金纳通过实验发现，强化的时间和比率不同，强化作用的效果也会大不相同。对此，斯金纳提出了一个著名的强化类型图（见图 13－2）。连续强化是指每次行为之后都给予强化；间隔强化是指间隔一定时间或比例才给予强化。固定比率强化是指间隔固定不变的反应次数给予强化，而变化比率强化则是指每两次强化之间间隔的反应次数是变化不定的。固定时间强化是指间隔固定不变的时间给予强化，而变化时间强化则是指每两次强化之间的间隔时间是变化的。⑤在具体运用中，间隔强化比连续强化具有较高的反应率和较低的消退率；固定比率强化能产生很高的反应概率，但应注意比率太高可导致行为消失；变化比率强化也能产生很高的反应概率，而且可消除固定比率强化后出现的消退现象；固定时间强化由于有一个时间差，随之以较低的反应率，但在时间间隔的末了反应率上升，出现一种扇贝效应；变化时间强化能消除强化物出现后的反应概率降低现象，因而能使行为者保持一个相对稳定的行为水平。

---

① 何为民主编：《罪犯改造心理学》，中国人民公安大学出版社 1997 年版，第 95～96 页。

② 林崇德、杨治良、黄希庭主编：《心理学大辞典》，上海教育出版社 2003 年版，第 926 页。

③ 彭聃龄主编：《普通心理学》（第 4 版），北京师范大学出版社 2012 年版，第 545 页。

④ 彭聃龄主编：《普通心理学》（第 4 版），北京师范大学出版社 2012 年版，第 546 页。

⑤ 彭聃龄主编：《普通心理学》（第 4 版），北京师范大学出版社 2012 年版，第 546 页。

此外,在强化时可以使用普雷马克原理(Premack Principle),即用高频的活动作为低频活动的强化物,对罪犯而言,可以用其喜爱的活动去强化他们参与不喜爱的活动。

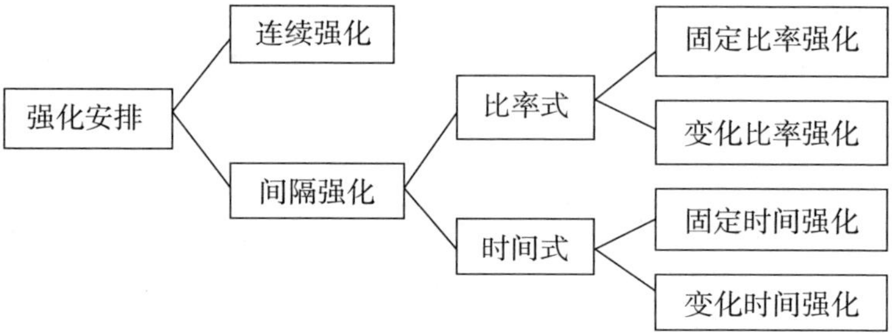

图 13-2 强化类型图

在罪犯管理中应用强化理论要遵循以下原则:第一,要有目标体系,遵循目标强化的原则,即罪犯达到目标后再给予强化。第二,要采取小步子强化的原则(把总目标分成若干步完成)。总目标的实现需要有一个漫长的过程,某些罪犯可能会因其漫长而丧失信心,因此把总目标分成若干小目标,实现一个小目标就给予强化,这样可以不断增强罪犯行为转化的信心。第三,贯彻及时反馈、及时强化的原则,即罪犯有了某种行为表现之后,马上给予强化,并告知罪犯其行为与总目标之间是否还有差距及差距的大小。第四,贯彻因人而异的强化原则。每一个罪犯都有其特殊性,根据罪犯的具体情况采取相应的强化措施,可以增加强化的有效性。同时,可以根据罪犯的兴趣爱好,选择其最喜欢的活动作为强化物。第五,强化方式力求效果最优原则。为了使强化取得最大成效,要多选择使用间隔强化中的变化比率强化和变化时间强化,这样才能促使罪犯有持续稳定的良好改造表现。

(四)洛克的目标设置理论

目标设置理论是1968年由美国心理学家兼管理学家爱德温·洛克(Edwin A. Locke)提出的。该理论认为:目标使人们知道他要完成什么工作,以及必须付出多大努力才能完成。这种目标的明确性能提高工作绩效,尤其是当目标相对困难但又可以实现时,比简单的目标更能导致较高的工作绩效。①

洛克在科学研究和工作实践中发现,外部刺激(如奖金、工作反馈、监督等)都是通过目标来影响动机的。目标设置的具体性、挑战性能影响一个人的行为和工

---

① 王垒编著:《组织管理心理学》,北京大学出版社1993年版,第124~125页。

作绩效。因此,目标设置显得非常重要。具体的目标设置过程如图 13－3 所示:①

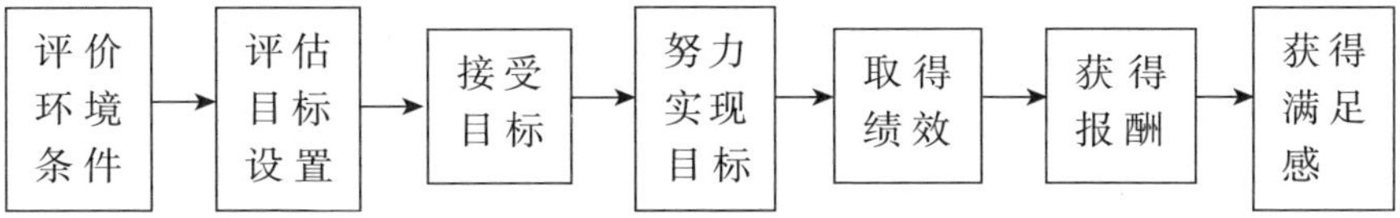

图 13－3　目标设置过程

图 13－3 表明,目标的设置是由环境条件引起的,明确的组织目标是个人目标确定的依据,在对目标的难度、实现的可能性、目标的挑战性以及达到目标后的效价进行评估以后,个人才会设置自己的工作目标并接受目标。随后,个人依目标制订行动计划并按计划努力工作,同时根据反馈信息随时调整自己的计划和行动,最终实现目标,取得成绩,获得相应的报酬,进而产生满足感。总之,在目标设置的过程中,组织目标的设置、目标的明确性、目标的挑战性、目标责任心、员工的参与、完成目标的反馈等因素都会对个人的行为产生影响。

把目标设置理论应用于罪犯管理中,应注意以下几点:一是要采取改造目标明确化,要让罪犯知道他所要达到的标准,而不是仅仅告诉他"尽你最大努力去做";二是在罪犯改造过程中要及时反馈,要让罪犯知道离实现目标还有多远;三是在制定改造目标时,要充分听取罪犯的意见,不要主管监狱民警一人说了算,只有这样才能增强改造目标对罪犯的合理性和可接受性;四是所确定的改造目标要有一定难度,罪犯经过一定的努力是可以达成的,这样的改造目标对罪犯的激励作用才大。

(五)韦纳的成就动机归因理论

美国心理学家韦纳(B. Weiner)1974 年在海德(F. Heider)的归因理论和阿特金森(Atkinson)的成就动机理论基础上,提出了成就动机归因理论。该理论主要说明归因的维度及归因对成功或失败行为的影响。②

韦纳认为人们通常将自己行为的成功与失败归因于以下六种因素:个人努力、个人能力、任务难度、机遇、身心状态、其他因素(除上述五个因素以外的影响成败的其他人或事)。这六种因素又可以划分为三个维度:一是控制点,即是内部因素还是外部因素;二是稳定性,即是稳定因素还是易变因素;三是可控性,即因素是否可以自己控制。从控制点方面看,个人努力、个人能力和身心状态属于内部因素,任务难度、机遇和其他因素属于外部因素;从稳定性方面看,个人能力和任务难度属

---

① 殷智红、叶敏编著:《管理心理学》,北京邮电大学出版社 2004 年版,第 133～134 页。

② 侯玉波编著:《社会心理学》(第 4 版),北京大学出版社 2018 年版,第 74 页。

于稳定因素，个人努力、机遇、身心状态和其他因素属于易变因素；从可控性方面看，个人努力是可控的因素，其他五个因素往往是不以人的意志为转移的。（见表13－1）

表13－1　成败归因模型关系表

成败归因因素	成败归因维度					
	控制点		稳定性		可控性	
	内部的	外部的	稳定的	易变的	可控的	不可控的
个人能力	√		√			√
个人努力	√			√	√	
任务难度		√	√			√
机　　遇		√		√		√
身心状态	√			√		√
其他因素		√		√		√

韦纳认为，个人对其行为成败的归因能引起个体不同的心理变化，影响个人期望的改变和情感反应（归因后果），归因后果又影响后继的行为。首先，归因将导致人们对下一次成就行为结果的期待发生变化。如果把成就行为结果归因于个人努力或机遇这些不稳定的因素，那么对下一次成就行为结果的期待与这一次成就行为的实际结果可能不一致。比如，把成功归因于个人努力因素，那么可能产生下一次也成功的期待，也可能不产生，因为努力是不稳定的。但如果把成就行为结果归因于个人能力或任务难度这些稳定的因素，那么对下一次成就行为结果的期待往往与这一次成就行为结果是一致的。比如，把失败归因于能力差，那么人们就会担心下一次还将失败，因为能力是比较稳定的。其次，归因会影响到个体的情感反应。把成就行为结果归因于内部因素，会出现较强的情感反应，在成功时感到满意和自豪，失败时感到内疚和羞愧。比如，将成功归因于能力，有助于增强个体的自我效能感，进而有利于以后继续产生类似的行动；如果将失败归因于能力，会使人放弃努力，久而久之，就会产生习得性无助感，变得无助、冷漠，听之任之，破罐子破摔。相反，把成就行为结果归因于外部因素，不论成功还是失败，都不会出现太强的情感反应。可见，归因影响个体的期待与情感反应，进而影响下一步成就行为的强度。

此外，成就需要高低不同的人，归因倾向不同，行为表现亦不同。具有高成就需要的人会把成就归因于自己的努力，把失败归因于努力不够，因而他们会不甘于失败,坚信再努力一下,便会取得成功。而且,他们相信自己有能力应对,只要尽力而为,没有办不成的事。因此,这类人行为的主动性、积极性都比较高。相反,成就需要不高的人认为努力与成就没有多大关系,即使努力也不见得会获得成功。而且他们常常把失败归因于自己的能力不足,把成功看成任务难度不大、正好碰上运气等外界因素偶然促成的。因此,这类人一遇到困难就会退缩,行为的主动性、积极性都比较差。

把成就动机归因理论运用于激励罪犯时应注意:一是要分析罪犯对其改造行为是如何归因的,其归因是否正确、恰当;二是对归因不正确者,要帮助其正确认识自己,进而改变不正确的归因方式并形成正确的归因方式;三是对那些把成功归因于自己有能力又很努力的罪犯,要提醒他们不要骄傲自满,防止出现倒退现象;四是对于那些成就需要不高的罪犯,要采取有效措施激发他们的上进心,逐渐提高他们的成就需要,以使他们有更好的改造表现;五是要对那些自认为比较笨而破罐破摔的罪犯加强教育,使他们相信努力与不努力是大不相同的。不管多么聪明的人,不努力就无法取得大的成就;即使是"笨人",只要努力,也会取得一定成绩并不断进步。

三、综合型激励理论

(一)波特和劳勒的综合激励理论

波特(L. W. Porter)和劳勒(E. E. Lawler)在期望理论的基础上,探讨了努力、绩效和满足感三者之间的关系,提出了更完善的综合激励模式(见图 13 -4),较好地说明了整个激励过程。波特和劳勒认为:激励并不是一个简单的因果关系,在整个激励过程中,经历了奖酬目标、努力、绩效、奖酬、满意感以及从满意感反馈回努力等多个阶段,整个过程的良性循环受奖酬制度、组织分工、目标设置、管理水平、公平的考核和领导作风等多种因素的综合影响。①整个激励过程具有以下六个特点:第一,人的动机性行为的进程是,由激励导致努力,努力导致绩效,绩效导致奖酬,奖酬导致需要满足。第二,个人的努力程度不仅取决于期望值和目标效价,而且受绩效期望概率和报酬估计值的影响。第三,绩效不仅取决于努力程度,还取决于个人的能力、技能和角色认知程度,以及组织的帮助和外部条件。第四,奖酬即奖励和报酬,包括内在奖酬和外在奖酬。奖酬不仅取决于绩效,还取决于对绩效的评价。绩效的评价包括个人评价和组织评价两个方面。第五,满意感不仅取决于奖酬,还取决于

---

① 殷智红、叶敏编著:《管理心理学》,北京邮电大学出版社 2004 年版,第 146 ~ 147 页。

奖酬是否合理、公平。第六,获得满意感后,行为并没有结束,它反过来又会借助于对报酬的估计来影响努力的程度。

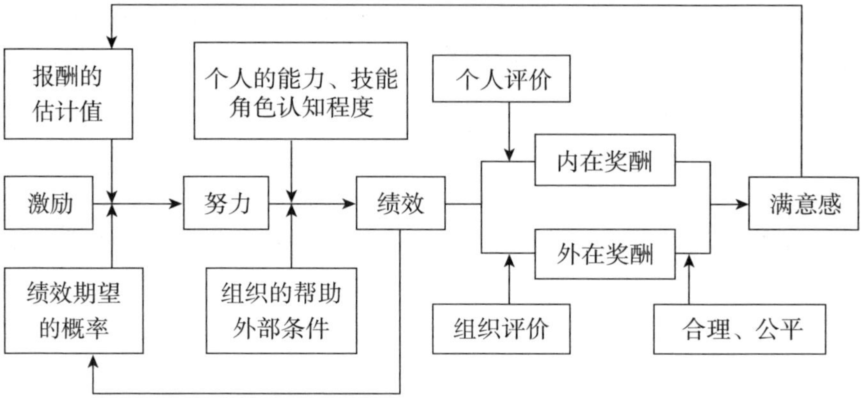

图 13-4　波特和劳勒的综合激励模式

将波特和劳勒的综合激励理论运用于激励罪犯时应注意:一是要帮助罪犯设置合理的改造目标,即根据罪犯自身的情况选择有一定难度且经过努力是可以实现的目标;二是为罪犯创造好的改造环境,这样才有利于罪犯通过努力更好地实现改造目标;三是奖酬多样化以提升罪犯的满意感,多样化的奖酬有利于监狱民警根据罪犯的需要进行奖励,这会使罪犯因自身需要的满足而提高满意感,进而产生更大的行为动力;四是建立合理的奖惩制度和公平的考核方式,这能对罪犯良好的行为表现给予肯定进而使其行为延续,更重要的是使罪犯因感受公平感而增强满意感,随后会更加努力去做;五是要注重对罪犯的技能培训,技能的提高可使罪犯在付出同样多的努力的情况下获得更大的绩效,因得到更多的回报而增强行为动力。此外,还应注意的是,上述五个方面应综合考虑才可能取得最好的效果。

(二)罗宾斯的整合理论

罗宾斯(S. P. Robbins)从各种激励理论的主要观点出发,以期望理论为基础,将关于激励的知识整合起来,得到整合理论(见图 13-5)。该理论最大限度地整合了各种激励理论,包括了各种影响个人努力程度的因素,主要有以下八个方面:一是机会可能促进也可能妨碍个人努力;二是目标引导行为,即个人努力受个人的目标影响;三是能力保证个人绩效的取得;四是绩效评估标准必须被认为是公平的和客观的;五是激励水平的高低取决于一个人由于高绩效所得到的奖励能够在多大程度上满足与他的个人目标一致的主导需要;六是高成就需要者不是由于组织对他的绩效评估或组织奖励而受到激励,而是通过个人努力来实现个人目标,从中受到激励；七是组织的奖励会强化个人的绩效；八是不公平会影响个人付出努力的程度。①

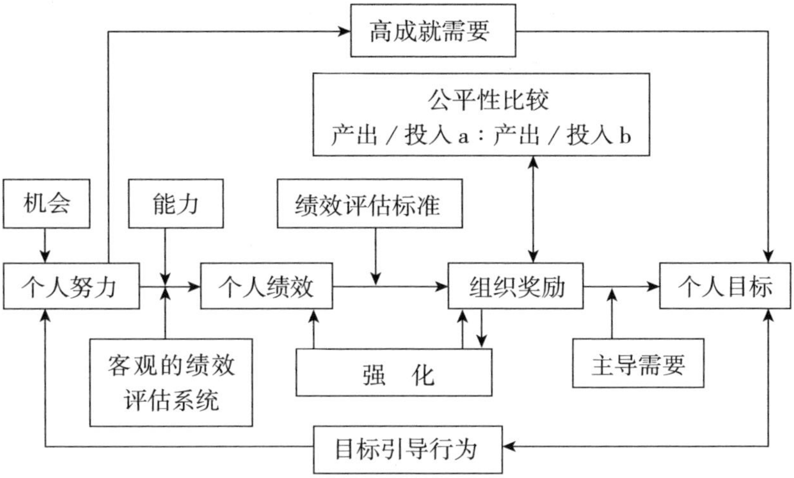

图13－5　罗宾斯的整合理论

将罗宾斯的整合理论应用于激励罪犯时应注意：一是要帮助罪犯确定恰当、合理的改造目标，恰当、合理的改造目标能促使罪犯付出更大努力；二是采取适当方式帮助罪犯提升能力，能力高才易于取得更大绩效；三是建立客观、公正的绩效考核与奖惩制度，使罪犯的改造行为得到准确评价，罪犯产生公平感进而更加积极接受改造，同时使好的行为因受到奖励而不断持续；四是注重使奖励能在更大程度上满足罪犯的主导需要；五是注重激发罪犯的成就需要，这样才可使罪犯发自内心地真正悔改。

第三节　罪犯积极服刑动机的激励方法

一、高度透明的阳光管理

高度透明的阳光管理法，是1999年7月司法部下发《监狱系统在执行刑罚过程中实行“两公开一监督”的规定（试行）》后，全国监狱系统积极开展狱务公开工作，探索出的改造罪犯的成功经验，很符合改造罪犯的规律。其内容包括：监狱民警本

---

① 殷智红、叶敏编著：《管理心理学》，北京邮电大学出版社2004年版，第148～149页。

着依法、公正、合理的原则,在刑罚执行、记分考核、规范管理、分级处遇、生活医疗、生产劳动、人员任用、监区环境、社会监督、维护罪犯的合法权益方面公开执法管理的程序及内容,主动接受罪犯及社会各界的广泛监督。简单地说,高度透明的阳光管理法就是指环境上的透明和执法上的公开。此方法自实施以来使改造秩序长期稳定,成绩斐然。高度透明的阳光管理对罪犯的激励作用主要体现在以下三个方面:

(一)通过改善环境满足罪犯的合理需要来促其积极接受改造

高度透明的阳光管理的一项重要内容就是改造监所环境,包括对罪犯的生产劳动条件、生活条件、医疗条件等基本保障设施的升级改善,目的是为罪犯创造一个良好的服刑环境,使他们的合理需要在最大限度内得以满足,进而为其安心接受改造奠定良好的心理基础。马斯洛的需要层次论告诉我们:人的低层次需要的满足是产生高层次需要的基础。罪犯也是如此,要想使其产生改恶向善的高层次需要,应该首先使其生理需要、安全需要等低层次需要得到满足才行。因此,罪犯劳动条件的改善——增加了劳动现场的安全设施和劳动保护条件,使罪犯的安全需要得到很好的满足,自然也就消除了他们进行生产劳动时的恐惧心理和抵触情绪,取而代之的是安心接受改造;生活条件的改善,能保证他们吃好、住好,美观、实用的生活设施不仅便利了他们的生活,愉悦了他们的心情,还可有效避免罪犯藏匿违禁品,减少了狱内安全隐患,这些使罪犯的生理需要和安全需要都能得到很大程度的满足。尤其是对罪犯的物品实行透明管理,在监舍内设置物品柜,既美观又避免了罪犯随意摆放各种生活必需品,还更加便于管理。罪犯在这样一种安全、透明、稳定的环境下接受改造,在增强安全感的同时必然会带来改造成效的提升;医疗条件的改善,使罪犯不再担心有病不能治或治不好,进而可以打消身体不好会影响改造成绩的顾虑。总之,罪犯的合理需要得到满足之后,他们就会由衷地感谢政府为他们所做的这一切,这种肯定性情感会成为他们积极接受改造的动力,激励他们发自内心地产生改变自己的愿望并付诸实际行动。

此外,改造环境的改善也是对罪犯作为"人"的基本权利的保障,这充分体现了社会的公平正义,由此可使罪犯更好地认识到社会并非仅仅把他们作为"社会渣滓"对待,而是把他们与其他社会公民同等对待,同样注重维护他们做人的尊严。这必然会激发罪犯产生强烈的改恶向善的欲望,为了能更快新生而积极接受改造。

(二)监狱民警的执法透明激励罪犯在公平竞争中积极接受改造

监狱民警的执法透明是高度透明的阳光管理法的核心,也是对罪犯影响最大的因素。因为执法透明的内容都是与罪犯的改造息息相关的问题,主要有平时的考核情况、月评比情况,以及减刑、假释、保外就医等工作的部分透明化,这些内容的透明会使罪犯在全面了解所有人情况的基础上,合理确定自己的改造目标并全力投入积极接受改造中。

首先,执法透明使罪犯能及时了解自己的改造情况,以便扬长避短。目标设置理论告诉我们:个体的绩效取决于目标的难度和目标的清晰度。目标的难度是指目标不能太高或太低,必须是主体经过努力能够实现的目标。目标太高或太低都没有激励作用,只有主体经过努力能够实现的目标才有激励作用。目标的清晰度是指目标具体、明确,行为主体知道如何去操作。执法透明就是把罪犯个人的改造情况及时反馈给本人,可以帮助他们对自己的改造情况作出正确的判断,不仅使他们清楚自己的努力方向和要达成的目标,更能明确自己离实现目标还有多远,还需要付出多少努力就可以达成目标,这样会帮助他们坚定积极接受改造的信心和勇气,因而必然会产生巨大的激励作用。

其次,执法透明能使罪犯清楚地了解到其他罪犯受到奖励的情况,以便公平竞争。公平理论告诉我们:如果个体自己的收入与付出的比值与比较对象的收入与付出的比值相等,个体就会产生公平感。有了公平感个体才会心理平衡,才能对其行为产生激励作用。执法透明使每一个罪犯对自己和他犯的改造情况都了如指掌,这样罪犯就不会因为怀疑有暗箱操作而产生不公平心理,由于了解到自己是处在一个公平、公正、公开的改造环境当中,只要自己付出努力就会像其他罪犯一样得到好的结果,于是在与其他罪犯的公平竞争中其改造积极性得到不断提升。

(三)更多的社会关注增强罪犯重新做人的信心

高度透明的阳光管理的另一项内容就是让罪犯与外界能提高其改造积极性的人多联系和接触。这样做一方面使外界加深了对监狱实际工作情况的了解,可消除人们由于在影视作品中看到监狱是阴森恐怖的地方而对监狱产生的错误看法,以便于监狱调动更多的对罪犯改造有重要影响的社会关系和各种力量来配合监狱的监管改造工作,进而达到改造罪犯的最佳效果;另一方面,也是更重要的,高度透明的阳光管理大大增加了罪犯与外界有利因素的联系和接触的次数与程度,这样会让罪犯感到社会并没有嫌弃他们,尤其是自己的家人与朋友不仅不嫌弃自己,反而对自己寄予美好的期望,这会使他们鼓起重新做人的勇气,在亲情感化、社会关心中不断增强改造信心,加快改造速度,力争早日返回社会重新成为合格的社会公民。

二、不同手段的激励

按照激励所采用手段的不同,可把对罪犯的激励分为物质激励、精神激励和刑事激励三种形式，这三种激励在激发罪犯的改造积极性上都有其独特作用，分述如下：

（一）物质激励

物质激励是指以物质的形式给予罪犯激励，包括给予罪犯奖金和奖品等。我国《监狱法》第七十二条规定，监狱对参加劳动的罪犯，应当按照有关规定给予报酬并执行国家有关劳动保护的规定。物质激励不仅体现了国家对罪犯劳动价值的肯定和承认，而且可以满足罪犯的物质需要，因而对罪犯的改造会起到促进作用，主要体现在以下三个方面：

首先，物质激励有助于改善罪犯及其家庭的物质生活条件，有利于稳定罪犯的改造情绪而促其积极接受改造。物质需要是人的基本生活需要，一般情况下，如果这种需要得不到满足，不仅会直接影响人的生理健康，在一定程度上也会直接影响人的情绪。罪犯被投入监狱强制改造后，丧失工作而失去经济来源，特别是对一些家庭生活困难的罪犯来说，无疑是雪上加霜。这直接影响罪犯的改造情绪。对罪犯在劳动改造中的积极表现给予一定的物质奖励，就会在一定程度上改善罪犯及其家庭的物质生活条件，减轻罪犯对家庭生活困境的顾虑，因而能稳定罪犯的改造情绪，这不仅能使其安心接受改造，还会因心生感激而更加努力地积极接受改造。

其次，物质激励使罪犯更好地体验享受自己劳动成果的喜悦，有助于罪犯形成正确的人生观而促其积极接受改造。在功利和实惠心理支配下，人总想使自己获得各种物质利益。靠犯罪手段来满足物欲获得的喜悦不仅是暂时的，而且会伴随着强烈的内心紧张与不安；但靠自己劳动的汗水换来实实在在的物质奖励，却可使罪犯发自内心地、心安理得地真正体验到享受自己劳动成果的喜悦。这种好的感受会促使罪犯反思自己的过去，进而懂得今后该如何走人生之路——只有靠劳动才能得到真正的幸福，只有靠劳动才能使人生有真正的价值。罪犯在这种正确的人生观、价值观和劳动观支配下，必然会积极接受改造。

最后，物质激励使罪犯明确用合法手段才能真正满足需要，才有利于自己将来重新适应社会而增强改造信心和改造积极性。实惠人人想得，适度地追求实惠也无可非议，但只有以合法手段靠勤劳致富来获得实惠才是社会所提倡的。物质奖励不仅是对罪犯的劳动成果的肯定评价，而且强化了罪犯自食其力、靠勤劳致富的意识，提高了他们学习劳动生产技术的主动性与积极性，增强了他们靠劳动谋生的自信心和自觉性，并促其树立正确的劳动观念。这样的罪犯在刑满释放后才会靠自食其力的本领勤劳致富，心安理得地享受生活的快乐，才能很好地融入社会，不再危害社会。因此，物质激励由于能帮助罪犯选择正确的行为方式而更好地回归社会,自然会对其改造带来促进作用。

(二)精神激励

精神激励是指以精神的或非物质的形式对罪犯改造的成绩给予鼓励,满足罪犯合理的精神需要,以激发、强化、巩固罪犯在改造中形成的良好心理品质。精神激励包括信任激励、情感激励、参与激励、榜样激励、表扬激励、目标激励、好的处遇等。由于精神激励可以满足罪犯的高层次需要,因此对罪犯的改造会产生巨大的作用。其作用具体包括以下四个方面:

首先,精神激励可满足罪犯的尊重需要而提高其改造积极性。人人都有尊重的需要,罪犯也不例外,只是罪犯因遭受刑罚惩罚被社会否定使其尊重需要被自卑取代。越是失去尊重的人越需要尊重,其尊重需要的满足自然会产生巨大的内在激励力量。罪犯因为在劳动中为国家创造出具有一定社会价值的物质产品、在其他改造活动中有了好的表现才能得到信任激励、情感激励、参与激励、表扬、记功等精神激励,这种外界的肯定不仅使罪犯获得他人尊重的需要得到满足,在此基础上还可重新认识自己存在的价值而逐步确立自尊并形成自信,彻底克服自卑心理而鼓起重新生活的勇气。因此,精神激励通过满足罪犯的尊重需要对罪犯产生很强的激励作用。此外,对严格按照监规纪律积极进行各项改造活动的罪犯,给予宽松度高的处遇的精神激励,在满足罪犯的自尊需要的同时,还培养了他们遵纪守法的坚强意志等良好心理及习惯。

其次,精神激励通过满足罪犯正确的自我实现需要来使其产生更高的积极改造热情。对于成就动机较强的罪犯来说,进行具有挑战性的工作并获得成就比得到财物更重要。因此,对这类罪犯应充分发挥精神激励对其改造的促进作用。在他们认罪服法、积极改造的前提下,监狱可以根据他们的特长,为他们搞技术革新、科研、写作等创造良好的条件,让他们在较宽松的处遇中充分发挥自己的特长,通过取得成就达成自我实现,使他们在不断实现自身的正确价值的过程中持续提升改造积极性。

再次,精神激励可为罪犯提供更多学习和了解社会的机会而促其积极接受改造。对改造表现好的罪犯,除了在收听广播、收看电视、打亲情电话等方面给予更优惠的政策,还可让他们有选择地宽管服刑、参加集体外出考察参观活动以及到相关单位试工等,所有这些精神奖励都有助于罪犯了解更多社会信息,为罪犯树立正确的生活理想、刑满后更好地融入社会创造了有利条件,罪犯会对这种好的待遇心生感激而增强改造的积极性。

最后,精神激励可满足罪犯归属与爱的需要而增强其改造动力。服刑的孤独使罪犯更需要亲人的安慰，亲情会产生比其他感情更大的激励作用。因此，如果给予罪犯在会见、通信、亲情团聚等方面适当放宽政策的精神激励，罪犯不仅能在更大程度上满足归属与爱的需要，还会因亲情的感化而产生自责自悔心理，把亲情化作动力，用积极改造来报答亲人，进而大大增强其积极改造的动力。

（三）刑事激励

刑事激励即减刑、假释，这是所有罪犯都特别希望得到的奖励。刑事激励对罪犯改造有独特的激励作用，具体包括以下三个方面：

首先，刑事激励使罪犯把积极接受改造作为争取自由的必经之路。渴求自由心理是罪犯承受刑罚心理中最强烈、最迫切的心理，而通过积极接受改造得到刑事奖励就可以使罪犯以最快的速度、最短的时间、最合法的途径重新获得人身自由。刑事激励使罪犯把积极接受改造与尽快获得人身自由紧密联系在一起，所以，其激励作用比物质激励和精神激励都大，对罪犯更具吸引力。

其次，刑事激励促使罪犯在希望中改造。在罪犯的众多希望中，多获得减刑、假释以便早日得到自由是最大的希望，而刑事激励恰好能满足罪犯这个最大的希望，必然会促使他们在希望中积极接受改造。

最后，刑事激励使罪犯加深对党的改造政策的理解而积极接受改造。罪犯的犯罪与其对党和政府及社会的偏激、狭隘、怀疑、否定的社会认知密切相关，他们被判刑入狱后，这种错误的社会认知对其改造会产生不利影响。刑事激励用铁的事实让罪犯既看到了自己的可取之处，又充分感受到党和国家改造政策的博大宽厚以及人道主义精神，进而对党和国家的改造政策产生更深入的认识和理解，从而促使他们由反社会到亲社会，变被动消极接受改造为自觉积极接受改造。此外，对罪犯实施刑事激励，不仅是对表现较好的罪犯的一种赞赏和激励，更是对改造差的罪犯的一种导向和鞭策，以辐射效应促使更多的罪犯更加自觉地积极改造。

三、着眼点不同的激励

根据激励时需要着重考虑并具体实施激励措施的方面的不同，可把对罪犯的激励分为迁移激励和反馈激励两类。

（一）迁移激励

迁移是指已获得的知识、技能、方法、态度对学习新知识、新技能和解决新问题的影响。这种影响既可能是积极的，即正迁移；也可能是消极的，即负迁移。迁移激励主要是利用正迁移，把罪犯原有的知识、经验、技能、能力、兴趣、特长等巧妙地引导到改造上来，给予鼓励，使之成为积极接受改造的好的起点，并由此扩展到改造的其他方面。

迁移激励的着眼点是罪犯原有的知识、经验、技能、能力、兴趣、特长等,其实质是充分发挥罪犯自身占据优势的某方面的知识、经验、技能、能力、兴趣或特长等,使之转变成罪犯良好的改造能力,进而使其在改造中更容易产生好的表现,能取得更大的改造成绩而得到更多奖励,这样就可以激发罪犯产生更强大的内在改造动力。

因此,在对罪犯进行迁移激励时,首先,要准确找到在罪犯身上占据优势的知识、经验、技能、能力、特长等是什么,如果不能找到优势之处,迁移就无法取得理想的效果;其次,根据改造罪犯工作的实际情况,选择与罪犯的优势相匹配的任务让其完成,这样做才有利于罪犯取得成功,以便提升他们的自尊并强化其自信;最后,罪犯付出努力后能圆满完成任务并取得较好成绩,才能使罪犯产生强烈的自我肯定情感,自尊提升并强化改造信心,进而会更加积极地投入改造之中,此时迁移激励才真正达成预定目的。

(二)反馈激励

反馈是指第一次行为的结果又成为新的刺激,作用于个体,进一步调整其心理或下一次的行为。反馈激励就是对罪犯的良好行为给予鼓励,使罪犯的行为对其心理发生积极的反馈作用。

反馈激励的着眼点是罪犯良好的行为。若罪犯表现出积极改造行为就给予奖励,若表现出消极改造行为或破坏监管安全的行为则给予惩罚。奖惩就是对罪犯的某种改造行为的反馈,它可以起到鼓励先进、督促后进的作用。监狱中的奖励包括物质奖励、精神奖励、刑事奖励等,惩罚包括物质惩罚、刑事惩罚等。

1. 奖励的心理效应。奖励是对改造表现突出或作出突出贡献的罪犯用财物或荣誉进行鼓励和肯定的行为。奖励会产生以下心理效应:

(1)增强改造动力。奖励之所以能激励罪犯,增强罪犯积极接受改造的动力,就是因为奖励能满足罪犯的某种需要。“趋利”是人的本性,无论做什么,都要以是否对自己有利来进行抉择,有利的事才会去做,利越大就越愿意做,行为动力就越强,功利心理较强的罪犯这一点会更明显。奖励是人人都想得到的,对罪犯而言,无论何种形态的奖励都会具有刺激物的作用,因此在奖励的刺激下,罪犯必然会积极投入各项改造活动中,不断增强自己的行为动机以便把事情做好,进而获得更多的奖励以使自己的需要最大限度地得到满足。

(2)肯定改造表现。能够得到奖励的罪犯,通常是因为他有了比其他罪犯更好的改造表现,因此,奖励是对罪犯的某种改造行为的肯定,奖励明确表达了监狱机关对罪犯该种改造行为的认可态度,告知其这样做不仅是对的,还可以得到某种好处。罪犯受到奖励后由于知道他的行为是正确的、是被监狱机关认可的，于是为了得到更多奖励就会继续表现这种改造行为。与此同时，对有某种改造表现的罪犯进行奖励还可使其他罪犯知道这种改造行为是对的，是可以给自己带来好处的，因而其他罪犯也可能会向受奖的罪犯学习而产生类似的行为。

(3)明确改造方向。对罪犯的积极改造行为进行奖励，不仅可以使这种行为得到肯定、发展，提高受奖罪犯个人的改造绩效，而且为其改造树立起一面具有指导意义的旗帜，进一步为其明确了改造目标并指明了前进方向，激励罪犯对自己的改造行为进行恰当选择和调整，更多地表现能受奖的改造行为，而对自身的某些消极改造行为则应进行化消极为积极的转化。

(4)营造积极向上的改造氛围。奖励的设立和实施，不仅仅是对罪犯的良好改造行为的肯定与鼓励，它在满足罪犯的多种需要的同时，也充分体现着监狱机关对罪犯的要求和期望，即奖励能够暗示罪犯选择什么样的改造行为才是恰当的，怎样做才能得到可以满足自身需要的结果。因此，对罪犯的积极改造行为进行奖励，就可使罪犯明确积极接受改造是监狱机关对他们的基本要求和殷切期望，他们只有这样做，才能既使监狱机关更好地履行国家赋予的职责，也使他们自己更有前途，能够实现自己的目标并满足自己的需要。这样，奖励就会在罪犯群体中营造出积极向上的改造氛围，促使更多的罪犯加入积极接受改造的行列之中。

应当注意的是，公正、合理、恰当地运用奖励才可以产生上述心理效应，如果奖励使用不当，也会带来副作用。例如，长期固定运用某种水平的奖励，时间一长就会使奖励失去效能，尤其是过分强调物质奖励的作用并大范围频繁使用，就有可能使奖励变成“保健因素”，还可能使某些罪犯片面追求个人利益而损害整个罪犯改造集体的利益，甚至有可能引发破坏监管改造秩序的恶性事件。

2. 惩罚的心理效应。惩罚是对改造表现消极的罪犯给予惩戒、处罚的行为。惩罚是对罪犯表现出的消极改造行为的否定，目的是使罪犯由于体验到痛苦而明了其行为表现的不恰当性，为了避免再次遭受这种痛苦，只有不再出现这种不恰当的行为才行。因此，惩罚与奖励一样可以起到激励行为的作用，只不过它不是从正面，而是从反面起作用，因而是负激励。众所周知，人不仅“趋利”，更要“避害”，罪犯更是如此。由于惩罚可以造成受罚罪犯肉体和心理的痛苦，使受罚罪犯承受不良的身心体验，而且惩罚越重，其痛苦感受就越深，所承受的不良体验就越强烈。因此，恰当地运用惩罚，不仅可以使罪犯知道自己错了，而且出于对遭受惩罚所带来的痛苦体验的害怕，为了使自己不再遭受痛苦，就会尽量避免再次产生消极的改造行为，取而代之的可能是积极的改造行为。

总之,奖惩对罪犯的行为有很大影响。但是,只有公正、合理、准确、及时的奖惩才能真正起到激励罪犯积极接受改造的作用,而不公正、不合理、不准确的奖惩,不仅不能起到激励作用,反而会强化某些罪犯的投机心理,或者使真心悔改的罪犯的改造积极性受到打击。如前文所述,如果奖励变成“保健因素”,它也将失去激发积极改造动机的作用。此外,还应注意,奖惩结合使用时,要以奖励为主。单纯使用惩罚会因缺乏积极诱导而使罪犯长期受挫折情绪控制,会降低行为的积极性、主动性,对其改造会产生极大的负面影响。

3. 强化相倚理论。强化相倚(reinforcement contingency)是指某一反应和它使环境发生变化之间的一致性关系。[①]这个概念是现代行为分析家基于斯金纳的工作,寻求以强化耦合来理解行为时提出的。行为产生之后随之而来的强化与惩罚对行为发生的可能性会产生重大影响,但强化与惩罚对行为影响的性质正好相反,与行为相倚出现的是强化就会增加行为发生的可能性,而与行为相倚出现的是惩罚则会降低行为发生的可能性。通过强化与惩罚相联合,可以有效控制行为人的行为,并设定行为发生的背景。

(1)阳性强化与阴性强化。强化是在反应出现之后呈现强化物,强化物指的是与行为相倚的任何刺激——随时间的推移能增加行为出现的可能性。[②]强化有阳性强化和阴性强化之分,如果某一行为之后伴随着喜爱刺激的呈现就是阳性强化,而某一行为之后伴随着令人讨厌的刺激的解除则是阴性强化。阳性强化和阴性强化都能增加行为反应的可能性,二者的区别在于阳性强化是通过继反应之后呈现令人喜爱的刺激而增加行为反应的概率,而阴性强化是通过继反应之后解除、减少或阻止出现令人讨厌的刺激来增强行为反应的可能性。例如,当某个罪犯的良好改造行为得到表扬后,其良好改造行为就会继续表现,这就是阳性强化起作用的结果;如果某个罪犯在劳动现场因为戴上了安全头盔而避免被高空坠物砸伤,以后劳动时他都会主动戴上安全头盔,这就是阴性强化起作用的结果。

(2)阳性惩罚与阴性惩罚。惩罚是在反应之后施加惩罚物,惩罚物指的是任何一种刺激——当它伴随在某一反应之后出现时能降低该反应发生的概率。惩罚有阳性惩罚和阴性惩罚两类,如果某一行为之后伴随着厌恶刺激就是阳性惩罚,而某一行为之后伴随着喜爱刺激的消除则为阴性惩罚。阳性惩罚和阴性惩罚都能减少

---

① [美]理查德·格里格、菲利普·津巴多:《心理学与生活》(第 19 版),王垒等译,人民邮电出版社 2016 年版,第 172 页。

② [美]理查德·格里格、菲利普·津巴多:《心理学与生活》(第 19 版),王垒等译,人民邮电出版社 2016 年版,第 173 页。

行为反应发生的概率,二者的区别在于阳性惩罚是通过反应之后呈现令人厌恶的刺激而减少该类行为再次出现的可能性,而阴性惩罚是通过反应之后撤销喜爱的刺激而减少该类行为再次出现的可能性。例如,出现违规违纪行为的罪犯因为被监狱民警严厉批评,以后就会尽量不出现违规违纪行为,这就是阳性惩罚起作用的结果;如果某个罪犯因出现抗改行为而使其处遇从宽管级降为严管级,就会使其抗改行为逐渐减少,这就是阴性惩罚起作用的结果。

(3)运用强化相倚理论需注意的问题。运用强化相倚理论改变罪犯的行为时,需要注意以下三个方面的问题:

第一,要仔细确定想要改变的行为,强化应该准确地与要改变的行为相倚,才能真正起到作用。例如,若无论罪犯改造表现好坏都给予肯定,他们就不会有更多好的改造表现,而且正强化起作用的结果就是其不良改造表现很可能会增加。

第二,某一行为并非在所有场合都适用或被禁止,因此要通过强化或惩罚的有机结合,来设定某种行为发生的特定背景。例如,想要使罪犯在劳动场所能安静地坐在自己的岗位上不大声喧哗和走动,而自由活动时能更活泼好动,我们可以对劳动时出现大声喧哗或走动的罪犯给予批评(阳性惩罚)、对能长时间安静劳动的罪犯给予表扬(阳性强化),对自由活动时表现活泼好动的罪犯给予表扬(阳性强化)、对不愿进行活动的罪犯取消某种好的待遇(阴性惩罚),以此使罪犯在不同场合都能产生符合我们期望的特定行为。

第三,消除某种行为并非必须使用惩罚,如果能找到该行为的强化物,可以尝试通过撤除该强化物来杜绝这种行为。特别是单纯使用惩罚不能解决问题时,就需要将消退该行为与受社会赞许的行为的正强化结合在一起,才能取得较好的效果。例如,罪犯一旦出现违规行为,就会受到监狱民警的高度关注。因而,某罪犯一旦感觉自己受冷落时,就会以产生违规行为的方式来获得监狱民警的关注,每次他都能如愿以偿。监狱民警的关注实际上就是对该罪犯违规行为的阳性强化。因此,如果不用惩罚,而是通过撤销监狱民警的关注是可以消除其违规行为的。但监狱的特殊性决定了对这类罪犯又不能不进行惩罚,由于惩罚并不能真正解决问题,因而在对该罪犯进行惩罚的同时,监狱民警必须注重对其进行积极的引导,使其明白使用正确的方式(多表现良好改造行为)来获得关注才是可行的,而不能用违规违纪这种给自己带来危害的错误方式,这样才能彻底解决问题。

四、不同来源的激励

把激励分为内在激励和外在激励是从激励的来源上进行的激励类型划分。这种分类使我们看到激励具有内外两种特性。外在性是指激励对需要的满足来自工作活动之外,即满足人的外在需要,这是外在激励具有的特性;内在性则是指激励对需要的满足来自工作活动本身,即满足人的内在需要,这是内在激励具有的特性。正是因为内在激励与外在激励所具有的特性不同,它们对人的行为的激励作用就会各具特色。

(一)内在激励

人本主义心理学认为:人有很强的内在潜能,只要充分调动和挖掘出他们的潜能,他们就会自我控制和自我实现。这正是管理心理学激励理论强调的内在激励。内在激励也称自我激励,是指某些工作本身与完成工作对工作者所产生的激励作用,兴趣、爱好、成就感、胜任感等都属于内在激励的范畴。对罪犯而言,内疚感、赎罪感、责任感、成就动机、自尊与重新做人的信心等是内在激励。

内在激励是在"自我实现人"的人性假设支持下实施激励的。"自我实现人"的人性假设认为:一个人除了有经济需求和社会需求外,还有一种充分发挥自己的能力、发挥自己的潜力的欲望。管理者对员工的最有效的激励就是促使员工达成自我实现,这样员工才有最大的满足感。内在激励中对工作本身的兴趣和工作完成带来的成就感最能满足人的内在需求,进而推动员工不断地趋向自我实现。因此,内在激励更能调动员工工作的积极性、主动性、创造性,处于内在激励中的员工不需要更多的领导行为介入和对组织的承诺就可以把工作干好,内在激励所产生的行为动力更具持久性和有效性。对罪犯而言,只有内在激励才能使他们稳定、持久地自觉改造,不随外在条件的变化而变化,其积极改造行为的稳定性和持久性都会较强。

(二)外在激励

外在激励是指与工作本身和完成工作任务无关的、独立于个人之外的各种外在奖赏、赏识所引起的激励作用,如提高工资、提升职务、给予表扬、增加奖金等都属于外在激励的范畴。对罪犯而言,良好的生活、劳动、教育条件及物质、精神、刑事的奖励都是外在激励。

外在激励是在"经济人""社会人"的人性假设支持下进行激励的。"经济人"的人性假设认为:人的行为动机源于外在的经济诱因,在于追求自身的最大利益。为此,管理者只有依赖金钱刺激,才能激发员工工作的积极性、主动性、创造性,外在激励范畴的物质支持,如提高工资、增加奖金、更多的福利措施等,都是"经济人"的人性假设下的产物。"社会人"的人性假设认为:人的最大动机是社会需求,强调人际关系对人的行为的影响。只有满足了员工的社会需求,才能最大限度地激励员工,这就要求管理者为员工创造和谐、融洽的人际关系和有利的工作环境以激发员工有效地工作。外在激励中社会外界所给予的情感上的支持,如领导的关怀和信任、同事的尊重等,是与“社会人”的人性假设下的激励一致的。因此,外在激励仅仅是在一定的环境中针对某些特定的人才会有效,因而这种激励起作用的范围有限。当一个人在寻求外在激励时,总是在寻求行动本身之外的一种报酬或避免一种处罚,它会使一个人对工作的承诺减弱,这使外在激励所产生的行为动力就不会太持久,有效性也不会太高。尤其是一旦得不到自己想要的报酬,行为人就会在负面情绪支配下产生某种不恰当的行为。因此,在外在激励作用下积极接受改造的罪犯,不仅其积极改造行为容易发生变化,而且可能因为某种功利性需要没有得到满足而产生否定情绪,进而出现改造倒退行为。

对罪犯进行激励时,要多用内在激励,同时适当控制外在激励运用的程度,这不仅是因为外在激励的效用不如内在激励,而且是因为外在激励的增强会降低内部动机的总体水平,甚至会促使内在激励效用的降低,因而在使用内在激励和外在激励时必须要注意二者的有效利用。首先,无论是内在激励还是外在激励都要以满足人的需要为根本,外在激励侧重于满足人的外在需要,内在激励侧重于满足人的内在需要,内在需要的满足对人的激励作用大,因而要多进行内在激励以便取得更大成效。其次,在实际管理罪犯的过程中,我们要把内在激励和外在激励作为一个整体来考虑,在不同服刑阶段应结合罪犯的实际情况突出某一类激励的实施及效用,而不是绝对完全以内在激励为主。例如,在服刑初期,对罪犯尤其是认罪态度不好的罪犯,应更多使用外在激励来激发其的改造积极性;在服刑中后期,可多运用内在激励来激发罪犯的改造积极性,同时也应适当运用外在激励来强化内在激励的效果。最后,要充分考虑罪犯的具体特点,因人而异地选择适宜的激励形式,不能所有罪犯都采用相同模式进行激励,因为只有能满足人的需求的激励形式才可以调动罪犯产生真正的积极接受改造的动力。

五、针对不同对象的差异激励

(一)根据罪犯主导需要不同因人而异进行激励

马斯洛的需要层次论告诉我们:在某一时期,人可能会同时存在多种需要,但只有一种需要是主导需要,它是人的行为的主要推动力量。主导需要的满足对人产生的激励作用更大。因此,对罪犯进行激励时,要想使激励的效用达到最大值,就要针对罪犯的主导需要实施激励措施,这样才能激发罪犯产生更大的行为动力。由于每个人的特点及其具体情况各不相同,因此必须因人而异并针对其主导需要进行激励才能使激励真正起效。例如，生理需要占据主导地位的罪犯，物质奖励对其更有吸引力，更能激发其产生积极改造的动力；尊重需要、自我实现需要占据主导地位的罪犯，精神奖励才可能激发其产生更大的改造热情。

（二）从事不同种类劳动的罪犯需激发的动机强度不同

心理学家耶克斯和多德森（Yerkes & Dodson，1908）的研究表明，各种活动都存在一个最佳的动机水平。动机不足或过分强烈，都会使工作效率下降。研究还发现，动机的最佳水平随任务性质的不同而不同。在比较容易的任务中，工作效率随动机的提高而上升；随着任务难度的增加，动机的最佳水平有逐渐下降的趋势，也就是说，在难度较大的任务中，较低的动机水平有利于任务的完成。这就是著名的耶克斯—多德森定律（Yerkes - Dodson Law）。[①]把耶克斯—多德森定律运用于罪犯的劳动激励，为了使罪犯产生更好的劳动表现，取得最大的劳动绩效，就要根据罪犯的劳动种类来决定需要激发的劳动动机的水平强弱。如果罪犯从事的是相对简单的劳动，就需要使其动机强度增高一些，如果罪犯从事的是相对复杂的劳动，就需要使其动机强度降低一些，这样才有利于他们取得好的成绩。

研究与思考

1. 什么是罪犯的服刑动机？它分为哪些类型？它有哪些特点？
2. 影响罪犯形成积极服刑动机的因素有哪些？
3. 各种激励理论在罪犯改造中如何应用？
4. 高度透明的阳光管理为什么能起到激发罪犯积极服刑动机的作用？
5. 物质激励、精神激励、刑事激励对罪犯的改造各有哪些积极作用？
6. 内在激励与外在激励有哪些区别？它们对罪犯改造的作用有什么不同？运用时需注意哪些问题？
7. 为什么要根据罪犯主导需要的不同因人而异进行激励？

---

① 彭聃龄主编：《普通心理学》（第4版），北京师范大学出版社2012年版，第378页。

第十四章　罪犯心理健康教育

重点提示

1. 在罪犯改造工作中，开展心理健康教育是由罪犯群体的心理健康状况决定的，是将罪犯改造成为守法公民的重要方面，是保证罪犯在狱内劳动、学习和交往顺利进行的必要条件，是对罪犯进行心理评估、心理咨询和心理治疗的基础。

2. 衡量罪犯心理健康的标准主要包括：能和他人建立积极、良好的人际关系；有健全的情绪生活；乐于学习和劳动；有正确的自我意识；有正常的行为和协调的人格；能面对现实，把握现实。

3. 罪犯心理健康教育是一项长期性、基础性、系统性工作，教育内容既包括一般内容，也包括针对不同类型、不同服刑阶段的罪犯而设计的具体内容。

4. 罪犯心理健康教育的方法主要包括：进行系统化的课堂教育；利用传播媒介开展宣传教育活动；举办有关心理健康的专题讲座；加强环境建设；罪犯自我教育等。

第一节　罪犯心理健康教育概述

一、罪犯心理健康教育的内涵

罪犯心理健康教育，就是通过向罪犯宣传心理学、心理卫生和心理健康方面的基本知识，让罪犯学会认识自己、接纳自己，从而自觉调整心理状态，积极面对服刑改造生活，提高罪犯自我教育和接受改造的自觉性。同时，也要求罪犯在服刑生活中自觉讲究心理卫生，提高消除心理障碍的能力，预防精神疾病和事故的发生。

罪犯心理健康教育与一般的教育改造有所不同，它要求从事这一工作的监狱民警和心理学工作者要充分信赖、尊重和发挥罪犯的内在积极性，挖掘其改造潜力，帮助罪犯去认识自己的心理需要、心理困扰和其他心理问题，探索解决问题的途径和方法。对罪犯开展心理健康教育的目的是使罪犯能从中学习认识自己和接纳自己,学习面对困难、分析困难和作出正确的选择,学习对自己的行为和人生承担责任,学会自我成长和发展,依据自己的特点、环境和机缘,去选择既有利于自己又有利于社会的人生道路,以便有效地度过服刑生活。由此可见,罪犯心理健康教育比一般的教育改造更强调罪犯自身的作用,强调他们是自己成长、发展的主体,是一种促使罪犯进行自我教育的有效方法。

二、罪犯心理健康教育的必要性

在罪犯改造工作中,开展罪犯心理健康教育是十分必要的,具体表现为:

(一)是由罪犯群体的心理健康状况决定的

随着社会的发展和科技进步,人们逐渐认识到,犯罪与个体的不良心理状态乃至病态心理密切相关。过去由于物质条件的匮乏,罪犯的犯罪行为主要由生理方面的需求所引起,其心理上的阴影常常被忽略。随着人们物质生活水平的日益提高,犯罪者心理上的问题与病态反应逐渐凸显出来,这不仅影响和支配着犯罪者犯罪行为的产生,也阻碍着罪犯重新社会化的进程。此外,在自由刑执行过程中,罪犯由于监狱化而导致的不良心理和行为反应几乎成了服刑生活的伴随物,这也是罪犯实现重新社会化的最大障碍。近年来,许多研究者对监狱服刑罪犯进行大量的心理测验结果表明,罪犯是心理障碍高发的人群之一,其总体心理健康水平明显低于社会正常人群。然而,由于大多数罪犯没有良好的自我认识,对自身存在的心理问题不能进行清晰的认知和自觉地调节,这就要求我们在罪犯改造过程中要大力开展心理健康教育工作。

(二)是将罪犯改造成为守法公民的重要方面

将罪犯改造成为守法公民,是我国监狱执行刑罚所要达到的主要目的。“守法公民”这一目标,要求罪犯经过服刑改造,不仅能够遵纪守法、自食其力,而且应该具有健康的心理,有应付和处理各种生活事件的能力。“守法”是一种外在行为,然而支撑着守法行为的却是内在的健康心理。这就需要在运用常规手段改造罪犯的同时,还必须进行一定的心理健康教育。

(三)是保证罪犯在狱内劳动、学习和交往顺利进行的必要条件

通过心理健康教育,罪犯学会进行自我分析、自我调节和自我教育,学会在劳动、学习和交往中更好地发挥自身的潜能,调动自身的主观能动性,这无疑会大大提高狱政管理、劳动改造和教育改造的效能,使罪犯在狱内的劳动、学习和交往等活动能够按照高效、文明、有序的方式顺利进行。

(四)是对罪犯进行心理评估、心理咨询和心理治疗的基础

心理评估、心理咨询和心理治疗是监狱心理矫治工作的重要内容,也是十分复杂、技术性很强的工作,不仅要求矫治工作者掌握相关的专业知识和专业技能,而且要求被矫治的罪犯熟悉一定的心理学常识,产生接受心理评估、心理咨询和心理治疗的正确动机,并能积极配合。如果在评估、咨询和治疗之前,先让罪犯掌握一些心理学、心理卫生与心理健康方面的知识,就会增强罪犯接受评估、咨询和治疗的自觉性,提高心理矫治工作的效率。

第二节　罪犯心理健康的标准

一、关于健康和心理健康

(一)"健康"新概念的提出

传统的健康概念认为,健康仅指一个人没有疾病或病症,完全局限于个人生物学状态的理解,把健康说成一个人的躯体处于一种无病的状态。随着社会的变迁与发展,尤其是在现代社会,人类在控制自然和利用自然方面已经取得了极大的成就,以贫困、生活条件恶劣为主要原因而引发的疾病,如结核、伤寒、痢疾等病症已大大减少,人类的寿命也明显地延长了。但是,从目前的情况来看,现代科技的发展却造成了一个紧张的社会环境,这种环境给人类带来了前所未有的心理压力。随之而来的是,与这种心理压力有关的疾病的发病率迅速提高,如头痛、高血压、消化性溃疡、癌症、冠心病等。许许多多的现实事例表明,生活中的挫折、恶劣的人际关系、紧张的工作、现代化的都市生活使人的心理压力越来越大,与此有关的疾病也越来越多,人类的健康面临着许多新的情况和问题。面对这种现实,传统的健康概念受到挑战,人们开始从新的视角全方位地思考健康问题。

1974年,联合国世界卫生组织(WHO)提出了关于"健康"的另一个新定义,认为"健康是人的肉体上、精神上和社会适应方面的完好状态,而不仅仅指无疾病或非体弱的状态"。[①]并且认为,尽管人的心理或精神、人格健康的标准因社会、时代、文化、民族的不同而有很大的差异,但以下三项原则是精神或人格健康的共同标志:(1)自我控制的能力;(2)正确对待外界影响的能力;(3)保持内心平衡和满足状态的能力。联合国世界卫生组织关于健康的这个定义,不仅包括人的生物学意

① 戴木才:《精神健康——迈向21世纪的心灵护照》,百花洲文艺出版社1999年版,第3页。

义和精神两个方面的健康状态,而且把健康问题扩展到包括一个人的社会相互影响的质量,把人的身心、家庭生活和社会生活的健康幸福状态也包括了进去。根据这种观点,那些对一个人所重视的需要和目的无妨的某一种缺陷或不足,是不能叫作“不健康”的。这一定义冲破了人们对疾病的根源的传统看法与偏见,疾病已经被认为是人类有机体在与自然环境和社会环境的相互作用中不能应付刺激或不能适应社会生活环境的结果。疾病既是有机体因感染或营养不良等因素而引起的生理功能障碍的表现,同时也是受社会文化制约的心理活动影响生理功能和社会适应功能的表现。当代医学中关于疾病过程的考察,即从“生物—生理”模型到“生理—心理—社会”模型的转变,就是这一新概念的具体应用。它既从生物医学的角度,也从医学心理学和社会医学的角度综合地探讨病理,把人的生物学因素、心理学因素和社会学因素结合起来,考察它们在疾病发生、发展与治疗中的作用。虽然有时某一因素在某一疾病病因上起主要作用,但是这三个方面的因素总是相互关联而并存着的。

因此,关于健康,它实际上是对人们的身体、精神(心理)和社会交往(行为)状态的一种判断。如果一个人有良好的身体(生理)、精神(心理)和社会行为适应,那么这个人就是“健康的”;否则,就是不健康的。生理、心理与社会行为适应的不可分割性,决定着健康的整体性。今天,当我们说及健康时,就不再仅仅指生理学上的意义了。在现代医院里,如果你去求医,遇到的是一位开明并精通医术的医生,他就可能会说:“没有一种病是纯粹身体方面的,也没有一种病是纯粹心理方面的。当一个人生病时,就是他整个的人病了。”因此,他要求你尽可能地在心理上和行为适应上对他的治疗给以配合。

总之,人类的健康已不能再忽视心理、社会交往和行为适应方面的健康。一个健康的人,不仅能够和谐地同自己的同伴一起生活,能够驾御自己的躯体,而且对自己的形象也感到满意。不仅如此,健康的人还能采取各种必要的步骤使自己追求并保持一种高水平的生活标准和人格目标,最大限度地发挥自己的潜能。

（二）关于心理健康

什么是心理健康,近年来人们进行了大量研究,提出了多种定义。《简明不列颠百科全书》对心理健康的解释为:“心理健康是指个体心理在本身及环境条件许可范围内所能达到的最佳功能状态,但不是十全十美的绝对状态。”①

---

① 中国大百科全书出版社《简明不列颠百科全书》编辑部译编:《简明不列颠百科全书》(第 8 卷),中国大百科全书出版社 1986 年版,第 613 页。

心理健康是健康组合的有力补充和发展，它是指人的内心世界丰盈充实、和谐安宁的状态，并与周围环境保持协调均衡。依据现代心理科学和行为科学对心理的揭示，与心理健康相关的因素主要有六个方面，或称为心理健康的六维度，分别是：

1. 躯体。躯体维度旨在增强心血管的耐性、弹性和力量的训练，同时，鼓励进行有规律的身体活动，扩大对食物和营养知识的了解。也就是说，通过身体健康教育，让人们能监测自己的生命信号和理解自己身体上的警告信号，知道什么时候需要医生的帮助。

2. 社交。社交维度旨在强调个体与他人和自然的相互依存，同时也包括追求家庭的和谐统一。通过社交健康教育，使个体认识到自己在社交圈中的重要性，借助畅达的信息交流和健康的生活环境来积极改进自己的主观世界，意识到自己有能力对人际关系、友谊、社区、环境和根本的世界观作出明智的选择。

3. 智力。一个智力健全的人能够使用有效的策略去拓展知识、改进技能、开发自身的潜能。智力健康教育是让人们花更多的时间去读书、学习、创造，去探讨和解决问题。通过这种方式使人们不落后于时代，积极向自己的思维挑战。

4. 职业。通过职业健康教育，个体将把自己独一无二的天赋、技能和才干贡献给具有个人和社会意义的工作。通过参加有报酬的和自愿的活动，表现自己的价值观，认识到自己处于健康的职业生涯上，而且自己的工作和兴趣是激动人心的，认识到工作的价值大小不仅仅在于个人的满意，而且在于对社会健康幸福的贡献。

5. 情绪。情绪健康既包括个体对自我和生活的积极态度与热情的程度，同时也包括处理情绪和相关行为、有效应付紧张的能力。情绪健康教育一方面让人们意识到并能接受自己和他人的情绪，能自由地表达自己的情感和有效地处理情绪问题；另一方面让人们认识到寻求他人的支持和帮助的重要性，从而独立自主地生活和工作。

6. 自我。其又称自我观念。自我健康教育旨在促进人们积极地寻找人类存在的意义和目的，通过感受愉快、高兴、幸福等积极的情感，经历怀疑、绝望、恐惧等不愉快的体验，让个体思考和整合自己的经历以及与之相关的信念，从而形成自己的世界观和价值目标体系。

心理健康结构是一个整体，上述六个维度系统地构建了一个人适应社会、发挥潜能、追求幸福生活的各方面的能力。结构中的诸层面、诸因素是互相制约、互相联系和互相配合的，并决定了人们的整个健康状态。

二、心理健康的一般标准

目前,尽管人们越来越重视心理健康,认识到它在人生发展中的重要作用,但是以什么作为判断健康的标准,却是一个争论不休的问题。迄今为止,有关心理健康的标准有很多提法。例如,美国著名心理学家马斯洛等提出心理健康的十条标准:(1)有充分的自我安全感;(2)能充分了解自己,并能恰当估价自己的能力;(3)生活理想切合实际;(4)不脱离周围现实环境;(5)能保持人格的完整与和谐;(6)具备从经验中学习的能力;(7)能保持适当和良好的人际关系;(8)能适度地表达和控制自己的情绪;(9)能在符合团体要求的前提下,有限度地发挥自己的人格;(10)在不违背社会规范的前提下,能适当地满足个人的基本需求。我国心理卫生专家许又新教授曾提出衡量心理健康的三条标准:(1)体验标准——以个人对自己内心世界的主观体验为标准,包括良好的心情和恰当的自我评价;(2)操作标准——通过观察、实验和测验等方法考察心理活动的过程和效应,如工作、学习效率高,人际关系和谐等;(3)发展标准——着重对人的心理状况进行时间上的纵向(过去、现在和未来)考察。许又新教授认为,衡量个体心理健康时,要把以上三点联系起来进行综合考察。①

人的心理现象十分复杂,是一个有机的整体,其由若干特质所构成,而有些特质处于更基本、更重要的地位,决定着心理现象的基本面貌。对心理健康而言,那些处于核心、主导地位的心理特质制约着次要特质的变化,并决定着人的整体心理健康水平。一般而言,受到众多研究者共同关注的正是那些核心的、基本的心理特质。因此,我们应该特别注意这些被众多研究者共同关注的心理特质,并以此确定心理健康的标准。基于上述考虑,以下几个方面对衡量心理健康具有突出意义。

(一)客观的自我认识和积极的自我态度

心理健康者应该有现实、准确的自我知觉,其中包括:能够自我认识,且这种认识是全面的、丰富的;不歪曲自己的特性,即不夸大或缩小自己的长处和短处;能够经常意识到自己在做什么,感受到什么,并清楚行为、体验缘何而起。

心理健康者还应该有积极的自我态度,这是一种"尽管认识到自己有长有短、有好有坏,但仍然从总体上认识自己,接纳自己,对自己抱有希望"的态度。

(二)客观的社会知觉和建立适宜人际关系的能力

客观的社会知觉(对人的认知)是建立适宜人际关系的基础之一。心理健康者

---

① 刘邦惠:《管教民警心理卫生》,中国人民大学出版社1999年版,第7页。

应能准确地从别人的言语、行为中体察别人的思想、愿望和感受,了解别人对自己的看法和态度。而且,他对别人的了解是建立在事实依据上的而不是主观臆断的。此外,他对人的态度特征和人际交往技能应有助于建立适宜的人际关系。例如,对人具有关注、同情心,能恰当地表达自己的能力等。

(三)有生活的热情和有效解决问题的能力

人"愿意活着"可能是最符合生物规定性的心理特点。因此,心理健康的人应该热爱生活,有投身于工作、事业和家庭的热情。即使某个人从认知上接受了诸如"四大皆空"之类的哲理,仍然具有现实感,在认识与情感上要选择生活。与此相关,一个人要具有与自己的年龄相适应的生活能力,主要是处理、解决自己遇到的工作、学习、生活、人际问题的能力。缺乏这种能力,他就不能有效适应环境,满足自己成长、发展的需求。

(四)人格结构具有协调性

心理健康者应该有统一的人生观和世界观,人格倾向性的各部分(需要、动机、兴趣、理想、信念和世界观)之间应该能保持一种动态的平衡。而且他的认识、情感、意志和行为之间也应该具有协调性。例如,有与认识一致的情感体验,能控制自己的言语和行为,使之适合目的行为的需要。

三、罪犯心理健康的标准

(一)衡量标准

根据对心理健康一般标准的研究,结合监狱服刑罪犯的实际情况,衡量罪犯心理是否健康,下列几项指标是比较重要的。

1. 能和他人建立积极、良好的人际关系。良好的人际关系是维持个体心理平衡和人格正常发展的重要条件之一。在监狱中,心理健康的罪犯应该乐于与人交往(包括与民警及其他罪犯之间的交往),而且常能和他人建立协调、良好的关系。在与人相处时,正面的态度(如尊敬、信任、关心、谅解等)常多于反面的态度(如仇恨、嫉妒、怀疑、畏惧等)。能够以诚恳、公平、谦虚、宽厚的态度对待别人,能尊重别人的权益和意见,也能容忍别人的短处和缺点,使别人乐于和其交往。虽然也不免有令他不悦甚至厌恶的对象,但在他们眼中,社会是由人际关系组成的,多数人是可与之为友的,在没有客观的事实为依据之前,不轻易对人表现出愤怒或怨恨的态度。

2. 有健全的情绪生活。所谓健全的情绪生活,是指积极愉悦的情绪状态(如高兴、喜悦、欢欣等)常多于消极不良的情绪状态(如愤怒、恐惧、焦虑等)。心理健康的罪犯,在服刑过程中,能基本保持情绪稳定、开朗、自信等体验。在挫折面前,能很快从消极的情绪中解脱出来,更不会在严重的打击之下自暴自弃甚至轻生。同时,他们也能适度地表达自己的喜怒哀乐,控制自己的不良情绪,对前途抱有希望,良好的心境占优势。

3. 乐于学习和劳动。学习和劳动是服刑中的罪犯最主要的活动,心理健康的罪犯应该能够在学习和劳动中充分地、建设性地发挥其智慧与能力,尽最大努力获取最好的成绩,同时常能在学习、劳动取得成绩时产生满足之感。相反,那些经常对学习和劳动产生厌恶、抵触情绪甚至恐惧感的罪犯,其心理健康状况就值得怀疑了。

4. 有正确的自我意识。人贵有自知之明,心理健康的罪犯既能客观地评价别人,又能正确地认识和对待自己。他们了解自己,自我评价客观,既不妄自尊大,也不妄自菲薄,始终保持恰当的自信,为自己确定切合实际的目标,不过分苛求自己,扬长避短,做自己力所能及的事情,不放弃任何改造自己、发展自己的机会。

5. 有正常的行为和协调的人格。心理健康的罪犯,其行为是一贯的、同一的,而不是反复无常的;行为反应适当,反应的强度与受到刺激的强度相一致,心理活动和行为方式处于和谐统一之中,即具有"完整人格"和协调的人格。

6. 能面对和把握现实。心理健康的罪犯对因犯罪而被判刑入狱的现实能采取成熟的、健全的适应方式,绝不企图逃避。对于自己在学习、劳动和交往中所遇到的种种问题和困难,总是用切实有效的方法妥善解决,有一定的挫折承受力和改好的意志力。

(二)注意问题

心理健康的标准是动态的、发展变化的,并且受文化环境、民族习惯等因素的制约。因此,要正确理解罪犯心理健康的标准,需要注意以下几点:

1. 心理不健康与有不健康的心理和行为表现不能等同。心理不健康是指一种持续的不良状态,罪犯偶尔出现一些不健康的心理和行为并不等于心理不健康,更不等于患有心理疾病。因此,不能仅从一时一事就简单地给罪犯下心理不健康的结论。

2. 心理健康与不健康是一种连续状态,没有绝对界限。从良好的心理健康状态到严重的心理疾病之间,是一个广阔的过渡带,并没有泾渭分明的界限。一般而言,异常心理与正常心理、变态心理与正常心理之间都不是绝对的,它们只是程度不同而已。

3. 心理健康的状态不是固定不变的,而是动态变化的过程。随着人的成长与发展,随着经验的积累和环境的改变,心理健康状态也会有所改变。在监狱中,原本心理健康的罪犯也可能在监狱这一特殊环境的影响下或者遭遇重大挫折后而变得心理不健康，甚至恶化为心理疾病；相反，心理不健康的罪犯也可能在改造的影响下，通过自我心理调节，减轻甚至消除已有的不健康心理。

4.心理健康的标准是一种理想尺度。心理健康的标准不仅提供了衡量心理是否健康的尺度，而且指明了提高心理健康水平的努力方向。每一个罪犯在原有的基础上，通过不同程度的努力，都可以追求心理发展的更高层次，不断发挥自身的潜能。

四、心理健康的量化标准

以上关于罪犯心理健康的标准主要是描述性的，在具体操作上有一定难度。为了更准确、更客观地评价罪犯的心理健康状况，在实际工作中，可借助于心理测验，根据测验所得的分数来推断罪犯心理健康的具体程度。以下是两个比较常用的心理健康测查工具。

（一）心理健康临床症状自评量表

心理健康临床症状自评量表（SCL－90）是一套由90个项目组成的精神症状自评量表。该量表项目涉及从感觉、情感、思维、意识、行为直至生活习惯、人际关系、饮食等方面比较广泛的精神症状学内容。每一个项目均采用5级评分（0～4分），即：

0－没有：无该项症状问题。

1－很轻：自觉有该项症状，但发生并不频繁、不严重。

2－中等：自觉有该项症状，其严重程度为轻度到中度。

3－偏重：自觉有该项症状，其严重程度为中度到重度。

4－严重：自觉有该项症状，频度和程度都十分严重。

心理健康临床症状自评量表，可以提供关于个体心理健康的十个方面的分数，这十个方面分别是：躯体化、强迫症状、人际关系敏感、抑郁、焦虑、敌对、恐怖、偏执、精神病性以及其他（如睡眠、饮食等情况）。这十个方面指标分数的平均值则代表个体心理健康的总体水平。临床应用表明，心理健康临床症状自评量表的评估结果有比较高的真实性，能较好地反映病人的病情及其严重程度和变化，具有容量大、反映症状丰富、更准确描画病人的自觉症状特性等优点，是当前心理门诊中进行心理健康状况鉴别和团体心理健康普查应用较多的一种自评量表。

（二）心理健康测查表

心理健康测查表（PHI）是中国科学院心理研究所研究人员根据国际上比较权

威的明尼苏达多项人格测验（MMPI）结合中国国情修订而成。该测查表由168个项目组成，采用"是"或"否"两极作答方式，16岁以上、具有小学以上文化水平的人员均可适用。作为筛查心理健康者的测查工具，心理健康测查表能够测查出被测者躯体失调、抑郁、焦虑、病态人格、疑心、脱离现实、兴奋状态七个方面的心理健康状况。该测查表目前在国内的临床心理治疗领域得到一定的应用。

需要说明的是，根据心理测验所得的分数来推断罪犯心理健康的程度，一定要避免绝对化，测验分数只能作为判断罪犯心理是否健康的一种参考，绝不能仅凭一次测验就对罪犯下一个心理是否健康的结论，还要结合其他评估方法进行综合分析。

第三节　罪犯心理健康教育的内容

一、罪犯心理健康教育的一般内容

（一）心理健康基本知识教育

向罪犯普及心理健康常识，是监狱心理健康教育工作的重要组成部分。通过学习，罪犯要掌握心理健康的基本常识，了解感知觉、记忆、情感、思维、意志等心理过程，需要、动机、能力、气质、性格等人格心理特征以及自我意识方面的相关知识，树立关于心理健康的科学观念，懂得心理健康的表现与判断标准，了解影响心理健康的各种可能因素及其关系。

（二）认知模式教育

认知模式教育是让罪犯掌握认知的概念及其与心理健康的关系，了解罪犯中常见的各种不良认知模式的表现及其危害，理解并掌握克服认知障碍的方法，培养正确的认知模式和思维方法。

（三）积极情感教育

积极情感教育是让罪犯认识到情绪、情感与心理健康之间的关联，了解罪犯中常见的各种消极情绪和情感表现，懂得并掌握疏导和消除不良情感体验的原理与方法，建立积极向上的情感。

（四）意志力和生活方式优化教育

意志力优化教育主要是让罪犯充分了解意志对心理行为的调控作用，懂得意志品质对心理健康产生的影响，了解罪犯在意志品质缺陷方面的具体表现及其克服方法，增强心理承受力，培养优良的意志品质。

生活方式优化教育是让罪犯懂得不同生活方式与心理健康的关系,了解罪犯中不良生活方式的具体表现及其改变方法,建立良好的生活方式。

(五)人格健全教育

人格健全教育是让罪犯掌握健全人格和不健全人格的概念,认识到不健全人格对个体心理健康的消极影响,了解罪犯中常见的人格缺陷表现,掌握消除不健全人格和培养健全人格的方法。

(六)自我意识教育

自我意识教育是让罪犯掌握自我意识的概念及其形成规律,懂得自我意识在个体心理健康中的地位与作用,了解罪犯中常见的自我意识方面的缺陷或不足,理解并掌握建立和完善自我意识的方法。

(七)人际和谐教育

人际和谐教育是帮助罪犯懂得人际关系与心理健康的关系,了解罪犯中常见的人际交往障碍及其消除方法,掌握人际交往的基本常识与技巧,建立和谐的、有助于罪犯良性发展的人际关系。

(八)心理评估、心理咨询与心理治疗知识教育

让罪犯了解心理评估、心理咨询与心理治疗的概念、功能与流程等相关知识,在此基础上能够积极参加心理测验并正确看待测验结果,在需要时主动寻求心理咨询的帮助,积极配合心理治疗。

二、不同服刑阶段的罪犯心理健康教育

罪犯心理健康教育既是一项长期的、基础性的工作,也是一项系统性的工作,需要参照罪犯心理健康的标准,围绕罪犯心理健康教育的一般内容,并根据罪犯的实际情况来设计具体方案。对于不同类型的罪犯和处于不同服刑阶段的罪犯,心理健康教育的侧重点应有所不同。认识不同服刑阶段的罪犯的心理特点及其存在的心理问题,采取针对性的心理健康教育方法,对维护和促进罪犯的心理健康并使之顺利完成改造任务有着重要的现实意义。

(一)服刑初期的心理健康教育

服刑初期是罪犯入监后半年左右的一段时间。在这一时期,罪犯由于角色的转换,原有社会地位的丧失,生活环境的急剧变化,心理落差加大,在认识、情感、意志、行为上一时难以适应监狱生活。这一阶段罪犯的情绪很不稳定,失落、恐惧、悲观、怨恨、焦虑、抵触等各种消极情绪比较普遍。此时心理健康教育的主要任务是:帮助罪犯调整好心态,适应监狱环境,确立目标,为今后改造奠定好基础。

服刑初期的心理健康教育可放在入监教育中进行,旨在使罪犯初步了解和掌握心理学的一般知识,认识心理健康的意义,积极配合监狱组织的各项活动,自觉调适自己的不良心理,对自己的身份和罪行有一个正确的认识,尽快适应监狱生活。具体内容主要包括:(1)心理学及心理健康基本知识;(2)调整自我,熟悉环境,适应环境;(3)置换角色,面对现实,接受现实;(4)重新确定目标,充实监狱生活;(5)调节情绪,改善心情。

(二)服刑中期的心理健康教育

服刑中期大致为罪犯入监半年后至出监前半年的一段时间。与服刑初期和服刑后期相比,这是一个时间相对较长、心理问题全面凸显的时期。从表面上看,大多数罪犯都已初步适应了监狱生活,进入了心理上的改造适应期。但是,这种状况很不稳定,容易反复。尤其是一些突发性事件,如家庭变故、婚姻纠纷、改造中的人际关系冲突等,极易引起情绪上的波动,导致心理问题的产生,影响改造进程。同时,由于监禁生活的影响,容易出现一些新的问题,如监狱人格、伪装心理、性心理问题等。因此,服刑中期心理健康教育的主要任务是:将罪犯纳入正常改造轨道,促进其顺利完成各项劳动、学习和改造任务。为此,这个时期的心理健康教育,总体上应侧重教育罪犯构建良好的自我意识,引导罪犯建立和谐的人际关系,培养罪犯对于挫折的心理承受能力。

针对不同类型的罪犯,心理健康教育应各有侧重。比如,对未成年犯的心理健康教育,应针对其身心急剧变化,内心冲突、消极性格特征时常显现,情绪不稳定、容易冲动、思想混乱、精神空虚等特点,加强情感教育,开展情感技能培训,让他们学会在行动之前如何控制好自己的冲动情绪,学会如何用理智来作出恰当的行为决策。同时,针对青春期的特点,开展性知识教育,让他们了解性知识、掌握性道德,形成健康的性心理。再如,对女犯的心理健康教育,应针对其情感细腻多变、敏感多疑、情绪波动性大、意志缺乏坚定性等特点,通过人生观、价值观、道德修养教育以及理想教育、前途教育等,培养她们自尊、自爱、自强的精神。同时,针对女性的特殊生理现象及心理反应,对中青年及中老年女犯进行月经期、更年期的心理健康教育,使她们了解自己的生理、心理状况,适时做好生理、心理准备,从而减少或克服生理、心理的不适症候,顺利度过人生的特殊阶段。对暴力型罪犯的心理健康教育,应针对其情绪稳定性差、易发怒、容易产生冲动性行为的特点,着重对其进行如何控制和有效调节自己情绪的教育。

(三)服刑后期的心理健康教育

服刑后期大致为临近出监前半年左右的一段时间。罪犯处于监狱人(不自由)

到自由公民的“临界点”,因此其心理活动十分复杂:既有监狱情境刺激因素的持续作用所产生的服刑心理,又有面临回归社会这一新刺激所带来的矛盾复杂的回归心理;既有将要重新获得自由的喜悦与兴奋,又有对回归社会后可能遇到的问题的忧虑与不安;既有经过监狱改造认罪悔罪、重新做人的向善心理,又存在一些消极心理和认识上的偏差。因此,这时的心理健康教育具有总结性、补课性的特点,主要任务是:巩固改造成果,帮助罪犯做好出监前的各项准备。服刑后期的心理健康教育可以放在出监教育中进行,具体内容主要包括:

(1)巩固服刑改造的积极成果。处于服刑后期的罪犯,经过监狱机关的教育改造,面对即将结束的刑期,一般会产生积极的回归心理,如悔过自新心理、立功赎罪心理、发奋图强心理等。对此,应通过正强化机制和反馈机制,予以肯定、支持与鼓励。

(2)克服消极的回归心理。罪犯在服刑后期,原本残存的不良心理与期盼回归心理的结合,容易发展为消极的回归心理,具体表现为:过于自信或自卑、强烈的需求、翻案报复心理、补偿心理等。对于这些消极心理,应通过惩罚机制,予以否定、批评和矫正。例如,引导罪犯调整好心态,减轻自卑心理,合理定位补偿心理,消除报复心理。另外,也要引导罪犯克服盲目自信,正确评价自我,设想出狱后可能遇到的困难,提高挫折承受能力与抵御犯罪诱因的能力。

(3)学会心理调适的方法。罪犯在监狱服刑中会产生监狱化,甚至形成监狱人格。因此,要教给罪犯心理调适的方法,以减少乃至消除监禁生活带给他们的负面影响,同时,使他们在脱离严格的监管生活后,自觉调整心态,以适应丰富的社会生活,避免重新犯罪的发生。

第四节　罪犯心理健康教育的方法

一、进行系统化的课堂教育

系统化的课堂教学,因其覆盖面比较广,方式直接,形式正规,成为罪犯心理健康教育的一种首选方式。首先,应整体规划,统筹安排。将心理健康教育纳入罪犯教育的整体序列之中,作为罪犯的必学课程,每学期安排一定的课时,制订统一的教学计划,让罪犯系统地学习心理卫生、心理健康知识。其次,要选用合适的教材。应选用适合罪犯特点、实用价值高、操作性强的心理健康教育读本。近年来,全国已经出版了一些关于罪犯心理健康教育的教材,有的很有新意和运用价值。例如,北京市监狱曾组织编写的《漫话服刑人员心理》①，采取图文并茂的形式，把心理学、心理健康知识具体化、形象化，很有新意和价值。最后，在教学过程中，既要注重心理学基本理论的讲解，又要注重心理调节方法的传授。为了激励罪犯学习的积极性，教育过程中还可穿插进行知识竞赛、演讲、情景互动等活动来充实并强化教学内容。

二、利用传播媒介开展宣传教育活动

在日常改造中，可利用监狱报、墙报、广播、监狱系统内部创办的杂志等媒介宣传心理卫生、心理健康知识，录制电台、电视台有关心理健康的节目，组织罪犯收听、收看。在此基础上，监狱还可在信息化建设过程中，将信息技术和心理科学方法相结合，加强与社会的联系，组织社会力量尤其是罪犯的家属参与对罪犯的改造，增强监狱吸纳社会信息的能力，改善罪犯的封闭状态，促进其人格健康发展。

三、举办心理健康专题讲座

监狱应针对不同类型及不同服刑时期的罪犯，开展关于心理学知识的专题讲座，增强心理健康教育的针对性和有效性。例如，对暴力型罪犯讲关于攻击性行为产生与控制方面的知识；对盗窃犯讲盗窃心理、盗窃癖产生的原因及防治；对性欲型罪犯讲性心理的发展及性心理障碍的知识；对初入监的罪犯讲应激与适应、挫折心理与调适；对服刑中期的罪犯讲人格发展与犯罪的关系以及有关人际关系、自我意识等方面的知识；对服刑后期的罪犯讲理想与现实、自我规划、如何适应社会生活等有关知识。这类讲座，在条件允许的情况下，可邀请领域内有关专家来进行，专家以其知识性、权威性，往往能够取得更好的效果。

四、加强环境建设

在罪犯心理健康教育过程中，正规课程的教育不可缺少，环境的熏陶也不容忽视。因为从教育学的角度看，课程应包括教育环境的所有因素。例如，监狱文化建设就是罪犯人格改造的重要因素。所谓监狱文化建设，是监狱以自我理性认识为基础，对自身物质文化、制度文化和精神文化的改造和构建，使它们能够推进罪犯人格的健康发展，成为人格改造的潜在课程。②因此，在依法惩罚罪犯的前提下，通过监狱文化建设，为罪犯改造创造良好的精神环境和改造氛围，不失为培育罪犯健

---

① 北京市监狱编绘：《漫话服刑人员心理》，科学普及出版社 2007 年版。

② 陈士涵：《人格改造论》，学林出版社 2001 年版，第 780 页。

康心理的一项积极措施。

不同的监狱,可根据自身特点创造出独具特色的监狱环境。比如,某未成年犯监狱,针对未成年犯特点,对监室环境进行改造,形成"个性化监室"。允许未成年犯在健康、整齐、卫生的前提下,按照个人生活习惯、审美情趣,进行生活化摆设和安排。配置鱼缸、花草等,让未成年犯自行管理,养鱼、种花极大地充实了业余生活,使其热爱生活、关爱生命的热情得到了有效释放。监狱还可为每个监室安装印有山水、卡通等图案的壁挂式彩色窗帘,未成年犯由原来回到监室看到冷冰冰的铁窗,变为看到赏心悦目的山水、卡通图画,从而感到愉悦、温馨,减少了压抑感。针对未成年犯童心未泯的特点,还允许他们在监室悬挂具有亲情、友情、励志等内容的袖珍挂图,摆放父母照片、全家福照片以及玩具等,让未成年犯时时感到亲人的关注与期盼,自然产生一种回家的感觉、归属的感觉。"个性化监室"的建设,使未成年犯在严格的监规纪律约束下,享受到人文教育的温暖,陶冶情操,稳定思想情绪,同时对转变其世界观、培养良好的行为习惯也起到积极作用,有利于促进未成年犯的健康成长。

五、罪犯自我教育

罪犯并不是消极的改造客体,而是能动的主体。所以,在罪犯心理健康教育上,应注重罪犯的主体地位,努力探索以罪犯为学习活动主体的教育方法。例如,鼓励罪犯写日记,罪犯作为主体的我对客体的我进行感受、体验和认识,在写日记的过程中进行自我理性构建。监狱民警指导罪犯如何将写日记的过程转化为思考过程,而不是单纯记录日常琐事。

在开发罪犯自身潜力的同时,还要注重罪犯群体的力量,造就一种积极的心理互动环境。比如,编排心理游戏、心理剧,组织心理矫治典型进行现身说法等。与此同时,为罪犯创造一个相对宽松的心理互动环境,以便他们相互之间产生有益的影响,彼此之间建立和谐的人际关系。例如,某监狱成立"情感疏导室",让罪犯担任疏导员,利用他与其他罪犯便于接触、善于沟通的特点,让更多罪犯主动走进"情感疏导室",接受心理咨询和情感疏导。把"情感疏导室"当成自己的"知心朋友",把心中的烦闷一泄而出,调整好心情,积极投入改造中。实践证明,"情感疏导室"开辟了罪犯心理健康教育的新天地,对于全体罪犯消除情感障碍,合理宣泄情绪压力,强化心理素质,促进思想稳定,提高改造质量,发挥了积极的作用。

上述五个方面只是监狱开展罪犯心理健康教育常见的方法或途径,在具体工作中,各个监狱可以根据自己的实际情况和现实条件加以选择,也可以开创性地探索适合本监狱实际的方式方法。

——— 研究与思考 ———

1. 罪犯心理健康教育在罪犯改造中有什么作用?
2. 如何理解罪犯心理健康的标准?
3. 如何根据罪犯不同服刑阶段设计开展心理健康教育?
4. 如何创新罪犯心理健康教育的方法,以达到更好的效果?

第十五章　罪犯心理评估

重点提示

1. 罪犯心理评估是开展心理矫治工作的前提和基础。罪犯心理评估的一般过程包括确定评估目的和评估标准;收集资料;具体评估;评估结果的使用。罪犯心理评估须坚持以下原则:客观性与主观能动性相结合;定量与定性相结合;理论与实践相结合;分析与综合相结合;评估与咨询、诊断、治疗、教育指导相结合。

2. 在实践中,罪犯心理评估常用的方法主要有心理测验法、会谈评估法、行为评估法、生活史调查法、犯罪事实判断法等。

3. 对入监初期的罪犯进行心理评估,主要是为了了解罪犯的心理状况,为建立罪犯心理档案、进行分类改造和个别矫治提供原始资料和心理学依据。对服刑中期的罪犯进行的心理评估主要包括罪犯心理预测,罪犯心理危机评估,罪犯心理健康状况评估,罪犯心理咨询和治疗评估。对服刑后期的罪犯进行的心理评估主要包括改造质量的心理评估和再犯的心理预测。

4. 罪犯危险评估,就是通过一定的技术对罪犯实施脱逃、行凶、自杀与重新犯罪的可能性进行的评估。从国际上通行的危险评估工具来看,其主要原理和技术表现在评估量表的编制和使用上。

5. 撰写罪犯心理评估报告是评估工作者必须掌握的一项基本技能。建立罪犯心理档案应成为罪犯改造的基础和经常性工作。

第一节　罪犯心理评估概述

一、心理评估和罪犯心理评估

(一)心理评估

心理评估,就是对被评估者过去和现在的智能状况、人格特征、心理健康状况等进行评价和鉴定的过程。心理评估有广义和狭义之分,广义的心理评估是指对各种心理和行为问题的评估,可以在医学、心理学和社会学等领域运用;狭义的心理评估也称临床评估,主要是在心理临床与咨询领域应用。

不同心理学派对于心理评估的作用有不同的看法。有的学派特别强调对来访者进行全面的评估,把它作为治疗过程的第一步。他们认为当来访者过去和现在的功能状况不清楚时,就不能制定具体的咨询目标,也不能设计恰当的策略。例如,精神分析疗法强调综合评估技术是了解人格动力及情感障碍来源的基础;行为疗法认为一开始就应该对来访者的行为、感觉、情感、想象、认知、人际关系、药物及生物因素进行全面评估,对具体行为及维持这些行为的刺激进行客观评价;认知行为疗法认为在评估中不能仅仅关心收集关于过去事件的数据,还要特别注意与其相关的错误思维和认知扭曲。有的学派对于在心理治疗过程中进行心理评估则持否定态度。例如,来访者中心疗法认为评估和诊断都是有害的,因为它们是了解来访者的外部方式;现实疗法不强调心理测量和诊断的作用,认为让来访者对目前正在进行的事情予以注意,然后确定在什么程度上目前的行为是有效的;格式塔疗法不使用诊断标签,认为它们是对来访者——咨询师关系充分投入的逃避。

(二)罪犯心理评估

罪犯心理评估,是指在罪犯改造工作中,评估者根据心理测验的结果,结合调查、观察所得到的多方面资料,对罪犯个体或群体的心理特性作出有意义的解释和科学的价值判断的过程。罪犯心理评估是开展心理矫治工作的前提和基础,通过评估能获得罪犯较为真实、准确、深层次的信息,为进一步开展咨询治疗、重新犯罪预测和心理危机干预等工作提供依据。

从国际上看,许多国家都强调心理评估在罪犯心理矫治过程中的作用。例如,美国监狱一般为罪犯提供心理健康关怀服务,对于有需要特殊服务项目的罪犯,首先要进行细致的审查(审查项目见表 15 - 1)。通过审查,对于有进一步评估需要的罪犯,要在另外的地方监禁,并由专人进行更为细致的评估,评估项目包括会谈、记录卡片回顾、体格检查、实验室研究、(行为)观察和可能的心理测验等,然后进行各种诊断。

表 15－1　监狱罪犯审查表[①]

项　目	内　容
罪犯姓名	
身份证号	
出生日期	
教育水平(以年限论)	
是否能阅读(选择)	能　　　　　　　　否
英语是否流畅	是　　　　　　　　否
精神问题史或住院史	是　　　　　　　　否 如果是,列出地点和日期:
当前精神药物治疗	列出最后一次的用量和时间:
已明了的医疗问题	
变态反应	
药物滥用	列出最后一次使用的日期:
幻觉	有　　　　　　　　无 如果有,进行具体描述:
错觉	有　　　　　　　　无 如果有,进行具体描述:
焦虑	是　　　　　　　　否
抑郁	是　　　　　　　　否
当前的自杀意向	有　　　　　　　　无 如果有,进行具体描述:
自杀企图史	有　　　　　　　　无 如果有,记录具体日期和种类(方式):
杀人意向	有　　　　　　　　无

① Peter M. Carlson & Judith Simon Garrett, *Prison and Jail Administration Practice and Theory*, An Aspen Publication, Aspen Publishers, Inc., 1999, p. 110.

续表

项　目	内　容
建议(恰当进行全部检查后选择)	( )立即进行精神或心理治疗安排 ( )自杀观察 ( )药物治疗 ( )门诊临床预约 ( )与一般犯人群体隔离开
审查评估人	
审查评估日期	年　　月　　日

二、罪犯心理评估的一般过程

(一)确定评估目的和评估标准

评估目的不同,所采取的方法和手段、所依据的标准也不同。一般而言,罪犯心理评估的目的是根据改造罪犯的实际需要确定的,比如在罪犯不同的服刑阶段,由于改造工作的侧重点不同,心理评估的目的也不一样。

罪犯心理评估的标准,要根据所选择的方法和手段来确定。例如,如果要选择心理测验的方法进行评估,就要以该测验所确定的常模为标准。值得注意的是,罪犯心理评估的标准也不能局限于过去在心理测验中对常模标准的依赖,因为迄今为止,常模的确定都以群体平均数和标准差为基础,而平均数只反映了群体心理水平的中间状态。罪犯改造工作并不仅仅是描述罪犯的心理,而是需要改造和提高罪犯的心理健康水平,以平均数确定的常模就有很大的局限性。要想促进罪犯心理品质的提高,应以群体中优异的心理发展水平作为提高的目标。

(二)收集资料

通过心理测验以及其他多种方法收集被评估罪犯的全面资料,包括:

1. 罪犯个体的一般资料。其具体包括姓名、性别、年龄、文化程度、出生地、犯罪类型、原判刑期、以往病史等,必要时可将罪犯的“副档”调出,以了解其犯罪经历,判断其是否受过强烈或相对强烈的精神刺激。

2. 组织心理测试,开展心理调查。应用科学的测量手段,掌握罪犯人格特征、健康水平、防御方式等与罪犯改造密切相关的心理因素,旨在为准确诊断、正确矫治提供科学依据。可通过查阅档案、对其他罪犯的访问、面谈、观察等手段,掌握罪犯心理现状,预测罪犯未来的行为倾向,发现心理问题。

3. 心理测验资料汇总。对于自诉有精神症状的罪犯、同组罪犯反应有精神症状或有异常行为的罪犯，以及监狱民警通过观察发现有异常行为表现的罪犯，应做细致全面的检查，如通过投射测验、测谎、焦虑测验、抑郁测验、应付能力测验等，了解罪犯的需求倾向，进而了解其人格特质。对罪犯是否有自杀企图、是否诈病、是否有暴力倾向等作出预测。根据不同的评估目的，选取合适的心理测验项目，然后将测验结果进行汇总，发现并记录被评估罪犯的关键问题。

4. 心理诊断与资料分类。当采用上述方法对罪犯进行测验、调查后，根据测验和调查的结果，对罪犯心理进行综合评估，并对罪犯的人格特征、行为方式、心理现状等，按照量表的要求和分析方法对测验的数据及相关因素进行综合分析、评价，诊断出被测罪犯的心理特征、类型及存在的心理问题。将诊断的结果进行详细记录，为临床心理治疗提供科学依据。

心理诊断和资料分类是心理咨询和治疗取得预期效果的前提，诊断正确，分类科学，才能有的放矢地进行咨询治疗。在收集和处理资料的过程中，需要注意以下几种结合：(1)量化资料与非量化资料相结合；(2)服刑期间的现实资料与服刑前的资料及对未来预测相结合；(3)来自罪犯本人的资料与来自他人提供的资料相结合；(4)言语资料与具体行为资料相结合等。只有这样，才能使评估具有较高的客观性、准确性。

(三)具体评估

这是需要评估者发挥主观能动性的阶段。评估者首先要综合多方面的信息资料，对被评估罪犯的心理特征作出客观准确的描述，然后透过表面现象分析被评估罪犯心理和行为表现的内在本质特性，以及产生特殊问题的原因。在具体评估阶段，要不断修改和完善心理矫治计划。在此期间，要对心理矫治计划的科学性、可行性进行评估和检验，根据具体过程中所出现的新情况、新问题，调整和修改矫治计划，使评估与治疗更具有连续性、针对性。从国际上看，在一些注重实证研究的国家，如美国、德国等，对这一阶段尤为重视。通过实施矫治计划，收集大量的数据，并进行系统的统计分析，得出推测性、描述性以及判断性的结论，供同行参考和验证。

(四)评估结果的使用

一般来说，评估结果应该以有益于改造的方式反馈给被评估罪犯，以促进其心理品质的改善。更重要的是，把评估结果应用于罪犯心理咨询、心理治疗、心理健康教育等工作中，为后期工作提供可靠的依据和建议，也要通过这些工作对评估结果进行检验和修正，以利于今后评估活动的改进。

对上述罪犯心理评估的程序，应区分不同情况灵活掌握。如果是对个体进行治疗性评估，就要根据罪犯个体的具体问题，依照一般心理评估与治疗的程序进行;如果是对罪犯的改造质量进行心理学评估,其程序应体现出罪犯从“入监”到“出监”心理发展的全过程。

三、罪犯心理评估的原则

为了使评估过程更加科学、规范,达到评估的目的,在对罪犯进行心理评估时须坚持以下五项原则。

(一)客观性与主观能动性相结合

首先,科学的心理评估应建立在客观性的基础之上,通过心理测验和其他多种途径获得被评估罪犯的客观资料。其次,在具体的评估过程中,评估者还要充分发挥主观能动性,运用自己已经掌握的知识对信息资料进行选择加工,并从教育改造罪犯的实际需要出发,作出科学的结论。

(二)定量与定性相结合

在罪犯心理评估中,对信息资料既要进行定量分析,又要进行定性分析,把二者有机结合起来。定量分析就是把由测验或其他途径得到的具有一定数量指标的资料,运用一定的数理统计方法加以处理,使评估的结论更具有可靠性和精确性。定性分析是对信息资料的质的方面进行分析,具体而言,就是通过对已经获得的复杂的资料进行去粗取精、去伪存真、由此及彼、由表及里的全面分析、综合、比较、抽象和概括,从而找出这些资料中隐藏的规律性。进行定量和定性相结合的分析,全面认识被评估罪犯的心理特征及其发展规律。

(三)理论与实践相结合

从心理评估在心理学中的地位上看,它处于理论研究与实际应用的中介位置上。一方面,它以心理科学多种分支学科的研究成果为理论基础;另一方面,它以广泛的社会实际需要为其产生和发展的直接动力。因此,在罪犯心理评估中,评估者首先必须掌握丰富的理论知识,根据罪犯改造工作的实际需要,理论结合实践,对罪犯作出有价值的评估和指导。

(四)分析与综合相结合

对罪犯进行心理测验一般只能对其心理结构中的某一方面、某一特征进行测定,本质上是分析式的。罪犯心理评估则需要综合多方面、多特征的测验结果来进行,本质上是综合的。但综合一定要以分析为前提,只有经过分析、比较,将信息资料中的本质方面和非本质方面区别开来,然后再进行综合,才能使认识深化,由感性上升到理性,从而揭示罪犯心理的本质特征。而且,在此过程中,分析与综合并不是一次就能完成的,往往需要多次交替进行才能达到对本质特征的认识,得出科学的结论。

(五)评估与咨询、诊断、治疗、教育指导相结合

罪犯心理评估的根本目的在于促进罪犯心理机能的完善和为教育改造服务,而不是以评等分类或“贴标签”为主要目的。所以,心理评估的结果在促进罪犯的心理健康方面应具有重要的反馈功能,这具体体现在心理评估与心理咨询、心理诊断、心理治疗、心理教育的密切关系上,心理评估结果应主要用于咨询、治疗和教育改造工作上。

第二节 罪犯心理评估的主要方法

在实践中,罪犯心理评估常用的方法主要有心理测验法、会谈评估法、行为评估法、生活史调查法、犯罪事实判断法等。

一、心理测验法

(一)心理测验及其功能

心理测验是根据客观的、标准化的程序来测量个体的某种行为,以便判定个别差异的一种方法。各种测验都是由一系列能引起个体反应的项目所组成,给个体每一个项目的反应评分,根据得分间接地推定其心理特性。心理测验按照功能分为智力测验、特殊能力测验、人格测验;按照测验材料的性质分为文字测验、操作测验;按照测验的方式分为个体测验、团体测验。

一般来说,心理测验具有两种功能:一是预见功能。例如,对甲、乙两人施行某种测验,根据两人之间的某些差异,在一定程度上可预见两者在将来的活动中可能出现的差别。二是诊断作用。这是把重点放在同一个人诸种特性间的差异上,即注重查明个人的特性。例如,通过测验,诊断出某人的言语能力优于计数能力。基于心理测验的这两种功能,可以根据不同的目的选择不同种类的测验。心理测验要想实现上述功能,必须依据一定的程序进行编制,并按照客观的、标准化的方法施行,即心理测验必须做到标准化。一个标准化的心理测验必须满足一定的条件,主要包括:

1. 有一套有效的问卷项目。即按照测验的性质和要求,选定能够代表所要测定的心理特性或行为特征的问题。这种问卷必须通过项目分析才能获得。

2. 要有常模。所谓常模,是根据对被试集团的标准化样本的施测而获得的具有

代表性的结果。它常常是以所测集团的标准化样本的平均值而出现的,可以作为评判个别差异的依据和比较的标准。因测验标准化时所选取的样本不同,常模的种类也不同。最常见的有年龄常模、年级常模、全国性常模、地区性常模等。

3. 要有一定的信度、效度和区分度。测验的信度是指测验的可靠程度。它表现为测验结果的一贯性、再现性和稳定性。一个测验,不论是多次再测,还是由多人进行测验,其结果都大致相同,方能可信。当然,信度并不是绝对的有无,而是一个程度上或多或少的问题。没有一个测验是绝对可靠的,只是其误差有大小之别而已。测验的效度是指测验对所要测定的特性或功能能测定到什么程度,简言之,就是测验的正确性。测验的区分度是指测验对被试实际水平的区分程度,即测验的鉴别力。具有良好区分度的测验,实际水平高的被试应得高分,实际水平低的被试应得低分。我们常把测验项目的区分度作为测验是否具有效度的"指示器",并作为评价项目质量、筛选项目的主要指标与依据。

4. 实施的方法要标准化。测验必须以规定的方法施行。为此,要编制出测验手册,注明实施方法、指导语、施测时间等。

5. 计分标准要明确。任何人计分,结果均无变动。有关原始分数的计算,原始分数向其他分数的换算,以及如何使用常模来解释分数等,都应在测验手册中加以详细地规定。

(二)罪犯心理测验

监狱改造罪犯的实践表明,对罪犯进行心理测验,是检测罪犯心理状况,发现心理问题,进行心理诊断的有效方式,为进一步实施罪犯改造工作提供了依据。在监狱中,组织对罪犯的心理测验,根据需要通常采用团体测验和个体测验两种形式。

罪犯心理测验常用的量表可分为通用量表和专用量表两种。所谓通用量表,是对社会人士普遍适用的心理测验量表,在监狱中根据需要选择使用。监狱目前经常使用的通用量表有三类:(1)智力测验。比较适用的有韦克斯勒智力测验量表、瑞文推理测验(Raven's Progressive Matrices)等。(2)人格测验。主要有十六种人格因素测验(16PF)、艾森克人格问卷(EPQ)、明尼苏达多项人格问卷(MMPI)等。(3)心理健康状况测验。主要有症状自评量表(SCL－90)、焦虑自评量表(SAS)、抑郁自评量表(SDS)和抑郁状态问卷(DSI)等。

所谓专用量表,是指专门用于监狱中对罪犯进行心理测验的量表。由我国学者研制的《中国罪犯心理评估系统》(COPA)所包含的量表,就属于专用量表。其中的个性分测验(COPA－PI)于2006年通过国家鉴定,并在监狱系统广泛使用。此外，全国许多省、市的监狱系统也结合工作实际编制了一些罪犯心理测验量表，都属于专用量表。在国外，许多国家的研究者根据罪犯矫正的需要，编制了一些专门的心理测验量表，比如矫正态度测验，矫正行为测验（监狱适应指数、监禁适应问卷、累犯后果指数等），矫正人格评价测验，矫正环境评价测验，矫正预测测验，等等。①

二、会谈评估法

在心理治疗领域，会谈是一种最常用、也是最难掌握的一种评估方法。专业的会谈评估者需要经过特殊的指导和训练，才能从来访者那里得到准确和有效的信息，以帮助制订治疗方案。会谈评估的具体方式分为非结构性会谈、结构性会谈和计算机辅助的临床会谈。

（一）非结构性会谈

非结构性会谈，允许会谈评估者自由地重复问题、引入新问题、修改问题顺序等，并且随来访者自发的思维系列而变化。这种会谈的灵活性便于评估者采用适合来访者特定情形的不同技术。评估者有时可以忽略看起来没用的主题，有时可以引入起初没有列入计划的主题。有经验的会谈评估者还可以通过被访谈者的冲突、焦虑情绪和防御状况，诱发出他们所隐瞒的事实和症状起因。当然，非结构性会谈需要会谈评估者有足够的经验、较高水平的技能和训练，尤其要熟练掌握相关的理论和概念，以及有关会谈的背景知识。

评估者通过非结构性会谈所掌握的有用信息，如来访者过去的历史、当前问题的描述、临床心理状况检查的结果、家庭成员和主要人物的看法等，可以对来访者的心理状况作出分析总结，主要包括以下几个方面：一般的表现和行为，情绪和感情，知觉、言语和思维，感觉、认识、判断力、自知力等。然后，针对问题和目标症状，对来访者应进行的治疗提出建议。

（二）结构性会谈

为了减少非结构性会谈由于不同会谈风格和范围所导致的不可靠性，后来出现了结构性会谈，而且这种会谈已成为许多现代临床研究的基础。结构性会谈需要使用操作性诊断标准和定义精确的分类学研究的结构性要求，还需要有问题指向的记录系统，重点是精神病的合理分支系统和反映症状——症候群消退的过程，以及这些问题的变化。最后，应用计算机技术根据原始资料作出可靠的诊断。

---

① 吴宗宪编著：《国外罪犯心理矫治》，中国轻工业出版社2004年版，第112～115页。

在结构性会谈中，对于同一位来访者，如果给予预先固定的标准化问题，不同的会谈评估者可以得到同样的信息。然而，会谈评估者的临床判断和个人风格在一些半结构性会谈中起很大作用，在这种半结构性会谈中，问什么、如何问和如何记录都有较大的自由。

（三）计算机辅助的临床会谈

计算机辅助临床会谈的较早提议者之一是格瑞斯特，他在计算机辅助会谈和临床心理学家会谈所做比较研究的每个例证中都发现，就完整性与准确性而言，计算机均超过了临床心理学家。

计算机会谈的优势在于计算机有模仿人类会谈者智力的能力，尽管只是在一定程度上的模仿。它能像人类会谈者一样，针对反应者报告的问题进行一系列提问，对不存在问题的领域可以跳过去。而且，计算机可以使用来访者自己的话进行一系列提问，从不同角度比较这些反应。通过记录反应潜伏期和心率，使用分割问题与评论等，还可以对情绪唤醒作出评价。显然，对计算机来说，报告非言语线索是不可能的，但必须承认，即使是人类有时也会忽视两个人之间相互作用过程中的大量可利用信息。

目前已出版了很多计算机辅助会谈的软件，其中应用较广的是《诊断性会谈时间表》（Diagnostic Interview Schedule，DIS）。DIS 是一个完全结构性的会谈方案，这种方案能使临床心理学家们作出一致的精确的 DSM－Ⅲ［美国精神病协会制定的《精神病诊断和分类手册》（第三版）］精神病诊断。设计 DIS 是为了满足受过专业训练的精神病学家和心理学工作人员更好地进行诊断性会谈。DIS 目前已经被翻译成几种不同的语言文字，大约 20 个国家正在有计划地使用。

三、行为评估法

行为评估的方法包含自然观察、模拟评估、参与观察、自我监控、行为评估会谈、自我陈述、心理生理评估等方法，对罪犯心理评估有直接借鉴意义的有下列几种：

（一）自然观察法

自然观察法是指在自然环境中对行为进行系统检测和记录的方法。观察者一般是受过训练的。由于这种方法是在自然环境中对行为的研究，最少使用推论，因而结论较为可靠。

自然观察法目前被广泛应用到各种目标行为和群体的研究中，如关于家庭中双亲与儿童之间的相互影响，医院环境中医生和病人间的相互影响，口吃、抑郁的成人与儿童之间的相互影响，儿童的恐惧和焦虑，在院外和日常治疗环境中精神病人的社会适应性行为，教学过程中的学习和指导行为等。同样，自然观察法也可以应用到监狱中罪犯的心理评估，专业的心理评估工作人员通过有计划的自然观察，就会获得一般测量所难以获得的资料和具有高灵敏度的数据。

（二）模拟评估法

模拟评估法是安排一种使目标行为易于发生的测量情境，将被评估者置于这种情境中，观察记录其行为表现的方法。这种方法特别适用于观察那些在自然环境中难以观察到的低比率行为（如让一个曾犯盗窃罪的罪犯进入一个无人看守的仓库），或几乎从不发生的行为（如让一个性焦虑患者发起与一些异性的谈话）。

模拟评估法常见的有情境模拟和刺激性模拟。情境模拟，是在一个人为布置的情境中评估个体，如为暴力型犯罪者设置矛盾纠纷的情境；刺激性模拟，是为被评估者提供人为刺激，如给性欲型犯罪者一定的性刺激，检验其控制性冲动的能力。

（三）参与观察法

参与观察法是使观察者成为被观察者自然环境的一部分。这不仅可以降低费用，而且有可能减少反应性，并与自然观察密切相关。在观察中，由一个处于被观察者自然环境中的人（如同监舍或同组劳动的罪犯）监测和记录在具体时间内预先选定的行为。例如，同监舍的罪犯可以监测其他罪犯夜间气喘发作的次数；一个接受咨询帮助的罪犯可以监测每天同组罪犯做出的令人愉悦的事件的次数；一个改造积极、靠近政府的罪犯对其他罪犯的行为养成情况的观察等。与模拟评估法相似，参与观察法也尤其适用于低发生率行为和那些对外部观察者具有较强反应性的行为（如性的相互影响、反社会行为、药物滥用等）。

因为参与观察法引入了一种新的社会关系（观察者和被观察者），所以必须细心练习以排除这种关系的干扰。大多数情况下，观察者更愿意理解并赞成这种方法。但要保障数据的机密性和正当使用，防止观察者对有关信息的滥用。

四、生活史调查法

生活历程是了解罪犯人格特征的基础，评估罪犯心理不能脱离对罪犯生活史的了解。调查生活历程的方式，既可以与本人、亲属及有关人员直接接触，当面询问，又可以查阅历史形成的多种记录资料，如书信、日记、工作学习记录材料、人事档案材料或前科案卷材料等。对罪犯生活历史的调查，可主要侧重于违法犯罪史、受教育史、从业历史三个方面。

（一）调查违法犯罪史

对罪犯而言，其违法犯罪行为是在违法犯罪心理支配下实施的，而违法犯罪行为的实施反过来又强化其违法犯罪心理。这种心理的积淀导致罪犯的人格偏离和人身危险性的增强。一般来说，罪犯的违法犯罪史越长，其人格偏离就越严重，主观恶性就越大。反之亦然。在罪犯心理矫治中，要充分考虑罪犯的违法犯罪史，特别是当被矫治的罪犯是累犯或惯犯时，对他们采取的矫治方案和措施更要谨慎。

（二）调查受教育史

在当代社会，教育（包括家庭教育和学校教育等）对人的影响是深远的，它不仅决定一个人的知识水平和职业技能的高低，而且影响一个人人格的健康成长。在罪犯改造中考虑其所受教育的情况，不仅在于有针对性地对罪犯进行文化、技术教育，而且有助于考察罪犯的人格状况：一般来说，从小受过良好的家庭教育，接受学校教育的程度也较高，在上学期间表现积极的罪犯，其人性中的玩劣较少，恶习较少，接受矫治的主动性容易被激发；从小受过不良的家庭教育，接受学校教育的程度低或者在上学期间厌学、逃学、经常受处分的罪犯，其人格中的顽劣较多，恶习较深，接受矫治的主动性较差。

（三）调查从业历史

罪犯曾经从事的职业及表现情况，不仅可以作为刑罚执行中对罪犯进行劳动分类的根据，而且可以作为判断罪犯人格及心理状况的根据。对罪犯从业历史的调查，应侧重了解其职业类别、工作表现、业绩情况、职业中的人际关系状况等，这些都是影响其心理发展轨迹的重要因素。

五、犯罪事实判断法

犯罪事实不同于一般的生活事实，犯罪事实是在特殊或危急情况下的行为，危急情况下的行为最能反映其人格的本来面目。因此，犯罪事实是判断罪犯人格与心理状况的主要依据。分析犯罪事实，重点应放在以下三个方面。

（一）分析犯罪性质

一般来说，罪犯所犯罪行的性质在一定程度上能反映其人格特点、显示其主观恶性：杀人犯、故意伤害犯往往具有滥用暴力的人格特点，而诈骗犯往往具有不诚实的品格。关于这一点，在犯罪学史上，无论是龙勃罗梭、菲利，还是加罗法洛都曾给予关注。[1]

（二）分析犯罪方法、犯罪对象、犯罪动机

罪犯的犯罪方法、犯罪对象、犯罪动机可以较深刻地反映其人格状况。例如，一

---

① 翟中东：《刑法中的人格问题研究》，中国法制出版社 2003 年版，第 235 页。

个强奸孕妇的罪犯或者一个使用针扎火烙方法虐待其亲生母亲的罪犯，必然具有残忍、良心淡漠的人格品质；一个向强奸自己女儿并使女儿自杀的人实施报复杀人的罪犯，其人格虽有易激惹、自控力差的一面，但也有刚烈、疾恶如仇的一面。

（三）分析犯罪后的表现

对罪犯犯罪后的行为表现进行分析，也能在一定程度上透视其心理状况。如果罪犯犯罪后积极抢救被害人、积极退赃，表明罪犯具有较多的常态心理，悔改余地较大；如果罪犯销赃灭迹、拒不认罪，表明其犯罪坚定性较强、犯罪心理稳固。

第三节　不同服刑阶段的罪犯心理评估

一、入监初期心理评估

对入监初期的罪犯进行心理评估，主要是为了了解罪犯的心理状况，为建立罪犯心理档案、进行分类改造和个别矫治提供原始资料和心理学依据。

入监心理评估主要包括以下工作：

第一，进行心理测试。应用科学的心理测验量表，掌握罪犯的人格心理特征、犯罪心理状况、心理健康状况、防御方式等与改造密切相关的心理状况，为进一步的诊断、矫治提供科学依据。

第二，开展心理调查。通过查阅档案、访问、面谈、观察等手段，初步掌握罪犯的心理现状，预测其未来的行为倾向。

第三，进行心理诊断。根据心理测试和调查的结果，对罪犯的心理状况进行综合评定，并对罪犯的人格特征、行为方式、心理问题等作出恰当的评价。

第四，建立心理档案。有关罪犯心理档案的相关问题，将在本章第五节详细阐述。

第五，制订矫治方案。在弄清罪犯的心理发展历史和现状的基础上，根据心理诊断结论，提出相应的管理教育措施和心理咨询、心理治疗方案。矫治方案包括团体矫治方案和个体矫治方案。

二、服刑中期心理评估

对服刑中期的罪犯进行心理评估，主要包括以下四个方面：

（一）罪犯心理预测

这是对罪犯心理现状和行为倾向的判断，可有效防范危险行为，确保监管改造秩序的稳定。

心理预测包括危险性预测和心理发展预测。罪犯危险性预测，是根据测验结果以及罪犯现实表现、来自监狱内外的刺激因素等，预测罪犯危险性的大小，为确立重点防范对象及防范项目提供依据；罪犯心理发展预测，是指根据罪犯不同年龄、不同刑期、不同经历、不同犯罪类型所体现出的不同特点，预测其共性和个性的心理发展问题，为监管改造特别是心理矫治活动提供依据。

（二）罪犯心理危机评估

心理危机具有突发性和危险性，预防和干预罪犯的心理危机是维持监狱安全稳定的重要内容。根据罪犯心理危机产生的原因和发生的过程，在进行评估时可将其划分为三个水平：一般预防水平、重点预防水平和特殊预防水平。

1. 一般预防水平。其是指对于具有一般心理问题的罪犯的预防水平。这类罪犯没有明显异常的言语和行为，有明确的自知力和定向力，在情绪方面有一定不稳定性，但没有受到明显的刺激。对此，可以通过各种心理矫治措施，提高罪犯的自我调节和控制能力，增强其对各种挫折的耐受和应付能力。

2. 重点预防水平。其是指根据入监心理评估，对有轻度心理障碍的罪犯的预防水平。可采取心理咨询、心理治疗等措施，有效地预防其心理和精神症状的恶化，并促其向良性转化。

3. 特殊预防水平。其是指根据心理危机预测结果，对具有潜在心理危机发展倾向或现实危机表现的罪犯的预防水平。这需要采取超前防范措施，如对有自杀想法尤其是有自杀企图的罪犯，对有过度焦虑表现的罪犯，对有明显的精神分裂症症状的罪犯，应实行特殊预防，以确保其自身和他犯的安全。

（三）罪犯心理健康状况评估

通过一定的量表测验、行为观察、会谈等评估手段，对罪犯当前的心理健康状况进行评估，是罪犯服刑中期心理评估的一项重要内容。其中包括对监禁生活的适应状况（是积极适应还是消极适应）、是否有异常的行为和心理表现、是否有精神病症状等进行评估，系统掌握其心理健康状况，并提出提高心理健康水平的建议。

（四）罪犯心理咨询和治疗评估

在罪犯服刑中期，由于长期的同性群体生活，长期远离亲人，长期从事强制性学习和劳动等，心理困惑、心理问题（如焦虑、抑郁、幻觉等），甚至由于心理问题导致的生理反应（如由于焦虑导致的失眠，由于伪装疾病导致的身体机能的萎缩等）会相继出现。罪犯心理咨询和治疗评估，是评估者主要针对来访罪犯在上述方面的问题，通过会谈评估、行为评估、心理测验等，进行归纳、总结和判断，进而提出咨询和治疗建议,甚至协助其他咨询和治疗人员拟订咨询与治疗计划。在这种评估中,主要目标是帮助来访罪犯认清自己的心理问题所在,以提高其应对挫折和各种不幸事件的能力,改善其心理与行为适应方式,解除其症状和痛苦,促进人格的完善和成熟。

三、服刑后期心理评估

罪犯即将刑满出狱时,监狱需要对其改造质量和出狱后重新犯罪危险性进行评估,即改造质量的心理评估和再犯的心理预测。本节主要介绍改造质量的心理评估,而再犯危险评估将会在下一节专门介绍。

(一)改造质量心理评估的标准

1. 共同标准。这是适用于全体罪犯的标准,主要有以下几方面:

(1)罪犯的犯罪心理结构是否实现了良性转化,守法心理结构是否建立;

(2)罪犯的人格障碍、性心理障碍和其他精神心理问题是否得到有效治疗,是否恢复常态心理;

(3)罪犯是否具备适应社会的心理素质和职业技能。

2. 分类标准。这是衡量不同类型罪犯改造质量的具体标准。这种标准可从不同角度分别制定,如从性别角度、年龄角度、犯罪经历角度、犯罪动机角度分别制定评估标准等。现对不同犯罪动机罪犯的改造质量评估标准加以分析:

(1)物欲型罪犯的评估标准:①以畸形膨胀的物质需要为主的不良需要结构是否得到改变,是否形成了正常的需要结构;②好逸恶劳等不良的行为习惯是否得以消除,是否养成了勤劳俭朴的生活习惯;③是否具备了抵御金钱物质利益诱惑的意志力;④是否掌握了基本的职业技能,能否自食其力。

(2)性欲型罪犯的评估标准:①错误的性爱观念是否减弱乃至消除,正确的性意识是否建立;②对性生理、心理冲动的自我调控能力以及对色情诱惑的抗御意志力是否增强;③一部分罪犯的性变态心理是否得到矫治。

(3)情感型罪犯的评估标准:①情绪的冲动性、不稳定性、极端性等不良特点是否得到改变;②各种不良的情绪、情感,如嫉妒、敌对、抑郁、焦虑等是否得到矫正;③对消极情绪的自我调节控制能力以及挫折耐受能力是否增强;④是否学会正确的人际交往方式和具备处理人际冲突的能力。

(4)信仰型罪犯的评估标准:①错误的社会意识及歪曲的价值观念是否消除,正确的信仰结构是否建立;②是否具备区分真理与谬误的能力;③歪曲的自我意识是否得到矫正。

上述改造质量心理评估的共同标准和分类标准只是主要的方面，在具体评估过程中，还要分出若干细目，并确定量化指标及评定等级。

（二）改造质量心理评估的方法

对罪犯改造质量的心理评估，可以采取多种方法进行，常用的有以下四种方法。

1. 量表评定。运用标准化的量表对罪犯心理进行评定，是罪犯改造质量心理评估中收集资料的重要手段之一。评定量表是用来量化观察中所得印象的一种测量工具，从形式上可以分为两种：自陈量表和他评量表。自陈量表以受测者对问题作答为依据，实际上相当于受测者的自我陈述或自我评估。目前在我国监狱中被广泛使用的16PF、EPQ、MMPI、SCL－90等量表，均属自陈量表，它们更多地被用于对罪犯进行心理诊断，在评估改造质量时，也可以作为重要的参考依据。如果入监诊断时使用了测验量表的正本，进行质量评估时可使用同一量表的复本，以便对其心理变化作出比较。他评是以有关人员对罪犯的实际观察为基础对罪犯作出的评估。它所依据的资料虽然看起来是非正式收集的，评价带有主观性，但却是在真实条件下通过观察获得的，其来源是真实的，并且以多人评价的均值作依据，因而有很大的参考价值。在罪犯改造质量心理评估中，他评量表可分为民警评价量表和他犯评价量表两种。对这两种他评量表的评定结果，应比较其一致性，如果有重大差异，应进行深入的调查研究，弄清真实情况，并连同罪犯自陈量表一起，由专业人员进行综合评估，以准确判断其改造效果。总之，一套完整的罪犯改造质量心理评估量表，不仅要有自陈量表，还要有他评量表，这样才能使评估结果尽可能全面而可靠。

2. 考核评定。即根据矫治计划，按照确定的指标和量化标准对罪犯改造的质量进行评定。具体步骤是先逐项进行量化考核统计，然后在所获资料和量化结果的基础上作定性分析，评出优、良、中、差等不同等级。考核方式主要有：

（1）日常考核。其主要考核项目有劳动考核（出勤率、劳动成果等）、学习考核（文化、技术课成绩等）、政治思想考核（参加政治学习情况、是否获得奖励等）和纪律考核等。

（2）罪犯自我评定。即在监狱民警的组织下，通过问卷或口头评议的方式进行的评定。所制作问卷，在内容上要全面，能反映罪犯全部或基本的人格及行为倾向；语言上要通俗易懂，让罪犯能够理解；所提问题应有一定的掩饰性，让罪犯感到真实作答不会影响自己的改造成绩。罪犯口头评议需要监狱民警事先制订计划，认真组织，既可以围绕一个中心进行，也可以不确定主题，仅让被评定罪犯就一个阶段的矫治收获和不足作出自我总结。

(3)监狱民警和心理咨询师的综合评定。即有关监狱民警和心理咨询师根据对罪犯进行长期观察、谈话及在心理咨询活动中所收集的信息的基础上进行的评定。这种评定是通过对罪犯心理发展变化的总体了解,并参照罪犯自我评估及日常考核成绩,最后得出的定性结论。

3. 情境实验。即针对不同类型罪犯的心理社会化缺陷,在自然状态下设置一定的实验情境,根据罪犯对情境刺激的反应,评估其犯罪心理改造的程度和良好人格品质形成的状况。例如,对物欲型罪犯设置一定的利益诱惑,考察其抗御金钱、物质诱惑的意志力;让性欲型罪犯接触与性有关的刺激信息,观察其情绪变化和是否具备克制性冲动的意志力;对情感型罪犯设置人际冲突等挫折情境,考察其情绪的自我调控能力等。

4. 追踪调查。这是对出狱人员进行定期的追踪调查,根据他们出狱后的表现和重新犯罪率的高低来评估改造质量。对罪犯改造质量的评估,应当把出狱前的考核和出狱后的调查结合起来。追踪调查虽然费时费力,但却是一种十分客观的评估方法。因为很多罪犯在监狱中有很强的掩饰倾向,他们一旦回归社会,随着强制性措施的解除,就会恢复其本来面目。因此,根据追踪调查所获得的资料进行改造质量的评估就十分客观,同时,也是对其他评估手段所获得结果真实性的验证。

总之,对罪犯改造质量进行心理评估,是一项十分复杂的工作。既要进行量表评定,又要进行日常考核和情境实验;既离不开自我评价,也离不开他人评价;既要有定性分析,又要有定量分析;既要有出狱前的考核,又要有出狱后的调查。只有综合运用多种方法,通过各种途径收集资料,才能得出客观、准确的结论。

第四节 罪犯危险评估

一、危险评估概述

危险评估(risk assessment),就是通过一定的技术对一定对象实施犯罪或重新犯罪的可能性进行判断,从而为控制其危险提供根据。危险评估主要应用于矫正领域和法院审判等领域。罪犯危险评估,就是通过一定的技术对罪犯实施脱逃、行凶、自杀与重新犯罪的可能性进行的评估。

对犯罪人进行危险评估的思想可以追溯到龙勃罗梭(Cesare Lombroso,1836 ~ 1909 年)时代,龙勃罗梭在 1876 年出版的《犯罪人论》一书中提出了天生犯罪人的论断。他在意大利军队做军医时，测量了超过 3000 名士兵样本，包括体型、前额的倾斜度、耳朵的形状、是否有刺青以及其他身体特征。他深信，在身体特征、易感疾病特性与暴力或其他犯罪倾向之间有着某种联系。比如，他在《犯罪及其原因和矫治》一书中将犯罪人的面相特点描述为："上颌骨和颧骨过度发育，颌骨突出，眼眶倾斜，皮肤色素沉着，毛发丛生而卷曲，耳朵硕大。"①这些特点可以作为判断天生犯罪人的重要依据。这些人可能是很危险的犯罪人，是犯罪预防和控制的对象。无疑，从身体外形、面相角度对犯罪人进行危险评估的可靠性较差。对犯罪人危险性有无、危险性大小的评估，是对人内心世界的窥探，而人的内心世界是极为复杂的，仅根据身体外形、面相作出判断，其根据远远不够。于是，人们转向从人的心理角度、社会角度评估犯罪人的危险。从心理角度评估犯罪危险的根据是心理异常者、人格偏离者实施犯罪行为的可能性大，而心理正常者、人格健全者实施犯罪行为的可能性小。从社会角度评估犯罪危险的根据是各种社会性因素，如犯罪人接受教育情况、家庭因素、交友情况、社区影响等。

进入 20 世纪以后，以美国为代表的西方国家在犯罪学家、心理学家、社会学家、精神病学家、法学家的共同参与下，有关危险评估的研究取得了长足的发展，他们运用不同的方法进行研究，取得了丰富的成果。美国学者贝卡隆（K. B. Bucklen）根据评估方法将危险评估分为四类：②（1）临床评估。其是指完全由临床医生在经验与知识基础上诊断的评估方法。这种评估尽管是由心理医生作出的，但由于其评估方式是非结构性的，所以一般认为，这种评估比统计的方法可靠性差。（2）统计的评估方法。统计性危险评估（actuarial risk assessment）是结构的、量化的、经过实证的预测项目的评估。这种方法建立在犯罪危险与相关变量基础上，如年龄、犯罪记录、不法行为数量等。经过评估认为危险大的人只是犯罪的可能性大，而危险小的人只是犯罪的可能性小。（3）结构性的临床判断。这种方法的特点是将临床判断与统计预测结合在一起。（4）采用自我评估问卷预测方法的评估。问卷包括能够反映犯罪性思维、反社会人格、犯罪史、反社会的人际关系等问题。很多专业人士认为这种评估需要评估者达到一定的专业水平。在上述四类危险评估中，第一类和第二类是基本方法。按照加拿大学者安德鲁（D. A. Andrews）、博塔（J. Bonta）等人的看法，第一类危险评估方法属于第一代评估方法。这种方法因为主要依靠专业人员判断，存在因人而异、评估结果不稳定的问题，所以被认为不可靠。第二类危

---

① ［意］切萨雷·龙勃罗梭：《犯罪及其原因和矫治》，吴宗宪等译，中国人民公安大学出版社 2009 年版，第 321 页。

② Bucklen，K. B.，*Approach to Inmate Risk Assessment*，Reearch in Review，2001，4，p. 2 – 7.

险评估方法属于新一代方法,其中,根据静态预测因子进行统计预测的方法属于第二代评估方法。静态预测因子是指用于评估犯罪人的危险的、与犯罪人不可分割的、比较稳定的因素,如犯罪历史、家庭情况、接受教育情况等。根据静态预测因子和动态预测因子结合对犯罪人进行危险评估的方法,属于第三代评估方法。动态预测因子是指用于评估犯罪人的危险的能够变化的因素,如犯罪人的交友情况、情感状况、对犯罪的态度等。[①] 为了提高危险评估的准确度,人们不断探索新的、更可靠的评估方法,加拿大目前已经研究了第四代、第五代评估工具。虽然迄今为止的危险评估方法仍然不尽如人意,但是不断进步的趋势是十分明显的。

二、罪犯危险评估的原理和技术

罪犯危险评估应遵循前述心理评估的基本原则,综合运用量表测试、实验研究及行为观察、生活史调查等多种方法,通过各种途径收集信息,得出相对客观、准确的评估结论。从国际上通行的危险评估工具来看,其主要原理和技术表现在评估量表的编制和使用上,即通过调查与实证研究,选择与罪犯脱逃、行凶、自杀或重新犯罪相关的因素,运用合适的数学模型进行统计处理,从而推测脱逃、行凶、自杀或重新犯罪可能性的大小。编制危险评估量表一般要把握以下四个环节:

(一)收集资料

可采取展望法和回溯法两种方式。展望法,就是对于确定为评估对象的罪犯,在一定的评估时限内,把认为与脱逃、行凶、自杀或重新犯罪有关的资料,全部或重点地按调查对象分别收集起来,进行综合分析。回溯法,就是对于确定为评估对象的罪犯,采用回溯到评估所需要的那个时限的记录资料,或者让罪犯及其周围的人进行回溯,取得评估所需要的资料,再对全部资料进行综合分析。比如,要进行重新犯罪预测,可以在服刑罪犯中经过随机取样,确定初犯组和再犯组作为比较研究的对象,再进行广泛的调查,收集每个初犯者与再犯者的犯罪经历资料进行分析对比,或对出狱人员进行3~5年的追踪调查,发现哪些环境因素、条件因素、主观因素与再犯罪的关系密切,并给予特别的重视。

收集预测资料的具体方法主要有观察、谈话、调查访问、问卷以及活动产品分析等。这些方法要综合运用,才能较为全面地对评估对象的危险作出准确的评定。

(二)选择预测因子

编制危险评估量表的关键是预测因子的选择。首先,要在获得的资料中,选择

---

① Andrews, D. A., Bonta, J. & Wormith, J. S., *The Recent Past and Near Future of Risk and/or Need Assessment*, *Crime and Delinquency*, 2006, 52, p.7-27.

与罪犯脱逃、行凶、自杀或重新犯罪有显著相关的因素作为备选的预测因子。其次，运用统计技术计算各因子与罪犯脱逃、行凶、自杀或重新犯罪相关联的程度，作为取舍的标准。为了使评估量表便于操作，预测因子的数目不宜太多。

从目前国际上流行的危险评估工具来看，关于哪些因素应当确定为预测因子，观点不尽一致。一般认为，罪犯危险评估的预测因子包括犯罪性需要；犯罪史/反社会史；社会业绩；年龄/性别/种族；家庭因素；知识情况；个人情绪因素；就业情况等。预测因子有静态与动态之分。静态因子主要有年龄、犯罪史（包括反社会的行为）、家庭因素、犯罪情况等；动态因子主要有反社会人格、同情心、犯罪性需要、人际关系、社会成就、滥用毒品等。

（三）预测因子数量化

对选出的若干预测因子，依据其与罪犯脱逃、行凶、自杀或重新犯罪的相关程度，给予适当的分数。预测因子给予分数的方法，因学者的不同研究而有所不同。有的给予正分，有的给予负分；或给予相同的等级分（如都是 1 分），或给予不同的等级分（如 1 分、2 分、3 分不等）。

一般认为，犯因性需要、犯罪史或者反社会史、年龄、性别、家庭因素等比较重要，给予的权重较高。有的因素对犯罪的影响要弱一些，权重较低，如罪犯的社会地位、罪犯个人的情绪状态等。①

（四）编制评估量表

通过分别计算各预测因子的得分与总和，制成得分多少与罪犯脱逃、行凶、自杀或重新犯罪可能性及其发生概率的评估量表，作为危险评估的工具。

在罪犯危险评估量表使用过程中，对分值的解释至关重要。评估人员通过对特定罪犯所得的总分值进行具体解释，判断其危险性大小。以英国的“犯罪人危险评估系统”（OA Sys）为例，该评估系统将危险评估分值分为三个分数段：0 ~ 40 分，表明犯罪人的危险程度是低度；41 ~ 99 分，表明犯罪人的危险程度是中度；100 ~ 168 分，表明犯罪人的危险程度是高度。

三、罪犯危险评估工具举例

随着危险评估地位的确立，危险评估技术在不同国家甚至在同一国家内进行着不同的探索。有的评估工具在理论上有较大影响，有的评估工具在某一国家或地区正在推行。这里介绍几个有较大影响的危险评估工具。

---

① 翟中东：《矫正的变迁》，中国人民公安大学出版社 2013 年版，第 225 页。

(一)犯罪人危险评估系统(OA Sys)

OA Sys 是 1999 年 4 月英国监狱当局与社区执行部门联合推出的一种罪犯危险评估工具。

OA Sys 的设计目的主要有确认重新犯罪的可能;希望确定罪犯的需要,包括人格或者性格上的、认知的、行为的、社会的需要;评估罪犯实施伤害的可能,包括自伤的可能;将评估与监督计划、服刑计划结合起来;为特别的评估提供线索;评估罪犯向哪个方向转变。

OA Sys 的适用对象主要包括所有要求提供判前报告的人;接受社区刑的罪犯,具体来说,就是接受社会惩罚刑、社区矫正刑、结合刑的罪犯;被假释者;在矫正旅馆中的人;在监狱中服刑超过 1 个月的未成年人;在监狱中服刑超过 6 个月的成年人。

OA Sys 的评估项目主要有犯罪史;犯罪的情节;犯罪前居住情况;罪犯所受教育情况;罪犯接受培训情况、就业情况;经济背景;社会关系;生活方式;与人的关系;是否吸毒、是否酗酒;情感或心理问题;突出的思维方式;突出的行为特征;生活态度;罪犯在监狱内的表现等。

上述材料分别来自监狱曾经进行的评估、保护观察机构所进行的评估、青年正义机构所作的评估、地方监狱罪犯信息库所提供的信息、监狱个别工作官员所提供的信息、监区管理人员所提供的信息、驻监保护观察机构工作人员所提供的信息、监狱教育部门所提供的信息、心理学家所提供的信息、牧师所提供的信息、监狱志愿者所提供的信息等。其中,监狱个别工作官员提供的信息不仅必不可少,而且特别重要。

OA Sys 的基本价值在于使监狱工作人员从总体上能够了解罪犯的危险状况,包括重新犯罪的危险、伤害他人的危险、自伤与自杀的危险、脱逃的危险,以降低监狱与社会执行部门推行促进罪犯回归社会各种措施适用的风险。危险程度被分为低度、中度、高度三个级别。

评估的操作由接受过训练的评估师与评估员在监督官、管理人员的监督管理下根据有关规则完成。评估的实施主要是评估师在阅读有关材料的基础上与罪犯交谈完成。

由于罪犯评估关涉罪犯利益,同时为了保障罪犯危险评估的客观性,监狱鼓励、支持罪犯参与危险评估,并保证评估的开放性,为此,关于罪犯危险评估的信息不仅让罪犯知道,书面的材料要让罪犯阅读,而且对有关内容要同罪犯讨论。不仅如此,监狱还设计有罪犯危险自评表(the Self - assessment Question - naire),让罪犯自己评价自己的危险状况与变化。由于罪犯的危险在不断变化,为保证危险评估的可靠性,罪犯危险评估在进行初始评估后需要定期地进行检验性修正。成年犯的危险性评估检验性修正要在上次评估后6个月内进行;对未成年犯的再次评估要在上次评估后的3个月后进行。此外,这种评估还需要遵守英国1998年颁布的《数据保护法案》的有关规定,对罪犯的问询要坚持公正原则、适当原则,要根据目的进行,不能超过必要的限度。

根据2006年的报告,通过OA Sys认定的低度重新犯罪率的罪犯实际重新犯罪率是26%;中度重新犯罪可能的罪犯实际重新犯罪率是58%;高度重新犯罪可能的罪犯实际重新犯罪率是87%。其准确性明显高于其他同类评估工具,被认为是世界上同类系统中最先进的系统。①

（二）水平评估量表（Level of Service Inventory – Revised）

水平评估量表,简称LSI – R量表。这个危险评估工具是由加拿大Don Andrews博士与James Bonta博士于1995年设计并推出的,是一个集动态因子与静态因子于一体的评估再犯危险的工具。他们认为以下十个方面54项内容与重新犯罪有密切关系,并试图通过对这十个方面54项（每项1分）内容的评估,确定被测者重新犯罪的可能。

1. 犯罪史（criminal history 10分）

（1）以前至少接受过1次定罪;

（2）在成年期间2次被定罪;

（3）在成年期间曾接受了3次定罪;

（4）现行犯罪有3个以上;

（5）在16岁以下被捕;

（6）曾经因为犯罪行为而被监禁;

（7）曾经被监禁;

（8）曾经因为不当行为而被惩罚;

（9）在被监督期间违反有关规定或者被起诉;

（10）有攻击或者使用暴力的记录。

2. 教育或者就业情况（Education/Employment Situation 10分）

（11）现在失业;

（12）经常失业;

（13）整年无业可就;

① 翟中东:《国际视域下的重新犯罪防治政策》,北京大学出版社2010年版,第177页。

(14)曾经被开除;

(15)在学校没有读完 10 年级;

(16)在学校没有读完 12 年级;

(17)停学或者被开除;

(18)参与项目情况与成绩;

(19)伙伴之间的来往;

(20)与有关机构联系或者来往的情况。

3. 财产情况(Financial Situation 2 分)

(21)经济问题;

(22)依赖于社会帮助。

4. 家庭情况(Family/Marital Situation 4 分)

(23)对家庭不满意;

(24)从来没有回报父母;

(25)从来没有回报亲戚;

(26)家庭成员或者配偶也犯罪。

5. 住宿情况(Accommodation Situation 3 分)

(27)对居住状况不满意;

(28)去年变更住址 3 次以下;

(29)邻居犯罪问题突出。

6. 娱乐情况(Leisure/Recreation Situation 2 分)

(30)缺少娱乐;

(31)能够很好地使用时间,提高自己的需要。

7. 交往(Companions 5 分)

(32)交往孤独;

(33)有些犯过罪或者正在服刑的朋友;

(34)有犯过罪的朋友;

(35)与犯过罪的人不交往;

(36)没有犯过罪的朋友。

8. 使用酒精或者毒品问题(Alcohol/Drug Problems 9 分)

(37)曾经有酗酒问题;

(38)曾经有吸毒问题;

(39)现在有酗酒问题;

(40)现在有吸毒问题；

(41)有违法问题；

(42)有婚姻或者家庭问题；

(43)有学校或者工作问题；

(44)有生理问题；

(45)其他酗酒、吸毒信息。

9. 情感问题(Emotional/Problems 5 分)

(46)情感干预；

(47)动态的精神状态；

(48)经过治疗后的精神状态；

(49)现在的精神状况；

(50)精神指标。

10. 态度(Attitudes/Orientation 4 分)

(51)对犯罪持赞同态度,不满意现状；

(52)对传统持不赞成的态度；

(53)对刑期态度消极；

(54)对监督态度消极。

根据 LSI－R 用户手册,将危险等级分为五级。在对抽样选取的 956 名加拿大罪犯进行分析的基础上,所确定的危险等级分值与重新犯罪可能性见表 15－2。

表 15－2　危险等级分值与重新犯罪概率

分值范围	重新犯罪情况(释放 1 年后)
41～47 分以上	高度危险的罪犯(重新犯罪的概率是 76%)
34～40 分	中高度危险的罪犯(重新犯罪的概率是 57.3%)
24～33 分	中度危险的罪犯(重新犯罪的概率是 48.1%)
14～23 分	低中度危险的罪犯(重新犯罪的概率是 31.1%)
0～13 分	低度危险的罪犯(重新犯罪的概率是 11.7%)

需要说明的是,这一分值标准并非被所有使用者接受。例如,美国宾州的假释与假释监督机构在使用 LSI－R 量表时,进行了修订,将危险标准确定为三级,分值分别是:高度危险的罪犯是 29 分以上;中度危险的罪犯是 21～28 分;低度危险的罪犯是 20 分以下。

LSI－R 量表是一个被广泛接受的危险评估工具,在美国的一些州 LSI－R 量表被适用于18周岁以上的罪犯,使用领域包括判断适用假释后的结果;是否可以顺利通过中途之家(一种监禁过渡措施);是否会违反监规;是否会重新犯罪。具体目标包括判断监督等级,罪犯安全等级与分类,危险程度等。

(三)精神疾病量表(Psychopathy Checklist – Revised)

精神疾病量表,简称PCL – R。该量表是Robert D. Hare于1985年设计,1991年公布的,是以人格为对象的诊断性量表。PCL – R可以有效地预测重新犯罪,同时可以为干预、矫正创造条件。该量表的项目有下列20个:

1. 表面有魅力;
2. 自我价值意识较大;
3. 需要刺激改变无聊的生活;
4. 病态性的撒谎;
5. 欺骗;
6. 缺乏悔改之心;
7. 浮浅的感情体验;
8. 冷酷/缺乏同情之心;
9. 寄生的生活方式;
10. 控制能力差;
11. 滥交(性);
12. 早年就存在行为问题;
13. 缺乏长期目标;
14. 冲动;
15. 行为不负责;
16. 接受自己的行为责任失败;
17. 有很多短期的婚姻关系;
18. 未成年不轨行为突出;
19. 假释被撤销;
20. 犯罪种类多。

完成量表的方法包括谈话与填写表格,需要90~120分钟完成。每一项目的分值被设为0、1、2,其中,不符合记0分,有些符合记1分,完全符合记2分。还设计有一般的诊断内容,如对别人自私、冷酷、不知后悔;长期的不稳定;反社会的生活方式等。总分值在0~40分,分数高,则重新犯罪危险性大;分数低,则重新犯罪危险性小。

（四）暴力危险评估方案（HCR－20）

HCR－20由韦伯斯特（Webster）、道格拉斯（Douglas）、伊夫斯（Eaves）和哈特（Hart）于1997年共同完成。方案包括三个分量表：经历分量表、临床分量表、危险管理分量表。每个分量表又包括若干个具体项目。

1. 经历分量表包括以往的暴力行为（H1）；年轻时期第一次暴力事件的年龄（H2）；家庭关系的不稳定性（H3）；就业问题（H4）；药物滥用问题（H5）；主要心理疾病（H6）；心理治疗（H7）；早期适应不良（H8）；人格障碍（H9）；早期监护失败（H10）。

2. 临床分量表包括理解力缺乏（C1）；否定性态度（C2）；主要心理疾病的阳性症状（C3）；冲动性（C4）；不配合治疗（C5）。

3. 危险管理分量表包括计划缺乏可行性（R1）；暴露使其动摇的人（R2）；人际支持缺乏（R3）；不顺从挽救尝试（R4）；紧张（R5）。

HCR－20在西方国家尤其是美国和加拿大得到了较多的研究和应用。

四、危险评估工具的应用

目前在世界范围内，危险评估已成为刑事司法领域中的重要理论与实践阵地，相关评估工具很多，而且差异很大。有的评估工具为了突出精确性，设计了很多评估项目（如英国的OA Sys）；而有的评估工具为了突出可操作性，只进行一项评估，如犯罪史评估。因此，在具体运用过程中，有两个问题或两种取向始终处于摇摆中，没能得到有效解决：一是准确性问题；二是可操作性问题。

（一）准确性问题

主张危险评估要优先考虑高信度、高效度的多为理论界人士，他们认为这是保证评估可靠性、准确性的关键。然而，实际评估工作中要真正实现高信度、高效度、保证评估的准确性却很难做到，只能做到相对准确与可靠。

使用临床方法对犯罪人的危险评估操作难度很大，因为这种方法需要由临床心理学家进行，而临床心理学家的培养需要过程，而且数量少，最重要的是临床心理学家难以把握犯罪史的权重，他们可能会被能把握人的性格的诈骗犯所迷惑，错过重要的信息，因而心理学家、精神病学家把握的危险评估准确度不如以统计方法为根据的危险评估。[①] 因而，使用统计方法的犯罪危险评估更受青睐。

---

① Bonta, J. (2001). *Offender assessment: General issues and considerations. In L. Motiuk & R. C. Serin (Eds.). Compendium* 2000 *on effective correctional programming*, Volume 1, p. 22－29. Ottawa: Correction Service Canada.

然而,使用统计方法对犯罪人进行危险评估是否意味着准确性问题已经解决?是否意味着经过评估确定为危险高的人的犯罪可能性必然大?或者说评估结果危险低的人的犯罪可能性必然小?这个问题其实很难回答。由统计方法的本质决定,使用这种方法进行危险评估本身只是一种可能性评估,只能是对危险大小的一种概率式判断,而不是一种确定性的判断。因此,使用统计方法的危险性评估只能不断提高准确度,而不可能做到真正的准确。

就目前的危险评估研究而言,虽然使用统计方法进行危险评估不是最理想的危险评估,却是比较现实的或者说是现实中较好的评估方式。

(二)可操作性问题

主张危险评估要优先考虑操作性的多为刑事司法领域的工作人员。危险评估不仅是理论问题,更是实践问题。无论是定性的危险评估方法,还是定量的危险评估方法,无论是临床性评估,还是统计性评估,最终要由刑事司法机构的工作人员在刑事司法过程中操作,尽管危险评估的操作人员需要接受专业技能教育或培训,但他们普遍认为烦琐的程序不仅加大了工作量与工作难度,而且带来了人力、物力的成本增加,使危险评估的实践可能性大大降低。例如,根据研究,心理因素与犯罪的关系密切,监禁人口中心理疾病患者的比例比社会一般群体高 3 ~ 4 倍。[①] 危险评估应考虑犯罪人的心理、精神问题。但是,由于犯罪人心理问题的复杂性、闭锁性、动态性,评估诊断难度大,量化困难,对专业能力要求高,可操作性差,需要投入更大的人力、物力。因此,危险评估的具体操作人员一般主张评估工具要尽量减少与心理因素有关的项目。

然而,由危险评估的性质所决定——危险评估本质上是对人格的把握,因此,简单化的操作恐怕难以承担危险评估的任务。如何既保证危险评估的信度与效度,保持危险评估的准确性,又便于评估工作人员操作,这是评估实践中的一大难题。美国的一些研究者认为,简单、易懂、易操作的评估工具与建立在先进的统计技术基础上的复杂的评估工具相比具有一样的效果。[②] 这一结论有待进一步验证。

---

① 翟中东:《国际视域下的重新犯罪防治政策》,北京大学出版社 2010 年版,第 179 页。

② Champion, D. J., *Measuring Offender Risk—A Criminal Justice Sourcebook*, Connecticut: Greenwood Press, 1994, p. 57.

第五节　罪犯心理评估报告和罪犯心理档案

一、罪犯心理评估报告

撰写评估报告是罪犯心理评估的重要环节，也是评估工作者必须掌握的一项基本技能。罪犯心理评估报告的内容应包含以下几部分。

（一）一般信息

罪犯心理评估报告的第一部分应注明实施评估者（社会上的心理学专家或专职的监狱民警）的基本情况，以及被评估罪犯的姓名、年龄、以前职业、婚姻状况、住址、刑期、违法犯罪类型等，同时注明实施评估的日期。

（二）要解决的问题

罪犯心理评估所要解决的问题通常包括以下内容：

1. 确定被评估罪犯在认知或情绪上的具体问题是什么。

2. 对被评估罪犯有无器质性损伤及其程度，以及由此引起的机能障碍进行评估。

3. 对被评估罪犯的心理障碍区分出是机能性障碍还是器质性障碍。

4. 根据有关心理或行为障碍的统计信息，对被评估罪犯存在的病态过程的范围、程度进行评估（例如，学习困难的程度如何，有没有其他证据证明这个人有自杀的可能性）。

5. 被评估罪犯对自己所存在的障碍的反应。

6. 找出心理问题的病因（例如，罪犯的内心冲突，主要的防御机制以及发作的趋势等）。

7. 鉴别诊断（被评估罪犯所存在的是焦虑性神经症还是精神分裂症，或者是其他的精神障碍）。

8. 为治疗方式的选择提供依据（例如，对某一罪犯来说应选择什么类型的心理治疗最有效）。

（三）实施测验及对测验结果的解释

问题提出之后，需要列出收集有关信息所用的测验，并根据评估的目的将测验进行分组。在选择测验时，应同时考虑评估的目的以及所用测验的信度和效度特点。在测验实施时，要做到测验工具、指导语、实施环境以及实施过程标准统一，避免和减少额外因素的影响，以收集客观真实的测验结果。

对测验结果的解释是整个罪犯心理评估报告中重要的内容之一。对测验分数的解释,一方面,要求主试对所作的具体测验要熟悉了解,包括它的信度、效度、难度和常模的代表性,以及每一维度的实质含义和设计要求等;另一方面,要依靠主试的临床经验和心理测量学方面的知识素养,充分考虑到被试的实际情况(文化程度、职业,是否有可能接触过测验中的问题等)和测验的具体情况(是否有干扰,被试当时有无情绪波动或身体不适等),防止对测验分数作出千篇一律的刻板的解释。同一个分数可能是由不同的原因造成的,对同一分数也可作出不同解释。例如,在智力测验方面,用以初中文化程度作样本的标准化智力测验,来测验一个不足小学文化程度的被试,如果测得 IQ 为 80,就可以认为他基本上是中等水平。如果被试原来的文化程度是大学毕业,也测得 IQ 为 80,就可以解释为被试可能因疾病而智力有所减退,属于中下水平。因为智力是和文化水平有关的,合格的主试认识到这一点,才能对测验结果作出合理的解释。智力测验的答案有正误之别,而人格测验的答案却没有对和错之分,所以人格测验的情况就更为复杂。由于每个人的具体情况不同,相同的人格特点,对某人来说是适应良好,而对另外一个人来说也许是适应不良。譬如,胆汁质的气质类型,对于军事指挥员来说是适合的,对于绣花女工来说则是不适合的。同一种得分,由于心理活动倾向不同,可以作出不同的甚至完全相反的解释。譬如,在 16PF 测试中,杀人犯的敢为性为标准分 10 分,刑警队员的敢为性也是标准分 10 分,前者是作案的凶残性,后者是为抓捕罪犯不惜牺牲自我的勇敢性。所以,在多数情况下,要对其人格各因素的特点作出综合性的全面分析和判断,才可能获得正确的诊断结果。

(四)背景信息

在罪犯心理评估报告中,不应只报告测验结果和解释而忽略了某些个人生活历史等背景信息。这些背景信息包括罪犯目前的生活情境和具体的困扰因素,目前的主观感受和存在的客观问题、困扰的持续时间、初次出现困扰时的情境,以及这些问题对其生活情境的影响。另外,还包括个人生活的历史信息,如家庭情况、经济状况、受教育历史以及职业历史、社会经验和躯体健康状况等。

(五)行为观察

在实施会谈或测验的过程中,应注意被评估罪犯的行为表现,特别是那些与测验结果的解释和要解决的问题有关的行为,包括被评估罪犯参与测验的愿望、注意的广度、测验中的停顿以及不寻常的反应等。对观察到的行为要有详细的记录,并要有例证。但对于那些大多数人可能出现的行为,如进行测验时的好奇、疑虑等可以不做记录。更重要的是,要记下那些出乎意料的、不寻常的以及某一罪犯所特有的行为。

（六）危险性预测

在对被评估罪犯进行了全面的评估之后，在评估报告上应写明该罪犯的危险性的大小，以及在哪些方面有危险性，是自杀、伤害他人、毁坏物品还是存在操作方面的危险性。这是整个罪犯心理评估报告最难写的部分，一方面，由于我们是根据现状推知将来，不管是从预测手段还是预测标准来看，都没有现成的预测效度很高的工具；另一方面，由于监狱环境的特殊性，时常会有难以预料的影响因素，激惹、对峙性的气氛往往诱发罪犯危险性行为的增加。此外，对有明显心理障碍的罪犯，在接受不同的治疗或干预措施之后，心理障碍或行为障碍的预后也不尽相同。尽管如此，这种预测在评估报告中必须要写，尤其是当被评估罪犯存在攻击性危险（不论是指向自己还是他人）或脱逃危险时，更应认真书写这一部分内容，并尽量写明预测的依据，以便同行参考和会诊。

（七）总结与建议

这是罪犯心理评估报告的结论部分。其主要有以下内容：

1. 小结。即对前面几部分的内容分别用一两句话进行概括，要求明确、具体，让读者对前面的内容能有一个概貌性的了解。

2. 诊断。在给出诊断时要特别慎重，因为对心理异常的诊断难以做到准确无误。如果必须作出诊断，应根据现有的数据和资料作出谨慎的推理，同时列出这样做的依据。

3. 建议。为了实现罪犯心理评估报告的作用，有必要对被评估罪犯提出一些具体的指导性建议，包括改善性的或补救性的措施，以及接受某种形式的治疗等。对有攻击性行为的罪犯，结合有关的法律和改造过程中的具体活动提出相应的保护、防范建议，供监管、教育改造时参考。

二、罪犯心理档案

（一）什么是罪犯心理档案

所谓罪犯心理档案，是指监狱通过多种心理评估方法积累起来的有关罪犯人格特点、心理障碍与疾病、行为习惯等内容的记载，以及针对罪犯心理问题制订的矫治方案及实施矫治效果的记载，还有能反映罪犯心理发展轨迹的文字、图表、音像等专门性材料。

建立罪犯心理档案应成为罪犯改造的基础和经常性工作。首先，通过建立罪犯心理档案，可从中摸索出罪犯服刑期间现实的心理发展轨迹，这对于丰富罪犯考核内容，实现考核工作的科学化、系统化，提高改造工作的针对性，具有重要意义。其次，罪犯改造工作特别是心理矫治工作需要有准确的心理诊断结论和丰富、翔实的心理活动资料，这些资料需要在心理评估之后作专门记载。在实施心理矫治过程中，也需要将采取的矫治措施及取得的效果等在心理档案中如实地记载。再次，通过罪犯心理档案，综合分析罪犯心理发展变化的轨迹，为预测罪犯出狱或假释后有无再犯罪的可能性提供充分的依据。最后，罪犯心理档案还为我们从事科学研究提供了充分的数据和事实资料。

（二）罪犯心理档案的主要内容

罪犯心理档案应由以下内容组成：

1. 心理测验结果及评估结论。心理测验资料，一般应包括常用的几个心理测验量表的检测资料。评估结论主要应对罪犯人格缺陷、犯罪的主客观原因和改造重点作出判断。

2. 罪犯自述材料。主要叙述罪犯犯罪心理形成和演变的过程，对自我犯罪原因的认识，以及对人生历程经验教训的总结等信息。

3. 罪犯生活史及评语。在评语中，应对其社会化程度和主要缺陷作出判断。

4. 罪犯是否有某种变态心理、人格障碍及精神病史。

5. 对罪犯的心理矫治方案。包括拟采取的主要矫治措施、实施矫治的阶段及预期达到的矫治效果等内容。

6. 心理矫治实施情况及效果检测记载。

7. 对服刑过程中发生的重大事件和重要变化所作的心理分析。

8. 定期进行的对矫治质量的心理学评估及分析。

9. 为检测矫治质量所进行的模拟情境实验及其效果。

10. 罪犯自我改造成效评定材料及罪犯集体评定记录。

11. 罪犯改造状况起伏变化及心理发展轨迹图。

12. 针对犯罪原因所采取的某些实验研究和医疗措施及其效果。

13. 罪犯心理咨询记录及其咨询效果。

14. 罪犯心理治疗记录及其疗效。

15. 对出狱人员进行的再犯罪预测及行为倾向判断。

16. 出狱后的帮教、监督建议。

（三）罪犯心理档案的建立和使用

建立罪犯心理档案，是一项技术性较强的专业工作。首先，要选择责任心强、具有心理学知识基础的监狱民警承担这项工作，并要进行专门培训，让他们认识到建立心理档案的意义和要求，学会正确地运用心理测验，客观地分析测验数据，掌握建档的基本技术。其次，要注意罪犯心理档案内容上的完整性，应全面反映罪犯的心理状况，不仅要着力诊断罪犯的心理缺陷和人格障碍，还要充分发掘和全面记载其常态心理和人格中的"闪光点"。最后，罪犯心理档案的建立和不断充实完善是一个动态的过程，应把这项工作贯穿于罪犯改造过程的始终。

罪犯心理档案的使用，应把握以下几点：首先，一般情况下只供矫治专业人员查阅、使用，其他监狱民警经过批准可以查阅，但应由有关专业人员进行专业指导和科学解释，防止错误理解。其次，在使用心理档案资料时，要全面考虑问题，对档案中的项目或结论，应与其他方面联系起来思考和运用，切不可断章取义，孤立地看问题。最后，要遵守心理测验和心理咨询的基本规则，对不宜公布的事项，不能在日常工作中加以引用，以免降低心理矫治工作的威信和效果。

研究与思考

1. 怎样理解罪犯心理评估的内涵和原则？
2. 罪犯心理评估的主要方法有哪些？
3. 联系实际，谈谈不同服刑阶段罪犯心理评估的重点。
4. 结合实例，谈谈对罪犯危险评估作用的认识。
5. 选择一个典型事例，撰写一份罪犯心理评估报告。

第十六章　罪犯心理矫治方法与技术

重点提示

1. 矫正罪犯的错误认知，可以帮助他们发现、识别、收集负性自动想法，并对其进行分析，揭示其潜在的破坏性认知结构，并给予认知重建，使来访罪犯发展新的认知和行为来替代适应不良的认知和行为，配合作业布置，帮助来访罪犯进一步澄清认识，摆脱功能不良的想法，使来访罪犯能够广泛应用新的认知和行为。

2. 情绪问题是罪犯表现最多的心理问题，影响罪犯教育、改造工作的进行。在罪犯入监的不同阶段以及不同类型的罪犯，针对其焦虑、抑郁、恐惧等负面情绪的调节，是一个长期的工作，对提高罪犯教育和改造效果意义重大。

3. 在改造过程中，培养罪犯形成良好的意志品质是罪犯能否顺利度过监狱生活的重要保证。由于入狱服刑改造，其是罪犯人生经历的一个巨大转变，其心理变得极其敏感和脆弱。可以通过正确价值观、世界观和人生观的教育，提高认识能力，树立信心，发展健康情感，培养和增强责任心，意志培养与罪犯自我教育相结合等方式培养罪犯形成良好的意志品质。

4. 罪犯的品德，是罪犯依据一定的道德行为准则行动时所表现出来的稳固的倾向与特征，是道德价值和道德规范在罪犯身上内化的产物，是罪犯社会行为的内部调节机制。在矫正罪犯不良品德和错误价值观方面，监狱长期改造经验中一些方法的作用正在逐渐淡化和消失，要想取得罪犯改造的实效性，需要重新反思过去的工作思路，运用新的思路或原则。

5. 罪犯自我意识由罪犯原有的自我意识、服刑者的罪犯角色意识和经过改造形成的新的自我意识构成。健全的自我意识对一个人的心理健康起着重要的作用，它是人格结构的核心，制约着人格的形成和发展。监狱可以通过角色教育、心理健康教育、及时评价、开展多种活动等方式，促使其自我意识向积极的方面转化，最终形成健全的自我意识。

6. 在监狱开展罪犯心理咨询和治疗，可与罪犯心理健康教育、罪犯心理评估、罪犯心理危机干预等一系列活动相结合，帮助罪犯减弱或消除犯罪心理，调适异常心理，维护心理健康，重塑健全人格，提高适应社会的能力，以实现促其改恶向善的目标。

第一节　矫正罪犯错误认知的方法

一、认知疗法的治疗原理

认知疗法的着眼点放在来访罪犯非功能性的认知问题上，试图通过改变来访罪犯对己、对人或对事的看法与态度来改变所呈现的心理问题。“认知”是指一个人对一件事或某对象的认知和看法，对自己的看法，对人的想法，对环境的认识和对事的见解等。因此，认知疗法的策略在于重新构建认知结构。

认知疗法常采用认知重建、问题解决等技术进行心理辅导和治疗，其中认知重建最为关键。认知疗法的代表人物之一艾利斯（Albert Ellis）创立了著名的合理情绪治疗，他认为情绪不是由于某一诱发性事件本身所引起的，而是由经历了这一事件的个体对这一事件的解释与评价所引起的。认知与信念是其产生情绪和行为的根源，不合理的认知和信念引起不良的情绪和行为反应，只有通过疏导来改变和重建不合理的认知与信念，才能达到治疗目的。他在 1962 年提出的理性情绪行为疗法（REBT），其核心在于调整来访者的信念系统。在他看来对个体而言，刺激事件（A）与行为结果（C）之间并不具有必然的因果关系，产生结果的真正原因在于来访者头脑中的信念（B），不合理的行为不过是头脑内不合理信念引发的。因而，改变来访者头脑中的信念就成为自我调控与治疗的主要任务所在。

抑郁的认知研究领域的先驱者贝克（Aaron T. Beck）也指出：“治疗师帮助病人确认其歪曲的思维，并帮助他们学习以更为现实的方式去构建自己的经验。”①通过发现、挖掘这些思维方式，加以分析、批判，再代之以合理的、现实的思维方式，就可以解除来访罪犯的痛苦，使之更好地适应环境。

由此可见，认知过程是行为和感情的中介，适应不良的行为和感情与适应不良的认知有关。用认知疗法矫正罪犯的任务就是与来访罪犯共同找出这些适应不良的认知（或错误的认知），并提供学习或训练方法矫正这些认知，使来访罪犯的认知

① ［美］理查德·格里格、［美］菲利普·津巴多：《心理学与生活》，王垒等译，人民邮电出版社 2016 年版，第 520 页。

更接近现实和实际，随着不良认知的矫正，来访犯罪的心理问题会逐步好转。

二、罪犯错误认知的特点

（一）主观随意

具有错误认知的罪犯，要么把一切事物都看成泾渭分明，非黑即白；要么就随意论断，不管真假，不辨是非。这样的罪犯不会客观、辩证、多角度地思考问题。比如，一些职务类罪犯来服刑以后，在体力或劳动技能方面，比不上其他罪犯，便觉得自己一无是处。这种思想会使他们不停地怀疑自己，认为自己不论做什么总是很无能。

（二）以偏概全

有些个体由于偶然的经验或负面体验，就将该经验或体验推演到所有事情上。比如，由于违反监规纪律被批评处罚，就认为所有监狱民警和其他罪犯都会看不起自己；由于一次与其他罪犯的矛盾，就推断与他们的关系不会再变好了；由于认为一位监狱民警执法不公正，就认为天下乌鸦一般黑，等等。

（三）消极负面

总是看到事物的消极一面，脑海中总是想着不好的事情、不好的结局，好像戴上了一个特殊镜片的眼镜，把美好的事全过滤了。于是，很快得出结论，认为每件事都是消极的、悲观的、不可信的、没有希望的。有的罪犯家里一段时间有小变故，或者是孩子生病，或者是很长时间没有联系，便整天愁眉不展，感觉家人都遭殃了，整个天空都没有了色彩，内心非常灰暗。如果申请减刑、假释或其他奖励等，没有批下来，就认为自己完蛋了，没有前途了，等等。任何事情都只从消极负面的角度去看，情绪很容易低落、沮丧。

（四）自我傲慢或自我轻视

有的罪犯特别喜欢与其他人比较，看到比不上自己的人，就很傲慢，对自己过高估计，认为自己了不起，看不起其他罪犯，甚至欺负其他罪犯，成为狱霸。有的罪犯则相反，看到其他罪犯都比自己优秀，比如看到周围的罪犯都比较能干，又有心机，获得了很多奖励，而自己总是做不到那么好，因而很难获得减刑，产生自卑心理，于是总感觉自己不行。这类罪犯会设想别人瞧不起自己，但不去检验这种设想是否正确。事实上他们把自己的缺点放大，把优点缩小，歪曲了事情的本来面目。

（五）自我中心

有些罪犯总是围绕着自己想问题，总是过于在乎别人怎么看他，别人怎么对待他，别人是不是在意他，甚至别人是不是都在关注他。他会想今天谁看他时眼神怎么不对劲，表情怎么不对劲，或者总是感觉别人不给自己好脸色看，在议论自己，推断他们肯定是在说自己的坏话等。脑海中经常被这些想法所缠绕，时间久了，容易产生自卑自怜、自怨自艾、患得患失的情绪。

三、罪犯错误认知矫正的步骤和方法

这里主要介绍运用心理学中的认知疗法对罪犯的错误认知进行矫正。认知疗法提供了一系列科学、系统的方法体系，可以协助我们改变来访罪犯的错误认知。在矫正过程中，可以帮助来访罪犯发现、识别、收集负面自动想法，并对其进行分析，揭示其潜在的破坏性认知结构，并给予认知重建，使来访罪犯发展新的认知和行为来替代适应不良的认知和行为，配合作业布置，帮助来访罪犯进一步澄清认识，摆脱功能不良的想法，使来访罪犯能够广泛应用新的认知和行为。矫正罪犯错误认知可采用以下步骤和方法：

（一）建立关系和促进动机

这是第一个步骤，目的在于与来访罪犯建立起彼此协作的关系。认知疗法涉及对来访罪犯的错误想法乃至深层信念进行分析，因此需要来访罪犯愿意开放自己，主动配合、共同工作，才能收到良好的效果。

向来访罪犯简要说明认知疗法的原理，错误的认知对个人的危害性，以及正确的认知将会带给他的改变，这将会促进来访罪犯提升接受认知疗法的动机，更愿意与帮助他的民警协作。

（二）诊断和评估

通过查看来访罪犯的档案、与罪犯初次面谈，了解罪犯发生事件的来龙去脉，以及深入了解来访罪犯在叙述事件的过程中的想法和感受，对罪犯进行诊断和评估。

1. 首先对来访罪犯进行心理状态评估，确定来访罪犯心理问题严重的程度。

2. 对罪犯的错误认知进行诊断和评估，识别和辨析罪犯的错误认知对其造成的情绪和行为方面的影响。

3. 建立治疗协议，在双方协商的基础上确定治疗目标。

4. 对其进行提问和深入探索，了解来访罪犯的负面自动想法。

（三）识别负面自动想法

1. 发现认知—情绪—行为模式。自动思维是介于外部对事件与个体对事件的不良情绪反应之间的那些思想，大多数罪犯不能意识到在不愉快情绪之前会存在着这些思想，因为这些思想已构成他们思考方式的一部分。他们对这些思想已经非常相信、熟悉和习惯了，因此在认知治疗的开始阶段，可以要求来访罪犯对他们日常活动中的事件以及所思所想连续记录，也即自我检测，以此协助养成他们观察自我的习惯，开始初步认识内心世界的想法和感受。通过讨论和分析，找出某些生活事件与负面情绪的规律性的关系。再帮助他们了解在事件和情绪之间，有什么想法和思维方式自动运作。协助他们了解这些想法和思维方式，比如看问题的特定角度和立场，是如何影响他们的情绪和做出相应的行为的。可以按照下面的方式进行记录：

A ⟶	B ⟶	C
诱发性事件：特定情形和特定人	你对诱发性事件的信条	你的感受和行为

这样，教会来访罪犯学会发现和识别自动化思维过程，可以采用提问、自我扮演或模仿的技术方法，使其找出导致不良情绪反应的思想，并在其后进行针对性协助。

2. 用 DRDT 表进行记录和分析。帮助来访罪犯识别导致痛苦情绪的情境和自动想法，可以采用 DRDT 表，尽可能让其坚持对负面自动想法进行记录。DRDT 即功能失调性想法记录的作业，它有四个重要的组成部分，相当于认知模式的三个要素即情境、信念、情绪反应，再加上第四个部分即来访罪犯对信念的合理反应。首先告诉来访罪犯，要用 DRDT 表记下产生情绪的生活事件，同时也要记下在情绪体验中的自动想法和思维。一旦来访罪犯能通过 DRDT 表汇报有关的情境、自动想法、情感反应以及对自动性想法提出的合理反应时，就可以开始协助来访罪犯学习对自己的想法提出疑问，以及检验他们的推论正确与否。许多学者认为，认知疗法之所以有预防复发的作用，主要原因就在于来访者保留了在治疗期间学会的对自己的想法给予关注、提出问题并进行分析的能力。对于来访罪犯也是如此。

因此，首先告诉他们要用 DRDT 表记录下产生情绪的生活事件，同时记下出现负面情绪时的自动想法和思维。在这个过程中，识别认知错误比识别自动思维难度相对较大，需要与来访罪犯一起进行选择性分析，然后归纳出一般规律，找出共性，便于识别，为随后认知的改变打下基础。

(四)进行认知重建

1. 进行辩论，实际训练。引导来访罪犯在处理日常生活问题的过程中培养对观念看法的讨论，必要时展开辩论，便于其接受并使用新的认知对抗原有的认知，让其练习将新的认知模式用到社会情境之中，取代原有的认知模式。比如，可使来访罪犯先用想象方式来练习处理问题或模拟一定的情景，或在一定条件下对来访罪犯实际进行训练。

2. 反复练习,巩固效果。这里侧重于来访罪犯对问题的理解和矫正,帮助他们不断反复练习和使用新的认知概念,不断反复练习和应用合理的反应方式,取代负面自动思维。教给来访罪犯用现实的或理性的信念或原则替代极端或错误的信念或原则。例如,某罪犯极端的信念是:我努力劳动、积极改造,就应该得到减刑的刑事奖励,如果得不到我就很沮丧。现实的信念可以是:我努力了,就有减刑的可能,但是结果怎么样,不是我能控制的。

3. 积极的自我对话。运用应对思想训练,采用积极的自我对话,以代替消极的自我否定。针对一些自信不足的罪犯,可以要求他们坚持每天回顾以发现自己的优点或长处并记录下来,或者要求他们针对自己的消极思想,提出积极的想法或举措。坚持一段时间以后,可以发现他们的情绪会有很大的改观,这种技术对于文化程度较低或易受暗示性的罪犯有相当明显的效果。

4. 布置家庭作业。在指导罪犯识别了自动化思维和认知错误以后,接着是布置作业以检查来访罪犯的这些错误认知的真实性,这是中心环节。首先,要告诉来访罪犯这些认知还只是预测、推论或假设,而非现实。其次,同来访罪犯一起对这些新的观念是否合乎逻辑、是否合乎实际进行检验和辩论,使之认识到原有的观念中不符合实际的地方,并自觉纠正,这是认知治疗的核心。在这个环节,配合使用家庭作业,便于来访罪犯独立思考、分析,真正起到检验的效果。

比如,针对来访罪犯的自我中心思维倾向,有的罪犯总感到自己是别人注意的中心,自己的一言一行都会受到他人的评价。为此,他常常感到自己是无力的、脆弱的。可能因为威严的监狱环境和复杂的人际关系导致罪犯比较敏感。对这部分罪犯,可以通过指导其进行现实观察和实践检验,让他们意识到自己并非他所想象的那样是被人注意的中心。

(五)监控情绪,观察自我

大多数来访罪犯认为他们的不良情绪会一直持续下去,刚开始感觉到自己的焦虑时,会因为自己的焦虑而更加焦虑。而事实上,这些情绪常常会有一个开始、高峰和消退的过程,而不会总是持续。要训练来访罪犯学会观察情绪的涨落变化,做好监控记录。这样,让他们发现恶劣的心境并不是一成不变的,即使在一天之内也是波动的,使其对不良情绪的波动以及引发的一系列情感、行为上的不良反应有更好的了解和把握,从而增强改变的信心。

可以训练来访罪犯对每天的积极体验和胜任的任务进行记录。通过记录,多数来访罪犯可以发现自己的兴趣点、成功的方面、高兴的时刻,帮助来访罪犯客观地观察自己和生活。例如,某来访罪犯认为自己什么都不行,劳动任务完不成或者完成的质量不高,通过自我记录,来访罪犯逐渐认识到他还是有进步的,有一定能力的,并不是像自己想象的那样一无是处。意识到这一点之后,会帮助其体会到愉快和轻松感,并发现生活的意义。

(六)运用与巩固

在此过程中,作为新认知和训练的结果,要求来访罪犯重新评价这些新认知在情境中对情绪和行为的调整作用。比如,在练习过程中,持续训练来访罪犯监控自我的行为和认知,继续学习自我情绪管理。要充分发挥引导的作用,适时提出各种建议,以期强化治疗效果,进一步帮助他们建立信心,并为他们在未来从容应对各种事件的不良刺激打下基础。一旦发现来访罪犯求助的问题缓解了,也掌握了一些技术的运用,提高了自我调节的能力,便可告一段落。

第二节　调节罪犯情绪的方法

一、罪犯情绪的特点

罪犯由于受到刑罚的处罚,有的还遭到各种负面生活事件的打击(如妻子与其离婚、经济困难等),常常容易产生消极的情绪。其情绪主要有以下特点:

(一)消极负面状态

不少罪犯的情绪消沉、厌倦,他们对监狱组织的各种活动不感兴趣,消极应付,感到前途无望。这种不良的心境影响着罪犯的整个精神活动,使其很容易为一些微不足道的小事而互相猜疑。

某监狱采用焦虑自评量表(SAS)和抑郁自评量表(SDS)对270名在押罪犯进行心理普测,测试结果显示50.32%的人存在焦虑症状,60.61%的人存在抑郁症状,①说明消极负面的情绪状态在罪犯当中普遍存在。杨惠倡等人对初入狱青年男性罪犯人格特征的研究,②杨春平等人对1000名罪犯心理健康的问卷调查,③广东省监狱管理局对广东省监狱罪犯的心理状况进行的调查等,上述多项研究均显示

---

① 邱鸿钟、蔡锡鹏等:《音乐治疗对服刑人员情绪与行为影响的研究》,国际中华应用心理学研究会第六届学术年会论文。

② 杨惠倡、王大勇、朱海燕:《初入狱青年男性罪犯的人格特征研究》,载《青少年犯罪问题》2007年第6期。

③ 杨春平、王东亚:《对1000名罪犯心理健康的问卷调查报告》,载《犯罪与改造研究》2005年第6期。

情绪问题是罪犯表现最多的心理问题,这直接影响对罪犯的正常教育、改造工作的顺利进行。

造成这种状况的原因除了罪犯本身心理健康水平较低的作用外,特殊的监狱封闭环境、缺少与外界的交流、生活规律而单一、活动空间较小等,是导致罪犯焦虑和抑郁情绪的重要环境因素。与此同时,罪犯能够使用的心理自我调节方法也较为有限。所有这些因素都可能导致罪犯的消极的情绪体验不断持续。

(二)易激惹状态

有些罪犯的情绪表现为易激惹状态,有的遇到小的挫折就忧心忡忡,陷入焦虑而不能自拔,甚至出现自伤、自残、自杀现象。经验表明,长期处于紧张焦虑或抑郁状态的罪犯容易出现多种影响监管安全的问题,如与人发生争执,甚至打架、伤人、自伤、自残等。

在强烈的激惹状态中,人的自我控制能力降低,容易发生一些情绪型再犯罪,如打架、伤人甚至暴狱等,这类犯罪通常防不胜防。造成罪犯易激惹的原因主要有两个方面:其一,具有暴躁易怒的气质特点,多见于胆汁质与多血质为主的罪犯;其二,罪犯的不良情绪长期积累,如狱内人际关系冲突、家庭重大变故等。

(三)缺乏积极正面的社会性情感

道德感、美感、理智感是社会性情感的主要内容,是人们在追求真、善、美的过程中产生的高级情感体验。道德感是人所特有的一种高级情感,是品德的一个重要组成部分。它是一个人对自己或他人的动机、情感、言行是否符合一定的道德行为准则而产生的一种内心体验。道德感教给人们区分对与错,引领人们走正确的道路。道德感使个人形成良好的行为习惯,良好的行为习惯保证了个人的合法性。因此,犯罪本身看似是违背了法律,从根本上而言也是道德感低下或薄弱所致。罪犯的道德感薄弱,通常表现在过分以个人利益为中心。

美感是审美主体对客观现实美的主观感受,即人类的审美意识,是人在审美活动中对于美的主观反映、感受、欣赏和评价。美感的核心体验是美好的感觉。随着美感的对象不同、主体体验的层次不同,让美感引导人的行为的作用有所差异。罪犯的美感通常建立在比较浅的感官的层次上,对于暴力犯而言还存在病态的美感问题,如崇尚暴力带来的内心体验、以炫耀暴力为美等。这些特点不利于罪犯积极健康情感的培养。

罪犯的理智感也比较弱,表现为正确思考的能力、理智控制情感的能力、深入思考的能力都相对薄弱。相当一部分罪犯由于文化水平不高、生长环境比较艰苦等,对知识和真理缺乏兴趣和热情,是非不辨,真假不分。理智感薄弱,不利于罪犯进行正确的思考以及对自身的消极情绪进行有效调节。

二、罪犯情绪发生的心理机制

(一)认知对情绪情感的决定性作用

现代情绪心理学越来越重视对刺激环境的认知评价在情绪发生中的作用。同样的客观事物会因不同的认知评价引起不同的情绪反应。例如,同样是受到处罚,有的罪犯会认为是自己不对,心理较平衡;有的罪犯则会认为是监狱民警故意和他过不去而产生敌对、怨恨情绪。这种认知和评价既与他的认知经验、看问题的角度有关,也与当时所受刺激的强度有关。

(二)人与人之间情绪的感染性

情绪的感染性是指,当一个人感知他人的情绪体验时会引起相应的情绪反应。罪犯的情绪感染主要有以下几种途径:一是同监舍罪犯的情绪感染,如暴躁、压抑等集体情绪的感染;二是监狱民警的情绪感染,民警的冷漠、厌恶、训斥等,极易促使罪犯产生绝望、敌对的情绪;三是情境演绎中的情绪感染,如把现实生活中的情境搬上舞台,受害者的痛苦、家人的痛苦、罪犯演员的悔恨等,会让观看的罪犯产生难过、自责等情绪体验;四是家属的情绪感染,在探监或其他形式的与家人接触的情境中,家属的情绪很容易让罪犯产生共鸣,因而出现与家属一样的情绪,如担忧、愤怒、伤心等。

三、调节罪犯情绪的心理学方法

对罪犯情绪的调节,是一个长期的工作。改变罪犯的不良认知是最重要的、核心的方法(详见上一节),下面介绍其他几种常用的方法。

(一)叙事疗法

叙事疗法(又称叙事心理治疗、谈话疗法、故事疗法)是 20 世纪 80 年代从家庭治疗领域中派生出来的一种新兴的心理治疗取向。叙事疗法为咨询师理解人的心理现象和意义世界提供一种更为灵活的、多元化的视角,它关心的是人类行为的故事性。

在叙事疗法中,咨询师鼓励来访者用自己的语言述说自己的生命故事,协助他们对以前充斥问题的叙述进行修订,并重新建构一个新的人生故事的治疗方法。换言之,即通过与来访者的谈话,发现来访者的叙事框架,通过外化(把人和问题分开,以第三者的角度来看问题),寻找例外事件,解构(打破僵化的故事结构),再创造(丰富替代性故事)的方法帮助来访者从受压抑的事件中解放出来。在监狱中运用叙事疗法,尚属于比较新的尝试,有比较少的研究者或咨询师进行了探索,如对使用叙事疗法缓解罪犯的焦虑情绪进行了初步探索。①

叙事疗法与认知疗法的共同点在于,二者都鼓励来访者通过仔细检视现存想法的限制,重新建构对于事物的理解和想法,都认为治疗师的任务是协助个体更充分地运用自己重新建构经验的能力。然而,较之认知疗法,叙事疗法的特点在于它摆脱了传统意义上将个体看作问题的治疗观念,通过个体叙说自己的故事、将问题外化等方法,使个体在心理与行为问题的改变中变得更自主、更有动力,提升了个体在改变中的主动性,因此值得在罪犯群体中进行适切性探索。

(二)暗示疗法

暗示疗法是指通过语言、动作或者其他非言语的方式来影响来访罪犯的观点、态度或者信念,通过这种方法来解决当前出现的问题以达到治疗的目的。心理暗示作为一种特殊的社会心理现象,是指个体在无意识条件下接受社会环境发出的自然的社会信息,并做出相关的反应。

在精神分析学家的观点中,个体在作出决策和自我判断时经常会出现错误,这便给别人暗示留下了空间。因此,暗示信息会在无意识中被接受,然后受到他人的影响,从而行为发生改变。暗示疗法的心理机制来自认知心理学,研究者认为,个体的不良行为模式是由于缺乏正确的或积极的认知而导致的,因此暗示的目的就是要用积极的自我暗示内容代替那些不恰当的、消极的自我暗示内容,提高个体自身的认知水平,消除不良的行为方式。

在罪犯的情绪矫正中,可以通过分析情绪的真相,让罪犯看到情绪背后的想法,并用正确的认知替换不正确的想法,然后以典型性的积极正向的语言,制成贴纸、书签等形式,置于罪犯常常看到的地方,用于提醒他们。也可以将正确的想法,谱成曲子、创作歌曲、写成诗歌、创作剧本、搬上舞台等,进行提醒、强化和暗示。

(三)音乐疗法

音乐疗法是在音乐治疗师的指导下,运用音乐特有的生理、心理效应,通过各种专门设计的音乐行为,使求助者经历音乐体验,从而恢复或增进心理健康的一种干预过程。音乐疗法的形式包括集体治疗和个体治疗。音乐疗法的方法有接受式、再创造式和即兴演奏式三种。接受式音乐疗法的特点是通过聆听音乐达到治疗目的;再创造式音乐疗法不仅要求聆听,还要亲身参与到音乐活动之中;即兴演奏式

---

① 冷静:《叙事心理治疗对缓解服刑人员焦虑情绪的实验研究》,漳州师范学院2011年硕士学位论文。

音乐疗法的特点是随着自己情绪的变化来演奏音乐。

人类将聆听音乐作为一种愉悦身心、强身健体的手段，无论中外，古已有之。《史记·乐书》载："故音乐者，所以动荡血脉，通流精神而和正心也。"《黄帝内经》提出"五音"的理论，"天有五音，人有五脏；天有六律，人有六腑""角为木音通于肝，徵为火音通于心，宫为土音通于脾，商为金音通于肺，羽为水音通于肾"。所以，利用音乐疗法来治疗人的身心是自古就有的方法。

在生理机制上，以往的研究发现，在听到音乐时，人的副交感神经被激活，同时会让人感到放松，生理唤醒水平会降低，产生审美类的体验性情绪。在音乐治疗的过程中，研究者发现人的血压、心率等生理指标也会受到影响，同时，积极的音乐可以改善大脑皮层和海马脑区的功能，而消极的音乐则会抑制这部分功能。

在心理机制上，音乐具有明显的能动性，影响着人们的心理和生理活动。音乐可以影响和调节人的情绪，也可以进入潜意识中，修正一些心理问题，具有一定的催眠效果。在人际关系上，良好的音乐能促进沟通，增进团结，改善关系。音乐是一种社会性的非语言交流的艺术形式，音乐活动(包括歌唱、乐器演奏、创作等)本身就是一种社会交往活动。社会信息和社会交往方面的不足，会严重地影响人的心理健康。通过参加各种音乐活动，如合唱、乐器合奏、舞蹈等，为来访罪犯提供一个安全愉快的人际交往环境，协助他们缓解情绪，恢复正常社会交往能力，都很有利。事实上，音乐不仅表现了人类丰富多样的情感世界，而且让人感受到无言的爱和真挚，带来温暖和友谊，促进人的和谐和相互关心，有利于孤独中的人得到超脱，寄托各种思念和牵挂，潜移默化地影响人的行为。

正是音乐集思想、情感与行为，内在情感与外部人际交流于一体的特点，使音乐疗法在监狱这个特殊的群体中可以具有独特的意义和价值，可以成为监狱开展心理健康活动的一种较好的选择。监狱可以结合不同罪犯的特点，开展多种多样的音乐活动，如音乐欣赏、音乐创作、歌咏比赛、手语操、音乐剧、音乐放松训练等。多样化的音乐活动有利于满足不同罪犯的需求，调动有需求的罪犯参与音乐治疗的积极性。

(四)冥想疗法

冥想作为一种综合性的心理和行为训练方法，是指通过身心的自我调节，建立一种特殊的注意机制，最终影响个体的心理过程的一系列练习。冥想的功能主要表现在认知、情绪和心理体验三个方面。从认知的角度来说，冥想是一系列注意力的实践，导致意识特征或状态的改变；从情绪的角度来说，冥想是一系列复杂的情绪和注意调节训练，可以提高幸福感，有利于情绪平衡；从心理体验的角度来说，冥想是通过自我调控练习使个体获得专注、明晰和宁静,整体上产生心理幸福感的一种练习。

冥想起源很早,属于瑜伽的知识体系,在八步瑜伽中作为第七个步骤被讲述。①后来,冥想得到了广泛的运用。冥想的种类繁多,根据冥想时姿势的不同,分为静坐式冥想和运动式冥想。根据注意点的不同,冥想也可以分为呼吸冥想、语音冥想等。国际上普遍认可的是根据注意朝向的不同将冥想分为聚焦式冥想(集中冥想)和正念式冥想(开放监控式冥想),其他各种冥想都是处于这两端之间的连续体,更靠近前者就属于聚焦式冥想,更靠近后者则属于正念式冥想。聚焦式冥想强调的是把注意力集中到特定的对象上,并且持续关注这个对象,而正念式冥想则是强调对任何正在出现的心灵内容的开放意识,主要包括内观、禅修、正念减压疗法、正念认知疗法等。

在所有的冥想体系中,瑜伽语音冥想的功效更加直接,简单易行,久经时间考验或广为人们使用。瑜伽语音冥想可以配合呼吸法一起练习,也可以单项练习。瑜伽语音冥想又称曼陀(Mantra)冥想。梵语词"曼陀"可以分为两部分,即"曼"(man)和"陀"(tra)。"曼"的意思是"心灵","陀"的意思是"把什么提升上去,让什么得到自由"。因此,"曼陀"的意思是能把人的心灵从种种不正确的思想、忧虑、情绪、内心负担等状态中获得提升和自由的一组特殊语音。一个人只要把注意力集中在瑜伽音震上,就能逐渐超越愚昧无知和激情等属性,而处在善良属性的状态中。能让人从事语音冥想的曼陀有很多,比如常见的"OM"冥想,能让人获得身心各方面的很多好处。

在瑜伽语音冥想中,让人的注意力尝试保持专注在这个声音上,总是轻柔地设法把注意力集中在正确的对象上(这里是声音),如果注意力离开了这个对象,就设法把它带回来。如此训练,内心就会变得更加稳定、清晰。瑜伽语音冥想练习极为简便易行,没有什么硬性的严格的规定。可以采取唱的方式或仅仅是发出声音都可以,集体练习比个人练习收效更大。

第三节　矫正罪犯意志的方法

由于犯罪被判刑入狱接受改造,失去人身自由,对罪犯而言是经历的人生巨大

---

① [印]帕谭佳里:《瑜伽经》,[美]霍华德·雷斯尼克英译,嘉娜娃中译,中国社会科学出版社2017年版,第75页。

转变。虽然改造过程是对罪犯心灵和人格的重塑,但这个过程对很多罪犯来说是漫长而艰难的,这就需要罪犯拥有一颗坚韧不拔的心,即顽强的意志力。

一、意志及意志品质

意志是人自觉地确定目的,并根据目的调节支配自身的行动,克服困难,去实现预定目标的心理过程。它是决策心理活动过程中重要的心理因素,是人的意识能动性的集中表现,在人主动地变革现实的行动中表现出来,对行为有发动、坚持和制止、改变等方面的控制调节作用。它代表的是人对自身的一种驾驭能力,主要展示了人类自主精神的作用。

意志品质的概念是在意志概念的基础上界定的。很多心理学家认为意志品质至少包括自觉性(主动性)、坚韧性、果断性、自制性等几个维度。意志行动与调动自身各方面能力朝向一个目标有关系,因此必须是一种主动自觉的行为,而不是被动行为;意志行动与克服困难相联系,必须长期地忍耐、坚持以达到目标,因而需要坚韧性品质;意志行动所面对的情境有时有很大的不确定性,常常处于两难境地,却又必须迅速决策,因而需要果断性品质;意志行动在克服困难的过程中,会受到内外部的各种诱惑,产生激烈的动机斗争,因而需要自制性品质。综上所述,意志是一个人根据预定的目标,有计划地自觉地来支配与调节自己的行动,并能不断地克服各种困难,战胜挫折,以实现预定目标的心理过程。在个体的意志行动过程中表现出来的比较稳定的、鲜明的心理特征就叫意志品质。意志品质主要包括自觉性、果断性、坚韧性、自制力四项。

二、罪犯应具备的良好意志品质

(一)独立分析并解决问题

罪犯入监后,在生活、人际交往、环境等方面发生了很大的变化,会遇到各种各样的问题与状况。多数罪犯独立意识较强,能从成人的角度独立地、自觉地分析和解决问题。在日常生活中,他们能尽快适应与不同习惯、人格和文化背景的罪犯相处,能接纳不同的环境带来的种种不便并能尽快适应,能比较好地参加日常各项活动,基本能恰当地处理与他犯之间的矛盾冲突。他们在时间运用上比较得当,围绕改造目标合理安排自己,不做过多的无用功,不无谓地耗费时间,能合理安排改造活动之余的休闲时间,让自己的服刑生活有条理、有规律地进行。

具有独立分析与解决问题能力的罪犯在遇到各种各样的问题与情况时,能够根据自己的认识,保持清醒的头脑,独立地去分析问题产生的原因,想方设法地解决问题，而不是依赖于别人帮助自己分析解决问题，更不是退缩、逃避，他们勇于面对问题，积极建设性地解决问题。

（二）勇于克服困难与战胜挫折

在改造过程中勇于克服困难与战胜挫折是罪犯应具备的良好意志品质，具有此种意志品质的罪犯有坚韧性与百折不挠的品质，他们不断地克服在实现目标的过程中所遇到的各种困难与所遭受的各样挫折，如家人不理解、身体病痛、体力减弱、预期的减刑或假释的申请没有获批等。即使在遭遇这些困难和挫折甚至失败的情况下，他们也不轻言放弃、自暴自弃，而是不断调整自己的思路和方法，调整情绪，意志坚定地继续执行改造的计划，朝目标努力前进，以期最终达到目的。

（三）自觉控制和协调情绪

自觉控制和协调情绪是罪犯应该具备的良好意志品质。具有自觉控制和协调情绪能力的罪犯情绪稳定，对于自己的不良情绪有较好的控制力，如抑制暴怒、痛苦、失望等不良情绪，抑制冲动性行为。他们遇到事情往往能保持清醒的头脑，全面分析问题，考虑事情的严重后果，从而谨慎地作出决定，避免冲动性行为和伤害性行动。在产生情绪后，他们也有能力通过一系列方法来排遣心中的不快，协调情绪，避免自己做出鲁莽、冲动的行为。例如，能够恰当地运用转移注意力法，将自己的注意力从引起不良情绪的事件中转移出去，投入新的有意义的事情上，尽量转化为积极乐观的良好情绪；也能够合理地宣泄情绪，如通过找关系较好的罪犯倾诉，或者通过一定的文体活动疏导情绪，保持自身情绪基本稳定。

三、罪犯意志品质存在的问题

意志是人为了达到既定目的而表现出来的一种不达目的誓不罢休、勇于克服一切困难、百折不挠、积极进取的自觉意向。意志的自觉性，其外在表现为热情、兴趣等，内在表现为责任心、职责意识等。不少罪犯在日常没有养成良好的意志品质，缺乏担当、责任意识，具有好逸恶劳、自私自利、不劳而获的严重倾向。他们往往是经不起社会上的各种诱惑或克制不住自己的各种冲动而走上犯罪道路的，进入监狱服刑改造后，有些罪犯给自己定下了一定的改造目标，却因意志力差而难以坚持，更难以做到思想、行动上的自觉，使其改造活动不能持续稳步向前。具体表现在：

（一）面对改造任务，意志力薄弱

一些罪犯意志力薄弱，他们虽然有目标、有理想，希望自己在改造中进步，希望能获得更好的处遇，甚至受到立功、嘉奖、减刑、假释，但在遇到困难后就退缩、放弃，往往没有恒心，缺少坚持不懈的精神，预定的目标不断变化，做的事情往往半途而废，已定的目标与任务不能很好地完成。

第一，在实现改造目标上，他们在执行计划时，往往虎头蛇尾，缺少毅力，逃避问题与困难，导致计划不能很好地完成。这些罪犯常常会制订计划，也下决心要按时完成，但是有的推延执行，有的意志不坚定而放弃。最后都是很难完成自己制定的改造目标，荒废了很多时间和精力。

第二，在改造行为上，他们缺乏毅力，遇到小小的困难，就动摇自己的信念，不断妥协，甚至放弃自己预定的目标。少数罪犯沉溺于各种不良想法和负面情绪，夸大困难和问题，弱化自我的能力，不愿意承担责任，对改造任务挑三拣四，对改造结果怨天尤人。这种罪犯因为意志力比较薄弱，又想要得到一定的改造结果，因而可能在改造过程中避重就轻，投机取巧，溜奸耍滑，甚至装疯卖傻逃避改造。

例如，罪犯宁某，31 岁，因吸毒罪被判入狱。宁某离婚后其母独自抚养 5 岁的孙子。在刚刚入狱的一段时间，宁某受管理教育和亲情感化，能够体谅单亲母亲这么多年养育自己不容易，年过花甲了还要帮自己带孩子。宁某万分悔恨，下定决心痛改前非，用劳动改掉自己好逸恶劳的坏习惯，主动申请到最苦最累的岗位，争取早日出狱孝顺母亲。最初的几个月，宁某表现得非常好，但渐渐地又变懒惰了，后来竟然通过装病去医院就诊来逃避劳动。谈话教育中，宁某坦言并没有忘记自己最初的服刑规划，也没有忘记母亲和儿子的孤苦无依，可就是因为从小养成的懒惰，导致每次下的决心都坚持不下来，总是会有先让自己轻松一天是一天的想法在作怪。类似宁某的罪犯有很多，由于他们没有良好的意志品质，在遇到困难时总会以逃避现实的方式来处理。

（二）面对问题缺乏果断性

有些罪犯面对问题缺乏果断性，不知道如何作出选择，优柔寡断，即使作出决定也是草草率率，没有经过深思熟虑。

首先，这些罪犯容易犹豫不决。他们面对问题时，往往瞻前顾后，优柔寡断，难以取舍，不能迅速地采取有效方法解决问题，在犹豫不决中耽误了问题解决的良好时机。比如，有罪犯发现他犯有重大狱内再犯罪嫌疑，但是因为瞻前顾后，害怕被报复，而失去及时上报的机会，使重大监管安全事件不能及时得到制止。

其次，这些罪犯容易轻率和冲动。有些罪犯没有经过深入的分析与思考就轻易作决定，过于轻率导致作出错误的判断，进而造成严重的后果。这些罪犯在日常改造和生活中，往往盲目自信，过高估计自己的能力，缺乏周密思考，不顾主客观条件，冲动地作出判断与决定，往往不切实际，甚至出现严重的后果。比如，个别罪犯为了报复或达到某种个人目的铤而走险，最终带来害人又害己的结果。

最后，这些罪犯易受暗示。这也表现为罪犯缺乏自信，缺乏主见，判断力不足，经常跟随别人的意见与行为，也抵制不住罪犯中各种不良思想如拜金主义、享乐主义等的影响，从而让自己的价值观更加混乱，更难区分正确与错误，因而极易走上偏离正确改造方向的道路。

（三）面对挫折心理承受能力比较弱

现在的罪犯很多是独生子女，是在父母的宠爱与呵护下长大的，缺少艰苦生活磨炼，造成了这部分罪犯抗挫折能力低，心理承受能力弱。监狱生活毕竟属于监禁生活，罪犯的人身自由受到限制，在改造压力以及罪犯之间的特殊关系、与家庭不能相聚等种种压力作用下，在服刑期间难免会遇到困难与挫折。一旦遇到挫折与失败，有时哪怕是受到监狱民警的批评、家人没有来看望、被他犯欺负等外界刺激，心理承受能力较弱的罪犯就会产生委屈、抱怨、不满的情绪，他们不仅逃避困难挫折，而且放弃改造希望，严重的甚至走上了狱内再犯罪或自我毁灭的道路，偏离了改造的正确方向。

（四）面对冲动自制力不强

有些罪犯对自己持放纵态度，对自己的各种冲动情绪不能有效地控制与管理，有时会做出冲动性行为，不能专心致志地完成自己的任务，自己想做的事做不到，愿望难以实现。他们个性乖戾，性情不稳，容易被激惹，经常因为自制力薄弱而与他犯产生矛盾冲突，甚至冲动地不计后果地用极端方式处理问题和争执，这是狱内事故多发的原因之一，严重的会威胁到监狱安全。同时，他们面对不良诱惑，也缺乏自制力。比如，因为图谋他犯的小恩小惠就可能失去改造原则，做出不良行为。

四、培养罪犯形成良好意志品质的方法

意志是推动罪犯积极进行改造的强大动力，是改造动机系统中的核心成分。离开了良好的意志品质，罪犯就不可能有坚定的信念，也不可能克服改造生活中的各种困难险阻。因此，培养罪犯形成良好的意志品质是罪犯顺利度过监狱生活的重要保证。那么，怎样去培养良好的意志品质呢？

（一）进行正确价值观、世界观和人生观的教育

一个人的意志强弱与其价值观、世界观和人生观有很大的关系。既然意志是以明确的行动目的为基础的，那么目标是否正确、是否远大、是否具有较高的社会意义将决定着罪犯是否能抑制个人私利和私我的执着；是否有坚定的信念和崇高的理想将决定着罪犯在改造中能否在困难面前不低头，自强不息，不达目的誓不罢

体。在进行价值观、世界观和人生观教育的过程中，应使罪犯了解意志的含义，良好意志品质与不良意志品质的区别，以及意志培养的重要意义。为此，罪犯教育要用现代科学知识与对现实的深刻分析来开展；可以组织罪犯参加“三观”教育的实践活动，如榜样教育、社会帮教、案例分析、主题团体活动等，培养罪犯树立正确的改造观、集体观、劳动观等，提高明辨是非的能力，增强对错误思想和观念的识别力和抵抗力；引导罪犯树立正确的价值观、世界观和人生观，树立自己的人生目标和改造目标。

（二）提高认识能力

罪犯能否具有正确清晰的改造目标与其认识能力的高低是分不开的，认识的程度是罪犯意志产生的基础。在认识活动的基础上人们能够选择恰当的目标以及确定达到目标的方式。一般而言，罪犯在确定目标、选择方法时，要通过感知、思维、想象等认识过程，对主观条件进行分析，回顾以往经验，设想可能结果，拟定实施方案，并对这一切进行反复的思考和推敲，从而实现认识活动的目标。因此，对改造任务的认识程度，决定了罪犯的改造目标。这就意味着要对罪犯进行系统的知识教育，教给他们正确的、从长计议的、由浅入深的、既考虑自己又考虑其他因素的分析问题、判断问题的方法，从而提高其选择恰当目标和确定正确行动方向的能力。

另外，在明确目标以及尚未开始行动之前，还要教会罪犯选择适当的方式方法，这也取决于一个人知识的广度和深度。一个人知识经验越丰富，他就可以有更多的备选方法并从中选择较优的方法；在遇到困难时，能善于找到问题的症结所在，并善于从多角度、多层面去寻找解决问题的办法。

（三）帮助罪犯树立信心

树立信心就是让罪犯相信自己的能力，对服刑改造中遇到的困难有信心迎难而上，并且坚持不懈地努力。尽可能给他们创造成功的机会和条件，让罪犯体验到成功的快乐。如果罪犯一遇到困难，监狱民警就协助解决，则容易使罪犯产生依赖和怠惰心理，时间长了容易对自身的能力产生怀疑，丧失自信。可以给他们提供一些解决问题的方法，但是尽量不要替代他们解决问题。比如，罪犯之间有了矛盾冲突，可教给他们沟通的方法，鼓励他们进行建设性沟通。同时，教会罪犯鼓励和肯定自己，比如情绪低落、意志涣散的时候，协助他们回顾以往的经历中成功战胜困难的经验，使之从中体会到自己具备的能力和勇气。另外，帮助他们学习一些社会学常识和心理学知识，使他们对自己和他人多一些客观认识，也有助于其提高自信心。

（四）发展健康情感

情绪和情感是推动人们进行活动的强大动力。尤其是在完成比较复杂或把握不大的任务过程中，遇到困难、挫折时或身处逆境时，积极的情绪和情感会鼓舞一个人的斗志，增强一个人走出困境的勇气和决心；消极的情绪和不健康的情感会削弱一个人的斗志，使人退缩，甚至消沉下去。为此，我们必须帮助罪犯学会以辩证的观点去看待过去的失败，明确失败是不可避免的，而且在很多时候，它还是通向成功的阶梯。因此，要培养罪犯积极的情绪和情感，在失败面前惭愧而不气馁，内疚而不失望，自责而不伤感，排除杂念，从失败中奋起，在逆境中前行。

（五）培养和增强责任心，强化坚韧性和自制性

责任心是个体对其所属群体的共同活动、行为规范以及他所承担的改造任务的自觉和负责任的态度。一个具有强烈责任心的罪犯，会克服懒惰和不良习惯，增强克服内外障碍的力量，具有坚韧性和自制性的特点。责任心是罪犯在群体共同活动的过程中通过社会价值与行为规范的内化后形成的，它主要由三种成分组成，即责任认识、责任感和责任行为。

第一，提高罪犯的责任认识。从思想教育入手，讲明责任对于改造生活乃至人生的重要意义，哪些是在监狱改造生活中应尽的责任，以及怎样才能履行好这些责任。例如，应该遵守监规纪律，积极参加改造，合理处理矛盾，认真对待岗位职责，维护自身和他犯安全等。

第二，培养责任感。引导罪犯树立正确的改造理想和目标；增强罪犯主体意识，充分发挥其主体作用；形成正确舆论，鼓励负责行为。强化因履行责任而引起的积极情感体验，弱化和消除他们由于履行责任受到非议而引起的消极情感体验，培养他们对未尽责任产生自责感。

第三，培养负责行为。培养罪犯的负责行为，不只是责任心培养的重要途径，而且是责任心培养的落脚点。不仅要听其言，而且要观其行，在改造过程中观察和培养其责任行为。

（六）从日常小事做起，意志培养与罪犯自我教育相结合

意志品质必须通过实践的锻炼才能培养起来，为此应对罪犯加强练习，提升其意志的自觉性。意志的培养和锻炼不是一朝一夕的事，而是需要长期坚持不懈的努力。同时，培养和锻炼意志的过程就是意志教育与意志自我教育相结合的过程。一方面要不断鼓励罪犯自我激励。例如，把一些格言警句置于容易看到的地方，作为座右铭。当罪犯在生活、学习和劳动中遇到困难或障碍时，便用座右铭来激励自己。另一方面要鼓励罪犯进行自我监督和自我约束，即在个人单独行动时，也能自觉地监督自己、约束自己，把自己培养成为意志坚强者。另外，要促使罪犯善于进行自我批评，能够经常反省自身，认清自己意志行动的优缺点，从而肯定优点，克服缺

点，使意志得到加强。与此同时，还要加强罪犯的身体锻炼，增强体质。一般来说，健康的精神寓于健康的体魄。身体素质差、多病、体弱的罪犯相对来说自卑感强，神经脆弱，主观固执，意志比较薄弱。因此，可以加强体育锻炼，以增强体力，保持身体健康，从而提高罪犯的意志力。

第四节　矫正罪犯品德与价值观的方法

罪犯的品德又称罪犯的道德品质，指罪犯的德性或品性，是罪犯依据一定的道德行为准则行动时所表现出来的稳固的倾向与特征，是道德价值和道德规范在罪犯身上内化的产物，是罪犯社会行为的内部调节机制。

罪犯价值观是罪犯基于一定的思维感官之上而作出的认知、理解、判断或抉择，也就是罪犯认定事物、判定是非的一种思维或取向，从而体现出人、事、物的价值或作用。

一、罪犯品德与价值观的关系

罪犯的品德与价值观息息相关。“价值观，是一种判断是非、善恶、美丑、荣辱的态度、观点和心理标尺，它是人们对价值的认识、看法和见解的总和。核心价值观是价值观体系中占主导和起作用的核心部分。”由此可以看出，价值观问题是一个道德取向问题，体现着罪犯的品德。犯罪本身是违背道德的，是品德低下的体现；而对罪犯的改造又是符合道德的，是提升罪犯品德的过程；罪犯的价值观既有利于找出其犯罪的原因，又存在利于其改造的多种可能性，关系到罪犯品德提升的高度和过程的顺利程度。罪犯的品德状况是否能在改造过程中得到改变和提升，也是有关罪犯价值观的引领和改造的问题。

在对待犯罪行为认知层面形成的价值观，实际体现着罪犯的身份意识与悔罪意识，由此产生罪犯的道德责任。道德责任感是品德的重要组成部分。身份意识与悔罪意识是每一名罪犯需要具备的最基本道德责任感，需要以罪犯正确的价值观为基础。倘若罪犯价值观是与主流价值观格格不入的，甚至是完全相反的，罪犯就会失去基本的道德责任感，无法作为道德主体参与改造，其价值观失去了道德承载，是不道德的价值观。由此可见，罪犯价值观的形成，或者说是罪犯价值观的考量，事实上离不开道德因素和品德的衡量。司法实践中的罪犯身份意识与悔罪意识等罪犯品德的因素，是检验罪犯价值观的核心因素。罪犯称谓本身即强调罪犯的身份意识,这是监狱法等刑事法律明确规定的。只有形成正确的身份意识与悔罪意识,相应的价值观才是道德的,才具有伦理价值,才是改造的正确动力和指导。

这一价值在于罪犯表现为一种道德责任,它需要罪犯内化于心、外化于行,即真正认罪、真实改造。任何行为对于满足人的需要都会具有某种价值,不是物质价值就是精神价值。道德价值就是精神价值中的一种。它表现为对人们进行道德教育,加强道德修养,形成良好品德,选择道德行为,从而提高社会道德水平方面所起的积极作用。正确的价值观必然包含主动承担的道德责任,罪犯的道德责任感是非常关键的,不仅是正确价值观的形成基础,还关乎监狱刑罚执行的顺利与否。因此,罪犯的品德和价值观是相辅相成的。

二、罪犯品德和价值观的现状

(一)罪犯品德的现状

罪犯的品德,具有引导罪犯作出选择和实施行为的作用和意义,是道德原则的内化,是通过对无数具体经验的观察和对不同事物之于自己和环境的影响的分析和推理而来的。譬如,罪犯可能通过日常生活中的工作关系、人际关系、历史事件或者改造政策的实施过程,体会到公平的行为所带来的好处而接受公平原则,从而养成客观公正地对待他人的品德。品德的形成过程,集合了大量实践中的观察,以及自己若干次在实践中的体会,因此可以为罪犯提供全面和理性的判断和指引。

罪犯的道德意识的形成深受客观环境的影响,某种程度上是被环境形塑而成的,比如市场经济条件下极端的个人主义、自由主义和享乐主义思潮,传统观念中各种腐朽堕落的思想观念,各种非正式社会控制组织和机构、社会资本中的越轨亚文化等,都会对社会成员的道德意识产生各种影响,尤其是具有犯罪倾向的人更加受其影响。

道德认识、道德情感、道德意志和道德行为构成品德的四种基本心理成分。根据对罪犯的大量调查,就目前情况来看,罪犯的品德存在如下四个方面的缺陷。

1. 道德认识错误。道德认识是对是非、好坏、善恶的道德行为准则及其社会意义的认识。罪犯普遍缺乏最起码的品德,而以黑白颠倒的评价善恶、是非的标准对待人与事,并以此调节自己的行为,公然藐视社会公德和社会公共生活准则,藐视一切正常的社会秩序。他们的错误道德观念和不良品德主要表现为:亡命称霸的英雄观,哥们儿义气的友谊观,享乐至上的幸福观,低级下流的乐趣观等。

一般情况下,一个人只有知道了应该怎样行动以及了解到为什么要这样行动,才可能采取相应的行动。罪犯的道德认识普遍存在错误和缺陷,是非、荣辱、美丑、善恶颠倒。他们认为“吃喝玩乐是幸福,为所欲为是自由”,信奉的是“人不为己,天诛地灭”“人为财死,鸟为食亡”的资本主义和封建主义的道德观念,追求“哥们儿义气”。到了监狱,他们本身具有的这些错误的道德观念,还会以一种先入为主的而又顽固不化的“框框”去评价他人他事,并支配自己的行为活动。这种倾向集中体现为“四个增强,四个淡化”,即等价交换意识增强,认罪悔罪意识淡化;个体意识增强,集体主义思想明显淡化;投机冒险、侥幸取胜的思想增强,诚实劳动、勤劳致富的思想严重淡化;超前消费、及时享乐的欲望增强,勤俭节约、合理消费的观念淡化。

2. 道德情感扭曲。道德情感是人对自己和他人的道德行为评价时所引起的内心体验。道德情感的内容十分丰富,有责任感、义务感、集体主义情感、羞耻感、良心感等。罪犯由于特殊的生活经历,对人普遍感情淡薄,缺乏对别人最起码的尊重和同情。他们往往把自己的所谓幸福建立在别人的痛苦之上,对自己做过的缺德事,觉得心安理得,对野蛮和损人利己的行为表现出倾慕和崇拜。有的罪犯对一些不道德的行为抱着事不关己、高高挂起的态度,对社会缺乏义务感和责任感,缺乏应有的集体主义情感。

3. 道德意志薄弱。道德意志是人们履行道德义务过程中,自觉地排除障碍和克服困难的毅力。罪犯的道德意志,尤其是青少年罪犯、老病残罪犯的道德意志往往是很薄弱的,并具有两极性的特点,即在正确的方向上很薄弱,当遇到困难和挫折时容易畏缩不前、半途而废,往往是正确的道德动机不能战胜外部的和内部的不利因素,在改造中经常出现反复就是他们意志薄弱的表现。同时,在错误的方向上却很顽固,比如,有的罪犯在自己所处的小群体里争强好胜,喜欢表现自己的虚荣心;有的罪犯为达到某种负面的目的而甘冒风险、蓄谋伤害自己或他人。

4. 道德行为败坏。道德行为是人们在道德规范的约束和道德认识的支配下,对他人、对社会所作出的反映,是品德优劣的标志。罪犯群体中不良道德习惯的表现是:自由散漫,不愿意受纪律约束,好吃懒做,追求醉生梦死的寄生虫生活;粗鲁野蛮,不讲道理,横行霸道,我行我素;麻木残忍,报复心强,手段毒辣,不计社会后果等。

总之,罪犯普遍品德低下,有的罪犯在知、情、意、行方面都存在缺陷,有的罪犯则是某一方面或某一环节上存在缺陷。提升罪犯的品德,是矫治工作中迫切需要解决的问题。

(二)罪犯价值观的现状

价值观是人们对自然、社会和人类思维的整个世界的根本看法和根本观点。人们处在一定的社会生活之中,总是从自身的角度去认识世界、了解世界,形成自己的根本观点和看法。人们的价值观受到社会生活中各种因素的影响,如成长环境、工作环境、家庭背景、教育程度等因素,最终形成具有个性的价值观体系。人的价值观一旦形成,价值观就会支配人的思想和行为,就会用相应的价值观去观察问题、分析问题和解决问题,价值观与人们的生活、言语和行为息息相关。

有的社会成员在不正确的价值观影响下,走上了犯罪道路。比如,个别社会成员在极端利己主义价值观的支配下,为了维护个人利益,不择手段侵害他人利益,侵害社会公共利益,走上了犯罪道路;有些罪犯在西方腐化价值观的影响下,贪图享乐,盗窃、抢夺或抢劫他人财产,给社会带来了巨大危害;有的国家工作人员意志不坚定、价值观扭曲,在金钱面前抵挡不住诱惑,侵占国家财物,贪污受贿,造成极坏的社会影响;还有一些社会成员崇拜金钱至上,为了钱财不惜坑蒙拐骗、敲诈勒索、杀人劫财,践踏法律。

罪犯之所以走上犯罪的道路归根结底是错误价值观,即极端自私的贪欲或者一时冲动的报复,抑或寻求刺激的玩性,诸多犯罪都是因为长期持有的错误的价值观念,一味追求自己个人的满足,才对社会和他人造成严重后果。如果不对罪犯错误的价值观进行矫正,不仅会影响罪犯的改造态度、改造行为和改造质量,还会影响罪犯回归社会后是否再犯罪。最终,我们需要培养罪犯拥有正确的价值观,正确地选择改造的道路,正确地对待人与人之间的关系,能积极地去完成在监狱服刑应该做好的任务与应该尽到的义务。所以,监狱必须矫正罪犯错误的价值观和人生观,引导罪犯树立正确的价值观念、成为守法的社会主义建设者。

三、矫正罪犯不良品德和价值观的原则

在矫正罪犯不良品德和价值观方面,监狱长期改造经验中的一些方法逐渐使得罪犯产生抵触心理,其作用正在逐渐淡化和消失,要想取得改造罪犯的实效性,就必须重新反思过去的工作思路,寻找新的思路或原则。

(一)倡导罪犯自主性原则

当前监狱改造工作往往采用强制性的灌输方式,强迫性地灌输大道理、枯燥的道德观念,忽视了罪犯是具有自主思想人格的"人"。为改变这种"洗脑式"改造的尴尬局面,价值观改造和品德教育应向罪犯自主性的方式转变。突破"坐道而论"的局限,重视和发挥"罪犯自我重塑"方式的作用,让改造从"强制性"转变为"需要性",激发罪犯的改造内驱力。激发罪犯的自主性能够通过罪犯的自我教育唤起其自觉意识,培养罪犯自我改造的主动性和积极性。

(二)坚持显隐结合的原则

监狱采用显性的改造方式在于对教育信息及时承载、整合和传递,有利于充分

宣传、组织、动员罪犯积极参与到改造和教育当中，但其侧重于单一的强制说教，具有浓厚的功利意图，制约了道德培养内化于心的过程。采用隐性的改造形式犹如春风拂面，能够起到潜移默化的效果，其重在开启罪犯自主改造和自我学习，触动他们内心，使他们心甘情愿地自我改造。可以理论讲授、课堂教育等显性的改造形式为基础，充分利用文化宣传、文体活动、艺术作品的创作和表演、个案分析等隐性改造形式，双管齐下，两种形式有机结合，互相补充、渗透，从而实现罪犯于内于外的彻底改造。

(三)坚持情理相辅相成的原则

在对罪犯进行价值观改造和品德培养的过程中，可将理论分析和逻辑推理等方式与罪犯的内心需求与情感培养进行有效链接。以常规改造方式为本，借用情理教育，用诚心、真心、爱心、耐心攻破罪犯内心的壁垒，给予他们信任，消除他们的抵触反感心理，运用情感碰触心灵，达到情理相通，把枯燥乏味的大道理的讲解和分析变为雅俗共赏、津津乐道的戏剧、诗歌、小品等形式，让他们明白做人做事的情理，从而取得改造的最佳效果。

四、矫正罪犯不良品德和价值观的方法

(一)培养正确的核心价值观

随着经济的发展和物质条件的日益富足，社会上的不良风气，如金钱万能、腐败等不良风气会影响罪犯的思想。罪犯改造和矫正不能对此避而不谈，在改造过程中要以实事求是的态度对这些现象进行科学分析，根据社会发展实际及时在监狱内开展社会时政和形势政策的教育和分析，宣扬国家治理不良社会风气的决心和举措，对罪犯多元化的价值观倾向开展社会主义荣辱观教育，以社会主义核心价值观为导向引导罪犯重塑自己正确的价值观。

在开展价值观教育中，要创设各种情境，激发罪犯深入思考和价值探索，学会分析不正确的社会风气，以及这些不良风气对自己的影响过程和产生的结果，从而学习正确的价值判断与价值选择。这种自然渗透、促进思考的改造活动，会让罪犯印象深刻，能够起到一般说理性方法难以达到的效果。要善于创设两难情境，在矛盾困境中教罪犯学会思考、比较、取舍。在观察、分析、讨论中使罪犯不断开阔视野、积累经验、增加洞察力，以及增强对不良风气的抵御力，提升正确价值观之下的决策能力和道德境界。

(二)增强道德责任感

监狱“三点一线”的单调生活往往会使罪犯产生一种没有希望感的消极人生心

态,这种心态会演化成在实际生活中混日子、熬时间、无所事事的日常行为习惯。要探究这类行为产生的深层次原因,不要仅仅停留在讲“大道理”上,要善于通过创设家庭、社会、自然、文化、技术等多维度的具体情境,利用角色效应,强化主体意识,拉近情感距离,形成最佳情绪状态。在情境矛盾冲突中,引发罪犯认知失调,引导和帮助罪犯树立正确的对待理想、挫折、财富、名利、爱情与婚姻的人生观,使罪犯明确人生的真正意义与价值,激发他们对自己的人生负责、对自己的亲人和社会负责的主体意识和道德责任感,增强对改造生活的信心和奋斗的动力,继而能体会到这种主体意识和道德责任感增强的内在鼓励。

(三)增加情感感化

人是有感情的动物,面对家人之间的亲情、朋友之间的友情、美好事物的熏陶、文艺作品的感染等,都会让罪犯的内心不同程度地受到触动。因此,要紧紧抓住情感的力量,设计各种引发正面情感体验的情境,运用情感感化的方法,唤起罪犯的道德良知和道德情感,培育他们改变自己的错误价值观、做一个更有道德的人的兴趣。让罪犯由拒绝到接纳,由兴趣到热爱,由被动到主动,投入价值观改造和品德培养的过程。同时,在这个过程监狱民警要以情固知、以情育情、以情强意、以情促行,来充分发挥感情的动力效应,使罪犯品德和价值观培养的内容在罪犯内心深处引发共鸣。

(四)注重养成良好习惯

对罪犯进行价值观改造与品德培育,最后一定要落在养成良好的行为习惯上,促进罪犯做到知、情、意、行的统一。根据 2001 年 9 月中共中央颁发的《公民道德建设实施纲要》,在罪犯中实施道德教育,培养他们良好的行为习惯。该纲要规定的内容包括:

1. 公民道德基本规范:爱国守法、明礼诚信、团结友善、勤俭自强、敬业奉献。

2. 社会公德主要规范:文明礼貌、助人为乐、爱护公物、保护环境、遵纪守法。

3. 职业道德主要规范:爱岗敬业、诚实守信、办事公道、服务群众、奉献社会。

4. 家庭美德主要规范:尊老爱幼、男女平等、夫妻和睦、勤俭持家、邻里团结。

以上规定可以作为罪犯改造价值观和提升品德的行为指南,通过学习、讨论、训练、分享、比评、奖励的过程和机制,促进良好行为的养成。

在日常改造中,对待罪犯的不良行为一定要彻底给予更正,一点一滴地引导,言传身教,传授正确的价值观、正确的行事思维、正确的行为规范,督促罪犯形成良好习惯。与此同时,罪犯的错误思想和行为可能会反复出现,在对待罪犯的错误时要耐心引导,客观对待,帮助其查找出错原因,在反复中循环往复进步,最终形成稳定的良好习惯。

五、不同类型罪犯的品德培养与价值观教育

在我国罪犯改造工作的实践中，根据犯罪性质的不同和在押犯的结构分布，现阶段大致将罪犯分为暴力型、物欲型、性欲型、涉毒型等几大类。对这些类型罪犯的分类教育自20世纪80年代开始探索以来，已积累了许多成功的经验。如何根据各类罪犯的不同特点进行品德培养和价值观教育，也一直在探索和研究当中。

（一）暴力型罪犯

21世纪前后，我国在押暴力型罪犯一直处于上升趋势，从目前暴力型罪犯的犯罪特点看，逞霸性犯罪比例上升。这些人目空一切，野蛮成性，心狠手辣，严重扰乱社会治安，同时报复性犯罪、团伙犯罪也占了很大的比例。从暴力型罪犯在服刑期间的心理特点看，大都认识偏激，情感冷酷，自控性差，欲望恶性膨胀。暴力型罪犯具有没有社会公德、不懂文明礼貌、不尊重他人人格、语言粗俗、行为野蛮、任意侵害他人利益、任意破坏公共秩序、任意损害公私财物的特点，必须对他们加强社会公德教育。同时，在教育中，要引导暴力型罪犯从生活中的小事做起，严格遵守《监狱服刑人员行为规范》，经常自我检查、督促，按行为规范要求行事。

（二）物欲型罪犯

物欲型罪犯是我国在押罪犯群体中最为庞大的群体，这类罪犯绝大多数受不劳而获、拜金主义思想影响，利欲熏心、自私、贪婪，为了弄到钱财可以不择手段，不计后果。在监狱服刑期间，这类罪犯普遍留恋之前的犯罪生活，缺少罪责感，好逸恶劳，贪图享乐，行为易反复，改造难度大。对这类罪犯的教育，以增强他们的责任意识和树立正确的价值观、人生观为主。针对物欲型罪犯在认罪上存在的错误认识，必须揭示物欲型犯罪的本质和其犯罪后受刑罚处罚的必然性，破除其犯罪的侥幸心理，使其从思想上接受法律判决。揭露物欲型罪犯的犯罪多层次、多方面的危害，使其正确看待金钱在人生中的地位和人生的价值；揭示其犯罪的可耻性，以激发其对犯罪的悔恨感，增强积极改造的决心；同时揭示其犯罪的原因，引导物欲型罪犯正确吸取人生教训，明确改造方向。

（三）性欲型罪犯

性欲型罪犯犯罪的基本特征表现为：性道德的腐朽性，性欲望的兽性化，人格的虚伪性和性行为的残暴性。在服刑改造期间，这类罪犯往往缺乏罪责感，具有抵御罪责或缩小罪责的心态；留恋淫乱生活，自我控制能力差；自卑感强烈，情绪悲观。对这类罪犯进行道德教育应着重解决他们的伦理道德观念混乱和颠倒等问题。要

强化他们尊重他人的意识，同时加强他们自身的道德修养，增强自身的自我控制能力，注重养成教育。在平时的改造活动中，积极组织一些健康有益的业余活动，培养他们对一些有益身心健康的活动的爱好，潜移默化地改变这类罪犯低级的情趣爱好。

（四）涉毒型罪犯

根据我国法律规定，涉毒型罪犯是指因走私、贩卖、运输、制造毒品，欺骗、引诱或强迫他人吸食、注射毒品，非法运输、携带麻醉药品或精神药品等物品进出境，向吸食、注射毒品的人提供国家管制的麻醉药品、精神药品，容留他人吸食、注射毒品等犯罪被依法判刑的罪犯。对于这类罪犯，一方面进行毒品危害性教育，主要剖析毒品对个人、家庭、社会的严重危害性，使其加深对毒品危害性的认识；另一方面是端正态度的教育，就是尽力解决毒品型罪犯在改造中的错误认识，从承认犯罪事实、服从法律判决、认识犯罪危害，到深挖思想根源、积极接受改造等方面提出具体要求。

第五节　改造罪犯自我意识的方法

自我意识作为隐藏于个体内心深处的心理结构，是个体意识发展的高级阶段，是人格的自我调控系统。对罪犯的自我意识进行改造，目的在于帮助罪犯突破自我局限，不断建构符合改造目标的全新自我，从而更好地适应监狱环境并接受改造。

一、改造罪犯自我意识的意义和作用

（一）有利于罪犯正确进行自我塑造

在监狱强大威慑力的影响下，罪犯的行为会有所收敛，但更多是在外部行为上，其内在的价值观念并不容易得到系统的改变。罪犯从“要我改变”到“我要改变”，自我意识的唤醒就是进行转变的控制阀。心理学研究发现，符合自己目标的自我观念，会激活一个恰当的自我意象，这个自我意象因符合自己的目标，会带给人们积极的自我体验。自我体验越积极就越会促进个体对自己目标的趋同。

同时，自我意识的自觉性，总是同自我选择并驾齐驱。自我意识基于认同选择“自我设计的目标”，个体越感到是自己主动且自由选择的，他就越有可能觉得这对他来说至关重要。所以，应该重视激发罪犯自我意识的自觉性，要从“教会罪犯顺

从"转向通过对罪犯进行自我意识的教育和改造,使他们能够自己认识和调控自己。对于他们自身存在的价值观混乱,要引导他们通过主动反思,拨乱反正,正本清源,在适应环境中获得动态平衡。自我意识的反思活动能够促使罪犯对自我有越来越清晰的认识,对自身的认识越清晰,罪犯才能更好地悦纳自己,进行正确的自我人生价值思考,积极地进行自我塑造,自觉地进行正确的自我评价,形成积极情绪良性循环。

(二)有助于罪犯产生积极的自我体验

在监狱中,"罪犯"的身份使得罪犯对自己的评价非常低,对自己的将来不抱有积极期望,这种角色定位严重影响了他们的自我认识。罪犯的自我意识可以说基本上处于"沉睡状态",自我意识的缺乏使他们内心空虚,对未来非常迷茫,混刑度日的思想弥漫,攻击性和敌意的情绪明显,缺乏成就动力。罪犯的这种消极状态会成为监狱改造工作最大的阻力。消极情绪体验的"种子"一旦种下,就会影响个人的认知模式,慢慢地也会变成他们认定事实的方式,监狱可以通过自我意识教育为罪犯种一颗积极的"种子",让他们能照亮内心,化作美好、幸福、健康、积极的思维和信念。

(三)有助于提高罪犯应对问题的能力

反观罪犯当初之所以犯罪,有的罪犯是因为言语表达能力差,形成了用身体攻击行为解决矛盾或摆脱困境的习惯,一旦遇到挫折,往往不能用说服、协商的方式解决问题,常常是诉诸身体行动,使用暴力解决问题,严重的则导致暴力犯罪。还有的罪犯是因为在面对生活中的突发事件或问题时,往往缺乏解决问题的有效方法和策略,致使他们按照固有的思维模式进行错误的行为选择,才导致犯罪的发生。因此,对罪犯进行自我意识教育,有助于提高他们应对问题的能力。罪犯的自我意识深受现实生活的影响,是罪犯与改造的现实环境相互碰撞、相互作用中体现出来的。罪犯的自我意识越能发挥自觉性,就越能激发罪犯主体认识水平的提高和实践范围的扩大,促使他们积极主动地参与自我改造,构建比较丰富的内心世界,从而配合其他改造活动,不断地走向新生。

二、改造罪犯自我意识的方法

健全的自我意识对一个人的心理健康起着重要的作用,它是人格结构的核心,制约着人格的形成和发展。罪犯自我意识的控制主要是指帮助罪犯克服自我意识方面的偏差或障碍,促使其自我意识向积极的方面转化,最终形成健全的自我意识的过程。

（一）强化罪犯角色教育

角色教育是心理教育的一种形式，在这里是指对罪犯进行有关自我意识方面的教育，使罪犯能够客观地认识、正确地评价、积极地体验和有效地控制自我，并能够深刻意识和领悟到其对自身的服刑生活及未来的社会生活的重要意义，进而激发其接受改造的需要和动机。角色教育要与其他丰富多彩的活动结合起来，通过角色训练，增强罪犯的角色意识；通过集体活动，从别人对自己的评价中认识自己；通过作业反馈，提高罪犯自我评价的能力。

角色又称社会角色，是指由人们的社会地位决定的为社会所期待的一整套行为模式。人们对自己所扮演角色的自觉反映，称为角色意识。罪犯特殊的社会地位决定了他们不得不扮演在监狱中接受教育改造的特殊角色，即罪犯角色。罪犯角色意识淡化是罪犯对自己是罪犯这一角色的忘记或否认，具体表现是：不认罪、不服判；不把自己当成罪犯，与监狱民警称兄道弟；不履行罪犯行为规范，甚至要求享受特殊待遇。罪犯角色意识淡化是罪犯抗改的一种新的心理特征，它不仅直接影响着良好的监管秩序的巩固和发展，更影响罪犯的改造质量，所以必须矫治。

罪犯角色意识淡化受两类因素的影响：一是罪犯自身心理因素；二是外部环境因素。对罪犯加强角色教育，强化其罪犯角色意识也要从这两方面入手。

1. 削弱罪犯自负的自我意识。原有社会地位和文化水平较高的罪犯、在社会关系中有权力的罪犯，其自我意识往往是自负、自尊、自卑交织在一起，而自负占主导地位。这类罪犯由于入监前自身的优越条件、有权势的关系网等有利条件，入监初期仍以自己原来的心理定式对待服刑，自傲、自负、自我价值感膨胀，即孤芳自赏、目空一切，认为法律的惩罚不能把他们怎么样，他们的家庭和原来的关系网会为他们走后门改判或减刑，不把监狱民警和其他罪犯放在眼里，甚至要求给予特殊待遇，罪犯角色意识严重淡化。

对于这类自负型罪犯，应教育他们把自己放到合适的位置上，让他们不断反问自己：这是什么地方？你是什么人？到这里来干什么？通过这样多次强化，促使他们不得不认识到自己是罪犯和到这里来干什么，由此引导他们产生罪犯角色意识。

2. 通过角色换位唤起罪犯的罪责感。确立和强化罪犯的罪责感是改造罪犯自我意识的首要问题和切入点，也是加重其赎罪心、触发其自觉改造动机的前提和基础。有的罪犯把自己的犯罪归因于社会和他人，不认罪、不服判，拒绝监狱民警的教育。此时可引导罪犯与被害人角色换位，让罪犯去感受被害人或被害人亲人的痛苦，使其通过看到自己的犯罪给社会、国家、人民造成的严重伤害和损失这无懈可击的事实来认清自己犯罪的罪恶本质，进而唤起他们的罪责感，使其产生内疚感。

内疚（自罪或自责意识）是主体意识到自己伤害了他人的一种负性体验。这种体验就是指向自身的痛楚感受，即自我悔恨。内疚感一旦产生，就能成为主体采取补偿行为的动机力量，首先会促使罪犯深刻地反省自己的罪行——会发自内心地感到“我有罪，必须老老实实地接受改造”，这样，罪犯角色意识才会产生。罪犯角色意识产生后，就会推动他们以积极改造的行为补偿内疚。比如，在罪犯中开展“假如我是一个受害人”的活动，对犯罪危害事实进行统计展览，会有很好的教育成果。

3. 靠法律知识使罪犯产生正确的角色意识。很多罪犯之所以不认罪、不服判，罪犯角色意识淡化，关键是法律知识贫乏或对法律理解不深。强化这类罪犯的角色意识关键是对其进行法律教育。通过法律教育使他们弄清罪与非罪、此罪与彼罪、道德与法律、情理与法律之间的区别以及量刑的综合因素、量刑差别的必然性等法律知识，澄清错误的认识，引导他们用正确的法律观点来看待自己的罪行和法院的判决。在教育中要与不认罪的案情紧密地结合起来，同时还要开展犯罪危害性教育，提高罪犯的法律意识和道德水平，使罪犯产生悔罪心理，真诚地认罪服法。在罪犯对自己的罪行有正确认识的基础上，引导他们进行客观的自我评价，对自己的现实处境从一个新的角度分析认识，这样才易于产生正确的罪犯角色意识。

4. 用正面教育强化罪犯的角色意识。强化罪犯的角色意识，需要诚恳地帮助他们总结教训、分析危害，挖掘犯罪根源，依靠正面教育和引导。因为方法得当、讲究语言艺术的正面教育容易让罪犯接受，特别是逆反心理很强的罪犯更需要正面引导和教育。一旦他们接受人格高尚、执法水平高的监狱民警孜孜不倦的正面教育，就会增强罪犯角色意识，并且能够唤起其自尊和自我成长动力，继而认真接受改造。

（二）加强罪犯心理健康教育

罪犯身处监狱，警觉性提高，心理上自我封闭，防御机能增强，人际信任感降低。在自我意识方面突出表现为自私自利、敏感性强，情感不稳定，人际交往能力差等缺陷，对罪犯加强心理健康教育自然会有助于他们形成正确的自我意识。

加强罪犯的心理健康教育，可以通过团体教育和个别教育的方式，传授心理健康知识，首先，可以帮助罪犯对自己的心理状况有一个全面、正确的了解，学会正确地比较，客观地评价别人，消除心理上的相互排斥；其次，可以帮助罪犯正确地认识自己，形成正确的自我概念，培养积极的情绪体验，主动、自觉地进行自我控制，达到理想自我与现实自我的协调一致，不断提高自身的心理健康水平。

（三）恰当反馈帮助罪犯确立正确的自我意识

罪犯心理发展变化的特殊性决定他们需要外力的帮助，才能达到正常的自我意识和自我强化。罪犯良好自我意识的形成离不开监狱民警对他们及时的肯定评价,或者实事求是地指出存在的问题和努力的方向,也就是及时进行表扬与批评、奖励与处罚。评价及时准确,能加深他们的内心体验,促进反思,变社会评价为自我评价,从而提高其自我评价能力,完善其自我意识。强化心理的有利方面,抑制心理的不利方面,还可帮助罪犯更好地进行自我教育、自我控制,提升其自我改造能力。

(四)开展多种活动协助罪犯树立正确自我观

帮助罪犯运用所学的心理学知识、原理和方法,进行自我分析、自我反思、自我调控,唤醒罪犯作为调控主体的主体意识,是罪犯自我意识调适和改造的根本。其中最重要的是协助罪犯树立正确、客观、积极的自我观。

古人说"人贵有自知之明",说明自知的重要性,也说明自知的难度。因此,在改造自我意识的过程中,应教会罪犯"三个学会":学会自我反思,学会正确运用比较,学会自我激励。在不断的反思活动中认识自我,在正确的比较中客观地评价自我,在自我激励中"重塑新我"。

鼓励罪犯形成悦纳现实自我的积极态度,即自爱。悦纳自己,是指对自己的本来面貌的认同、肯定态度。一个人只有肯定自己、认同自己,才会有自尊感,也只有这样,才能获得别人的尊重和认同。要帮助罪犯积极地悦纳现实的自我,要敢于面对现实,正确认识自己的挫折与失败,学会全面、正确地评价自己;同时,要帮助罪犯学会正确地对待自己作为一个罪犯所处的社会地位和法律地位,树立正确的罪犯角色意识,履行角色责任;还要教育罪犯学会正确地对待失败,认真总结教训,增强自制力,树立重新做人的信心。

帮助罪犯建立有效的自我控制机制,即自律。根据罪犯回归社会的需要,开展多种形式的教育活动,使罪犯把现实自我和回归社会的理想自我有机结合起来,激起罪犯自觉改造的内在动力。罪犯也只有把现实自我和回归社会的理想自我有机结合起来,树立积极的回归态度,建立具有积极意识的回归心理,才能不断提高自我控制能力,才能树立回归社会后的适应社会的健康自我意识。

(五)引导罪犯在交往中完善自我意识

很多罪犯由于缺乏正确的自我意识,以致影响服刑改造中的人际关系,例如,改造竞争中互不服气、钩心斗角,甚至以邻为壑。所以,要引导罪犯在人际交往中完善自我意识。

1. 真诚地与他人沟通,在他人评价中完善自我意识。诚心与他人沟通,并对他人的意见冷静分析后虚心接受。沟通可以得到他人对自己的看法,有利于纠正罪犯过高或过低的自我评价;沟通也可以消除误解,更正他人对自己的看法,个人可以了解到自己的短处和长处,进而形成正确的自我意识。

2. 客观地与他人比较。罪犯的自我认知可以通过与周围相似的人比较来调整。只有通过比较,事物之间的优势、劣势才会凸显出来。这一方法的关键就是要协助罪犯找准比较的对象。比较对象的条件过高或过低都无效,甚至会产生消极作用。一般地说,与自己同一层次、同一环境、同一年龄的人比较容易得出较客观、准确的结论。进行比较时心态要正确,既不能一味地拿自己的长处去比别人的短处,越比越自负;也不能一味地拿自己的短处去比别人的长处,越比越自卑。要从多方面、多角度且选择合适的对象去比较,才会正确认识自己和别人。

总之,通过与他人的沟通和比较,罪犯可以调整自我评价,更加客观地认识自我,形成理性的自我意识。这样,不管环境如何变化,罪犯都能扬长避短,很好地适应新环境,找到适合自己的位置,以减少因自我价值感膨胀或自卑、自我危机感导致的不恰当行为,甚至是犯罪。

第六节　罪犯心理咨询与治疗

罪犯心理咨询与治疗是指监狱在行刑背景下运用心理科学的原理和方法,帮助罪犯调适异常心理,维护心理健康,重塑健全人格,提高适应社会的能力,以促进改造目标实现的过程。

罪犯是心理问题的高发人群之一,存在心理障碍或患有心理疾病的罪犯占有一定比例,这对他们的改造非常不利。开展罪犯心理咨询和治疗,可以疏导罪犯的不良情绪,矫治其不良的认知方式、人格障碍和变态心理,减轻和消除罪犯的心理问题,使之顺利接受改造。

一、罪犯心理咨询

(一)罪犯心理咨询概述

1. 罪犯心理咨询的概念。咨询(counseling)一词来源于拉丁语 consultatio,基本含义为商讨或协商,也具有考虑、反省、深思、忠告、交流等意思。罪犯心理咨询是运用心理学的知识和原理,帮助来访罪犯(咨询对象)发现自己的问题及根源,挖掘来访罪犯本身潜在能力,以达到改变原有的认知结构和行为模式,提高对改造生活的适应性,促进罪犯更顺利地实现改造目标。

2. 罪犯心理咨询的内容。罪犯心理咨询的内容涉及罪犯服刑生活的方方面面,概括如下：

（1）刑事政策和法律知识方面。包括认罪服判，刑期长短，减刑假释，狱内的权利和义务，犯罪原因的探究，刑满释放后的前途，等等。

（2）狱内生活方面。包括监狱生活适应（入监适应和重刑犯的长期狱内生活适应等），狱内人际关系的协调，对监规纪律的认识，服刑中学习、劳动和生活中的问题及困难的克服等。

（3）家庭、社会关系方面。包括同家庭成员的关系，婚姻恋爱问题，子女抚养、教育问题，意外的天灾人祸的打击，家庭破裂后财产分割及继承权问题，等等。

（4）心理健康方面。包括自我意识、生活习惯、道德观念、情绪障碍、变态心理（监狱人格、某些神经症和其他不健康心理）等的调整或消除。

（5）回归社会方面。主要是帮助即将刑满释放的罪犯做好由罪犯变为普通公民的身份转变的准备，提高其心理适应能力、心理应变能力和应激能力，以便释放后能尽快适应社会生活。

（二）罪犯心理咨询的原则

咨询原则是开展心理咨询工作必须遵循的一些基本原理，它是咨询工作的规律概括和经验总结，也是心理咨询过程中的一般要求，它对心理咨询工作具有指导意义。现将罪犯心理咨询的原则概述如下：

1. 友善原则。友善原则是指咨询员要和来访罪犯之间建立相互信赖、融洽的关系。这是咨询工作顺利开展并富有成效的重要保证。当罪犯前来咨询时，咨询员要热情地接待他们，在平静和谐的气氛中，用亲切、关心的话语询问，以利于缓解罪犯的紧张不安，打消其内心的疑虑，使其很快对咨询员产生信赖。只有在信赖的基础上，罪犯才能畅所欲言，倾吐内心隐秘，并愿意接受咨询员的建议和指导，使咨询能顺利进行。要想迅速取得罪犯的信赖，必须注意“角色”转换：咨询员此时没有扮演刑罚执行者的角色，而是心理学工作者或心理咨询师，他们所面对的已不单纯是承受刑罚的罪犯，而是有心理问题的需要帮助的人。

2. 尊重信任与细心询问相结合的原则。尊重信任与细心询问相结合的原则是要求咨询员尊重来访罪犯的人格，信任他们，并耐心细致地询问其情况。前来咨询的罪犯的情况千差万别，其改造表现有好有坏，但对他们不能厚此薄彼，应同样给予尊重。在咨询过程中，咨询员应认真听取罪犯的倾诉，对他们所说的人或事应持信任的态度，不要表现出鄙视或漫不经心。但信任并不等于轻信，咨询员仍要细心询问和认真了解罪犯所讲的情况和心理问题。如果罪犯所说的前后矛盾、杂乱无章，或者罪犯因记忆不清很难表达时，咨询员要帮助他们整理思路。这样才能真正弄清罪犯来咨询的目的，找出其症结所在，从而有效地帮助他们。

3. 疏导抚慰与启发教育相结合的原则。疏导抚慰与启发教育相结合的原则是指咨询员对来访罪犯在情绪上进行疏导抚慰的同时，应重视正面的启发和教育。罪犯往往带着某种苦闷、不良情绪前来咨询，咨询员首先应帮助他们合理疏导不良情绪，并对他们所表现出的积极因素及时给予肯定，增加其克服困难的勇气。同时，要启发他们冷静地面对现实，帮助他们调整看问题的角度、方法，建立新的认知结构，从而使其对自己的问题有个客观正确的分析，并努力运用自身的力量加以解决。

4. 促进成长的非指示原则。心理咨询的任务在于启发和鼓励来访者潜能的发挥并促进其成熟或成长，而不是包办代替地进行解释和指导。因此，在罪犯心理咨询中，咨询员不应主观地指示来访罪犯一定要怎样做或一定不要怎样做，而是与来访罪犯共同分析、讨论，设想有助于问题解决的各种方案及不同方案可能导致的不同后果，在来访罪犯深入分析的基础上作出正确的选择。

5. 有条件保密原则。有条件保密原则是指在不妨碍监管安全的情况下保守来访罪犯的谈话内容的秘密，尊重来访罪犯的隐私权。保密原则是心理咨询的重要原则之一，是由心理咨询本身的特殊性决定的。如果不这样做，就会把心理咨询混同于一般管教工作，失去它应有的魅力。保守秘密既是职业道德的要求，也是咨询双方建立相互信任关系的基础，同时还是来访罪犯进行自我保护的必要前提。失密，则意味着心理咨询失去存在的基础。贯彻这一原则，是指在一般情况下，对罪犯在咨询时的谈话内容不作为“犯情”向主管监狱民警汇报，对其错误言论不作为定案处理的证据。但鉴于监狱工作的特殊性，当出现妨碍监狱安全的特殊情况时，如罪犯有自杀、脱逃、行凶等行为倾向时，要及时与有关部门互通信息，并采取相应的防范措施，以确保安全，防止意外事件的发生。

6. 中立原则。中立原则是指咨询员应始终保持不偏不倚的立场，确保心理咨询的客观公正，不得把自己个人的好恶、利害掺杂进去，也不要受来访罪犯情绪的影响，始终保持冷静、清醒的头脑。在咨询中，咨询员既不要轻易批评来访罪犯，也不要把自己的价值观强加给他们。特别是对非心理咨询范围内的问题，如法律判决、监狱民警作风等，更要持中立态度，不作是非表态，更不要妄加评判。

7. 咨询与治疗相结合的原则。咨询与治疗相结合的原则是指咨询员在了解来访罪犯心理障碍的性质并向其说明产生这一障碍的原因和危害的同时，还应尽可能向他们提供积极克服心理障碍的建议和增强心理健康的方法，必要时开展有针对性的心理治疗。心理咨询和心理治疗虽有区别，但在本质上是相通的。咨询过程本身就有一定治疗的意义,心理治疗也离不开必要的咨询过程。因此,在咨询中咨询员不仅要帮助罪犯分析心理问题产生的原因,而且使其达到领悟,也可采取必要的治疗措施,使咨询更加有效。

8. 预防为主的原则。预防为主的原则是指咨询员在明确来访罪犯心理障碍的同时,应提醒他们预防心理障碍的加深和可能出现的其他心理障碍或行为问题,在必要时向监狱提出预防措施。预防为主的原则的提出,是因为:首先,心理咨询本身就具有预防价值,如通过咨询防止罪犯精神崩溃、自杀、行凶及其他过度反应的发生;其次,心理障碍和生理疾病一样都要贯彻预防为主的方针,通过心理咨询可传播心理健康知识,这对心理障碍的发生和加深可起到一定的预防作用;最后,在咨询过程中,某些罪犯可能流露出重新犯罪的倾向,通过及时同有关部门取得联系,可预防狱内突发事件的产生。

(三)罪犯心理咨询的方法

心理咨询的方法有许多种,这里介绍一些适合罪犯特点的心理咨询方法。

1. 同理心法。同理心法(Empathy)是指能体验他人的内心世界,就好像是自己的内心世界一样。同理心与同情是两个不同的概念。同情只涉及对来访罪犯感情上的安慰和物质上的帮助;而同理心则需要深入他们的内心世界,理解他们的各种心理负荷。例如,一个来访罪犯在谈到自己在宿舍里当众受他犯羞辱一事时说:"我当时真是气极了,真想拿把刀把他捅了,我也不想活了。"

咨询员 A:你告诉我,他是谁? 怎么能这样对你? 我去找他,好好批评他一下。——同情

咨询员 B:在当时那种情况下,你的心情是可以理解的,你是不是感到这件事对你的伤害太大了? ——同理心

显然,咨询员 A 站在来访罪犯一边,与对立面斗争,这样咨询不仅不能解决来访罪犯的心理问题,还可能犯错误;咨询员 B 既对来访罪犯表示理解,又进入了他的内心世界,还清醒地保持了咨询员的角色,也可进一步取得来访罪犯的信任。

2. 聆听法。现代心理咨询专家特别强调聆听技术,因为在心理咨询中听比说更重要。聆听法是指咨询员认真、耐心地倾听来访罪犯的诉说。心理咨询的顺利进行需要咨访双方建立心理深层的互动关系,而一个会听、一个愿说则是建立这种关系的第一步。这与平时监狱民警对罪犯的个别谈话教育是有很大区别的。许多基层民警的工作习惯是会说不会听,而且一旦听到罪犯讲话中暴露出"问题",就会滔滔不绝地施以教育或训斥。这是监狱民警当心理咨询员易犯的"职业病",但这又恰恰是心理咨询所忌讳的。因为罪犯来咨询是为了寻求帮助,一旦他们感受不到理

解与尊重，则会中断咨询。咨询时，咨询员与来访罪犯需保持适当距离，既不能太近使来访罪犯感到威胁，也不能太远使其感到疏远。听来访罪犯讲话时，要有适当的目光接触，既不能一直盯着罪犯，也不能只听不看。在聆听的过程中，咨询员在认真聆听的同时，会不时做出简短而又能鼓励罪犯讲下去的反应，如“噢”“是这样吗?”，或对关键词语给予重复、适当地点头等，均显示了对来访罪犯的关注。对于没有准确把握罪犯所讲内容的地方，可适当提问，把问题搞清。另外，在认真聆听的基础上，咨询员还会在情绪表现和体态、语言上与来访罪犯相适应，如罪犯高兴时，咨询员也会显示出喜悦，罪犯悲伤时，咨询员也会表示心情沉重等。总之，聆听法应该是灵活的，没有固定的模式，关键问题是用“心”去听，只有这样，咨询员才会更加理解来访罪犯，促使来访罪犯敞开心扉，使咨询过程深入进行下去。

3. 升华法。升华法又称补偿法，是指当一个人由于某种奋斗目标遭到失败而在心理上受到严重伤害时，将其目标加以合理转移从而消除其痛苦的方法。例如，某青年大学生在上学期间由于“一念之差”而犯罪被判刑入狱，原先远大的抱负一下子破灭了，从而悔恨、忧虑，痛不欲生。面对这样的来访罪犯，咨询员就可运用升华法，让他转移自己的奋斗目标，建议他在服刑期间通过函授、自学考试等途径去获取知识，鼓励他刻苦钻研技术，掌握一技之长，刑满释放后，同样可以成为社会的有用之材，从而实现自己的抱负。

4. 认知法。认知法是通过改变来访罪犯的认知结构从而消除其心理障碍的方法。认知与行为是紧密联系的，一定的认知支配着一定的行为，要想改变错误的行为，就要考虑先改变其错误认知。认知法又称 ABCDE 理论，即发生了事件 A，由于错误想法 B，便产生了心理障碍的后果 C；通过心理咨询，如果将想法 B 变为合理想法 D，就会有 E 这个新后果，C 这个心理障碍就消除了。例如，某罪犯在服刑中突然收到一封内容为妻子因出现外遇而提出离婚的家信（事件 A），便认为是由于自己犯罪被判刑入狱而导致的后果（想法 B），从此无心改造，悔恨交加，焦虑不已（后果 C）。面对这一来访罪犯，咨询员要根据实际情况帮助其正确认识妻子提出离婚的真正原因（新想法 D）。由于认识上的改变，使罪犯不再过分自责，恢复心理平衡，重新走上积极接受改造的道路（新后果 E）。

5. 暗示法。暗示法是指咨询员通过积极的言语或行为影响来访罪犯，使其产生积极的情绪和正确的行为。暗示是在暗示者和受暗示者双方无对抗的情况下发生的，即暗示者采用间接的、含蓄的、提示的方式施加暗示影响，受暗示者在不感受任何压力的情况下，不知不觉就接受了暗示影响。暗示有言语暗示和非言语暗示。在罪犯心理咨询中，采用暗示法对增强来访罪犯的自信心，克服焦虑、自卑心理有很好的作用。但这种方法取得成功的关键是咨询员的专业性和来访罪犯对咨询员的信任。例如,有经验的咨询员在面对一个对自己的前途感到绝望的来访罪犯时,首先是态度诚恳地对他表示关心,建立信任的关系,然后在全面分析他所诉说的自身情况的基础上,用肯定、有力、充满信心的语气说:“你一定会改造好的!”从而暗示其“前途光明”。在这种情况下,来访罪犯很容易接受此种暗示,进而积极地进行改造和成长。

6. 激励法。激励是行为的动力,经过激励的行为与未经激励的行为相比,表现得更主动、自觉并富有成效。罪犯心理咨询中运用的激励法,是指咨询员激发来访罪犯追求某种既定目标的意愿强度的技术,包括激发动机、形成动力、激励行为等要素。激励是一门艺术,它要求咨询员有敏锐的观察力、明确的目标、诚恳的态度、娴熟的技巧。激发来访罪犯的自尊心和自信心是激励的关键之点和根本措施。为此,要唤起罪犯过去成功的体验和对成功的向往,并鼓励他们为取得成功积极创造条件。在具体操作中,咨询员要密切注意和肯定来访罪犯身上的闪光点和小的进步,不断强化其自尊心和自信心,使其充分挖掘自身潜力,为达成更高的目标而努力。

7. 疏泄法。人在受到外界强烈的不良刺激时,易于产生极度悲痛、愤怒等消极情绪。这种情绪若长期积压,便会抑郁成疾。因此,应采取适当的方法让其排泄出去。疏泄法是指咨询员通过一定的方法将来访罪犯心中积郁的种种不愉快的感受(如悲伤、痛苦、愤怒等)“排出”体外的方法。在具体咨询过程中,咨询员可以根据需要把咨询室暂时变为疏泄场所(在已建立宣泄室的监狱可直接在宣泄室进行),让来访罪犯尽情倾诉自己的烦恼与悲伤,或者干脆让其痛哭一场,或者用某种身体运动方式,将心中的不快“发泄”出来,从而消除不良情绪,恢复心理平衡。在此方法的应用中,咨询员要能够掌控全局,预防危险事件发生,并且能够给予来访罪犯一定的情感支持和帮助。

8. 突破法。罪犯心理咨询中运用的突破法,是指咨询员调整来访罪犯不健康的心理防御机制,进而建立新的适合其改造的心理机制的技术。例如,许多罪犯面对被判刑入狱的现实,情绪低落,思想消沉,自认为是生活的失败者,从而不思进取。这种自卑情绪是一种心理上的消极防御,对罪犯的改造极其不利。面对这种来访罪犯,咨询员应该和他一起讨论,通过对比大量典型的事例,使其找出自身的某些优点、长处,从而克服心理上的自卑阴影,使其重树信心,激发其改造和不断成长的动力。

上面介绍的是罪犯心理咨询中常用的一些基本方法。根据具体咨询情况,这些方法既可以单独使用,也可以多种方法结合使用。不论使用何种方法,都需要建立在良好的咨询关系基础上,咨询方法的选用要有一定的针对性和变通性,这样才能使咨询取得预期的成效。

二、罪犯心理治疗

在罪犯矫治中,罪犯心理治疗是难度较大、专业性最强的一部分。罪犯心理治疗的方法很多,它们都遵循一定的理论模式提出。因此,对罪犯的心理治疗要根据一定的理论理解其症状,并采用相应的科学有效方法。

(一)罪犯心理治疗概述

根据相关文献报告,罪犯是心理障碍和其他各种精神疾患的高发人群,不同程度地存在焦虑、抑郁、敏感多疑、易激惹、偏执、敌对、孤独等异常心理,表现在情绪异常、行为异常、人格障碍以及身心疾病等多个方面,心理治疗是解决罪犯所面临的心理困扰和心理异常的比较有效的方法。

1. 罪犯心理治疗的含义。罪犯心理治疗是指在良好的治疗关系的基础上,由受过专业训练的心理学专业人员或其他心理学工作者(含监狱民警),在不使用药物的情况下,运用心理学的理论和技术,针对罪犯的异常心理症状及原因给予诊断与治疗,以缓解和消除症状、增进罪犯身心健康的过程。

2. 罪犯心理治疗的层次。按照来访罪犯心理问题的程度以及对来访罪犯心理问题进行干预的水平,可把罪犯心理治疗分为三个层次:

(1)第一层次:支持性心理治疗。支持性心理治疗主要用于监狱适应不良的罪犯,这类罪犯因为面对过度的环境刺激、不能恰当地运用防御机制而导致心理异常;对改造没有足够的信心,比较悲观;在改造生活中遇到令罪犯焦虑的事件,如感到不能胜任某一角色、人际关系紧张等,并因此感到长时期紧张和焦虑。可以对来访罪犯进行鼓励和支持,发挥其潜能,提高其认识自我和环境的能力,最大限度地利用自身的力量战胜心理困扰。

支持性心理治疗的内容在于改善罪犯的防御机制,维持和加强自我控制,重新建立适应性平衡。所采用的治疗手段包括心理辅导,消除不良环境刺激,给予保证,进行说服、激励、疏导、宣泄、脱敏等。支持性心理治疗有助于来访罪犯减轻焦虑和恐惧,防止其精神崩溃,维持其进行日常的服刑改造生活。

(2)第二层次:教育性心理治疗。教育性心理治疗以恢复或提高来访罪犯的自知力,并进而改善其人格的消极面为目的。在罪犯经历内心冲突,体验到较强的焦虑和紧张情绪时,治疗师要帮助罪犯检查、识别自己与心理症状有关的不良自我观念。例如,有些罪犯具有偏执的自我观,一方面认为只有自己的行为才是正确的,另一方面对他犯和监狱民警的批评极为敏感,因此经常感受挫折。治疗师还要帮助罪犯仔细检查其人格中的消极面,提高罪犯对由于自己人格缺陷而导致心理困扰的认识,树立改善人格的愿望与信心。

(3)第三层次:重建性心理治疗。重建性心理治疗是相对层次较深的治疗,其目标是使来访罪犯获得对自我的全面了解、情绪的成熟,以最终达到人格的重建。在治疗过程中,治疗师不但要了解罪犯意识层次的认知、观念、态度、情感,而且要了解罪犯无意识的冲突和欲望,并帮助罪犯把这种冲突和欲望带到意识中来重新加以认识和体验。在心理治疗诸类型中,精神分析学派、人本主义学派的心理治疗大都致力于人格的重建。

(二)常见的罪犯心理治疗技术

1. 精神分析治疗的方法和技术。用精神分析的理论来解释心理异常的原因,主要有以下两个方面:一是人格结构中的三个"我"(本我、自我和超我)彼此冲突、失调的结果,冲突不能被妥善解决,于是被个体压抑到无意识之中,而无意识中的冲突又千方百计地要回到意识中以求解决,长此以往造成个体的心理异常;二是幼年时在某个心理发展阶段不顺利、受到阻碍后形成的痛苦经验所导致,这种情绪在成年后的意识中可能不复记忆,看似遗忘但实则压抑到无意识之中,一旦意识程度降低,就会以改头换面的形式出现。所以,心理治疗的主要目的就是通过对来访罪犯进行精神分析,将其压抑在无意识中的冲突和痛苦释放出来,使当事人领悟到自己行为异常的原因。常用的精神分析治疗方法有以下几种:

(1)自由联想和疏导宣泄。自由联想是精神分析治疗运用的主要方法,是打开无意识大门的钥匙。自由联想是指让来访罪犯在毫无拘束的情景下,把所有想到的和感觉到的毫不顾忌地说出来,不论这种情绪是多么痛苦,这种想法是多么荒诞不羁,只要想到的就说出来。自由联想的目的就是通过在自由、宽松、无拘束的情况下,让来访罪犯倾吐内心所想到的一切,使来访罪犯无意识中的冲动、欲望、幻想、冲突等各种不为意识或社会认可的情感和愿望,通过联想被说出来。一方面可以释放或缓解来访罪犯被压抑在内心深处的紧张和压力,另一方面心理治疗师可以获得大量的资料和信息,了解其无意识心理,为下一步的治疗打下基础。自由联想方法的实施需要注意的是,要在安静的治疗室内进行,在自由联想的过程中,心理治疗师不宜多讲话或经常提问,更不能马上予以评论,而要对他所说的一切表示接纳,鼓励他毫无保留地倾诉。

疏导宣泄即让来访罪犯将压抑在心头的精神重负和内心深处的矛盾冲突痛快

地诉说出来。通过痛快淋漓的倾诉,来访罪犯把心头的郁闷释放出来,从而恢复心理平衡,防止精神和躯体发生疾病。但做到这一点并不容易,尤其是初次进行精神分析的罪犯,由于还不了解治疗的意义和原则,对治疗师还心存怀疑,难以毫无顾忌地疏泄心中的情感。所以,心理治疗师对待来访罪犯的态度尤为重要,尤其是罪犯暴露一些不为社会所接受的想法和情绪时,心理治疗师需要做到价值中立,真诚、认真、关切、耐心的倾听是至关重要的。

(2)梦的分析。弗洛伊德认为,梦是通向无意识的途径,“梦是无意识愿望的满足”,所以,来访罪犯陈述的梦是心理治疗师了解其无意识的重要资料。弗洛伊德把当事人醒来后在意识中所记忆的梦称为显梦,把隐藏在显梦后不被当事人所理解的梦称为隐梦。隐梦就是无意识的体现,是梦的真正含义。分析梦的目的就是根据来访罪犯提供的显梦,按照梦的机制分析了解它的隐梦,以揭示其内心真正的愿望和动机。例如,有一名罪犯,在夜间梦语“逃……干掉……”同监舍罪犯将其梦语报告了主管监狱民警。民警经观察分析,断定其有脱逃、行凶的可能。遂提审此犯,结果验证了民警的预测正确,即此犯最近一直在密谋脱逃,行动非常诡秘,却不想一次梦语泄露出他的内心欲望。

(3)移情分析。所谓移情是指在分析治疗的过程中,来访罪犯把以往对亲密者(父母或恋人等)的情感关系,转移、投射到心理治疗师的身上,使本来单纯的治疗关系转变成“亲子间”或“恋人间”的关系。移情是来访罪犯无意识的表露,而心理治疗师恰是来访罪犯以前情感对象的替代。移情有正移情(爱、尊敬、依恋等)和负移情(恨、愤怒等)之分。心理治疗师通过分析移情的性质,了解来访罪犯以往尤其是幼年期的人际关系和感情经验,以及对他目前的人际关系的影响,帮助他从不真实的感情世界中解脱出来。

(4)阻抗分析。在自由联想或治疗的过程中,触及来访罪犯无意识中的痛苦经验和感情欲望时,有时不能够全部倾诉出来,致使治疗无法顺利进行,来访罪犯这种有意或无意的不合作态度称为阻抗。尽管来访罪犯在意识水平上希望得到帮助,但却无意间采用防御机制来避免被压抑的痛苦经验被带到意识水平。阻抗来临时,也正是触及无意识的冲突和欲望的时机,应特别引起心理治疗师的注意,耐心分析阻抗,疏泄来访罪犯内心的矛盾和冲突。

(5)揭示与领悟。揭示与领悟即心理治疗师在获得和了解来访罪犯大量资料的基础上,向对方阐释其症状与其无意识冲突之间的关系,令对方明白自己目前状态的深层原因。心理治疗师经过对来访罪犯的自由联想、梦的分析、阻抗分析及移情的处理获得了大量的资料后,应耐心、细致、富有诚意地向其揭示其心理异常表现背后的深层含义，使其领悟到困扰他多时的原因。来访罪犯一旦领悟到，症状和心理上的痛苦可能就会消除。

在罪犯心理治疗领域，至今还未见到完全按照精神分析的理论和技术来进行矫治的案例。较为普遍的用法是，在诊断和了解病情的过程中，利用精神分析的视角对来访罪犯进行深层次理解。精神分析的主要理论观点如人格结构的观点、无意识的观点、早期经验在人格形成中的重要作用的观点，都对理解罪犯的心理障碍有着非常重要的意义。由于精神分析方法和技术的掌握特别强调专业培训和治疗师在从业之前必须接受较长时间的被分析，限于目前监狱的矫治条件，当前对精神分析方法的使用停留在尝试的状态，同时此项技术对从业人员素质和预防不良影响均有很高的要求。

2. 行为治疗的方法和技术。这里主要介绍系统脱敏法、自信训练法、厌恶疗法、操作性学习法四种方法。

（1）系统脱敏法。

①系统脱敏法的一般原理。系统脱敏是一种以渐进方式克服神经症焦虑的技术。其基本原理是，生理上的放松状态与心理上的紧张焦虑状态是相互对抗的过程，通过肌肉放松而达到的生理上的放松能抑制焦虑情绪。如果让处于放松状态的罪犯接近一个能引起微弱焦虑情绪的刺激，由于这种放松状态对焦虑的抑制作用，该罪犯便能忍受体验到的焦虑。经过几次反复，他便不会因为这个刺激的出现而感到焦虑。

②系统脱敏法的步骤。其主要包括：一是确立焦虑等级。焦虑等级由低到高依次确定，最后一级是焦虑反应最严重的一级。确立焦虑等级的目的是，治疗时可以从最低级开始“脱敏”，然后循序渐进减缓高一级的敏感反应。二是实施放松训练。由治疗师指导来访罪犯学习放松身心的技巧。首先让来访罪犯注意身上的各个肌肉群，先使肌肉紧张5～7秒后再使肌肉放松，并注意体会这种放松的感觉，让这种感觉蔓延至全身。放松的程序可以按照头部—上肢—躯干—下肢从上至下依次进行，也可以从下至上依次进行。长期的训练可养成随时放松自己以抵御外在刺激干扰的习惯，在原本引起焦虑的情境以身心松弛的反应来代替焦虑反应。三是在想象中进行逐级放松。在想象中将焦虑等级中引发焦虑的事件与放松反应对应起来。在实际开始治疗时，先进行放松训练，让来访罪犯系统地使各组肌肉紧张，然后再放松。当来访罪犯达到放松状态时，给他呈现一个中性事件，观察他对某一情节形成表象的能力及消除杂念的能力。经过这种测试后，心理治疗师再向他呈现焦虑等级中引起最弱焦虑的项目，让其想象，然后进行放松，直到其焦虑降低到很低

的水平。再呈现焦虑等级中的第二个项目,重复前面的过程,如此反复直到他对所有的项目都能达到很低的焦虑水平为止。目的是使来访罪犯想到所恐惧或焦虑的情境时,不再产生情绪上的紧张。四是在现实生活中验证想象的效果。本步骤是希望来访罪犯能以放松的情绪状态面对现实生活中引起焦虑的情境。

在一起罪犯因对井下作业感到恐怖而致恐怖症的集体矫治中,罪犯谈“井”色变,焦虑害怕,并有一系列生理反应。治疗师与罪犯共同分析,将焦虑按照由弱到强的等级排列,并实施放松训练。具体做法是:第一,让有经验的罪犯带领恐惧程度较轻的罪犯下井,让其亲身体验入井及安全生产的全过程。适应后,与严重恐惧罪犯座谈。第二,组织井下五大系统的技术人员讲授作业知识,进行安全教育。罪犯出现恐惧症状时进行放松训练。第三,组织罪犯到井口观察别人作业,仍然采取症状轻者先重者后,然后交流体会的做法。第四,消除不安全隐患,增强安全感。第五,3个月后正式下井劳动。1周后,对其中20名重症犯进行心理复测,结果表明恐怖症状确已消除。①

运用系统脱敏法需注意的事项是:必须是逐级进行,不能在低一级的情境中还未去除焦虑时就着急进行下一步;能够娴熟地运用放松技术;想象越真实、越接近现实中的情境则效果越好,所以需指导来访罪犯发挥自己的想象能力。

(2)自信训练法。自信行为通常的表现是:第一,能与他人进行正常的情感交流;第二,对对方的不合理要求甚至是公然挑衅敢于表达自己的合理意见;第三,能表现出真诚、幽默、落落大方的人际交往风格等。

然而,在日常生活或人际交往中常常见到这样的情况:面对他人的无理要求不敢说“不”,担心自己的行动举止会惹对方生气因而无所适从,从事某一项活动时总是担心自己不行等,都是不自信的表现。与自信的人相比,不自信的人在社交场合和人际关系中缺乏勇气,在表达自己的情绪上缺乏自主性、自发性和主动性,在需要表达自己时常常感到紧张和焦虑。在罪犯中不自信的情况也比较普遍,罪犯的自信行为有利于罪犯提高改造信心、正确处理与他犯的矛盾纠葛。

进行自信训练以前,首先根据与来访罪犯的会谈,判断是否需要进行自信训练。在会谈中,心理治疗师可以观察他与别人交往的方式、频率、程度及焦虑水平,从而判断其自信程度。常见的不自信的外部行为线索有:不适当的面部行为表情,僵硬的姿势,躲避眼睛的接触,说话吞吞吐吐,长时间沉默不语,不能保持与他人的适当距离等。

---

① 鞠海涛、李洪吉:《罪犯矿井恐怖症的集体矫治》,载《中国监狱学刊》1997年第1期。

自信训练一般包括以下几个步骤:第一,共同讨论。治疗师与来访罪犯共同讨论来访罪犯在哪些情境、哪些方面容易表现出不自信的行为。将这些引起焦虑或害怕的情境由轻至重排列。第二,指导。治疗师与来访罪犯一起,通过角色扮演、模仿和指导,按照排列出的情境逐一练习,从来访罪犯害怕程度最轻的情境开始。治疗师在面部表情、语气语调、身体姿势、眼睛接触等方面指导来访罪犯,并对其逐步进行强化。在来访罪犯掌握了某些情境中的自信行为后,治疗师进一步指导他恰当应对更复杂的情境和遇到的其他难以解决的问题。第三,运用。鼓励来访罪犯在现实生活中运用所学到的自信行为,并对他在这些情境中的体验和反应进行记录,以对以前训练中的遗漏和不足进行有针对性的训练和解决。第四,总结强化。与来访罪犯一起分析、比较、判断其在训练前后的人际交往的方式、方法和效果,强化其对自身勇气和力量的体验,鼓励其继续进行实践。

在罪犯中进行自信训练时应该注意:一是应进行渐进性的指导,为了让罪犯产生明显的变化,需要一个较长的训练时间;二是训练前,先要让罪犯对训练充满信心,让其明白自信也可以通过学习获得;三是在实际运用中,要考虑到某些群体对罪犯的自信恢复有不利因素,如牢头狱霸的逞强霸道、某些罪犯的阴险狡诈等,在初次运用时,要与罪犯一起选择一个相对正常的群体,并要教给罪犯与其他罪犯打交道的技巧和处理一些棘手问题的临场经验。

(3)厌恶疗法。厌恶疗法主要是针对某些不良行为的治疗方法,如酗酒、嗜烟、性变态以及其他生活恶习等,治疗的重点是帮助来访罪犯建立合理的条件化反应。需着重指出的是,采用这一疗法需征得来访罪犯的同意,并在其有强烈治疗要求的前提下方可运用。

①厌恶疗法的基本原理。厌恶疗法是将某种不愉快的刺激与来访罪犯的不良行为、变态反应联系起来,使得来访罪犯最终因感受到对行为的厌恶而放弃这种行为。例如,对有长期酗酒历史的人来说,很难因为亲人的劝说或酗酒有害的报道而放弃酗酒的习惯,因为大量的酒精对他是一个愉快的刺激。如果采用厌恶疗法,使用某些催吐的药物,在其即将出现恶心反应时,让其饮酒。如此每日进行 7 ~ 10 次,直到他在没有药物的作用下,见到酒就出现恶心反应为止,即形成了对酒的厌恶情绪,形成了新的条件反射,原有的陋习也就不再存在。

②常见的厌恶技术。主要有:其一,电击厌恶。此方法需要使用专门的设备,即电击厌恶治疗仪,通过置于人体的电极实施让来访罪犯感到疼痛但对其身体又无害的电击。在实际治疗中,先让来访罪犯想象其不良行为产生时的情境,如想象自己开始饮酒,同时给予电击。反复重复这个过程,直到来访罪犯对其不良行为感到

厌恶。需要注意的是,电击的强度需来访罪犯自己选择。其二,药物厌恶。由于呕吐反应容易形成与吃有关的条件反射,所以此法多用于矫正与吃有关的行为障碍,如酗酒、嗜烟、饮食过度等。治疗的过程是先让来访罪犯服用或注射呕吐药物,再让其进行想象或实施不良行为,大约治疗 7 ~ 10 天。药物厌恶疗法也可以用来治疗其他的行为障碍,如恋物癖、同性恋等。其三,想象厌恶。想象厌恶疗法是指由治疗师口头描述的厌恶情境与来访罪犯想象中的刺激或行为联系在一起,从而使其想到不良的刺激或行为就感到厌恶。例如,在一起狱内同性恋的矫治中,治疗师比较成功地运用了想象厌恶疗法。经过事先的会谈,治疗师了解到来访罪犯最厌恶鼻涕,要求罪犯每当有同性恋的念头时,就把对方想象成一摊鼻涕,这样令罪犯厌恶不已,于是终止了同性恋行为。

(4)操作性学习法。操作性学习法的理论基础是操作性条件反射理论。实施治疗时,将来访罪犯的注意力集中在可观察的刺激与反应的关系之上,试图操作这种“关系”,达到矫正来访罪犯不良行为的目的。操作性学习法包括很多具体的矫正技术,如行为塑造技术、正强化技术、负强化技术、消退技术等,这里只介绍前两种。

①行为塑造技术。行为塑造技术就是在个体原有的行为方式的基础上去建立新的行为方式。具体做法是选择一个已经存在的初始行为方式,把初始行为与治疗师期望的目标行为之间划分若干个步骤,然后从初始行为开始,对行为的每一个改变过程都使用强化刺激予以强化,直到确保治疗师期望的行为出现,并按照合理的速度完成各个步骤。这里选择强化物是一个关键点,必须保证其对来访罪犯具有强化作用,可以是小纪念品、表扬或其他。

②正强化技术。正强化技术指的是对一个行为给予奖赏,以增加该行为发生的可能性,具有奖赏效用的强化物称为正性强化物。对罪犯来说,食物、处遇、赞扬、感情等在一定的情境中都能成为正性强化物。这种技术用于治疗师不期望罪犯发生的行为时,可采取默然的态度,不去关注和强化,使此行为渐渐弱化甚至消失。

行为疗法在治疗罪犯的某些不良行为习惯和情绪异常,如同性恋、易怒、不愿参加劳动、习惯性脱逃等方面,具有一定的效果。

3. 人本主义疗法的方法和技术。罗杰斯的人本主义疗法的最终目的是使当事人达到自我实现,但要想达到这个境界,必须通过治疗帮助当事人接受现实自我,重建健康的自我。人本主义疗法运用在罪犯心理矫治中,治疗的程序是:

(1)接受真实的经验。治疗师鼓励来访罪犯对经验采取开放的态度,更能倾听自身内部的声音,无论是自己的恐惧感、沮丧感、痛苦感,还是自己的勇气、柔情和崇敬心,都应更充分地加以体验而不是把它关在意识之外。同时,要让来访罪犯更加重视现实的生活,在现实生活中检验自身的经验,而不是加以曲解使之适合预想的自我和人格结构。

(2)找回失去的信心。凡是失去真实自我的人,也就失去了判断事物的标准,为了取悦别人获得别人的赞许,常常没有自己的主见和信心。即使在治疗中也是如此,特别希望治疗师直接告诉他问题的答案和行动的方案。此时治疗师切不可越俎代庖、包办代替,要鼓励来访罪犯自己认识和分析问题,并主动、积极地解决问题,因为只有通过他自身的努力和成功,他才能获得真正的自信。

(3)培养独立人格。进一步鼓励来访罪犯面对复杂的问题,不去依赖别人,应转而倾听自己,应以充分开放的态度对待来自机体内外的信息。一方面,要从外界收集到广泛的信息,从而对周围的事物作出正确的权衡和判断;另一方面,要了解自己的真实需要,增进对自身的信赖。当来访罪犯发现他越来越信赖自己的反应时,就会产生自豪感和勇气,对自己产生自信和满意的体验。这些出自自身内在真实反应的体验,时刻塑造着他的独立人格。

(4)培养成长的能力。在治疗的过程中,治疗师除了要鼓励罪犯接受真实经验和学会独立判断之外,更要让他们知道,人会在挫折和困难中磨砺自己的人格,不断地自我成长。为此,治疗师要不断地借助心理治疗的过程,帮助他们澄清自我观念、修正前进方向、明确生活目标,在实践中实现人格的成长,并不断向自我实现的人生境界迈进。

就监狱心理治疗而言,治疗目标是培养罪犯现实的、负责的、正确的行为,促进罪犯自我成长。人本主义治疗师认为罪犯犯罪行为的出现是由于在现实生活中基本愿望得不到满足,于是就以某种方式否定现实世界,生活在虚幻的世界中(如吸毒)。这种人总是企图用不负责任的行为来适应现实,就会出现问题行为模式,于是导致犯罪。所以,治疗的核心就是培养罪犯现实的、负责的、正确的态度以及行为方式,帮助罪犯用这样的态度和行为方式适应现实生活。在治疗过程中,尊重、信任和以人为本的态度尤为重要。

4. 理性—情绪疗法的理论与技术。

(1)艾利斯的人性观。艾利斯的人性观是理性—情绪疗法的认识基础。艾利斯认为人生来就具备理性和非理性两种思维。理性思维是合理的、有利于人的生存和发展的思维,它使人珍惜生命,通过思考和学习推动行动,从而迈向实现人生理想和价值的目标,因而其产生的情绪是愉快的。但他同时还认为人存在一种不利于生存和发展的思维,即非理性思维。非理性思维使人迷信固执、自怨自艾、缺少涵养、盲目冲动或要求他人尽善尽美，对环境和他人要求过高，难以与他人建立和谐亲密的关系，因而使人在孤独和苦闷中生活，产生诸多情绪上的困扰。同时，艾利斯认为人能够在理性思维的指导下，改变个人的命运。人通过自己的理性思维可以用新的观念和认识去取代旧的非理性观念和认识；通过思想去调整情绪、完善自我，使自己向好的方向发展。

按照理性—情绪疗法的基本观点，人之所以因情绪困扰而心理异常，乃是由于脱离现实的、过分要求完美的非理性观念和思维所导致。诸如在个人与他人的关系上，认为必须受到他人的接纳、喜欢和支持；一个人若想有自我价值，他就必须是无所不能，而且在行为表现上必须能做到十全十美的地步；个人的一切不幸，不是环境所逼迫，就是别人所加害，个人对不幸后果所带来的痛苦，实在无能为力；个人现在的一切痛苦，乃是由于过去的不幸所造成，而现在的一切痛苦，又会造成将来的不幸。以上当事人对生活经验的非理性思维，是造成其痛苦的深刻根源，要想使其恢复正常，就必须将其非理性思维理性化，在面对任何事情时，学会给予合理的解释，从而避免形成错误的观念。在罪犯中，非理性思维导致的心理问题也是比较明显的，这些非理性思维包括监狱民警批评他是故意与他作对，对民警怀恨在心；自己的不幸都是他人造成的，只有报复才能恢复心理平衡；宁可脱逃或装病也不能劳动，因为劳动是那样可怕；妻子一段时间不来探监，就怀疑其是否已不忠于他，以至于终日精神恍惚等。这些非理性思维的存在，是罪犯诸多心理问题的主要原因之一。

(2)理性—情绪疗法的目标。理性—情绪疗法的总体目标是改变来访罪犯不合理的人生信念，确立积极的、合理的人生信念和正确的价值观。为此，艾利斯建议要先行培养来访者一般的兴趣、态度和观念，它们包括，一是自我兴趣；二是社会兴趣；三是自我指导能力；四是高度的挫折耐受力；五是灵活机动的应变能力；六是能接受不确定性；七是投身创造性的追求；八是科学的思维；九是自我接受；十是进取创新精神；十一是追求长远的利益；十二是现实主义；十三是对自己的情绪困扰负责。这些品质总体上可以看作一种理性的人生态度，理性—情绪疗法的基本目标就是要达到这种人生态度，而为了达到这个目标，必须通过解决具体问题来实现。理性—情绪疗法治疗的直接目标就是矫正非理性的思维、信念和行为方式，帮助来访罪犯建立积极、乐观、科学、理性的认知、信念和行为方式；矫正不合时宜的情感，帮助建立合适的情感；矫正不恰当的行为，增进恰当的行为。

(3)理性—情绪疗法的程序和方法。

第一步：通过与来访罪犯的交谈，弄清引起他情绪困扰的不合理信念是什么，找准症结，对症下药。

第二步：让来访罪犯了解 A－B－C 性格理论，明确告诉他他的哪些信念是不合理的，这些不合理信念与他的情绪困扰是什么关系，使其认识到自己消极心理状态的原因就是自己的不合理信念。

第三步：运用与不合理信念辩论的方法，让来访罪犯进行自我辩论和质疑。通过辩论，使其认清自己原有观念的不合理之处，在认识上发生变化后，才会甘愿放弃原有的不合理信念。

第四步：从来访罪犯的不合理信念入手，帮助他学会用合理的信念和思维方式取代过去那些不合理的思维方式，用理性思维代替非理性思维。

第五步：布置认知作业，鼓励来访罪犯把在治疗中所学到的客观、现实的态度和科学、合理的思维内化为个人的生活态度，并在以后的生活中坚持不懈地以理性—情绪疗法的理论解决新的问题。

除了以上所介绍的四种心理治疗的方法外，在心理治疗领域，还有支持疗法、箱庭疗法、内省疗法、暗示疗法、催眠疗法、音乐疗法、体育疗法、舞蹈疗法、心理剧疗法、叙事疗法等，在一定程度上可以应用到罪犯心理矫治工作中，此处不再一一介绍。

研究与思考

1. 简述罪犯错误认知矫正的步骤和方法。
2. 简述调节罪犯情绪的心理学方法 。
3. 罪犯应具备哪些良好的意志品质？培养罪犯形成良好意志品质的方法有哪些？
4. 矫正罪犯不良品德和价值观的方法有哪些？
5. 如何理解改造罪犯自我意识的意义？改造罪犯自我意识的方法有哪些？
6. 罪犯心理咨询的方法有哪些？常见的罪犯心理治疗技术有哪些？

第十七章　罪犯心理危机与干预

重点提示

1. 心理危机，是指某些强大的刺激（包括生理性和心理性的刺激）作用于个体，超过了其所能忍受的程度，无法用通常解决问题的方法来解决，从而使个体出现心理失衡的状态。

2. 罪犯心理危机，是指罪犯在服刑过程中，受各种主客观因素的影响而体验到的压力和挫折超过自身心理承受力，所导致的心理异常或病态状态，由此可能产生危害自身和他人的行为反应。罪犯产生心理危机主要是受到社会、生理、心理、自然等因素的影响，又有服刑的特殊性。

3. 罪犯心理危机干预，是对心理失衡罪犯的紧急处理技术，其目的就是解救那些陷入心理危机泥沼中的罪犯，以避免出现逃跑、伤害他人、自伤自残、自杀、劫持人质等严重后果。

4. 从事罪犯心理危机干预的工作人员，需要具备良好的心理素养和熟练的专业技能，提高其自身素质和工作能力，培养正确处理狱内常见事态和应对突发事件的能力。

第一节　心 理 危 机

一、心理危机概述

（一）心理危机的概念

每个人在一生中都不可避免地会遭遇到挫折，一旦不能很好地解决或处理这些挫折，就可能引起个体的心理失衡，这种心理失衡的状态就是心理危机。心理危机是指某些强大的刺激作用于个体，超过了其所能忍受的程度，无法用通常解决问题的方法来解决而出现心理失衡的状态。可以理解为心理危机就是个体的“一种认识，当事人认为某一事件或境遇是个人的资源和应付机制所无法解决的困难。除非及时缓解，否则危机会导致情感、认知和行为方面的功能失调”。①

心理危机的构成要素主要有以下三个方面：一是存在某种强大的心理性应激源；二是以通常解决问题的方法无法解决；三是出现急性的情绪、行为、躯体方面的改变。

（二）危机事件

导致心理危机的事件主要为生活事件、突发公共事件和自然灾害等。生活事件主要包括亲人离世、离婚、失业、患病以及人际关系差等；突发公共事件包括传染性疾病流行、遭遇车祸、绑架、凶杀等；自然灾害主要包括突发的地震、山体滑坡和洪水等灾害。这些危机事件对当事人、相关人员以及目睹者造成一定的心理冲击，尤其对易感人群易造成心理危机。

（三）心理危机的表现

当个体面对心理危机时会产生一系列身心反应，危机反应主要表现在生理、情绪、认知和行为等方面。

1. 生理方面。表现为头痛、疲乏、失眠、肠胃不适、腹泻、食欲下降和性欲降低等症状。

2. 情绪方面。会出现恐惧、焦虑、抑郁、悲伤、易怒、自卑、无助、麻木、警觉等消极情绪，以情绪低落最为常见，有的会出现过度愤怒情绪。

3. 认知方面。表现为注意力不集中、记忆力差、思维迟滞等，有的个体表现为久久不能释怀，甚至出现认知偏执。

4. 行为方面。行为动力缺乏、人际关系疏离、社会功能受损等，有的甚至会出现攻击他人和自我伤害行为。

（四）心理危机的特征

1. 突发性。各种危机事件常常是突然发生的，出乎意料，人们没有做好准备，感到措手不及。

2. 痛苦性。心理危机给个体带来的体验很多是痛苦的，在应激资源匮乏和社会支持薄弱时，个体容易产生无助、焦虑和抑郁等情绪。

3. 危害性。当个体产生心理危机后，会严重影响其社会功能，时间久了会产生心身疾病，甚至还可能出现攻击和自我攻击行为。

---

① ［美］B. E. 吉利兰、［美］R. K. 詹姆斯：《危机干预策略》，肖水源等译，中国轻工业出版社 2000 年版，第 4 页。

4. 成长性。当个体顺利度过心理危机后，其心理会有所成长，会提高对危机的抵抗性，对其人生思考和社会行为都有积极的促进作用。

二、心理危机的相关理论

(一) 林德曼理论

林德曼(E. Lindeman)提出个体在经历应激事件后，不应过度沉湎于痛苦之中，而是应该去感受痛苦体验，正视现实，宣泄情绪。该理论适用于突然丧亲的突发事件。他认为应激下个体的危机反应是正常的，也是暂时的，可通过短期危机干预技术进行治疗。

(二) 泰赫斯特理论

泰赫斯特(Tyhurst)提出个体对应激的反应程度取决于应激事件、社会环境和人格三者之间的相互作用，应激反应是一种"过渡状态"。他将危机者经历的危机过程分为三个阶段：作用阶段，此时当事人对应激性事件表现为极度的恐惧、激动或悲伤；退却阶段，此时应激事件虽已过去，但当事人可表现出自身固有的反应；创伤后阶段，此时当事人觉察其自身反应并关注今后的需要，这依赖于相关的支持或资源。退却阶段和创伤后阶段被认为是危机处理的建设性时机，主要让当事人学会如何应付和处理危机。这一理论适用于各种灾难、亲人突然去世或身患绝症等危机事件。

(三) 危机发展理论

斯文松(Swanson)和卡勃(Carbon)综合各家理论学说和流派，提出了一个比较全面的危机发展理论，他们认为危机的变化有三个阶段：危机前平衡状态，即个体应用平常策略可以维持自我与环境之间的稳定状态；危机产生，个体遇到无法解决的问题时出现了情绪问题和危机状态，往往会产生情绪崩溃和寻求解脱；危机后，有的个体经过危机处理后，心理获得成长，而有的个体可能无法恢复到危机前水平，甚至低于危机前水平。危机发展理论展示了危机的不同阶段以及相应的心理状态，为心理危机干预提供了参考。

(四) 贝尔金等的危机干预模式

贝尔金(Belkin)等提出了三种基本的危机干预模式：平衡模式，是指帮助处于心理危机的个体获得危机前的平衡状态的方法，此模式适用于心理危机的早期干预；认知模式，通过改变认知方式获得思维中的理性，使个体能够对危机进行控制，此模式适用于危机后期逐渐恢复的个体；心理社会转变模式，个体是遗传和社会环境共同作用的产物，要结合有利的内外环境以帮助个体进行自主控制，该模式适用于已经稳定下来的个体。贝尔金等的危机干预模式为进行心理危机干预提供了不同的干预思路。

三、心理危机的阶段

心理学研究发现,人们对危机的心理反应通常经历心理冲击、心理防御、心理退缩和危机解决四个不同的阶段。

(一)心理冲击期

危机事件发生后不久或当时,个体会感到震惊、恐慌和不知所措。例如,在新冠肺炎疫情期间,突然听到感染人员不断增长,有些人会表现出极度恐惧和焦虑,也有些人会表现出麻木、否认或者不相信、不知所措。在遭遇严重的危机事件后,由于强烈刺激的冲击,有些个体会出现抑郁或者幻觉症状。

(二)心理防御期

当确认危机事件确实已经发生后,有些个体的负面情绪水平急剧上升,并影响正常的社会功能,导致生理和心理的不适。为了降低强烈的内心冲击力,个体有时会采用否认、压抑、合理化等消极应对方式,以减少内心的不安,然而,过度的消极防御不仅不利于问题的解决,还会影响后期的社会功能。例如,早年被强奸的女性,为了逃避内心的不安和羞耻感,会采用压抑和逃避的应对方式,然而,这种消极的防御方式会影响其成年后的婚姻和家庭生活,以及影响其正常的人际关系。

(三)心理退缩期

在这一阶段,个体情绪极度消沉,社会功能严重受损,社会行为退缩,心理崩溃。有些个体还会出现人格分裂、精神分裂等其他心理障碍,甚至选择自杀结束自己的生命。在这一阶段的严重程度和个体的心理特点高度相关,内向、敏感、自卑的个体,其心理问题会更严重,针对这一群体要给予更多的关注和支持。

(四)危机解决期

有些个体会积极采取各种方法接受现实,寻求社会支持,努力解决危机问题。经历了问题解决的个体,获得应对危机的技巧,会变得更成熟。然而,有些个体仍停留在消极防御期,问题没有得到解决,心理危机继续恶化。在这一阶段,针对度过心理危机的个体,可以采用访谈的方式,助其成长;对于仍处于危机阶段的个体,专业人员的介入和良好的社会支持,可以帮助其解决心理危机和促进自我成长。

四、心理危机的影响

个体对于危机反应的严重程度并不一定与事件的强度成正比,相同的刺激引起的反应可能是不同的。比如,对待新冠肺炎疫情,有的人平静坦然,镇定自若,善于应付;有的人无所适从,惶惶不可终日。危机反应程度与个体的人格特点、对事件的认知和解释有关。此外,社会支持状况、以前的危机经历、个人的健康状况、干预危机的信息获得渠道和可信程度、危机的可预期性和可控制性、个人适应能力、所处环境等,都会影响危机反应。

心理危机是一种正常的生活经历,每个人在人生的不同阶段都会经历危机。个体对待危机的态度以及处理危机的方法不同,后果也不同。一般有四种结局:一是顺利度过危机,并学会了处理危机的方法策略,提高了心理健康水平;二是度过了危机但留下心理创伤,影响今后的社会适应;三是经不住强烈的刺激而自伤自毁;四是未能度过危机而出现严重心理障碍。对于大部分人来说,危机反应无论在程度上还是在时间上,都不会带来生活上永久或者极端的影响。他们需要的只是有时间去恢复对现状和生活的信心,加上亲友之间的体谅和支持,能逐步恢复。

如果心理危机过强,持续时间过长,会降低人体的免疫力,出现非常时期的非理性行为。对个人而言,轻则危害个人健康,增加患病的可能,重则出现攻击性行为和精神损害;对社会而言,会引发更大范围的社会秩序混乱,冲击和妨碍正常的社会生活。

第二节　罪犯心理危机

罪犯心理危机,是指罪犯在服刑过程中,受各种主客观因素的影响而体验到的压力和挫折超过自身心理承受力时所导致的心理异常或病态状态,由此可能产生危害自身和他人的行为反应。

一、罪犯心理危机产生的原因

罪犯产生心理危机的原因和普通人群一样,主要是受到社会、生理、心理、自然等因素的影响,又有服刑的特殊性。从理论上讲,任何客观刺激和生活事件都可能导致某一个罪犯产生心理危机。但一般来说,导致罪犯心理危机产生的因素大都具有一定的刺激强度,或者持续的时间足够长,而且罪犯是否产生心理危机与其心理特点有一定关系。下文主要介绍导致罪犯产生心理危机的三个要素。

(一)常规环境

在服刑期间,常规环境有时可以成为罪犯心理危机产生的原因。例如,初次判刑入狱对监狱环境不适应、刑期长压力大、与他犯之间矛盾激化、与民警矛盾加剧、病情严重身体状况差、家庭出现重大变故、配偶提出离婚、减刑假释遇到障碍、受到处分、禁闭审查时间较长、刑满即将出狱、认为原判决不公平、认为受到民警不公正的待遇,等等。

(二)重大灾害

重大公共突发事件和自然灾害也可以成为罪犯产生心理危机的诱因。例如,2008年的汶川大地震造成较大的人员伤亡和财产损失,对监狱也产生了一定的影响,罪犯的心理会经受对灾害的恐慌以及对家人的担心,可能导致罪犯产生心理危机,出现焦虑、抑郁和无助等心理状况。[①] 2020年的新冠肺炎疫情,同样导致一些罪犯因害怕自己染病或对家人过分担心而处于心理危机状态。

(三)个人因素

罪犯是否出现心理危机与个体心理特点密切相关。面对同样的环境或应激事件,不同的罪犯会有不同的反应。如果罪犯自身心理品质存在缺陷,甚至存在性格的极端性、情绪的不稳定性和意志的薄弱性、强烈的反社会心理、自我意识水平低、自我调节能力弱等特点,在应激环境下就更可能出现心理危机。因此,对罪犯的心理状况有充分了解,做好提前预防,可以减少心理危机事件的发生。

二、罪犯心理危机的表现

由于群体的特殊性和环境的封闭性,罪犯心理危机的表现既有普通人群的特点,又有其特殊性。

(一)心理变态

如果监狱环境的刺激超过自身心理承受力,罪犯就会出现情绪低落消沉、心情压抑沉重、烦躁焦虑、紧张不安、恐惧担心、害怕退缩、坐立不宁、悲观哭泣、自卑自责、言语减少,或目光呆滞、进食少、睡眠差,严重者还会出现抑郁甚至导致精神分裂症等精神异常,以及精神病复发或患反应性精神病(如拘禁性精神病)、神经症(如神经衰弱、焦虑性神经症、恐怖性神经症、抑郁性神经症等),还可能导致人格变态(性变态、监狱人格等)。上述表现或症状常在入监后不久出现,或是在关禁闭后以及在服刑期间出现重大的家庭变故(离婚、父母去世等)后发生,此时应以各种及时、适当的心理治疗为主要的干预措施。

---

① 吉春华、朱娟:《重大灾害中罪犯心理危机的预防与干预》,中国首届心理咨询师大会暨心理危机干预研讨会论文。

(二)生理病变

有些罪犯由于不适应环境、家庭变故或者其他应激事件的发生,以及个体的认知偏激和消极应对,会导致精神压力过大,长期处于焦虑、无助和抑郁状态,容易出现头痛、肠胃功能紊乱等身体不适,甚至易患癌症等严重疾病。

(三)变态攻击

罪犯在绝望、愤怒、仇恨、恐惧、焦虑等消极心理状态下,会产生变态攻击行为,如实施破坏监狱设施及财物、伤害他人、劫持人质、逃跑等行为。一般在攻击行为实施前会有较为明显的焦躁、易怒等表现,有的罪犯还会提前准备。

(四)自我伤害

罪犯在悲观绝望、负罪、畏罪、羞耻、自卑等心理压力下,会出现自伤和自杀等自我伤害行为。一般而言,实施自我伤害的罪犯都有家庭背景、人格特点和犯罪类型等方面的特殊性,并且有一定的征兆和反复性。这是心理危机表现形式中最严重的情况,也是导致的后果最为严重、影响最为恶劣的情况,监狱民警需要具备一定的专业性和警惕性,方能及早介入,提前预防。

三、罪犯心理危机的易感人群

在罪犯群体中开展心理危机干预,除了对已经发生心理危机的罪犯开展专业应对外,还应该针对容易出现心理危机的罪犯进行防范性干预,主要包括以下几类罪犯:

1. 在心理评估和犯情摸排过程中筛查出的有心理障碍、心理疾病或自杀倾向的罪犯。此类罪犯具有发生心理危机的潜在可能,应该提前做好危机预防和心理干预。

2. 服刑期间出现生活困难或身体疾病的罪犯。这类罪犯由于缺乏应对突发事件的有效资源,容易出现心理危机。

3. 具有性格内向孤僻、敏感多疑、易激惹、人际关系不良等特点的罪犯,在遭遇应激事件后容易出现过激反应。

4. 服刑期间遭遇突然打击的罪犯,如家庭发生重大变故(亲人死亡、离婚、孩子无人照顾等)、遭遇危机事件(他人伤害、侵犯、意外事故等)、受到意外刺激(被扣分、改造不顺利等事件)的罪犯。

5. 入狱之前曾经发生心理异常,或者被诊断为心理异常的罪犯,尤其出现过自伤自杀等行为的罪犯。

6. 目睹过其他罪犯出现心理危机或者危机事件的罪犯,其心理也会受到消极影响,需要心理关注。

四、罪犯自杀

自杀是罪犯心理危机最严重的后果,不仅对罪犯自身生命产生威胁,而且对其他罪犯和监狱安全都会产生重要影响。

(一)罪犯自杀概述

自杀(suicide)是个体自愿、主动结束自己生命的行为。监狱中的罪犯由于失去自由等原因所体验到的负面情绪非常强烈,在遇到强烈的应激事件后更具有高度的自杀风险①,自杀风险是社会人口的3～4倍②。自杀是出自罪犯本人意愿,采取极端手段毁灭自己生命,是精神困扰到难以自控而彻底崩溃的极端表现。德国哲学家叔本华认为,当一个人对生存的恐惧大于对死亡的恐惧时,他就会选择自杀。

(二)罪犯自杀的原因

监狱中罪犯自杀的原因大都与婚姻、家庭、财产以及人际关系等方面的问题有关,有些是遇到了巨大的压力或挫折,有些则是受到某一突发事件的刺激。

在监狱中,与正常社会的隔离,会使罪犯严重缺乏并失去社会支持,体验到强烈的情绪不适和抑郁感,这会在一定程度上使罪犯的攻击性增强,但对外的攻击行为又受到环境的遏制,环境的遏制不仅不会降低其攻击性,反而会进一步增加其强度,因此其攻击性就只能转向自己,导致自伤自残行为,严重的就是自杀。与此同时,在监狱这种与外界社会隔离的环境中,罪犯会因为刑期压力过大、改造中出现的一些意外事件等因素引发抑郁、悲观绝望、痛苦等负性情绪,甚至还可能出现心理危机,这些负面情绪和心理危机如果不能得到及时恰当的干预,就容易引发自杀现象。此外,躲避罪恶感的心理折磨、远离严格的监禁生活、逃避余罪被检举或又犯罪的从重打击等,都有可能成为罪犯自杀的原因。

需要注意的是,有些罪犯自杀的目的不是结束生命,而是一种传递无力、无助、愤怒等信息的方式。这种情况出现时,监狱民警要及时反省自己在罪犯管理中存在哪些问题或疏漏,以便维护好监管安全。有时,罪犯在选择自杀时,由于监狱的监护和干预无法得逞时,罪犯会选择攻击或者他杀行为以实现自杀。因此,一旦有罪犯自杀未遂事件发生时,监狱民警要对包括自杀者在内的所有罪犯加强安全防护。

---

①　世界卫生组织编:《精神、神经疾病和社会心理障碍的初级预防》,孟凡强译,人民卫生出版社2000年版,第69页;翟书涛:《选择死亡——自杀现象及自杀心理透视》,北京出版社2001年版,第264页。

②　翟书涛:《危机干预与自杀预防》,人民卫生出版社1997年版,第195页。

(三)罪犯自杀前的迹象和线索

大多数罪犯在选择自杀之前内心是矛盾的,并且会有征兆。如果在罪犯身上发现或发生了下列某些线索或事件,就应该高度警惕其有自杀的可能。而且,这些线索在同一个罪犯身上出现或发生得越多,其自杀的危险性也就相应地增大。

1. 曾经有自杀未遂的经历和历史。

2. 家族成员中曾经有人自杀。

3. 同监区内最近曾经发生其他罪犯的自杀或自杀未遂的事件。

4. 经常与其他罪犯谈论死亡、自杀等话题,并经常思考类似的一些问题。

5. 频繁与人谈论有关自杀、死亡等问题的罪犯,忽然不再与任何人谈论,甚至是开始回避此类问题。

6. 经常向周围的罪犯询问一些非常可疑的问题,譬如"人身上有多少血? 多长时间可以流干?""人在死前是不是很痛苦?""夜里监区内的值班人员多长时间巡视一次?""监区内的监控设施安装在哪里?"等。

7. 远离其他罪犯和监狱民警,行为比以前显得诡秘、孤僻。此类现象的出现也不限于仅有自杀企图者。

8. 总是感到活着没有意思。

9. 产生焦虑、紧张、无望、无助等负面情绪和感觉。

10. 处于抑郁状态,经常哭泣。

11. 有过分严重的悔罪心理和自责情绪,认为自己"罪行严重""罪大恶极"(现实存在的或是罪犯自己凭空想象的),认为自己因疾病或犯罪给家人、给国家增添了麻烦。

12. 有严重抑郁情绪的罪犯在没有明显原因的情况下突然变得非常开朗、非常高兴。

13. 凭空听到了让自己去死的声音,并信以为真。

14. 新近被发现或确诊有比较严重的身体疾病,尤其是慢性和(或)难治性的身体疾病(如各种癌症等)。

15. 以前患有慢性和(或)难治性身体疾病的罪犯突然开始拒绝医疗干预。

16. 罪犯近期遭遇过或经历了比较严重的丧失事件,譬如亲人的去世或发生意外,配偶的离婚等。

17. 收集和保存一些具有一定危险的物品,譬如碎玻璃、小铁片,或是用一些碎布条搓绳子等,或是其所使用的被褥、床单等经常莫名其妙地少了一些边边角角。

18. 出现了某些放弃自己财产的举动,譬如归还拖欠了比较长时间的其他罪犯的借款,或是将自己的某些衣物等赠送给其他罪犯。

19. 出现了留“遗言”的现象,譬如嘱托与自己关系亲密的罪犯在出狱后对自己的家人多加照顾,向与自己关系素来不睦的罪犯频繁道歉,向关心、帮助过自己的监狱民警表示深深的感谢等。

20. 痴迷于邪教、具有迷信观念,梦想着早日升天、转世、投胎、超度等。

除了上述线索或迹象外,还可能有其他线索或迹象能够提示罪犯有自杀的企图或预谋。这就需要监狱民警在日常工作中,对罪犯的言行举止进行细致的观察,一旦发现有自杀可能的罪犯,必须进行重点观察和防范,做好相应的预防工作,最大限度地减少罪犯自杀现象的发生。

(四)罪犯自杀危险性评估与干预

1. 罪犯自杀危险性评估。这项工作包括以下三个方面的内容:一是对罪犯心理症状的表现进行评定,及时发现有自杀可能罪犯,及时进行相应的干预,最大限度地降低自杀风险;二是评定有自杀企图的罪犯是否存在生命危险,即自杀、自伤甚至他杀或其他冲动攻击性行为等发生的可能性;三是评估其社会功能和社会支持系统,不仅可以及时发现各种危险迹象,还有助于迅速调动一切可能的积极因素。具体评估工作由专业人员或者经过专业培训的监狱专职心理咨询与矫治人员来完成,进行评估时应注意将一线监管经验和专业评估相结合。对有自杀可能的罪犯所进行的检查和评估应在最短的时间内迅速作出,以便争取及时进行干预,预防危机事件的发生。

2. 罪犯自杀未遂的有效干预与处置。自杀未遂事件发生后,要按照狱政管理的要求和有关规定,对自杀未遂者进行保护和监管,还必须对自杀未遂者进行评定,以防止其再次自杀的发生。对自杀未遂者评定的目的主要是确定对其实施帮助的手段、方式和限度。评定主要包括以下内容:自杀的真正原因是什么;自杀未遂的原因是什么;自杀者的自杀意向严重到什么程度,影响有多大;当前是否仍然存在自杀危险;目前所面临的、亟须解决的问题是什么;是否罹患有某种精神障碍;采用何种帮助形式能够被罪犯所接受并能取得最佳效果。

同时,要针对自杀未遂者周围其他罪犯进行必要的处置。罪犯实施了自杀,无论是否已经造成了死亡的后果,都会对其他罪犯的内心造成影响。这种影响以负面的为主,将有可能会对监狱安全和狱政管理工作造成困难。因此,应该设法消除这些不良影响,尽快使监狱工作恢复正常。做好相关信息的公开、透明,在做好相应保密工作的前提下,将有关自杀发生的真相和事实最大限度地予以公开,以消除其他罪犯的误解和流言。同时,及时启动心理危机干预措施。亲眼目睹了自杀发生的其他罪犯,以及与发生自杀的罪犯关系比较亲密的人,实际上都亲身经历了一次重大的心理危机事件,会造成一些心理创伤。为了避免和消除这些不良的后续反应,应针对发生自杀的监区全体罪犯,在第一时间开展及时有效的团体心理咨询工作和心理健康教育工作,同时从心理学角度进行排查,对有自杀可能的重点罪犯予以重点控制和帮助,消除隐患。

3. 罪犯自杀死亡后的干预与处置。从心理危机干预的角度看,监狱中发生了罪犯自杀事件后,需要做的工作有两项:一是确定死亡是否确实由自杀所引起,即对自杀进行初步鉴定;二是对已经死亡者进行"心理解剖"。"心理解剖"①是相对于"尸体解剖"而言的,是指通过与已经死亡者有关的人做访谈而重建自杀死亡者信息的方法,主要针对的是不明原因的死亡。通过该方法,不仅可以最大限度地明确已经死亡者的死亡方式,如自然死亡、意外死亡或者自杀死亡,还可以更好地了解死亡原因和其他相关危险因素,为预防自杀提供信息②。

在"心理解剖"工作中,进行具体操作的专业人员是"访谈人",接受调查和询问并被要求提供死者信息的人员是"信息人"。在监狱的"心理解剖"工作中,"访谈人"一般应该由监狱中的心理咨询人员和精神医学工作者共同来担任,必要时应该聘请社会上的专业人员共同参与。"信息人"则主要包括监狱民警、狱内的医务工作者、死者周围的罪犯、死者的家属以及其他相关人员(死者生前其他的亲朋好友,曾经的同学、同事或战友,入狱前的街坊邻居等)。对死者采取自杀行动的可能原因以及影响其自杀行为的可能的心理因素进行深入的剖析,用"心理解剖"方法所得出的结论来佐证死者"自杀"的事实,寻找导致自杀的危险因素以及预防和控制自杀的方法。

第三节 罪犯心理危机干预

一、罪犯心理危机干预概述

(一)罪犯心理危机干预的内涵

罪犯心理危机干预,是由专业人员应用心理学的知识、技能和方法,采取一定

---

① Beskow J, Runeson B, Asgard U. ,*Psychological Autopsies: Methods & ethics*,Suicide Life Threat Behavior, 1990, 20(4),p. 307 – 323.

② Shneidman, E. S. ,*The Psychological Autopsy*. Suicide Life Threat Behavior, 1981,11(4),p. 325 – 340.

措施，帮助有心理危机的罪犯消除心理压力，缓解心理矛盾和冲突，从而预防和减少自伤自残、自杀、行凶、脱逃等事故的发生。罪犯心理危机干预是一项系统工程，包含一套系统的科学操作方法，包括心理评估、心理健康教育、心理咨询、心理治疗等系列内容，可分为预防教育、早期预警、危机干预、后期跟踪等环节。

开展罪犯心理危机干预，应当注意监狱环境的特殊性，即资源有限、视域狭窄，仅仅使用传统的心理干预措施可能难以达到预期目的。因而，在监狱进行罪犯心理危机干预工作，首先，应该帮助罪犯减轻心理压力，保证罪犯的安全，预防出现攻击和自我伤害的行为；其次，要注意运用有效资源（监狱民警、家人、其他罪犯和社会力量），积极发掘正向资源和问题解决模式等积极取向①；最后，要通过专业介入，提高罪犯认知水平、人际适应能力，促进罪犯心理成长和自我完善。

（二）罪犯心理危机干预的目的

罪犯心理危机干预的目的主要包括以下几方面：一是以提前预防为主，全面开展心理健康教育工作，提高罪犯的心理素质，培养其良好人格品质和危机应对方法，提高心理调节能力、改造适应能力和挫折承受能力，预防心理危机发生；二是开展心理危机干预，帮助罪犯恢复心理平衡，减少或避免罪犯因心理问题而引发的伤害事件发生；三是建立罪犯心理危机干预长效机制，对发生过心理危机的罪犯进行长期关注，使其能从心理危机中自我反思，建立良好的认知，重塑自我。

二、罪犯心理危机干预工作的开展

罪犯心理危机干预工作的开展，需要在罪犯群体中普及心理健康知识，识别心理危机潜在罪犯并进行提前预防；对出现了心理危机的罪犯进行专业干预和后期跟踪。

（一）心理危机预防

罪犯心理危机预防工作的开展，可以在日常教育中加强罪犯心理健康教育工作和生命意义教育活动。针对罪犯中广泛存在的环境适应、情绪管理和人际交往等问题开展有效的心理健康教育，通过专业有效的心理活动提高罪犯的心理健康水平和自我调适能力。对有可能出现心理危机的罪犯及时关注，对敏感多疑的罪犯进行心理疏导，对有生活困难和生理疾病的罪犯给予必要的帮助，对遭受家庭变故和重创事件的罪犯及时心理介入，做到早期干预。

定期开展心理健康测评和心理危机排查工作，建立重点罪犯心理档案，对罪犯

---

① 肖武平：《罪犯心理危机干预中积极心理要素的构建》，载《犯罪研究》2018 年第 5 期。

个体出现心理危机事件的可能性进行专业评估，早期专业介入。可以利用罪犯心理评估、情绪晴雨表、个别谈话、信息员汇报及监狱民警的观察等途径，对罪犯的心理状况变化做到及早发现，将罪犯心理危机消除在萌芽状态。采取专业预防措施，给予罪犯有效的支持、帮助，建立个体防御机制，学习应对措施，预防心理危机的发生，防患于未然。特别是针对突发公共危机事件和自然灾害，监狱系统应及时开展危机预警和有效干预。

（二）心理危机干预

1. 建立干预关系。罪犯心理危机干预的具体实施，需要工作人员具备良好的素养和专业水平，具备足够的耐心和爱心，以帮助罪犯度过心理危机以及心理成长为主要目标。需要得到当事人的积极配合与共同努力，激发其动机，强调当事人对行为和决定的责任心等。工作人员以共情、真诚、尊重、积极关注和真诚关心的态度与罪犯建立心理危机干预关系；了解罪犯对危机事件的反应和认知，鼓励当事人讨论目前感受，做到共情和接纳；与罪犯分析心理危机产生的其他原因，尤其是个人的认知特点和人格特点等方面；与罪犯讨论如何面对当下心理危机，理智地面对现实，为所当为；帮助当事人探索可以利用的解决方法，采用有效的社会支持和积极的应对方式，正确应对心理危机；与罪犯分析心理危机对其生命的意义，从心理危机中重新认知自我并完善自我。

2. 危机评估。在危机评估阶段，应该迅速确定心理危机事件和罪犯心理危机的严重程度，评估当事人对目前危机的应付状况和支持系统，评估罪犯的危险程度以及可能性干预措施（心理干预还是医疗干预）。对罪犯的心理危机评估包括历史评估和当前评估。在历史评估中，对罪犯的成长经历、家庭关系、既往病史等信息进行评估，可以通过访谈、案卷查询以及自我报告相结合的方式进行。在当前评估中，对罪犯的改造表现、人际关系、情绪变化、性格特点和危机事件等内容进行评估。通过对罪犯评估，可以更全面地了解该罪犯，不仅仅是了解罪犯对危机事件的心理反应，还能发现其背后的心理原因。对罪犯的评估可以通过心理测评、平时表现、罪犯自我报告和他犯反馈等方式进行，通过全面评估，评估罪犯心理危机的危险程度、危机类型以及制定干预目标。心理危机干预的目标是预防危机事件发生，帮助罪犯度过危机，恢复心理健康，并自我成长。近期目标为预防危险事件发生，帮助罪犯渡过心理难关，在此阶段需要专业评估罪犯心理状态，并调动所有的积极资源（监狱民警、家人和其他罪犯）；长期目标为降低罪犯心理创伤，促进罪犯心理健康发展，提高其认知能力和应对能力，促进其更好地适应。

3. 危机干预。当罪犯有自杀和伤害他人的倾向时，干预人员应迅速介入采取干预措施。首先要保证罪犯和相关人员的安全,对罪犯进行24小时监护,实行有效的连环包夹,确保罪犯人身安全。可以根据罪犯心理危机的危险程度,建立不同的干预等级:具有自伤自残、自杀、行凶等重大安全隐患的罪犯,列为一级危机;导致社会功能衰减的罪犯,列为二级危机;影响改造活动顺利进行的罪犯,列为三级危机。对不同等级的罪犯,监狱采用不同的方法实施干预。

危机干预策略要具有及时性、针对性、灵活性和有效性,可以采用心理咨询或团体辅导等形式,运用精神分析疗法、认知疗法、行为治疗和表达性治疗[①]等心理技术。建立专业系统、支持系统和监护系统,对处于心理危机状态的罪犯进行监控,随时掌握其心理与行为状况,确保安全,同时激发罪犯积极应对危机的信心,通过心理危机专业人员干预,减缓和阻断心理危机。将不属于咨询范畴、有严重心理障碍或心理疾病的罪犯转介到监狱精神卫生机构,以便及时采取心理治疗或住院治疗等干预措施,必要时运用家庭和社会的积极支持。

(三)后期跟踪

经过积极有效的干预后,大多数罪犯可以顺利地度过心理危机,恢复心理健康水平。经过心理危机干预,不仅需要使罪犯度过危险的紧急救助时期,在危机过后还需要对其进行适当的心理健康教育以及沟通交流,使罪犯能从心理危机中自我反思,建立良好的认知,重塑自我。应对罪犯生活进行妥善安排,帮助罪犯建立良好的社会支持系统。通过个别谈话、心理援助等多种形式协助罪犯从心理危机中吸取经验教训,学习有效的自我调节方法,不断自我完善,增强其战胜心理危机和面对生活的信心。此外,监狱和家人的帮扶与支持可以增强罪犯的社会支持感和个人归属感,也可以通过知识学习和文娱活动提高其心理抵抗力。同时,对罪犯的情绪变化、行为反应、改造表现以及人际关系等方面密切关注,当发现罪犯再次有心理危机表现和心理需求时,及时专业介入,早期干预。

此外,对实施罪犯心理危机干预的工作人员和目睹心理危机的他犯也要及时进行关注,保护他们免受消极的影响。可采用情绪治疗和支持疗法,给他们创造情绪表达的机会,获得积极的社会支持。

三、对罪犯心理危机干预工作者的要求

从事罪犯心理危机干预的监狱民警,需要具备良好的心理素养和熟练的专业

---

① 李灵、丛玉明等:《房树人绘画治疗技术在监狱危机干预中的应用——以出狱前焦虑罪犯干预为例》,第十七届全国心理学学术会议论文。

技能，主要包括以下四个方面：

（一）良好的心理素质

从事心理危机干预工作的监狱民警要性格温和、态度和蔼、积极乐观、诚实守信，同时具有快速反应能力和换位思考能力。在面对危机事件时，能够具有专业敏锐的洞察力，客观地面对和分析危机情景，以良好的心理品质开展罪犯心理危机干预工作。

（二）专业的伦理道德

从事心理危机干预工作的监狱民警必须具备心理工作者的伦理道德，坚持心理咨询和心理危机干预原则。罪犯心理危机干预是心理工作的一个分支，因此要求从业者具有良好的心理工作伦理道德，做到尊重、价值中立、积极关注等工作要求，这样才能使罪犯心理危机干预工作符合专业要求。

（三）综合的学科知识

从事心理危机干预工作的监狱民警需要具有心理学、社会学、婚姻家庭学、犯罪学和罪犯心理学、监狱学等综合的专业知识。人具有社会性和综合性，罪犯的心理危机会受到各种复杂因素的影响，开展这项工作要求监狱民警具有综合的学科背景和比较丰富的人生阅历。

（四）熟练的干预技术

从事心理危机干预工作的监狱民警必须具有熟练的心理危机干预技术，掌握心理危机评估技术以及具体的危机干预措施。罪犯作为接受刑罚惩罚、在监狱这个特殊环境中接受改造的特殊人群，其心理危机与一般守法公民相比会有很多不同的独特表现，这必然对工作人员提出更高的要求，需要熟练掌握心理评估、心理咨询和危机干预等技术并灵活运用。

罪犯心理危机干预是一项系统的工作，也是一项专业性极强的工作，需要监狱系统高度重视，建立专业的机构和专业团队，以提前预防和有效应对相结合全面开展，预防危机事件的发生，提高罪犯的心理健康水平，保证监狱的安全稳定。

研究与思考

1. 阐述心理危机的概念及其影响因素。
2. 简述如何对罪犯开展心理危机干预工作。
3. 简述对罪犯心理危机干预工作人员的具体要求。

参 考 文 献

中 文 部 分

[1]北京市监狱编绘:《漫话服刑人员心理》,科学普及出版社 2007 年版。

[2]蔡墩铭:《矫治心理学》,台北,正中书局 1988 年版。

[3]车文博主编:《心理治疗手册》,广东教育出版社 2009 年版。

[4]陈士涵:《人格改造论》,学林出版社 2001 年版。

[5]程正方编著:《现代管理心理学》,北京师范大学出版社 1996 年版。

[6]戴木才:《精神健康——迈向 21 世纪的心灵护照》,百花洲文艺出版社 1999 年版。

[7]狄小华:《冲突、协调和秩序:罪犯非正式群体与监狱行刑研究》,群众出版社 2001 年版。

[8]杜雨主编:《罪犯劳动改造学》,法律出版社 2002 年版。

[9]段晓英主编:《罪犯改造心理学》,广西师范大学出版社 2010 年版。

[10]范辉清主编:《罪犯心理》,中国检察出版社 2011 年版。

[11]葛鲁嘉、陈若莉:《文化困境与内心挣扎——霍妮的文化心理病理学》,湖北教育出版社 1999 年版。

[12]何为民主编:《罪犯改造心理学》,法律出版社 2002 年版。

[13]何为民主编:《罪犯改造心理学》,中国人民公安大学出版社 1997 年版。

[14]侯玉波编著:《社会心理学》(第 4 版),北京大学出版社 2018 年版。

[15]黄希庭、郑涌:《心理学十五讲》,北京大学出版社 2005 年版。

[16]黄希庭主编:《简明心理学辞典》,安徽人民出版社 2004 年版。

[17]黄兴瑞主编:《罪犯心理学》,金城出版社 2003 年版。

[18]李成、刘居祥、张安民主编:《罪犯心理矫治专论》,中国文联出版社 2001 年版。

[19]李从培:《司法精神病学鉴定的实践与理论——附各类鉴定案例 97 例分析讨论》,北京医科大学出版社 2000 年版。

[20]林秉贤、张克荣:《犯罪心理学纲要》,中国科学技术出版社 2001 年版。

[21]林秉贤等主编:《罪犯改造与心理矫治》(下),吉林人民出版社 2003 年版。

[22]林崇德、杨治良、黄希庭主编:《心理学大辞典》,上海教育出版社 2003 年版。

[23]林崇德主编:《发展心理学》(第 2 版),人民教育出版社 2009 年版。

[24]刘邦惠主编:《犯罪心理学》,科学出版社 2004 年版。
[25]刘邦惠:《管教民警心理卫生》,中国人民大学出版社 1999 年版。
[26]罗大华主编:《犯罪心理与罪犯心理矫治》,中国社会出版社 2000 年版。
[27]马皑等主编:《犯罪心理学》(第 2 版),中国人民大学出版社 2018 年版。
[28]孟昭兰主编:《情绪心理学》,北京大学出版社 2005 年版。
[29]欧晓霞主编:《心理学教程》,清华大学出版社 2007 年版。
[30]欧阳重晖主编:《监所在押人员心理矫治、狱内侦查与罪犯改造质量评估实务全书》,安徽音像出版社 2005 年版。
[31]彭聃龄主编:《普通心理学》(第 4 版),北京师范大学出版社 2012 年版。
[32]彭聃龄主编:《普通心理学》,北京师范大学出版社 2004 年版。
[33]皮连生主编:《学与教的心理学》(第 2 版),华东师范大学出版社 1997 年版。
[34]钱铭怡编著:《心理咨询与心理治疗》,北京大学出版社 1994 年版。
[35]心理学名词审定委员会编:《心理学名词 · 1999》,科学出版社 2001 年版。
[36]沈渔邨主编:《精神病学》(第 3 版),人民卫生出版社 1998 年版。
[37]沈渔邨主编:《精神病学》(第 4 版),人民卫生出版社 2001 年版。
[38]世界卫生组织编:《精神、神经疾病和社会心理障碍的初级预防》,孟凡强译,人民卫生出版社 2000 年版。
[39]宋胜尊:《罪犯心理评估——理论 · 方法 · 工具》,群众出版社 2005 年版。
[40]王垒编著:《组织管理心理学》,北京大学出版社 1993 年版。
[41]王平:《刑罚执行现代化》,北京大学出版社 2017 年版。
[42]王雁主编:《普通心理学》,人民教育出版社 2002 年版。
[43]吴宗宪编著:《国外罪犯心理矫治》,中国轻工业出版社 2004 年版。
[44]许涤新等主编:《马克思恩格斯全集》(第 32 卷),人民出版社 1957 年版。
[45]杨士隆:《窃盗犯罪:窃盗犯与犯罪预防之研究》,台北,五南图书出版公司 1997 年版。
[46]殷智红、叶敏编著:《管理心理学》,北京邮电大学出版社 2004 年版。
[47]翟书涛编著:《危机干预与自杀预防》,人民卫生出版社 1997 年版。
[48]翟书涛:《选择死亡——自杀现象及自杀心理透视》,北京出版社 2001 年版。
[49]翟中东:《国际视域下的重新犯罪防治政策》,北京大学出版社 2010 年版。
[50]翟中东:《矫正的变迁》,中国人民公安大学出版社 2013 年版。
[51]翟中东著:《刑法中的人格问题研究》,中国法制出版社 2003 年版。
[52]翟中东:《罪犯的危险评估和危险控制》,中国人民公安大学出版社 2019 年版。
[53]张安民、蒋鱼水主编:《服刑人员心理咨询案例集》,山东人民出版社 1999 年版。
[54]张春兴著:《现代心理学》,上海人民出版社 1994 年版。
[55]张岱年、方克立主编:《中国文化概论》,北京师范大学出版社 2000 年版。

[56]张雅凤主编:《罪犯改造心理学新编》,群众出版社 2007 年版。
[57]张雅凤:《罪犯的罪行与危害社会心理恶性程度的相关性探索》,法律出版社 2016 年版。
[58]章恩友、姜祖桢主编:《矫治心理学》,教育科学出版社 2008 年版。
[59]章恩友、宋胜尊主编:《犯罪心理学》(第 2 版),法律出版社 2019 年版。
[60]章恩友主编:《罪犯改造心理学》,法律出版社 2008 年版。
[61]章恩友主编:《罪犯心理矫治技术》,中国物价出版社 2002 年版。
[62]章恩友:《罪犯心理矫治》,中国民主法制出版社 2007 年版。
[63]章恩友:《罪犯心理矫治基本原理》,群众出版社 2004 年版。
[64]中国大百科全书出版社《简明不列颠百科全书》编辑部译编:《简明不列颠百科全书》(第 8 卷),中国大百科全书出版社 1986 年版。
[65]周晓虹:《现代社会心理学:多维视野中的社会行为研究》,上海人民出版社 1997 年版。
[66]朱济民主编:《来自监狱的报告——中国盗窃犯心理研究》,百家出版社 1999 年版。
[67] [美]B. E. 吉利兰、[美]R. K. 詹姆斯:《危机干预策略》,肖水源等译,中国轻工业出版社 2000 年版。
[68] [美]阿尔伯特·埃利斯、[美]阿瑟·兰格:《我的情绪为何总被他人左右》,张蕾芳译,机械工业出版社 2015 年版。
[69] [美]莱希:《认知治疗技术:从业者指南》,张黎黎等译,中国轻工业出版社 2005 年版。
[70] [美]理查德·格里格、[美]菲利普·津巴多:《心理学与生活》(第 19 版),王垒等译,人民邮电出版社 2016 年版。
[71] [美]理查德·霍金斯、[美]杰弗里·P. 阿尔伯特:《美国监狱制度》,孙晓雳、林遐译,中国人民公安大学出版社 1991 年版。
[72] [美]罗伊·鲍迈斯特、[美]约翰·蒂尔尼:《意志力:关于专注、自控与效率的心理学》,中信出版社 2012 年版。
[73] [美]米切尔·T·尼茨尔:《犯罪及其矫正》,北京心理学会翻译组译,北京心理学会 1981 年版。
[74] [美]爱因斯坦 :《爱因斯坦文集》(第 1 卷),许良英、范岱年编译,商务印书馆 1976 年版。
[75] [英]詹姆斯·马吉尔:《解读心理学与犯罪——透视理论与实践》,张广宇等译,中国人民公安大学出版社 2009 年版。
[76] [意]切萨雷·龙勃罗梭:《犯罪及其原因和矫治》,吴宗宪等译,中国人民公安大学出版社 2009 年版。
[77] [俄]巴甫洛夫:《巴甫洛夫全集》(俄文版第 2 卷第 2 册),人民卫生出版社 1950 年版。
[78] [印]帕谭佳里:《瑜伽经》,[美]霍华德·雷斯尼克英译,嘉娜娃中译,中国社会科学出版社 2017 年版。
[79]陈立成、宋胜尊、刘晓温:《监所内拘禁性精神障碍的发生及其医学地位》,载《广东司法

警官职业学院学刊》2006 年第 2 期。
[80]陈雯:《气质与青少年杀人伤害犯罪——对 132 名青少年杀人、伤害犯的气质分析》,载罗大华主编:《犯罪心理与罪犯心理矫治》,中国社会出版社 2000 年版。
[81]狄小华:《论罪犯的需要》,载《上海市政法管理干部学院学报》2005 年第 1 期。
[82]耿德勤、刘运福、宋胜尊:《危险性罪犯人格特征分析》,第十七届全国心理学学术会议论文。
[83]吉春华、朱娟:《重大灾害中罪犯心理危机的预防与干预》,中国首届心理咨询师大会暨心理危机干预研讨会论文。
[84]鞠海涛、李洪吉:《罪犯矿井恐怖症的集体矫治》,载《中国监狱学刊》1997 年第 1 期。
[85]冷静:《叙事心理治疗对缓解服刑人员焦虑情绪的实验研究》,漳州师范学院 2011 年硕士学位论文。
[86]李芳、吴痕:《社区服刑人员分析报告》,载《中国监狱学刊》2015 年第 6 期。
[87]李汉斌、曾华伟、文秀兵等:《老病残犯的心理问题分析及矫治对策》,载《中国监狱学刊》2006 年第 6 期。
[88]李杰:《罪犯自杀及其预防策略》,中国心理卫生协会第六届学术研讨会暨第二届全国心理咨询师大会论文。
[89]李灵、丛玉明等:《房树人绘画治疗技术在监狱危机干预中的应用——以出狱前焦虑罪犯干预为例》,第十七届全国心理学学术会议论文。
[90]李文友、周天俊:《抢劫犯罪心理与行为特征及治理策略》,载《湖北公安高等专科学校学报》2000 年第 6 期。
[91]连春亮:《罪犯自我意识障碍及其调适》,载《犯罪与改造研究》2004 年第 7 期。
[92]刘芩:《论气质与犯罪构成的关系》,载《大观周刊》2012 年第 14 期。
[93]路星星:《大学生意志品质培养研究》,辽宁大学 2017 年硕士学位论文。
[94]骆荣:《对 47 名重刑盗窃犯人格测试分析》,载《江苏临床医学杂志》2001 年第 1 期。
[95]马恩轩、赵万利等:《在监罪犯精神障碍流行学调查》,载《山东精神医学》1998 年第 2 期。
[96]马金虎:《试析罪犯价值观的几个主要问题》,载《犯罪与改造研究》2018 年第 6 期。
[97]马立骥等:《团体心理咨询在青年罪犯心理矫治中的应用初探》,载《青少年犯罪问题》2007 年第 4 期。
[98]邱鸿钟、蔡锡鹏等:《音乐治疗对服刑人员情绪与行为影响的研究》,国际中华应用心理学研究会第六届学术年会论文。
[99]沈海英:《农村社区服刑人员心理健康状况的调查研究》,载《法制与社会》2011 年第 6 期。
[100]石律涛:《60 名盗窃型罪犯的个性调查研究》,载《江苏临床医学杂志》2001 年第 1 期。

[101]苏进军:《对贪污受贿犯的心理特征分析及矫治对策》,载《中国司法》2002 年第 6 期。
[102]田成华、胜利、于欣译:《精神病学与精神卫生词汇》,载《中国心理卫生杂志》1998 年增刊。
[103]王素萍等:《营口监狱服刑人员艾滋病健康教育效果评价》,载《中国公共卫生》2008 年第 4 期。
[104]肖武平:《罪犯心理危机干预中积极心理要素的构建》,载《犯罪研究》2018 年第 5 期。
[105]杨春平、王东亚:《对 1000 名罪犯心理健康的问卷调查报告》,载《犯罪与改造研究》2005 年第 6 期。
[106]杨惠倡、王大勇、朱海燕:《初入狱青年男性罪犯的人格特征研究》,载《青少年犯罪问题》2007 年第 6 期。
[107]于世忠:《谈技能盗窃犯的特点及其矫正对策》,载《浙江省政法管理干部学院学报》1993 年第 4 期。
[108]赵曾渝:《谈抢劫犯的犯罪心理结构》,载《辽宁警专学报》2004 年第 6 期。
[109]周苏东、郑剑锋:《犯抢劫罪服刑人员心理特点及矫治对策探讨》,载《社会心理科学》2005 年第 1 期。

英 文 部 分

[1] Andrews, D. A. , Bonta, J. & Wormith, J. S. , *The Recent Past and Near Future of Risk and/or Need Assessment*, Crime and Delinquency, 2006, 52.
[2] Beskow J, Runeson B, Asgard U. , *Psychological Autopsies: Methods & ethics*. Suicide Life Threat Behavior, 1990, 20(4).
[3] Bonta, J. (2001). *Offender assessment: General issues and considerations. In L. Motiuk & R. C. Serin (Eds.). Compendium* 2000 *on effective correctional programming*, Volume 1, p. 22 – 29. Ottawa: Correction Service Canada.
[4] Brandt. R. , *The Mental Health of People Living with HIV/AIDS in Africa: A System atic Review*, African JAIDSRes, 2009, 8(2).
[5] Bucklen, K. B. , *Approach to Inmate Risk Assessment*, Research in Review, 2001, 4.
[6] Champion, D. J. , *Measuring Offender Risk – A Criminal Justice Sourcebook*, Connecticut: Greenwood Press, 1994.
[7] Peter M. , Carlson & Judith Simon Garrett, *Prison and Jail Administration Practice and Theory*, An Aspen Publication, Aspen Publishers, Inc. , 1999.
[8] Shneidman, E. S. , *The Psychological Autopsy*, Suicide Life Threat Behavior, 1981, 11(4).
[9] Smith, R. R. & Sabatino, D. A. , *Roles and Functions of Psychologists in American Correctional Institutions*, Journal of Offender Rehabilitation, 16, 1990.

图书在版编目(CIP)数据

罪犯改造心理学 / 章恩友主编. -- 北京 : 法律出版社, 2021
ISBN 978-7-5197-5722-9

Ⅰ. ①罪… Ⅱ. ①章… Ⅲ. ①犯罪分子-劳动改造-心理学 Ⅳ. ①D916.7

中国版本图书馆 CIP 数据核字(2021)第 122648 号

罪犯改造心理学
ZUIFAN GAIZAO XINLIXUE

章恩友 主编

责任编辑 慕雪丹
装帧设计 汪奇峰

出版发行 法律出版社
编辑统筹 法商出版分社
责任校对 赵明霞
责任印制 胡晓雅
经　　销 新华书店

开本 710 毫米×1000 毫米 1/16
印张 26　字数 460 千
版本 2021 年 8 月第 1 版
印次 2021 年 8 月第 1 次印刷
印刷 永清县金鑫印刷有限公司

地址:北京市丰台区莲花池西里 7 号(100073)
网址:www.lawpress.com.cn
投稿邮箱:info@lawpress.com.cn
举报盗版邮箱:jbwq@lawpress.com.cn

销售电话:010-83938349
客服电话:010-83938350
咨询电话:010-63939796

书号:ISBN 978-7-5197-5722-9
定价:62.00 元

凡购买本社图书,如有印装错误,我社负责退换。电话:010-83938349

颜嘉男:泛用伺服马达应用技术
ISBN:978-957-21-5238-6
全华科技图书股份有限公司
原著于2006年4月出版发行

电动机控制电路应用技术丛书

伺服电机应用技术

颜嘉男 编著
王自强 审校

科学出版社
北京

图字：01-2009-6284 号

内 容 简 介

本书系统地讲解了伺服电机系统的结构、原理、选型、硬件连接、控制程序编辑，内容涉及伺服控制器(PLC)、伺服驱动器、伺服电机、伺服电机与步进电机的选用方法，具有一定的前瞻性和相当高的实用价值。

全书共5章，主要内容包括：通用伺服驱动器的应用、伺服控制系统的连接、伺服控制器的应用、硬件接线及控制程序实验、伺服电机与步进电机的选用。针对关键技术要点，每章均设置了“本章重点”与“本章习题”，附录包括“习题解答”与“自动控制系统专业名词说明”。

本书可作为工科院校电气工程、自动化控制、机电工程等专业的教学用书，也可作为希望进入伺服电机应用相关领域读者的案头书。

图书在版编目(CIP)数据

伺服电机应用技术/颜嘉男编著. —北京：科学出版社，2010 (2025.5重印)
(电动机控制电路应用技术丛书)
ISBN 978-7-03-026806-8

Ⅰ.伺… Ⅱ.颜… Ⅲ.伺服电机-基本知识 Ⅳ.TM383.4

中国版本图书馆 CIP 数据核字(2010)第 027194 号

责任编辑：喻永光 杨 凯 / 责任制作：董立颖 魏 谨
责任印制：吴兆东 / 封面设计：郝晓燕

科 学 出 版 社 出版
北京东黄城根北街 16 号
邮政编码：100717
http://www.sciencep.com
北京厚诚则铭印刷科技有限公司印刷
科学出版社发行 各地新华书店经销

*

2010 年 4 月第 一 版 开本：A5(890×1240)
2025 年 5 月第十八次印刷 印张：6 3/4
字数：200 000

定 价：32.00 元
(如有印装质量问题，我社负责调换)

前　言

本书编写的目的，是希望读者能通过本书的学习进入伺服电机应用的相关领域。因此，内容仅涉及用户应用部分，对于较专业的电机及控制器设计与制造技术、理论问题，不在本书讨论范围之内。当然，如果要设计、制造伺服电机相关系统，对应用也必须有所了解。因此本书适合在校学生学习，也适合在职的工程人员进修、自学。

编排内容方面，通用伺服电机系统按体系结构分章说明，依序了解各章节后，即可组织成一组通用伺服电机系统。为使初学者易于学习，控制器部分从较基础的控制模块讲起，介绍必要的基础知识，再介绍复杂功能的控制模块，让读者以后面对其他型号控制器也能快速入手。读者通过对本书的学习后，应对伺服电机的应用有所了解。

本书首先介绍伺服驱动器的工作概要，让读者知道需要调整的必要参数，以及调整后的效果。其次介绍驱动器与控制器人工接线方法，让读者具备信号连接及调试能力。再介绍伺服控制器的基本功能及参数设置，使读者能应用伺服电机基本控制功能。最后介绍如何依据机构负载特性，计算并选用伺服电机及步进电机。

本书主要介绍伺服电机的基本应用，以后如有机会可再向读者介绍PLC控制程序设计的个人经验，并将设备控制与伺服控制一体化设计，希望能提供给读者新的思路。

笔者仅将过去的工作经验及从事自动化教育的心得整理成册，供有心学习伺服电机应用技术者参考，希望能事半功倍，从节省读者自我摸索的时间，快速进入相关应用领域。

笔者才疏学浅，书中难免有误谬之处，各位学界、业界同仁敬请不吝赐教、指正。

颜嘉男

目　录

第1章　通用伺服驱动器的应用

1.1　伺服电机的结构 …… 1

1.1.1　伺服电机驱动器 …… 1

1.1.2　交流同步电机 …… 2

1.1.3　编码器 …… 2

1.1.4　伺服驱动器的电源线 …… 3

1.1.5　驱动器的制动阻抗 …… 4

1.2　伺服驱动器的工作原理 …… 5

1.2.1　位置控制单元 …… 6

1.2.2　速度控制单元 …… 12

1.2.3　驱动单元 …… 20

1.2.4　完整的伺服电机驱动器 …… 21

1.3　驱动器增益参数调整 …… 21

1.3.1　手动调整增益参数 …… 21

1.3.2　自动调整增益参数 …… 22

1.3.3　Pl与PID的差别 …… 22

1.3.4　增益与时间的问题 …… 22

1.3.5　比例控制模式 …… 23

1.4　V command(速度伺服)的介绍 …… 23

1.5　P command与V command的比较 …… 24

1.6　T command(转矩伺服)的介绍 …… 25

1.7　T command与P command,V command的比较 …… 26

1.8　驱动器电子齿轮比设置 …… 27

1.8.1　以电机最高转速为目的的设置 …… 27

1.8.2　以机构分辨率为目的的电子齿轮比设置 …… 28

1.8.3　电子齿轮比设置实例 …… 29

1.8.4 电子齿轮比设置讨论 …… 32
本章重点 …… 34
本章习题 …… 35

第 2 章 伺服控制系统的连接

2.1 基本电学知识 …… 37
2.1.1 基本电学的重要性 …… 38
2.1.2 基本回路 …… 38
2.2 基本回路应用于通信 …… 39
2.2.1 通信的要素 …… 40
2.2.2 通信要素的分辨 …… 40
2.2.3 SERVO ON 的说明 …… 43
2.2.4 脉冲指令 …… 43
2.3 三菱 FX2N-1PG 硬件接线 …… 44
2.3.1 正转脉冲及反转脉冲的信号接入 …… 46
2.3.2 P command 指令信号 …… 48
2.3.3 计数器 CLR 接线 …… 49
2.3.4 零相脉冲接线 …… 50
2.3.5 原点检测接线 …… 51
2.3.6 驱动器其他必要引脚的连接 …… 52
2.3.7 完整的接线 …… 53
2.3.8 差动元件接线 …… 53
2.3.9 信浓电机的伺服驱动器接线 …… 55
2.3.10 PANASONIC 伺服驱动器接线 …… 58
2.3.11 YASKAWA 伺服驱动器接线 …… 59
2.4 OMRON NC213 伺服控制模块接线 …… 60
2.5 步进电机接线 …… 67
本章重点 …… 70
本章习题 …… 71

第 3 章 伺服控制器应用

3.1 三菱 FX2N-1PG 模块 …… 74
3.1.1 JOG 运行 …… 75
3.1.2 go home 机械原点复位运行 …… 80

3.1.3　坐标单位参数设置 …… 89
3.1.4　一速位置定位运行 …… 92
3.1.5　二速位置定位运行 …… 94
3.1.6　缓冲寄存器＃3 寄存器其他设置 …… 96
3.2　OMRON NC213 模块 …… 96
3.2.1　NC213 模块硬件安装及参数设置 …… 97
3.2.2　JOG 运行 …… 116
3.2.3　go home 机械原点复位运行 …… 117
3.2.4　定位运行 …… 118
本章重点 …… 140
本章习题 …… 141

第 4 章　硬件接线及控制程序实验

4.1　FX2N-1PG 开路接线 …… 143
4.2　寄存器定义 …… 144
4.3　JOG 操作试验 …… 146
4.4　脉冲接收试验 …… 147
4.5　将 C235 仿真成位置计数器 …… 149
4.6　仿真原点复位动作 …… 150
4.7　绝对坐标一速定位 …… 152
4.8　相对坐标一速定位 …… 154
4.9　其他参数设置 …… 155
4.10　复合单位运行 …… 155
4.11　完整的实验程序 …… 157
本章重点 …… 159
本章习题 …… 160

第 5 章　伺服电机与步进电机的选用

5.1　转动惯量的物理定义 …… 161
5.2　转动惯量与转矩的关系 …… 162
5.3　负载惯量的计算 …… 162
5.3.1　圆筒状物体旋转,旋转轴在圆筒中心 …… 162
5.3.2　圆筒状物体旋转,旋转轴不在圆筒中心 …… 163
5.3.3　长方体物体旋转,旋转轴不在长方体中心轴上 …… 164

5.3.4 直线运动物体 …… 164

5.3.5 悬吊物体 …… 165

5.4 机构经加速或减速后负载惯量的计算 …… 165

5.5 负载转矩的计算 …… 166

5.5.1 直线运动负载转矩 …… 166

5.5.2 旋转运动负载转矩 …… 167

5.5.3 上下垂直运动负载转矩 …… 168

5.5.4 加速转矩及减速转矩 …… 168

5.5.5 运动转矩 …… 170

5.5.6 瞬时负载转矩 …… 171

5.6 伺服电机的选用 …… 172

5.7 步进电机的选用 …… 173

5.8 单位换算 …… 174

5.8.1 转矩单位换算 …… 174

5.8.2 惯量单位换算 …… 174

5.9 电机选用实例 …… 175

5.9.1 计算惯量 …… 175

5.9.2 计算负载转矩 …… 176

5.9.3 计算加速转矩 …… 176

5.9.4 与选用电机转矩比较 …… 176

5.9.5 计算连续瞬时转矩 …… 176

5.9.6 选用结果 …… 177

5.10 伺服电机与步进电机的差别 …… 177

5.10.1 步进电机原点复位的讨论 …… 177

5.10.2 步进电机的优点 …… 178

5.10.3 伺服电机原点复位的讨论 …… 178

5.10.4 步进电机一般为低速运行 …… 178

5.10.5 步进电机结构简单 …… 179

5.10.6 步进电机的选用原则 …… 180

5.10.7 伺服电机的选用原则 …… 180

本章重点 …… 181

本章习题 …… 181

附录 A 习题解答 …… 183

附录 B 自动控制系统专业名词说明 …… 201

第1章　通用伺服驱动器的应用

1.1　伺服电机的结构

使用伺服电机，当然要知道什么是伺服电机、其结构如何。伺服是跟随的意思，伺服电机就是希望电机依指令信号作位置、速度或转矩的跟随控制。

图 1.1 所示虚线内为伺服电机系统，分为伺服驱动器及伺服电机两部分。小型交流伺服电机一般采用永磁同步电机作为动力源。也有采用直流电机为动力源的伺服电机，但目前已较少应用。早期由于直流电机的转矩特性比交流电机的转矩特性好，因此采用直流电机。由于现代变频技术的发展，交流电机的转矩特性已接近直流电机的转矩特性，而直流电机又存在不易保养的特点，因此直流电机渐渐被交流电机所替代。

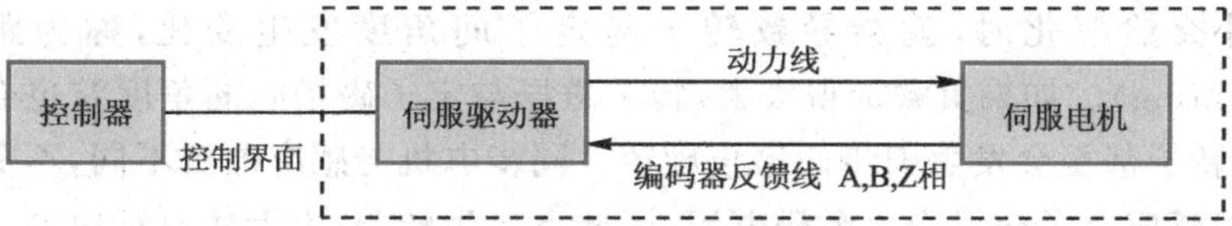

图 1.1　伺服电机的结构

1.1.1　伺服电机驱动器

伺服电机必须有驱动器才能旋转，因此市面上所称伺服电机包含伺服驱动器。一组伺服电机由电机与驱动器匹配组成，由制造厂家将电机与驱动器匹配到最佳状态，用户最好不要随意混合搭配。

通用交流伺服电机驱动器依据控制方法，一般分为三种控制信号模式：P command（位置伺服），V command（速度伺服），T command（转矩伺服）。较通用的控制方法为 P command 及 V command。

伺服驱动器与伺服电机之间只要型号匹配，用户就无需考虑其控制信号模式；相对的，伺服控制器必须配合伺服驱动器，一般小型 PLC 控制器较常采用 P command（位置伺服）控制模块，中大型 PLC 控制器或专用控制器才有 V command（速度伺服）模块可选用。

另外，有些伺服电机专用控制器是针对伺服电机特殊应用而开发的，也可能专为某些产品而开发制造，采用哪种控制信号模式因设计师个人设计理念而定，或采用控制器与驱动器一体设计，或采用通信网络式远程控制，这些不是通用伺服电机讨论的范围，但工作理论及工作模式是相同的。T command 与 P command 及 V command 之间的用途差异较大，如应用于卷绕、检测等方面。

1.1.2　交流同步电机

所谓同步电机，即转子旋转速度与旋转磁场速度同步的电机，如图 1.2 所示。同步电机电枢绕组配置在定子上，转子磁极可使用直流电源激磁或使用永久磁铁。一般同步电机无法自行启动，必须加启动器或变频器作加速启动。如果直接加 60 Hz 的电源于电机上，因旋转磁场速度太快，而电机转子惯性太大，将无法自行启动旋转。

同步电机虽然以同步速度旋转，但事实上并非每一瞬间的转速都固定。因为转子转矩是转子磁场及定子磁场相互作用产生的，所以当负载大小突然变化时，就会导致转子与定子间角度发生变化，称为跟踪（hunting）。如果负载加得太大，转子磁场与定子磁场间的角度差也会变大，转子甚至会发生失步而停止旋转。同步电机与感应电机不同，不需要转子感应定子磁场产生激磁电流，因此不产生转差，也无法自行启动。所以，同步电机不是同步旋转就是失步停转。

1.1.3　编码器

为了达到伺服的目的，在电机输出轴同轴装上 encoder（编码器）。电机与编码器为同步旋转，电机转一圈编码器也转一圈；转动的同时将编码信号送回驱动器，驱动器根据编码信号判断伺服电机转向、转速、位置是否正确，据此调整驱动器输出电源频率及电流大小。也可采用被称为 resolver（角传感器）的元件，但其目的相同，对用户而言无甚差异。

encoder（编码器）所反馈的脉冲信号的 A 相与 B 相（参见图 2.21 及图 2.22）相位相差 90°，分别代表正转及反转。每组脉冲可分解为 a，b 两个前缘和 c，d 两个后缘微分脉冲，合计为 4 倍的单相脉冲。如图 1.3 所示。我们看到的伺服电机转速或位置的分辨率，就是由 encoder（编码器）

每圈的 A 相或 B 相脉冲数量的 4 倍决定的。

encoder(编码器)所反馈的脉冲信号还有 Z 相,或称为 C 相、零相脉冲。电机每转 1 圈产生 1 个零相脉冲,主要用于伺服电机原点复位的参考定位。

所以当制造商标注电机的 encoder(编码器)分辨率时,必须分清是脉冲数还是乘上 4 倍后的分辨率。

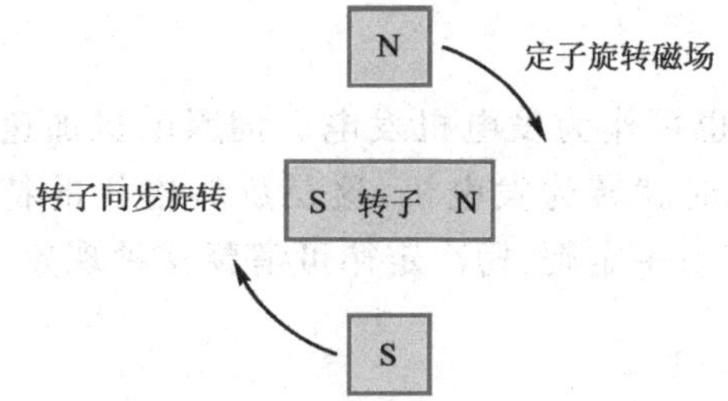

图 1.2

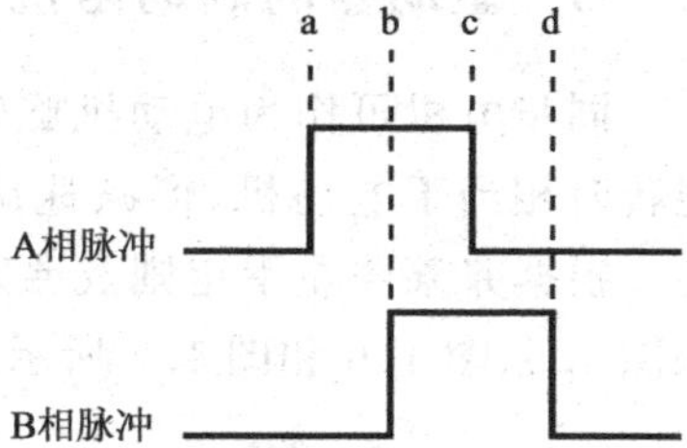

图 1.3

1.1.4 伺服驱动器的电源线

伺服驱动器的接线如图 1.4 所示,电源线规格必须与电机容量相匹配。较大功率电机的伺服驱动器输入电源(一次侧)为三相电源,小功率电机的伺服驱动器可接单相电源运行。

伺服驱动器输出端(二次侧)必定为多相输出,以便形成旋转磁场,所以必定为三相输出电压,再加上接地线。

接线时,输出电压的相序必须正确;否则,伺服电机旋转方向并不会

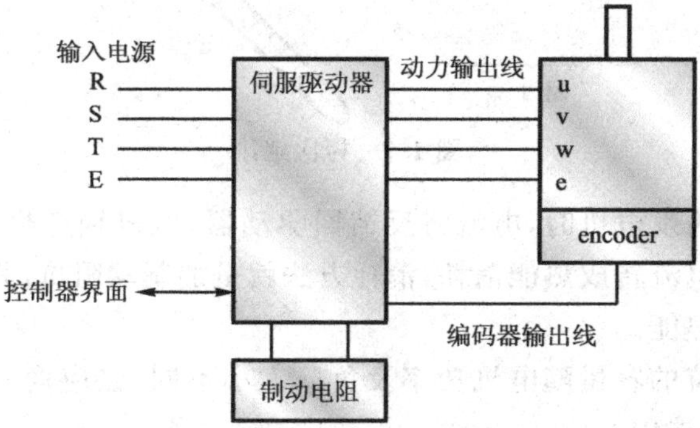

图 1.4 伺服驱动器接线示意图

反向旋转，而是根本无法旋转，因伺服驱动器输出相序与编码器旋转方向是匹配的，不可任意变动。绝对不可将市用电源直接接上电机，否则只会造成损坏。

伺服驱动器输出线通常由用户自行接线，供应商只提供正确的接线说明。encoder 编码器的接线较为专业，可由厂家接线测试无误后交货，避免不必要的故障发生。

1.1.5　驱动器的制动阻抗

同步电机可作为电动机旋转，也可作为发电机发电。伺服电机加速旋转时相当于电动机，但减速旋转时就转为发电机，这是旋转电机的特性。根据弗莱明左手定则及弗莱明右手定则、楞次定律可解释这种现象，如图 1.5、图 1.6 和图 1.7 所示。

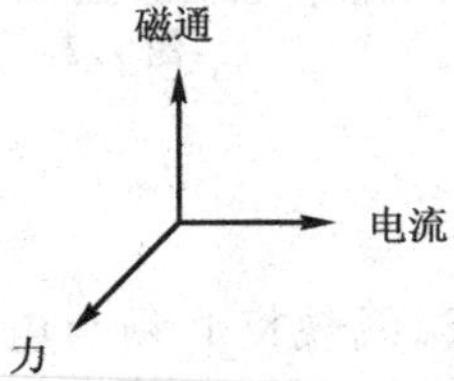

图 1.5　弗莱明左手定则

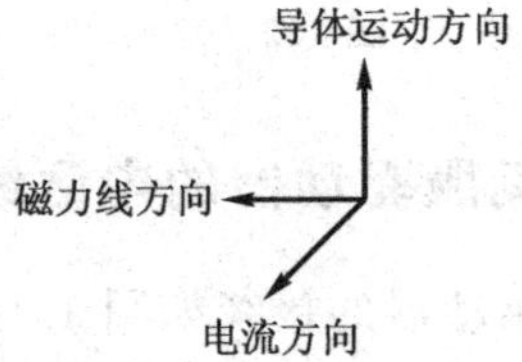

图 1.6　弗莱明右手定则

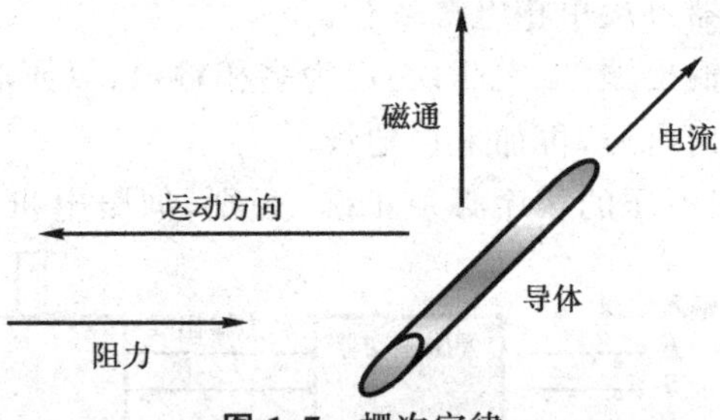

图 1.7　楞次定律

电机转为发电机时，电流将反馈回驱动器，电机轴产生阻力，驱动器必须将多余电流转成热能消耗，消耗方法就是加制动阻抗，将电流导入制动阻抗转成热能。

制动阻抗的容量随电机功率及负载大小不同，供应商一般提供相应的规格，以便选用。

小功率伺服电机驱动器内部一般配置容量足够的制动阻抗，大功率伺服电机驱动器一般外加制动阻抗，与变频器使用的方法相同。

已配合制动时间选定的制动阻抗容量，不会因阻抗容量增加就改变制动效果；也不会因为有制动阻抗，伺服电机才有制动减速功能。用户不要混淆。

电机轴产生的制动阻力不单是旋转减速时发生，在电机电源引出线接上驱动器的情况下，人为转动电机轴，也将感觉有阻力出现；如果将电机电源引出线拆除，则阻力消失。这是楞次定律的表现，即导体于磁场中垂直方向移动将产生阻力。

1.2　伺服驱动器的工作原理

伺服驱动器的工作目的，主要是根据伺服控制器送出的指令（P，V，T）工作。同步电机并非完全同步于旋转磁场，驱动器必须进行修正工作，使电机工作稳定不失步。所以，驱动电机正确跟随控制指令工作是伺服驱动器的主要工作任务。

以下采用通用伺服电机系统 P command（位置伺服）为例，说明驱动器的基本原理及各项必要的调整参数。因为位置伺服驱动器具备完整的驱动器元件。

位置伺服驱动器系统方框图，如图 1.8 所示。

位置伺服驱动器内部包含：位置控制单元、速度控制单元和驱动单元。驱动器与伺服电机之间为闭环控制系统，驱动器由编码器送回数据进行控制修正工作。各厂家伺服电机驱动器的软硬件设计均有差异，例

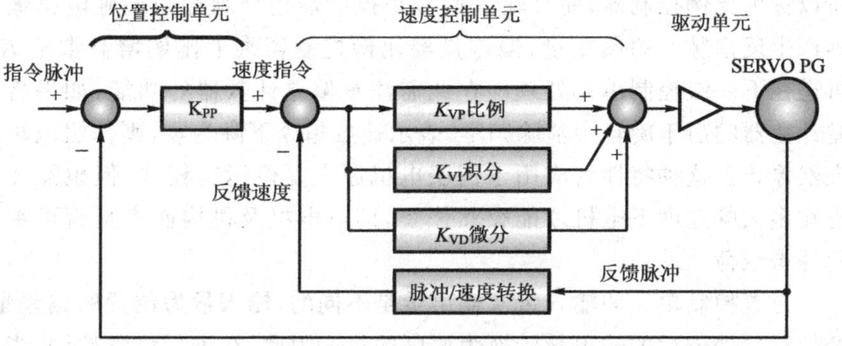

图 1.8　位置伺服驱动器系统方框图

如编码器为通称，也有使用角传感器的，但基本控制结构及原理是相同的。

指令脉冲经过伺服驱动器内电子齿轮增减频率，详细说明见 1.8 节。

1.2.1　位置控制单元

伺服电机驱动器必须设置位置增益参数（K_{PP}），伺服驱动器位置控制单元采用比例控制系统，所以应称为位置比例增益参数。调整位置比例增益参数又称为伺服电机刚性调整。

将指令脉冲数与编码器反馈脉冲数进行比较，称为偏差计数。位置控制单元将偏差量转换成修正位置的速度指令，由速度控制单元处理后送驱动单元进行电机驱动。因此，速度指令的幅度大小就可由 K_{PP} 位置比例增益参数来决定。K_{PP} 参数设置越大，控制反应越迅速，称为刚性较硬；反之，称为刚性较软。将速度控制单元及驱动单元进行简化，如图 1.9 所示。

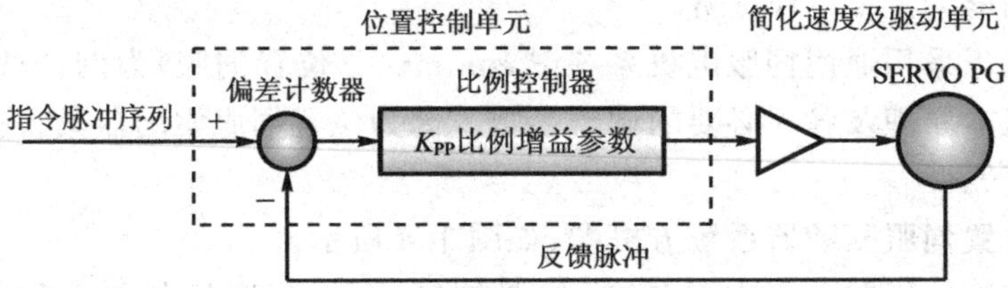

图 1.9　位置控制单元

因控制器输出的驱动信号与输入关系只是一个比例增益常量关系，所以称为比例控制器，而其输入信号是控制器指令脉冲与伺服电机编码器产生反馈脉冲的偏差量，偏差量经比例控制器乘上比例增益常量 K_{PP} 再送往下一级控制单元处理。在此需注意偏差计数器的功能，如果将偏差计数器输出于旋转中清除归零，表示速度指令下降为零，则伺服电机将突然停止。这种特性将应用于伺服电机原点复位运行模式，但也需要考虑在多大的速度下电机才能突然停止，即对电机及机构而言是否可承受此冲击载荷。

位置控制单元的输入量及输出量是不同的，输入量为位置的偏差量，经控制器处理后的输出量转换为速度的量。因此，在进行位置控制，当当前位置不等于设置位置时，需要输出与位置误差量相反方向的速度进行修正;当当前位置等于设置位置时,速度的输出必须为零。

偏差计数器不同于一般函数减法器,其进行的是两输入端脉冲数量互抵的动作,虽然最终必定互抵为零,但接收指令脉冲发送时,与反馈脉冲间存在延迟时间差,这就是偏差量成因之一。另一部分偏差量是因为外力产生的,当电机停止因负载变化形成位移时,就造成偏差量的产生,也反应了修正输出的必要性。而比例控制器要对修正输出的幅度作控制。

实际的驱动器硬件,位置控制单元对脉冲频率另有函数处理,在此不作讨论。

1. 位置比例增益参数 K_{PP} 的影响

将 K_{PP} 参数以阶跃输入对时间的暂态响应说明。比例控制器单位阶跃响应如图 1.10 所示,曲线最高点至设置点间的距离称为最大超调量,输出值 0.1~0.9 的时间称为上升时间,输出值由 0 进入 0.95~1.05 的时间称为稳定时间。

当 K_{PP} 值增大时,伺服电机对位置有较好的响应,一般称为刚性较硬;但也容易产生振动及噪音,也就是进入不稳定状态。

K_{PP} 值调整后,效果将反应在伺服电机定位及停止时。由阶跃响应图中观察,K_{PP} 值增大时,上升时间减短,可快速到达设置点,相对的最大超

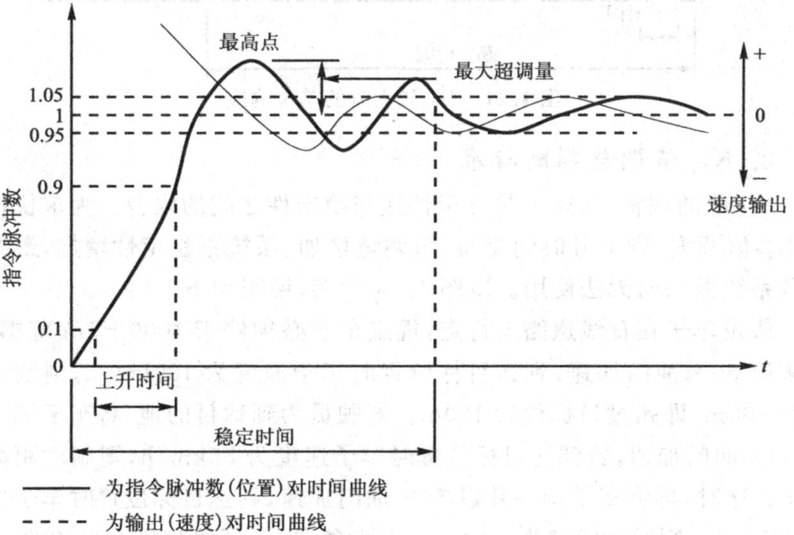

图 1.10 比例控制器单位阶跃响应

调量随之增加。因此，必须考虑以下因素。

① 机构是否能接受较大超调量。

② 较短的上升时间并不表示能缩短稳定时间。

③ K_{PP}值减少时，上升时间延长，需要较长的时间才能到达设置点，最大超调量减少，但并不一定表示系统稳定时间将延长。

针对以上情况进行 K_{PP}值的调整，求得的最短稳定时间即为最佳值。测量系统稳定时间需要适当的仪器，在无适当的仪器或工具进行辅助时，只能以人工进行调整及判断 K_{PP}值是否适用。如图 1.11～图 1.13 所示。

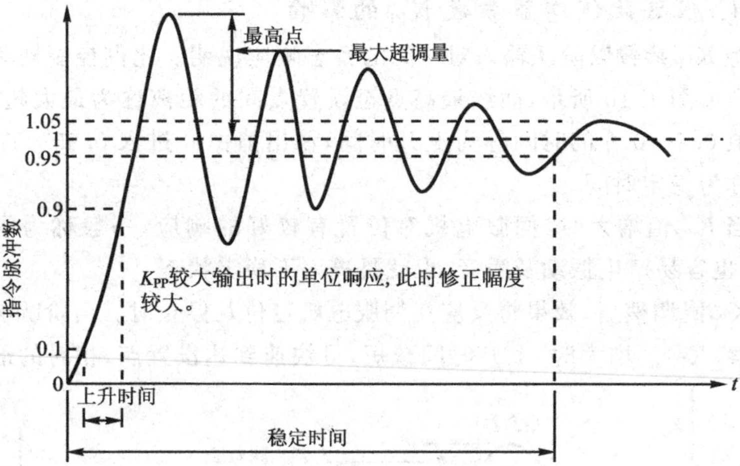

图 1.11　K_{PP}较大时的单位响应

2. K_{PP}值调整判断标准

K_{PP}值的调整，实际上是介于快速与稳定性之间的取舍。为求快速而将 K_{PP}值调大，则上升时间缩短、超调量增加、系统不稳定性增加，最终将导致系统振荡而无法使用。以图 1.14 为例，说明如下。

假设车子在直线道路上行走，规定车子必须停于 1000±5m 范围内。如果以 50％油门加速，到达目标位置时车子速度为 100km/h，则制动距离为 100m，即超过目标位置 100m。驾驶员为到达目的地，将车子调头并以 50％油门加速，若到达目标位置时车子速度为 50km/h，则制动距离为 50m。这时，再将车子调头并以 50％油门加速，到达目标位置时车子速度为 30km/h，则制动距离为 10m……如此往复，车子终将停在目的地±5m 范围内。

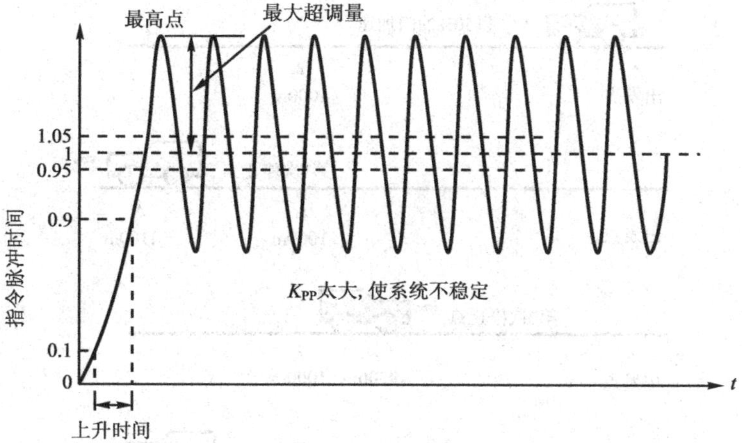

图 1.12 K_{PP} 太大时的单位响应

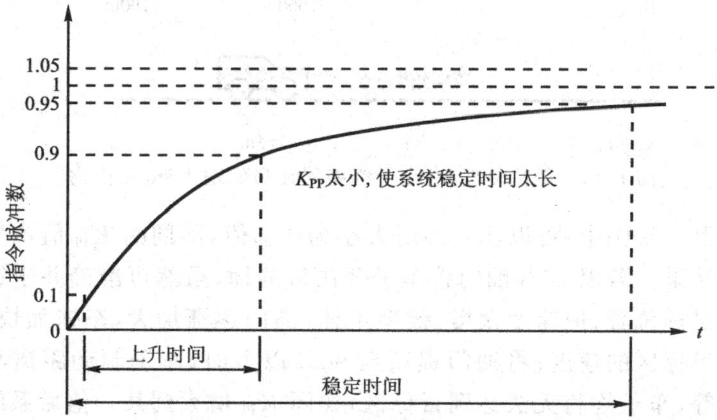

图 1.13 K_{PP} 太小时的单位响应

如果将油门增加至 90％行驶，情况可能完全不同。车子以 90％油门加速，到达目标位置时速度为 140km/h，制动距离为 150m，即超过目标位置 150m。驾驶员为到达目的地，将车子调头并以 90％油门加速，到达目标位置时速度为 140km/h，制动距离为 150m。于是驾驶员再将车子回头再以 90％油门加速，到达目标位置时速度为 140km/h，制动距离为 150m……如此往复，由于车子每次制动距离均为 150m，每次到达目标位置时速度均为 140km/h，因此车子将永远无法到达目标位置±5m 范围内。这相当于系统进入不稳定状态。

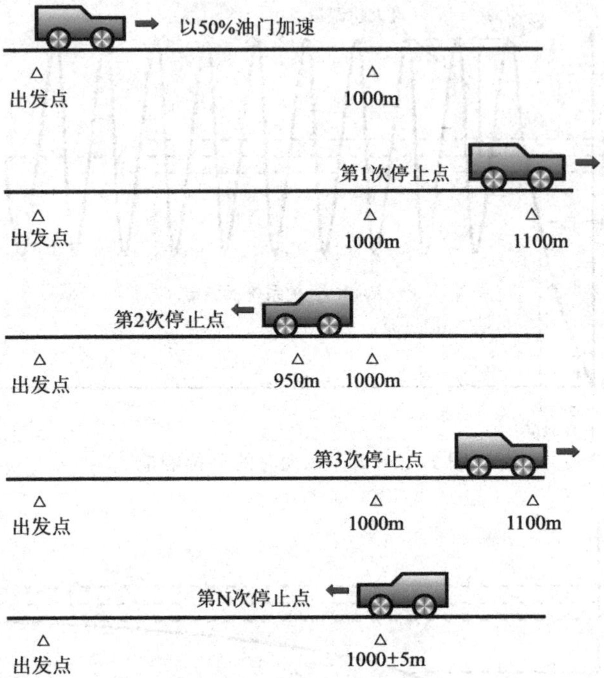

图 1.14　经往复驾驶，车子终将停在目的地±5m 范围内

在以上举例中，可以比喻油门大小为 K_{PP} 值，不同的 K_{PP} 值产生不同的运行结果。若以 20%油门将车子开往目的地，虽然可准确并于第 1 次就停在目标位置，但速度太慢、效率不佳；油门逐渐加大，车速加快，提高了到达目标区的速度；将油门提高至 90%以上时，车子制动距离与加速距离相等，车子终将无法达到目标区，如同 K_{PP} 增大到某一值后系统进入不稳定状态而产生振荡。系统产生振荡，K_{PP} 就必须往回调整，使系统进入稳定状态。

3. 机构特性的影响

影响车子定位效率的另一重要因素为制动效率。制动效率越好，则系统稳定状态的油门开度范围加大，因此可以用更大油门运行，使系统效率更高。

将油门比喻为 K_{PP} 参数值，而制动效率就如同伺服电机所负载的机构特性（也可称为阻尼特性）。机构特性通常很难或无法改变。

结构设计通常优先考虑功能及强度，因此只能调整 K_{PP} 值配合机构特性。制动效率与 K_{PP} 值相互之间的关系如图 1.15 所示。

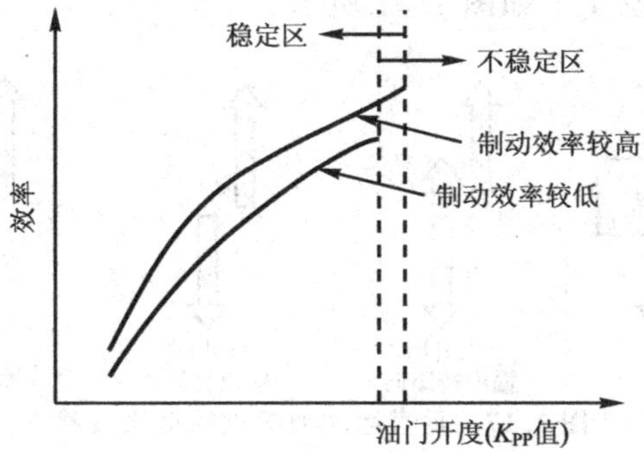

图 1.15

4. 不同负载系统的 K_{PP} 值不相同

机构设计不同时,机构特性必定不相同,如伺服电机负载水平运动、垂直运动或圆周运动都有不同的运行特性,工作台驱动方式齿轮齿排驱动、滚珠丝杠驱动、皮带驱动均有差异。

即使结构相同,将机构水平放置应用或将垂直安装应用时,伺服系统参数必定改变,甚至原来配置的电机无法使用。因为受重力影响的方向改变,造成了不同的结果。

以图 1.16 为例,伺服电机的负载为上下运动。伺服电机随时均有向上的转矩输出,机构越重,所需向上转矩越大。因此重力大于伺服电机所能输出的转矩时,伺服电机的规格必须加大选用。这时位置修正幅度大小,向上及向下均不相同,K_{PP} 参数值的调整就较困难。当然这也是制造商改善的方向,如自动调整等方法。

如果不把电机规格加大,在结构空间许可下,可在机构上加平衡配

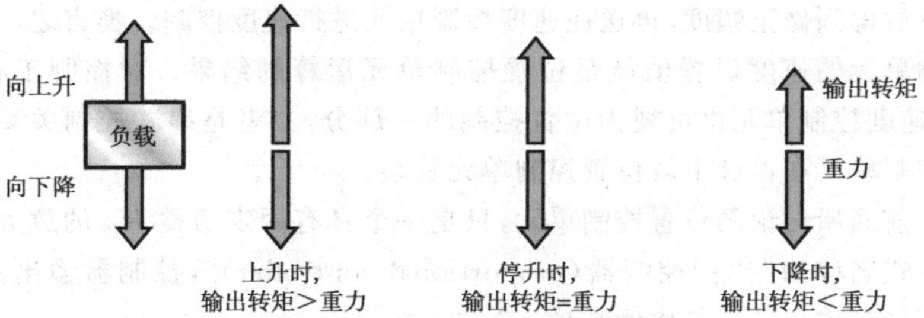

图 1.16 垂直运动的电机负载

重，减轻伺服电机负荷，可相对选用较小规格的伺服电机。此时，K_{PP}参数值的调整就较容易了。如图 1.17 所示。

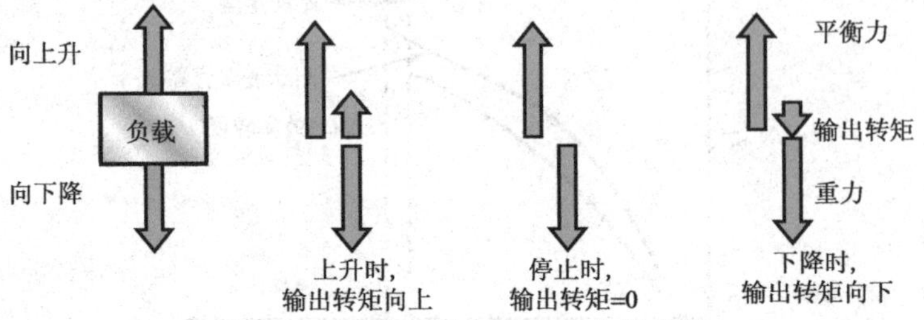

图 1.17　垂直运动加配重的电机负载

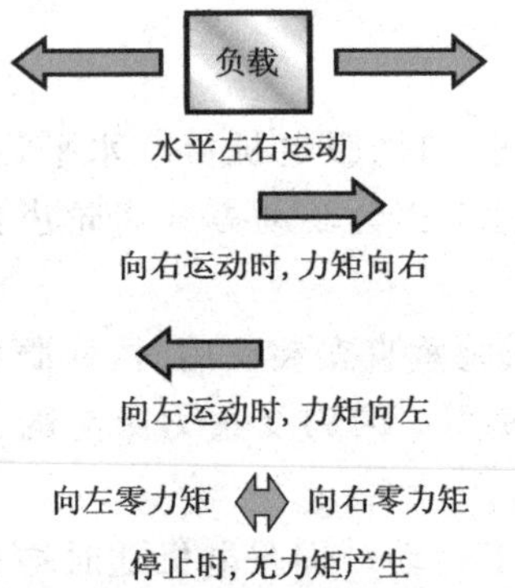

图 1.18　水平运动的电机负载

如果伺服电机的负载为水平运动，则重力对机构所产生的影响就不需考虑，如图 1.18 所示。这是比较简单的情况，位置修正幅度相同，K_{PP}参数值的调整较容易。

前述三种状况，因不同的安装方向而产生不同的机构特性。每种状况产生不同的伺服系统参数，就算伺服系统结构完全相同，经过不同安装过程所产生的系统参数也将不同。所以，参数经验值只能参考，不能照搬。

1.2.2　速度控制单元

位置偏差量经 K_{PP} 值比例控制器运算后得到修正幅度，再送往速度控制单元进行速度控制。换言之，速度控制单元的速度设置值就是位置控制单元运算的结果。对控制工程而言，速度控制单元也可视为位置控制的一部分，二者是串联控制关系，速度控制单元在设计上较位置控制单元复杂。

前面所讨论的位置控制单元，只是一个具有固定增益 K_{PP} 的放大器，其正式名称为“比例控制器(proportional controller)”，控制器输出的驱动信号与输入信号是比例常量。

以数学观点来看，除了比例和简易代数运算(如加、减)之外，控制器也应该能对输入信号作时间微分或积分。因此,一个较理想的控制器包含下列设备:加法器(正或负)、放大器、衰减器、微分器、积分器。

速度控制单元实际上就是一种相当有名的控制器——PID 控制器的应用,PID 代表比例(proportional)、积分(integral)、微分(derivative)。速度控制单元 PID 控制器的方框图如图 1.19 所示,调整 PID 控制器 K_{VP},K_{VI},K_{VT}值,可使得伺服系统的速度控制性能符合要求。

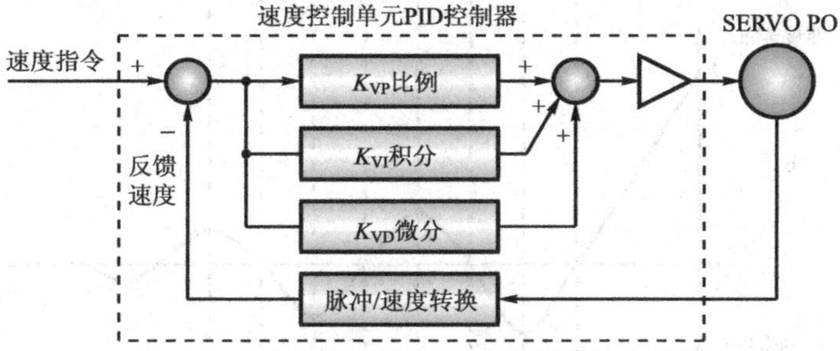

图 1.19　速度控制单元 PID 控制器的方框图

为说明 PID 控制器的工作性能,以下将 PID 控制器分解为 PD 控制器和 PI 控制器,分别说明其功能;然后,再合并为 PID 控制器。

1. 微分控制对闭环控制系统的影响

图 1.20 是一个比例微分控制器(PD 控制器)的方框图。

微分控制对闭环控制系统暂态响应的影响,参考图 1.21 所示时间响应来研究。假设只有比例控制系统,则其单位阶跃响应如图 1.21(a)所示,其对应的误差信号 $e(t)$与时间导数 $\mathrm{d}e(t)/\mathrm{d}t$ 分别如图 1.21(b)和图 1.21(c)所示。

注意:图 1.21(a)中的响应峰值超调量相当高,且有一些振荡。对很多实用的控制目的,这并非所希望的。这种情形就如前面所谈,和位置控

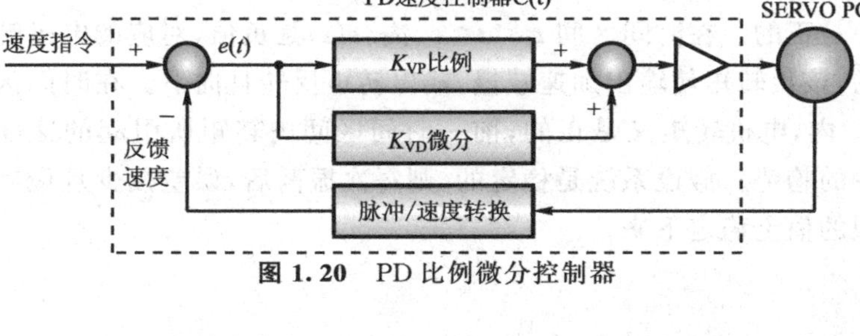

图 1.20　PD 比例微分控制器

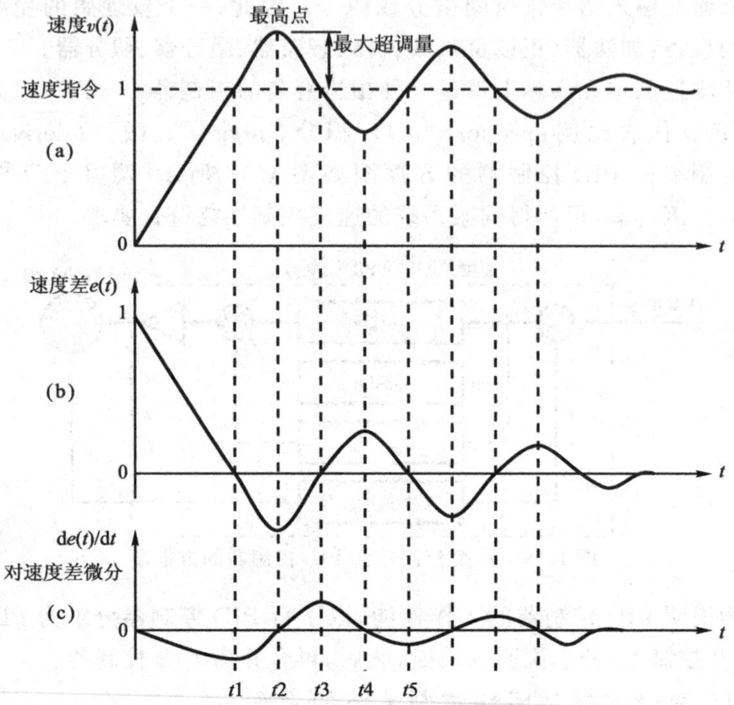

图 1.21　比例微分的时间响应

制单元的控制方式是一样的，只是速度控制单元不能只用比例控制系统，因为其输入与输出物理量是不相同的，且必须修正使输出量与输入量相同。一般伺服电机的速度控制单元，至少是比例积分（PI）控制器或比例积分微分（PID）控制器。

1）高超调量的产生

对于伺服电机系统而言，高超调量及其后跟随的振荡，是在时间区间 $0<t<t_1$ 内电机所发生的转矩过量且缺少阻尼所致。在此期间，误差信号 $e(t)$是正的。在时间区间 $t_1<t<t_3$ 内，$e(t)$是负值，对应的电机转矩也是负的，该负转矩使输出加速减慢，输出转矩反转且向下。在时间区间 $t_3<t<t_5$ 内，电机转矩又是正的，前一时间区间内转矩所引起的速度下降有减少的趋势。假设系统是稳定的，则每次振荡后，误差减少且最后输出在希望的值上稳定下来。

2）减少超调量的方法

考虑上面的说明，可以认为导致高超调量的因素如下：①在 $0<t<t_1$ 时间区间内，正的校正转矩太大。②在 $t_1<t<t_2$ 时间区间内，阻尼转矩不足。因此要降低阶跃响应的超调量，合理的方法是减少正的校正转矩及增加阻尼转矩。同理，在 $t_2<t<t_4$ 时间区间内必须减少负的校正转矩，而阻尼转矩现在是正方向，为了改善下跃，也必须增加阻尼转矩。

3）微分控制减少超调量

微分控制能够正确地提供上一段所描述的补偿效果，将比例控制系统修改为比例微分控制系统，使电机产生的转矩与信号 $K_{VP}e(t)+K_{VD}\mathrm{d}e(t)/\mathrm{d}t$ 成比例。换句话说，除了误差信号之外，另有一个与误差信号时间变化率成比例的信号也加在电机上，如图 1.21(c)所示。$0<t<t_1$ 时，$e(t)$的时间微分是负的，这会降低原来单独由 $e(t)$所发生的转矩；而 $t_1<t<t_2$ 时，$e(t)$和 $\mathrm{d}e(t)/\mathrm{d}t$ 都是负的，这意味着所发生的负阻尼转矩大于比例控制的转矩。所有这些影响将产生较小的超调量。很容易看出，在时间区间 $t_2<t<t_3$ 内，$e(t)$和 $\mathrm{d}e(t)/\mathrm{d}t$ 有相反的符号，因此原来产生下跃的转矩也将减少。

$\mathrm{d}e(t)/\mathrm{d}t$ 代表 $e(t)$的斜率，所以微分控制本质上是一种预先控制。正常情形下的一个线性系统中，若阶跃输入所引起的 $e(t)$或 $v(t)$的斜率太大，则会发生高超调量。微分控制测量 $e(t)$的瞬时斜率，能预测未来的高超调量，在超调量确实发生之前作适当的校正。也就是减少驱动单元的输出转矩，相对的，电机转速下降。

2. 比例微分控制的举例说明

还拿前述车子定位的例子加以说明。虽然前述将车子所比喻为位置控制单元，而现在所谈的是速度控制单元，但两者具有相同的理论基础。

以比例控制器而言，车子到达目标位置之前，油门均维持固定开度；到达目标位置以后，关闭油门并进行制动。

如果加上微分控制器，成为比例微分(PD)控制器，车子的操作条件就不相同，将输出值加上误差量的微分修正量，即进行预先控制。如此本系统就有两种参数：比例控制参数 K_{VP}，微分控制参数 K_{VD}。将 K_{VP} 比喻为加速油门开度，K_{VD} 为修正油门开度对误差改变率的修正值常量，如图 1.22 所示。

车子到达目标位置之前预先降低油门，在到达目标位置时刚好完全

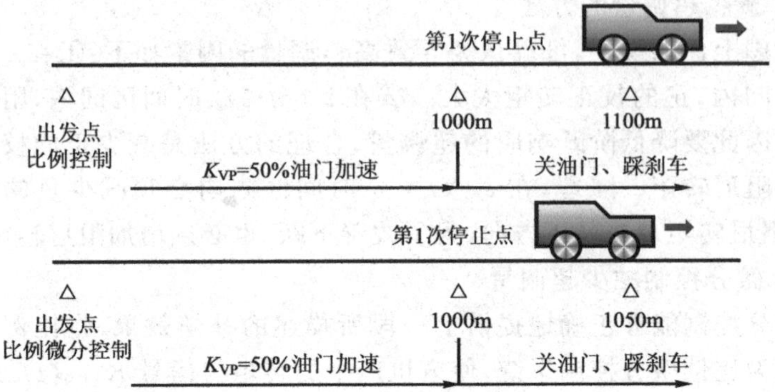

图 1.22　K_{VD}目标位置之前预先降低油门

关掉油门，则经过目标位置时，速度必定较之前未修正油门时低。因此，制动距离必定较短，也就是超调量必定较小。

3. 比例微分控制的结论

综合前述的说明，以下假设不同的 K_{VP} 值及 K_{VD} 值作比较说明。

由曲线图 1.23 可观察出，A，B，C 组曲线 $K_{VP}=100$ 均相同时，比例控制部分所的效果均相同；而微分控制部分 K_{VD} 值采用不同的设置，因此产生了不同效果。

$K_{VD}=0$ 时，微分控制部分等于无效，存在相当大的超调量。

$K_{VD}=0.5$ 时，微分控制部分产生了效果，超调量已经下降。

$K_{VD}=0.8$ 时，微分控制部分效果更加明显，几乎没有产生超调量。

将比例控制器加上微分控制很明显地抑制了超调量，使超调量减少，

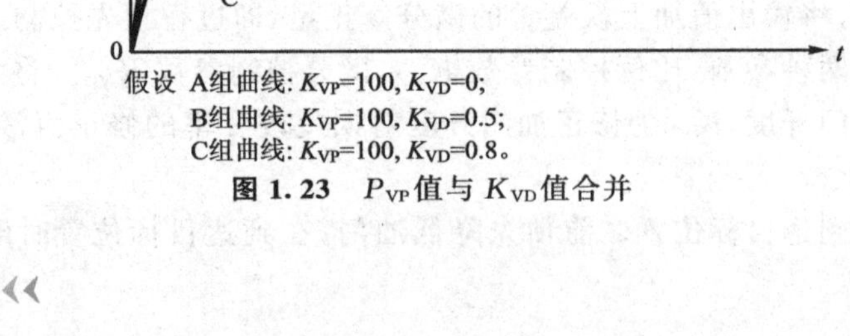

假设 A组曲线：K_{VP}=100, K_{VD}=0;
B组曲线：K_{VP}=100, K_{VD}=0.5;
C组曲线：K_{VP}=100, K_{VD}=0.8。

图 1.23　P_{VP}值与 K_{VD}值合并

进而减少了系统振荡次数。如此，控制器就更接近理想状况了。

如同 K_{PP} 值一样，如果设置的 K_{VP} 值超过临界值，系统将变成不稳定的振荡状态，伺服电机旋转速度会忽快忽慢，无法平稳旋转。

K_{VD} 值如果设置得太大，则图 1.23 所示曲线将接近水平。其所代表的意义：因修正量太大，伺服电机旋转速度虽然旋转平稳，但影响了系统的效率。

4. 积分控制对闭环控制系统的影响

图 1.24 是一个比例积分控制器（PI 控制器）的方框图。

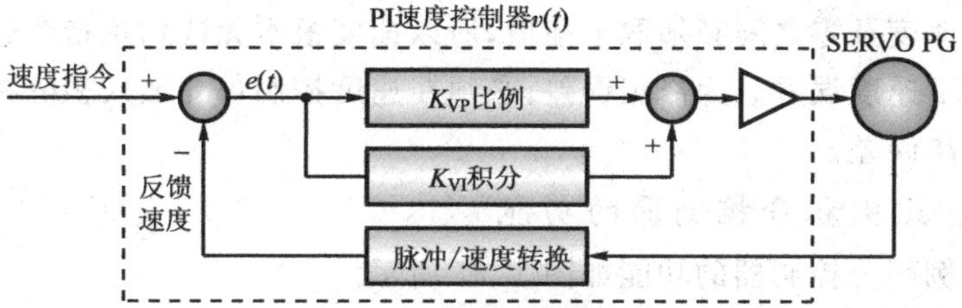

图 1.24 比例积分控制器

积分控制的主要目的是修正输出值的量，使输出值与指令值相等；速度控制单元的目的，是依据速度指令将伺服电机旋转速度控制稳定并等于速度指令。

如果速度控制单元只是比例（P）或比例微分（PD）控制器，假设控制器能将速度提高到指令速度，此时指令速度＝反馈速度，则 $e(t)=0$；相对的，此时速度输出＝0，速度曲线如图 1.25 所示。

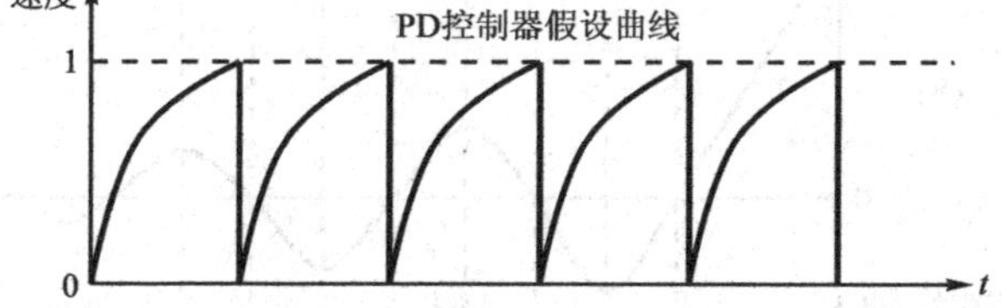

图 1.25 不可能产生的曲线

然而，在实际状况下，以上曲线无法成立，最大的矛盾点：速度由指令速度以负无限大斜率下降为零，也就是以无限大的负加速度减速为零，违反物理定律。因此必须将曲线修正，如图 1.26 所示。

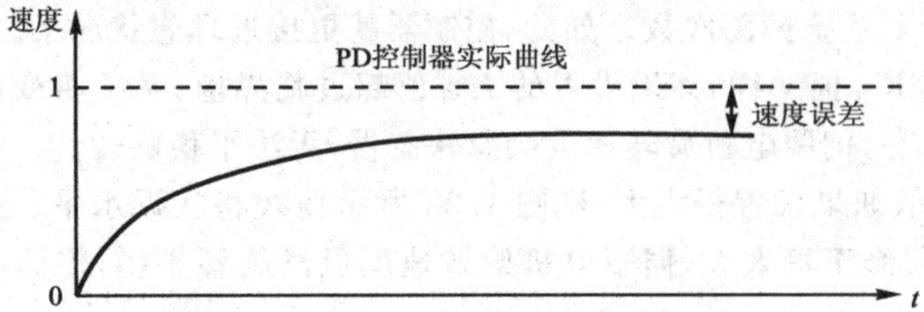

图 1.26　无积分修正的速度单位响应

$$输出速度=\frac{指令速度\times K_{VP}}{1+K_{VP}} \tag{1.1}$$

在指令速度及零之间必须取平衡值，所以速度根本无法到达指令速度，从而产生了速度误差。为修正误差，必须在速度控制单元加入积分控制，以修正偏离误差。

5. 比例积分控制器的功能

比例积分控制器的功能如图1.27所示。

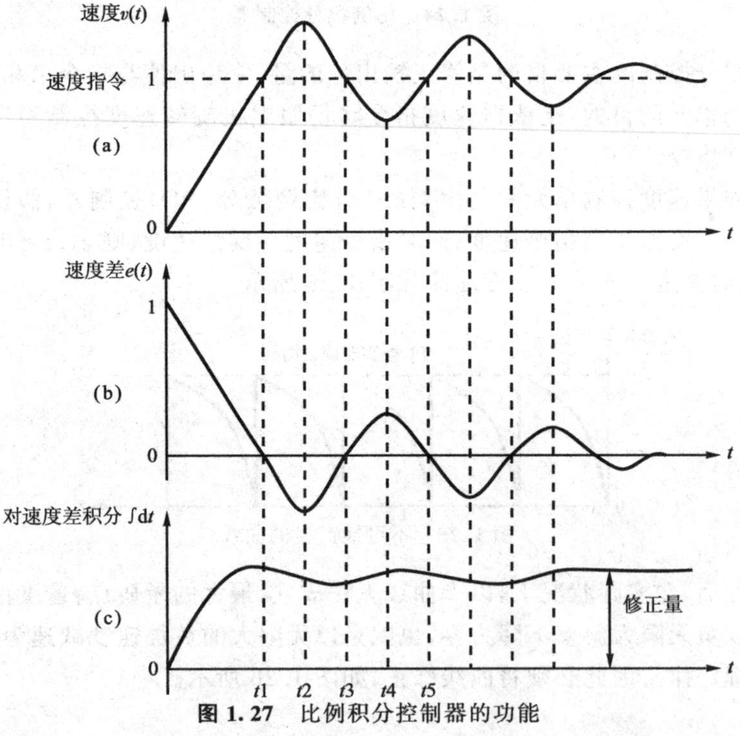

图 1.27　比例积分控制器的功能

图 1.27(c)为图 1.27(b)所示速度误差曲线的时间积分曲线，即对速度误差修正的曲线。调整 K_{VI} 参数值就是调整速度修正量的幅度大小；修正幅度过大时，同样会产生不稳定情况。

6. 比例积分微分控制

将积分修正曲线与 PD 控制曲线合并成 PID 控制曲线，如图 1.28 所示。输出速度虽然因负载特性变化而改变，也可以修正到等于指令速度，而不会如同 P 或 PD 控制器，导致误差值为零时输出值也等于零的矛盾，无法到达指令速度的情况发生。

速度控制单元 PID 控制器的方框图如图 1.29 所示。

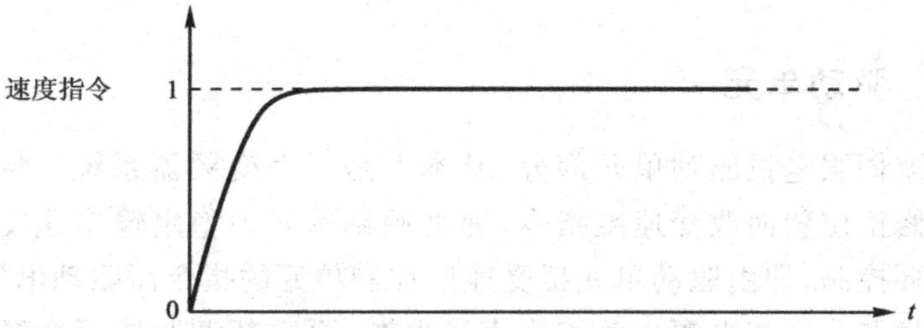

图 1.28 速度的 PID 控制曲线图

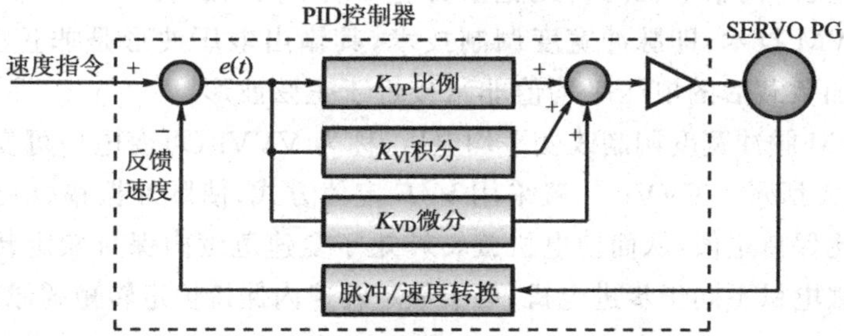

图 1.29

完整的 PID 速度控制单元，不同的参数设定会产生不同的单位响应速度控制曲线，如图 1.30 所示。C 组曲线最接近理想的控制曲线，具有几乎为零的超调量及稳定的旋转速度。前文也曾提过，K_{VI} 调整过大时将造成不稳定的振荡情况；这里，如果 A 组曲线的 K_{VI} 值继续增加，振荡情况也将会发生。而调整这些驱动器参数的目的，就是希望旋转速度能如 C 组曲线那样快速反应指令速度、减小超调量、缩短稳定时间，达到配合伺服电机快速响应的性能。

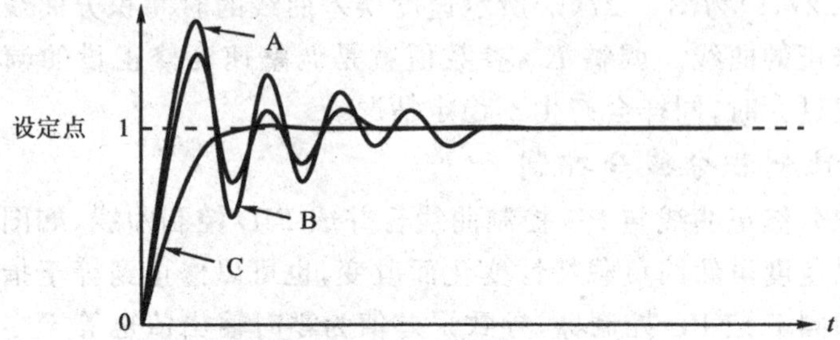

假设 A组曲线: $K_{VP}=100, K_{VD}=0, K_{VI}=0$;
B组曲线: $K_{VP}=100, K_{VD}=0.5, K_{VI}=1$;
C组曲线: $K_{VP}=100, K_{VD}=0.8, K_{VI}=0.2$。

图 1.30

1.2.3　驱动单元

交流伺服电机驱动单元部分,基本上是一个变频器系统。位置控制单元为修正位置而改变速度指令,速度控制单元为稳定输出速度而采用速度闭环控制,即由驱动单元接受速度控制单元的指令而驱动电机旋转。

变频器将交流电源先整流为直流电源,再重新调制成可变频率的输出电压,交流伺服电机的转速随输出电压频率同步旋转。如今,变频器多采用 PWM 技术,即脉冲宽度调制技术,其输出电压波形是非正弦波形,而是施加负载后的电压平均值非常接近于正弦波形。

PWM 脉冲宽度调制改变平均电压,称为 VVVF(可变电压可变频率),如图 1.31 所示。VVVF 一般采用 V/F 定值方式,使脉冲振幅(电压)与输出频率比保持定值,从而使电机旋转转矩于变速范围内保持额定转矩。这就是伺服电机不同于步进电机,可于额定转速内保持恒定转矩的原因。

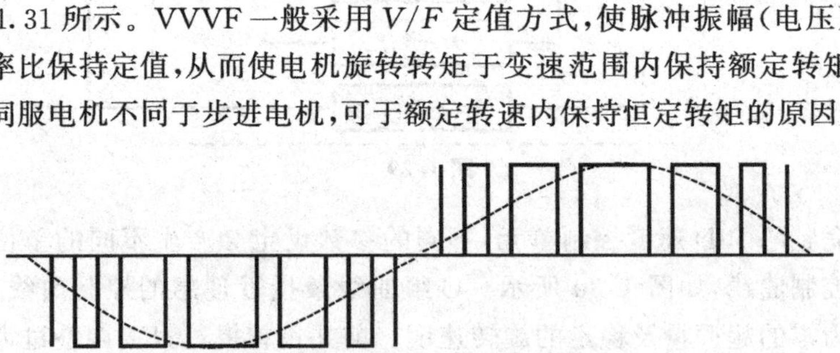

图 1.31　PWM 脉冲宽度调变

伺服电机的最高输出转矩约为额定转矩的 3 倍。事实上,瞬间最高转矩可达 3 倍额定负载转矩,但如果长时间高载荷运行,必定会发生异常报警。例如,伺服电机加/减速时,输出转矩将超过额定转矩。

脉冲宽度调制技术使用高频脉冲为载波，对脉冲宽度进行调制。既然有高频载波，就必然有电磁干扰(EMI)问题，需要采用电抗器、滤波器、隔离变压器等隔离措施。

1.2.4　完整的伺服电机驱动器

完整的伺服电机驱动器应包含位置控制单元、速度控制单元及驱动单元，如图 1.32 所示。P command(位置伺服)驱动器由这些单元组合而成，用户必须确实了解，才能正确调整和使用伺服电机。

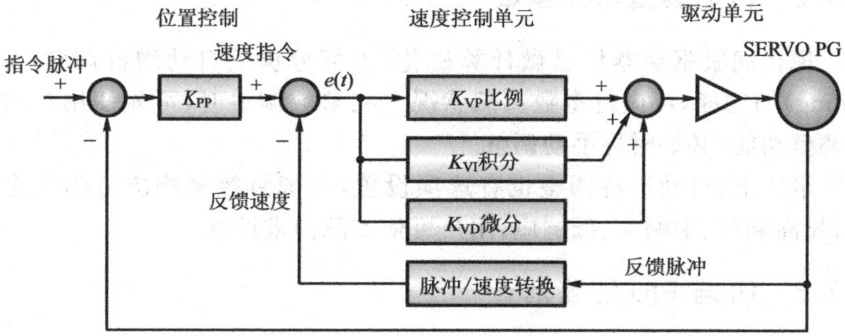

图 1.32　位置伺服驱动器

1.3　驱动器增益参数调整

1.3.1　手动调整增益参数

第一步，调整速度比例增益 K_{VP}值。当伺服系统安装完后，必须调整参数，使系统稳定旋转。首先调整速度比例增益 K_{VP}值，调整之前必须把积分增益 K_{VI}及微分增益 K_{VD}调整至零，然后将 K_{VP}值渐渐加大；同时观察伺服电机停止时是否产生振荡，并且以手动方式调整 K_{VP}参数，观察旋转速度是否明显忽快忽慢。K_{VP}值加大到产生以上现象时，必须将 K_{VP}值往回调小，使振荡消除、旋转速度稳定。此时的 K_{VP}值即初步确定的参数值。如有必要，经 K_{VI}和 K_{VD}调整后，可再作反复修正以达到理想值。

第二步，调整积分增益 K_{VI}值。将积分增益 K_{VI}值渐渐加大，使积分效应渐渐产生。由前述对积分控制的介绍可看出，K_{VP}值配合积分效应增加到临界值后将产生振荡而不稳定，如同 K_{VP} 值一样，将 K_{VI} 值往回调小，使振荡消除、旋转速度稳定。此时的 K_{VI} 值即初步确定的参数值。

第三步，调整微分增益 K_{VD} 值。微分增益主要目的是使速度旋转平稳，降低超调量。因此，将 K_{VD} 值渐渐加大可改善速度稳定性。

第四步，调整位置比例增益 K_{PP} 值。如果 K_{PP} 值调整过大，伺服电机定位时将发生电机定位超调量过大，造成不稳定现象。此时，必须调小 K_{PP} 值，降低超调量及避开不稳定区；但也不能调整太小，使定位效率降低。因此，调整时应小心配合。

1.3.2　自动调整增益参数

现代伺服驱动器均已微计算机化，大部分提供自动增益调整（auto tuning）的功能，可应付多数负载状况。在参数调整时，可先使用自动参数调整功能，必要时再手动调整。

事实上，自动增益调整也有选项设置，一般将控制响应分为几个等级，如高响应、中响应、低响应，用户可依实际需求设置。

1.3.3　PI 与 PID 的差别

目前市面上所供应的通用伺服电机，其参数调整方法及项目随制造厂家不同均有差异，比例（P）、积分（I）、微分（D）的参数调整是必须的，其他参数设置及选择项是否为必要则随供应商不同而定。

部分型号较简单的伺服电机驱动器，提供了 P，I，D 三个参数设置，但并未告知 P 参数是位置控制单元或速度控制单元所使用的参数。根据控制理论，此状况下的积分（I）及微分（D）控制项无法单独使用，必须配合比例（P）控制项使用。这时，可判定 P 参数为速度控制单元所使用，但是位置控制的 P 参数将如何处理？其详细使用方法应询问供应商。

另有部分厂家的伺服电机，位置控制单元提供比例（P）控制，速度控制单元提供比例（P）及积分（I）控制而无微分（D）控制项，这是合理的。因为根据前面的讨论，比例（P）及积分（I）控制是必要的，而微分（D）控制项则为非必要。换言之，有 PI 组合控制器，也有 PID 组合控制器，但是无 PD 组合控制器。

1.3.4　增益与时间的问题

目前为止所谈到的各项参数——比例（P）、积分（I）、微分（D）参数均以增益的方式表示,数值越大其所造成的效果越大,这是为方便说明并且容易辨识所用的方法;实际上,积分(I)经常使用时间常量而非增益常量,关系如下:

$$K_1 \propto \frac{1}{T_1} \tag{1.2}$$

由上关系式看出,增益常量与时间常量成反比关系,要增加积分控制的效果,必须将时间常量减少,反之则增加。

1.3.5 比例控制模式

部分厂家的伺服驱动器速度控制单元只使用比例控制,取消积分控制。这种控制方式一般不使用在速度闭环控制系统上,而是使用在带机械锁定的伺服电机定位控制系统上。

在前面介绍过,伺服电机属于动态操作。严格来说,除了系统停止以外,没有所谓的停止状态,即使不旋转也随时处于位置修正状态,所以一直处于最小范围内的修正状态。

如要以机械方式锁定,必定产生修正应力于机构上,将驱动器速度控制单元切换至比例控制模式,可抑制修正转矩;伺服电机旋转前,必须切换为正常模式。

1.4 V command(速度伺服)的介绍

前文曾经提过伺服控制尚有速度伺服及转矩伺服等控制方式。以下就 V command(速度伺服)作介绍,如图 1.33 所示。

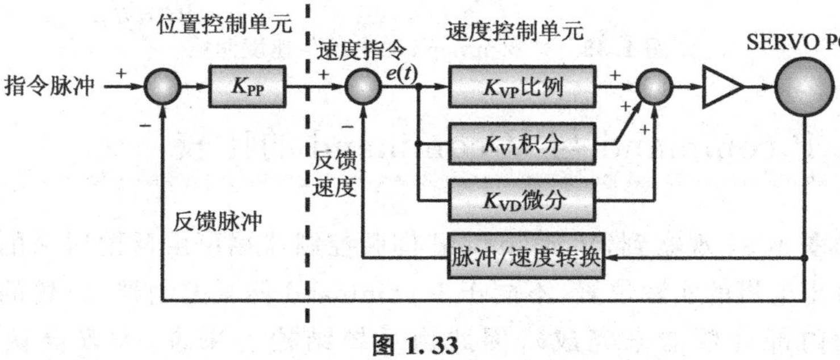

图 1.33

虚线左边为控制器范围，右边为驱动器范围。位置控制单元的工作由驱动器移至控制器工作，控制器输出的信号变成速度的电压模拟信号；相对的，伺服电机反馈编码器脉冲信号，送至控制器进行运算。

因此，在速度伺服控制时，必须将伺服电机反馈信号接至控制器。就整个系统而言，控制器与驱动器之间形成闭环控制系统，如图 1.34 所示。V command 的电压与速度曲线如图 1.35 所示。

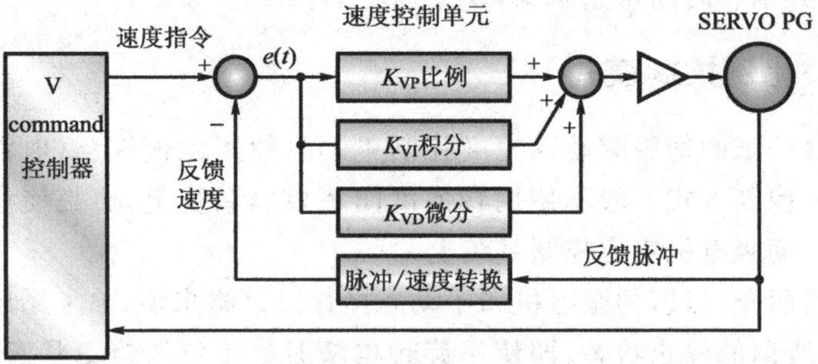

图 1.34

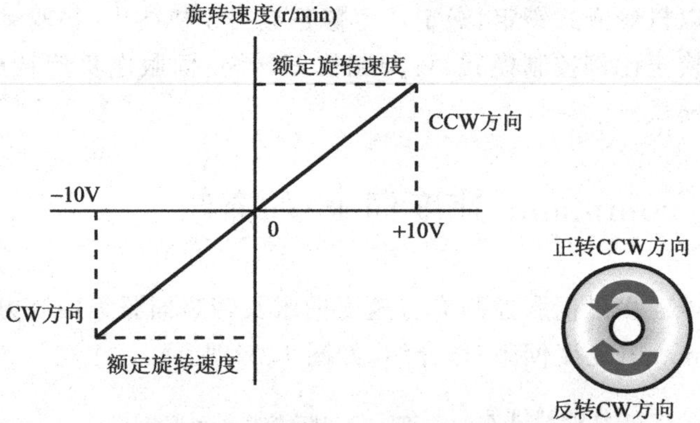

图 1.35　V command 的电压与速度曲线

1.5　P command 与 V command 的比较

由图 1.34 观察到，V command 伺服控制器端可由反馈回来的脉冲来计算出电机的实际位置，不同于 P command 伺服控制器（位置的计算完全由内部计数器来完成），因此由系统结构上来说，大家会认为 V command 伺服控制模式正确性较高！

实际使用时，V command 并不会有较高的正确性。因为伺服电机的误差，除了计算结果的误差(例如圆周计算的误差)外，还有硬件系统中反馈脉冲及指令脉冲数量的误差(有时候比计算误差要大)。

不管是采用 P command 或是 V command 控制方法的伺服电机系统，其所受外部及内部噪声干扰的机会是相同的。如果要降低或避免噪声干扰的产生，应对系统进行抗干扰配置或过滤干扰源信号，而不是先讨论选用哪种系统较不受干扰，因为没有完全不受噪声干扰的系统。

前文谈过，伺服电机驱动器本身就是一种很容易产生干扰噪声的器件。一般的通用伺服电机为小型永磁式同步电机，也就是采用交流电源旋转的电机，因此驱动器的输出电路就必须是一个变频器；而现今变频器的设计为提高效率，均采用 PWM(脉冲宽度调制)技术制造。

变频器本身就存在一组高频载波，当电机旋转时，输出端电线就如同天线一般将噪声发射出去。此时，如有信号噪声比较低的信号配线在旁边，就容易受到干扰。一般伺服电机的指令信号及编码器反馈信号均为低压小信号，其受干扰的概率相对较大。干扰产生后，指令信号脉冲或反馈信号脉冲增加或减少，驱动器无法自行监测，只能发现伺服电机的定位发生偏移现象；而偏移量的大小无法正确地修正回来，因为就算外部再加位置检测元件，信号干扰因素的检测结果也不一定正确。干扰严重时，伺服电机系统完全无法使用，所以必须防止干扰发生。

1.6 T command(转矩伺服)的介绍

伺服电机系统的 T command(转矩伺服)与 P command 及 V command 比较，应属用途差异较大的一种应用。P command 及 V command 虽然指令信号有异，但基本上同属于位置定位用途的控制方式；虽然 V command(转速控制)可较灵活应用，但是其控制结果相同。

T command(转矩伺服)则是完全不同控制目的产生的控制方法，如图 1.36 所示。所谓转矩伺服就是将伺服电机的输出转矩最大值由外部信号限制在限制值内，电机的旋转速度也限制在限制值内；当负载转矩小于限制转矩时，电机以限制速度旋转。T command 的电压与转矩曲线如图 1.37 所示。

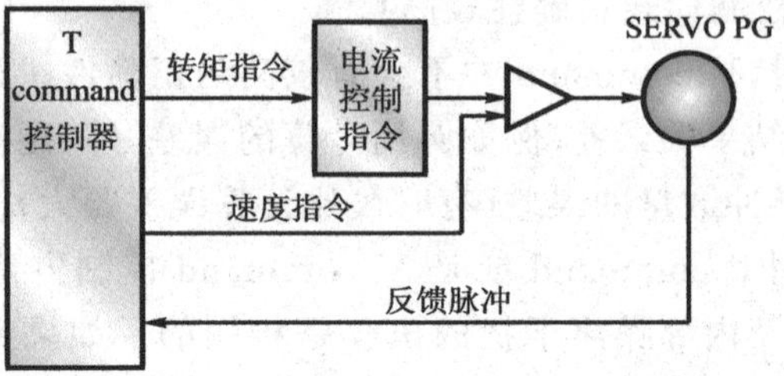

图 1.36

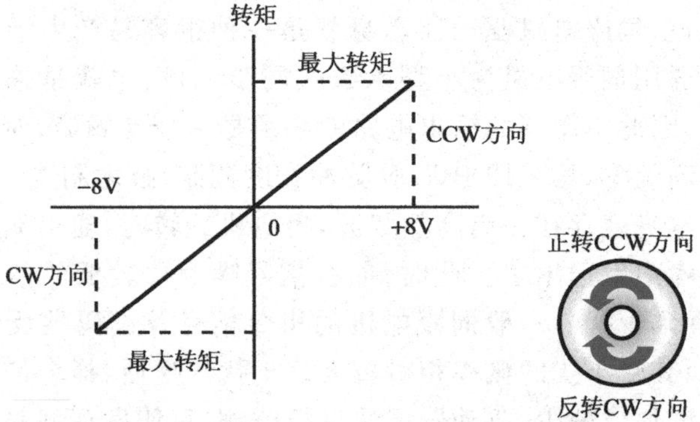

图 1.37　T command 电压与转矩曲线

当遇到负载转矩大于设置输出转矩时，电机以负载的速度旋转或电机无法转动。此时，电机有固定转矩输出，不因停止转动使驱动器产生异常而停止输出转矩。这种状况就如同直流电动机，在极低速下电机仍然输出转矩。

T command 转矩伺服经常配合 V command 速度伺服使用，或单独使用于低速卷取机构或各种仿真器操纵杆的力反馈系统。

1.7　T command 与 P command，V command 的比较

P command 及 V command 遇到负载转矩时，速度控制单元未修正速度前，旋转速度将先下降。这时，速度单元的积分控制将发挥作用，提升输出转矩以推动负载加速。如果输出转矩逐渐加大，电机又无法加速，电机中的反电动势不足，电机旋转电流即开始异常提升，驱动器将因过电流或转速异常而产生异常警报并且停止旋转；如果电机无过电流保护，电

机终将高温烧毁。

T command(转矩伺服)与 P command,V command 的差异就在此,当伺服电机遇到负载转矩速度下降时,驱动器对旋转速度的不足不作异常处理;驱动器将提升输出转矩以推动负载加速。同样,电机因负载转矩无法加速,电机旋转电流开始提升。此时,驱动器将监视输出电流,并控制电流于用户设置范围内,相对的输出转矩将限制于设置范围内。因此,转矩伺服控制不因转速异常或过电流而警报、停止旋转。

正是有了这些特性,转矩伺服控制常用于转轴卷取,如钢板卷绕,极低速时也能有转矩输出。

1.8 驱动器电子齿轮比设置

P command(位置伺服)驱动器必须有电子齿轮比功能,才能顺利地与伺服控制器配合,其设置有不同的方法及目的。电子齿轮比一般分成分母及分子两项参数设置。

1.8.1 以电机最高转速为目的的设置

伺服电机旋转时,速度表现重于精度表现,希望能将伺服电机速度性能完全表现出来;而对旋转分辨率要求较低时,建议采用下列设置方法。

1) 条件及要求

假设欲设置的伺服电机额定转速为 3000r/min,编码器每圈脉冲数为 8192 pulse/rev。

2) 计算说明

相对于 3000r/min 转速的脉冲输入频率为

$$8192\times3000/60=409\ 600(\mathrm{Hz})=409.6(\mathrm{kHz})$$

当控制器的脉冲输出最高频率只能为 100kHz 时,先将电子齿轮比的分子部分 CMX 和分母部分 CDV 均设置为 1,再由控制器以 JOG 旋转送出 10kHz 脉冲,作为最高转速 1/10 的脉冲频率。此时,伺服电机的转速为

$$(10/409.6)\times3000\approx73(\mathrm{r/min})$$

如果未计算转速,可直接监视驱动器的转速值,也应为 73r/min。

3) 设置方法

10kHz 脉冲的希望转速应为 300r/min,但实际为 73r/min。为修正

实际转速至 300r/min，必须修改电子齿轮比。

$$73\times\frac{CMX}{CDV}=300(r/min)$$

因此，CMX(分子)可设置为 300，CDV(分母)可设置为 73。

控制器的脉冲输出频率为 100kHz 时，转速为

$$3000\times[(300/73)\times100\ 000]/409\ 600=3009(r/min)$$

取接近的整数值 3000r/min 即可。

本例中，暂时忽略结构条件，故所有操作数中均未使用长度操作数；而实际应用中必须考虑最终传动机构的分辨率问题，不可只追求速度而忽略分辨率，否则此伺服系统终将无法使用。

为安全考虑，用 10kHz 输入脉冲进行转速测量为好，慢速测试可降低风险。

1.8.2　以机构分辨率为目的的电子齿轮比设置

伺服电机普遍应用于加工控制及操作，此时加工精度的要求应优先于进给速度，当加工精度达到后再考虑速度问题。因此，电子齿轮比的设置必须优先考虑控制器输出脉冲频率，不可任意放大。因输出脉冲频率将影响分辨率，建议优先考虑分辨率进行电子齿轮比设置。

1) 条件及要求

假设欲设置的伺服电机额定转速为 3000r/min，编码器每圈脉冲数为 8192pulse/rev；控制器脉冲输出最高频率为 100kHz；伺服电机输出轴连接减速机构，输入转速：输出转速＝m：n＝3；减速机构输出轴连接机构为导程(pitch)10mm 的滚珠丝杠，如图 1.38 所示。

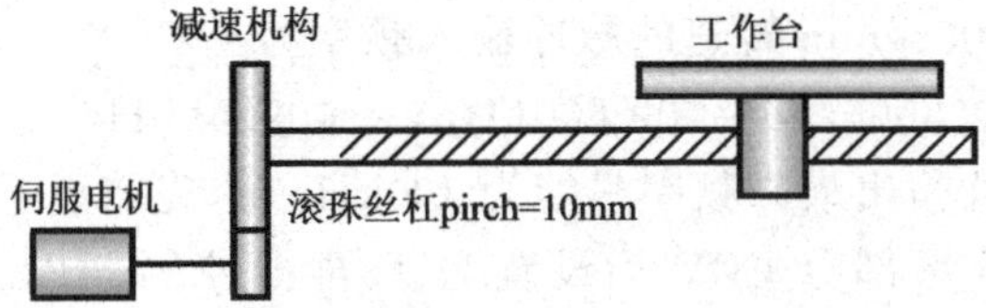

图 1.38

2) 计算说明

伺服电机经减速机构驱动工作台的分辨率为

$$\frac{10}{8192}\times\frac{1}{3}\approx0.000\ 406\ 9(mm/pulse)=0.4069\mu m/pulse$$

丝杠每转一圈的脉冲数为

$$10/0.0004069 \approx 24\,576(\text{pulse/rev})$$

若希望控制器的输出分辨率为 1μm/pulse，则丝杠每转一圈的脉冲数变为

$$10/0.001 = 10\,000(\text{pulse/rev})$$

$$10\,000 \times \frac{CMX}{CDV} = 24\,576(\text{pulse/rev})$$

（控制器送出脉冲）（伺服电机接收脉冲）

因此，CMX(分子)可设置为 24 576，CDV(分母)可设置为 10 000，依此推算伺服电机的最高转速为

$$\frac{100\,000 \times 24\,576 \times 60}{8192 \times 10\,000} = 1800(\text{r/min})$$

1800r/min<3000r/min，故电机旋转速度将无法达到 3000r/min，但伺服电机系统的分辨率将达到预期效果。

1.8.3 电子齿轮比设置实例

实例 1

1）条件及要求

欲设置的伺服电机额定转速为 2000r/min，编码器每圈脉冲数为 4096pulse/rev，控制器脉冲输出最高频率为 100kHz。要求本伺服系统电机旋转速度达到 2000r/min，其次考虑分辨率。

2）计算说明

电机旋转速度 2000r/min 所需的脉冲频率为

$$4096 \times 2000/60 = 136\,533(\text{Hz}) \approx 136(\text{kHz})$$

控制器输出频率无法达到 136kHz 脉冲，因此必须设置驱动器电子齿轮比以改善速度。

将驱动器电子齿轮比的分子部分 CMX 和分母部分 CDV 均设置为 1，再由控制器以 JOG 旋转送出 10kHz 脉冲作为最高转速 1/10 的脉冲频率。

监视驱动器的转速测量值应为 146r/min，或者按以下方式计算：

$$(10\,000/13\,653) \times 2000 \approx 146(\text{r/min})$$

10kHz 输入脉冲的预定转速应为

$$2000/(100/10)=200(r/min)$$

为修正实际转速至 200r/min，须修改电子齿轮比。

$$146\times\frac{CMX}{CDV}=200(r/min)$$

因此，CMX(分子)可设置为 200，CDV(分母)可设置为 146。

控制器的脉冲输出频率为 100kHz 时，转速为

$$2000\times[(200/146)\times100\ 000]/136\ 533\approx2006(r/min)$$

如欲讨论本系统的分辨率，需将机构的各项数据调查清楚，如机构减速比、驱动方式、驱动数据等。

实例 2

1）条件及要求

如图 1.39 所示伺服系统，欲设置的伺服电机额定转速为 2000r/min，编码器每圈脉冲数为 4096pulse/rev；控制器脉冲输出最高频率为 100kHz；伺服电机输出轴连接减速机构，输入速度：输出速度 = m：n = 4。

希望的控制器输出分辨率为 0.1deg/pulse。

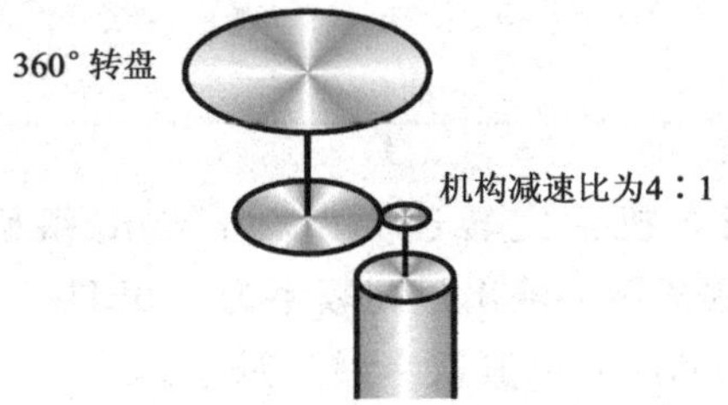

图 1.39

2）计算说明

伺服电机经减速机驱动工作台的分辨率为

$$\frac{360}{4096}\times\frac{1}{4}\approx0.021\ 97(deg/pulse)$$

转盘每圈脉冲数为

$$\frac{360}{0.021\ 97}=16\ 384(pulse/rev)$$

希望的控制器输出分辨率为 0.1deg/pulse，故转盘每圈所需脉冲数应为

$$\frac{360}{0.1}=3600(pulse/rev)$$

$$3600\times\frac{CMX}{CDV}=16\ 384(pulse/rev)$$

因此，CMX(分子)可设置为 16 384，CDV(分母)可设置为 3600。依此推算，伺服电机最高转速为

$$\frac{100\ 000\times16\ 384\times60}{4096\times3600}\approx6667(r/min)$$

6667r/min>2000r/min，电机旋转速度超过额定转速，因此控制器送出的脉冲频率必须加以限制。为此，可作如下修改：

$$\frac{2000\times100\ 000}{6667}\approx29.99(kHz)$$

而系统分辨率将达到预期效果。

实例 3

1）条件及要求

如图 1.40 所示伺服系统，欲设置的伺服电机额定转速为 2000r/min，编码器每圈脉冲数为 4096pulse/rev；控制器脉冲输出最高频率为 100kHz；伺服电机输出轴连接减速机构，输入转速：输出转速＝m：n＝4。

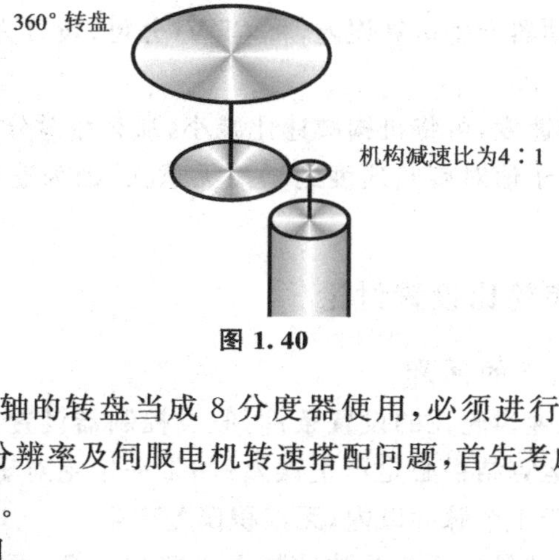

图 1.40

希望将输出轴的转盘当成 8 分度器使用，必须进行相对坐标运动。因此，暂不考虑分辨率及伺服电机转速搭配问题，首先考虑因运算误差而产生的累积误差。

2）计算说明

旋转脉冲指令应以 pulse 为单位，每分度所需脉冲数为

$$\frac{4096}{8}\times\frac{4}{1}=2048(pulse/分度)$$

为避免驱动器产生运算误差，将 CDV(分母)设置为 1。

$$控制器输出脉冲数/分度 \times \frac{CMX}{CDV} = 2048(pulse/分度)$$

$$2048 = 2^{11}$$

所以 CMX(分子)可设置为 4,CDV(分母)可设置为 1。

$$控制器输出脉冲数/分度 = 2048/4 = 512(pulse/分度)$$

依此推算,伺服电机最高转速为

$$\frac{100\ 000 \times 4 \times 60}{4096 \times 1} \approx 5859(r/min)$$

5859r/min>2000r/min,电机旋转速度超过额定转速,因此控制器送出的脉冲频率必须加以限制。为此,可作如下修改:

$$\frac{2000 \times 100\ 000}{5859} \approx 34(kHz)$$

控制器输出分辨率为

$$\frac{360/8}{512} \approx 0.0879(deg/pulse)$$

此例中,控制器的单位设置采用绝对坐标可避免累积误差产生,因此电机每转 1 分度需送出 512pulse,2 分度需送出 1024pulse,而非使用角度指令;为避免驱动器产生运算误差,将 CDV(分母)设置为 1,CMX(分子)设置为 4。

为加快旋转速度,可将机构减速比减小,那么相对分辨率将减小。加大电子齿轮比分子值对旋转速度的增减无意义,因为速度必须限制于电机额定转速内。

1.8.4　电子齿轮比设置讨论

1. 计算误差的问题

前述电子减速齿轮比的设置条件,假设控制器设置单位是机械单位或复合单位,经运算结果必定产生误差;如果采用绝对坐标,对控制器而言,其误差只限于 1 个脉冲以内,无累积误差产生。

如果机构移动量运算值及脉冲数无法整数运算,而控制器又定义成相对坐标,当电机反复执行相对位置时,将产生累积误差现象。因此,伺服电机须进行相对位置运动或圆周无极限运动时,必须考虑累积误差问题,单位选用、机构减速比、电子减数比、坐标位置选用均须考虑。

绝对坐标运动不产生累积误差,只是对控制器所输出脉冲数而言;但是对脉冲伺服驱动器而言，事实上驱动器所进行的都是相对运动，因为驱动器根本不知当前位置为何。既然如此，只要电子齿轮比分母或分子不是1，就必定产生计算误差。当然也不能因此否定系统存在的价值，因为只要使用周期内误差不累积至公差外或远小于机构误差，系统依然是可以使用的。

再者，计算误差只是误差的一部分，其他误差（如机构误差、电磁干扰等因素）中每种状况都是误差来源。所以，只要降低计算误差或者让计算误差不发生都是可行方案。

2）减少计算误差

提高电机分辨率是一个有效方案，因为电机分辨率越高，相对的计算误差比率就下降，但需要更高解析能力的控制器来配合，如此也可作更精密的控制运算。因此，若控制器厂商研发更高脉冲频率的控制器、更高分辨率的电机，两者相辅可提高控制精密度。

其次，要使伺服电机旋转时不发生计算误差，则要求从控制器发出指令的移动量可换算成整数脉冲量，经电子减速齿轮运算也为整数，机构移动量与电机每圈脉冲数也能整除。例如，每圈脉冲数为4096pulse/rev，机构减速比为1/4，电子齿轮减速比为1/4，圆周运动希望每次运动45°（即1/8圈），则

每45°需要的脉冲数＝4096×(1/8)×4×4＝8192(pulse)

因此，以45°为旋转单位必定不产生计算误差。但是，对于这种限制使用的情况，其用途非常有限。因此，对于计算误差的发生，能避免就避免，如果无法避免，误差限制于公差范围内也可。

3）速度伺服驱动器无电子齿轮的情况

电子齿轮比只存在于位置伺服驱动器。如果没有电子齿轮比的存在，就无电子齿轮比计算误差；但是，没有电子齿轮比，位置伺服驱动器就会发生速度与分辨率的搭配问题。

速度伺服驱动器将位置控制单元移至伺服控制器操作，相对减少了电子齿轮的计算误差问题。因为速度伺服控制器内已直接声明伺服电机的分辨率与相对移动量，控制器依反馈脉冲计算坐标，减少了驱动器的计算误差，因此控制器可将坐标计算控制于更有限的计算误差内。

这些计算误差问题于专用伺服系统应可以减少至最低，因为控制器与驱动器一体设计可减少误差的产生。这应该也是专用系统存在的因素

之一。但对于外部干扰的问题,还应采取抗干扰措施。

4) 伺服电机分辨率的差异

伺服电机每圈脉冲数可分为 2 类。

第 1 类为 2 的指数型,如 4096pulse/rev,8192pulse/rev。由于每圈脉冲数是 2 的指数,因此容易作 2 的指数分割,对于采用英制单位设计的机构,在移动量计算时相对容易且计算误差较小。

第 2 类一般为 1000 的倍数型,如 4000pulse/rev,8000pulse/rev,10 000pulse/rev 等。可想而知,应用于公制结构设计时,移动量的计算就较为容易。

这些差异都可作为设计及选用的参考。

本章重点

1. 伺服电机为伺服系统范围中的一部分。广义而言,只要输出能跟随输入指令运作,都可称为伺服系统,例如控制流体的比例控制阀等;但是,精确控制操作必须由具备反馈信号的自动控制系统来完成。

2. 通用伺服电机必须有驱动器才能旋转,一组伺服电机系统的电机与驱动器是互相匹配的,用户不可任意与其他型号混合搭配,制造厂家已匹配好,无需用户自己匹配。

3. 通用交流伺服电机驱动器根据控制方法,一般分三种控制信号模式:P command(位置伺服)、V command(速度伺服)、T command(转矩伺服),较通用的为 P command 及 V command。

4. 配合减速时间而选定的制动阻抗规格,不会因阻抗容量增加而缩短减速时间,也不是因为有制动阻抗伺服电机才有减速功能,制动阻抗是消耗回馈电流用的,不可混淆。

5. 位置伺服驱动器内部包括位置控制单元、速度控制单元、驱动单元、驱动器,与伺服电机之间组成闭环控制系统。

6. 位置控制单元 K_{PP} 参数设置越大,控制反应越激烈、迅速,称为刚性较硬;反之,称为刚性较软。

7. 速度控制单元积分控制的主要目的是修正输出值,使输出值与指令值相等,将伺服电机旋转速度控制稳定并等于速度指令。

8. 速度控制单元将比例控制器加上微分控制的预先控制效果,主要目的是抑制超调量，使超调量减少，进而减少了系统振荡次数。

9. 每种机构状况将产生不同的伺服系统参数，就算伺服系统机构完全相同，经过不同安装过程，所产生的系统参数也可能不同，参数经验值只能参考，不能照搬。

10. 交流伺服电机驱动单元部分基本上是一个变频器系统。PWM脉冲宽度调制技术使用高频脉冲为载波，须注意电磁干扰(EMI)问题。

11. P command(位置伺服)驱动器必须有电子齿轮比功能，才能顺利与伺服控制器配合。

12. 设置电子齿轮比时，必须考虑伺服电机旋转是以速度或旋转分辨率为目的。

13. 电子齿轮比设置时，必须考虑伺服电机旋转速度不要超过伺服电机额定转速。

14. 电子齿轮比只存在于位置伺服驱动器。

15. 设置电子齿轮比时，必须考虑计算误差的问题。

本章习题

1. 试述通用伺服电机系统的组成。

2. 通用伺服电机驱动器按控制方法可分为哪几种控制模式？试说明。

3. P command(位置伺服)控制器可概略分为哪些单元？试绘出方块图。

4. 试说明 P command(位置伺服)控制器各单元的功能及目的。

5. 试说明偏差计数器的用途及其偏差量产生的原因。

6. 试说明 encoder(编码器)的脉冲信号类别及用途。

7. 试说明 encoder(编码器)的分辨率是如何产生的。

8. 试说明 P command，V command，T command 硬件上的差异。

9. 分别说明 K_{PP}，K_{VP}，K_{VI}，K_{VD}参数对伺服控制的影响及效果。

10. 试说明 K_{PP}，K_{VP}，K_{VI}，K_{VD}参数的调整要领。

11. 某伺服电机系统额定转速为 3000r/min，伺服电机每圈脉冲数为 8192pulse/rev，前段伺服控制器脉冲输出最高频率为 200kHz，希望电机转速能达到额定转速，试说明如何设置电子齿轮比。

12. V command(速度伺服)为何不需电子齿轮比设置?

13. 某伺服电机经减速机驱动旋转台面,减速机构的减速比为 m : n =8,伺服电机额定转速为 3000r/min,编码器每圈脉冲数为 4096pulse/rev,控制器脉冲输出最高频率为 100kHz,希望控制器输出分辨率为 0.1deg/pulse,试说明如何设置电子齿轮比。

第2章　伺服控制系统的连接

商用伺服控制器及伺服电机均有不少品牌，互相搭配使用时，必然会遇到如何连接的问题。在通用伺服系统里，这是肯定会遇到的情况，接线是否正确关系到系统的成败。未完成连接前，软硬件都无提示信息可供参考，必须依靠使用手册和相关知识及经验来提高安装效率、避免错误。通用伺服系统的连接框图如图 2.1 所示。

对于非通用型伺服电机而言，就没有接线的问题，因为它们已合并为一个系统，专门用于某项用途或产业并强调某些特殊功能（如旋转速度、分辨率等），以方便用户使用。专用伺服系统的连接框图如图 2.2 所示。

图 2.1　通用伺服系统

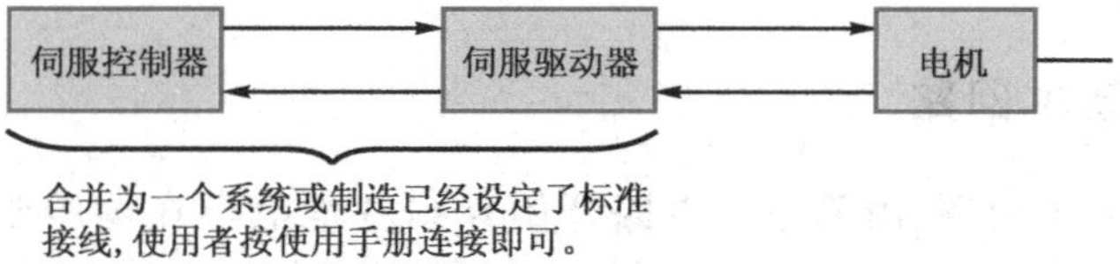

图 2.2　专用伺服系统

2.1　基本电学知识

通用伺服控制器与驱动器之间互相连接、相互通信，将控制器指令传递到驱动器，驱动器的反馈信号送回控制器。既然要通信，就必须有通信协议。换句话说，伺服控制器与驱动器必须有共同的语言。因此，控制器及伺服电机的制造厂商都必须遵守这些通信协议，才能与其他品牌控制器或伺服电机搭配使用。

通信是通过电气信号相连接完成的。一般控制器及伺服电机的制造厂商，仅提供自有品牌的硬件规格及参考接法，无法提供其他品牌设备完整的接线。使用者要使用哪种品牌的控制器和伺服电机搭配是无法预知的，所以硬件接线必须参考使用说明，自行接线。要知道通信的电气连接，就必须从基本电学知识介绍起，并且将伺服控制器与驱动器之间所需的信号介绍清楚。

2.1.1　基本电学的重要性

根据经验，当设备发生故障时，最常发生的状况是硬件机构或控制线路发生异常。维修人员需要具备的知识经常是最基本的电学知识，并不需要很深的电工学或电子学理论基础。因此，要对设备进行维护，只要具备一定的电学知识，大部分故障均能有效解决；无论个人学习背景如何，只要具备一定电学知识，一般设备故障均能有效处理。这也是现今推动机电一体化的目的之一。若具备跨领域的基本知识，则能更有效率地完成工作。

只要经过学习及训练，制作控制软件不需要任何特殊学历背景人员就能完成；同样，处理电气硬件时，具备一些基本电学知识就能解决大部分问题。最理想的状况是不用假手他人，一人独立完成软硬件工作。就算是不具备电学背景人员，只要用心学习电学知识，当故障发生时，也能迎刃而解。

2.1.2　基本回路

以图 2.3 为例，由简单的电路开始介绍基本电学在伺服驱动器与伺服控制器中的应用。

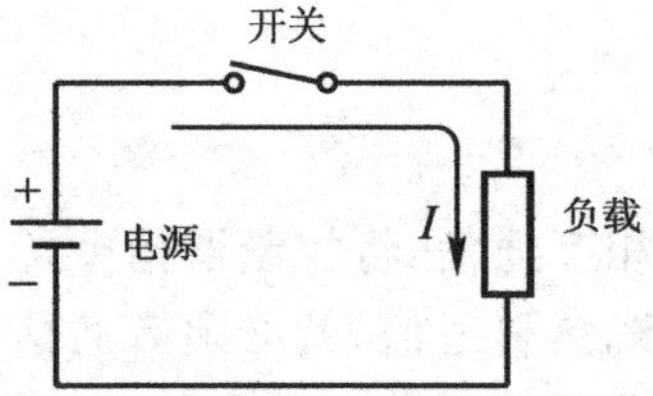

图 2.3

开关 ON 时，电路接通，负载上有电流通过并形成压降，负载做功。如果负载是电灯，则电灯发光。从另一角度而言，如果电灯亮表示开关 ON，则电灯不亮表示开关 OFF。这是一个基本回路。

复杂的电路也可简化成基本回路来解释，并且证明电路工作正常。较复杂的电路必须先观察是否形成基本回路，而电流流向是否正确是最好的指标。以图 2.3 所示基本回路为例，电流由电源正极（高电位）流出，经开关（假设开关为 ON 的状态）流向负载，电流流过负载、消耗电能后流向电源负极（低电位），这是一个完整回路。

无法形成回路的情形如图 2.4 所示，电源 1 对负载 1 形成回路，可正常工作；但电源 1 对负载 2 不形成回路，无法正常工作。因为电源 1 流出的电流无法经过负载 2 再回到电源 1。在实际使用中，图 2.4 所示情形不应该发生，除非接线错误。

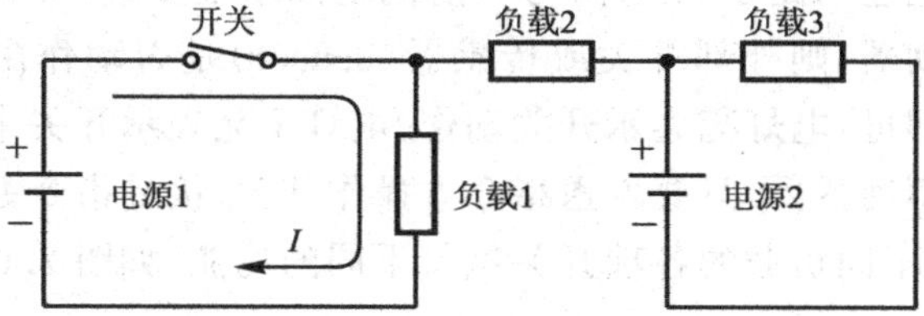

图 2.4

将基本回路应用到实际伺服电机控制器及驱动器通信上，通信上的接线必须符合基本回路的原理，如果接线错误，不形成回路，则无法通信；伺服电机控制器及驱动器无法提供接线错误信息给用户，只有用户依经验自己调试。因此，为避免发生调试困难的情形，在接线之前应充分了解线路，以免事倍功半。各个品牌的伺服控制器及驱动器必定要提供控制接线规格和接线图，让用户了解如何正确接线。

2.2 基本回路应用于通信

将负载换成电灯，并且将开关及电灯距离拉远，分置于不同房间内，如图 2.5 所示。开关及电源置于 A 房间，电灯置于 B 房间。此时，在 B 房间内，电灯亮表示 A 房间内开关 ON；电灯不亮时，表示开关 OFF。

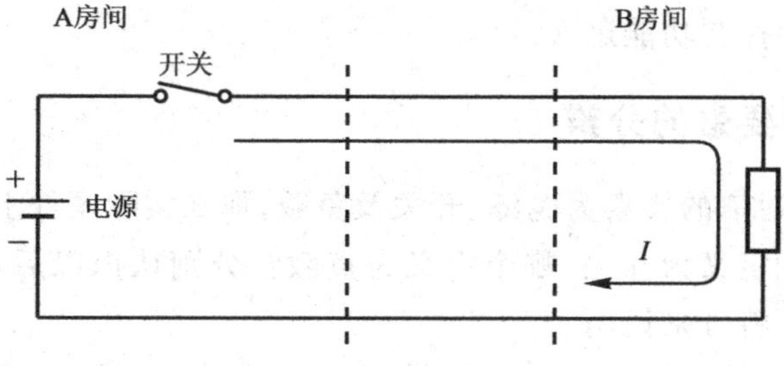

图 2.5

如果 A 房间内的开关操作人员和 B 房间的工作人员进行协调，B 房间的工作人员看见电灯亮时右手举起、左手放下，看见电灯熄灭时左手举起、右手放下，则 A 房间人员就可依之前约定控制 B 房间人员的动作。至此，我们已经在 A 房间与 B 房间完成通信程序及协议。

如果将上述回路于 A 房间与 B 房间之间增设多组，将 B 房间比喻为控制器或驱动器，则外部开关或传感器(sensor)是否动作由内部监视相对应的电灯即可：电灯亮表示开关动作，电灯不亮表示开关未动作。因此在控制器或驱动器内，只要发送指令方操作开关、接受指令方监视灯号标志位，就可依不同负载的各项开关执行不同的功能，如图 2.6 所示。

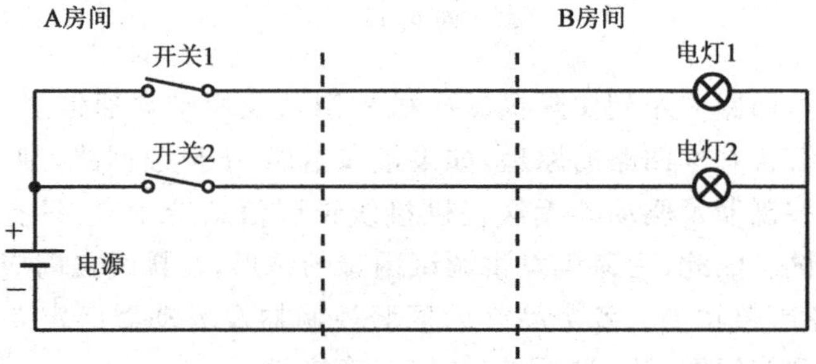

图 2.6

2.2.1　通信的要素

前述所完成的简单通信回路所需要元件为电源、开关、负载及让电流流动的导线。其中，电源提供回路中的电流，使负载能工作；开关作为发信端，控制收信端的动作；负载作为收信端，反应控制动作。

通信方式就如同数字通信，信号相当于开关在 ON 与 OFF 之间切换，形成不同的控制功能定义。

2.2.2　通信要素的分辨

既然知道通信的要素为电源、开关及负载，那么实际硬件上哪个应定义为电源、哪个定义为开关、哪个定义为负载？分别认识以后，才能分析通信线路，以下将分别说明。

(1) 通信电源通常由驱动器提供，额定电流较小，仅够通信电缆使用；如果要外接传感器或继电器，就必须考虑电源容量是否足够。

以三菱 MR-J2S 驱动器为例，其内部提供的 24V DC 电源如图 2.7 所示。高电位由 V_{DD}输出，低电位由 SG 输出，SG 节点同时为信号接地用。如果要单纯使用 DC 24V 电源，只要将 V_{DD}及 SG 节点引出，在许可容量范围内即可。

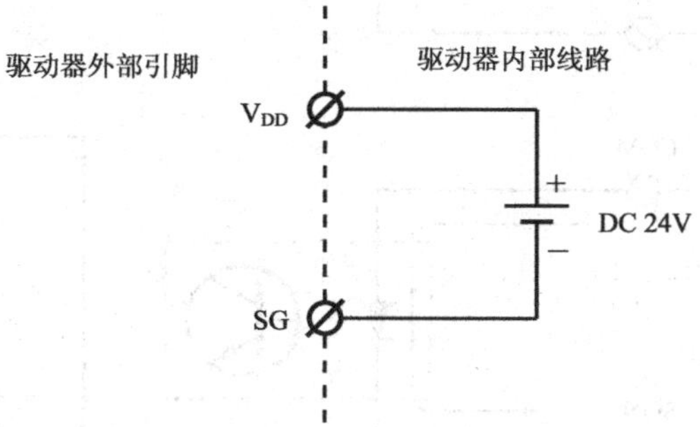

图 2.7

(2) 如果要使用驱动器通信信号，就必须对通信硬件有所了解。

以三菱 MR-J2S 伺服驱动器为例，SERVO ON 信号硬件接线如图 2.8 所示。对基本回路而言，必须视其为负载。这是一个以光电耦合隔离的信号转换器，要使光电耦合器工作，电流必须由 COM 端子流入，由 SON 端子流出，且电流值必须在其工作范围以内。使 SON 信号正确动作的接线图如图 2.9 所示。

如果按图 2.10 将右半部遮住不显示出来，接法也正确，但用户很难判断接线是否正确。

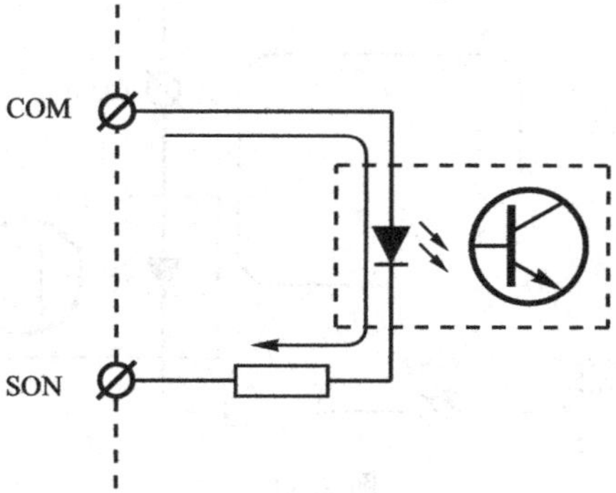

图 2.8

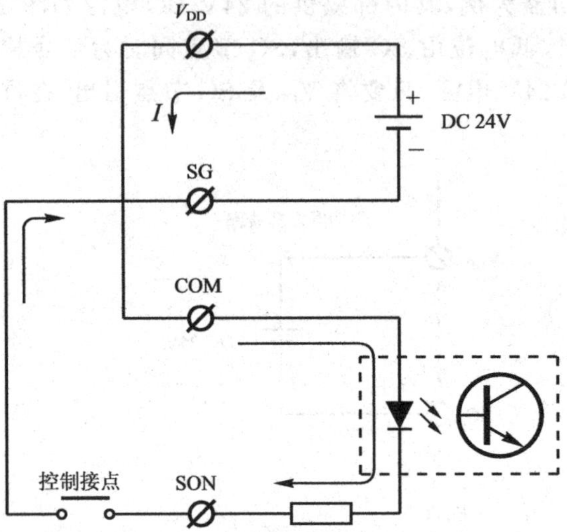

图 2.9

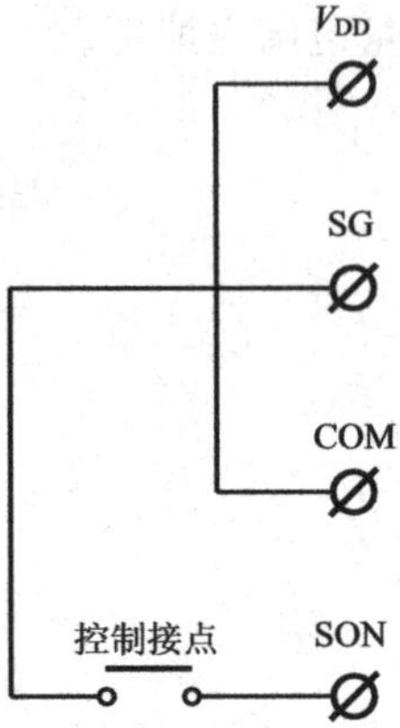

图 2.10

将线路重新整理成基本回路，并将电流流向标出，如图 2.11 所示。如果 SON 信号要由外部节点控制，则必须加上控制节点。将电源、开关及负载标示清楚，很容易就能判断出接线是正确的，并且可以正常工作。因此，供应商必定要将内部相关的线路信息提供给使用者，不仅是伺服电机系统硬件，任何产品内部元件相关的线路信息都应提供给用户，用户才能正确地判断出接线方式。

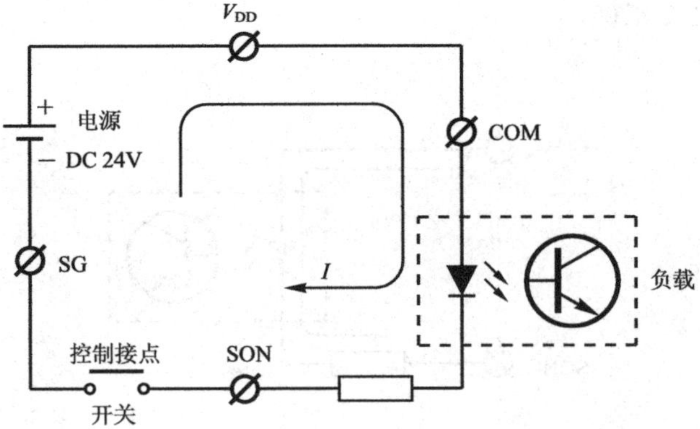

图 2.11

2.2.3 SERVO ON的说明

伺服电机处于工作状态时，就是所谓的SERVO ON状态。有SERVO ON，当然也有SERVO OFF，就是非工作状态。在硬件上最明显的差异是，SERVO ON时，伺服电机停止时电机线圈是激磁状态，电机轴为锁定位置，外力转动轴时，很快会修正回原来位置；当外部控制器送来指令信号时，电机即依指令运转。要正常运转，伺服电机必须是SERVO ON状态。

SERVO OFF时，电机线圈不通电，外力可使电机轴转动，不接受控制器送来指令信号。其用途一般为设备维护、故障处理、伺服停止。

所以，伺服电机运转前必须先将电机处于SERVO ON状态，或者设置成系统开机后即进入SERVO ON状态。一般状况下，除故障外不必SERVO OFF。

要在外部控制SERVO ON/OFF，必须小心处理节点。如果节点有不确定状况，将于运转时丢失部分脉冲指令信号，由此会产生误差，此时将很难判断出问题发生的原因，因此必须小心处理节点。

2.2.4 脉冲指令

P command(位置伺服)采用的是脉冲信号控制。所谓脉冲就是将图2.5所示回路开关周期性地开与关，使负载周期性地工作。既然是周期性地工作，就可计算出工作频率及数量。对一个P command驱动器而言，根据频率及数量就可操作电机相对的转速及转动量，正确反应控制器的指令信号。

图2.12所示为负逻辑脉冲。所谓负逻辑，即当信号为ON时输出节点切换为低电位，OFF时输出节点保持高电位；也就是ON时输出节点并非输出电流，而是让电流流入节点。

当然也有正逻辑脉冲，如图2.13所示。当信号为ON时输出节点切换为高电位，OFF时输出节点保持低电位，电流为流出节点。

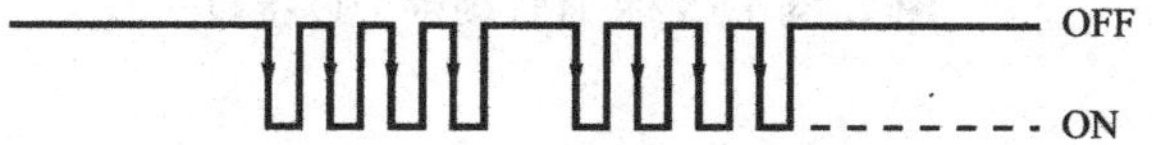

图2.12 负逻辑脉冲

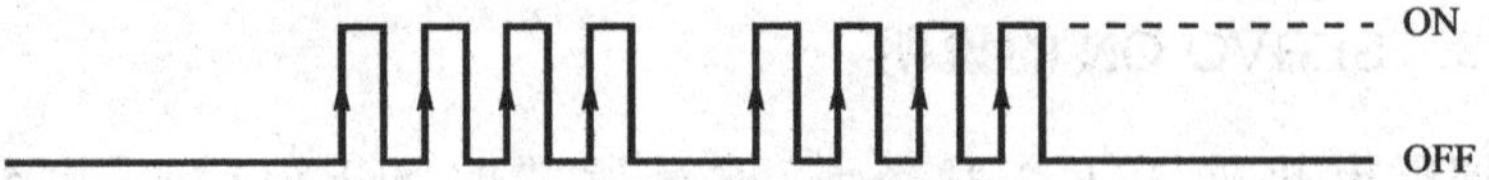

图 2.13　正逻辑脉冲

2.3　三菱 FX2N-1PG 硬件接线

根据前述说明，要确保伺服电机控制器及驱动器接线正确，必须对硬件规格充分了解，必须要有完整的安装说明书，有疑问时可询问供应商；了解硬件规格后，将两边所需要信号相互配合。以三菱 FX2N-1PG 定位模块为例，其为扩充模块，采用位置伺服（P command），必须配合 CPU 模块才能使用。FX2N-1PG 定位模块为基本伺服控制模块，提供单轴伺服电机或步进电机运转定位控制，在一般要求不是很苛刻的情形下均能使用，也适合初学伺服电机控制者使用。三菱 FX2N-1PG 使用手册所提供的硬件 I/O 规格如图 2.14 所示，端子说明见表 2.1，面板指示灯见表 2.2。

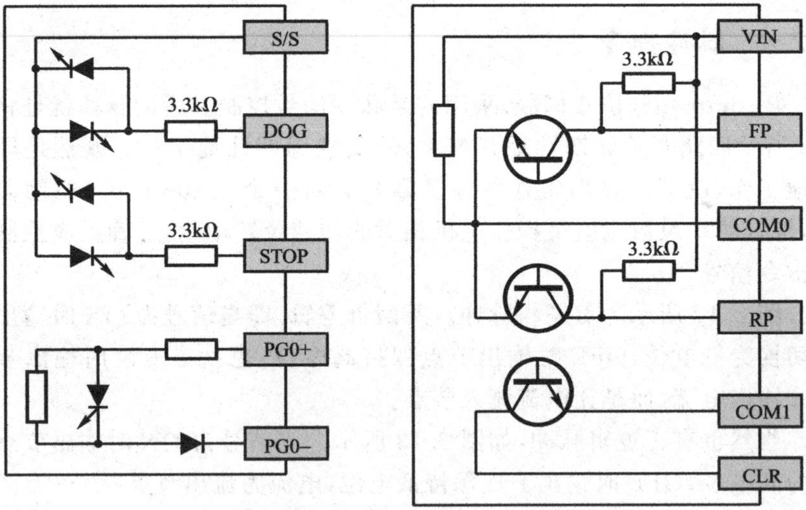

图 2.14　FX2N-1PG 硬件 I/O 接口

表 2.1　FX2N-1PG 端子说明

端　子	功　能
SG	信号接地点,与 FX2N主机 SG 端子接线。
STOP	减速停止输入点 外部停止指令操作输入点
DOG	不同模式时,具有下列功能 ·机械原点复位模式时为近点信号输入端 ·中断插入 1 速位置定位模式时为中断插入信号输入端 ·外部信号定位模式时为减速开始输入点
S/S	STOP 及 DOG 输入端的电源 24V DC 输入端连接传感器电源,由 PLC 或由外部电源供应
PG0＋	零相信号之电源输入端,连接驱动器或外部电源(5～24V DC,20mA)
PG0－	由驱动器输出之零相信号输入端
VIN	脉冲输出的电源输入端,连接驱动器或外部电源供应器(5～24V DC,35mA)
FP	正转脉冲输出端(100kHz,20mA,5～24V DC)
COM0	正反转脉冲共节点
RP	反转脉冲输出端(100kHz,20mA,5～24V DC)
COM 1	CLR 输出端共节点
CLR	计数器清零输出端,脉冲输出宽度:20ms;当原点复位完成或触动极限开关时,输出 5～24V DC,20mA
•	空节点

表 2.2　FX2N-1 PG 面板指示灯

指示灯	功　能	
POWER	电源 ON 状态指示;指示灯 5V 电源由 PLC 提供	
STOP	STOP 端子输入信号为 ON 时,指示灯亮	
DOG	DOG 端子输入信号为 ON 时,指示灯亮	
PG0	零相信号为 ON 时,指示灯亮	
FP	正转脉冲输出时闪烁	输出模式由参数＃3 定义
RP	反转脉冲输出时闪烁	
CLR	CLR 信号输出时,指示灯亮	
ERR	当 1PG 发生错误时,指示灯闪烁	

2.3.1 正转脉冲及反转脉冲的信号接入

FX2N-1PG 模块为 P command 控制模块，因此必须送出指令脉冲由驱动器接收。由 I/O 接口图及端子说明可看出，FP，RP 为正转脉冲及反转脉冲输出点，COM0 为公共点。

将节点图重新绘制，如图 2.15(a)所示。FP 端子及 COM0 端子为 NPN 晶体管电路，可将它看成一个有极性的开关回路。电流由 FP 端子流入，由 COM0 端子流出，相同的 RP 端子及 COM0 端子为一个 NPN 晶体管电路，电流由 RP 端子流入，由 COM0 端子流出，COM0 为公共节点。

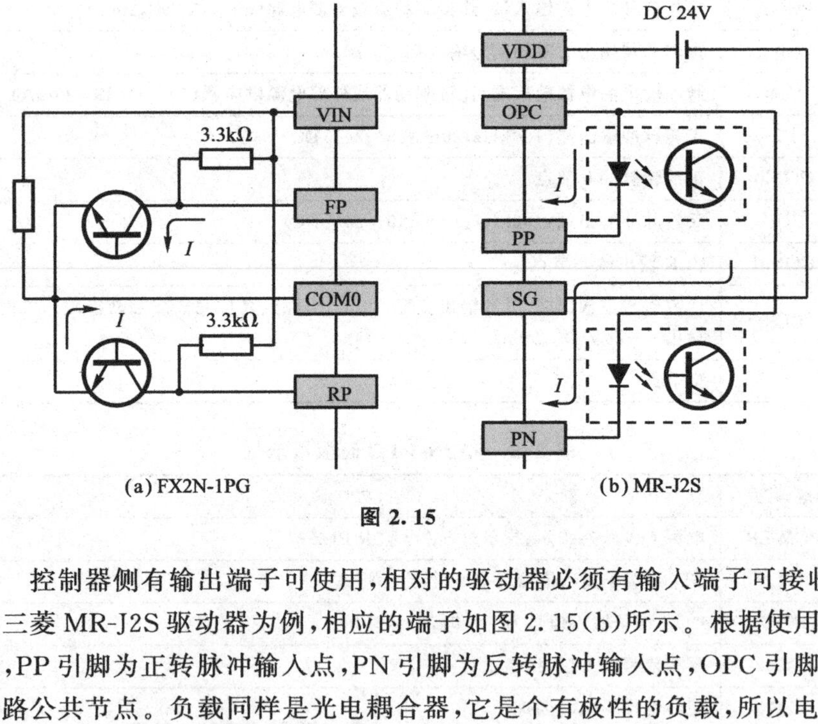

图 2.15

控制器侧有输出端子可使用，相对的驱动器必须有输入端子可接收。以三菱 MR-J2S 驱动器为例，相应的端子如图 2.15(b)所示。根据使用手册，PP 引脚为正转脉冲输入点，PN 引脚为反转脉冲输入点，OPC 引脚为回路公共节点。负载同样是光电耦合器，它是个有极性的负载，所以电流流向必须依图上定义，也必须注意电源极性的配置。

对应于基本回路而言，驱动器端包含了电源及负载。理想条件下，必定能完成回路接线及信号发送。将相关信号节点连接成回路，FP 端子送出的信号到达 PP 节点，RP 端子送出的信号到达 PN 节点，依照电流方向接线，如图 2.16 所示。

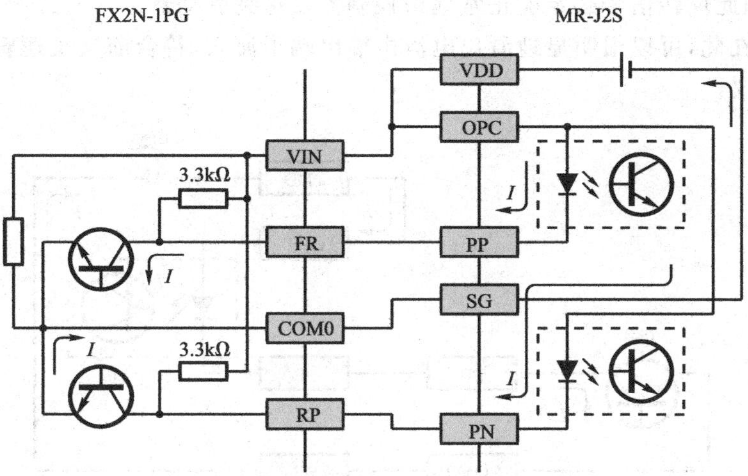

图 2.16

图 2.16 中，VIN 虽然与通信回路无关，依据 I/O 说明必须接电源，以供 FX2N-1PG 的脉冲输出工作用。

现在已经完成两组通信回路的接线。如何证明接线是正确而且可以正常工作？将接线图重新整理成基本原理图，就能清楚地看出是否正确。忽略不相关线路，绘制正转信号 FP 至 PP 回路如图 2.17 所示，分别标上电源、开关、负载及电流方向。如此可知，回路符合基本回路的要求且接线正确。

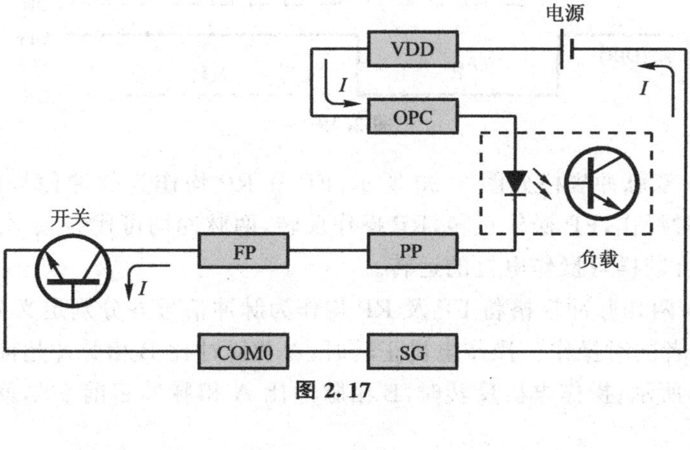

图 2.17

同样，绘制 RP 至 PN 回路如图 2.18 所示。线路符合基本回路的要求，因此反转信号必定能正常地由控制器发送到驱动器。

在此，可以很明显地看出电流由输出端子流入，符合前文负逻辑脉冲的定义。

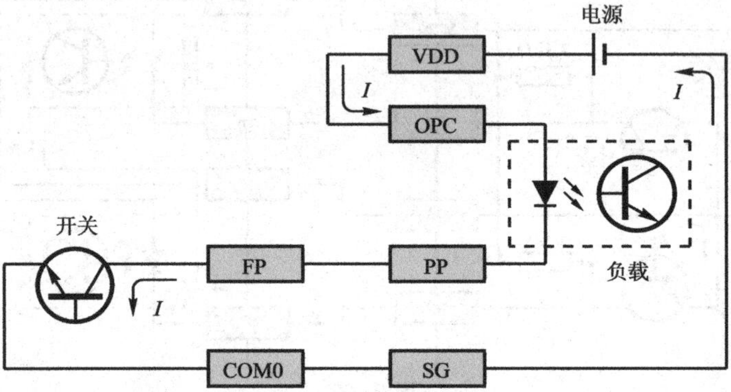

图 2.18

2.3.2　P command 指令信号

位置伺服脉冲指令信号在通用伺服电机内一般有 3 种信号规格。

(1) 单脉冲规格如图 2.19 所示，将 FP 作为脉冲信号，脉冲可代表频率及数量；RP 作为方向信号。两者配合就可操作电机的运转。

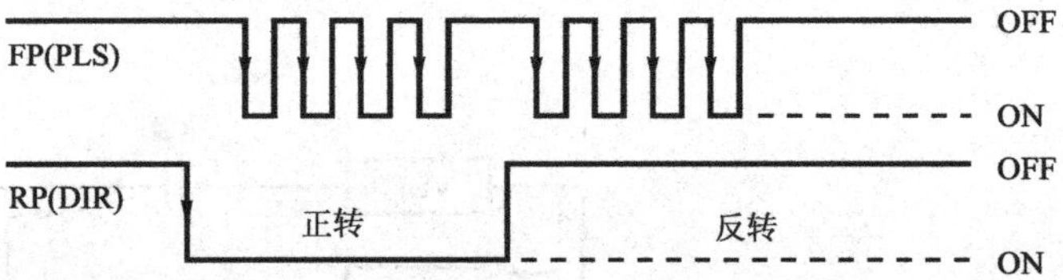

图 2.19

(2) 双脉冲规格如图 2.20 所示，FP 及 RP 均作为脉冲信号使用；两者不同时操作，FP 操作正转，RP 操作反转，两脉冲均可代表频率及数量。两者配合同样可操作电机的运转。

(3) 两相脉冲规格将 FP 及 RP 均作为脉冲信号并分别定义为 A 相、B 相，两者同时操作。操作电机正转时，A 相脉冲比 B 相脉冲超前 90°，如图 2.21 所示；操作电机反转时，B 相脉冲比 A 相脉冲超前 90°，就如同编码器转动时所发出的信号一般，如图 2.22 所示。

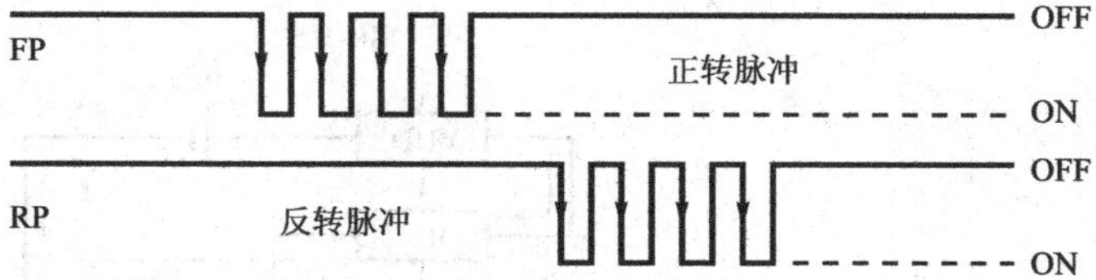

图 2.20

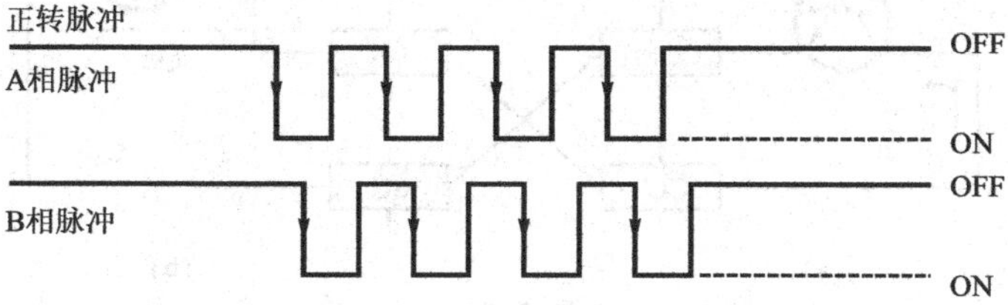

图 2.21

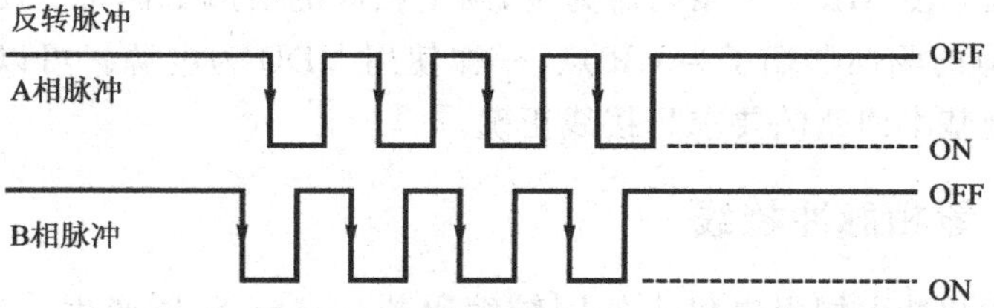

图 2.22

并非市面上所有控制器及驱动器均具备三种规格，但无论采用哪种规格信号，控制器与驱动器两者必须匹配相同才能正常使用，设置时必须注意。再者，无论采用哪种规格信号，硬件接线方式都是相同的。

2.3.3 计数器 CLR 接线

当原点复位信号到达后，控制器必须下指令清除驱动器内偏差计数器的当前值，也就是将计数器复位归零，使伺服电机的原点位置确实锁定在零相脉冲产生的伺服电机角度。使用清除信号将偏差计数器归零，才能将原点误差减至最小；如果未清除偏差计数器，则原点位置必定因计算反馈脉冲的反应时间延迟而产生误差。该信号由 FX2N-1PG 的 CLR 端子发出，COM1 端子为公共节点，如图 2.23(a)所示。CLR 端子及 COM1 端子为 NPN 晶体管电路，可将它视为有极性的开关回路，电流由 CLR 端子流入，由 COM1 端子流出；同样，以基本回路而言，可以用开关元件代替。

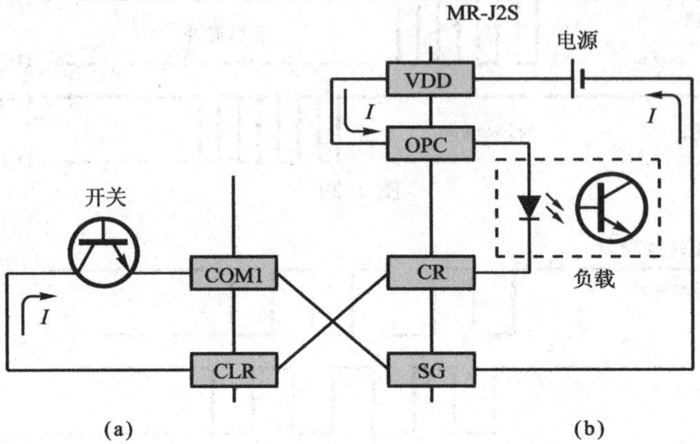

图 2.23

再以三菱 MR-J2S 驱动器为例，画出相应的引脚如图 2.23(b)所示。CLR 对应的驱动器端子为 CR 点，一样使用 VDD 为电源。可以看出，本电路符合基本回路的要求且接线正确。

2.3.4　零相脉冲接线

零相脉冲由伺服电机上的同轴编码器(encoder)所产生。当伺服电机每转 1 圈到某固定角度时，encoder 就产生 1 个脉冲给驱动器，称为零相脉冲。

控制器进行原点复位动作时，必须对零相脉冲计数。零相脉冲由驱动器接收后再由驱动器将信号发送至控制器，FX2N-1PG 信号输入端子为 PG0＋及 PG0－，电流由 PG0＋流入，经光电耦合器后由 PG0－流出。

对 MR-J2S 驱动器而言，零相输出信号端子为 OP 端子。较特别的是，MR-J2S 驱动器另外提供电源端子 P15R 与 OP 端子对应，P15R 端子提供 DC 15V 电源，其 0V 端已经与 OP 信号内部连成回路，如图 2.24 所示。

因此，连接 PG0＋与 P15R、PG0－与 OP，即可形成基本回路、正确完成通信。必须注意的一点是，此电路的电源为 15V DC，与之前使用电源 24V DC 不同，可能是元件工作电压不同或者电流限流等原因。特别是电流限流，接线时如果使用不同的电源电压，需要用限流电阻加以调节。限流电阻阻值及配合电压通常由使用手册提供，须详细阅读；如果限流电阻搭配不当，导致电流过大，会造成硬件损坏。

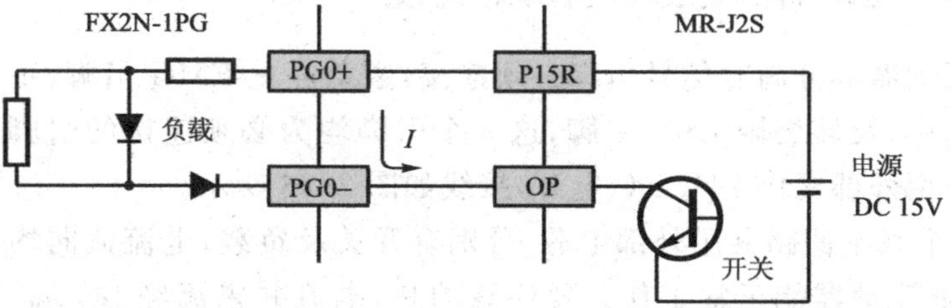

图 2.24

2.3.5　原点检测接线

到目前为止，控制器与驱动器间的必要信号已经完成接线，其他的信号接线由控制器与驱动器各自独立处理，无关连性。

控制器方面尚有 S/S、STOP、DOG 等端子未接线。S/S 端子为 STOP 与 DOG 端子的公共节点；S/S 为 sink/source 的简写，可定义不同的电流流向，这正是前文所提到采用正逻辑或者负逻辑信号的区别。如果 S/S 接高电位（24V DC），则电流由 S/S 流入，由 STOP 及 DOG 流出；如果 S/S 接低电位（0V），电流由 STOP 及 DOG 流入，由 S/S 流出。

S/S 接高电位或低电位由 STOP 及 DOG 所使用的传感器或微动开关极性来决定，如果传感器为 NPN 型（负逻辑低电位输出），则 S/S 端子必须接高电位；如果传感器为 PNP 型（正逻辑高电位输出），则 S/S 端子必须接低电位；如果使用微动开关，则 S/S 端子高电位或低电位均可接。

按图 2.25 接线，原点检测 NPN 型（负逻辑低电位输出）接近开关，S/S端子接高电位；STOP 信号采用微动开关，电源由外部提供 24V DC。接线完成后，控制器连接的外部信号均已完成，符合基本回路的要求。

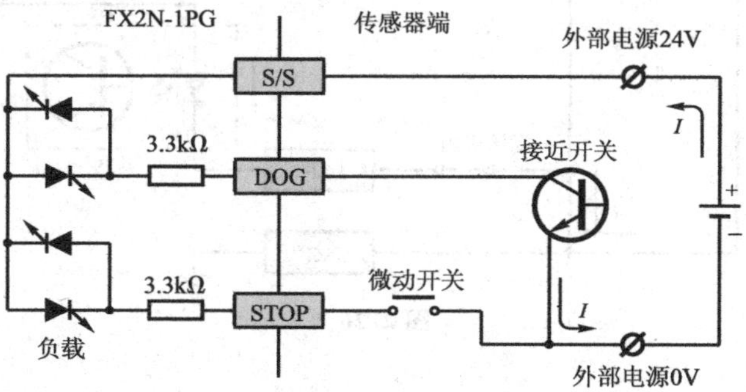

图 2.25

2.3.6 驱动器其他必要引脚的连接

驱动器部分尚有信号引脚必须连接：紧急停止 EMG 引脚、正转极限 LSP 引脚、反转极限 LSN 引脚，这 3 个引脚均为必须连接的引脚。电源部分采用外部提供 24V DC 电源，接线如图 2.26 所示。

3 个基本回路共用外部电源，分别有开关及负载，电流流向均符合要求，因此驱动器能正常工作。要注意的是，电流并未流经 SG 端子，但外部电源的低电位(0V)与 SG 端子相接，其目的是使外部电源及内部电源的低电位基准相同，均采用外部电源时才能形成回路。

正转极限及反转极限采用常闭节点极限开关，可于线路故障时立即发现。但是在 P command 位置伺服状况下，如果使用驱动器极限开关防止超调量，控制器无法知道发生过极限时的位置状况，将造成控制器位置计算误差及原点复位程序不完整的问题。因此，建议不使用极限开关，直接短路处理或可设置功能无效。紧急停止也有类似的问题，同样可不使用。相应的功能由控制器替换，详见下一章说明。

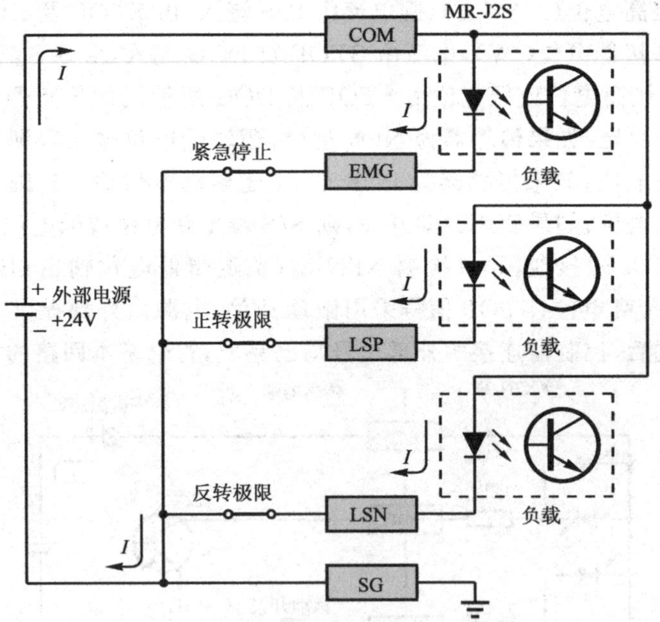

图 2.26

2.3.7 完整的接线

将上述接线电路合并绘制，硬件内部线路隐藏，就成为控制器与驱动器间的完整接线图，如图 2.27 所示。

如果不使用驱动器提供的内部电源，改由外部提供脉冲电源，则如图 2.28 所示。虚线部分表示必须使用双绞隔离线，以尽量避免干扰而产生控制误差。

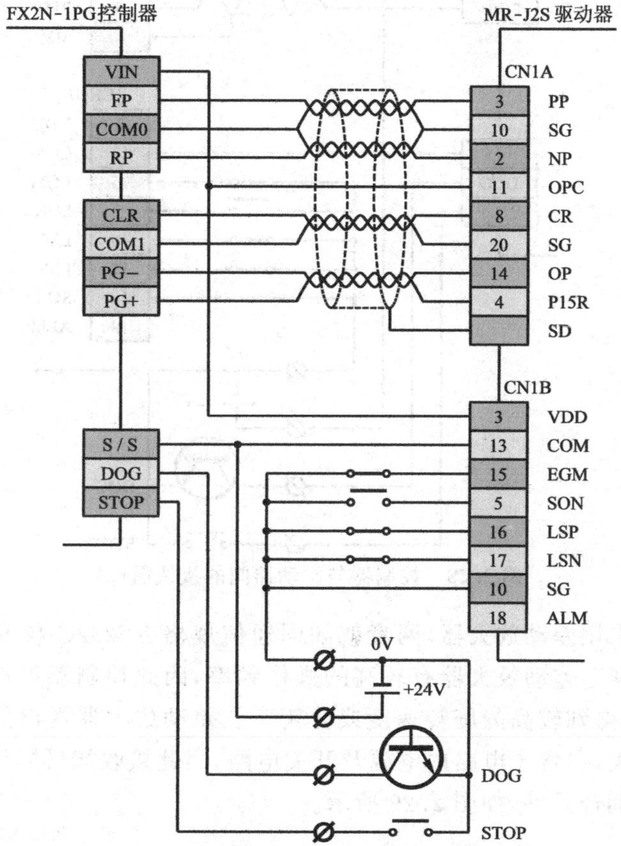

图 2.27 控制器与驱动器间的接线图(1)

2.3.8 差动元件接线

以上控制接线的开关回路均采用晶体管集电极开路形式，另一种设

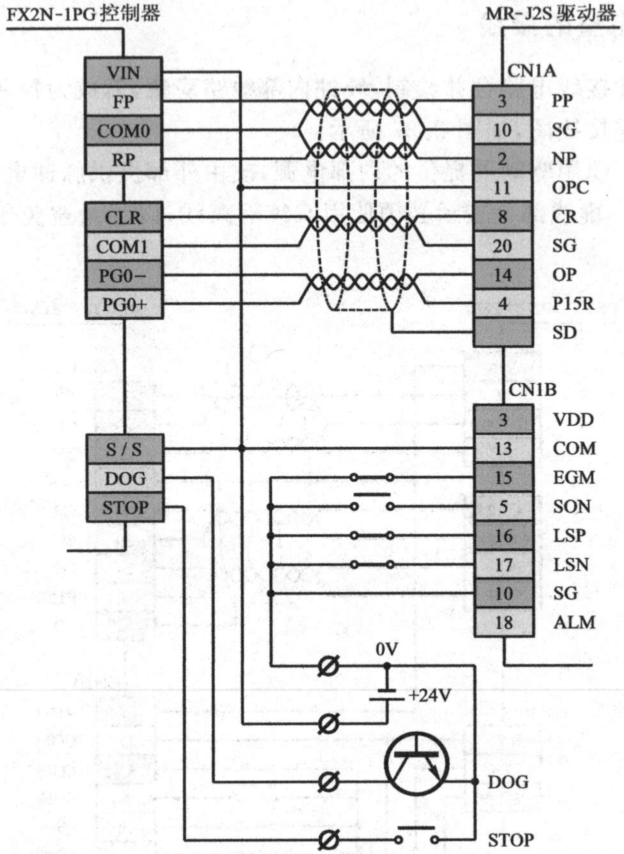

图 2.28　控制器与驱动器间的接线图(2)

计方法是采用差动放大器,两者就如同通信规格 RS232C 与 RS422 之间的差异一样。差动放大器有较高的操作频率,因此控制器可送出较高频率的脉冲,得到较高的旋转速度或分辨率。差动放大器送出的信号为电压差动方式,包含了电路内电源及开关电路,因此接收端可同为差动元件或者光电耦合元件,如图 2.29 所示。

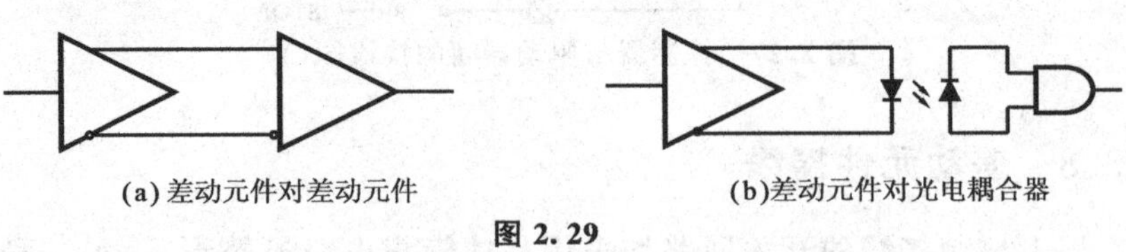

(a) 差动元件对差动元件　　(b)差动元件对光电耦合器

图 2.29

2.3.9 信浓电机的伺服驱动器接线

以下提供其他品牌驱动器与 FX2N-1PG 控制器接线图。所有接线均采用相同的分析方法绘出，并且经过实际验证是正确的。

图 2.30 是笔者曾经使用过的日本信浓电机制造的交流伺服电机接线图。

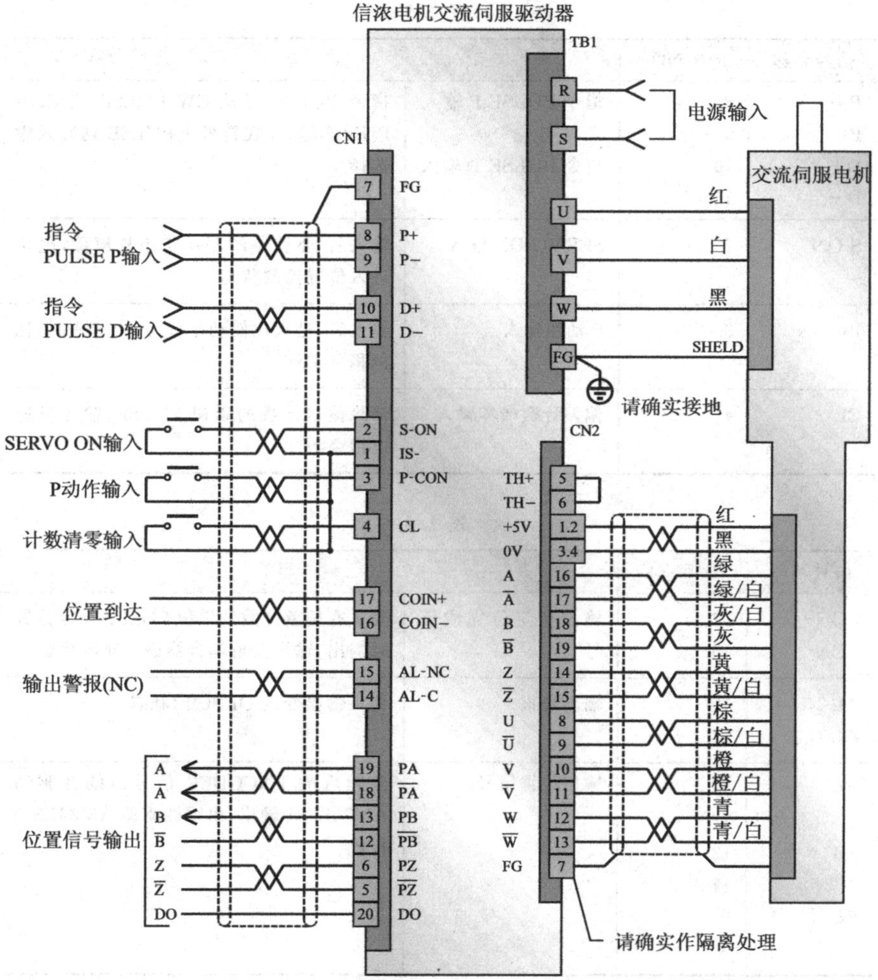

图 2.30

操作手册中提供了必要的数据及说明，以确保正确完成控制信号接线。表 2.3 和表 2.4 说明了引脚的名称及功能，但是无法判断接线极性及电流方向；驱动器内部相关线路元件及极性如图 2.31 所示。驱动器与 FX2N-1PG 模块配合使用的接线如图 2.32 所示，信号用电源为 +5V，不必使用限流电阻；SERVO ON 的信号引脚 2 与 IS 引脚 1 短接，表示伺服驱动器开机后即进入 SERVO ON 状态。

表 2.3

信号名称	PIN NO.	内 容	
P+ P− D+ D−	8 9 10 11	指令 PULSE P 输入 指令 PULSE D 输入	指令 PULSE 可从 CW PULSE 或 CCW PULSE 输入，在符号＋PULSE 列输入中选择
S-ON	2	SERVO ON 输入	输入后，驱动器的停止状态被解除，电机进入位置控制状态
P-CON	3	P 动作输入	输入后，进入比例动作状态；未输入时，比例积分动作
CL	4	偏差计数清零输入	清除偏差计数的累积 PULSE，输入时速度指令为“0”

表 2.4

信号名称	PIN NO.	内 容	
CON+ CON−	17 16	输出位定位完成信号	到了有偏差计数的累积 PULSE 设定位置时输出，输出光电耦合器进入通电状态
AL-NC AL-C	15 14	输出警报	警报输出变成 OFF(开)状态
PA PB PZ	19 18 13 12 6 5	输出位置信号	分频后的 ENCODER 信号由线性驱动 AM26LS31 输出，由线性驱动 AM26LS32 接收

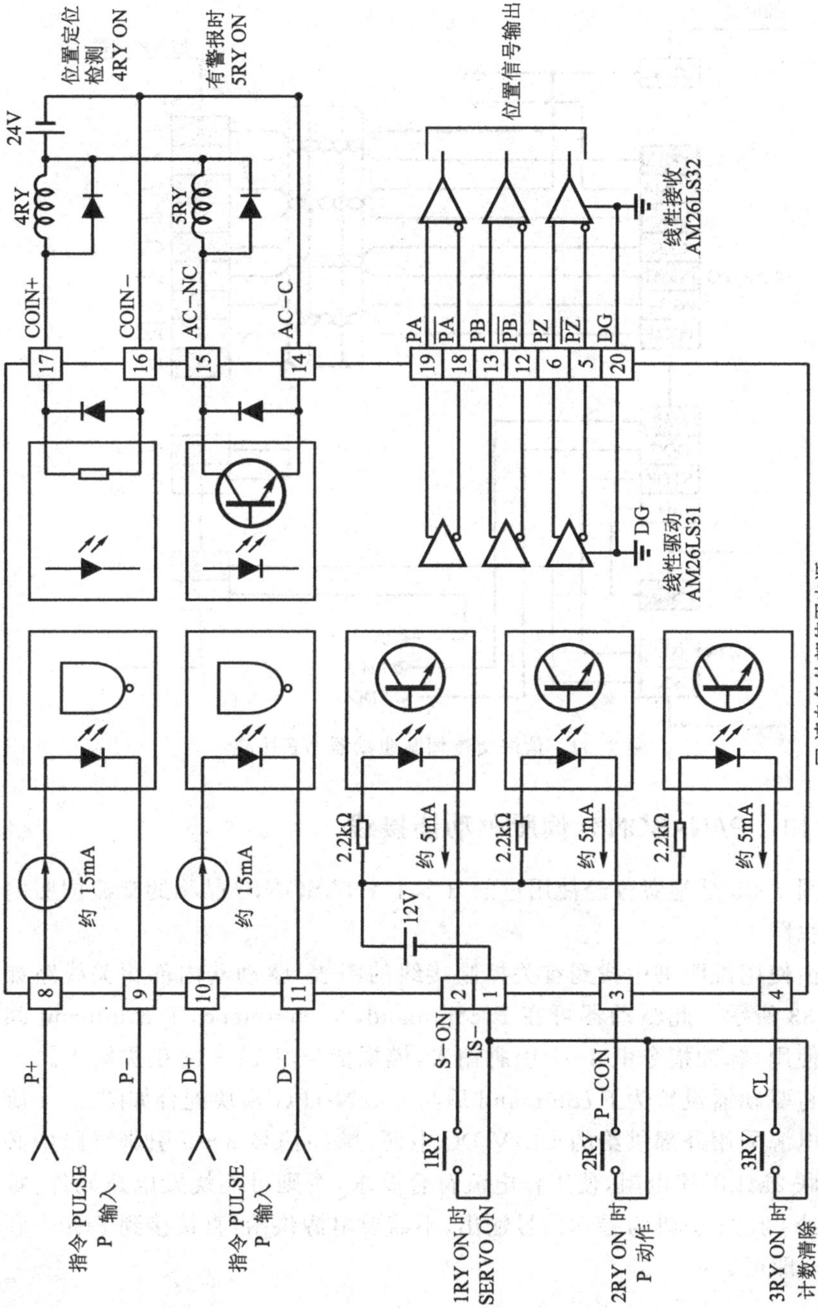

□ 请自备外部使用电源

图2.31 CN1信号处理方法

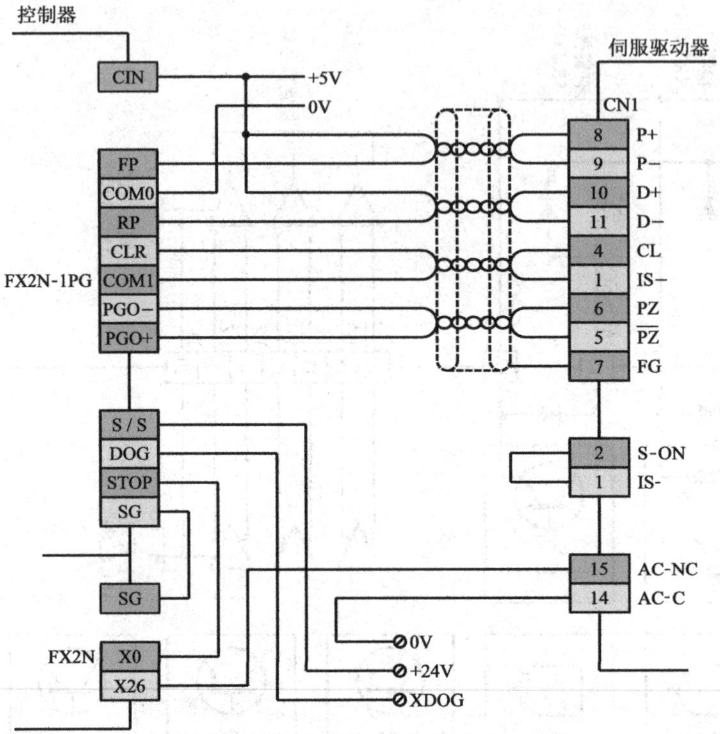

图 2.32 信浓交流伺服驱动器 I/F 接线

2.3.10 PANASONIC 伺服驱动器接线

图 2.33 是笔者曾经使用过的日本 PANASONIC 品牌的交流伺服电机接线图。

由使用说明书中找到有关控制接线的图表，驱动器内部相关线路如图 2.33 所示。此驱动器可在 P command，V command，T command 间切换使用，脉冲指令由 3～6 引脚输入，模拟指令由 14～18 引脚输入。

将驱动器设置为 P command 后与 FX2N-1PG 模块配合如图 2.34 所示。电源采用外部供给的＋24V DC 电源；脉冲信号 3～6 引脚线路中必须串联 2kΩ 限流电阻，使工作电流符合要求，否则可能烧毁电路元件；零相脉冲 23，24 引脚为差动信号输出，不需要电源供给，直接接到 PG0＋和 PG0－即可。

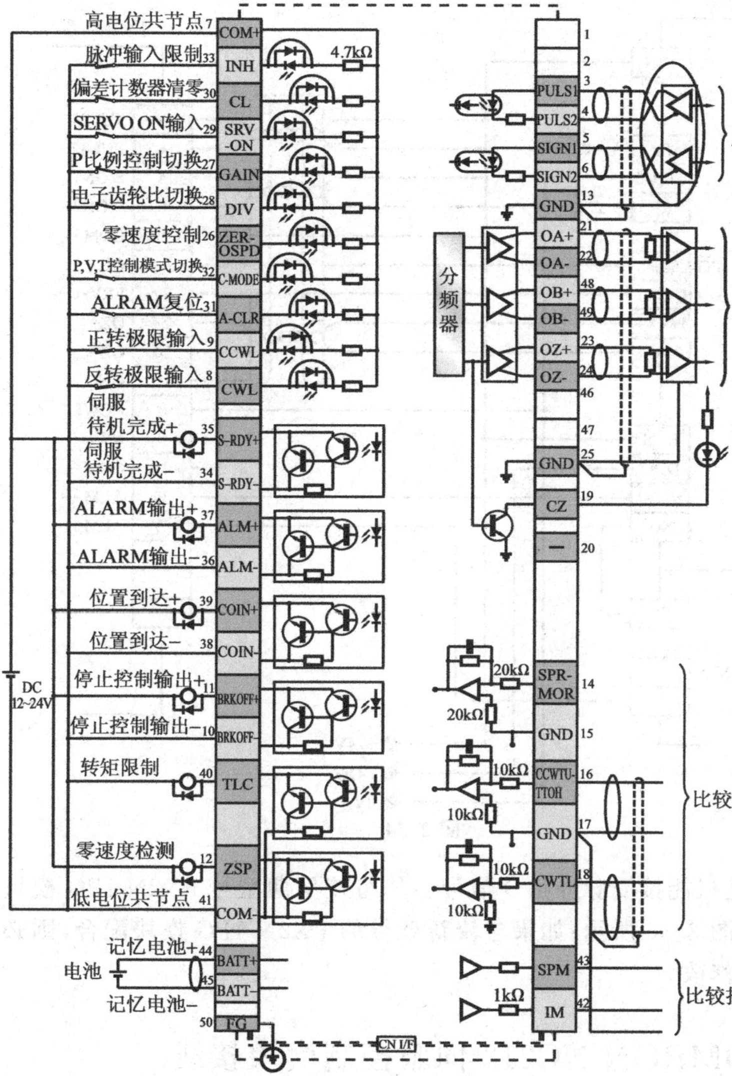

图 2.33

2.3.11　YASKAWA 伺服驱动器接线

图 2.35 是笔者曾经使用过的日本 YASKAWA 品牌的交流伺服电机接线图。安川 YASKAWA 伺服电机是针对 P command 脉冲伺服设

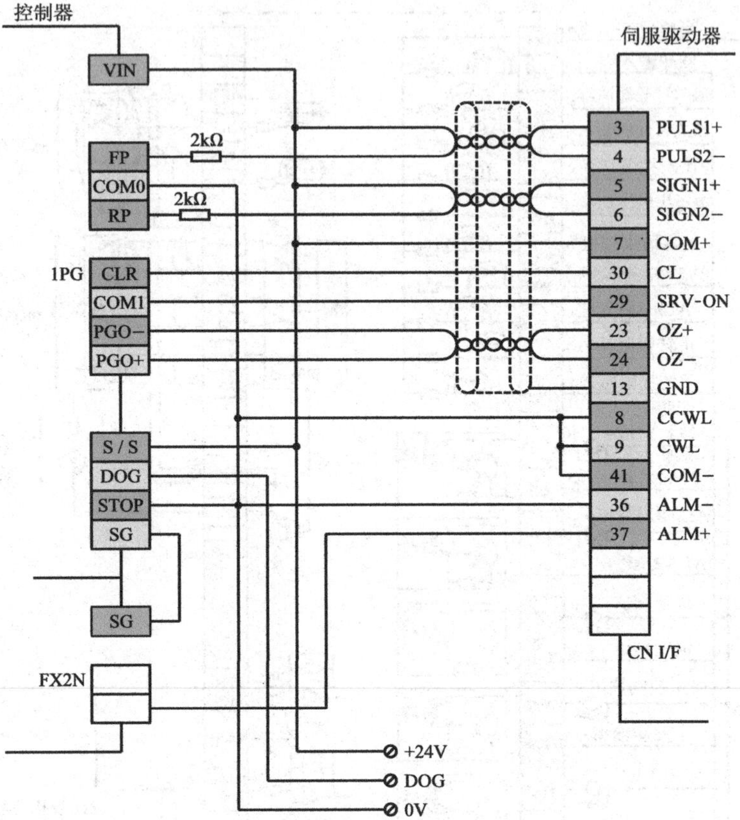

图 2.34

计的，因此只能接受脉冲指令信号。其与较早期型号 FX2N-1PG 模块配合接线如图 2.36 所示；如果与较新型号的 FX2N-1PG 模块配合，则必须作相应的修改。

2.4　OMRON NC213 伺服控制模块接线

OMRON NC213 模块为同时可控双轴伺服电机的控制模块。当然，也有单轴及三轴模块。双轴伺服运动可相互协调作直线互补控制，其硬件及软件比 FX2N-1PG 要复杂许多；如果分解成单轴来看，则与 FX2N-1PG 相同。初次使用伺服电机系统的用户，一般很难抓住使用重点，可能

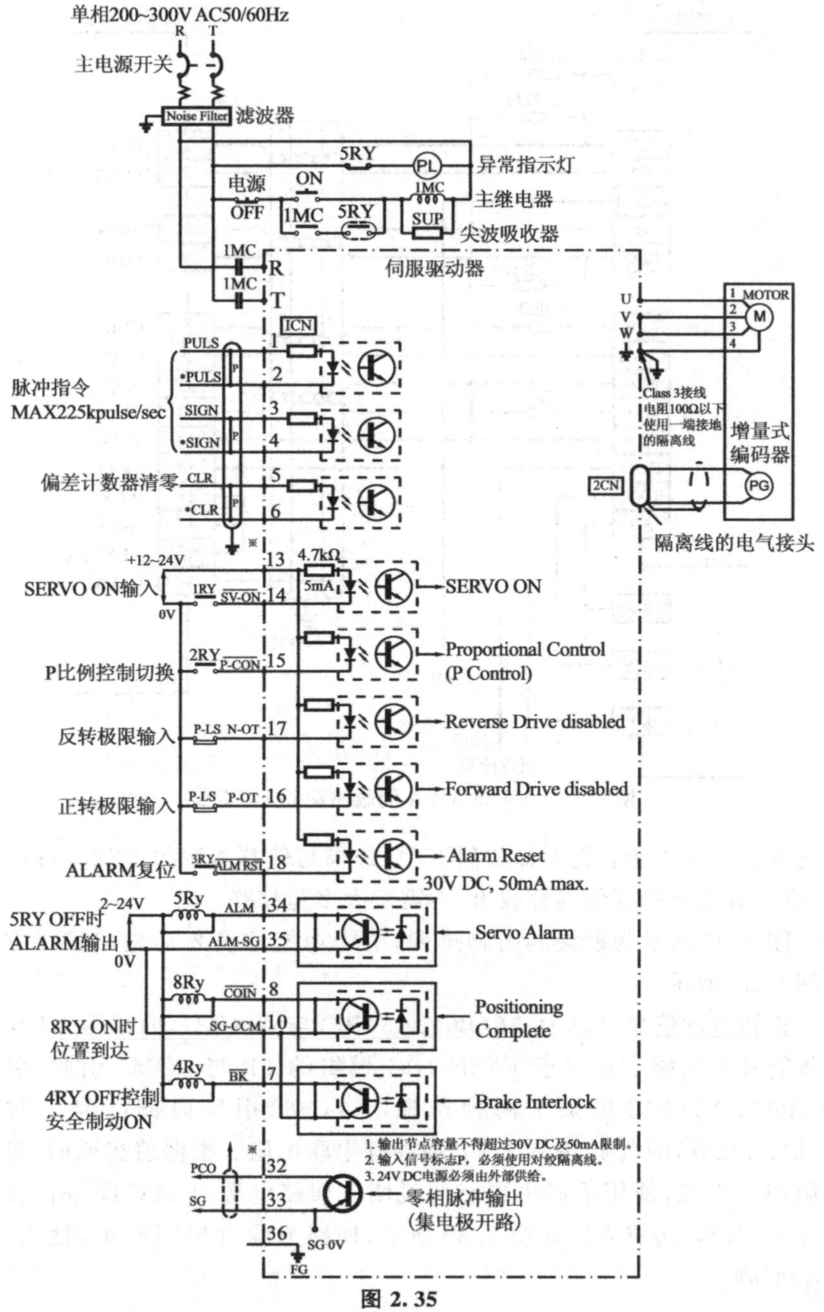

单相200~300V AC50/60Hz
R
T
主电源开关
Noise Filter
滤波器
5RY
PL
异常指示灯
电源
ON
OFF
1MC
5RY
1MC
主继电器
SUP
尖波吸收器
1MC
R
1MC
T
伺服驱动器
ICN
PULS
*PULS
SIGN
*SIGN
CLR
*CLR
脉冲指令
MAX225kpulse/sec
偏差计数器清零
+12~24V
4.7kΩ
5mA
SERVO ON输入
1RY
SV-ON
0V
SERVO ON
2RY
P-CON
P比例控制切换
Proportional Control
(P Control)
反转极限输入
P-LS
N-OT
Reverse Drive disabled
正转极限输入
P-LS
P-OT
Forward Drive disabled
ALARM复位
3RY
ALM RST
Alarm Reset
30V DC, 50mA max.
5RY OFF时
ALARM输出
2~24V
5Ry
ALM
ALM-SG
0V
Servo Alarm
8Ry
COIN
SG-CCM
8RY ON时
位置到达
Positioning
Complete
4Ry
BK
4RY OFF控制
安全制动ON
Brake Interlock
1. 输出节点容量不得超过30V DC及50mA限制。
2. 输入信号标志P，必须使用对绞隔离线。
3. 24V DC电源必须由外部供给。
PCO
SG
零相脉冲输出
(集电极开路)
SG 0V
FG
U
V
W
MOTOR
M
Class 3接线
电阻100Ω以下
使用一端接地
的隔离线
增量式
编码器
2CN
PG
隔离线的电气接头

图 2.35

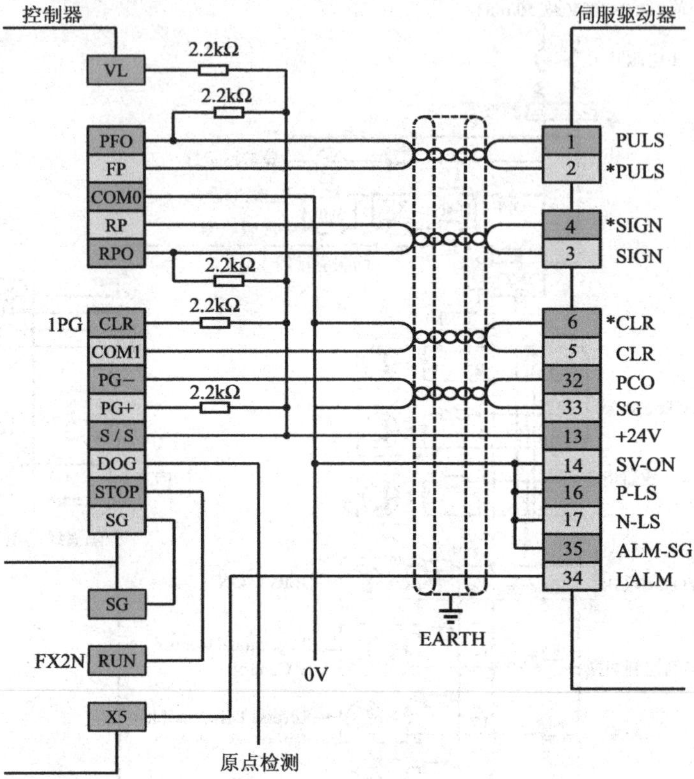

图 2.36　YASKAWA 伺服驱动器 I/F 接线

读过数次使用手册后仍不知如何下手；如果与较基本型的 FX2N-1PG 比较，就很容易将需要的内容找出，不需走太多冤枉路。

图 2.37 所示为模块的引脚排列，引脚功能见表 2.5，输出接线方法如图 2.38 所示。

正转脉冲信号引脚为 A6(B6)、A5(B5)与 A2(B2)，内部为 NPN 型晶体管开关回路。相对于 FX2N-1PG 模组的 FP 与 COM0 引脚，引脚 A6(B6)，A5(B5)提供了两种选择，A6(B6)引脚内部已经串联了 1.6kΩ(1/2W)的电阻，A5(B5)引脚没有串联电阻。根据前述说明，串联电阻用于限流，使用手册中也有此说明。回路电源为 24V DC 时，使用 A6(B6)引脚，接线方法如图 2.39 所示；回路电源为 5V DC 时，使用 A5(B5)引脚。

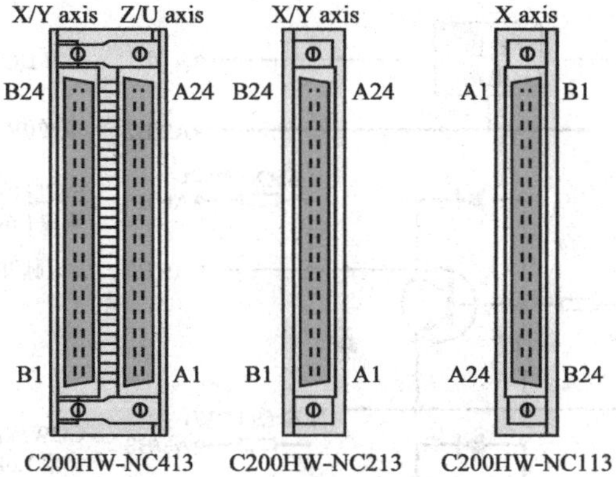

图 2.37 NC213 引脚排列

表 2.5 NC213 引脚功能

X 轴及 Z 轴引脚说明			Y 轴及 U 轴引脚说明		
A1	IN	24V DC 电源输出	B1	IN	24V DC 电源输出
A2	IN	电源 0V	B2	IN	电源 0V
A3	—	不使用	B3	—	不使用
A4	—	不使用	B4	—	不使用
A5	OUT	CW 脉冲输出	B5	OUT	CW 脉冲输出
A6	OUT	CW 脉冲输出，串联 1.6kΩ 电阻	B6	OUT	CW 脉冲输出，串联 1.6kΩ 电阻
A7	OUT	CCW 脉冲/方向输出	B7	OUT	CCW 脉冲/方向输出
A8	OUT	CCW 脉冲/方向输出，串联 1.6kΩ 电阻	B8	OUT	CCW 脉冲/方向输出，串联 1.6kΩ 电阻
A9	—	不使用	B9	—	不使用
A10	OUT	偏差计数器归零信号输出	B10	OUT	偏差计数器归零信号输出
A11	OUT	偏差计数器归零信号输出，串联 1.6kΩ 电阻	B11	OUT	偏差计数器归零信号输出，串联 1.6kΩ 电阻
A12	IN	位置到达、完成任务输入	B12	IN	位置到达、完成任务输入
A13	—	不使用	B13	—	不使用
A14	IN	零相信号公共点	B14	IN	零相信号公共点
A15	IN	25V DC 零相信号输入	B15	IN	25V DC 零相信号输入
A16	IN	5V DC 零相信号输入	B16	IN	5V DC 零相信号输入
A17	—	不使用	B17	—	不使用
A18	—	不使用	B18	—	不使用
A19	IN	中断控制信号输入	B19	IN	中断控制信号输入
A20	IN	紧急停止开关输入	B20	IN	紧急停止开关输入
A21	IN	原点检测信号输入	B21	IN	原点检测信号输入
A22	IN	CW 极限开关输入	B22	IN	CW 极限开关输入
A23	IN	CCW 极限开关输入	B23	IN	CCW 极限开关输入
A24	IN	输入信号公共点	B24	IN	输入信号公共点

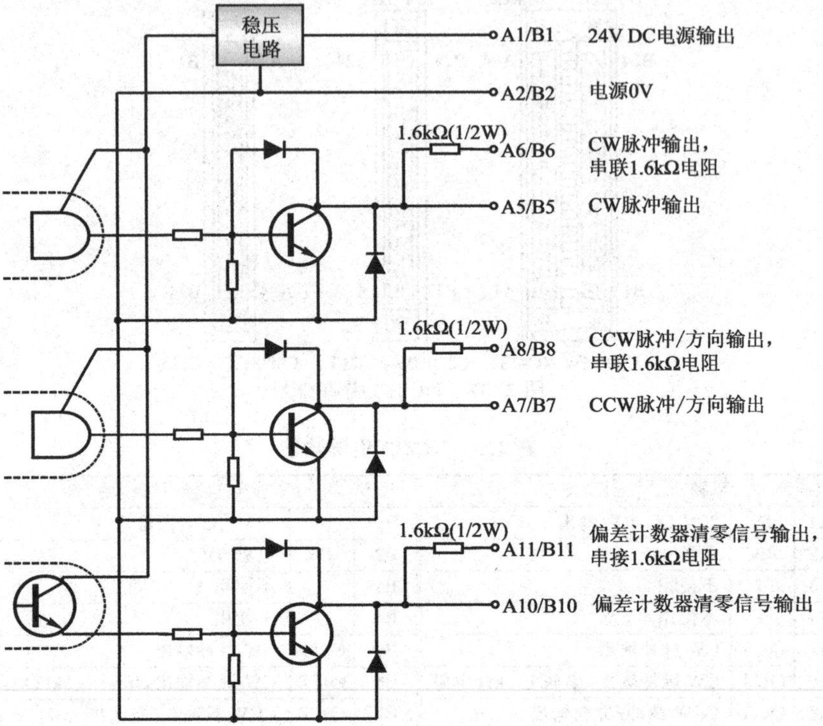
稳压
电路
A1/B1
24V DC电源输出
A2/B2
电源0V
1.6kΩ(1/2W)
A6/B6
CW脉冲输出，
串联1.6kΩ电阻
A5/B5
CW脉冲输出
1.6kΩ(1/2W)
A8/B8
CCW脉冲/方向输出，
串联1.6kΩ电阻
A7/B7
CCW脉冲/方向输出
1.6kΩ(1/2W)
A11/B11
偏差计数器清零信号输出，
串接1.6kΩ电阻
A10/B10
偏差计数器清零信号输出

图 2. 38

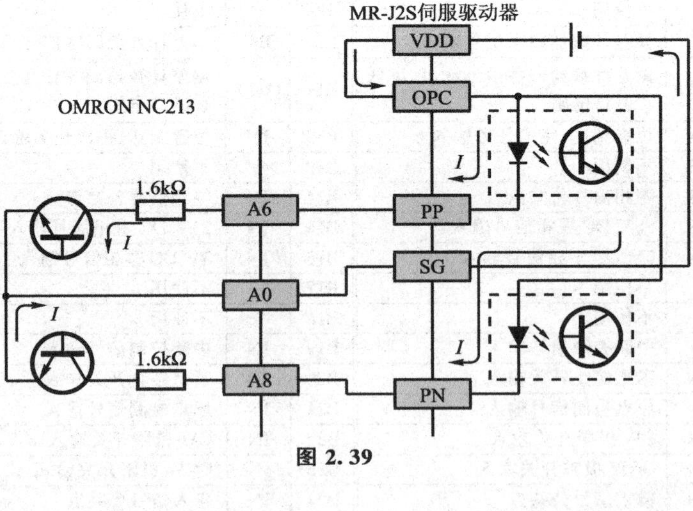
MR-J2S伺服驱动器
VDD
OPC
OMRON NC213
I
1.6kΩ
A6
PP
I
SG
A0
I
I
1.6kΩ
A8
PN

图 2. 39

偏差计数器清除信号引脚为 A11(B11)、A10(B10)与 A2(B2),与 FX2N-1PG 模块比较就如同 CLR 与 COM1 引脚,与 MR-J2S 伺服驱动器接线如图 2.40 所示。

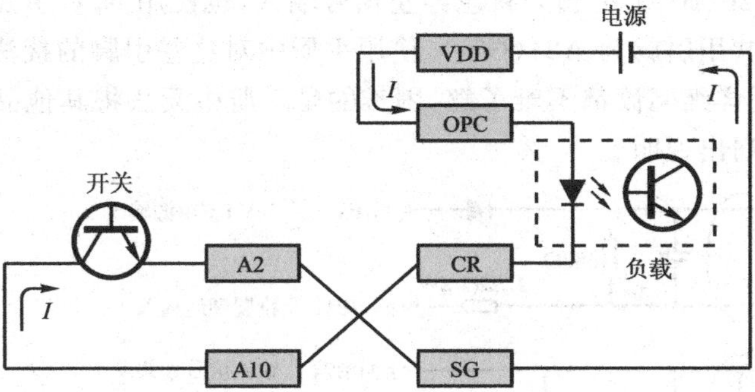

图 2.40

零相脉冲输入引脚为 A15(B15)、A16(B16)与 A14(B14),如图 2.41 所示。A15(B15)引脚相当于 FX2N-1PG 模块的 PG0＋引脚,A14(B14)相当于 PGO－引脚。另外,A16(B16)与 A14(B14)引脚为驱动器输出为线性差动放大器时的输入引脚,由于 MR-J2S 驱动器为集电极开路型,因此使用 A15 和 A14 引脚接线如图 2.42 所示。

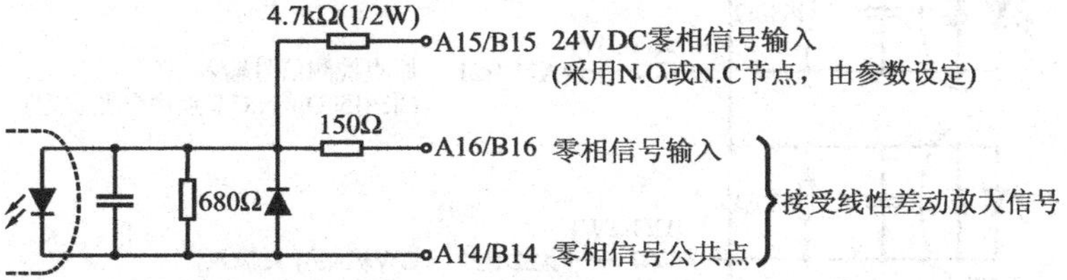

图 2.41

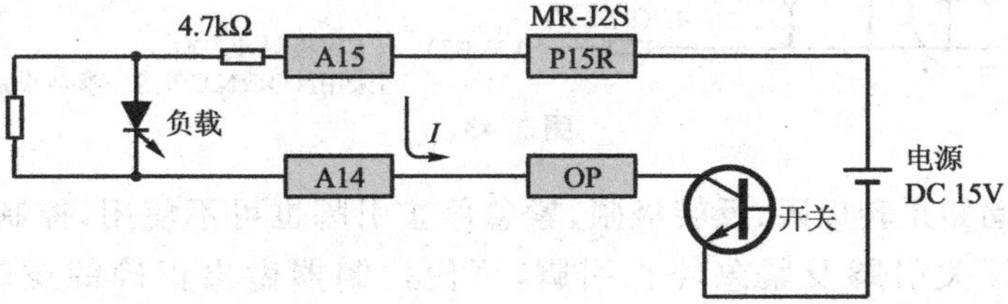

图 2.42

其他输入信号引脚有紧急停止、正转极限、反转极限、原点检测等，如图 2.43 所示。A21(B21)引脚为原点检测，A22(B22)引脚为正转极限，A23(B23)引脚为反转极限，一般都使用 N.C 节点，以利于断线故障及时被发现；A20(B20) 引脚为紧急停止信号输入，也使用 N.C 节点。这些输入引脚的共用引脚为 A24(B24)，使用手册中对这些引脚的接法都有详细说明，只要详细阅读都不难了解，困难的是手册中无法将其他品牌的伺服驱动器均列出说明。

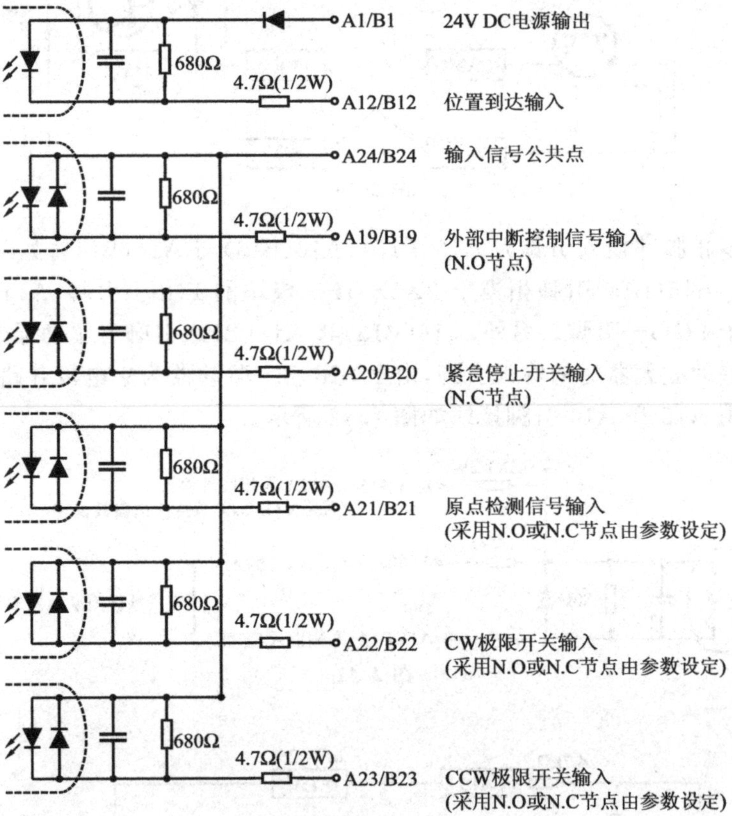

图 2.43

驱动器正转极限、反转极限、紧急停止引脚也可不使用，控制器提供了极限开关引脚及紧急停止引脚，可使控制器做出正确的逻辑判断。FX2N-1PG 模块无此节点，必须另行定义于 CPU 模块上，这也是两者硬件不同的地方。

输入信号采用外部电源，正确的接线方法，如图 2.44 所示。正确接线，可避免调试时浪费更长的修改时间，达到事半功倍的效果。

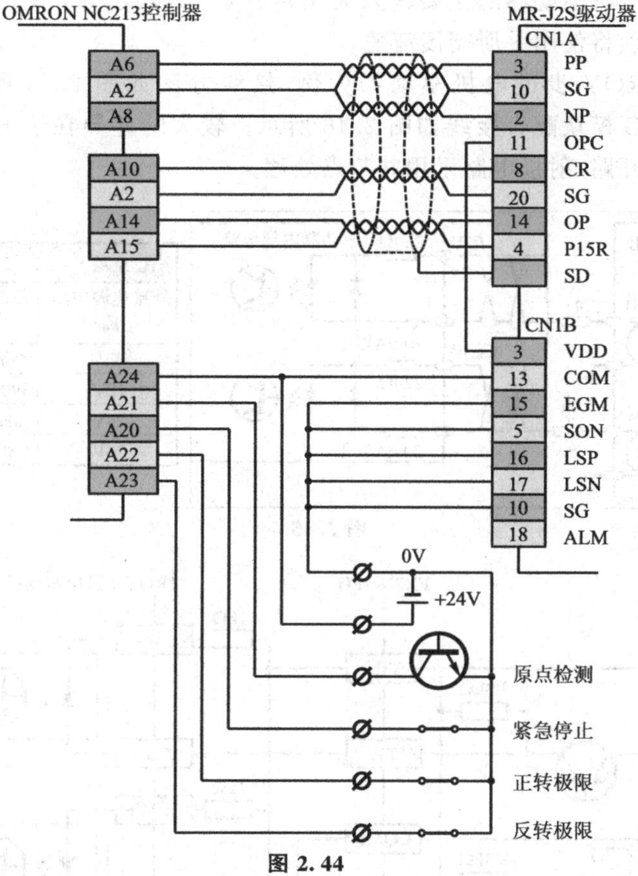

图 2.44

2.5　步进电机接线

步进电机驱动器的接线比伺服电机驱动器要简单许多；对 P command 脉冲伺服控制器而言，步进电机驱动器与伺服电机驱动器没有区别。

步进电机又称为脉冲电机。步进电机驱动器只接受控制器所送出的脉冲信号，其他的信号形式（V command 及 T command）无法接受，因为步进电机无同轴的反馈信号可供参考;电机驱动为线圈切换激磁方式,无法形成速度伺服定位及转矩伺服控制。

步进电机驱动器的主要输入为正转(CCW)及反转(CW)引脚,接线处理前必须将使用手册阅读清楚。

以 TROY 步进电机驱动器为例,接线方法如图 2.45 所示,其与 FX2N-1PG 模块配合接线如图 2.46 所示。较大的差异在于 FX2N-1PG 的集电极开路,射极电路采用共节点处理。

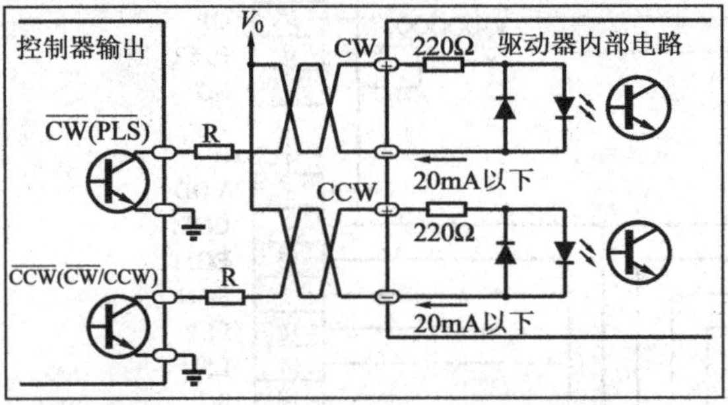

注意事项	
外接电源电压 V_0	外部串接电阻 R
5V	不需外接电阻
12V	390Ω,1/4W
24V	1kΩ,1/2W
36V	1.8kΩ,1W

图 2.45

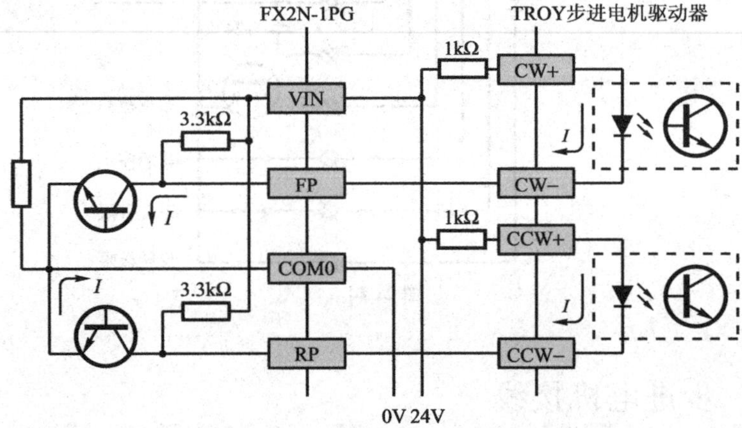

图 2.46

步进电机无反馈信号,因此无零相脉冲反馈可供原点复位用,但是伺服控制器一般都是依零相脉冲信号进行原点复位,所以步进电机驱动器必须产生仿真的零相信号让控制器接收。TROY 步进电机驱动器提供 TIMING 信号,如图 2.47 所示。

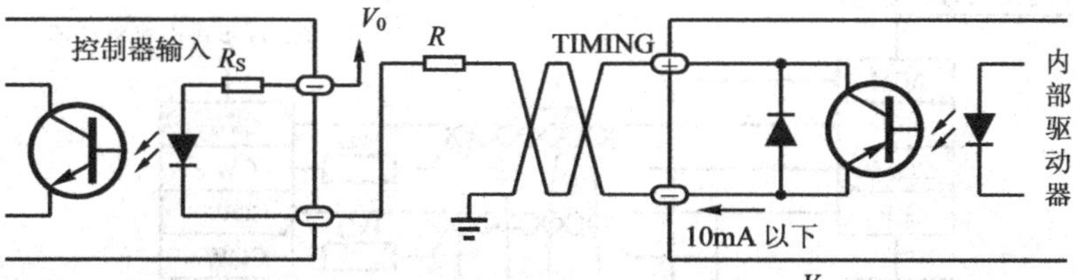

★注意：请加适当的外部电阻(R)，使回路电流在10mA以下。$R=\frac{V_0}{10mA}-R_S$

※TIMING信号是在电源刚加上时产生的，也就是激磁时的原始状态，又称激磁相原点。在全步进时(1.8°/step)，每4个脉冲TIMING灯亮1次；在半步进(0.9°/step)时，每8个脉冲TIMING灯亮1次；在高速状态下，TIMING灯持续点亮。TIMING输出时，晶体管呈导通状态。

图 2.47

以两相步进电机驱动器为例，每圈分成 200 步级，驱动器每接收 4 个脉冲信号即由 TIMING 引脚产生 1 个脉冲信号给控制器代替零相脉冲信号。因此，每转 1 圈将产生 50 个零相脉冲，不同于伺服电机的每转 1 圈产生 1 个零相脉冲。

TROY 步进电机驱动器 TIM ING 引脚与 FX2N-1PG 模块 PG0＋和 PG0－引脚配合接线如图 2.48 所示，完整的步进电机驱动器接线如图 2.49 所示。此时已经不需要计数器清除的信号，因为步进电机驱动器无偏差计数器，也无过极限开关引脚可用，所示接线比伺服电机简单许多。

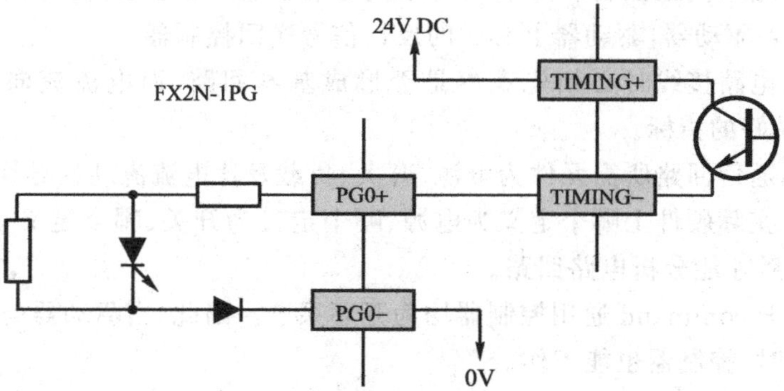

图 2.48

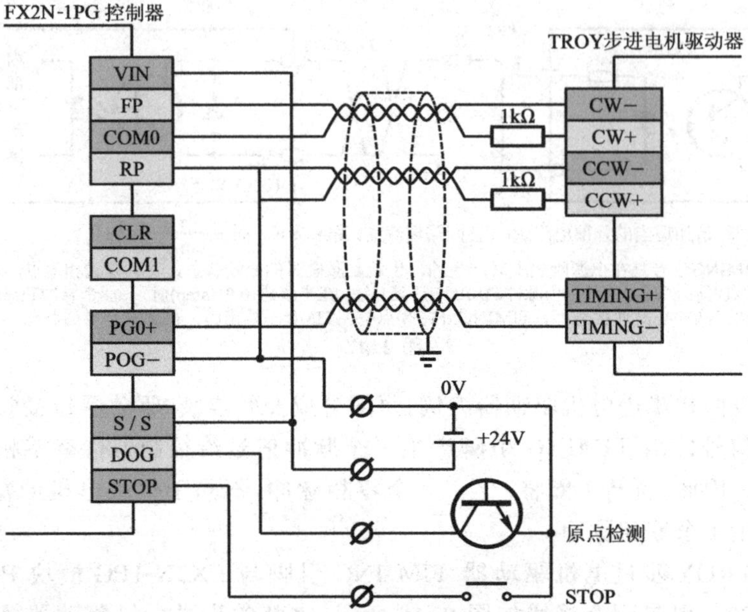

图 2.49　步进电机驱动器接线图

本章重点

1. 通用伺服控制器与驱动器之间互相连接、相互通信，将控制器指令传递到驱动器，驱动器上必要的反馈信号送回控制器。

2. 电路接线时必须先观察是否形成基本回路，而电流流向是否正确，是最好的指标。

3. 通信回路所需元件为电源、开关、负载及让电流流动的导线。

4. 实际硬件上哪个定义为电源、哪个定义为开关、哪个定义为负载，认清以后才能分析电路回路。

5. P command 通用控制器均为开环系统。因此，当驱动器与控制器未连接时，控制器也能工作。

6. 各品牌通用伺服电机的接线引脚均不同，必须正确辨认。

7. 要将伺服电机控制器及驱动器正确接线，首先要对硬件功能、规格作充分了解。

8. 对 P command 脉冲伺服控制器而言，步进电机驱动器与伺服电机驱动没有区别。

9. 利用已验证的正确软件程序来验证硬件接线的正确性。

本章习题

1. 试绘图描述一个基本回路,并说明各元件功能。

2. 说明基本回路如何应用于通信。

3. 说明伺服电机何谓 SERVO ON 状态,何谓 SERVO OFF 状态。

4. 说明何谓正逻辑信号,何谓负逻辑信号。

5. 脉冲指令有哪几种信号规格? 分别说明。

6. 试说明计数器 CLR 清除信号的功能。

7. 试说明伺服电机零相脉冲的产生及用途。

8. 试说明伺服电机与步进电机在控制接线上的异同点。

9. 试绘出 OMRON NC213 控制模块与三菱 MR-12S 伺服驱动器的控制接线图。

10. 试绘出 OMRON NC213 控制模块与 PANASONIC 伺服驱动器的控制接线图。

11. 试绘出 OMRON NC213 控制模块与步进电机驱动器的控制接线图。

第3章　伺服控制器应用

前文向读者介绍了伺服电机驱动器的工作原理及控制方法，以及伺服电机驱动器与控制器的硬件接线方法。用户参考供应商提供的控制器及驱动器的其他标准接线图（如电源线、编码器线、电机动力线等接线图）即可完成接线。

硬件完成后，用户的工作就是让控制器发出指令，驱动器依指令工作，即必须进行控制软件的编辑工作。每一品牌控制器的程序编写方式均不相同，厂家将各种控制模式封装成应用指令或者是为不同的工业用途开发应用指令，提供给用户应用。

无论控制器与驱动器间为哪种控制形式（P command 或 V command），当控制器运行于位置控制时，应用指令的使用方式是相同的。而 T command 转矩伺服控制，基本上不用于位置控制，控制器也没有标准形式。

如果以伺服控制器程序语言来分类的话，可分为低级程序与高级程序两类。

(1) 低级程序：采用通用控制器控制伺服电机。通用控制器是指 PLC（可编程控制器）等，但 PLC 并不一定是专为控制伺服电机而设计的，只是提供部分特殊功能来控制伺服电机。由于其整体软硬件体系结构是控制系统通用的，进行伺服电机控制时必须用较多的指令来进行时序控制及逻辑判断，因此控制效率较低，但可满足大部分的控制需求。

当然也可以用通用控制器配合较高级的控制模块进行控制，但要考虑效率与成本的平衡。

对用户而言，使用低级程序不太方便，但是比较容易了解控制程序的操作；对设备制造者而言，更容易编制出接近操作人员习惯的操作界面。

(2) 高级程序：采用专为控制伺服电机而设计的控制器。一般采用顺序逻辑控制语言，厂家已经设计并封装好许多较复杂的应用指令备用，用户取用这些应用指令即可控制伺服电机。控制参数设置也较为方便，应用于专业领域，可得到较好的效果，如工具机械控制器等；当然，也可能会提高成本。

无论是低级程序还是高级程序，对计算机语言而言都属于高级语言。所以，对用于特殊用途的控制系统而言，基于效率及成本考虑，必定要开发软硬件相互配合的专用软硬件系统，但之前首先要了解基本的伺服控制功能。

伺服控制器有了控制程序后，控制器依指令参数发出操作信号，驱动器按照操作信号驱动电机运行。对驱动器而言，驱动器本身无法分辨运行模式，完全由控制器掌控运行情况。

以下就伺服控制器应该具备的几项基本控制模式进行说明，先采用基础型号三菱 FX2N-1PG 模块，然后以互相对照方式说明较高级型号的 OMRON NC213 模块。

3.1　三菱 FX2N-1PG 模块

三菱 FX2N-1PG 模块采用三菱一贯的特殊模块编辑，各种运行模式需要的参数设置及操作指令都必须存入模块内的缓冲寄存器内，缓冲寄存器的各项参数见表 3.1。

由表 3.1 得知，FX2N-1PG 模块内有＃0～＃31 共 32 个数据寄存器，它们组成缓冲寄存器，每一寄存器长度为 16bit；部分参数必须使用 32bit 数据，因此使用两个相连编号的数据寄存器。

表 3.1　缓冲寄存器(BFM)的编号及内容

BFM 编号		项　　目	设定范围	初期值（电源 ON 时）	备注 R:读出 W:写入
上 16bit	下 16bit				
—	＃0	电机转一圈所需脉冲数 A	1～32 767pulse/rev	2000	W
＃2	＃1	电机转一圈的移动距离 B	1～999 999※	1000	W
—	＃3	参数	b0～b14	H0000	W
＃5	＃4	最高转速 v_{max}	10pulse/sec～100kpulse/sec	100 000pulse/sec	W
—	＃6	启动速度 v_{bia}	0～10kpulse/sec	0pulse/sec	W
＃8	＃7	JOG 速度 v_{jog}	10pulse/sec～100kpulse/sec	10 000pulse/sec	W

续表 3.1

BFM 编号		项　目	设定范围	初期值（电源 ON 时）	备注 R:读出 W:写入
上 16bit	下 16bit				
#10	#9	原点复位速度 v_{rt}	10pulse/sec～100kpulse/sec	50 000pulse/sec	W
—	#11	原点减速速度 v_{cr}	10PPS～100kpulse/sec	1000pulse/sec	W
—	#12	零相信号数 N	0～32 767pulse	10pulse	W
#14	#13	原点位置定义 HP	0～±999 999	0	W
—	#15	加/减速时间 t_a,t_d	5～5000ms	100ms	W
	#16	不可使用	……		
#18	#17	目标位置 P(I)	0～±999 999	0	W
#20	#19	运行速度 v(I)	10pulse/sec～100kpulse/sec	10	W
#22	#21	目标位置 P(Ⅱ)	0～±999 999	0	W
#24	#23	运行速度 v(Ⅱ)	10pulse/sec～100kpulse/sec	10	W
—	#25	运行命令	b0～b11,b12	H0000	W
#27	#26	当前位置 CP	−2 147 483 648～+2 147 483 647		R/W
—	#28	执行状态	b0～b7 显示执行状态		R
—	#29	错误编号	错误发生时自动写入		R
—	#30	机种验证号码	5110		R
—	#31	不可使用	……		

※单位可选择 um/rev,mdeg/rev,10^{-4}inch/rev。

3.1.1 JOG 运行

按住正转按钮或反转按钮，则电机作正转或反转运动；放开按钮时，电机停止运行。此即伺服电机的 JOG 运行。当电机硬件安装完成后，首先要运行的模式就是 JOG 运行。

由图 3.1 可看出 JOG 运行伺服控制器所需要的参数及参数定义，这些参数在表 3.1 中可找到相对应的参数寄存器编号，以下说明 FX2N PLC 如何将参数写入 FX2N-1PG 控制模块。每一种品牌型号的控制器都有不同的参数读写方式，但目的都是将正确参数写入正确位置。

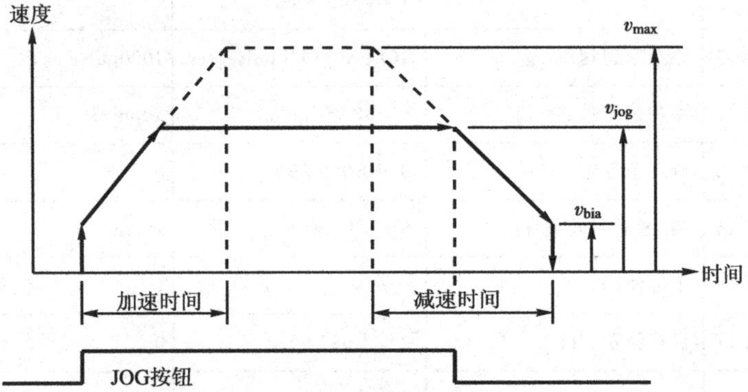

图 3.1　JOG 运行的速度与时间轴表示

1. 控制模块的参数写入

要想写入寄存器，必须先了解 FX2N 控制器与 FX2N-1PG 的体系结构关系。对于 PLC 的使用也必须有初步的认识，如 PLC 程序编辑软件的用法、程序的传输等，本书不赘述。

FX2N-1PG 是独立于 FX2N PLC 主机外的扩充模块，以数据总线连接。模块依安装位置先后自动设为 K0～K7 编号地址，所以必须有特殊的 PLC 数据写入指令，再配合时序及逻辑控制写入 FX2N-1PG 寄存器内，如图 3.2 所示。

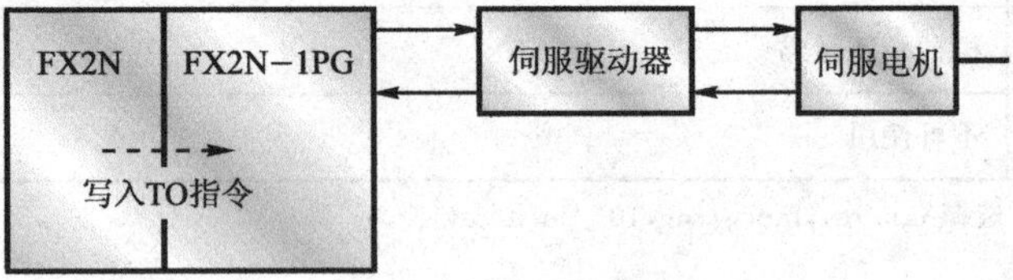

图 3.2　写入的方向

以 FX2N PLC 写入 TO 指令为例，假设使用模块的编号为 K0，PLC 阶梯图程序如图 3.3 所示。

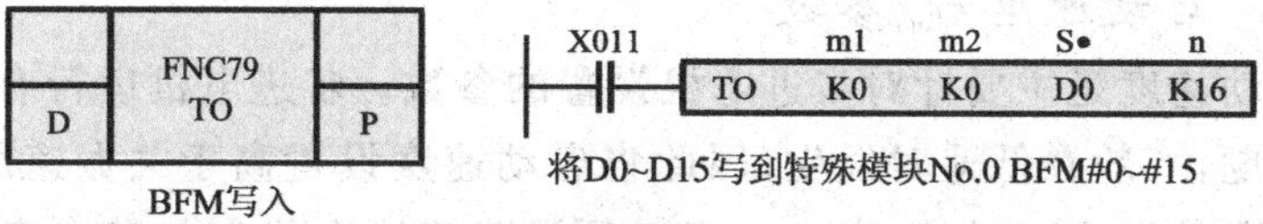

m1:特殊模块号码(从接近 FX2N 主机开始算,K0~K7)。

m2:BFM 的起始编号(m2=K0~K31)。

S•:要发送至 BFM 的 FX2N 操作数号码,可指定 T,C,D,KnX,KnM,KnY,KnS,V,Z,K,H,也可使用间接指定。

n:写入组数(n=K1~K32,如果是 32 位指令则 n=K1~K16)。

• 当条件节点 X11=OFF 时,指令不被执行,目的地操作数无变化。

• 必须随时通信时,X11 节点可用常闭节点内部继电器编号替换。

图 3.3 PLC 阶梯图程序语法

2. JOG 运行的验证事项

由实际的 JOG 运行,可以验证控制器与驱动器间的接线是否正确,再根据伺服电机 JOG 运行的情况,调整驱动器上各项设置参数。

(1) 调整速度控制单元的 K_{VP} 比例增益参数、K_{VI} 积分时间参数、K_{VD} 微分时间参数,使伺服电机运行速度与控制信号配合顺畅,不可有忽快忽慢的不稳定状态。

(2) 调整位置控制单元的 K_{VP} 比例增益参数,使伺服电机停止定位时有要良好的保持刚性,但又不能进入振荡的不稳定状态。

(3) 调整电子减速齿轮比,配合运行速度调整或配合机构控制分辨率调整,让电子减速齿轮比符合要求。此时确定后不可任意更改,因为这是速度与位置的基础比例参数,以后的控制速度与位置都受到此比例的影响。

3. 最高速度 v_{max} 参数

控制器必须设置最高运行速度参数,与加/减速时间对应成加/减速斜率。当目标速度设置高于最高速度时,以最高速度为目标速度;其他运行模式同样受到此限制。由表 3.1 得知,FX2N-1PG 模块的最高运行速度参数设置于#5、#4 寄存器,32bit 数据,最高 100kHz。

4. 目标速度值 v_{jog} 参数

控制器根据 v_{jog} 参数所设置的运行速度送出控制信号,P command 时以脉冲频率表示,V command 时以模拟电压大小和极性来表示。由表 3.1 得知,FX2N-1PG 模块 v_{jog} 运行速度参数设置于#8、#7 寄存器。

5. 启动速度 v_{bia} 参数

启动速度是主要针对步进电机设置的参数。步进电机运行有共振频率的问题，一般在低速时发生，因此将启动速度设置高于共振速度，避开共振情况的发生。另外，启动速度必须设于步进电机有足够自启动转矩的区间，才能启动步进电机。而对伺服电机而言，无所谓启动速度，因此启动速度为零。由表 3.1 得知，FX2N-1PG 模块 v_{bia}启动速度参数设置于＃6 寄存器，16bit 数据。

6. 加速时间 t_a 参数

设置加速时间参数与最高速度对应形成加速度斜率，此斜率一般在机构设计及电机选用时即已选定。也就是当选用电机规格时，负载需要的加/减速转矩由此加速时间与最高转速推算而得。

如果选用电机或机构设计有误，则必须采用延长加速时间来配合，相对将影响运行效率。由表 3.1 得知，FX2N-1PG 模块加速时间 t_a 参数设置于＃15 寄存器，16bit 数据。

7. 减速时间 t_d 参数

设置减速时间参数与最高速度对应形成减速负斜率，一般与加速时间设为相同；事实上，因摩擦转矩的存在，减速时间可比加速时间短一些。有部分型号控制器的加速与减速时间参数为同一参数，如 FX2N-1PG。

由前文及参数表 3.1 中可知，JOG 运行需要的参数为＃4～＃8 寄存器及＃15 寄存器，用户必须将参数写入寄存器，让 FX2N-1PG 模块知道。

8. 驱动指令标志位

当以上参数均存入控制器适当位置后，必须驱动 JOG＋或 JOG－运行标志位才能将控制信号输出至驱动器；停止驱动后，控制信号依减速时间减速停止。不同型号控制器有不同的驱动指令方式，但控制的功能却是相同的。

FX2N-1PG 模块的必要参数写入后，也必须有驱动标志位的动作才能使 JOG 运行，而驱动的开关标志位存储在运行命令＃25 数据寄存器内。每个寄存器可分解成 16 个 bit，每个 bit 代表不同的指令，见表 3.2。

先在 FX2N 内部继电器局部编辑 16 个内部继电器，如表 3.2 选用内部继电器 M0～M15 为运行命令标志位，再将这 16 个标志位以 TO 指令写入 FX2N-1PG，将 TO 写入指令随时处于执行状态，则 M0～M15 标志位就可视为随时可驱动的按钮开关。JOG 运行开关此时就定义在 M4 与 M5 标志位。

表 3.2 用户定义的操作标志位

K0 模块 BFM#25 运行命令			
辅助继电器	对应 bit	内 容	动作时机
M0	b0	错误复位信号	1
M1	b1	停止信号 STOP	0>1
M2	b2	正转脉冲停止发送	1
M3	b3	反转脉冲停止发送	1
M4	b4	JOG+运行	1
M5	b5	JOG−运行	1
M6	b6	原点复位启动信号	0>1
M7	b7	绝对位置 0,相对位置 1	
M8	b8	一速位置定位启动信号	0>1
M9	b9	中断插入一速位置定位启动信号	0>1
M10	b10	二速位置定位启动信号	0>1
M11	b11	外部信号定位运行启动信号	0>1
M12	b12	多段变速运行启动信号	0>1
M13	b13	不使用	
M14	b14	不使用	
M15	b15	不使用	

运行指令设置 TO 指令如图 3.4 所示。其中,K4M0 的语法定义为:由 M0～M15 内部继电器组成一个数据寄存器。M8000 为 FX2N PLC 内部特殊继电器,开机后保持 ON 状态。

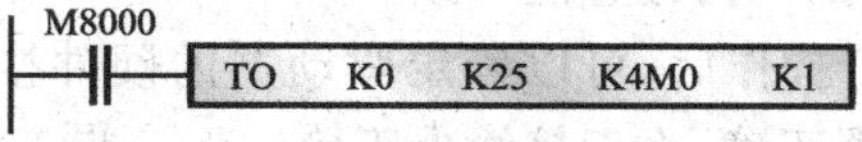

图 3.4 运行指令的设置

9. 启动 JOG 运行

有了设置参数及驱动开关,只要 PLC 控制程序在需要的时候将 M4 切换为 ON 状态,FX2N-1PG 就按照设置的速度频率及加速时间发出正转脉冲；相对的，如果将 M5 切换为 ON 状态，FX2N-1PG 就按照设置的速度频率及加速时间送出反转脉冲。伺服驱动器收到脉冲后，就依指令脉冲驱动伺服电机运行。M4 或 M5 切换为 OFF 后，脉冲速度才依减速斜率减速至停止，完成 JOG 运行。当然，JOG＋正转及 JOG－反转不可能同时执行，控制器不接受两者同时驱动。如图 3.5 所示。

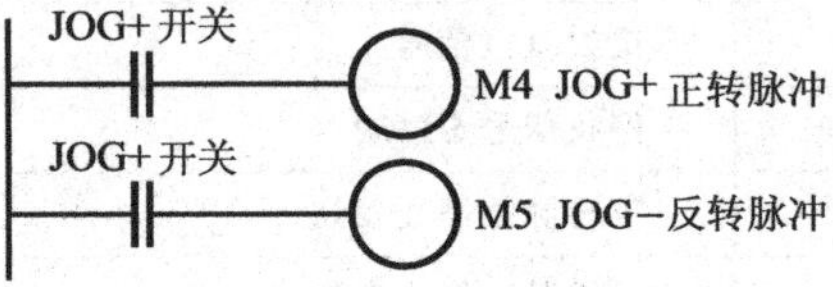

图 3.5　JOG 运行的驱动

10. 极限开关的设置

由表 3.2 可知，内部继电器 M2 与 M3 分别对应缓冲寄存器运行命令内的正转脉冲停止及反转脉冲停止命令，其主要功能是作为运动轴上的前后极限开关，PLC 控制程序中必须定义硬件输入节点与之对应。当然，硬件的极限开关必须安装于伺服运动轴的前后极限上。

通常极限开关采用常闭节点定义。假设输入节点为 X2 及 X3，软件定义如图 3.6 所示。

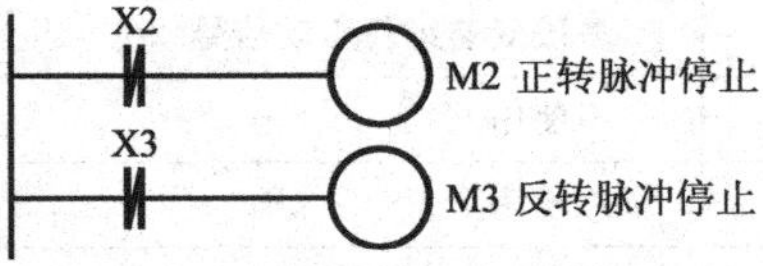

图 3.6　极限开关的设置

3.1.2　go home 机械原点复位运行

所谓原点复位运行，即机构位置与坐标位置进行重置，使控制系统的运算坐标值与真实的机构位置能一致。

经过 JOG 运行操作后，可以确定驱动器的硬件接线正确、参数设置正确、初始输入数据正确、人工接线也正确。下一步工作就是要使伺服系统进行原点复位运行，而进行原点复位的前提是将伺服系统进行绝对坐标定位运行。如果伺服系统不需要进行绝对坐标定位运行，而只是进行相对坐标运行，则原点复位运行可以省略。

所谓绝对坐标运行，是指系统的伺服运动轴上所有位置距离或角度坐标定义均以同一原点位置为计算基准。伺服电机的坐标是依电机同轴编码器反馈信号相对计算而得到的，而大部分伺服控制系统关机后伺服电机的坐标运算即归零，计算值与实际坐标值必定不一致。为了让计算值与实际坐标值一致，必须有原点复位运行的动作。

一般控制器原点复位时，各项标志位、速度与时间的关系如图3.7所示。

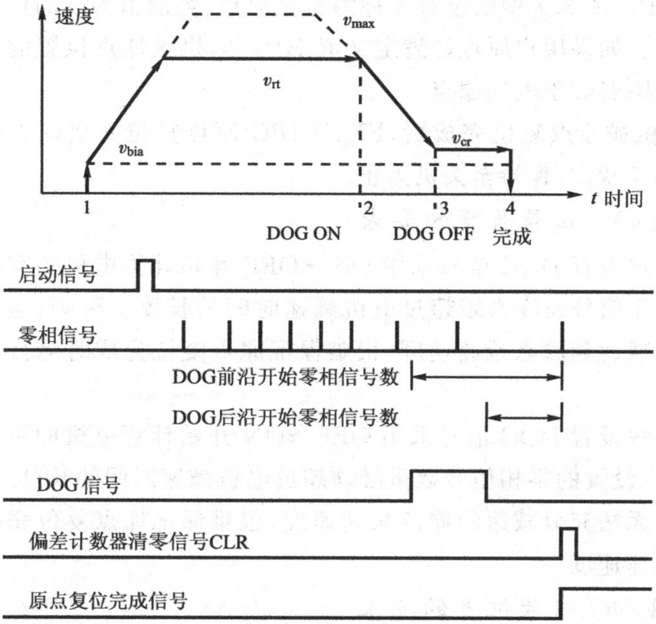

图3.7 原点复位时序图

1. 原点复位的程序

(1) 当原点复位启动命令为ON时，电机以原点复位速度 v_{rt} 往原点方向运行，执行机械原点复位动作。

(2) 当电机碰到近点DOG输入信号时，电机变换成原点减速速度 v_{cr} 运行。所谓原点减速速度，是能让机构随时急停而且不会对电机或机构有损害的速度，如同预备停车时的慢速，可随时停车。

(3) 从DOG输入信号OFF→ON开始计算电机的零相信号次数，当零相信号次数等于用户设置的零相信号数时，控制器送出偏差计数器清零信号CL；用户也可选择从DOG输入信号ON→OFF开始计算电机的零相信号次数，当零相信号次数等于用户设置的零相信号数时，控制器送出偏差计数器清零信号 CLR。

(4) 驱动器接收到偏差计数器清零信号后，依据驱动器位置控制单元的功能，电机将立刻停止运行，于位置 4 停止。图 3.7 所示速度曲线为垂直减速。

(5) 机械原点复位完成时，用户原点位置定义值 HP 自动被写入当前位置 CP。图 3.7 中的位置 4 称为机械原点，当前值为 0 的位置被称为电气原点。如果用户原点位置定义值 HP＝0，机械原点位置的当前值为 0，则机械原点等于电气原点。

(6) 机械原点复位完成后，FX2N-1PG 原点复位完成标志位将自动设置为 ON 状态，保持至关机为止。

2. DOG 信号长度的要求

当用户设置 DOG 信号采用 ON→OFF 开始计算电机的零相信号次数时，DOG 信号长度必须超过电机减速时间的长度。否则，运行速度将无法充分减速到原点减速速度，很难保证原点复位完成时运行速度为减速速度。

当用户设置 DOG 信号采用 OFF→ON 开始计算电机的零相信号次数时，用户设置的零相信号数量必须超过电机减速时间的长度。否则，运行速度将无法充分减速到原点减速速度，很难保证原点复位完成时运行速度为减速速度。

3. DOG 信号位置的要求

DOG 信号的前缘与后缘必须与零相信号产生的时间错开，如果两者信号太过接近，则控制器将发生误判，原点复位后将发生多算或少算零相信号的情况；当然，原点位置也发生误差；其误差量必定是电机旋转一圈的距离。

4. 原点复位的参数

依据原点复位的程序，原点复位需要的参数为原点复位速度 v_{rt}、原点减速速度 v_{cr}、零相信号次数、原点位置定义值、加速时间、减速时间、启动速度、原点复位启动标志位、原点复位完成标志位。

原点复位完成后的完成标志位必须让控制程序知道。通常，伺服定位控制运行前，控制程序必须先检测系统是否已完成原点复位工作，确保不发生位置控制异常。

加速时间与减速时间于 JOG 运行设置后即已确定完成。部分品牌控制器的加/减速时间可分别于不同运行状态用不同的参数来设置。

启动速度是针对步进电机使用的参数，伺服电机为零。

三菱 FX2N-1PG 原点复位使用的参数见表 3.3。

表 3.3　原点复位使用的参数

BFM 编号		项　目	设定范围	初期值（电源 ON 时）	备注 R：读出 W：写入
上 16bit	下 16bit				
#10	#9	原点复位速度 v_{rt}	10pulse/sec～100kpulse/sec	50 000pulse/sec	W
—	#11	原点减速速度 v_{cr}	10pulse/sec～100kpulse/sec	1000pulse/sec	W
—	#12	零相信号数 N	0～32.767pulse	10pulse	W
#14	#13	原点位置 HP	0～±999 999	0	W
—	#25	运行命令	b0～b11,b12	H0000	W
#27	#26	当前位置 CP	−2 147 483 648～+2 147 483 647		R/W
—	#28	执行状态	b0～b7 显示执行状态		R

5. 原点复位启动信号

表 3.2 中，辅助继电器 M6 对应的 K0 模块 BFM#25 运行命令 bit6 为原点复位启动信号。原点复位程序所需要的参数利用前述 TO 写入指令，写入 FX2N-1PG 模块。运行命令数据寄存器已编辑内部继电器 M6 对应原点复位启动开关标志位，因此只要于控制程序中驱动 M6 标志位即可进入原点复位程序，如图 3.8 所示。

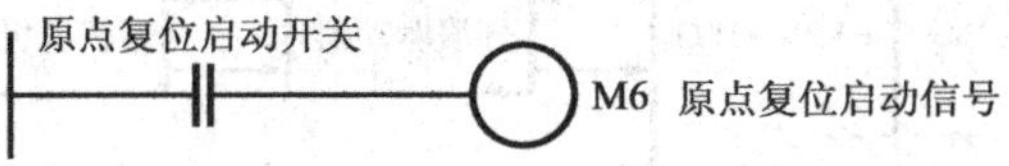

图 3.8　原点复位启动

6. 原点复位完成标志位

原点复位完成后，控制程序必须知道原点复位已完成，所以在缓冲寄存器内提供了＃28 寄存器执行状态标志位显示。

同样，先于 FX2N 内编辑 16 个内部继电器，见表 3.4。选用 M16～M31 为运行状态标志位，再以 FROM 读出指令由 FX2N-1PG 读出放置在这 16 个标志位上。若将 FROM 读出指令随时处于执行状态，则 M16～M31 标志位可视为随时监视运行状态的标志位。此时，原点复位完成标志位就定义在 M18 标志位上。

表 3.4　用户定义的运行状态标志位

K0 模块 BFM＃28 运行状态		
辅助继电器	对应 bit	内　容
M16	b0	READY，b0＝1；BUSY，b0＝0
M17	b1	正转脉冲发送中，bl＝1；反转脉冲发送中，bl＝0
M18	b2	原点复位已执行，b2＝1；未执行，b2＝0
M19	b3	停止信号 ON，b3＝1；OFF，b3＝0
M20	b4	DOG 信号 ON，b4＝1；OFF，b4＝0
M21	b5	PGO 信号 ON，b5＝1；OFF，b5＝0
M22	b6	当前值溢位，b6＝1
M23	b7	错误配置信号
M24	b8	位置到达完成
M25～M31	b9～b15	不使用

7. 控制模块参数的读出

FROM 读出指令，由 FX2N-1PG 读出数据到 FX2N PLC，如图 3.9 所示。FX2N PLC 的 FROM 指令语法如图 3.10 所示。

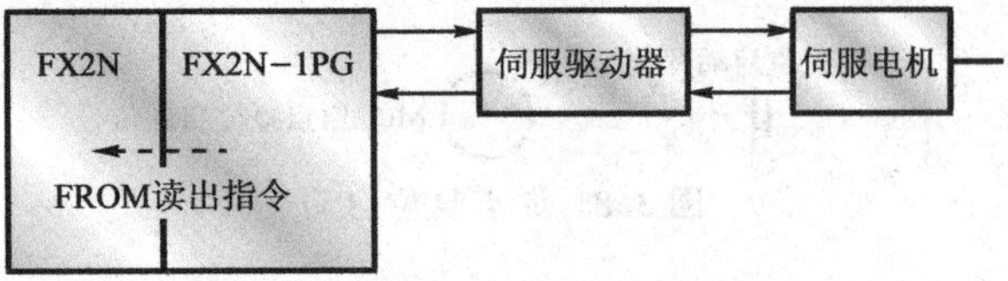

图 3.9

BFM读出

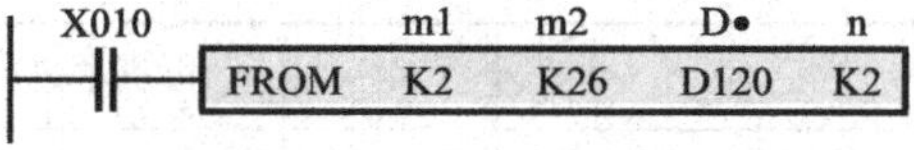

将特殊模块No.2 BFM#26~#27读出至D120~D121

ml:特殊模块号码(从接近 FX2N 主机开始算,K0~K7)。

m2:BFM 的起始编号(m2=K0~K31)。

D·:存放 BFM 的 FX2N 操作数号码,可指定 T,C,D,KnM,KnY,KnS,V,Z,也可使用间接指定。

n:读出组数(n=K1~K32;如果是 32 位指令,则 n=K1~K16)。

·当条件节点 X10=OFF 时,指令不被执行,目的地操作数无变化。

图 3.10

表 3.4 中运行状态标志位读出 FROM 指令写法,如图 3.11 所示。

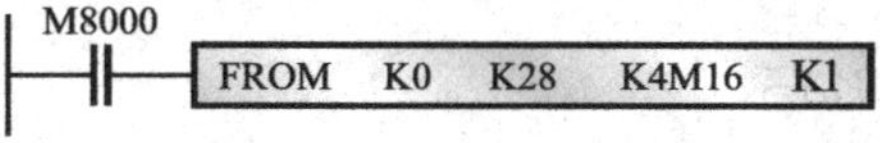

图 3.11 运行状态的设置

8. 缓冲寄存器#3 参数设置

根据 FX2N-1PG 使用手册,将表 3.1 参数#3 寄存器分解成 16bit,每个 bit 代表不同的设置选项,b0~b15 所代表的意义如下。

1) 单元设置(b0,b1)

单元设置见表 3.5。响应 BFM(#2,#1)的最小设置单位 B1,B2,B3 与位置、速度单位关系见表 3.6。

表 3.5

bl	b0	单位系	备　注
0	0	电机单位	以脉冲为单位
0	1	机械单位	以长度、角度为单位
1	0	复合单位	位置以长度、角度为单位,速度以脉冲为单位
1	1		

表 3.6

		电机单位	复合单位	机械单位
位置资料※1	bl	pulse	μm	
	b2	pulse	mdeg	
	b3	pulse	0.0001inch	
速度资料※2	bl	pulse/sec		cm/min
	b2	pulse/sec		10deg/min
	b3	pulse/sec		inch/min

※1 与 HP,P(Ⅰ),P(Ⅱ),CP 相关

※2 与 v_{max},v_{bia},v_{jog},v_{rt},v(Ⅰ),v(Ⅱ)相关

2) 位置数据的倍率

位置数据的倍率见表 3.7。目标位置 P(Ⅰ)(BFM#18,#17)的内容为 123 时,实际位置(或移动量)如下。

电机单位:123×倍率(pulse)。

机械单位:123×倍率(μm,mdeg,0.0001inch)。

复合单位:123×倍率(μm,mdeg,0.0001inch)。

表 3.7

b5	b4	倍　率
0	0	×1
0	1	×10
1	0	×100
1	1	×1000

3) 脉冲输出方式(b8)

脉冲输出方式(b8)如图 3.12 所示。

4) 旋转方向(b9)

b9=0:正转时,当前值(CP)往上加。

b9=1:正转时,当前值(CP)往下减。

5) 原点复位方向(b10)

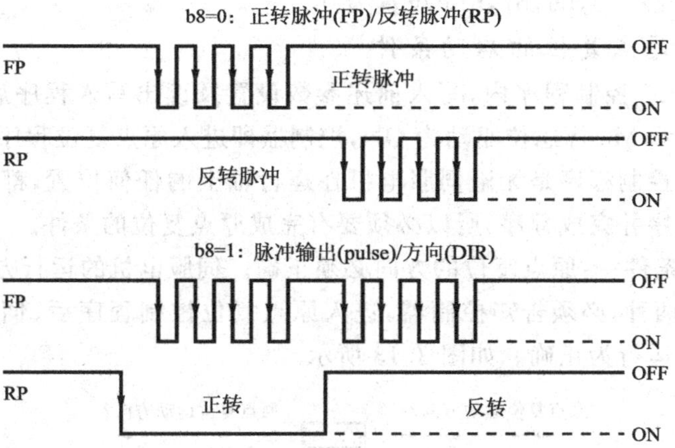

图 3.12

b10＝0：当前值(CP)往上加。

b10＝1：当前值(CP)往下减。

6) DOG 信号的极性(b12)

b12＝0：a 节点。

b12＝1：b 节点。

7) 开始计数时期(b13)

b13＝0：DOG 极限开关被动作时，电机减速并开始作零相信号计数。当计数值等于 BFM＃12 的 N 值时，电机停止运行，CLR 信号＝ON，原点位置定义值 HP 被传输到当前位置 CP 当中。

b13＝1：DOG 极限开关被动作成 ON 再变成 OFF 时开始执行上述的动作。

8) STOP 信号的极性(b14)

b14＝0：a 节点。

b14＝1：b 节点。

9) STOP 定义(b15)

b15＝0：运行中碰到 STOP 信号输入时，电机减速停止；启动信号再度 ON 时，电机走完未完成的距离。

b15＝1：未完成的距离被忽略，电机继续执行下一步骤的距离。

・将 b0～b15 各位的(0,1)设置值组成 16 进制 4 位数的形态 H××××写入 BFM＃3。

• 将 b2,b3,b6,b7,b11 设置为 0。

9. 原点复位的启动条件

在 PLC 控制程序内,写入前述参数设置及读出写入程序后,只要将图 3.8 所示 M6 标志位驱动为 ON,控制器即进入原点复位程序。理想的原点复位控制程序是无论伺服电机在运行轴上的任何位置,都能启动原点复位程序并完成程序,所以必须要有完成原点复位的条件。

(1) 条件一:原点复位的方向必须正确。伺服电机的运行方向有 CW 及 CCW 两种,必须告知控制器,进入原点复位控制程序后,伺服电机往哪个方向运行为正确。如图 3.13 所示。

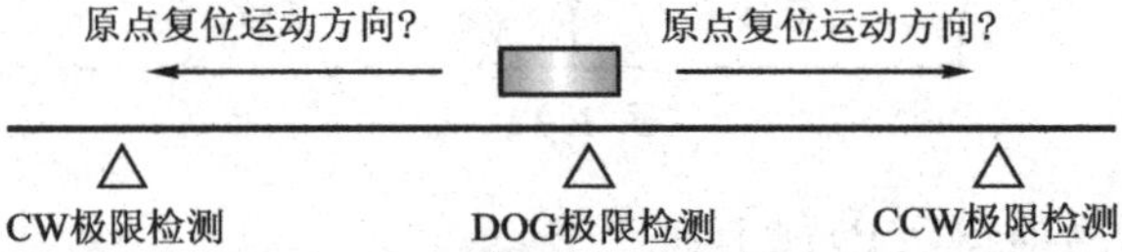

图 3.13

(2) 条件二:有了正确原点复位运行方向后,必须要有正确的启动原点复位位置。如果启动位置超过 DOG 检测的位置,原点复位启动后必定无法让 DOG 信号检测到,也就无法完成原点复位程序。如图 3.14 所示。

图 3.14

为了使原点复位的方向正确,即使原点复位启动的位置不符合条件,也能运行原点复位程序,FX2N-1PG 寄存器#3 参数提供了选项设置,让用户设置成适当条件。

根据前述说明,与原点复位有关的设置为寄存器#3 参数的 b9 及 b10。按照机构设计,先确定 b9 的当前位置计数器计算增减方向,再依据计数器增减方向决定原点复位时伺服电机运行的方向。因此,可确定四种不同情况的组合,涵盖所有可能发生的情况,从而满足原点复位的条件一。

条件二的满足,事实上 FX2N-1PG 原点复位程序内已经考虑了这些情况的发生。执行原点复位程序动作时，会因为启动位置的不同产生三种路径，如图 3.15 所示。

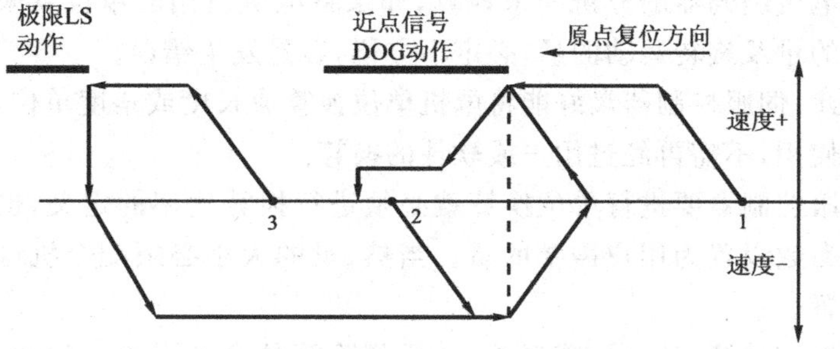

图 3.15

路径 1：启动位置在 DOG 极限开关的右边，电机往左直接查找原点。

路径 2：启动位置刚好在 DOG 极限开关当中（DOG 极限开关 ON），电机往右脱离 DOG 极限开关，然后自动倒退去查找原点。

路径 3：启动位置在 DOG 极限开关的左边，电机往左碰到左端极限开关后，自动倒退去查找原点。

注意有关极限开关配置的问题，必须设置表 3.2 运行命令参数内 b2 正转脉冲停止及 b3 反转脉冲停止的左右极限开关，路径 3 才能正常执行程序。

一般执行原点复位程序经常发生路径 1 的情况，因为设备系统关机时停止于路径 2 及 3 的情况并不多见；除非机构设计有特殊要求或机构运行行程不足，才可能发生。但连续重复进行原点复位时，必定发生路径 2 或路径 3 的情况，因为机械原点位置必定在 DOG 信号上或后方。如果再启动原点复位，就发生路径 2 或路径 3 的情况了。

3.1.3 坐标单位参数设置

原点复位完成后，就可进行伺服控制系统绝对位置定位控制（如果是相对位置定位控制，则不需原点复位）。进行定位控制之前，必须先了解位置控制所用的单位。

1. 坐标单位的选用

机构系统的最终运动方式不外乎直线运动与旋转运动两种。如果是直线运动，运动量的长短或定位的坐标以长度单位为单位最为方便；如果是旋转运动机构，运动量以角度为单位较为方便。长度单位及角度单位共同使用时，较容易判断其量的大小，可是伺服电机运行时，其量的大小以伺服电机编码器的分辨率来计算，如果将电机所用的单位拿来计算直线运动的量及旋转运动的量，必定不方便，容易发生错误。

因此，伺服控制器最好能将电机单位换算成长度或角度单位，让用户更容易使用，不需再经过用户或软件的换算。

伺服控制器要进行单位换算就必须进行换算比率的定义，也就是将必要的参数设置为用户需要的量。当然，量的大小必须配合机构设计规格来设置。

既然有计算，就有计算误差，主要是除算的余数误差。因此，在可能的情形下，应尽可能应用整除运算。

2. 换算比率

三菱 FX2N-1PG 换算比率的参数放置于缓冲寄存器 #0 及 #1、#2 寄存器，见表 3.8（摘自表 3.1）。

#0 及 #1、#2 寄存器分别设置伺服电机运行一圈所需的脉冲数及相对于机构最终的移动量。伺服电机运行一圈所需的脉冲数必须考虑伺服驱动器中电子减速齿轮比的设置，因为控制器的脉冲数已经经过电子减速齿轮比的换算，移动量将等比例增加或减少。

如果 #0 及 #1、#2 寄存器设置值超出设置范围，用户必须进行两者约分计算以进入设置范围。

表 3.8

BFM 编号		项　　目	设定范围	初期值（电源 ON 时）	备注 R:读出 W:写入
上 16b	下 16b				
—	#0	电机转一圈所需脉冲数 *A*	1～32 767 P/R	2000	W
#2	#1	电机转一圈的移动距离 *B*	1～999 999	1000	W
—	#3	参数	b0～b14	H0000	W

3. 单位设置

有了以上两组参数后，必须再在 #3 寄存器内依照表 3.5 方式设置

b0,bl,选定所要使用的单位。设置为 00 时,称为电机单位,此时 #0 及 #1、#2 寄存器内的设置值为无效;当设置为 01(代表机械单位),10 或 11(均代表复合单位)时,#0 及 #1、#2 寄存器内的设置值为有效,此时控制器所显示及指令的位置就是经过换算的换算值。

机械单位与复合单位的差异在于,机械单位中的速度单位经过换算,复合单位中的速度单位未经过换算。

以控制器而言,控制器并不认识任何单位,只知道数值大小,所以表 3.6 中对于长度或角度的设置是对用户的规定,使用户不要混淆了设计机构时所使用的单位。

当采用复合单位时,距离单位经过换算,速度单位未换算。当采用机械单位时,距离单位与速度单位均经过换算。

机械速度换算方法,如 #1、#2 寄存器中的距离单位使用 μm,机械速度值由电机单位的脉冲频率值依下式换算为机械速度单位:

$$脉冲频率\times\frac{\#1、\#2\ 寄存器}{\#0\ 寄存器}\times\frac{60}{10000}(\mathrm{cm/min})$$

事实上,无论采用 μm,mdeg 或 0.0001inch,换算式均相同;或者均加以放大 10 倍,以 10μm,10mdeg 或 0.001inch 为单位也可,只要 #1、#2 寄存器设置值与实际移动能相互配合即可。

4. 位置数据的倍率

如果 #2、#1 寄存器中的距离单位使用 μm,用户要移动 10mm 距离时,距离或坐标必须设为 10 000,控制系统分辨率相当高,用户是否需要呢? 机构是否可正确反映分辨率呢? 事实上未必。

为方便用户数据输入时无需多处理几位数,可将距离或坐标值均乘上倍率。如果只希望伺服控制的精确度为 0.1mm(即 100μm),将 b5,b4 设为 10,倍率即为 100(参见表 3.7)。此时,若要移动 10mm 距离,距离或坐标设为 100 即可。

5. 不再变动的参数

换算比率、单位和倍率选定后,一起由 TO 指令写入 FX2N-1PG 缓冲寄存器 #0、#1、#2、#3 寄存器内;当系统设置完成后,非必要情况下,就不要再变动。

如同伺服驱动器内的电子齿轮比一样,当设备运行以后,如果再改变这些基础参数,其影响范围很大,如已建构完成的坐标数据及速度数据等，都必须重建。

因此，用户必须于参数设置前整体编辑完整，如速度的需求、加速时间的长短、单位的选用等。

3.1.4 一速位置定位运行

一速位置定位运行是伺服电机最常使用的运行模式，三菱 FX2N-1PG 模块所操作的运行模式为一次指令一点定位，不同于其他高级型号可编辑为一次指令多点定位模式。当必须于多组坐标连续定位运行时，效率将明显变差，因为它必须于运行停止后改变参数再启动。但是，一般通用伺服电机应用实例中，需要多组坐标连续定位运行的需求不多，因此大部分应用均能满足。

一速位置定位运行的定位启动命令下达时，电机如图 3.16 所示运行。当距离较短而目标速度非常快时，电机未到达目标速度即作减速停止动作，如图 3.16 左方所示。

由图 3.16 可知，一速位置定位运行所需参数为启动信号、运行速度、目标位置、位置到达信号，见表 3.9（摘自表 3.1）。

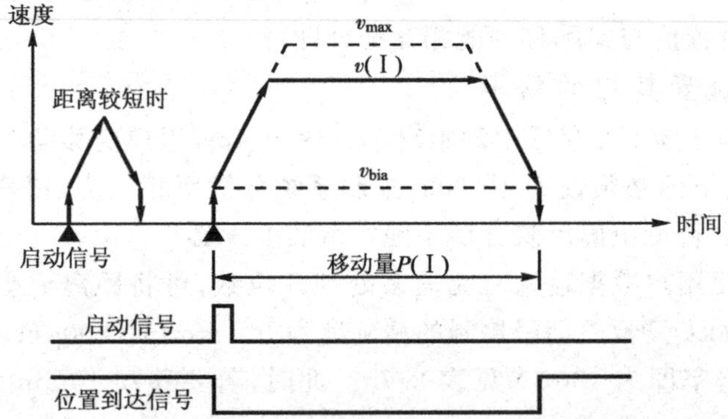

图 3.16

另外，当连接对象为步进电机时，请参考步进电机技术参数设置启动速度，以避开步进电机的共振区；如果控制对象为伺服电机，则将启动速度 v_{bia} 设置为 0。

表 3.9

BFM 编号		项　目	设定范围	初期值（电源 ON 时）	备注 R:读出 W:写入
上 16bit	下 16bit				
#18	#17	目标位置 P(I)	0～±999 999	0	W
#20	#19	运行速度 v(I)	10pulse/sec～100kpulse/sec	10	W
—	#25	运行命令	b0～b11,b12	H0000	W
#27	#26	当前位置 CP	−2 147 483 648～+2 147 483 647		R/W
—	#28	执行状态	b0～b7 显示执行状态		R

启动信号与位置到达标志位已于 JOG 运行及原点复位运行时定义完成，见表 3.10 和表 3.11。

表 3.10

运行命令 K0 BFM#25			
辅助继电器	对应 bit	内　　容	动作时机
M7	b7	绝对位置 0;相对位置 1	
M8	b8	一速位置定位启动信号	0>1

表 3.11

运行命令 K0 BFM#25			
辅助继电器	对应 bit	内　　容	动作时机
M24	b8	位置到达	

1. 一速位置定位运行程序

运行速度以 TO 指令写入缓冲寄存器#20、#19 寄存器，目标位置以 TO 指令写入缓冲寄存器#18、#17。

2. 绝对位置运行

以图 3.16 为例，将启动信号 M8(b8)驱动为 ON，伺服控制器进入一速位置定位运行程序，位置到达完成标志位 M24(b8)OFF，伺服电机向目标位置运行，一直到达相对于原点的目标位置＃18、＃17 寄存器的设置值时停止，位置到达完成标志位 M24(b8)ON，用户可依据完成标志位确认到达，完成后才可执行下一动作。

3. 相对位置运行

以图 3.16 为例，将启动信号 M8(b8)及相对运动选项标志位 M7(b7)驱动为 ON，伺服控制器进入相对位置定位运行程序，位置到达完成标志位 M24(b8)为 OFF，伺服电机向目标位置运行，一直到达相对于出发点的目标位置＃18、＃17 寄存器的设置值时停止，位置到达完成标志位 M24(b8)为 ON。

4. 当前位置的监控

监控当前坐标位置值是伺服控制系统必需的项目，因此必须将 FX2N-1PG 中当前坐标值由 FROM 指令读出，放入 FX2N 数据寄存器中，而 FROM 指令必须经常处于操作状态。此时，相对应的 FX2N 数据寄存器就如同与 FX2N-1PG 缓冲寄存器的当前位置寄存器同步运作，用户只要监视 FX2N 数据寄存器就知道伺服机构当前位置情况，如 HMI 显示或 PC 监控等。

应注意的是，当前位置的数据长度为 32bit 数据，必须编辑两个数据寄存器存放，见表 3.12(摘自表 3.1)。

表 3.12

BFM 编号		项　目	设定范围	初期值（电源 ON 时）	备注 R:读出 W:写入
上 16bit	下 16bit				
＃27	＃26	当前位置 CP	－2 147 483 648～＋2 147 483 647		R/W

3.1.5 二速位置定位运行

除了一速位置定位运行，另外较常应用的运行模式为二速位置定位运行模式，如图 3.17 所示。例如，高速接近、低速加工前进的动作可使用本模式。

由图 3.17 可看出，二速位置定位运行需要比一速定位运行多一组速度参数及位置参数，参见表 3.13(摘自表 3.1)～表 3.15。

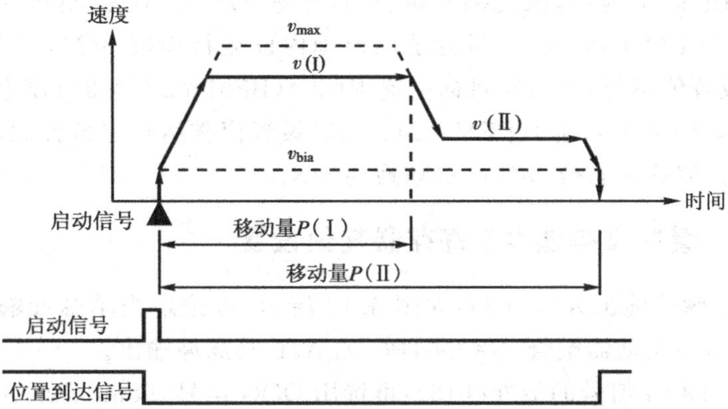

图 3.17

表 3.13

BFM 编号		项　目	设定范围	初期值（电源 ON 时）	备注 R:读出 W:写入
上 16bit	下 16bit				
#18	#17	目标位置 P(I)	0～±999 999	0	W
#20	#19	运行速度 v(I)	10pulse/sec～100kpulse/sec	10	W
#20	#21	目标位置 P(Ⅱ)	0～±999 999	0	W
#24	#23	运行速度 v(Ⅱ)	10pulse/sec～100kpulse/sec	10	W
—	#25	运行命令	b0～b11,b12	H0000	W
—	#28	执行状态	b0～b7 显示执行状态		R

表 3.14

运行命令 K0 BFM#25			
辅助继电器	对应 bit	内　容	动作时机
M10	b10	二速位置定位启动信号	0>1

表 3.15

运行命令 K0 BFM#25			
辅助继电器	对应 bit	内　容	动作时机
M24	b8	位置到达	

以图 3.17 为例，依之前编辑、运行命令 M10 启动后，电机在目标位置 P(Ⅰ)(BFM＃18、＃17)设置值的范围内以运行速度 v(Ⅰ)(BFM＃20、＃19)设置值运行，之后在目标位置 P(Ⅱ)(BFM＃22、＃21)设置值的范围内以运行速度 v(Ⅱ)(BFM＃24、＃23)设置值作运行定位控制，位置到达后定位完成标志位 M24(b8)切换为 ON。

3.1.6　缓冲寄存器＃3 寄存器其他设置

(1) 脉冲输出方式(b8)：如图 3.12 所示，可选定为单脉冲输出或双脉冲输出与驱动器配合；FX2N-1PG 无 A/B 相脉冲输出。

(2) DOG 信号的极性(b12)：可选用 DOG 信号，home sensor 采用常开(NO)节点或常闭(NC)节点的传感器。

(3) 开始计数时期(b13)：原点复位时开始计数零相信号的时机选择，OFF→ON 或 ON→OFF 之后。

至此说明了三菱 FX2N-1PG 伺服控制模块的一般使用方法，使读者有了基本的概念。当然还有其他运行模式可应用，有了前文的基础说明，要进行复杂的应用就较容易掌握其要点，只要依使用手册操作即可。

FX2N-1PG 模块的范例程序，在第 4 章有完整说明。

3.2　OMRON NC213 模块

OMRON NC213 模块采用 OMRON 一贯的特殊模块编辑，其模块硬件设置依各种型号 PLC 不同而不同，用户必须先有基础知识，在此不作详细介绍。

NC213 模块属较高级型号模块，功能较三菱 FX2N-1PG 模块有多样选择，因此各项操作参数将复杂许多。对初级用户而言，可能很难抓住使用重点，但是如果将它与三菱 FX2N-1PG 模块比较，以相同的方法使用后，用户就很容易掌握使用方法。

NC 模块使用前必须先进行下列基本设置，使 PLC 能识别插槽上的 NC 模块，让 PLC CPU 上的数据寄存器有对应区可进行参数设置及操作驱动。

与 FX2N-1PG 按照不同位置而自动设置位置编号不同，NC213 参数设置及操作驱动标志位必须在 CPU 数据寄存器内定义的位置与 NC213

对应，这只是手段不同而已。

这些不同是因为 PLC 规模大小及编辑设计差异，无法评论优劣，用户必须遵守规定。

3.2.1 NC213 模块硬件安装及参数设置

1. 模块编号设置(unit number)

NC213 模块安装于 PLC 基本模块上时必须定义其模块的存在，使 CPU 模块能识别它，如图 3.18 所示。模块面板上的 MACHINE NO. 旋转开关必须依规定设成 0～9，A～F 不等，其设置范围依 CPU 型号而异，不可与同 GROUP 模块重复编号。此编号将定义基本控制参数设置的数据寄存器位置，单纯控制系统无其他模块时可设置为 0，即 unit number =0。

一旦确定，如果以后修改，将会造成牵一发动全身的问题，所以应注意设置，不要任意修改。

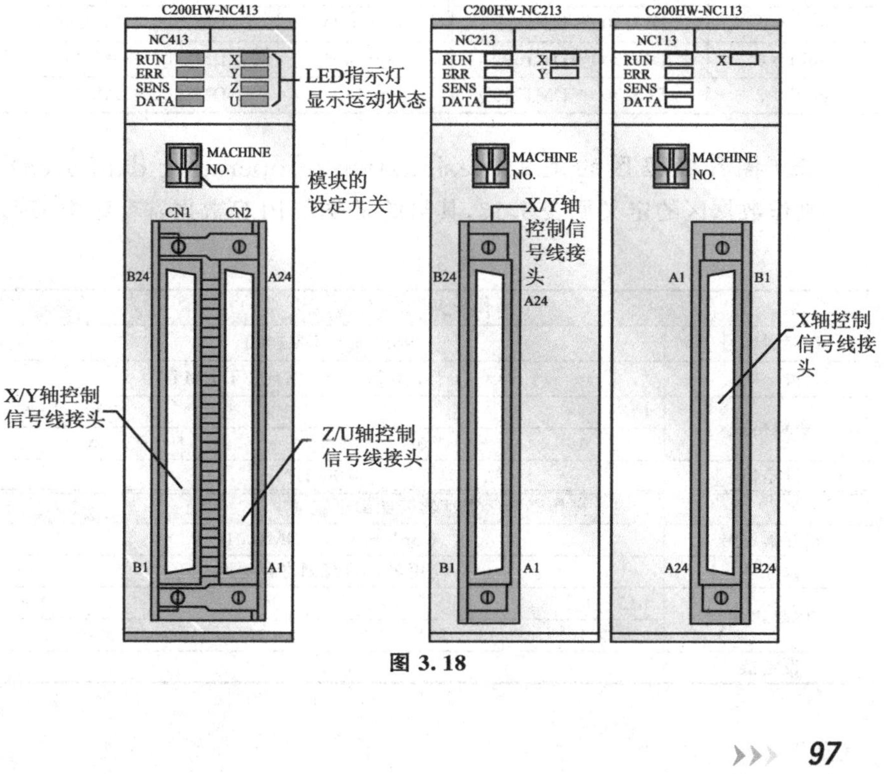

图 3.18

2. 模块参数区分配(parameter area)

根据 unit number＝0 的设置，将 PLC 内部数据寄存器 DM 区 DM1000 至 DM1099 分配为模块参数区，用来设置基本参数及轴参数。此 DM 区称为 m，分配情况见表 3.16。如果 unit number 为其他编码，分配的区域就不同了，m＝1000＋100×unit number。

由表 3.16 可知，参数区 DM1000 至 DM1099 代表 unit number＝0，存放伺服控制模块各轴参数。其中，common parameter DM1000～DM1002 必须作下列定义。DM1003 保留不使用。

表 3.16 NC213 的寄存器 DM 区分配

unit number	寄存器 DM 区分配	unit number	寄存器 DM 区分配
unit ＃0	DM1000～DM1099	unit ＃8	DM1800～DM1899
unit ＃1	DM1100～DM1199	unit ＃9	DM1900～DM1999
unit ＃2	DM1200～DM1299	unit ＃A	DM2000～DM2099
unit ＃3	DM1300～DM1399	unit ＃B	DM2100～DM2199
unit ＃4	DM1400～DM1499	unit ＃C	DM2200～DM2299
unit ＃5	DM1500～DM1599	unit ＃D	DM2300～DM2399
uni t＃6	DM1600～DM1699	unit ＃E	DM2400～DM2499
unit ＃7	DM1700～DM1799	unit ＃F	DM2500～DM2599

3. 操作数据区的定义(designation of operating data area)

操作数据区的定义见表 3.17，其目的是要在 PLC 数据寄存区中编辑

表 3.17

操作数据区定义				
寄存器编号	word m ＝DM1000			
说　明	X＝D 于 DM 区　　X＝E 于 EM 区			
资料格式	b15			b00
	0	0	0	X
设定值	＃000D			
操作资料区寄存器开始编号定义				
寄存器编号	word m ＋ 1＝DM1001			
说　明	使用者自行规划寄存器区			
资料格式	b15			b00
	$\times10^3$	$\times10^2$	$\times10^1$	$\times10^0$
设定值	＃0200			

一片区域，供 unit number＝0 的 NC 模块使用。假设编辑为 DM200 开始的局部，将 DM1000 设为＃000D，将 DM1001 设为＃0200，定义 DM200～DM233 寄存器作为 NC 模块操作指令数据区，此局部简称 I。

所谓操作指令数据区，如 JOG 运行需要的速度参数、定位运行的位置数据等，将数据设置于已定义的寄存器位置，NC213 模块就可自动在此读取。

4. 安装位置及轴参数位置定义(unit mounting position and parameter designation)

表 3.18 定义 NC 模块安装位置，位置的差别为是否安装在远端模块(remote slave rack)上，假设系统简单不使用远端模块，轴参数在 DM 区设置，则 DM1002 设为＃0001。

NC213 模块有专用操作组件可让用户选择直接设置轴参数于 NC213 模块内部寄存器内，或设置轴参数于 DM word m＋4～m＋99，因此必须定义轴参数设置位置。

表 3.18 安装位置及轴参数位置定义

<table>
<tr><th colspan="3">NC213 控制模块安装位置与轴参数位置定义</th></tr>
<tr><td>寄存器编号</td><td colspan="2">word m＋2 ＝ DM1002</td></tr>
<tr><td>说明</td><td colspan="2">安装位置
00：非安装于远端(remote slave rack)模块上
01：安装于远端(remote slave rack)模块上
轴参数设置位置
00：轴参数设置于 NC 模块上
01：轴参数设置于 DM word m ＋ 4～m ＋ 99</td></tr>
<tr><td rowspan="2">资料格式</td><td>b15 b08</td><td>b07 b00</td></tr>
<tr><td>安装位置</td><td>轴参数设置位置</td></tr>
<tr><td>设定值</td><td colspan="2">＃0001</td></tr>
</table>

5. 轴参数设置说明(axis parameter)

NC 模块最多控制四个伺服轴，在此选用 NC213 为二轴模块。每轴的硬件情况均不相同，如加/减速时间、原点方向、最高转速、软件极限等，各轴必须分别设置。以 NC213 双轴模块 X 轴设置为例说明如下，Y 轴不设置，以免混淆。

1) I/O setting

所谓 I/O setting，就是指过极限检测、原点检测、急停开关等设置。

有了使用 FX2N-1PG 的经验后，表 3.19 就容易理解，各项设置如下：

b00：现设置使用双脉冲；

b01～03：不使用；

b04：极限开关为 NC 常闭输入节点；

b05：DOG 原点检测为 NC 常闭输入节点；

b06：零相信号(origin input signal type)为常开 NO 输入节点；

b07：急停时脉冲停止输出，并且输出偏差计数器清零信号；

b08：急停后保留原运行状态；

b09～b15：不使用，则 DM1004 设为＃0340。

表 3.19　X 轴的 I/O setting

各轴 I/O 设置定义																
寄存器编号	x axis word m＋4＝DM1004，Y axis word m＋28＝DM1028															
资料格式	b15							b08				b04				b00
	0	0	0	0	0	0	0						0	0	0	
设定值	DM1004 设定值＃0340															

bit	项　目	设　置
00	输出脉冲形式设定	0：双脉冲形式输出；1：单脉冲形式输出
01～03	保留不使用	设定为 0
04	极限开关节点形式设定	0：常闭节点输入；1：常开节点输入
05	原点检测开关节点形式设定	0：常闭节点输入；1：常开节点输入
06	零相信号开关节点形式设定	0：常闭节点输入；1：常开节点输入
07	紧急停止的处理模式	0：仅停止输出脉冲信号 1：停止输出脉冲信号且输出偏差计数器复位信号
08	原点复位标志操作设定	0：紧急停止或过极限时，原点复位标志保持原状态 1：紧急停止或过极限时，原点复位标志强制设为未复位原点状态
09～15	保留不使用	设定为 0

2）原点复位操作模式选择（operation mode selection）

原点复位操作模式选择见表 3.20，主要设置如下。

表 3.20　原点复位操作模式选择

寄存器编号	X axis m ＋ 5＝DM1005，Y axis m＋29＝DM1029			
资料格式	b15　　b12	b11　　b08	b07　　b04	b03　　b00
	origin search direction	origin detection method	origin search operation	operation mode
设置值	DMl005 设定值＃1001			
bit	项　目	设　置		
00～03	operation mode 原点复位模式	0（mode 0）：控制步进电机时，利用外部检测信号进行原点复位 1（mode 2）：控制伺服电机时，利用编码器零相信号进行原点复位，不使用定位完成信号 2（mode 2）：如 mode 1 的原点复位，但使用定位完成信号 3（mode 3）：当使用 OMRON H-series 或 M-series 伺服电机驱动器时，使用 origin adjustment 指令及定位完成信号进行原点复位程序		
04～07	origin search operation 原点复位操作模式	0：mode 1 原点复位，当碰触极限开关时，反方向寻找原点 1：mode 1 原点复位，当碰触极限开关时，电机停止运行，并且显示异常灯号 2：单方向模式，当碰触极限开关时，电机停止运行		
08～11	origin detection operation 零相检测方式	0：原点检测（DOG）输入信号 ON（↑）且 OFF（↓）以后的零相信号为有效信号 1：原点检测（DOG）输入信号 ON（↑）以后的零相信号为有效信号 2：不使用原点检测（DOG）输入信号，只检测零相信号为有效信号 3：使用单方向模式且不使用原点检测（home sensor）输入信号，碰触极限开关 ON（↑）→OFF（↓），或 OFF（↓）以后的零相信号为有效信号		
12～15	origin search direction 原点复位方向	0：往 CW 方向原点复位 1：往 CCW 方向原点复位		

b00～b03：现使用伺服模式 mode 1，使用零相脉冲但不使用驱动器的位置完成信号，设为 1。

b04～b07：与 FX2N-1PG 原点复位模式相同，碰触极限开关时自动回转查找 DOG 信号，设为 0。

b08～b11：DOG(origin proximity)信号 ON 再 OFF 后，检测零相信号，设为 0。

b12～b15：原点复位时向 CCW 方向查找 DOG 信号，设为 1。

合并四项参数设置，则 DM1005 设为＃1001。

不同于 FX2N-1PG 的地方是，原点复位模式选项较多，但原点定义的零相信号数无法改变，只能为内定值 1。也可以设置运用极限开关作原点复位。坐标计算的方向是无法改变的。

3）最高速度设置(maximum speed)

最高运行速度的设置见表 3.21。NC213 最快只能设为 500kpulse/sec，且必须与驱动器配合，不超过电机额定转速。若设为 100kpulse/sec，则 DM1006 设为＃C100。

表 3.21　最高速度设置

寄存器编号	X axis m ＋6＝DM1006，Y axis m＋30＝DM1030									
说　明	factor：00，×1；01，×10；10，×100；11，×1000(pulse/sec)									
资料格式	b15	b14	b13	b12	b11	b08	b07	b04	b03	b00
	factor		$\times10^3$		$\times10^2$		$\times10^1$		$\times10^0$	
设置值	DM1006 设定值＃C100									

4）启动速度设置(initial speed)

启动速度设置见表 3.22，伺服电机运行设为 0，DM1007 设为＃0000。

表 3.22　启动速度设置

寄存器编号	X axis m＋7＝DM1007，Y axis m ＋31＝DM1031									
说　明	factor：00，×1；01，×10；10，×100；11，×1000(pulse/sec)									
资料格式	b15	b14	b13	b12	b11	b08	b07	b04	b03	b00
	factor		$\times10^3$		$\times10^2$		$\times10^1$		$\times10^0$	
设置值	DM1007 设定值＃0000									

5）原点复位速度设置(origin search high speed)

原点复位速度设置见表 3.23。若设为 5000pulse/sec，则 DM1008 设为＃C005。

表 3.23 原点复位速度设置

寄存器编号	X axis m+8=DM1008,Y axis m+32=DM1032									
说 明	factor:00,×1;01,×10;10,×100;11,×1000(pulse/sec)									
资料格式	b15	b14	b13	b12	b11	b08	b07	b04	b03	b00
	factor		$\times10^3$		$\times10^2$		$\times10^1$		$\times10^0$	
设置值	DMl008 设定值＃C005									

6）原点复位减速速度设置(origin search proximity speed)

原点复位减速速度设置见表 3.24。若设为 500pulse/sec，则 DM1009 设为＃0500。

表 3.24 原点复位减速速度设置

寄存器编号	X axis m+9=DM1009,Y axis m+33=DM1033									
说 明	factor:00,×1;01,×10;10,×100;11,×1000(pulse/sec)									
资料格式	b15	b14	b13	b12	b11	b08	b07	b04	b03	b00
	factor		$\times10^3$		$\times10^2$		$\times10^1$		$\times10^0$	
设置值	DM1008 设定值＃0500									

7）原点位置修正设置(origin compensation)

原点位置修正设置，即完成原点复位后以原点减速速度再移动修正距离见表 3.25。如果机械原点与电气原点相同，则 DM1010 设为＃0000，DMl011 设为＃0000。这与 FX2N-1PG 的原点位置定义有异曲同工之妙，差异为通过机构的移动或改变坐标值来移动电气原点。

表 3.25 原点位置定义设置

寄存器编号	X axis m+11=DM1011,m+10=DM1010 Y axis m+35=DM1035,m +34=DM1034							
说 明	sign:0,positive(CW);1,negative(CCW) setting range: −9 999 999～+9 999 999(pulse)							
资料格式	15 leftmost word 00				15 rightmost word 00			
	sign	$\times10^6$	$\times10^5$	$\times10^4$	$\times10^3$	$\times10^2$	$\times10^1$	$\times10^0$
设定值	DM1011 设定值＃0000，DMl010 设定值＃0000							

8) 齿轮齿隙修正设置(backlash compensation)

齿轮齿隙的修正设置见表3.26。机构的齿轮齿隙必定会存在,如果以不同的方向于同一点定位就会出现齿隙误差,此时必须设置齿轮齿隙修正量。若设为单方向定位,则不发生误差、不修正,DM1012设为#0000。

表3.26 齿轮齿隙修正设置

寄存器编号	X axis m +12=DMl012, Y axis m+36=DM1036			
说 明	setting range:0~9999(pulse)			
资料格式	b15			b00
	×10^3	×10^2	×10^1	×10^0
设置值	DM1012设定值#0000			

9) 齿轮齿隙修正速度设置(backlash compensation speed)

齿轮齿隙的修正速度设置见表3.27。如前项不进行修正,则本项无效(设为0),DM1013设为#0000。FX2N-1PG模块不同于NC213模块,无齿轮齿隙修正项目。

表3.27 齿轮齿隙修正速度设置

寄存器编号	X axis m+13=DM10013, Y axis m + 37=DM1037				
说 明	factor:00,×1;01,×10;10,×100;11,×1000(pulse/sec)				
资料格式	b15　b14	b13　b12	b11　b08	b07　b04	b03　b00
	factor	×10^3	×10^2	×10^1	×10^0
设置值	DMl0013设定值#0000				

10) 加/减速S曲线设定(acceleration/deceleration curves)

加/减速S曲线设置见表3.28,设置S曲线加/减速可使加/减速更平滑。现假设DM1014为#0000。FX2N-1PG模块不同于NC213模块,无S曲线设置。

表3.28 加/减速S曲线设置

寄存器编号	X axis m+14=DM1014, Y axis m+38=DM1038			
说 明	designation:0, trapezoidal curve;1, S curve			
资料格式	b15			b00
	0	0	0	designation
设置值	DM1014设定值#0000			

11）加速时间设置（acceleration time）

加速时间定义已于 FX2N-1PG 说明，NC213 加速时间设置见表 3.29。若设为 200ms，则 DM1015 设为＃0200，DM1016 设为＃0000。

表 3.29 加速时间设置

<table>
<tr><td>寄存器编号</td><td colspan="8">X axis m+16=DM1016，m+10=DM1015
Y axis m+40=DM1040，m+39=DM1039</td></tr>
<tr><td>说 明</td><td colspan="8">setting range：0～250 000(ms)</td></tr>
<tr><td rowspan="2">资料格式</td><td colspan="4">15 leftmost word 00</td><td colspan="4">15 rightmost word 00</td></tr>
<tr><td>0</td><td>0</td><td>$\times 10^5$</td><td>$\times 10^4$</td><td>$\times 10^3$</td><td>$\times 10^2$</td><td>$\times 10^1$</td><td>$\times 10^0$</td></tr>
<tr><td>设置值</td><td colspan="8">DM1016 设定值＃0000，DM1015 设定值＃0200</td></tr>
</table>

12）减速时间设置（deceleration time）

减速时间设置见表 3.30。若设为 200ms，则 DMl017 设为＃0200，DMl018 设为＃0000。

表 3.30 减速时间设置

<table>
<tr><td>寄存器编号</td><td colspan="8">X axis m+18=DM1018，m+17=DM1017
Y axis m + 42=DM1042，m + 41=DM1041</td></tr>
<tr><td>说 明</td><td colspan="8">setting range：0～250 000(ms)</td></tr>
<tr><td rowspan="2">资料格式</td><td colspan="4">15 leftmost word 00</td><td colspan="4">15 rightmost word 00</td></tr>
<tr><td>0</td><td>0</td><td>$\times 10^5$</td><td>$\times 10^4$</td><td>$\times 10^3$</td><td>$\times 10^2$</td><td>$\times 10^1$</td><td>$\times 10^0$</td></tr>
<tr><td>设置值</td><td colspan="8">DM1018 设定值＃0000，DM1017 设定值＃0200</td></tr>
</table>

13）软件极限设置

软件极限设置见表 3.31，电机只能在设置范围内运行。硬件使用的极限开关称为硬件极限，是机构的最后极限。

表 3.31　软件极限设置

<table>
<tr><th colspan="9">反转软件极限设置(CW limit)</th></tr>
<tr><td>寄存器编号</td><td colspan="8">X axis m＋21＝DM1021，m＋20＝DM1020
Y axis m＋45＝DM1045，m＋44＝DM1044</td></tr>
<tr><td>说　明</td><td colspan="8">sign：0，positive(CW)；1，negative(CCW)
setting range：－9 999 999～＋9 999 999(pulse)</td></tr>
<tr><td rowspan="2">资料格式</td><td colspan="4">15　leftmost word　00</td><td colspan="4">15　rightmost word　00</td></tr>
<tr><td>sign</td><td>$\times 10^6$</td><td>$\times 10^5$</td><td>$\times 10^4$</td><td>$\times 10^3$</td><td>$\times 10^2$</td><td>$\times 10^1$</td><td>$\times 10^0$</td></tr>
<tr><td>设置值</td><td colspan="8">DM1021 设定值＃0000，DM1020 设置值＃0000</td></tr>
<tr><th colspan="9">正转软件极限设置(CCW limit)</th></tr>
<tr><td>寄存器编号</td><td colspan="8">X axis m＋23＝DM1023，m＋22＝DM1022
Y axis m＋47＝DM1047，m＋46＝DM1046</td></tr>
<tr><td>说　明</td><td colspan="8">sign：0，positive(CW)；1，negative(CCW)
setting range：－9 999 999～＋9 999 999(pulse)</td></tr>
<tr><td rowspan="2">资料格式</td><td colspan="4">15　leftmost word　00</td><td colspan="4">15　rightmost word　00</td></tr>
<tr><td>sign</td><td>$\times 10^6$</td><td>$\times 10^5$</td><td>$\times 10^4$</td><td>$\times 10^3$</td><td>$\times 10^2$</td><td>$\times 10^1$</td><td>$\times 10^0$</td></tr>
<tr><td>设置值</td><td colspan="8">DMl023 设定值＃0100，DMl022 设定值＃0000</td></tr>
</table>

如果 CCW 极限设为零，则 DM1020 设为＃0000，DM1021 设为＃0000；如果 CW 极限设为 1000 000，则 DM1022 设为＃0000，DM1023 设为＃0100。如图 3.19 所示。

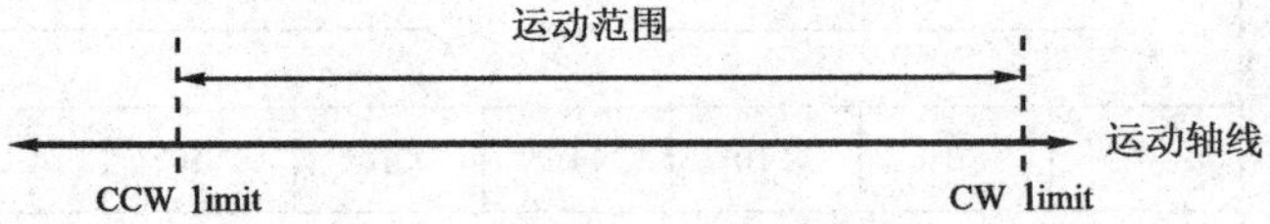

图 3.19

以上所设置的 NC213 模块轴参数，与 FX2N-1PG 模块所使用的关键参数大部分相同，只有少数差异，对照后可较容易地使用及设置。与 FX2N-1PG 不同的是，NC213 模块使用电机单位，没有长度换算、角度换算的参数设置，必须作单位换算时由用户在控制程序中自行处理。

NC213 模块的 axis parameter 轴参数设置，如同前述 FX2N-1PG 模块不变参数一样，设置完成后控制模块即完成运行准备。当变动 operating data 操作数据参数设置后，在 operating memory 操作指令参数区启动运行模式的启动标志位输入 1，NC213 控制模块即进入运行程序。

6. 操作数据区说明(operating data area)

用 DM1000，DM1001 及 DM1002 定义了 I=DM200。I 区域当前为 DM200～DM233，属于 unit number=0 模块所运用范围，为操作数据寄存区，将 I 区分配给 unit number=0 模块上的各控制轴(X 轴及 Y 轴)使用。

由操作数据寄存器区可观察到许多伺服轴运行时所需设置的参数。前述 axis parameter 轴参数为不变参数，而以下 operating data area 操作数据属于变动参数。用户程序下达 NC213 模块运行指令前，必须先将操作数据设置于此。

1) 数据发送设置区(common operating data area)

数据发送设置区见表 3.32。当 NC213 模块使用 memory operation 内存运行模式时，必须发送指令必须告知写入或读取来源、去处、字符串数及启动传送标志位。标志位于操作指令区说明。

表 3.32　数据发送设置

<table>
<tr><th>I/0</th><th>words</th><th>bit</th><th>name</th><th>operation</th></tr>
<tr><td rowspan="6">output</td><td>1</td><td>00～15</td><td>传送至字串数(number of transfer words)</td><td rowspan="3">将参数由 DM 区或 EM 区传送至 NC213 模组的资料暂存区
资料格式
15　　00
$\times 10^3$ | $\times 10^2$ | $\times 10^1$ | $\times 10^0$</td></tr>
<tr><td>I+1</td><td>00～15</td><td>传送字符串地址(transfer source word)</td></tr>
<tr><td>I+2</td><td>00～15</td><td>传送目标地址(transfer destination address)</td></tr>
<tr><td>I+3</td><td>00～15</td><td>传送字串数(number of transfer words)</td><td rowspan="3">将参数由 NC213 模组的资料暂存区传送至 DM 区或 EM 区</td></tr>
<tr><td>I+4</td><td>00～15</td><td>传送源地址(transfer source address)</td></tr>
<tr><td>I+5</td><td>00～15</td><td>传送目标地址(transfer destination word)</td></tr>
</table>

2）目标位置设置（position designation）

表 3.33 为进行 absolute movement，relative movement，interrupt feeding 等运行模式，或 reset present position 改变当前坐标位置设置时，目标位置的设置。

表 3.33　目标位置定义

<table>
<tr><th rowspan="2">I/O</th><th rowspan="2">model</th><th colspan="2">word</th><th rowspan="2">bit</th><th rowspan="2">name</th><th rowspan="2">operation</th></tr>
<tr><th>X axis</th><th>Y axis</th></tr>
<tr><td>output</td><td>NC213</td><td>I+6
I+7</td><td>I+11
I+12</td><td>00
～
15</td><td>位置指令
(rightmost)

位置指令
(leftmost)</td><td>资料格式<table><tr><td colspan="2">15</td><td colspan="2">00</td></tr><tr><td>$\times10^3$</td><td>$\times10^2$</td><td>$\times10^1$</td><td>$\times10^0$</td></tr></table><table><tr><td colspan="2">15</td><td colspan="2">00</td></tr><tr><td>sign</td><td>$\times10^2$</td><td>$\times10^1$</td><td>$\times10^0$</td></tr></table>sign：0，plus；1，minus
range：－9 999 999～＋9 999 999 (pulse)</td></tr>
</table>

3）运行速度设置（speed designation）

表 3.34 为进行 absolute movement，relative movement，interrupt feeding，jog or origin return 运行模式时的运行速度设置。

表 3.34　运行速度设置

I/O	model	word		bit	name	operation
		X axis	Y axis			
output	NC213	I+8	I+13	00～15	速度指令	运行速度设置

资料格式

<table>
<tr><td colspan="8">factor：00，×1；01，×10；10，×100；11，×1000(pulse/sec)</td></tr>
<tr><td>bl5</td><td>b14</td><td>b13</td><td>b12</td><td>b11</td><td>b08</td><td>b07</td><td>b04</td><td>b03</td><td>b00</td></tr>
<tr><td colspan="2">factor</td><td colspan="2">$\times10^3$</td><td colspan="2">$\times10^2$</td><td colspan="2">$\times10^1$</td><td colspan="2">$\times10^0$</td></tr>
</table>

4）速度超越（override）设置

速度超越设置见表 3.35。override enable 过速标志位被驱动时，将执行 override 速度超越程序，如图 3.20 所示。

表 3.35 速度超越

I/O	model	word		bit	name	operation
		X axis	Y axis			
output	NC213	I+9	I+14	00～15	速度超越	速度超越 00001～0999(1%to 999%)

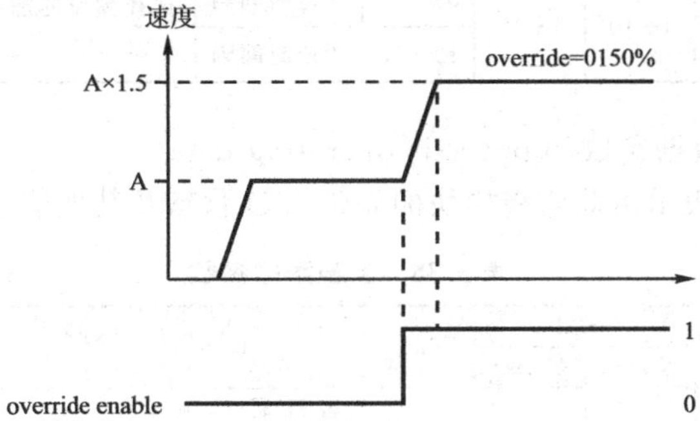

图 3.20

5）教导地址码(Teaching address)

教导地址码见表 3.36。memory operation 内存运行模式所使用的 position 位置坐标参数可用教导方式写入 position number 位置数据寄存器，将指定轴运动至目标位置停止，再将表 3.42 中 n.11 TEACH bit 教导标志位驱动为 ON，坐标即可存入教导地址码所指定的数据寄存器。

表 3.36 教学位置码

I/O	model	word		bit	name	operation
		X axis	Y axis			
output	NC213	I+10	I+15	00～07	教导地址	教导坐标值写入 00～99(BCD) 资料格式 15 … 07 … 00 | | | ×10¹ | ×10⁰ |

6）加速时间码(acceleration time No.)和减速时间码(deceleration time)

表 3.37 表示进行 absolute movement，relative movement，interrupt feeding 或 JOG 等运行模式时，选择缺省的加/减速时间代码。加/减速时间码必须预先设置，在内存运行模式下运行。

当设置为 00 时，加/减速时间使用 axis parameter 轴参数设置的加/减速时间。

表 3.37　加/减速时间码

I/O	model	word		bit	name	operation
		X axis	Y axis			
output	NC213	I+10	I+15	08～11	加速时间码	选择预设的加/减速时间代码 0～9(BCD)。
				12～15	减速时间码	

7）监视数据参数(input axis operating data)

表 3.38 表示由此监视模块的硬件 I/O 状态及其他信息。

表 3.38　监视数据参数

I/O	model	word		bit	name	operation
		X axis	Y axis			
input	NC213	I+16	I+18	00～07	运行程编码(sequence number)	memory operation 运行时监视执行中的 sequence number
				08	CW 过极限(CW limit)	
				09	CCW 过极限(CCW limit)	
				10	原点检测信号(origin proximity)	监视硬件 I/O 的信号状态 1:ON 0:OFF
				11	零相信号(origin input signal)	
				12	中断控制信号(interrupt input)	
				13	紧急停止信号(emergency stop)	
				14	定位完成信号(positioning completed input)	
				15	偏差计数器清除信号(error counter reset output/origin adjustment command output)	
		I+17	I+19	00～15	异常信息码(error code)	故障时错误码显示

7. 操作指令区及运行情况监视区说明

在操作指令区(operating memory area)及运行情况监视区,NC213模块进行任一运动程序前,在必要运行参数设置完成后,必须有驱动标志位启动运行程序;运行程序完成后,必须有完成标志位通知系统控制程序。

这与FX2N-1PG模块一样,具有相同的运用逻辑。事实上,其他品牌型号都是相同运用方式。

OMRON NC213模块将操作指令区及运行情况监视区简称为n,见表3.39。当前unit number=0操作指令区及运行情况监视区分配为IR100~IR109。IR为内部继电器通道,每一通道又分解为16个bit标志位。以下说明了每一标志位的功能及表示的状态。

表3.39 操作指令区及运行情况监视区分配(C200HW-NC213)

Unit number	IR区分配
unit#0	IR100~IR109
unit#1	IR110~IR119
unit#2	IR120~IR129
unit#3	IR130~IR139
unit#4	IR140~IR149
unit#5	IR150~IR159
unit#6	IR160~IR169
unit#7	IR170~IR179
unit#8	IR180~IR189
unit#A	IR400~IR409
unit#B	IR410~IR419
unit#C	IR420~IR429
unit#D	IR430~IR439
unit#E	IR440~IR449
unit#F	IR450~IR459

I/O	word address	axis
output	n~n+1	X axis
	n+2~n+3	Y axis
input	n+4~n+6	X axis
	n+7~n+9	Y axis

(1) memory operation 操作标志位，见表 3.40。

表 3.40

I/O	model	word		bit	name	operation
		X axis	Y axis			
output	NC213	n	n+2	00	sequence number enable	当标志位为 ON 时，sequence number 作存入动作启动
				01	start	当标志位为 ON 时，memory operation 运行模式启动
				02	independent start	当标志位为 ON 时，memory operation independent 运行模式启动，只执行一个 sequence 即停止

(2) direct operation 操作标志位，见表 3.41。

表 3.41

I/O	model	word		bit	name	operation
		X axis	Y axis			
output	NC213	n	n+2	03	absolute movement	当标志位为 ON 时，绝对坐标运行启动
				04	relative movement	当标志位为 ON 时，相对坐标运行启动
				05	interrupt feeding	当标志位为 ON 时，中断定位运行启动

(3) 其他操作标志位，见表 3.42、表 3.43。

表 3.42

I/O	model	word		bit	name	operation
		X axis	Y axis			
output	NC213	n	n+2	06	origin search	当标志位为 ON 时，原点复位运行启动
				07	origin return	当标志位为 ON 时，回到原点位置启动
				08	present position change	当标志位为 ON 时，将当前坐标值强制改变
				09	JOG(speed feeding)	当标志位为 ON 时，JOG 运行启动
				10	direction designation	JOG 运行的方向操作，中断定位方向操作
				11	TEACH	当标志位为 ON 时，教导坐标存入
				12	release prohibit	当标志位为 ON 时，解除或急停极限开关对输出的禁止
				13	error counter reset output, origin adjustment command output	当标志位为 ON 时，输出偏差计数器 RESET 信号，可进行原点调整动作
				14	override enable	当标志位为 ON 时，启动速度超越运行模式
				15	stop	伺服运行中，标志位为 ON 时，进行减速停止运行

表 3.43

I/O	model	word		bit	name	operation
		X axis	Y axis			
output	NC213	n+1	n+3	00～07	sequence number	设定要执行的 sequence number,00～99
				08	forced interrupt	memory operation 运行中,当标志位为 ON 时,强制中断并启动设定于 n+1 bit00～07 的 sequence number 程序
				09～11	reserved	不使用
				12	write data	当标志位为 ON 时,启动写入传送程序
				13	read data	当标志位为 ON 时,启动读出传送程序
				14	save data	当标志位为 ON 时,启动资料存入 flash memory
				15	reserved	不使用

(4) 运行状态标志位,见表 3.44。

表 3.44

I/O	model	word		bit	name	operation
		X axis	Y axis			
output	NC213	n+4	n+7	00～03	output code	memory operation 运行中 sequence 设定的 output code 显示于此
				04	waiting for memory operation	1:memory operation 运行许可
				05	positioning completed	1:定位完成标志位

续表 3.44

I/O	model	word		bit	name	operation
		X axis	Y axis			
output	NC213	n+4	n+7	06	no origin flag	1:原点复位未完成标志位
				07	origin stop flag	1:伺服轴于原点位置标志位
				08	zone 0	1:伺服轴于 zone 0 区
				09	zone 1	1:伺服轴于 zone 1 区
				10	zone 2	1:伺服轴于 zone 2 区
				11	teaching completed	1:教导完成
				12	error flag	1:错误标志位
				13	busy flag	1:运行中标志位
				14	data transferring	1:资料传送中标志位
				15	deceleration stop execution	1:stop 或 EMG stop 执行过标志位

(5) 伺服轴当前位置显示,见表 3.45。

表 3.45

I/O	model	word		bit	name	operation
		X axis	Y axis			
output	NC213	n+5 n+6	n+8 n+9	00 ~ 15	present position (rightmost word)	伺服轴当前位置显示资料格式 (rightmost word) 15 00 $\times 10^3$ | $\times 10^2$ | $\times 10^1$ | $\times 10^0$
				00 ~ 15	present position (leftmost word)	(leftmost word) 15 00 sign | $\times 10^2$ | $\times 10^1$ | $\times 10^0$ sign: 0, pos (CW); 1, neg (CCW)

如同 FX2N-1PG 的使用一般，必须首先知道各种运行模式所需参数设置的寄存器位置。NC213 模块的轴参数 m、操作数据参数 I、操作指令区及运行情况参数 n，均已定义其寄存器位置，现在即可进行各项运行操作。

3.2.2 JOG 运行

硬件及机构连接完成后，控制软件就是后段要进行的项目。NC213 的基本轴参数已于前段设置，其他变动参数根据各项控制程序设置。

要使用 NC213 模块，同样以如何使伺服电机系统进行 JOG 运行为首要工作，然后进行原点复位运行，再进行定位运行。完成这些步骤后，控制模块的其他功能就很容易上手了。

由 FX2N-1PG 的应用可以得知，要进行 NC213 模块的 JOG 运行需要设置哪几项必要的控制参数，如最高转速、JOG 运行速度、加速时间、减速时间、JOG 运行驱动标志位等。

JOG 运行的控制时序如图 3.1 所示，在此不再赘述。加速时间、减速时间、最高转速已于 3.2.1 节轴参数设置完成。

(1) JOG 运行速度设置于已定义的操作数据设置区 I 中，由表 3.34 得知 X 轴的 JOG 运行速度寄存器为 I＋8＝DM208。如果希望 JOG 速度为 1000pulse/sec，则 DM208 依表 3.46 设为＃1000。

表 3.46 数据格式

factor:00,×1;01,×10;10,×100;11,×1000(pulse/sec)				
b15 b14	b13 b12	b11 b08	b07 b04	b03 b00
factor	$\times 10^3$	$\times 10^2$	$\times 10^1$	$\times 10^0$

(2) 加/减速时间以轴参数的加/减速时间为依据，因此加/减速时间码设为 00。由表 3.37 中得知，寄存器 I＋10＝DM210，b15～b08 设为＃00。

(3) 驱动标志位位于操作指令区及运行情况监视区 n。表 3.42 中，寄存器 n＋0＝IR100，IR100 b09 为 JOG 驱动标志位，IR100 b10 为 JOG 方向标志位。CW 方向 JOG 运行时，驱动 IR100 b09 标志位为 ON；CCW 方向 JOG 运行时，同时驱动 IR100 b09 及 IR100 b10 标志位为 ON。

(4) 伺服控制系统 JOG 运行后,必须将伺服驱动器各项参数及电子减速齿轮比调整妥当。

(5) JOG 运行的阶梯图程序如图 3.21 所示。

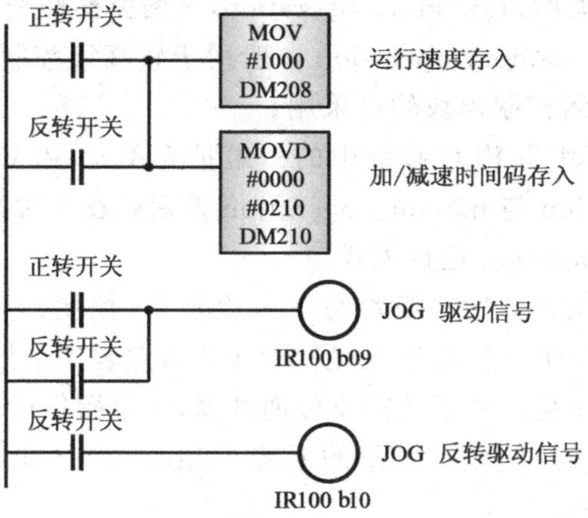

图 3.21

3.2.3 go home 机械原点复位运行

原点复位运行所需参数于各轴参数中设置完成,只需驱动启动标志位即可进入原点复位运行程序。

驱动标志位位于操作指令区及运行情况监视区 n,表 3.42 中,n+0=IR100,IR100 b06 为原点复位运行启动标志位。原点复位完成标志位见表 3.44,n+4=IR104,IR104 b06 为 ON 表示未执行原点复位;OFF 表示已执行原点复位。

NC213 模块的原点复位程序与 FX2N-1PG 模块的原点复位程序基本相同,如图 3.22 所示。

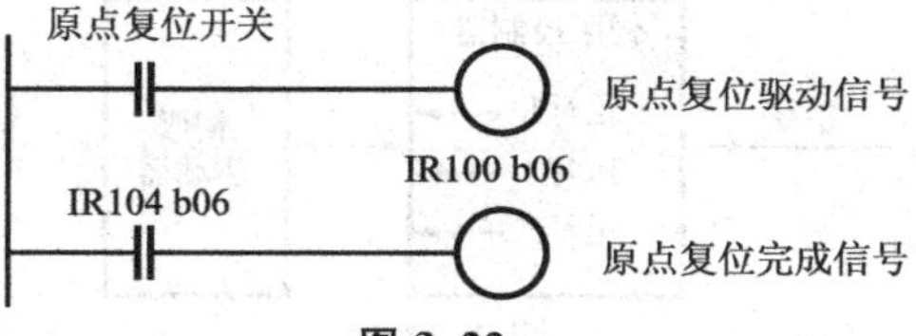

图 3.22

3.2.4　定位运行

1. 运行模式

NC213 的定位运行模式有多种选择，分成两类。第一类称为 direct operation，第二类称为 memory operation，这两类操作是伺服控制模块普遍使用的方式。memory operation 一般用于较高级控制模块，direct operation 则高、低级控制模块均可采用。

伺服控制模块为 PLC 系统中的一组扩充单元，由 CPU 模块指挥控制，direct operation 与 memory operation 差别就在于指挥方式的不同。

1）direct operation 运行模式

如图 3.23 所示，CPU 模块每下一次指令，控制器执行一次运行动作；如果要进行三个运行动作，必须由 CPU 按照程序下指令。因此，CPU 工作负荷较重，而且指令下达需要传递处理，密集操作运动时不易掌控时间间隔，适合运动控制较不密集的系统。direct operation 的控制参数较少，用户较易使用。

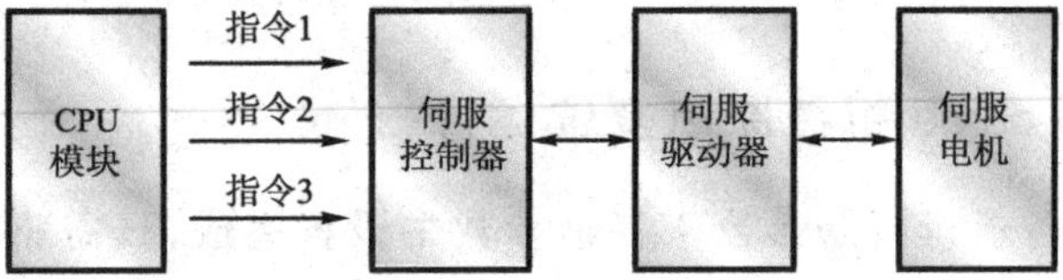

图 3.23

2）memory operation 运行模式

如图 3.24 所示，CPU 模块每下一次指令，控制器可执行连续不同的运行动作，运行动作之间的逻辑控制由伺服控制器自行处理。因此，CPU 工作负荷较轻，可处理较多其他工作。memory operation 运行效率较佳，但控制参数较复杂，就好像管理者工作项目要交代清楚，而执行者必须全

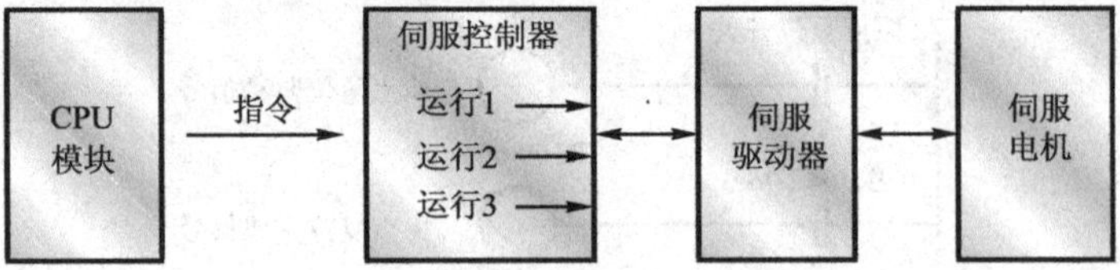

图 3.24

权处理的方式。NC213 为双轴控制模块，memory operation 运行模式可进行二轴直线补间运动等较复杂的运行动作控制。

2. direct operation 参数设置区

direct operation 定位运行只要在已定义的参数区内设置运行参数即可，以绝对坐标定位及相对坐标定位所需参数如图 3.25 所示。必须注意的是，当前使用的模块型号为 NC213，注意寄存器的分配方式。

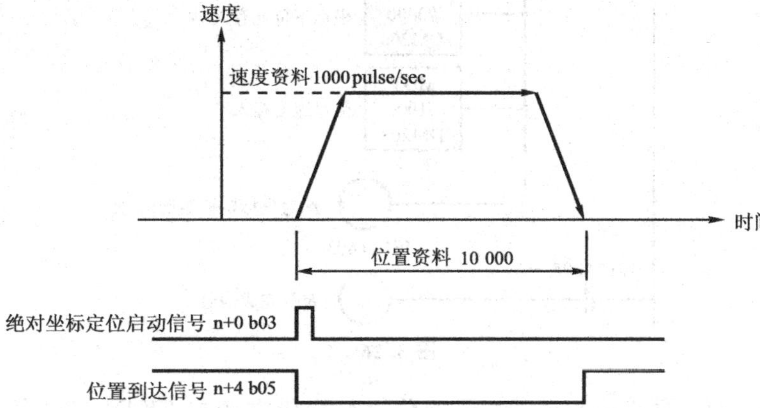

图 3.25

(1) 将位置数据 10 000 电机单位写入操作数据设置区，即表 3.33 中寄存器 I＋7＝DM207，I＋6＝DM206，依数据格式将 DM207 设为＃0010，DM206 设为＃0000。

(2) 将速度数据 1000pulse/sec 存入操作数据设置区，即表 3.34 中寄存器 1＋8＝DM208，依资料格式将 DM208 设为＃1000。

(3) 加/减速时间已于轴参数区中设置，参见表 3.29、表 3.30。

(4) 数据存入后，驱动操作指令区及运行情况监视区(即表 3.41 中寄存器 n＋0 b03)将 IR100 b03 标志位驱动为 ON，NC213 控制器开始送出脉冲，驱动器驱动电机进行绝对坐标运行。

(5) 到达预定目的坐标后，位置到达完成标志位(即表 3.44 中寄存器 n＋4 b05)切换为 ON 状态，即 IR104 b05 为 ON 状态，完成操作程序。

上例为绝对坐标运行，也可进行相对坐标运行，只要改驱动 n＋0 b04(即 IR100 b04)启动标志位，控制器即进行位置相对运动控制。

direct operation 运行参数较为单一，参数区的参数项也较少，因此适合伺服运行变化较少的控制应用。

3. direct operation 定位运行程序

绝对坐标定位的阶梯图程序如图 3.26 所示。

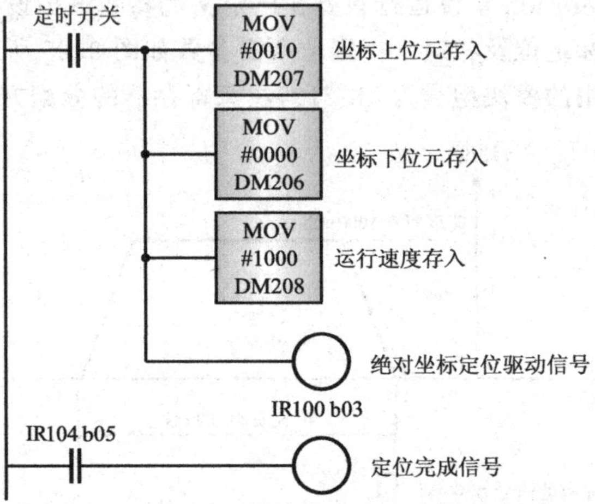

图 3.26

NC213 的 direct operation 定位运行操作方式与 FX2N-1PG 其实并无差异，当基本参数及各轴参数设置完成后，要控制伺服电机作不同的定位时，只要改变坐标参数，然后启动运行即可；在设备控制程序中，不同的时序控制不同坐标定位即可完成设备运行控制。

NC213 定位运行中，如改变速度数据寄存器 DM208 的设定值，运行速度将随之改变；如定位运行中改变 DM207，DM206 坐标数据，重新启动运行标志位 IR100 b03 或 IR100 b04，将以改变后的坐标数据为目标定位；以不同的启动标志位(绝对及相对)启动有不同的结果。可见，NC213 模块有较多样化的运行选择。

4. direct operation 中断定位运行模式

direct operation 另有其他运行模式，例如 FX2N-1PG 模块的中断定位运行模式。

direct operation 运行模式下的中断定位运行称为 interrupt feeding，如图 3.27 所示。interrupt feeding 常用于定长裁切或输送带输送定位，伺服电机轴不需原点复位，属于相对运动控制模式。

(1) 将速度数据存入表 3.34 中 I+8=DM208 数据寄存器。

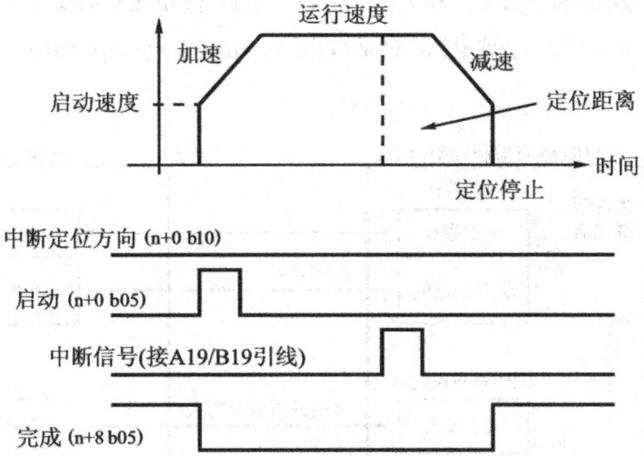

图 3.27

(2) 将中断定位移动量存入表 3.33 中 I+7=DM207,I+6=DM206 数据寄存器。

(3) 设置中断定位方向,表 3.42 中 n+0 b10=IR100 b10,OFF 为正向,ON 为反向。

(4) 中断定位启动,表 3.41 中 n+0 b05=IR100 b05 驱动为 ON,进入中断定位运行程序。

(5) 伺服电机依设置速度前进运行。

(6) 当中断信号产生,伺服电机继续前进至 I+7,I+6 所设置的距离后定位停止。

(7) 完成运行程序。

中断信号的来源可参考第 2 章图 2.43,引脚 A1 9 输入,A24 为共节点,并且将检测传感器安装于机构上。

5. memory operation 参数设置区

memory operation 定位运行的参数设置区不是前文已经定义完成的参数区,而是位于 NC213 模块的 internal memory data area,如图 3.28 所示。将 memory operation 必要数据(如位置、速度、加/减速时间等)发送至 NC213 模块,数据将存放于 NC213 模块数据寄存器内。因此,memory operation 启动后,NC213 模块可独立操作至程序结束,运行期间不需要 CPU 模块的指令。

图 3.28 所示 PCU 即 NC 模块,internal memory data area 为 memory operation 数据存放区。由图可见,前文设置的轴参数已自动发送到本区编号 0004～0099 的数据寄存器,其他 memory operation 参数必须另行发送。

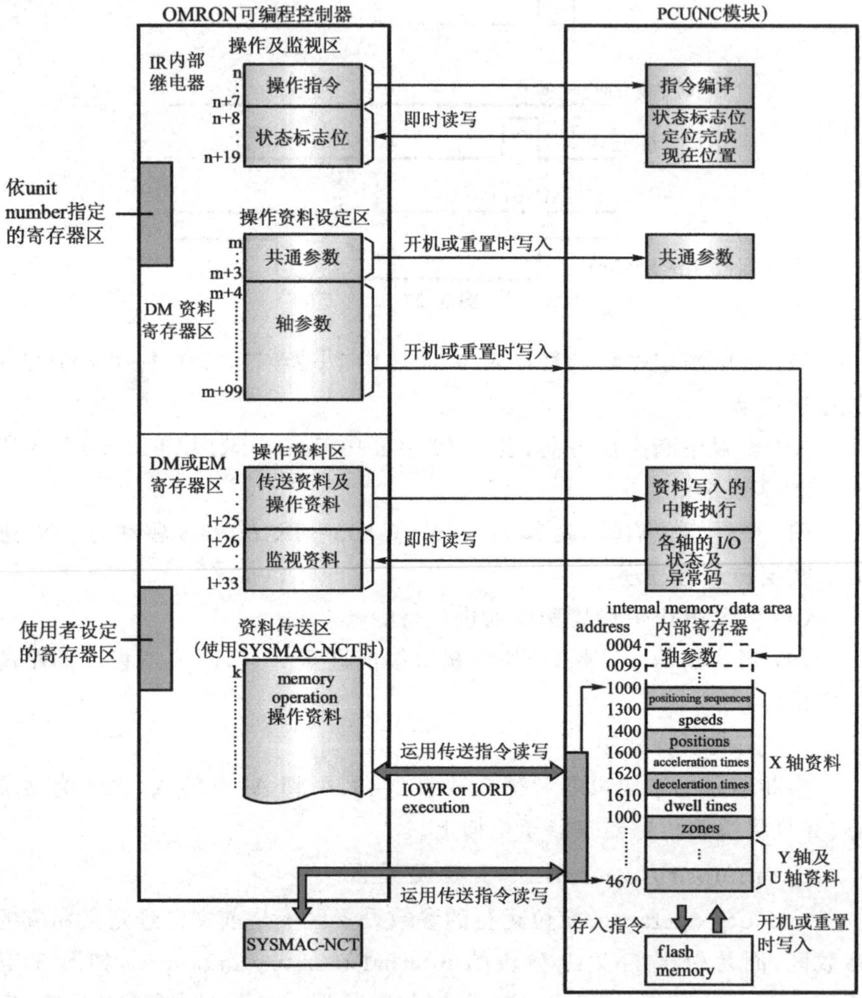

图 3.28

6. internal memory data area 的数据格式

使用 memory operation 必须先了解 internal memory data area 的数据格式,见表 3.47。

表 3.47 internal memory data area 分配表

address 寄存器编号	C200HW-NC213 NC 模块	
0004～0099	axis parameter(two axis)各轴参数	
1000～1299	for X axis (X 轴)	positioning sequence 运行程序编码
1300～1399		speeds 运行速度表
1400～1599		positions 运行位置表
1600～1619		acceleration times 加速时间表
1620～1639		deceleration times 减速时间表
1640～1659		dwell times 暂停时间
1660～1669		zones 安全区间表
2000～2299	for Y axis (Y 轴)	positioning sequences 运行程序编码
2300～2399		speeds 运行速度表
2400～2599		positions 运行位置表
2600～2619		acceleration times 加速时间表
2620～2639		deceleration times 减速时间表
2640～2659		dwell times 暂停时间表
2660～2669		zones 安全区间表

1) 运行程序编码(positioning sequence)

表 3.47 中 internal memory data area 编号 1000～1299 的数据寄存器称为 positioning sequence，分配给第一轴(X 轴)使用，每 3 个编号称为 1 个 sequence，即 sequence＃0～sequence＃99；编号 2000～2299 的数据寄存器分配给第二轴(Y 轴)使用。memory operation 定位运行的程序体系结构在此设置，1 个 sequence 就是 1 个运行指令，每个 sequence 的数据结构如图 3.29 所示。其中，寄存器为 1000～1002，即 sequence＃0。如果希望 10 个运行动作连续执行，将 10 个连续的 sequence 由完成码 completion code 设置链接即可。

以下为 sequence 内各项数据说明。

(1) axis designation 运动轴选定：选择 positioning sequence 希望运动的轴编号，可选用多轴，再以 BCD 码设置。例如选定 X 轴及 Y 轴，则 b15＝0，b14＝0，b13＝1，b12＝1，合并为＃3。

寄存器编号	b15　　b12	b11　b08	b07　　b04	b03　　b00
1000	axis designation	output code	0	completion code
1001	dwell time No.		acceleration time No.	deceleration time No.
1002	initial speed No.		target speed No.	

axis designation: set the bits for active axis to “1”

b15: U axis; b14; Z axis; b13: Y axis; b12: X axis

output code: 0～F

completion code: 0～6(BCD)

dwell time: No. 00～19(BCD)

acceleration time: No. 0～9(BCD)

deceleration time: No. 0～9(BCD)

initial/target speed: No. 0～99(BCD)

default setting: 0 000 0000 0000

图 3.29　sequence 的数据结构

(2) output code 输出码：每个 positioning sequence 可设置不同的输出码。运行时，输出码输出至操作指令区及运行情况监视区(表 3.44 中寄存器 n+4 b00～b03，即 IR104 b00～IR104 b03)，利用此码的变化监视运行情况或控制其他操作项目。

(3) dwell time No. 暂停时间码：前后链接 positioning sequence 时可设置暂停时间，当前 positioning sequence 设置的 dwell time 时间计时完成后，再进行下一个 positioning sequence。表 3.47 中编号 1640～1659 的数据寄存器为 X 轴 dwell time ＃00～dwell time ＃19 的设置位置。dwell time＃00 缺省为＃0000，用户不可设置，但可选用 dwell time＝0。用户将希望的 dwell time 存入数据寄存器，每个 positioning sequence 可选一组代码使用。

dwell time 暂停时间(见表 3.48)为 FX2N-1PG 模块所没有的设置参数，这也是 memory operation 运行模式所特有的。如果将暂停时间交由 CPU 模块计时，则计时时间少于 1sec 时 CPU 很难分辨，这是 CPU 工作繁忙及扫描时的通信时间延迟等因素造成的。如果将暂停时间计时工作交由伺服模块进行，则因伺服模块任务较单一，可较精确计时，无时间延迟问题发生。所以，时间控制严谨的运行程序必须使用 memory operation 运行模式。

表 3.48 dwell time 设置的语法及单位(0.01s)

dwell time 暂停时间设定				
寄存器编号	dwell time#01 X axis 1641, Y axis 2641			
说 明	setting range:0～9.99(second, set in units of 0.01s) default setting:0000			
资料格式	b15			b00
	0	$\times 10^{0}$	$\times 10^{-1}$	$\times 10^{-2}$

(4) completion code 完成码:memory operation 的运行模式设置,参见表 3.49。不同的 completion code 完成码有不同的运行模式,如链接下一个 positioning sequence 执行或结束运行程序不链接下一个 positioning sequence,控制器进入待命状态。

表 3.49 中,7 种完成码可分别执行不同的 memory operation 模式,用户选择不同的模式应用,其中较常应用为 code1～code3。

表 3.49 completion code 完成码

code	name	description	operation
0	terminating	每启动 1 次为单一 positioning sequence 运行	
		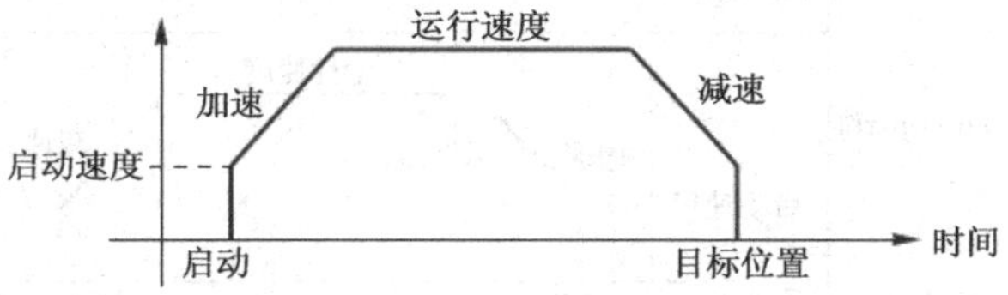	
1	automatic	链接下一个 positioning sequence 前,先运行 dwell time No. 所设定的暂停时间,再启动下一个 positioning sequence	
		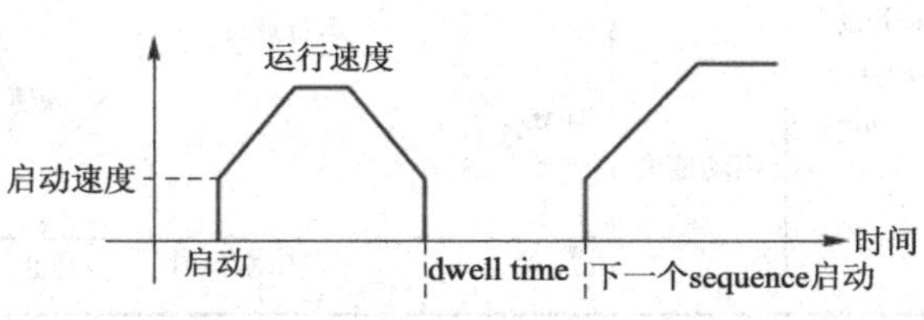	

续表 3.49

<table>
<tr><th>code</th><th>name</th><th>description</th><th>operation</th></tr>
<tr><td rowspan="2">2</td><td rowspan="2">continuous</td><td>链接下一个 positioning sequence 时，不停止运行。如果含 dwell time 设定，则如 automatic 运行</td><td></td></tr>
<tr><td colspan="2">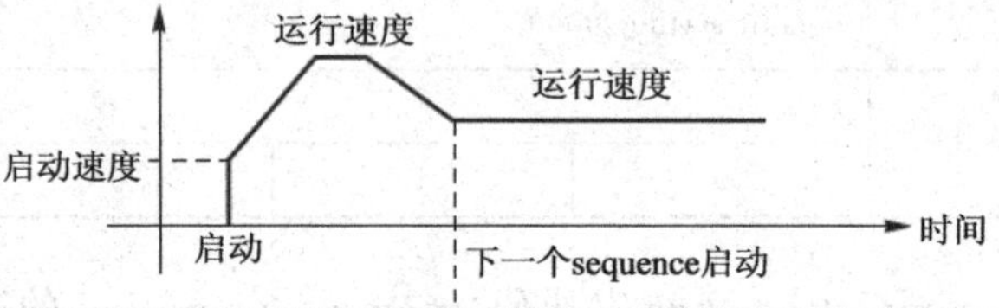
</td></tr>
<tr><td rowspan="2">3</td><td rowspan="2">bank end</td><td>不再链接下一个 positioning sequence，停止运行，等待下次启动。下次启动时，如果没有 sequence number enable 其他的 sequence number，则重复执行原有的 positioning sequence</td><td></td></tr>
<tr><td colspan="2">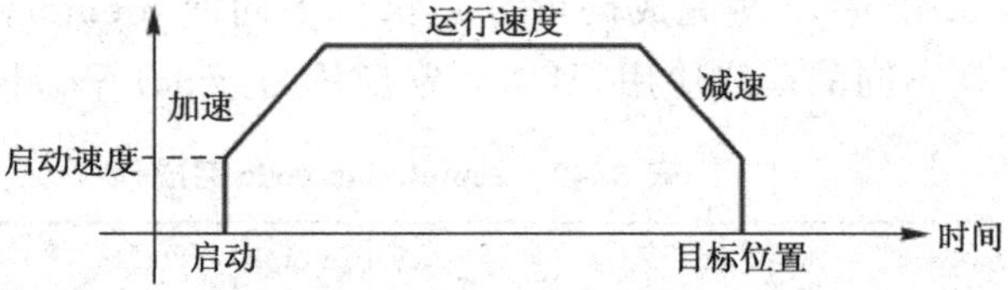
</td></tr>
<tr><td rowspan="2">4</td><td rowspan="2">speed control</td><td>速度模式控制，将伺服电机当同步电机使用，不作位置定位控制</td><td></td></tr>
<tr><td colspan="2">
</td></tr>
<tr><td rowspan="2">5</td><td rowspan="2">interrupt feeding (forward direction)</td><td>中断操作，启动以运行速度前进，中断信号后，再往前运行设定的距离后定位。这与 direct operation 的中断操作是相同的</td><td></td></tr>
<tr><td colspan="2">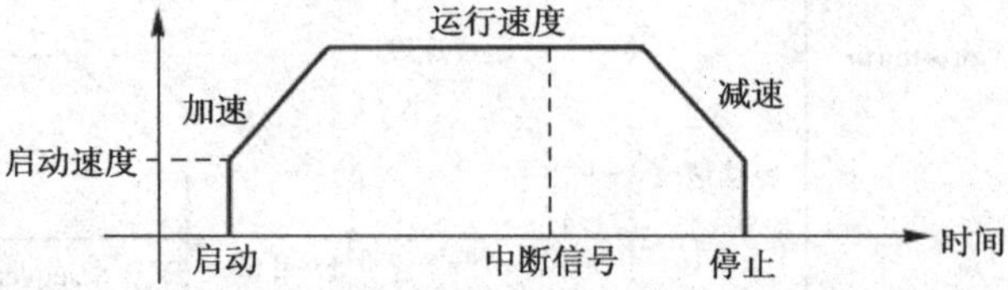
</td></tr>
</table>

续表 3.49

code	name	description	operation
6	interrupt feeding (reverse direction)	同样为中断操作，与 code 5 不同的地方为，中断信号后再往反方向运行设定的距离后定位 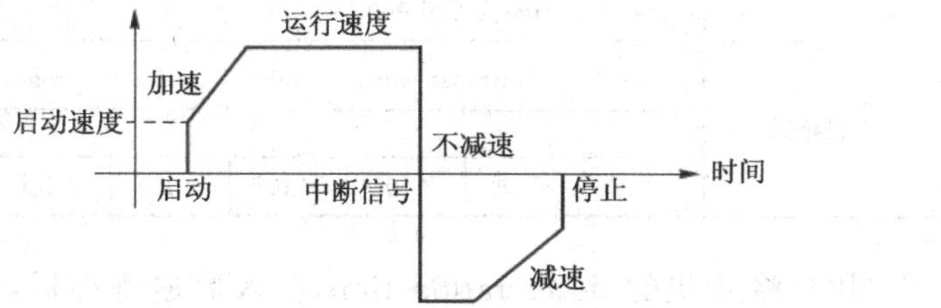 	

由此可见，memory operation 的运行模式主要在于 sequence 当中选择不同的 completion code 完成码，产生出不同运行方式。配合设备的设计需求，伺服运行时采用不同的 sequence 及不同的 completion code 完成码设置，经组合后，将可以规划出很多不同的伺服运行程序，满足用户需求。

(5) acceleration time No. 加速时间码：每个 positioning sequence 的运行可设置独立的加速时间。

表 3.47 中编号 1600～1619 的数据寄存器为 X 轴加速时间设置，每 2 个编号为 1 组，即 acceleration time＃0～acceleration time＃9。acceleration time＃0 缺省为＃0000，用户不可设置；如果 acceleration time 使用轴参数所设置加速时间，则 acceleration time NO. 为＃0。

用户将希望的 acceleration time 存入数据寄存器中，每个 positioning sequence 可选 1 组代码使用。acceleration time 设置语法见表 3.50。

(6) deceleration time No. 减速时间码：每个 positioning sequence 的运行可设置独立的减速时间。

表 3.47 中编号 1620～1639 的数据寄存器为 X 轴减速时间设置，每 2 个编号为 1 组，即 deceleration time＃0～deceleration time＃9。deceleration time＃0 缺省为＃0000，用户不可设置；如果 deceleration time 使用轴参数所设置减速时间，则 deceleration time NO. 为＃0。

表 3.50

acceleration time＃1(leftmost word/rightmost word)加速时间码＃1								
寄存器编号	X axis 1603,1602;Y axis 2603，2602							
说　明	This sets the data for acceleration time ＃1 setting range：0～250 000ms default setting:0 000 0000							
资料格式	15 leftmost word 00				15 rightmost word 00			
	0	$\times10^6$	$\times10^5$	$\times10^4$	$\times10^3$	$\times10^2$	$\times10^1$	$\times10^0$

用户将希望的 deceleration time 存入数据寄存器，每个 positioning sequence 可选 1 组代码使用。deceleration time 设置语法见表 3.51。

表 3.51

deceleration time＃1(leftmost word/rightmost word)减速时间码＃1								
寄存器编号	X axis 1623，1622;Y axis 2623，2622							
说　明	This sets the data for acceleration time ＃1 setting range：0～250 000ms default setting:0 000 0000							
资料格式	15 leftmost word 00				15 rightmost word 00			
	0	0	$\times10^5$	$\times10^4$	$\times10^3$	$\times10^2$	$\times10^1$	$\times10^0$

(7) initial speed No. 启动速度码:每个 positioning sequence 的运行可设置独立的启动速度。

表 3.47 中编号 1300～1399 的数据寄存器为 X 轴速度设置位置，编号为 speed＃00～speed＃99。用户将希望的 speed 存入数据寄存器，每个 positioning sequence 可选 1 组代码使用。speed No. 设置语法见表 3.52。

(8) target speed No. 运行速度码:每个 positioning sequence 的运行可设置独立的运行速度。运行速度码与启动速度码由相同的数据寄存器设置，同为 speed＃00～speed＃99(见表 3.52)。

上列数据除运动轴选定、输出码及完成码为直接设置外，其他数据均为代码设置。因此，必须分别将需要使用的代码数据设置成数据寄存器表，在 positioning sequence 执行时取用。

表 3.52

speed #0					
寄存器编号	X axis 1300,Y axis 2300				
说 明	factor:00,×1;01,×10;10,×100;11,×1000(pulse/sec) range is 0～1 000 000(pulse/sec) default setting:0000				
资料格式	b15 b14	b13 b12	b11 b08	b07 b04	b03 b00
	factor	$\times10^3$	$\times10^2$	$\times10^1$	$\times10^0$

2) position 坐标位置参数

每个 positioning sequence 必须对应 1 组坐标数据,如图 3.30 所示。X 轴坐标数据存放于编号 1400～1599 的数据寄存器,每 2 个编号数据寄存器为 1 组 positioning 坐标数据,Y 轴坐标数据存放于编号 2400～2599 的数据寄存器。每个 positioning sequence 执行时,取用对应编号的 positioning 坐标位置值。

positioning 坐标位置的设置语法见表 3.53,决定了坐标量,也决定了绝对运动或相对运动。

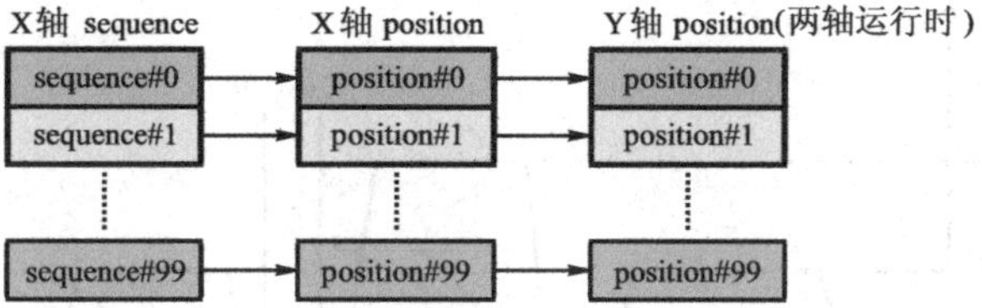

图 3.30

表 3.53

position #0(leftmost word/rightmost word)坐标位置参数 #0								
寄存器编号	X axis 1401, 1400;Y axis 2401, 2400							
说 明	0:positive(absolute) 1:negative(absolute) 2:positive(incremental) 3:negative(incremental) set the position within a range of 0 000 000～+9 999 999(pulse) default setting:0 000 0000							
资料格式	15 leftmost word 00				15 rightmost word 00			
	sign	0	$\times10^5$	$\times10^4$	$\times10^3$	$\times10^2$	$\times10^1$	$\times10^0$

了解了上述这些 memory operation 需要的运行参数寄存器局部后，以下应用范例说明如何写入这些参数寄存器局部及如何启动运行。

7. memory operation 运行程序

1）在 DM 区编辑 memory operation 的参数

如同 FX2N-1PG 的沟通方式必须采用 TO 与 FROM 指令一样，internal memory data area 无法直接写入，必须先在 DM 数据暂存区将数据内容及格式编写完成，再利用发送指令写入 internal memory data area。以下范例说明。

NC 模块的基本轴参数已在前面设置完成，控制模块已完成准备状态，接着进行下述操作。

先选定 DM500～DMl000 数据暂存区作为 internal memory data area 预先编辑区。按图 3.31 编辑一个 X 轴运行程序，启动后 X 轴以 600pulse/sec 速度到 1000pulse 位置，再以 1000pulse/sec 速度到 4000pulse 位置；暂停 200ms 后，以 600pulse/sec 速度到 10 000pulse 位置，完成程序。

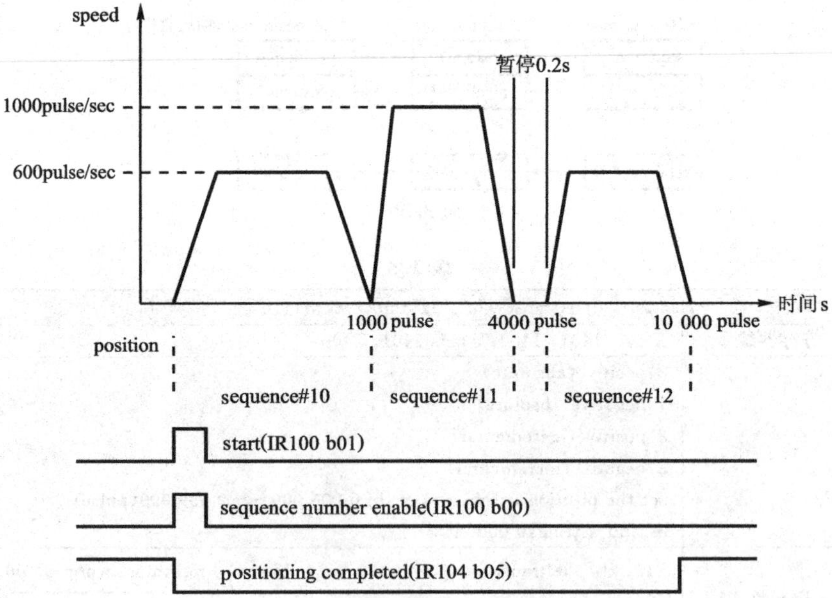

图 3.31

(1) 编辑 sequence：见表 3.54，依右一栏的 sequence 条件编辑左一栏的设定值，将设置值写入左二栏的 DM 区。

表 3.54

设定值	DM 编号	寄存器编号	说　明
1001	DM500	1030	sequence #10 X axis designation completion code：automatic dwell time #1 acceleration time #0 deceleration time #0 initial speed #1 target speed #3
0000	DM501	1031	
0102	DM502	1032	
1001	DM503	1033	
0100	DM504	1034	
0103	DM505	1035	
1003	DM506	1036	sequence #12 X axis designation completion code：bank end dwell time #1 acceleration time #0 deceleration time #0 initial speed #1 target speed #2
0000	DM507	1037	
0102	DM508	1038	

(2) 编辑 speed：依据表 3.52 编辑速度数据于表 3.55，速度数据设置于 DM 区。

表 3.55

设定值	DM 编号	寄存器编号	说　明
0000	DM550	1301	speed #1，0pulse/sec
0600	DM551	1302	speed #2，600pulse/sec
1000	DM552	1303	speed #3，1000pulse/sec

(3) 编辑 position：依据表 3.53 编辑位置数据于表 3.56，位置数据设置于 DM 区。

(4) 编辑 acceleration and deceleration times：表 3.54 中加速时间及减速时间码均设为 #0，表示使用轴参数设置的加/减数时间。如果要使每个 sequence 均有不同的加/减速时间，就必须依据表 3.50 及表 3.51 再编辑加/减速时间表供 sequence 使用。

表 3.56

设定值	DM 编号	寄存器编号	说明
1000 0000	DM600 DM601	1420 1421	position＃10,CW/absolute/1000pulse
4000 0000	DM602 DM603	1422 1423	position＃11,CW/absolute/4000pulse
0000 0001	DM604 DM605	1424 1425	position＃12,CW/absolute/4000pulse

(5) 编辑 dwell time:依据表 3.48 编辑 dwell time 暂停时间数据于表 3.57,时间数据设置于 DM 区。

表 3.57

设定值	DM 编号	寄存器编号	说明
1020	DM651	1641	dwell time＃1,0.2s

2) 发送 DM 区数据至 NC 模块

发送 DM 区数据至 NC 模块除使用专用人工操作外,另有两种方式可行。

(1) 采用 OMRON PLC 指令。

① IOWR 模块写入指令,语法见表 3.58。参数 C 为写入模块目标数据寄存器的起始编号,4 位 BCD 码,例如＃1300;参数 S 为数据来源的数据寄存器的起始编号,4 位 BCD 码,例如 DM500 设置为＃0500;参数 D 为 4 位的 BCD 码,第 1 位为 unit number,第 2～4 位为发送字符数,最多 128 字符,例如＃0020 代表 unit number＝0,发送 20 个字符。

表 3.58 IOWR 指令

IOWR
C
S
D

② 有写入就有读出指令,语法见表 3.59。参数 C 为读出模块目标数

据寄存器的起始编号，4 位 BCD 码，例如＃1500；参数 S 为数据去处的数据寄存器的起始编号，4 位 BCD 码，例如 DM600 设置为＃0600；参数 D 为 4 位 BCD 码，第 1 位为 unit number，第 2～4 位为发送字符数，最多 128 字符，例如＃0020 代表 unit number＝0，发送 20 个字符。

表 3.59 IORD 指令

IORD
C
S
D

以上所提到的 IOWR 和 IORD 指令，与三菱 PLC 的 TO 和 FROM 指令的功能相同。但是，当 NC213 模块安装于远端模块(remote slave rack)时，IOWR 与 IORD 指令无法使用，这点必须注意。所以，现在使用下列方法发送数据至 NC213 模块。

(2) 使用 operating memory area 操作指令区，表 3.43 中 n+1 b12＝IR101 b12 写入指令标志位。使用写入指令标志位，将不受 NC 模块安装位置限制。

使用写入指令标志位发送 DM 区数据至 NC 模块。将已编辑完成的设置值写入 DM 区，再将 DM 区数据发送至 NC 模块。

由表 3.32 中已定义的操作数据设置区节录出表 3.60，I＋0＝DM200 为写入发送字符串数量的数据寄存器，I＋1＝DM201 为写入发送字符串来源数据寄存器，I＋2＝DM202 为写入发送字符串目标数据寄存器。

表 3.60

<table>
<tr><th>I/0</th><th>word</th><th>bit</th><th>name</th><th>operation</th></tr>
<tr><td rowspan="3">output</td><td>I</td><td>00～15</td><td>传送至字符串数(number of transfer words)</td><td rowspan="3">将参数由 DM 区或 EM 区传送至 NC213 模块的资料暂存区
资料格式
15 00
$\times10^3$ | $\times10^2$ | $\times10^1$ | $\times10^0$</td></tr>
<tr><td>I+1</td><td>00～15</td><td>传送字符串地址(transfer source word)</td></tr>
<tr><td>I+2</td><td>00～15</td><td>传送目标地址(transfer destination address)</td></tr>
</table>

已定义的指令区及运行情况监视区见表 3.43。驱动 n＋1 b12＝IR101 b12 为 ON 后，数据开始由 DM 区发送至 NC 模块。发送过程中，表 3.44 中 n＋4 b14＝IR104 b14 标志位被设为 ON；发送完成后，n＋4 b14＝IR104 b14 标志位被设为 OFF。时序如图 3.32 所示。

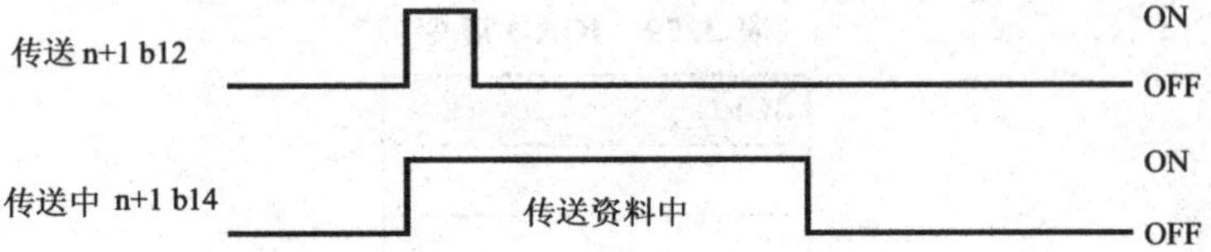

图 3.32

① sequence 数据发送：将 DM200 写入＃0009，DM201 写入＃0500，DM202 写入＃1030，驱动 IR101 b12 为 ON，IR104 b14 标志位为 ON。当 IR104 b14 为 OFF 时，发送完成。

② speed 数据发送：将 DM200 写入＃0003，DM201 写入＃0550，DM202 写入＃1301，驱动 IR101 b12 为 ON，IR104 b14 标志位为 ON。当 IR104 b14 为 OFF 时，发送完成。

③ position 数据发送：将 DM200 写入＃0006，DM201 写入＃0600，DM202 写入＃1420，驱动 IR101 b12 为 ON，IR104 b14 标志位为 ON。当 IR104 b14 为 OFF 时，发送完成。

④ dwell time 数据发送：将 DM200 写入＃0001，DM201 写入＃0651，DM202 写入＃1641，驱动 IR101 b12 为 ON，IR104 b14 标志位为 ON。当 IR104 b14 为 OFF 时，发送完成。

发送不连续的数据寄存器区必须分 4 次发送，4 次数据发送由控制程序将时序分开。PLC 无法同时执行 4 笔数据发送。

3）sequence 数据发送程序

sequence 数据发送程序范例如图 3.33 所示，可利用状态分析法将时序分开。状态分析的条件可利用 IR104 b14 标志位判定。

4）sequence 的启动

将 sequence number 存入操作指令区及运行情况监视区，表 3.43 中寄存器 n＋1 b00～07＝IR101 b00～b07 设置为＃10(因为 sequence NO. 从 sequence＃10 开始)，再将表 3.40 中 n＋0 b00＝IR100 b00 及 n＋0 b01＝IR100 b01 驱动为 ON，即启动已编辑完成的 memory operation。

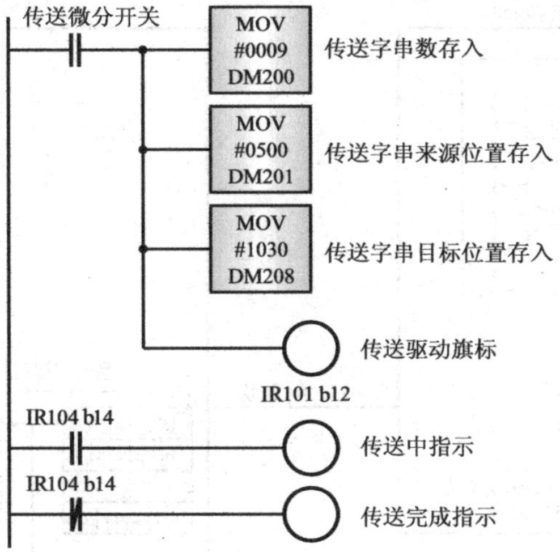

图 3.33

IR100 b00 驱动为 ON，表示告知 NC 模块 sequence 由 sequence＃10 开始执行；IR100 b01 驱动为 ON 表示开始执行 sequence 程序。如图 3.34 所示。

memory operation 属较高级的伺服电机控制方式，因此在中大型 PLC 伺服控制模块中均采用此类控制方式，模块可独立进行部分程序控制及较精确的时序计算，对 NC213 的应用有初步认识后，可较容易地应用其他品牌型号。

5）sequence 的完成

完成标志位与 direct operation 运行相同。图 3.32 所示程序启动后，位置到达 positioning completed 完成标志位，即表 3.43 寄存器 n＋4 b05 由控制器先切换为 OFF，当运行到达预定目标坐标后变换为 ON 状态，完成操作程序。以此标志位进行设备控制程序的逻辑判断，使其他机构与伺服运行完成协调的工作。

6）当前位置监视

所谓当前位置，以完成原点复位程序的二轴直角坐标平面解释，如图 3.35 所示。由当前位置监视就可知道运动机构于直角坐标平面的坐标位置。完成定位运行后，当前位置即目标位置。

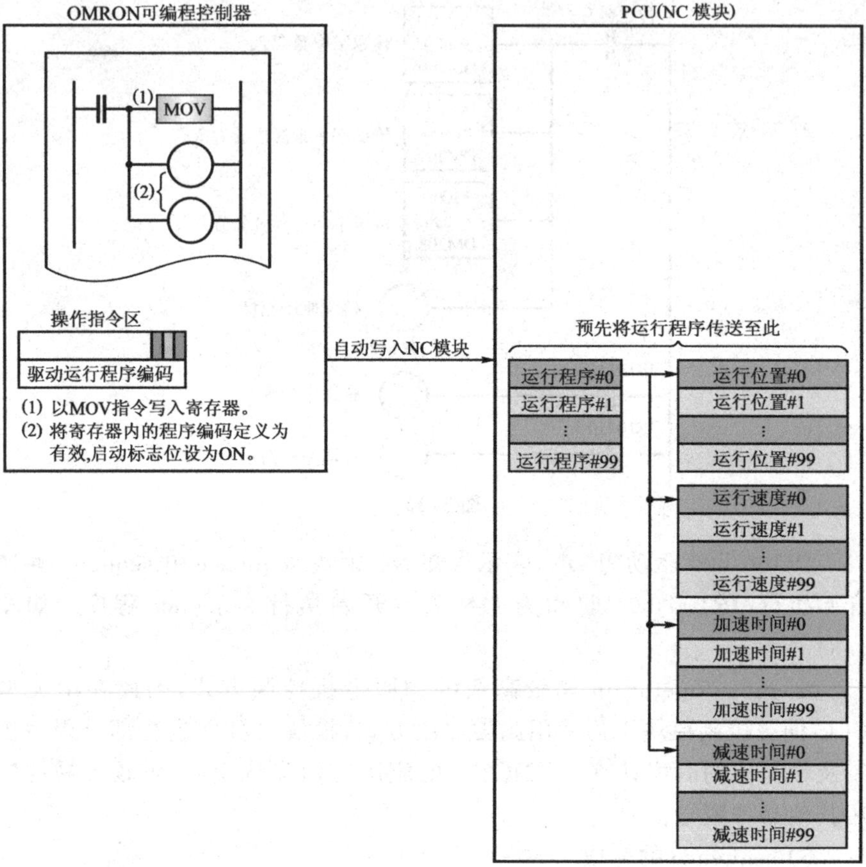

OMRON可编程控制器
(1)
MOV
(2)
操作指令区
驱动运行程序编码
(1) 以MOV指令写入寄存器。
(2) 将寄存器内的程序编码定义为有效,启动标志位设为ON。
自动写入NC模块
PCU(NC 模块)
预先将运行程序传送至此
运行程序#0
运行程序#1
运行程序#99
运行位置#0
运行位置#1
运行位置#99
运行速度#0
运行速度#1
运行速度#99
加速时间#0
加速时间#1
加速时间#99
减速时间#0
减速时间#1
减速时间#99

(a)

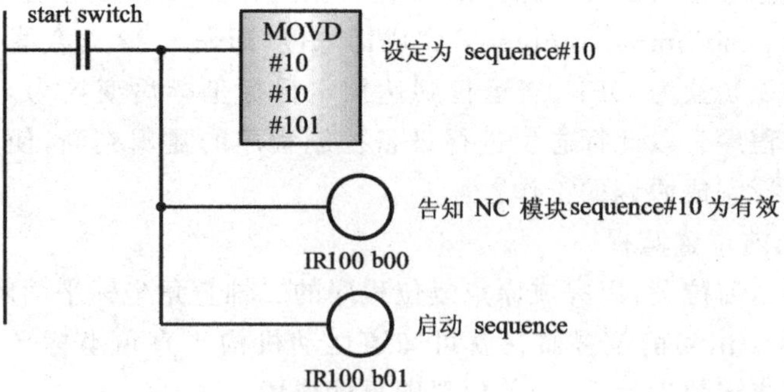

start switch
MOVD
#10
#10
#101
设定为 sequence#10
告知 NC 模块sequence#10 为有效
IR100 b00
启动 sequence
IR100 b01

(b)

图 3. 34

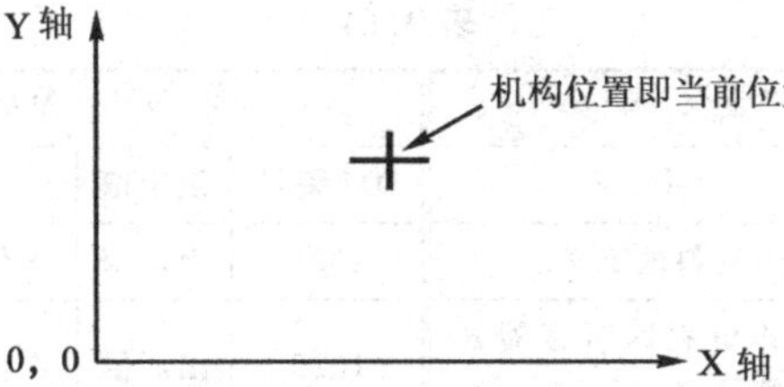

图 3.35

表 3.45 中寄存器 n+5,n+6(即 IR105,IR106)为 NC213 伺服控制模块 X 轴当前位置坐标值存放位置。与 FX2N-1PG 不同的是,NC213 模块已经定义于 IR 寄存器,无需使用读出指令,用户只要直接监视 IR105,IR106 寄存器即可知道当前位置坐标值。

7) 直线补间运动

较高级型号的伺服控制器一般可同时控制多个伺服轴,NC213 即双轴伺服控制模块,可进行 X 轴或 Y 轴独立操作,或者是 X 轴及 Y 轴直线补间运动。

所谓直线补间运动,如图 3.36 所示。当一个直角二轴平面上有两点坐标 P1 和 P2 时,如果希望机构由 P1 点开始直线运动至 P2 点,必须同时开始并同时到达才能完成直线运动。在各轴移动量不相等的情况下,就必须协调 X 轴与 Y 轴间的速度协调,使 X 轴与 Y 轴的运动时间一致。这就是直线补间运动模式。NC213 模块必须在 memory operation 模式才可进行直线补间运动控制。

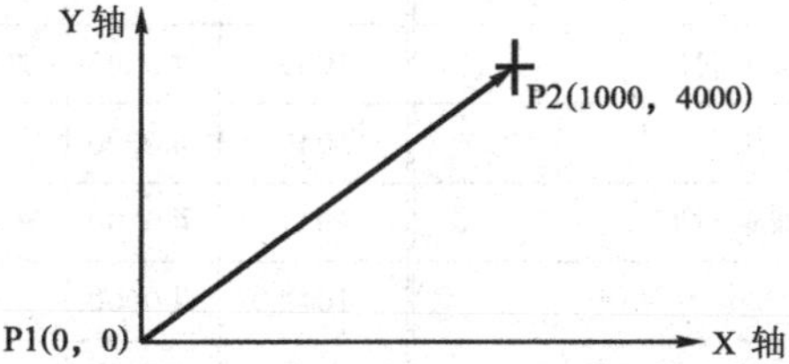

图 3.36

以图 3.36 所要求的运动路线为例,说明 NC213 模块进行两轴直线补间运动控制。

(1) 完成 3.2.1 节轴参数中 Y 轴参数的设置。将两轴参数重新整理成表 3.61,假设机构设置值如图 3.36 所示,并且将参数设置于控制程序内。

表 3.61

X 轴			Y 轴		
DM 编号	设定值	说　明	DM 编号	设定值	说　明
1000	＃000D	操作资料区定义	1024	出厂值	不使用
1001	＃0200	操作资料区暂存器开始编号定义	1025	出厂值	不使用
1002	＃0001	安装位置及轴参数位置定义	1026	出厂值	不使用
1003	出厂值	不使用	1027	出厂值	不使用
1004	＃0340	轴 I/O 设置定义	1028	＃0340	轴 I/O 设置定义
1005	＃1001	原点复位操作模式	1029	＃1001	原点复位操作模式
1006	＃C100	最高速度 100kHz	1030	＃C100	最高速度 100kHz
1007	＃0000	启动速度	1031	＃0000	启动速度
1008	＃C005	原点复位速度 5kHz	1032	＃C005	原点复位速度 5kHz
1009	＃C500	原点复位减速速度 500Hz	1033	＃C500	原点复位减速速度 500Hz
1010	＃0000	原点位置定义	1035	＃0000	原点位置定义
1011	＃0000		1034	＃0000	
1012	＃0000	齿轮间隙修正	1036	＃0000	齿轮间隙修正
1013	＃0000	齿轮间隙修正速度	1037	＃0000	齿轮间隙修正速度
1014	＃0000	加/减速 S 曲线	1038	＃0000	加/减速 S 曲线
1015	＃0200	加速时间	1039	＃0200	加速时间
1016	＃0000		1040	＃0000	
1017	＃0200	减速时间	1041	＃0200	减速时间
1018	＃0000		1042	＃0000	
1019	出厂值	位置监视时间	1043	出厂值	位置监视时间
1020	＃0000	反转软件极限	1044	＃0000	反转软件极限
1021	＃0000		1045	＃0000	
1022	＃0000	正转软件极限	1046	＃0000	正转软件极限
1023	＃0100		1047	＃0100	

(2) 轴参数设置完成后，按表 3.62 编辑 X 轴及 Y 轴补间运动的 positioning sequence。positioning sequence 所使用的寄存器编号为 X 轴所使用，而 Y 轴所使用的 positioning sequence 在此并不需要设置。

表 3.62

设定值	DM 编号	寄存器编号	说　明
3003	DM500	1030	sequence＃10 X，Y axis designation completion code：bank end
0000	DM501	1031	dwell time＃0 acceleration time ＃0 deceleration time ＃0
0102	DM502	1032	initial speed ＃1 target speed ＃2

(3) 表 3.62 中 positioning sequence 指定的运动轴为 X 轴及 Y 轴，因此必须设置 X 轴及 Y 轴的 position＃10 数据，见表 3.63。在 X 轴及 Y 轴所使用的 position＃10 寄存器内，设置图 3.36 所示 P_2 点的 X 轴及 Y 轴坐标值。

表 3.63

设定值	DM 编号	寄存器编号	说　明
X 轴			
1000 0000	DM600 DM601	1420 1421	position ＃10 CW/absolute/1000pulse
Y 轴			
4000 0000	DM600 DM601	2420 2421	position ＃10 CW/absolute/4000pulse

(4) 表 3.62 中 positioning sequence 的加/减速时间码设置为＃00，使用轴参数设置的加/减速时间。

(5) 运行速度使用表 3.55 的 X 轴速度数据。虽然为二轴联动运行，但速度数据仅使用 X 轴所设置的速度数据，因此 NC213 模块可将设置速度分为 X 轴及 Y 轴两个向量分量使用，如图 3.37 所示。二轴运行时间可相等。

(6) 将编辑完成的 positioning sequence 设置数据及 position＃NO.

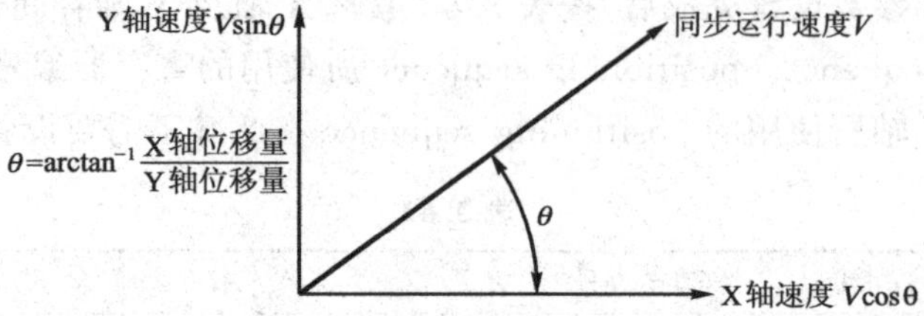

图 3.37

设置数据，由预先编辑完成的 DM 区发送至 NC213 模块的 internal memory data area。

(7) 数据发送完成后，可先将 X 轴及 Y 轴运行原点复位程序，让机构位于坐标(0,0)位置，再启动 sequence＃10 运行，机构将以直线运动方式由 P1(0,0)点运动至 P2(1000,4000)点。

(8) 运行定位完成，可由 n＋4 b05＝IR104 b05 标志位确认动作完成。

(9) 当前位置监视，可由 X 轴当前位置监视寄存器 n＋5，n＋6(即 IR105，IR106)以及 Y 轴当前位置监视寄存器 n＋8，n＋9(即 IR108，IR109)完成。

经过以上说明，对于伺服控制模块二轴直线补间运动应有较具体的概念。而 NC213 模块并不能进行圆弧补间运动，如果要进行较复杂的运动，必须完全由直线运动仿真配合完成，这是用户需要知道的。

本章重点

1. 伺服电机控制器可分为通用型控制器及专为控制伺服电机而设计的控制器。

2. 伺服电机控制器的控制软件有功能较单一的低级软件及功能较复杂的高级软件。

3. 无论高级程序或低级程序，对计算机语言而言都属于高级语言，所以对用于特殊指定用途的控制系统，基于效率及成本考虑，必须开发相对专用的软硬件。

4. 三菱 FX2N-1PG 模块为通用基础型伺服控制模块，为学习伺服控制的入门模块，必须了解各项控制参数的运用及定义。

5. JOG运行、原点复位运行、定位运行为伺服电机基本运行模式。

6. 伺服电机硬件安装完成后,首先要进行的运行模式就是JOG运行。

7. 由JOG运行模式,可调整验证驱动器的参数设置并判断接线是否正确。

8. 通用伺服电机的反馈信号一般设置为增量式。进行绝对坐标运行时,必须先进行原点复位运行。

9. 点对点的定位运行很简单,确是通用伺服控制器最大的应用范畴。

10. 为方便坐标运算,可设置参数将电机运行单位换算成易读的机械单位。

11. 使用机械单位时,应注意计算误差所引起的累积误差。

12. OMRON NC213伺服控制模块为较高级型通用伺服控制器,可分担CPU模块的工作,能进行较复杂的控制流程。

13. 与三菱FX2N-1PG模块比较,OMRON NC213伺服控制模块有更多的参数设置及较复杂的参数设置方法。

14. 三菱FX2N-1PG模块的定位运行模式近似于OMRON NC213模块的direct operation运行模式。

15. OMRON NC213模块的memory operation运行模式,可进行多轴伺服控制。其他品牌较高级型号的控制模块,其功能及运行模式也相近。

本章习题

1. 何谓伺服电机的加/减速时间,有何影响?

2. 何谓启动速度,用途是什么?

3. 试描述伺服电机JOG运行模式及其必要参数、时序关系。

4. 试描述伺服电机原点复位运行模式及其必要参数、时序关系。

5. 试描述伺服电机原点复位运行时检测DOG信号可能运行的程序。

6. 为确保原点复位的完成,硬件接线如何配合?

7. 试描述DOG信号长度的要求及DOG信号位置的要求。

8. 试举例说明控制模块的参数写入方法及指令用法。

9. 试举例说明控制模块的参数读出方法及指令用法。

10. 试描述何谓 direct operation 运行模式。

11. 分别说明绝对坐标运行与相对坐标运行的不同。

12. 试描述何谓 memory operation 运行模式。

13. 试描述何谓 output code 输出码,用途是什么?

14. 试描述何谓 dwell time No. 暂停时间,用途是什么?

15. 试描述何谓电气原点、何谓机械原点,有何关系?

16. 试描述电机单位、机械单位、复合单位,需要何项参数配合?

17. 说明一速位置定位运行的时序及必要参数的写入。

18. 说明何谓 positioning sequence,格式是什么?

19. 试编写一个多段速度运行的 memory operation 执行的 positioning sequence。

20. 何谓直线补间运动?

第 4 章　硬件接线及控制程序实验

对伺服驱动器而言，FX2N-1PG 是开环控制系统。具体来说，常用 P command 控制器均为开环系统。因此，当驱动器与控制器未连接时，控制器也能操作。如图 4.1 所示。

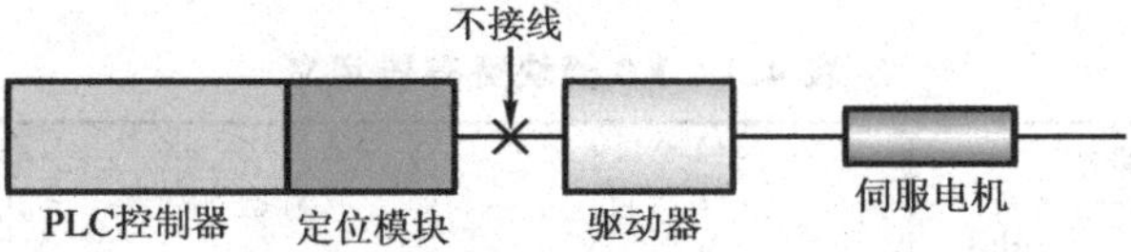

图 4.1

4.1　FX2N-1PG 开路接线

FX2N-1PG 的 VIN 端子及 S/S 端子接 24V DC 高电位，PGO+端子串联 2.2kΩ 限流电阻后接 24V DC 高电位；PG0－，DOG，STOP 分别经开关接 0V 低电位。接线图如图 4.2 所示。

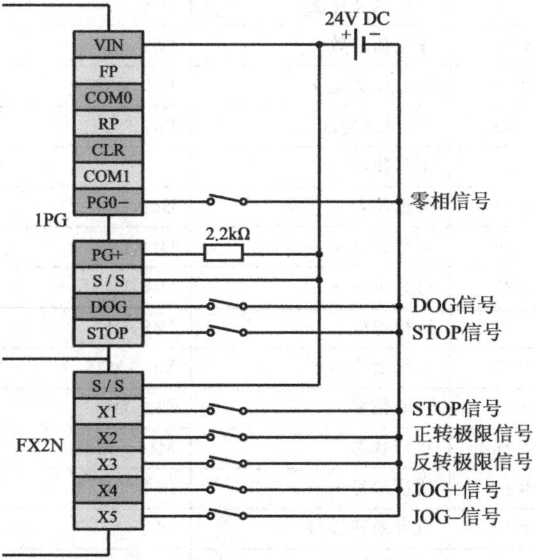

图 4.2

4.2　寄存器定义

FX2N-1PG 内部数据寄存器必须与 FX2N PLC 主机数据寄存器进行对应，方便写入及读出 FX2N-1PG 寄存器数据。

FX2N-1PG 安装于 FX2N PLC 主机第一个扩充模块，编号 K0。

(1) 将表 3.1 加入对应数据寄存器 D25～D52 定义，见表 4.1。

表 4.1　K0 模块寄存器定义

BFM 编号		项　目	数据寄存器	R/W
上 16bit	下 16bit			
—	#0	pulse/rev	D25	W
#2	#1	距离/rev	D27,D26	W
—	#3	参数	D28	W
#5	#4	最高速度	D30,D29	W
—	#6	启动速度	D31	W
#8	#7	JOG 速度	D33,D32	W
#10	#9	原点复位速度	D35,D34	W
—	#11	原点减速速度	D36	W
—	#12	零位信号数	D37	W
#14	#13	原点位置定义	D39,D38	W
—	#15	加/减速时间	D40	W
—	#16	不可使用		
#18	#17	目标位置 1	D42,D41	W
#20	#19	运行速度 1	D44,D43	W
#22	#21	目标位置 2	D46,D45	W
#24	#23	运行速度 2	D48,D47	W
—	#25	运行命令	M0～M15	W
#27	#26	当前位置	D50,D49	R/W
—	#28	执行状态	M16～M31	R
—	#29	错误编号	D51	R
—	#30	机种验证编号	D52	R
—	#31	不可使用		

(2) 将 M0～M15 分配给＃25 寄存器运行命令使用，见表 4.2。

表 4.2 K0 模块＃25 寄存器运行命令定义

辅助继电器	对应 bit	内容	动作时机
M0	b0	错误复位信号	1
M1	b1	停止信号 STOP	0>1
M2	b2	正转脉冲停止发送	1
M3	b3	反转脉冲停止发送	1
M4	b4	JOG＋运转	1
M5	b5	JOG－运转	1
M6	b6	原点复位启动信号	0>1
M7	b7	绝对位置，0；相对位置，1	
M8	b8	一速位置定位启动信号	0>1
M9	b9	中断插入一速位置定位启动信号	0>1
M10	b10	二速位置定位启动信号	0>1
M11	b11	外部信号定位运转启动信号	0>1
M12	b12	多段变速运转启动信号	0>1
M13	b13	不使用	
M14	b14	不使用	
M15	b15	不使用	

(3) 将 M16～M31 分配给＃28 寄存器运行状态使用，见表 4.3。

表 4.3 K0 模块＃28 寄存器运行命令定义

辅助继电器	对应 bit	内容
M16	b0	READY，b0＝1；BUSY，b0＝0
M17	b1	正转脉冲发送中，bl＝1；反转脉冲发送中，bl＝0
M18	b2	原点复位已执行，b2＝1；未执行，b2＝0
M19	b3	停止信号 ON，b3＝1；OFF，b3＝0
M20	b4	DOG 信号 ON，b4＝1；OFF，b4＝0
M21	b5	PGO 信号 ON，b5＝1；OFF，b5＝0
M22	b6	当前值溢位，b6＝1
M23	b7	错误配置信号
M24	b8	位置到达完成
M25～M31	b9～b15	不使用

4.3　JOG 操作试验

I/O 定义如图 4.2 所示；以状态分析法表示 PLC 程序如图 4.3 所示，称为状态分析图；转为阶梯图，如图 4.4 所示。

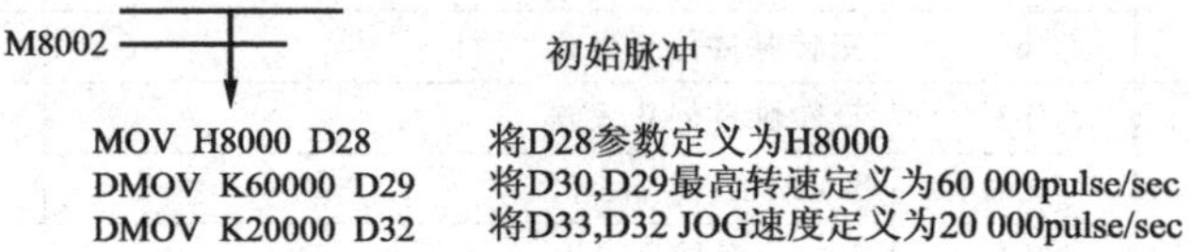

图 4.3

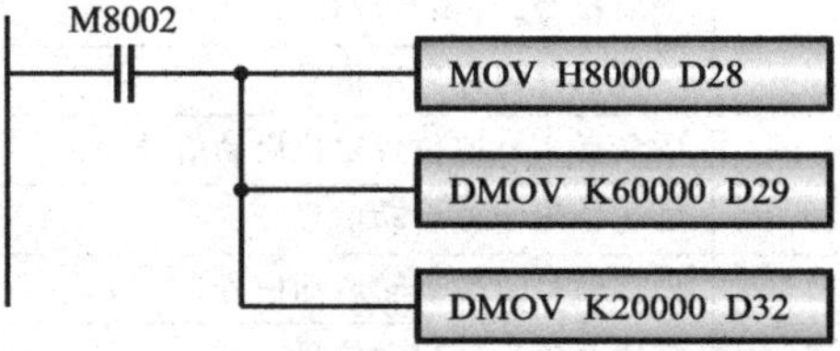

图 4.4

状态分析法便于程序逻辑的编写及表示，在此暂不讨论，以下程序以相同的方式转为阶梯图。

如图 4.5 所示，利用 PLC 内部特殊继电器 M8000 将 TO 及 DTO 保持执行状态，将 D28，D29，D30，D32，D33 寄存器值写入＃3，＃4，＃5，＃7，＃8 参数寄存器内。操作标志位必须连接到输入节点，才能由硬件节点操作运行。由表 4.1～表 4.3 的预先编辑可得出图 4.6 所示状态图。

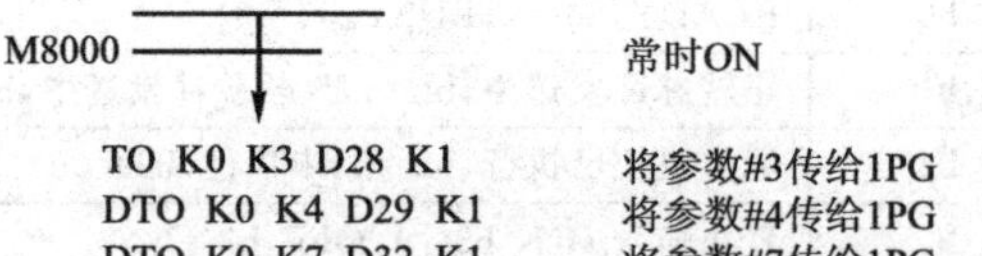

图 4.5

将图 4.3～图 4.6 所示范例程序写入 PLC。范例程序已根据现况定义 STOP，DOG 信号为 A 节点，两端极限开关及内部 STOP 也定义为 A 节点，因此参数＃3 为 H8000。JOG 信号测试结果如下。

(1) 驱动 X4 JOG＋信号，1PG 依照已定义的运行速度输出脉冲。此

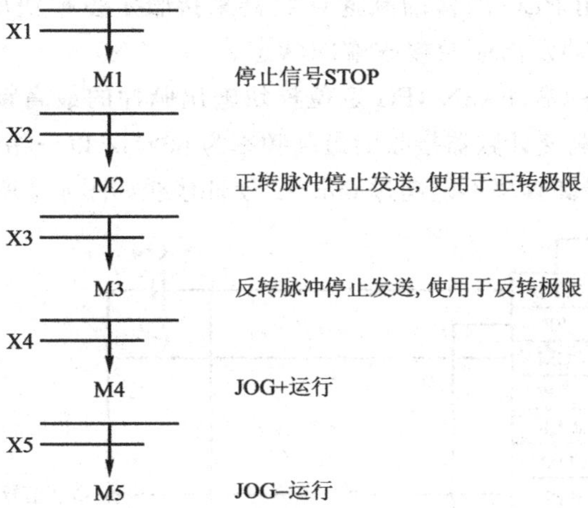

图 4.6

时，FP 指示灯闪烁，表示 FP 端子正输出脉冲。

(2) 驱动 X5 JOG－信号，1PG 依照已定义的运行速度输出脉冲。此时，RP 指示灯闪烁，表示 RP 端子正输出脉冲。

(3) 驱动 X1 STOP 信号，此时再驱动 X4 或 X5 均无效，FP 指示灯及 RP 指示灯无法闪烁，FP 及 RP 端子无脉冲输出。

(4) 驱动 X2 正转脉冲停止发送，此时 X4 驱动无效，FP 指示灯及端子无法输出脉冲；驱动 X5，JOG－可正常动作。

(5) 驱动 X3 反转脉冲停止发送，此时 X5 驱动无效，RP 指示灯及端子无法输出脉冲；驱动 X4，JOG＋可正常动作。

以上试验是先将问题简单化(无论是否有实际的伺服电机存在，此时可不必考虑接线是否有误)，验证范例程序所设置的参数及 I/O 配置是否正确；若软件正确，再验证硬件接线正确与否，以便有效调试。

若测试符合测试结果(1)～(5)，表示已接线的硬件及软件程序正确。

4.4 脉冲接收试验

上一段试验中，在开环情况下通过 JOG 指令使定位模块的 FP 及 RP 端子成功地送出脉冲，验证输出模式为正转脉冲或反转脉冲，FP 或 RP 指示灯闪烁。

现在，利用 PLC 内含的高速计数器来接收定位模块所发出的脉冲，进一步验证脉冲发出端及接收端的状态。

需要注意的是，FX2N-1PG 定位模块输出脉冲的最高频率为 100kHz，而 FX2N 内含高速计数器接收的最高频率为 60kHz(以一相输入为准)。因此，试验波形最高频率不能超过 60kHz，硬件接线如图 4.7 所示。

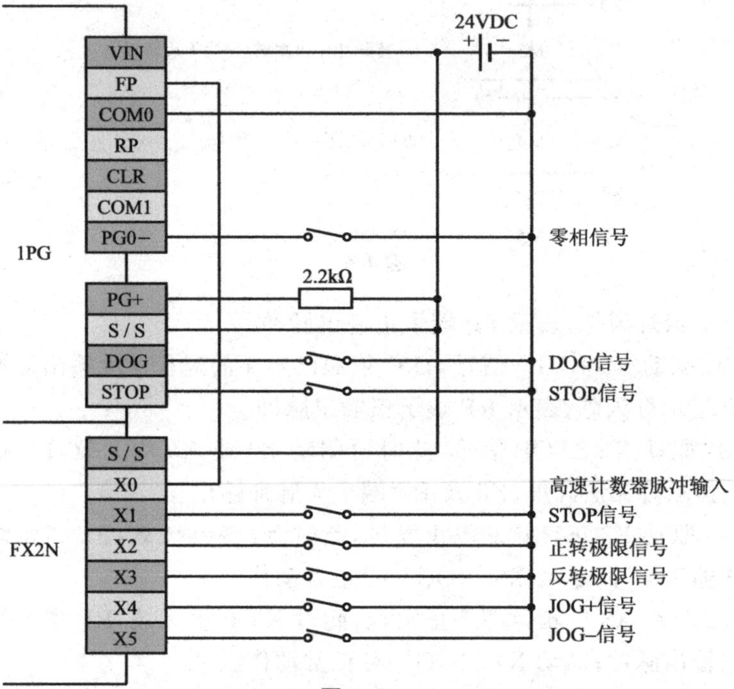

图 4.7

PLC 输入节点 X0 为高速计数器 C235 脉冲输入点，启动 C235 需于前段 PLC 程序中加入图 4.8 所示指令。

根据图 4.7 所示接线图，将 FP 脉冲送至 C235 计数实验如下。

(1) 将程序写入 PLC，PLC 设置为 RUN；将编辑软件与 PLC 连线，设置成监视模式。

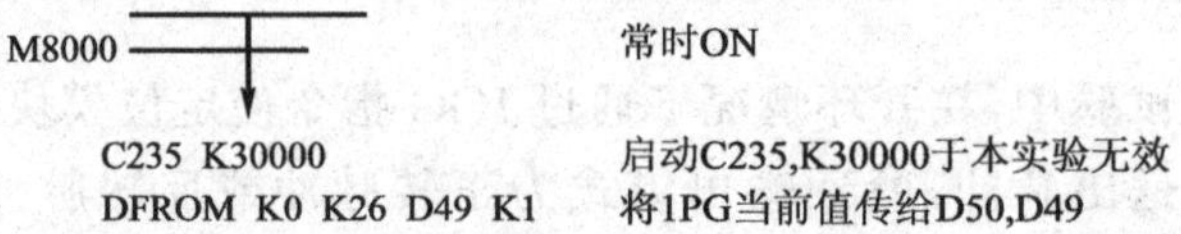

图 4.8

(2) 监视 C235 及 D50,D49 的当前值。完成准备工作后,驱动 X4 JOG+,此时 FP 指示灯闪烁,脉冲由 FP 端子送出,C235 当前值递增;X4 停止驱动,FP 脉冲停止,此时 C235 与 D50,D49 当前值应相等。

由实验可知,定位模块以脉冲方式输出信号,而且可以用计数器记录脉冲数,相当于伺服驱动器的偏差计数器接收指令脉冲。

4.5　将 C235 仿真成位置计数器

上一段试验中,C235 只能接收 FP 脉冲信号递增计数,无法递减计数,但是位置计数器必须完成递增及递减。现在,我们增加 C235 的递减功能,让它更接近实际情况。

按图 4.9 修改硬件接线,将 RP 端子接到 X15 端子。软件修改如图 4.10 所示。

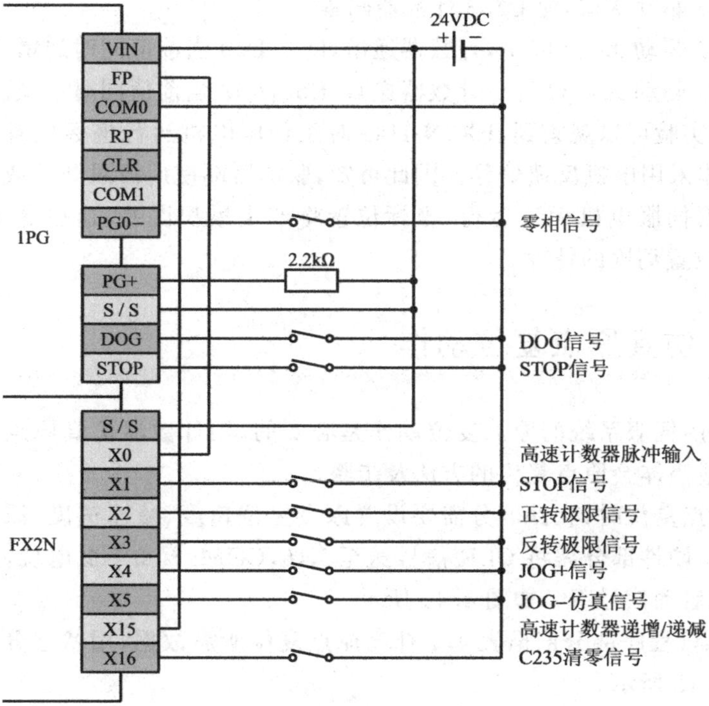

图 4.9

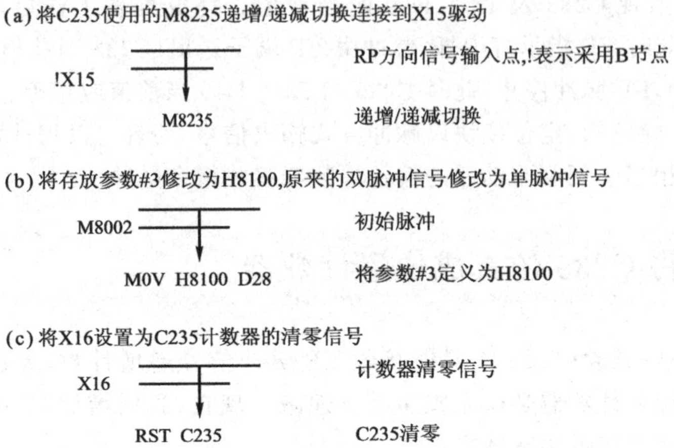

图 4.10

实验如下，同样监视 C235 及 D50，D49 的当前值。

(1) 驱动 X16，使 C235 计数器归零。

(2) 驱动 X4 JOG＋，计数器递增，D50，D49 当前值同时递增。

(3) 驱动 X5 JOG－，计数器递减，D50，D49 当前值同时递减。

由实验可以观察到，FX2N-1PG 对于伺服电机运行坐标位置自行运算，并非采用电机反馈信号。因此可知，驱动器端使用极限开关或紧急开关时，因伺服电机无法运行，坐标位置将产生累积误差，这也是 P command 位置伺服的特性。

4.6　仿真原点复位动作

常用伺服系统的原点复位动作是必要的，用计数器仿真原点复位动作，可适当体会原点复位的方法及步骤。

原点复位时，软件部分需要设置原点复位速度、减速速度、原点复位方向等；硬件部分需将 CLR 信号送至 X16，COMl 接 0V 低电位，另设原点复位启动信号 X6，如图 4.11 所示。

PLC 程序部分依据表 4.1 补充原点复位所需数据，用状态分析表示如图 4.12 所示。

实验如下，监视 D50，D49 及 C235 计数器的当前值。

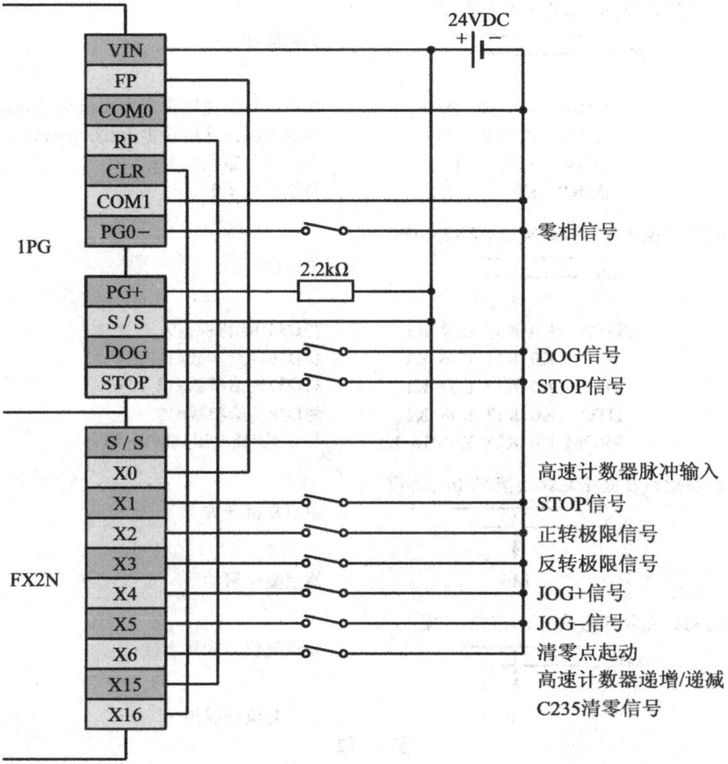

图 4.11

(1) 驱动 X6,启动原点复位动作,1PG 发出反转信号查找 DOG 信号。

(2) 以手动方式驱动 DOG 信号,脉冲频率为减速频率。

(3) FX2N-1PG 开始记录零相脉冲数。

(4) 以手动方式驱动 PG0−仿真零相脉冲信号,1PG 接收到零相脉冲后停止发送脉冲,并且发出 CLR 信号将 C235 计数器清零。

(5) Y0 输出 ON,完成原点复位的程序动作。

原点复位完成后,C235 计数器与 D50,D49 的当前值均清零,与实际的伺服电机原点复位动作是相同的;同时,也验证了图 3.7 所示原点复位程序。

(a) 将原点复位参数存入数据寄存器

M8002　　　　　　初始脉冲

DM0V　K20000　D34　　将原点复位速度设定为20 000pulse/sec
MOV　K2000　D36　　将原点减速速度设定为2000pulse/sec
MOV　K1　D37　　零点信号数设定为1
DMOV　K0　D38　　将原点设定0

(b) 将数据寄存器参数发送给FX2N-1PG

M8000　　　　　　常时ON

DTO　K0　K9　D34　K1　　将D34传给参数#9
TO　K0　K11　D36　K1　　将D36传给参数#11
TO　K0　K12　D37　K1　　将D37传给参数#12
DTO　K0　K13　D38　K1　　将D38传给参数#13
FROM　K0　K28　K4M16　K1　　将参数#28取出到M16~M31

(c) 将原点复位开关X6连接到M6标志位

X6　　　　　　原点复位开关

M6　　　　　　原点复位启动

(d) 将原点复位完成指示连接到Y0输出

M18　　　　　　原点复位完成标志位

Y0　　　　　　原点复位完成指示

图 4.12

4.7　绝对坐标一速定位

大部分伺服电机的定位动作都以一速定位模式进行。进行一速定位之前，必须告诉 FX2N-1PG 运行速度及位置，因此就有了时序上的问题：数据的移动动作应在启动信号之前；如果数据移动在启动信号之后动作，则定位及速度数据将是前一次运行的数据。

进行一速定位试验的硬件接线如图 4.13 所示，在 PLC 输入点增设 X17 及 X20 输入点，将 X17 定义为 P1 点定位启动，X20 定义为 P2 点定位启动；PLC 程序部分增加图 4.14 所示修改，为确保数据移动在启动信号之前执行，应按排列顺序键入 PLC 程序。

实验如下，监视 D50，D49 及 C235 计数器的当前值。

(1) 驱动 X6，启动原点复位动作并依上一个实验以手动方式完成原

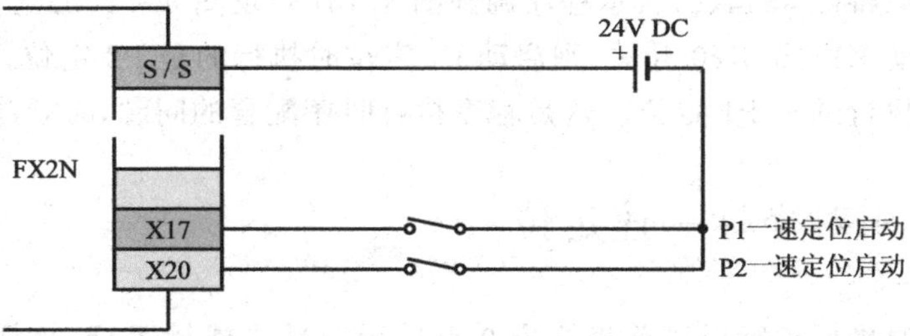

图 4.13

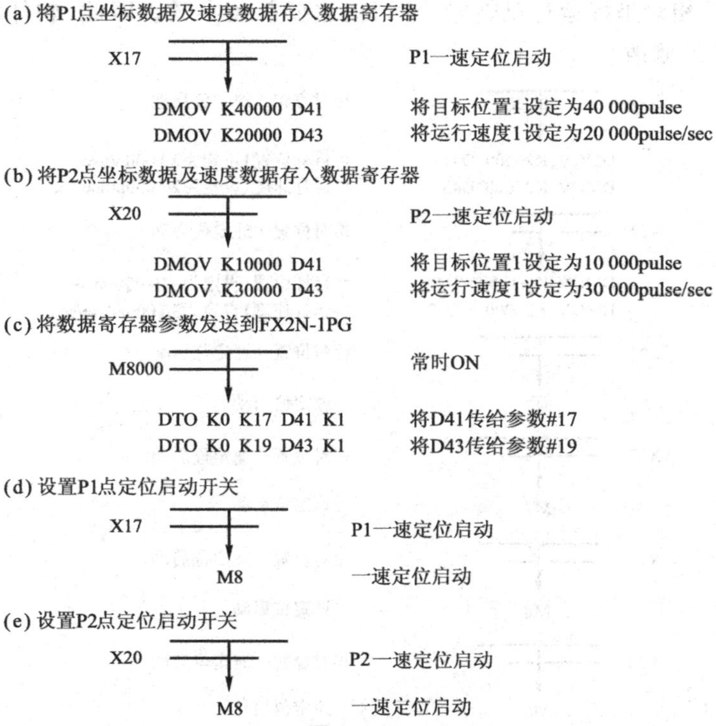

图 4.14

点复位动作。

（2）驱动 X17，启动 P1 一速定位，速度为 20 000pulse/sec，C235 计数器停止于 40 000 的计数值。

（3）驱动 X20，启动 P2 一速定位，速度为 30 000pulse/sec，C235 计数器停止于 10 000 的计数值，就如同实际的伺服电机定位一样。

如果将图 4.14(c)所示程序调到图 4.14(a)及图 4.14(b)之前执行，交替启动 X17 及 X20 开关，则启动 P1 定位时执行的是 P2 定位，启动 P2 定位时执行的是 P1 定位。这是程序执行时序配合的问题，必须注意。

4.8　相对坐标一速定位

相对坐标运行以当前坐标为 0 点进行增量或减量运行，软件不同的地方：第一，必须驱动 M7 标志位；第二，一般绝对坐标尽量不使用负值坐标，可是相对坐标运行反转指令时，就需要负值参数。因此，软件增加图 4.15 所示修改。

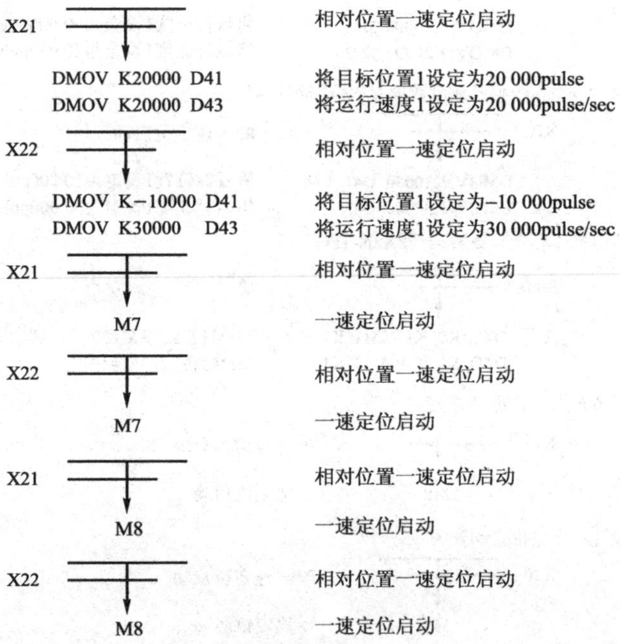

图 4.15

实验如下，监视 D50，D49 及 C235 计数器的当前值。

(1) 如果先进行原点复位动作，D50，D49 及 C235 计数器的当前值将相等。

(2) 驱动 X21 时，计数器当前值同步增加 20 000；再驱动一次，计数器当前值同步再增加 20 000。

(3) 驱动 X22 时，计数器当前值同步减少 10 000；再驱动一次，计数器当前值同步再减少 10 000。

这种情形与绝对坐标运行是不相同的。进行绝对坐标运行时，如果连续启动同一坐标定位，则第二次以后就无动作。其原因是当前坐标即目标坐标，不用运行就已到达目的了。

以累积误差而言，采用电机单位不会产生运算误差，当然不会将误差累积下来；如果采用复合单位或机械单位，相对位置运行后将产生运算累积误差。

4.9 其他参数设置

要完成一个较完整的实验程序，尚有部分参数必须设置。之前因为采用内定值未设置，以下进行补充设置。

参考表 3.1 增加图 4.16 所示修改。

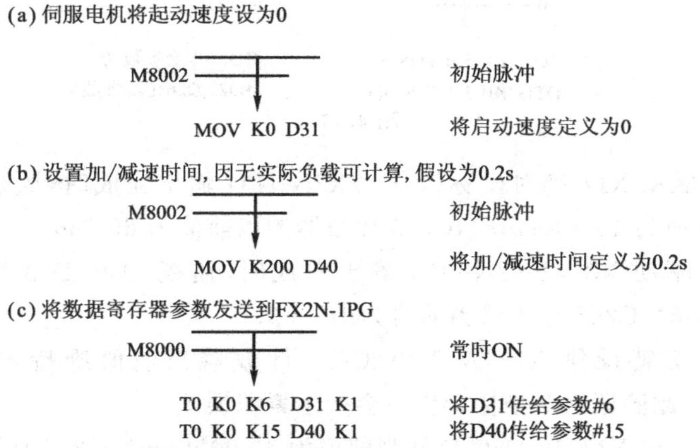

图 4.16

4.10 复合单位运行

通过前几项实验，对于常用伺服电机点对点定位控制及操作应有初步认识。前文实验均采用电机单位运行，因此可见到 FX2N-1PG 的坐标当前值 D50，D49 与 C235 计数器当前值等值同步增减。如果采用复合单位或机械单位运行，则坐标当前值 D50，D49 与 C235 计数器当前值有不同的计数结果。

依第 3 章的介绍，伺服电机使用复合单位运行时，参数＃3 寄存器 b1 及 b0 必须设为 10 或 11(现在设为 11)，单位换算参数也必须设置，如图 4.17 所示。

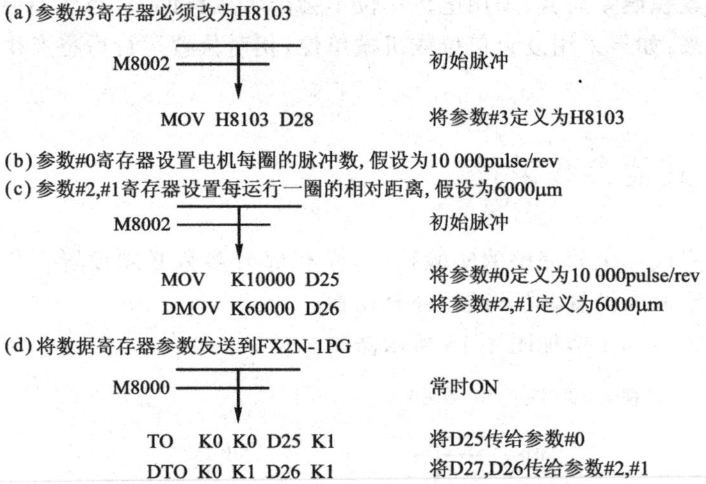

图 4.17

(1) 驱动 X17 绝对坐标操作，FX2N-1PG 输出完成时，监视 D50 与 D49 当前值为 40 000(μm)，C235 计数器的当前值为 66 666。

(2) 驱动 X20，FX2N-1PG 输出完成时，监视 D50，D49 当前值为 10 000(μm)，C235 计数器当前值为 16 666。

(3) 交替操作 X17 及 X20，C235 计数器当前值维持 66 666 及 16 666，由此验证绝对坐标操作不会产生累积误差。

(4) 驱动 X17，使 D50，D49 当前值为 40 000(μm)，C235 计数器当前值为 66 666。

(5) 驱动 X21 相对坐标操作，FX2N-1PG 输出完成时，监视 D50，D49 当前值为 60 000(μm)，C235 计数器当前值为 99 999。

(6) 如果以绝对坐标操作，60 000(μm)对应的 C235 计数器当前值应为 100 000，因为相对坐标操作已产生误差。

(7) 重复驱动 X21 及 X22，进行多次相对运动。

(8) 驱动 X17 绝对坐标操作，FX2N-1PG 输出完成时，监视 D50，D49 当前值为 40 000(μm)，但是 C235 计数器当前值已不是 66 666，是无法预料的数值。

经过以上实验可验证，伺服控制器经过单位换算将产生计算误差，绝对坐标操作时为固定误差，相对坐标操作将使误差累积。如果要避免累积误差的发生，应避免使用相对运动；或注意参数及指令数值的配合，不发生计算误差，当然就不发生累积误差。

4.11　完整的实验程序

将完整的实验程序重新整理，如图 4.18 所示。

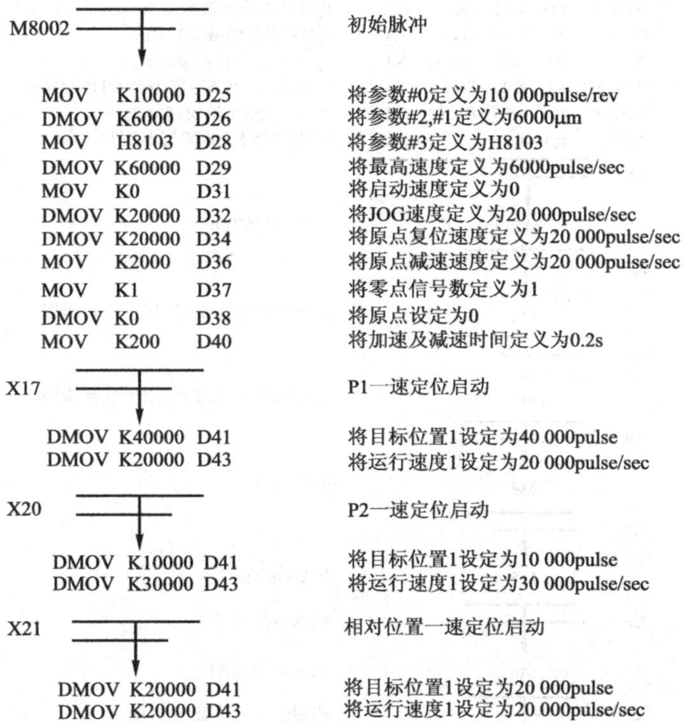

图 4.18

X22		相对位置一速定位启动
DMOV	K−10000　D41	将目标位置1设定为−10 000pulse
DMOV	K30000　D43	将运行速度1设定为30 000pulse/sec
M8000		常时ON
TO	K0　K0　D25　K1	将D25传给参数#0
DTO	K0　K1　D26　K1	将D25,D26传给参数#2,#1
TO	K0　K3　D28　K1	将D28传给参数#3
DTO	K0　K4　D29　K1	将D29,D30传给参数#4,#5
TO	K0　K6　D31　K1	将D31传给参数#6
DTO	K0　K7　D32　K1	将D33,D32传给参数#8,#7
DTO	K0　K9　D34　K1	将D35,D34传给参数#10,#9
TO	K0　K11　D36　K1	将D36传给参数#11
TO	K0　K12　D37　K1	将D37传给参数#12
DTO	K0　K13　D38　K1	将D38传给参数#13
TO	K0　K15　D40　K1	将D40传给参数#15
DTO	K0　K17　D41　K1	将D41传给参数#17
DTO	K0　K19　D43　K1	将D43传给参数#20,#19
TO	K0　K25　K4M0　K1	将运行指令传给参数#25
DFROM	K0　K26　D49　K1	将参数#27,#26当前值传给D50,D49
FROM	K0　K28　K4M16　K1	将参数#28传给M16~M31
C235	K30000	启动C235,K30000与本实验无关
X1	M1	停止信号STOP
X2	M2	正转脉冲停止发送,用于正转极限
X3	M3	反转脉冲停止发送,用于反转极限
X4	M4	JOG+运行
X5	M5	JOG−运行
X6		原点复位开关
	M6	原点复位启动
X21		相对位置一速定位启动
	M7	相对运动坐标

续图 4.18

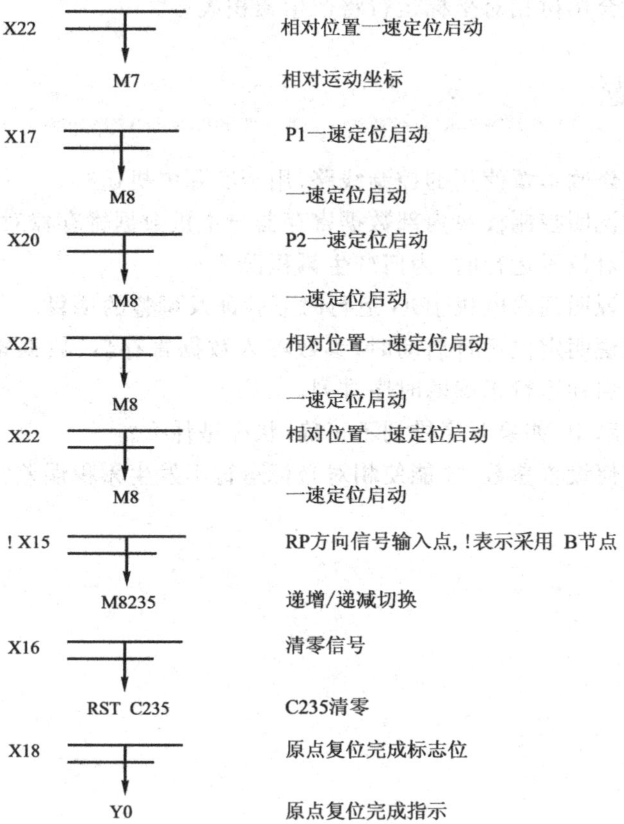

续图 4.18

本章重点

1. 以三菱 FX2N PLC 控制器及 FX2N-1PG 伺服控制模块进行控制试验。
2. 验证 P command 位置伺服控制器，可工作于开路状态下。
3. 验证电机单位与复合单位运行的不同。
4. 必须预先定义寄存器区与伺服控制模块对应沟通。
5. 必须预先定义内部继电器区与指令操作参数对应。
6. 必须预先定义内部继电器区与运行状况参数对应。
7. 复合单位绝对坐标运行定位不产生累积误差。

8. 复合单位相对坐标运行将产生累积误差。

本章习题

1. 试修改本章使用的控制线路，用于实际电机运行。

2. 试说明控制模块内部数据寄存器与主机数据寄存器对应的目的。

3. 相对位置运行时，为何产生累积误差？

4. 试说明伺服电机 JOG 运行时可验证及调整的项目。

5. 试说明定位运行启动时，参数存入数据寄存器、数据寄存器写入控制模块、启动运行正确的时序排列。

6. 上题中，如果时序排列不正确，状况是什么？

7. 如何设置参数，才能使相对坐标运行不发生累积误差？

第 5 章　伺服电机与步进电机的选用

伺服电机规格大小的选定必须依电机所驱动的机构特性而定。所谓特性，就是电机输出轴负载的转动惯量大小、机构的配置方式、效率和摩擦力矩等。如果没有负载特性及数据，又没有可供参考的机构，就很难决定选用的伺服电机规格。

这时必须计算出负载惯量及希望的旋转加速度，才能推算出加/减速所需转矩。由机构安装形式及摩擦力矩推算出匀速运动时的负载转矩；然后推算停止运动时的保持转矩，如垂直运动对抗重力而保持的转矩。最后，根据转矩需求选用合适的电机。

以下将介绍各项转矩的产生及计算公式，作为读者设计新的机构时选择电机规格的依据。

5.1　转动惯量的物理定义

物理学上的惯量定义是对于旋转运动的物体所作的描述，数学上的惯量为旋转物体的单位质量乘以单位质量重心与旋转中心距离的平方。如果以 kg 为质量单位，以 m 为长度单位，则惯量单位为 $kg \cdot m^2$，如图 5.1 所示。

惯量以分割成小单元的质量及对其旋转中心的旋转半径计算，不同

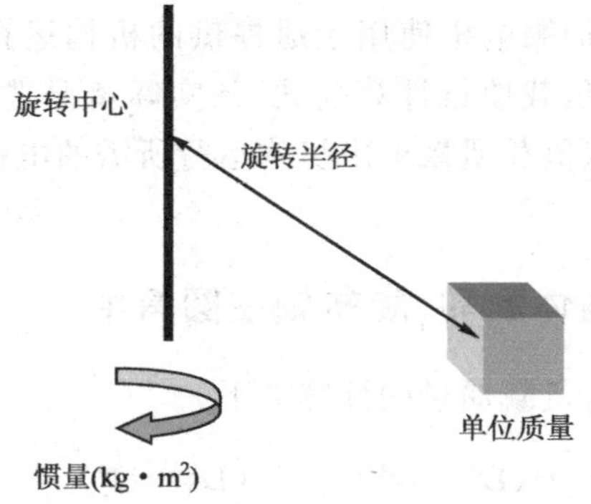

图 5.1

外形及旋转方式有不同的计算方法。若以数学积分方式计算，则计算过程过于繁复。因此可归纳成几种运动方式及外形，然后以试算表方式计算，如此较为简便快速。

5.2　转动惯量与转矩的关系

$$T=J\times\frac{\mathrm{d}\omega}{\mathrm{d}t} \tag{5.1}$$

式中，$\mathrm{d}\omega/\mathrm{d}t$ 为弧度量旋转加速度（$\mathrm{rad/s^2}$）；T 为转矩（$\mathrm{N\cdot m}$）；J 为转动惯量（$\mathrm{kg\cdot m^2}$）。

计算负载惯量的目的就是为计算加/减速转矩。知道了惯量与转矩的关系，就容易由惯量求出使旋转对象加速或减速的转矩。

任何旋转物体均有惯量存在，而惯量大小直接反应旋转时加/减速所需的转矩大小及时间长短。因此，选用电机时必须计算出电机的负载惯量，才能据此选择所需电机的规格。

选定电机后，如果无法在希望的加速时间达到预定转速，必定是电机输出转矩不符合负载的需求，必须加大电机的输出转矩。如果机构控制系统的加速时间确实很短，当然可选用较小型号的电机来驱动，但相对的运行效率必定较差。

5.3　负载惯量的计算

根据三菱公司伺服电机使用手册提供的机构运行模式进行分类，不同的配置有不同的负载惯量计算公式，依实际情况选择套用即可求出机构的负载惯量，再依负载惯量求出机构运行所需的电机输出转矩，据此选用合适的电机。

5.3.1　圆筒状物体旋转，旋转轴在圆筒中心

如图5.2所示，负载惯量的计算如下：

$$J_{\mathrm{LO}}=\frac{\pi\rho L}{32}\times(D_1^4-D_2^4)=\frac{W}{8}(D_1^2-D_2^2) \tag{5.2}$$

式中，J_{LO} 为负载轴上的负载惯量（$\mathrm{kg\cdot m^2}$）；ρ 为圆筒材料的密度（kg/

cm^3)；L 为圆筒的长度(cm)；D_1 为圆筒的外径(cm)；D_2 为圆筒的内径(cm)；W 为圆筒的重量(kg)；不同材料的参考密度：铁为 7.8×10^{-3} kg/cm^3；铝为 2.7×10^{-3} kg/cm^3；铜为 8.96×10^{-3} kg/cm^3。

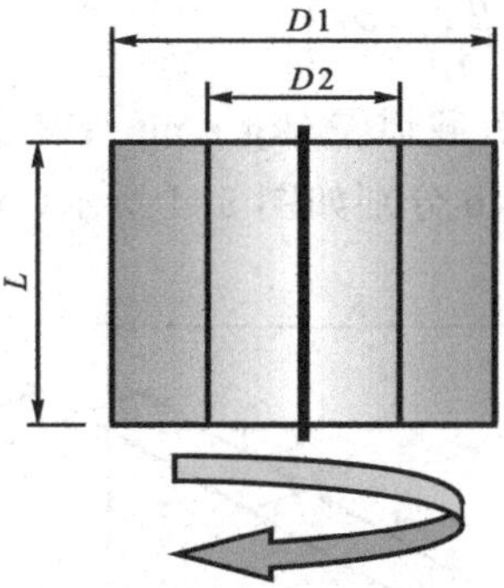

图 5.2　圆筒状物体旋转

惯量原本是用来描述旋转对象的，因此旋转对象的计算公式较直线运动对象简单。

5.3.2　圆筒状物体旋转，旋转轴不在圆筒中心

如图 5.3 所示，负载惯量的计算如下：

$$J_{LO}=\frac{W}{8}(D^2+8R^2) \tag{5.3}$$

式中，J_{LO}为负载轴上的负载惯量(kg·m^2)；D 为圆筒的外径(cm)；R 为圆筒的旋转半径(cm)；W 为圆筒的重量(kg)。

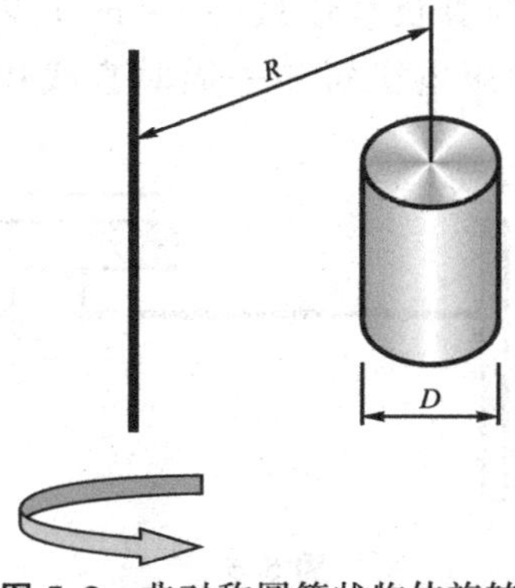

图 5.3　非对称圆筒状物体旋转

5.3.3　长方体物体旋转，旋转轴不在长方体中心轴上

如图 5.4 所示，负载惯量的计算如下：

$$J_{LO}=W\left(\frac{a^2}{3}+\frac{b^2}{3}+R^2\right) \tag{5.4}$$

式中，J_{LO}为负载轴上的负载惯量（$kg \cdot m^2$）；W 为圆筒的重量（kg）；R 为圆筒的旋转半径（cm）；a，b 分别如图 5.4 所示（cm）。

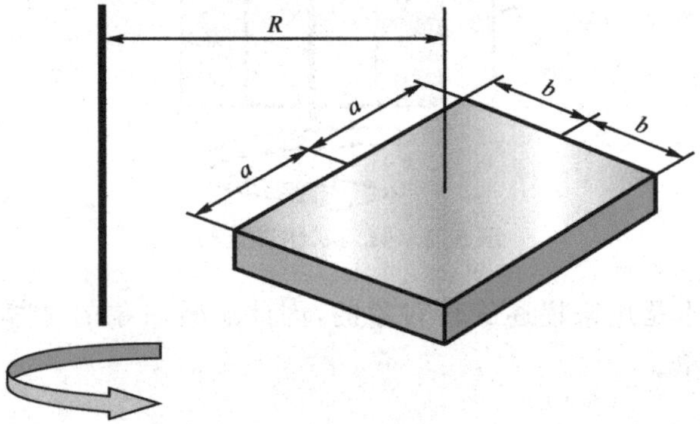

图 5.4

5.3.4　直线运动物体

如图 5.5 所示，负载惯量的计算如下：

$$J_L=W\times\left(\frac{V}{2\times\pi\times N\times10}\right)^2=W\times\left(\frac{\Delta S}{20\times\pi}\right)^2 \tag{5.5}$$

式中，J_L为伺服电机轴换算负载惯量（$kg \cdot m^2$）；V 为直线运动物体的速度（mm/min）；ΔS 为伺服电机每转一周时直线物体的移动量（mm）；W

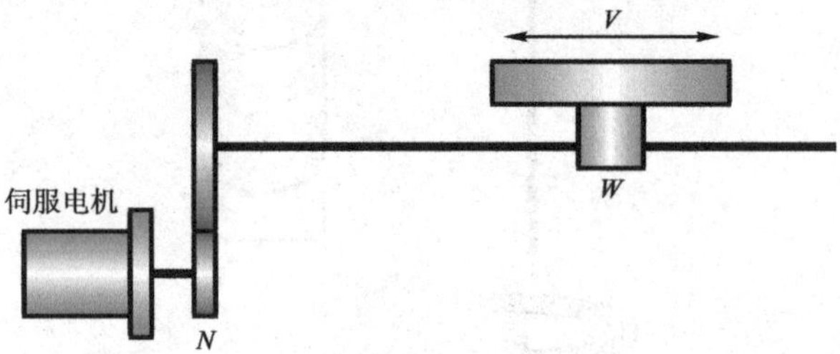

图 5.5

为物体的重量(kg)；N 为伺服电机的旋转速度(r/min)。

直线运动的驱动机构，可以是滚珠丝杠，也可以是皮带带动，式(5.5)并未指定哪种形式，因为式(5.5)已经过简化，变量仅有 ΔS(伺服电机每转一周直线物体的移动量)及 W(物体的重量)。必须注意使用的单位。

图 5.5 所示运动机构如果改为垂直配置，事实上就与图 5.6 意义相同，只是传动组件不相同。

5.3.5 悬吊物体

如图 5.6 所示，负载惯量的计算如下：

$$J_L = W \times \left(\frac{D}{2}\right)^2 + J_P \tag{5.6}$$

式中，J_L 为伺服电机轴换算负载惯量(kg・cm²)；J_P 为皮带轮的惯量(kg・cm²)；D 为皮带轮的直径(cm)；W 为物体的重量(kg)。

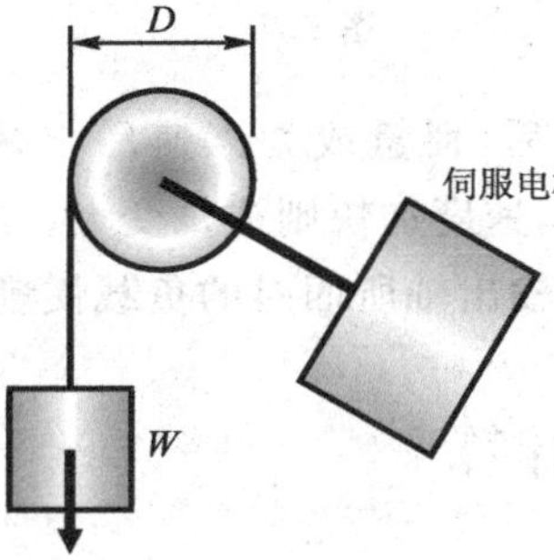

图 5.6

以上惯量计算公式符合大部分机构设计的需求，选用伺服电机或步进电机时，可选用相近情况进行计算。实际上的应用可能更加复杂，例如电机输出一般经过减速器减速，此时减速器的惯量也必须加以考虑。

图 5.6 所示运动机构如果加上平衡配重，W 就是配平衡后的重量差。

5.4 机构经加速或减速后负载惯量的计算

机构经加速或减速后，所要计算的惯量就有所不同，传动元件本身所产生的惯量也必须计算在内。如图 5.7 所示，负载惯量的计算如下：

$$J_L = J_{11} + (J_{21} + J_{22} + J_A) \times \left(\frac{N_2}{N_1}\right)^2 + (J_{31} + J_B) \times \left(\frac{N_3}{N_1}\right)^2 \tag{5.7}$$

式中，J_L为伺服电机轴换算负载惯量(kg·cm²)；J_A，J_B为负载 A,B 的惯量(kg·cm²)；J_{11}～J_{31}为减速齿轮的惯量(kg·cm²)；N_1～N_3为各轴的旋转速度(r/min)。

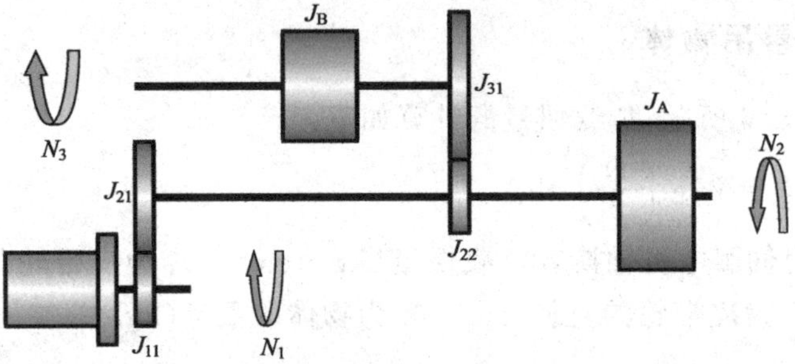

图 5.7

由上式可知，经减速后，惯量成为减速后与减速前速度之比的平方倍，速度减慢则惯量变小，速度加快则惯量变大。配合机构负载惯量的计算公式，就可计算出电机输出轴所面对的负载惯量。

5.5　负载转矩的计算

匀速运动时，需要转矩来克服摩擦力及外力造成的负载转矩。下列状况可供计算时选用。

5.5.1　直线运动负载转矩

如图 5.8 所示，负载转矩的计算如下：

$$T_L = \frac{F \times V}{2 \times 10^3 \times \pi \times \eta \times N} = \frac{F \times \Delta S}{2 \times 10^3 \times \pi \times \eta} \tag{5.8}$$

$$F = F_C + \mu \times (W \times g + F_O) \tag{5.9}$$

式中，F 为直线运动轴方向的力；T_L为负载转矩(N·m)；F_C为运动轴方向的作用力(N)；F_O为运动部向桌面的挤压力(N)；W 为可动部的全部重量(kg)；μ 为摩擦系数；η 为驱动部的效率；V 为可动部速度(mm/min)；

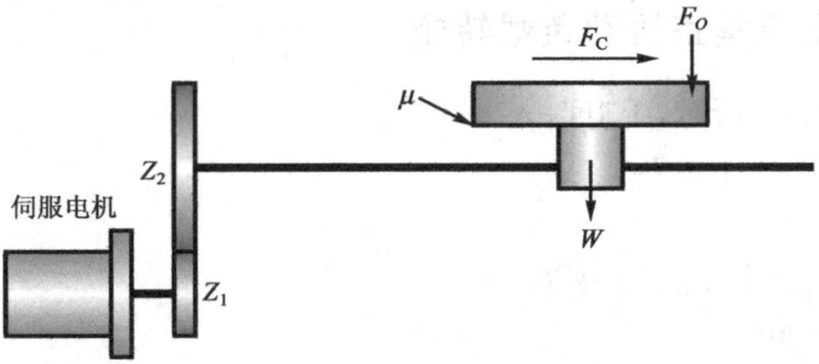

图 5.8

N 为伺服电机的旋转速度(r/min);g 为重力加速度(9.8m/s^2);ΔS 为伺服电机每转一周的位移量(mm);π 为圆周率(3.1416)。

5.5.2 旋转运动负载转矩

如图 5.9 所示,负载转矩的计算如下:

$$T_L=\frac{T_{LO}}{\eta\times n}+T_F \tag{5.10}$$

式中,T_L为负载转矩(N·m);T_{LO}为负载轴上的负载转矩(N·m);T_F为旋转摩擦负载转矩(N·m);η为驱动部的效率;n为减速比N_2/N_1($n>1$为减速,$n<1$为加速)。

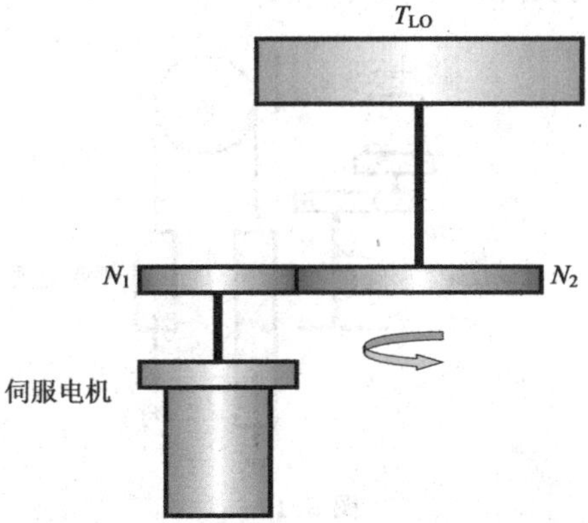

图 5.9

关于负载轴上的负载转矩 T_{LO},如果带动的是被切削工件,切削工作进行时会产生很大的负载转矩;如果切削完成,只有旋转运动,与外界无接触,应没有负载转矩 T_{LO}产生。

5.5.3 上下垂直运动负载转矩

如图 5.10 所示，上升时，

$$T_L = T_U + T_F \tag{5.11}$$

下降时，

$$T_L = -T_U \times \eta^2 + T_F \tag{5.12}$$

不平衡转矩为

$$T_U = \frac{(W_1 - W_2) \times g \times V}{2 \times 10^3 \times \pi \times \eta \times N} = \frac{(W_1 - W_2) \times g \times \Delta S}{2 \times 10^3 \times \pi \times \eta} \tag{5.13}$$

可动部分摩擦负载转矩为

$$T_F = \frac{\mu \times (W_1 + W_2) \times g \times \Delta S}{2 \times 10^3 \times \pi \times \eta} \tag{5.14}$$

式中，T_F为可动部分摩擦负载转矩（N・m）；T_U为不平衡转矩（N・m）；T_L为负载转矩（N・m）；W_1为负载重量（kg）；W_2为平衡配重重量（kg）；η为驱动部分的效率；μ 为摩擦系数；V 为可动部分速度（mm/min）；N 为伺服电机的旋转速度（r/min）；g 为重力加速度（9.8m/s^2）；ΔS 为伺服电机每转一周的位移量（mm）。

垂直配置的运动机构必定会有不平衡转矩 T_U，只是量的大小不同。静止时，T_U就是电机的保持转矩。

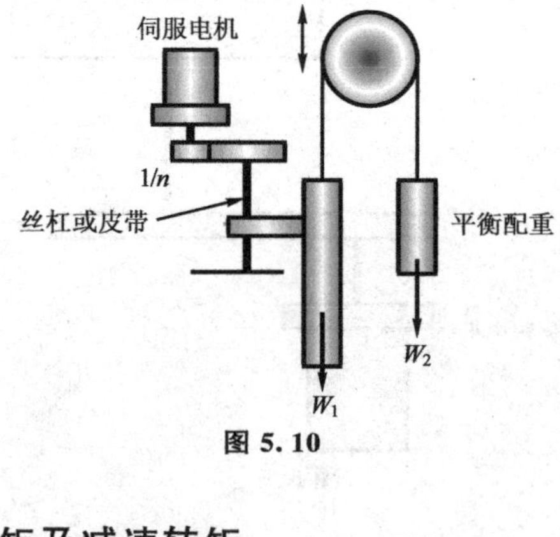

图 5.10

5.5.4 加速转矩及减速转矩

通常依据负载惯量的计算结果预选适用电机规格。电机数据表内提供了相关参数，建议选用电机转动惯量大于负载惯量的 1/10。事实上，如果电机运动定位频率较高，电机惯量必须提高至负载惯量的 1/3 以上，这是因为运动定位频率较高时需要较短的加速时间来配合，而惯量较大的电机通常有较大的输出转矩，可更快地加速；如果运动定位频率低，电机惯量小于 1/10 负载惯量也可以使用。

选用电机转动惯量的建议比例并非是绝对的，而且电机规格等级也不会密集到可选用的电机转动惯量正好符合要求，所以选用时可能发生需要负载惯量 1/10 以上的偏差，但数据表中最恰当电机的惯量确为负载惯量 1/4 以上，这是合理的选用范围。

加/减速转矩计算公式中包含电机本身惯量，在电机规格未确定前，可依据上述建议比例初选一种电机规格，将其转动惯量值代入公式计算出加/减速转矩，再验证所选用的电机规格是否适用；如果不适用，再选用其他型号电机进行验算，直到符合条件为止。

经过假定电机规格适用的初步判定，可进一步根据电机的输出转矩判断其是否符合要求。当假定电机最大输出转矩大于加速转矩时，初步判定为适用，然后再考虑其他要求。加/减速时间及转矩的关系如图 5.11 所示。

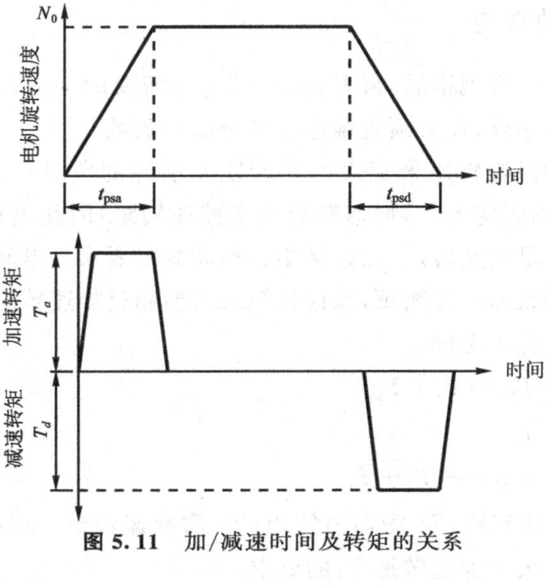

图 5.11 加/减速时间及转矩的关系

由电机惯量、负载惯量及依用户要求设置于控制器的加/减速时间与最高转速，可由下列公式推算出电机所要输出的加/减速转矩。

$$T_a=\frac{(J_M+J_L)\times N_0}{9.55\times10^4\times t_{psa}} \tag{5.15}$$

$$T_d=\frac{(J_M+J_L)\times N_0}{9.55\times10^4\times t_{psd}} \tag{5.16}$$

式中，T_a 为加速转矩(N·m)；T_d 为减速转矩(N·m)；J_L为伺服电机轴换算负载惯量(kg·cm^2)；J_M为电机惯量(kg·cm^2)；N_0为电机转速(r/min)；t_{psa}为加速时间(s)；t_{psd}为减速时间(s)。N_0与 t_{psa}及 t_{psd}相互配合，电机于 t_{psa}时间内由 0 加速至 N_0转速，于 t_{psd}时间内由 N_0转速减速至 0。

由上述两式可看出，相同输出转矩下，负载惯量越大，需要的加/减速时间越长。因此，进行高频率定位时必须尽可能降低运动部分的转动惯量，也就是降低重量或旋转半径。

在此需注意的是，加/减速时间在设计系统初期配合运行效率即已确定，再据此计算加/减速转矩，进而选择电机规格。不要先选择电机规格再确定加/减速时间，否则可能无法达到希望的运行效率；或超过需求规格太多，增加不必要的成本。

5.5.5　运动转矩

初步选定电机规格后，再考虑加/减速时需要的其他转矩，除了克服旋转惯性的加速外，还必须克服运动摩擦转矩负载。

匀速运动需要转矩来克服摩擦转矩及前述的负载转矩。实际运行中，摩擦转矩为固定方向，加速转矩大于减速转矩，因此电机的最大输出转矩只要能满足加速转矩，减速转矩自然能满足要求。当然有例外状况，如果减速时间较加速时间短，减速转矩就可能超过加速转矩，此时必须将减速转矩纳入选用考虑。

$$T_1=T_{Ma}=T_a+T_L \tag{5.17}$$

$$T_2=T_L \tag{5.18}$$

$$T_3=T_{Md}=-T_d+T_L \tag{5.19}$$

式中，T_1 为加速转矩；T_2 为匀速转矩；T_3 为减速转矩。选用电机的最大输出转矩必须大于加速转矩 T_1的要求。

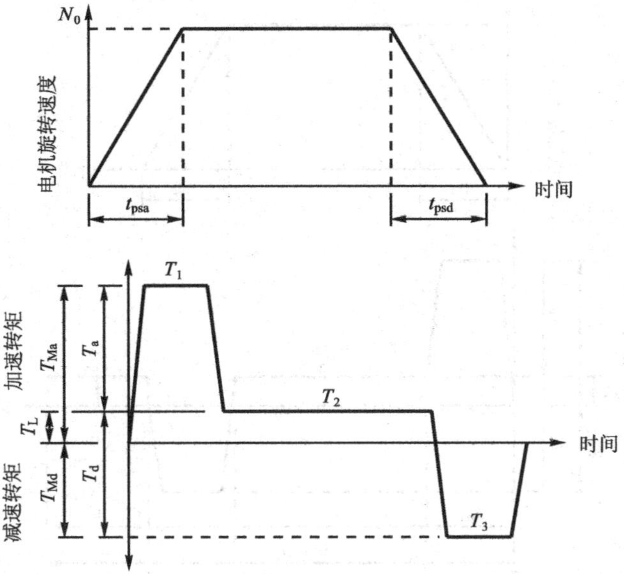

图 5.12

5.5.6 瞬时负载转矩

电机实际运行及停止时所输出的转矩是随时间而变化的，因此必须计算出连续瞬时负载转矩，选用的电机额定转矩必须大于连续瞬时负载转矩；或调整加/减速时间、降低加/减速转矩，使连续瞬时负载转矩小于电机额定转矩（不同于最大输出转矩）。

如图 5.13 所示，连续瞬时负载转矩的计算如下：

$$T_{rms}=\sqrt{\frac{T_{Ma}^2\times t_{psa}+T_L^2\times t_c+T_{Md}^2\times t_{psd}+T_{LH}^2\times t_l}{t_f}} \tag{5.20}$$

式中，t_{psa}为加速时间；t_c为匀速时间；t_{psd}为减速时间；t_l为停止时间；t_f为运行周期；T_{Ma}为加速转矩；T_L为负载转矩；T_{Md}为减速转矩；T_{LH}为保持转矩。

前文提到加/减速时间在系统设计初期已经决定，运行周期 t_f涉及设备效率，因此不可任意变动。如果电机选用有误而必须延长加/减速时间，势必会压缩运行周期内其他时间；被迫加长 t_f，影响范围很大，必须谨慎。

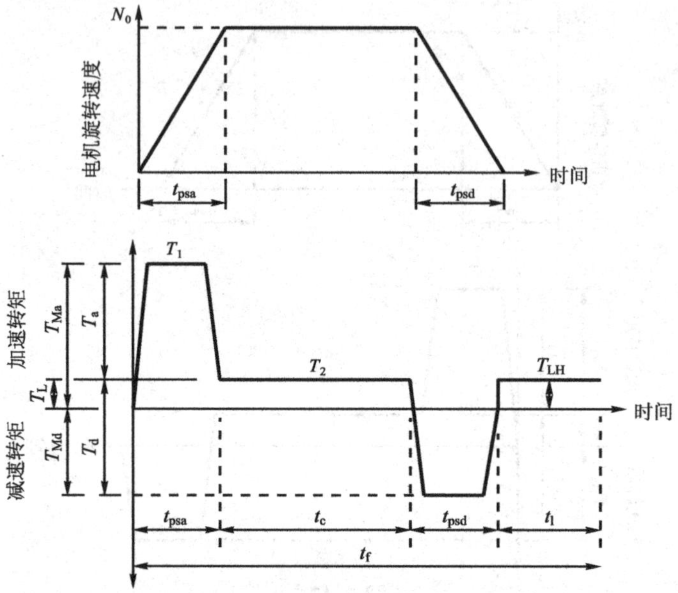

图 5.13

式(5.20)所需的各项转矩均可由前面章节计算公式求得。当机构垂直运动时,保持转矩 T_{LH} 等于式(5.13)的不平衡转矩 T_U。有外力加入时,也要考虑外力的影响,例如机械手臂,当抓取与没抓取物体时是有差别的。

5.6　伺服电机的选用

每种型号电机的规格项内均有额定转矩、最大转矩及电机惯量等参数,各参数与负载转矩及负载惯量间必定有相关联系存在,选用电机的输出转矩应符合负载机构的运动条件要求,如加速度的快慢、机构的重量、机构的运动方式(水平、垂直、旋转)等;运动条件与电机输出功率无直接关系,但是一般电机输出功率越高,相对输出转矩也会越高。

因此,不但机构重量会影响电机的选用,运动条件也会改变电机的选用。惯量越大时,需要越大的加速及减速转矩,加速及减速时间越短时,也需要越大的电机输出转矩。

选用伺服电机规格时,依下列步骤进行。

(1) 明确负载机构的运动条件要求，即加/减速的快慢、运动速度、机构的重量、机构的运动方式等。

(2) 依据运行条件要求选用合适的负载惯量计算公式，计算出机构的负载惯量。

(3) 依据负载惯量与电机惯量选出适当的假选定电机规格。

(4) 结合初选的电机惯量与负载惯量，计算出加速转矩及减速转矩。

(5) 依据负载重量、配置方式、摩擦系数、运行效率计算出负载转矩。

(6) 初选电机的最大输出转矩必须大于加速转矩＋负载转矩；如果不符合条件，必须选用其他型号计算验证直至符合要求。

(7) 依据负载转矩、加速转矩、减速转矩及保持转矩，计算出连续瞬时转矩。

(8) 初选电机的额定转矩必须大于连续瞬时转矩，如果不符合条件，必须选用其他型号计算验证直至符合要求。

(9) 完成选定。

5.7 步进电机的选用

步进电机的选用与伺服电机非常相近，同样要求选用电机的输出转矩符合负载机构的运动条件要求，如加速度的快慢、机构的重量、机构的运动方式(水平、垂直、旋转)；但是步进电机的输出转矩随转速增加而减小，电机的转速—转矩特性曲线必须准确，才能使电机工作在有效的范围内，而每种型号的步进电机都有不同特性曲线，不能互换使用。

步进电机没有输出功率指标，只有激磁时的最大静止转矩，其与伺服电机的最大输出转矩、额定转矩无法相提并论。相同机构的运动，如用步进电机替换伺服电机达到相同目的，事实上必须重新进行步进电机的选用，运行条件也必须修改；无法单纯用对照方式就将电机替换。

选用步进电机时，依下列步骤进行。

(1) 查明负载机构的运动条件要求，如加/减速的快慢、运动速度、机构的重量、机构的运动方式等。

(2) 依据运动条件要求选用适合的负载惯量计算公式，计算出机构的负载惯量。

(3) 依据负载惯量与电机惯量选出适当的电机规格。

(4) 结合初选的电机惯量与负载惯量，计算出加速转矩及减速转矩。

(5) 依据负载重量、摩擦系数、运行效率等计算出负载转矩。

(6) 加速转矩与负载转矩的和必须符合选用电机的运行转矩特性曲线及启动转矩特性曲线（参见图 5.17）；如果不符合条件，必须选用其他型号或改变运行条件计算验证直至符合要求。

(7) 完成选定。

由上述步骤看出，步进电机与伺服电机选用的异同点：必须计算出负载惯量、加/减速转矩及负载转矩是相同的，而电机转矩的配合方式就不同了。

5.8　单位换算

转矩单位及惯量单位有不同的表示方法，主要差异在于以重量单位还是重力单位表示。

伺服电机及步进电机的规格选择，供应商通常提供计算公式或计算软件供用户参考。通常，简化过的计算公式让用户弄不清楚单位，又无法自行验证结果。因此，单位是否正确，必须特别注意。

5.8.1　转矩单位换算

转矩单位换算见表 5.1。

表 5.1

单位	N·m	kp·m kg·m	kp·cm kg·cm	g·cm
N·m	1	0.101972	10.1972	10.1972×10^{4}
kp·m kg·m	9.80665	1	10^{2}	10^{5}
kp·m kg·m	9.80665×10^{-2}	10^{-2}	1	10^{3}
g·cm	9.80665×10^{-5}	10^{-5}	10^{-3}	1

5.8.2　惯量单位换算

惯量单位换算见表 5.2。

表 5.2

单位	kg·cm²	g·cm²	kg·cm·s²	g·cm·s²
kg·cm²	1	10^3	10.1972×10^{-3}	10.1972
g·cm²	10^{-3}	1	10.1972×10^{-6}	10.1972×10^{-3}
kg·cm·s²	980.665	980.665×10^3	1	10^3
g·cm·s²	0.980665	980.665	10^{-3}	1

5.9 电机选用实例

滚珠丝杠驱动的水平运动平台如图 5.14 所示，重量为 20kg，电机每转一圈丝杠移动 4mm（经减速齿轮减速 1/2 后），滚珠丝杠惯量为 5.88kg/cm²（由规格表查得），减速齿轮惯量可忽略不计。希望加速时间为 0.2s，匀速时间为 1s，减速时间为 0.2s，停止时间为 2s，试选用适当的伺服电机。

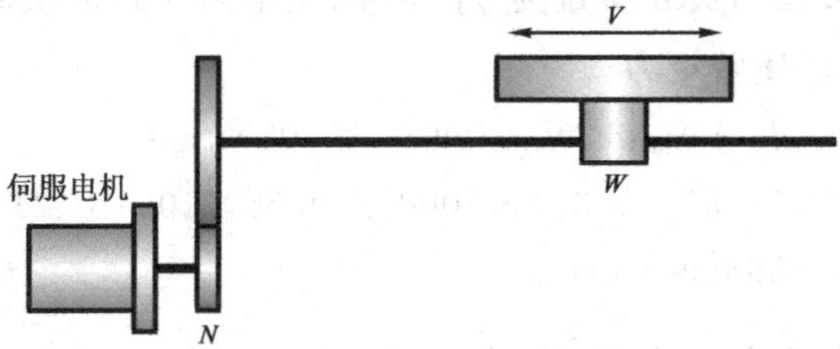

图 5.14

5.9.1 计算惯量

根据式(5.5)，$\Delta S=4\text{mm}$，$W=20\text{kg}$，平台惯量为

$$J_{LO}=W\times[\Delta S/(20\times\pi)]^2=20\times[4/(20\times\pi)]^2$$

$$=0.081(\text{kg}\cdot\text{cm}^2)$$

经丝杠减速后的惯量为

$$5.88\times0.5^2=1.47(\text{kg}\cdot\text{cm}^2)$$

负载惯量为

$$0.081+1.47=1.551(\text{kg}\cdot\text{cm}^2)$$

如果按大于 1/10 负载惯量选用电机，则电机惯量为 0.35kg·cm²，

最大转矩为 1.9N·m，额定转矩为 0.64N·m。

5.9.2　计算负载转矩

根据式(5.8)和式(5.9)，设运动轴方向的作用力 $F_C=0N$，运动部分向桌面的挤压力 $F_O=0N$，摩擦系数 $\mu=0.1$，驱动部分的效率 $\eta=0.8$，则直线运动轴方向的力为

$$F=F_C+\mu(W\times g+F_O)$$
$$=0.1\times(20\times9.8+0)=2(N)$$

负载转矩为

$$T_L=(F\times\Delta S)/(2\times10^3\times\pi\times\eta)$$
$$=(2\times4)/(2\times10^3\times3.14\times0.8)$$
$$=0.79\times10^{-6}(N\cdot m)$$

5.9.3　计算加速转矩

根据式(5.15)，负载惯量为 J_L，电机惯量为 J_M，电机转速为 N_0，加速时间为 t_{psa}，加速转矩为

$$T_a=[(J_L+J_M)\times N_O]/(9.55\times10^4\times t_{psa})$$
$$=[(1.551+0.35)\times3000]/(9.55\times10^4\times0.2)$$
$$=0.298(N\cdot m)$$

5.9.4　与选用电机转矩比较

加速转矩 T_a+负载转矩 T_L<最大转矩为 1.9(N·m)，因此选用电机规格符合加速要求。

5.9.5　计算连续瞬时转矩

根据式 5.20，加速时间 $t_{psa}=0.2s$，匀速时间 $t_c=1s$，减速时间 $t_{psd}=0.2s$，停止时间 $t_l=2s$，运行周期 $t_f=0.2+1+0.2+2=3.4(s)$，加速转矩 $T_{Ma}=0.298N\cdot m$，负载转矩 $T_L=0.79\times10^{-6}N\cdot m$，减速转矩 $T_{Md}=0.298N\cdot m$，保持转矩 $T_{LH}=0$，连续瞬时转矩为

$$T_{rms}=\sqrt{\frac{T_{Ma}^2\times t_{psa}+T_L^2\times t_c+T_{Md}^2\times t_{psd}+T_{LH}^2\times t_l}{t_f}}$$

$$=\sqrt{\frac{0.298^2\times0.2+(0.79\times10^{-6})^2\times1+0.298^2\times0.2+0^2\times2}{3.4}}$$

$$=0.072(N\cdot m)$$

5.9.6 选用结果

0.072N·m<额定转矩 0.64N·m，因此选用电机规格符合额定转矩要求。以此运行条件，还可根据计算结果选用较小型号电机。

(1) 电机惯量为 0.063kg·cm^2，最大转矩为 0.48N·m，额定转矩为 0.16N·m。

(2) 加速转矩 T_a＋负载转矩 T_L＝0.298N·m<最大转矩 0.48N·m。

(3) 连续瞬时转矩 T_{rms}＝0.072N·m<额定转矩 0.16N·m。

(4) 电机惯量与负载惯量比为 0.063/1.551＝1/24。

电机可以使用，但必须考虑安全系数、使用寿命等外在因素。如果无空间限制等特殊要求，应选用规格参数较充裕的电机。从成本考虑，同级相近规格型号的价格也相近，成本增加不多；若规格参数较充裕，机构修改时可减少更换电机的可能。

5.10 伺服电机与步进电机的差别

步进电机为无反馈检测的脉冲操作电机系统，而伺服电机按反馈信号进行控制。步进电机依据脉冲数量及频率工作，相对于脉冲控制的伺服电机而言，两者的控制方式相同。在定位控制方面，两者可进行相同的运行功能，读者如何区别及选择应用呢？

5.10.1 步进电机原点复位的讨论

如果控制模式为绝对坐标定位控制，即坐标位置由固定的原点算起，则打开电源后，系统均需进行原点复位动作。对步进电机而言，原点位置的确认依靠传感器检测，再加上由驱动器反馈回来的零相信号；对控制器而言，原点复位程序与伺服电机相同。

问题来自零相信号的产生方式，一般步进电机的零相信号由驱动器每 4 步产生 1 个。因此，步进电机的原点位置易受开机时电机所停止角度的影响，所造成的误差不易察觉。

步进电机原点复位的精确度可能于每次系统开机操作均有误差，如图 5.15 所示。如果系统要求开机的重复精度较高，则不宜选用步进电机。

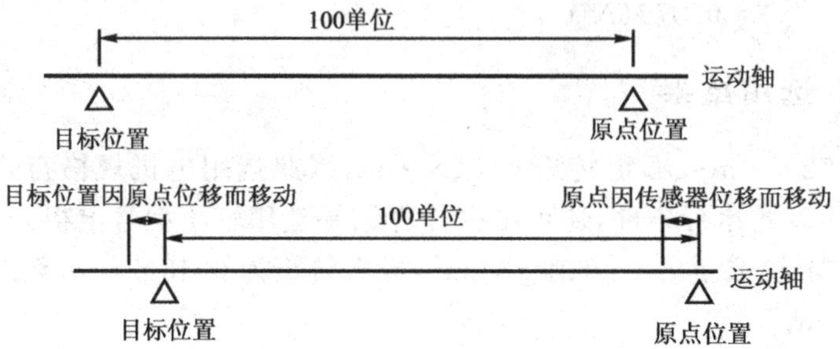

图 5.15

5.10.2　步进电机的优点

步进电机无反馈信号，电气信号受干扰的因素较少。正常使用情况下，机构无干涉，负载转矩正常，步进电机的运行定位不会因反馈信号干扰而产生误差，只要不重新进行原点复位就无误差发生。

步进电机常用于长时间开机或根本不关机的设备，如打印机、传真机、影印机等。这些设备对原点复位误差的要求都不高，但不容许长时间使用后逐渐产生偏移误差。

5.10.3　伺服电机原点复位的讨论

伺服电机的原点复位模式优于步进电机。因为伺服电机具有反馈检测，可进行重复精度较高的原点复位定位。但是，伺服电机进入运行周期后会逐渐发生累积偏移现象，当偏移误差超出容许范围时必须重新进行原点复位，将误差归零。多久进行一次原点复位应依使用情况而定。大部分的伺服电机在运行周期内并不需要进行原点复位，只在系统开机时进行原点复位。但是当系统受到干扰时，所产生的偏移误差可能非常明显，甚至无法使用，此时必须确实防范干扰的发生，才能让系统继续使用。

5.10.4　步进电机一般为低速运行

步进电机一般为低速运行。这是因为步进电机转矩在高速时将逐渐降低（如图 5.16 所示），不同于伺服电机在额定转速内为恒转矩输出的运

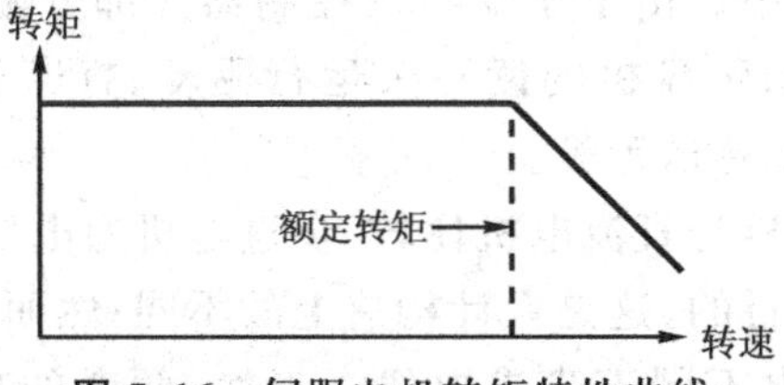

图 5.16　伺服电机转矩特性曲线

行状态。以二相步进电机为例,全步距运行为 200step/rev,超过 300r/min 以后其输出转矩就开始降低。因此,步进电机的运行速度应设计在 300r/min 以下,避免高速运行而使转矩降低,造成失步现象。

步进电机的启动转速必须限制在某一转速以下,才能正常启动。其原因就如同步电机因惯性而无法全速启动,必须由慢速启动后加速到工作速度。该转速区间称为自启动区域(如图 5.17 所示),每种型号的步进电机均有差异。

步进电机有最高启动转速限制,也有最低运行速度限制,其运行方式为一连串单步进连续运动,慢速运行时会有明显的阶跃响应现象。因此,慢速运行会产生较大的运行噪音,甚至引起共振;产生共振后,步进电机将无法正常操作。为避开共振速度,步进电机设定基本启动速度,而不是由零开始加速,与伺服电机由零开始加速有明显不同。

不同于伺服电机的另一个方面是,步进电机经常设计于高速度运行,如 1000r/min,2000r/min,3000r/min,并可以用较高减速比来获得较高转矩。

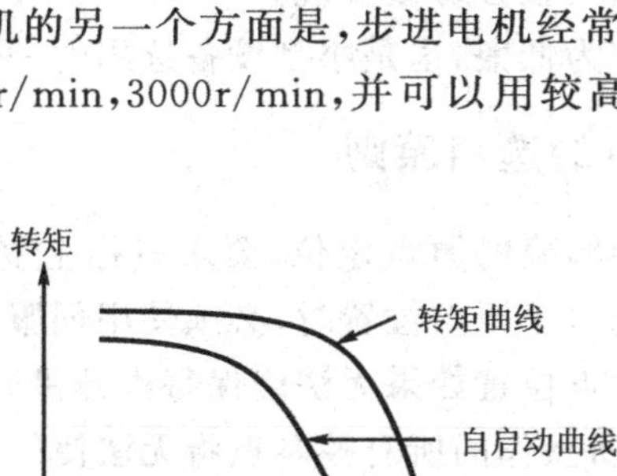

图 5.17　步进电机转矩特性曲线

5.10.5　步进电机结构简单

相对于伺服电机,步进电机的结构较为简单,价格更便宜,因此经常被应用于小型设备中。由于驱动器及控制器大部分随专用设备开发，降低了成本和体积，如磁盘机的读写头运行驱动、打印机的打字头运行驱动、传真机的传真纸卷送等等。

如果拿步进电机与直流电机比较，步进电机通电后可以停止不动，直流电机通电后是运行的，这是设计构造上的不同；然而直流电机不需要驱动器来驱动运行，也不同于步进电机。当然，两者的功能及用途是不同的。

5.10.6　步进电机的选用原则

根据前面的分析，步进电机与伺服电机各有特点，应依使用需求作选择。当使用环境不需进行原点复位，或原点复位精度要求不高且不需高速运行，或用于小型轻负载机构且不需长时间高速运行时，可选用步进电机进行机构定位控制。

不需原点复位指进行相对运动控制，例如定长裁切机构、相对圆周运动等。

事实上，打印机、传真机的打印控制、文字或图片打印于纸张的位置相对于原点并不需要很高的要求，但文字或图片间的相对位置却要求较高。这是因为文字与图片整体偏移时并不影响阅读，如果文字与图片之间相对位置产生误差则很容易被发现。

步进电机价格较为低廉，也是小型设备选用的一项重要原因。

5.10.7　伺服电机的选用原则

当控制机构需要精确的原点定位，要求机构上受控制的每一制表位或路径都需要精确相对于原点位置时，必须使用伺服电机进行定位控制。这是因为机构上的原点位置如果无法确保每次开机原点复位后都保持在有限精度内，那么其所操作的所有控制点将无法使用，导致定位控制系统也无法使用。

伺服电机的运行速度范围较大，有利于速度差异较大的运行；其输出转矩于额定速度内保持恒定，优于步进电机的特性。因此，较大型机构需要较长时间运行时，采用伺服电机较为合适。

伺服电机的响应性能是步进电机无法比拟的，它可以快速加速或减速，从而缩短加/减速的时间。

本章重点

1. 旋转物体的惯量定义。

2. 转矩等于转动惯量与加速度的乘积。

3. 要选用电机必须先求出驱动负载所需的各项转矩。

4. 计算加速转矩必须先计算负载惯量及机构的加速时间。

5. 选用伺服或步进电机规格前，了解并计算机构的负载惯量大小是必须的步骤。

6. 负载转矩与运行机构的运动摩擦、外力对运动机构的施力大小及方式的关系。

7. 保持转矩与运动机构停止状态时所受外力的状况及大小的关系。

8. 当减速时间与加速时间相同时，一般因机构摩擦的作用，减速转矩小于加速转矩。

9. 加速转矩必须小于选用伺服电机的最大输出转矩，瞬时转矩必须小于选用伺服电机的额定转矩。

10. 伺服电机于开始运行加速到额定转速范围内，可保持恒转矩输出。

11. 步进电机的输出转矩随转速增加而渐渐降低，必须注意电机转速及转矩特性的配合。

12. 伺服电机因转矩输出稳定，有较佳的加速响应，运行转速范围大；步进电机加速响应较差，运行于较低速范围。

13. 步进电机为开环运行，正常运行状况下，电机不产生累积误差。此特点优于伺服电机。

本章习题

1. 试说明影响伺服电机选用规格的各项机构条件因素。

2. 说明转动惯量的物理定义。

3. 说明转动惯量与旋转加速及转矩的关系。

4. 说明伺服电机转矩有那几项。

5. 步进电机为无反馈检测的电机系统，说明步进电机零相脉冲的产生方式。

6. 试说明加/减速时间与加/减速转矩之间的关系。

7. 试说明伺服电机的选用方法。

8. 试说明步进电机的选用方法。

9. 伺服电机与步进电机的转矩特性有何不同?

10. 何谓步进电机的自启动曲线及自启动区域?

11. 自行假设一个伺服电机驱动的直线运动系统各项数据,忽略电机惯量,试计算其加速转矩。

附录A 习题解答

第1章

1. 伺服电机系统分为伺服驱动器及伺服电机两部分，如图 A.1 所示。

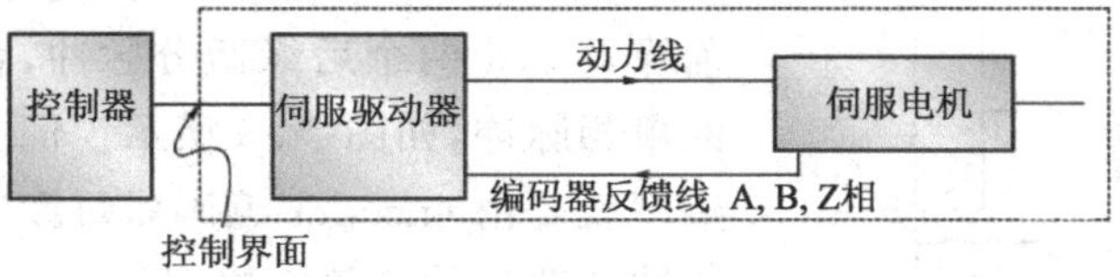

图 A.1

2. 通用交流伺服电机驱动器一般分为三种控制信号模式：P command 位置伺服、V command 速度伺服、T command 转矩伺服，较常用的是 P command 及 V command。

3. 位置伺服驱动器框图，如图 A.2 所示。

4. 位置控制单元将偏差量转换成修正位置的速度指令，由速度控制单元处理后送至驱动单元进行电机驱动，进而修正电机位置。

速度控制单元就是希望运行速度能快速反应指令速度，必须有很小的超调量、很短的稳定时间，达到配合伺服电机高响应的性能。驱动单元基本上是一个变频器系统，由驱动单元接受速度控单元的指令从而驱动电机运行。

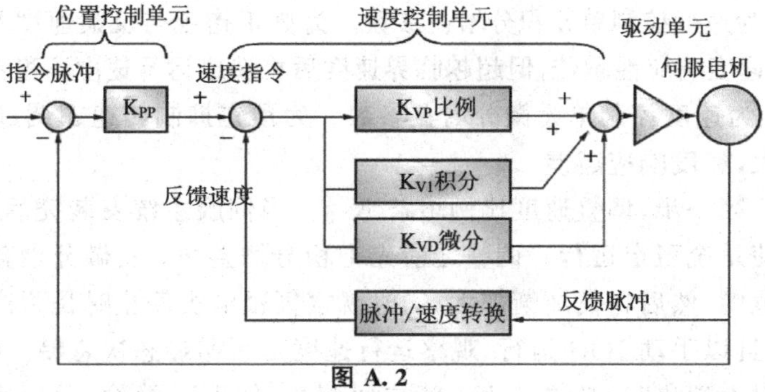

图 A.2

5. 偏差计数器不同于一般函数减法器，其进行的是双输入端脉冲数量互抵的动作。虽然结果必定互抵为零，但接收指令时脉冲发送与反馈脉冲间存在延迟时间差，这就是偏差量产生的原因之一。另一个偏差量产生的原因是外力，当电机停止因负载变化形成位移时，就造成偏差量的产生。

6. 编码器所反馈脉冲信号有 A 相与 B 相，驱动器根据编码器信号判断伺服电机转向、转速、位置；另有 Z 相，或称 C 相、零相脉冲。电机每转 1 圈产生 1 个零相脉冲，主要用作伺服电机原点复位参考定位信号。

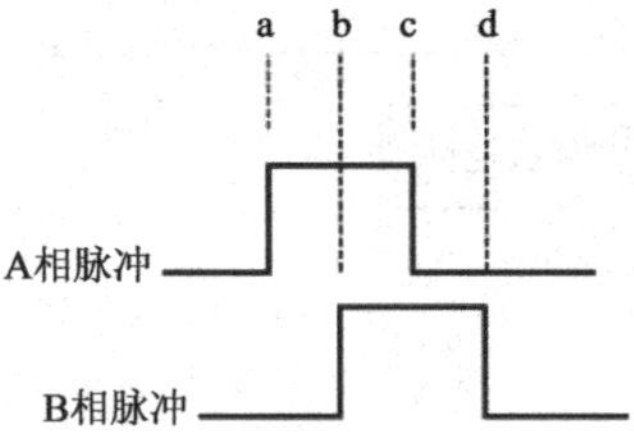

图 A.3

7. 每组 A-B 相脉冲可解析为 a，b 两个前缘及 c，d 两个后缘微分脉冲，合计为 4 倍的单相脉冲，如图 A.3 所示。伺服电机的分辨率就是由 encoder 编码器每圈的 A 相或 B 相脉冲数量的 4 倍来决定的。

8. P command 位置伺服驱动器内部含有位置控制单元、速度控制单元、驱动单元；V command 速度伺服驱动器内部含有速度控制单元、驱动单元；T command 转矩伺服驱动器内部仅含驱动单元，使用模拟信号限制电机输出转矩及最高转速。

9. 位置控制单元比例增益参数 K_{PP} 设置越大，控制反应越激烈、迅速，称为刚性较硬；反之，称为刚性较软。实际上，K_{PP} 应介于效率与稳定性之间取舍。为求效率将 K_{PP} 值调大，则上升时间缩短、超调量增加、系统不稳定性增加，最终导致系统振荡无法使用。

速度控制单元比例增益参数 K_{VP} 设置越大、速度响应越佳，但超越临界速度后将造成运行速度不稳定。

K_{VI} 为速度控制单元积分增益参数。为修正指令与反馈速度差，K_{VI} 设置越大，速度响应性越佳，但超越临界速度后将造成运行速度不稳定。

K_{VD} 为速度控制单元微分增益参数。为预先抑制转速超调过大，K_{VD} 设置越大，速度响应越差。

10. 第一步，调整速度比例增益 K_{VP}。当伺服系统安装完后，必须调整参数使系统稳定运行。调整之前先把积分增益 K_{VI} 及微分增益 K_{VD} 调至无效范围，然后将值渐渐加大；同时观察伺服电机停止时是否产生振荡噪音，并且以手动 JOG 运行，观察运行速度是否明显忽快忽慢。K_{VP} 加大到产生以上现象时，必须将 K_{VP} 值往回调小，使振荡消除、运行速度稳定顺畅。此时的 K_{VP} 即初步决定的参数值。如有必要，经 K_{VI}，K_{VD} 调整后可再作反复修正以达到理想值。

第二步，调整积分增益 K_{VI}。将积分增益 K_{VI} 渐渐加大，使积分效应渐渐产生。K_{VP} 配合积分效应增加到临界值后，将产生振荡而不稳定。此时，如同 K_{VP} 一样往回调小 K_{VI}，使振荡消除，并且使运行速度稳定顺畅。此时的 K_{VI} 即初步决定的参数值。

第三步，调整微分增益 K_{VD}。微分增益的主要目的是使速度运行顺畅，降低超调量。因此，将 K_{VD} 渐渐加大可改善速度稳定性。

第四步，调整位置比例增益 K_{PP} 值。K_{PP} 值过大时，将造成不稳定而产生振荡噪音的问题。此时，将 K_{PP} 值调小，避开高超调量及不稳定值；也不能调整太小，使定位效率降低，调整时应小心配合。

11. 控制器脉冲输出频率为 200kHz 时，电机运行速度为

$$200\,000/8292\times 60=1464(\mathrm{r/min})$$

$$1464\times\frac{\mathrm{CMX}}{\mathrm{CDV}}=3000(\mathrm{r/min})$$

此时，CMX（分子）可设置为 3000，CDV（分母）可设置为 1464。

12. 电子齿轮比只存在于位置伺服驱动器；速度伺服驱动器将位置控制单元移至伺服控制器考虑；速度伺服控制器内已直接定义伺服电机的分辨率与相对移动量，控制器依反馈脉冲计算坐标，因此速度伺服驱动器不需进行电子齿轮比设置。

13. 伺服电机经减速后驱动工作台的分辨率为

$$\frac{360}{4096}\times\frac{1}{8}\approx 0.010\,98(\mathrm{deg/pulse})$$

转盘每圈脉冲数为

$$\frac{360}{0.010\,98}=32\,786(\mathrm{pulse/rev})$$

若希望控制器输出分辨率为 0.1deg/pulse，则转盘每圈所需脉冲数应为

$$\frac{360}{0.1}=3600(\mathrm{pulse/rev})$$

$$3600\times\frac{\mathrm{CMX}}{\mathrm{CDV}}=32\,786(\mathrm{pulse/rev})$$

因此，CMX（分子）可设置为 32 786，CDV（分母）可设置为 3600。

第2章

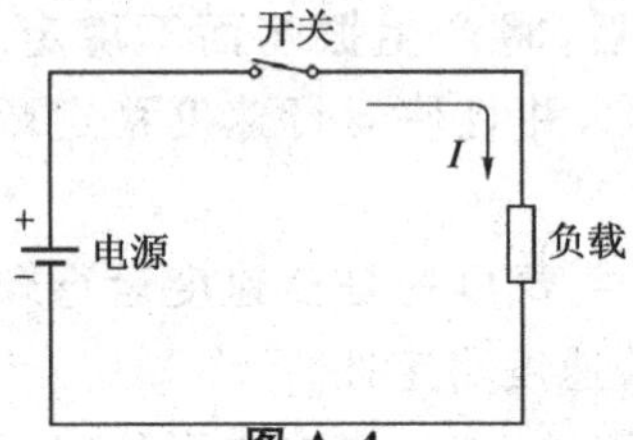

图 A.4

1. 如图 A.4 所示。

2. 将基本回路中的负载换成电灯,开关及电灯距离拉远并分置于不同房间内,如图 A.5 所示。

A 房间内的开关操作人员和 B 房间的工作人员进行协调,如果 B 房间的工作人员看见电灯亮时将右手举起、左手放下,看见电灯熄灭时将左手举起、右手放下,则 A 房间人员就可依之前的约定控制 B 房间人员的动作。至此,我们已经在 A 房间与 B 房间完成人工通信及协议。

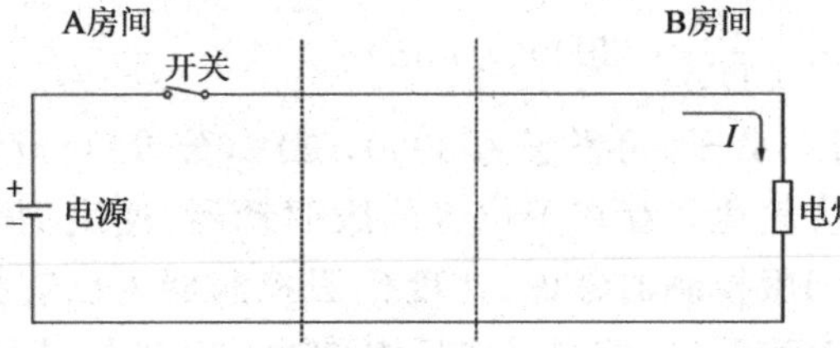

图 A.5

3. 伺服电机处于工作状态即所谓的 SERVO ON 状态。当伺服电机停止时,电机线圈是激磁状态,因此电机轴为锁定位置,外力转动轴时,很快会修正回原来位置;当外部控制器送来指令信号时,电机即依指令运行。要正常运行,伺服电机必须是 SERVO ON 状态。

SERVO OFF 时,电机线圈不激磁,电机轴可由外力加以转动,此时不接受控制器送来的指令信号。

4. 所谓负逻辑,即信号为 ON 时,输出节点切换为低电位;OFF 时,输出节点保持高电位。也就是说,信号 ON 时,输出节点并非输出电流,而是让电流流入节点。如图 A.6 所示。

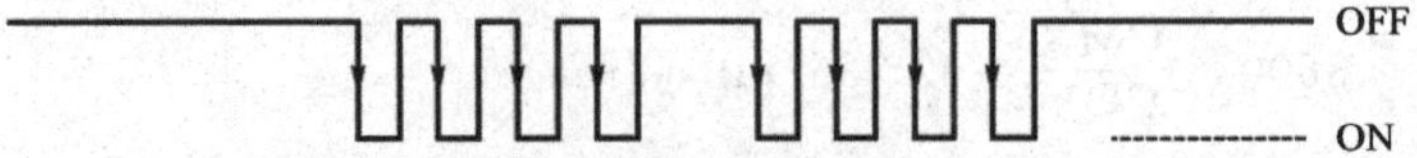

图 A.6 负逻辑脉冲

所谓正逻辑，即信号为ON时，输出节点切换为高电位；OFF时，输出节点保持低电位。此时，电流流出节点。如图A.7所示。

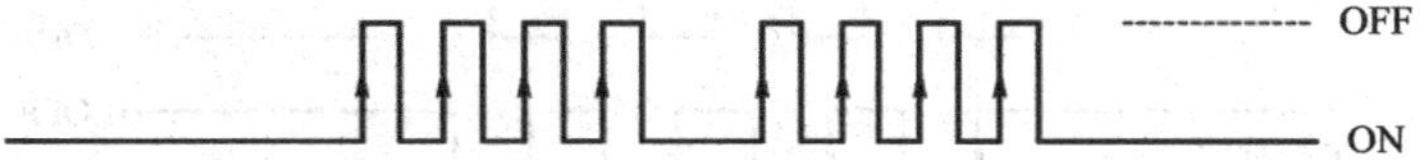

图A.7 正逻辑脉冲

5. 位置伺服脉冲指令信号在通用伺服电机内一般有三种信号规格。

单脉冲规格：将FP作为脉冲信号用，脉冲可代表频率及数量，将RP作方向信号；两者配合就可操作电机的运行。如图A.8所示。

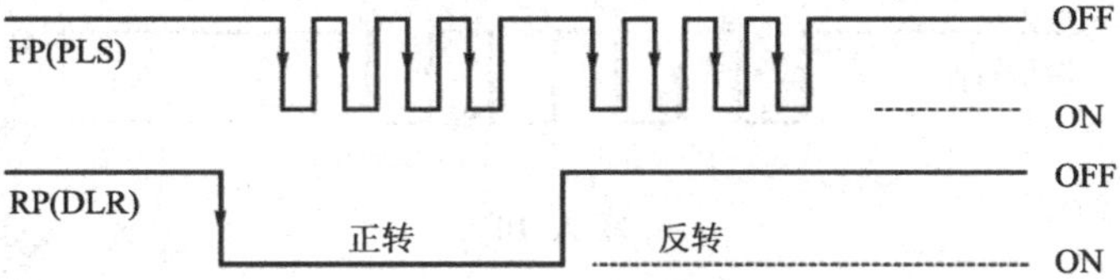

图A.8

双脉冲规格：将FP及RP均作为脉冲信号使用，两者不同时操作，FP操作正转，RP操作反转，两者均可代表频率及量；两者配合同样可操作电机的运行。如图A.9所示。

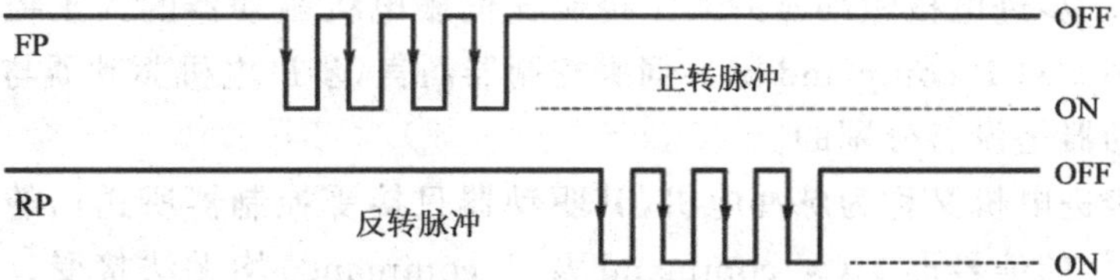

图A.9

两相脉冲规格：将FP及RP均作为脉冲信号用并分别定义为A相，B相，两者同时操作。要操作电机正转时，A相脉冲比B相脉冲提前90°，如图A.10(a)所示；当要操作电机反转时，B相脉冲比A相脉冲提前90°，如图A.10(b)所示。就如同编码器转动时所发出的信号一般。

6. 当原点复位位置到达后，控制器必须下指令清除掉驱动器内偏差计数器的当前值，也就是将计数器复位清零，使伺服电机原点位置确实锁定于零相脉冲产生的伺服电机角度。使用清除信号将偏差计数器清零才

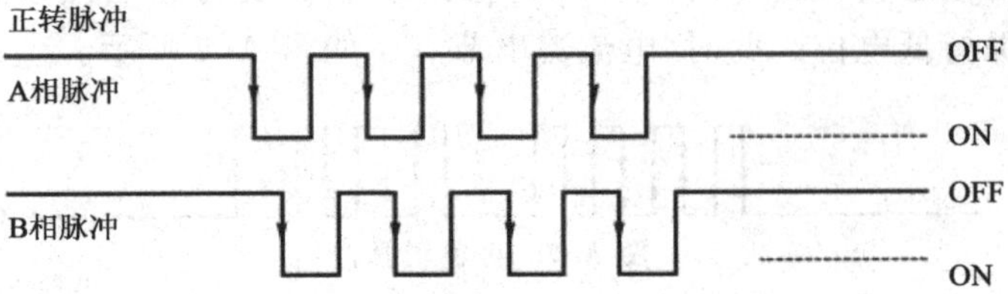

(a)

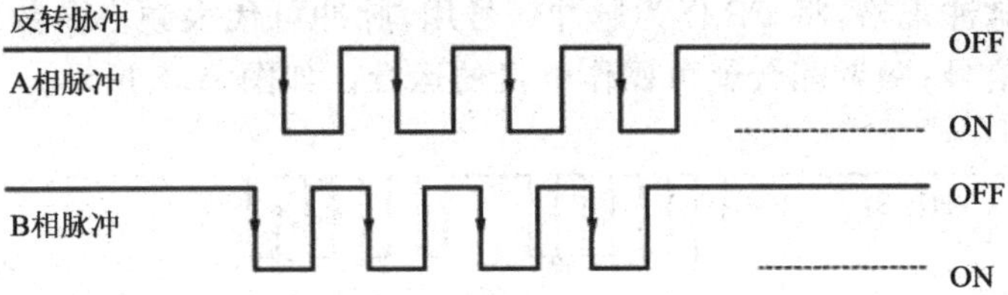

(b)

图 A. 10

能将原点误差减至最小；如果未清除偏差计数器，其位置必定因消化反馈脉冲的反应延迟时间而有所误差。该复位信号由 CLR 节点发出。

7. 零相脉冲由伺服电机上的同轴编码器(encoder)所产生。伺服电机每转 1 圈到某固定角度时，encoder 便产生 1 个脉冲给驱动器，主要用于伺服电机原点复位。

8. 步进电机驱动器的人工控制比伺服电机驱动器的人工控制要简单许多。对 P command 脉冲伺服控制器而言，步进电机驱动器与伺服电机驱动器是没有分别的。

步进电机又称为脉冲电机，其驱动器只接受控制器所送出的脉冲信号，其他的信号形式(V command 及 T command)均无法接受。这是因为步进电机无同轴的反馈信号可供参考，电机驱动为线圈切换激磁方式，无法形成速度伺服定位及转矩伺服控制模式。

9. 如图 A. 11 所示。

10. 如图 A. 12 所示。

11. 如图 A. 13 所示。

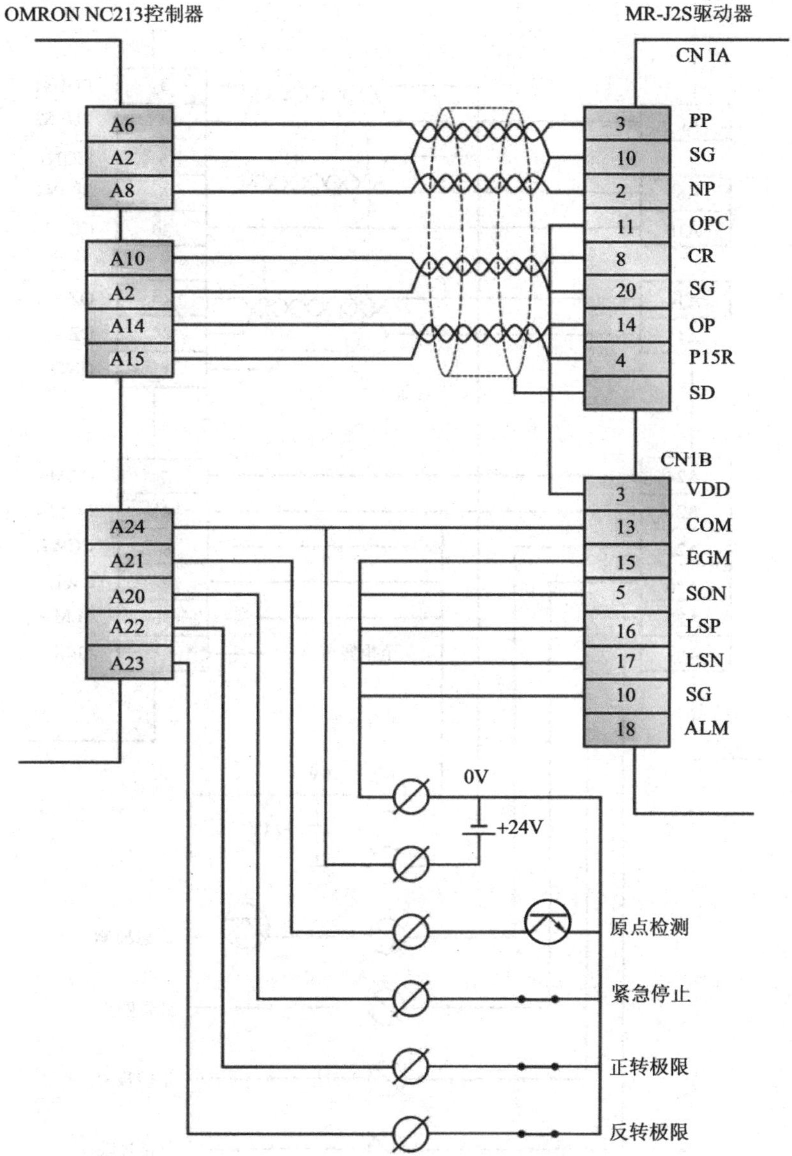
OMRON NC213控制器
MR-J2S驱动器
CN IA
A6
A2
A8
A10
A2
A14
A15
A24
A21
A20
A22
A23
3
10
2
11
8
20
14
4
PP
SG
NP
OPC
CR
SG
OP
P15R
SD
CN1B
3
13
15
5
16
17
10
18
VDD
COM
EGM
SON
LSP
LSN
SG
ALM
0V
+24V
原点检测
紧急停止
正转极限
反转极限

图 A. 11

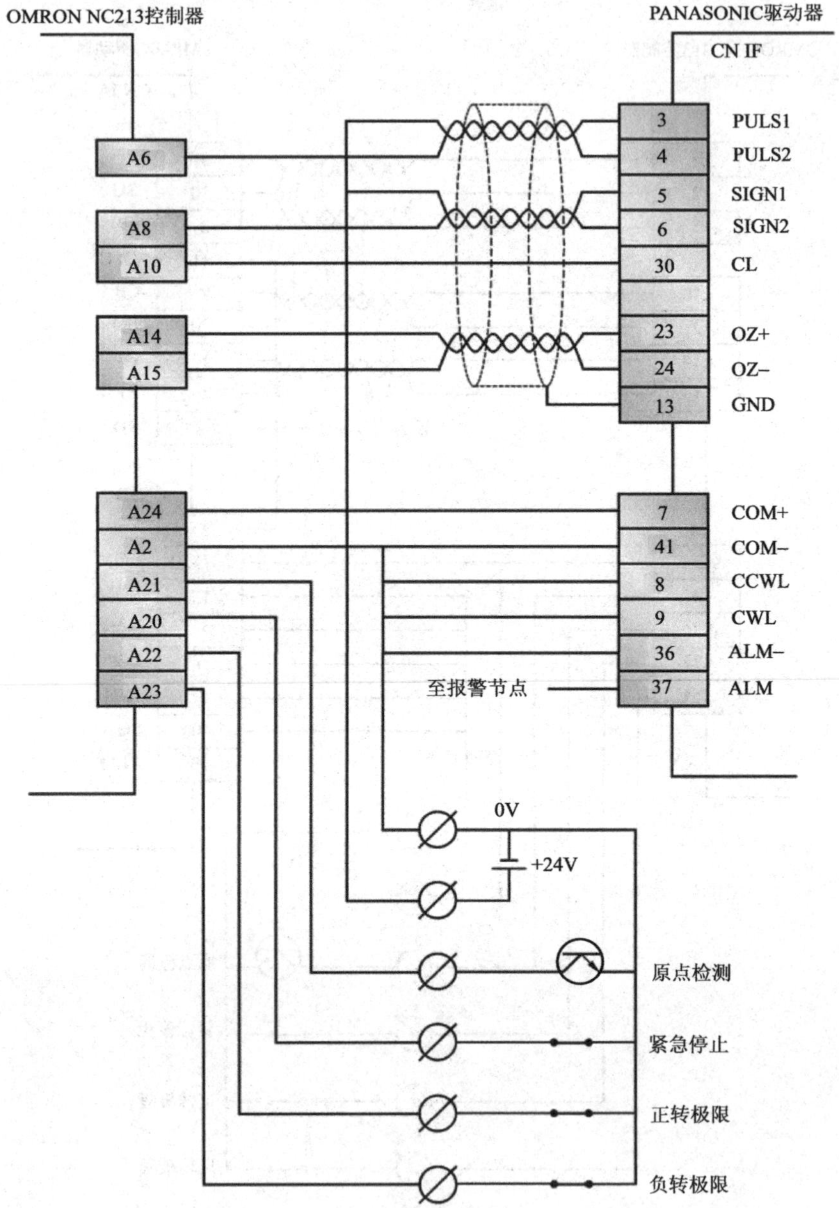
OMRON NC213控制器
PANASONIC驱动器
CN IF
A6
A8
A10
A14
A15
A24
A2
A21
A20
A22
A23
3
4
5
6
30
23
24
13
7
41
8
9
36
37
PULS1
PULS2
SIGN1
SIGN2
CL
OZ+
OZ−
GND
COM+
COM−
CCWL
CWL
ALM−
ALM
至报警节点
0V
+24V
原点检测
紧急停止
正转极限
负转极限

图 A. 12

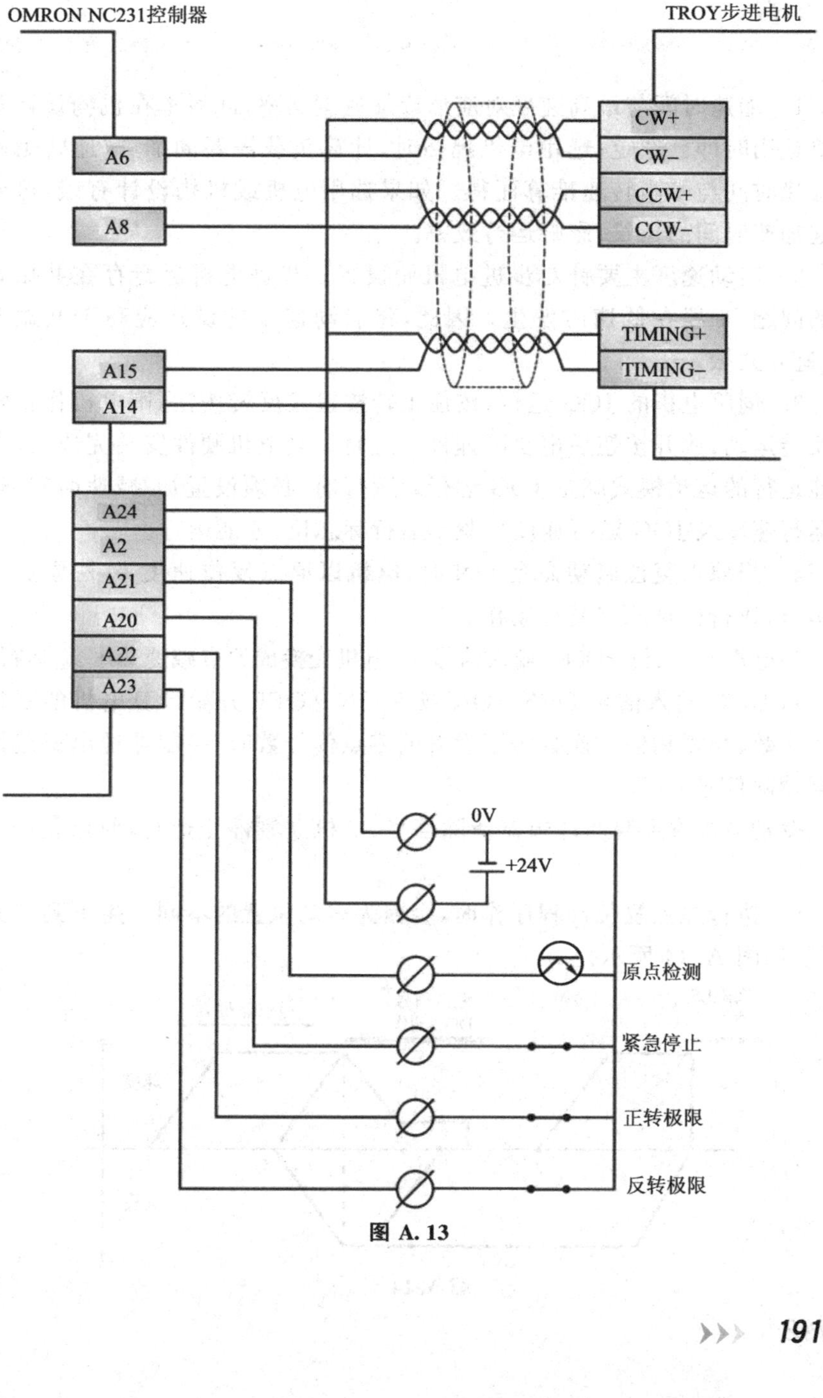
OMRON NC231控制器
TROY步进电机
A6
A8
A15
A14
A24
A2
A21
A20
A22
A23
CW+
CW−
CCW+
CCW−
TIMING+
TIMING−
0V
+24V
原点检测
紧急停止
正转极限
反转极限

图 A.13

第 3 章

1. 加速时间与最高速度对应形成加速度斜率，此斜率在机构设计及电机选用时即已选定；选用电机规格时，计算负载需要的加/减速转矩由此加速时间与最高转速推算而得。如果选用电机或机构设计有误，可能引起加速时间的延长，影响运行效率。

2. 启动速度主要针对步进电机而设置。步进电机运行存在共振频率的问题，一般在低速时发生。因此，将启动速度的设置应高于共振速度，避开共振。

3. 伺服电机的 JOG 运行，按住正转按钮或反转按钮，则电机作正转或反转运动；放开按钮后电机减速停止运行。当电机硬件安装完成后，首先能运行的运动模式就是 JOG 运行。运行前，必须设置加/减速时间、最高运行速度及 JOG 运行速度并驱动运行标志位，才能运行。

4. 当原点复位启动命令 ON 时，电机以原点复位速度 v_{rt} 往原点方向运行，执行机械原点复位动作。

当电机碰到近点 DOG 输入信号时，电机变换成原点减速速度 v_{cr} 运行。

从 DOG 输入信号 OFF→ON 或者 ON→OFF 开始计算电机的零相信号次数，当零相信号次数等于设置的零点信号数时，控制器送出偏差计数器清除信号 CLR。

驱动器接收到偏差计数器清除信号，电机立刻停止运行，原点复位完成。

5. 执行原点复位动程序作时，会因为启动位置的不同产生下列三种路径（如图 A. 14 所示）。

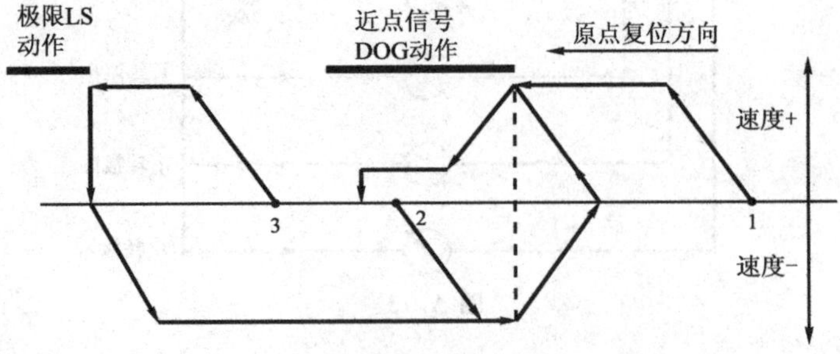

图 A. 14

路径1:启动位置于DOG极限开关的右边,电机往左直接查找原点。

路径2:启动位置刚好于DOG极限开关当中(DOG极限开关ON),电机往右脱离DOG极限开关,然后自动倒退去查找原点。

路径3:启动位置于DOG极限开关的左边,电机往左移动,碰到左端极限开关后自动倒退去查找原点。

6. 为确保原点复位的完成,伺服电机控制系统硬件接线的过极限检测信号必须让控制器接收,控制器才能依据检测结果指令电机进行原点复位程序。

7. 当用户设置DOG信号由ON→OFF开始计算电机的零相信号次数时,DOG信号长度必须足够到超过电机减速时间的长度。

如果设置DOG信号由OFF→ON开始计算电机的零相信号次数时,用户设置的零相信号数量必须足够到超过电机减速时间的长度。

如果不满足要求,则运行速度将无法充分减速到原点减速速度,很难保证原点复位完成时的运行速度为减速速度,对机构或电机均可能造成损坏。

8. 以三菱FX2N PLC为例,如图A.15所示。

BFM写入

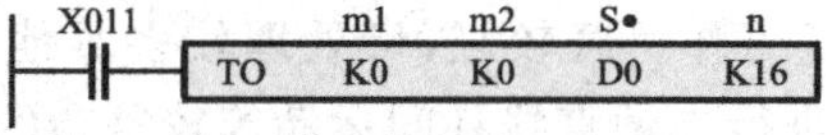

将D0~D15写到特殊模块No.0 BFM#0~#15

m1:特殊模块号码(从接近FX2N主机开始计算,K0~K7)。

m2:BFM的起始编号(m2=K0~K31)。

S• :要发送至BFM的FX2N操作数号码,可指定T,C,D,KnX,KnM,KnY,KnS,V,Z,K,H,也可使用间接指定。

n:写入组数(n=K1~K32,如果是32位指令则n=Kl~K16)。

· 条件节点X11=OFF时,指令不被执行,目的地操作数无变化。

· 必须随时沟通时,X11节点可用常闭节点内部继电器编号替换。

图A.15

9. 以三菱FX2N PLC为例,如图A.16所示。

10. 伺服服控制系统中,CPU模块每下一次指令,控制器执行一次运行动作,如果要进行多个运行动作,必须由CPU按照程序下指令。因此,CPU工作负担较重,而且指令下达需要传递处理,密集操作运动时不易掌控时间间隔,适合运动控制较不密集的系统。

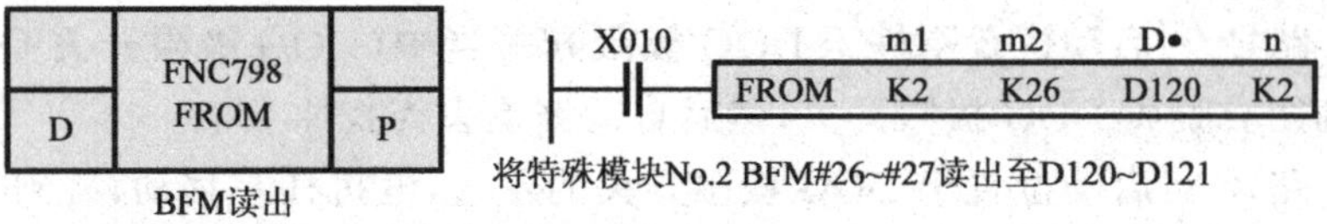

m1:特殊模块号码(从接近 FX2N 主机开始算,K0~K7)。

m2:BFM 的起始编号(m2=K0~K31)。

D· :存放 BFM 的 FX2N 操作数号码,可指定 T,C,D,KnM,KnY KnS,V,Z,也可使用间接指定。

n:读出组数(n=Kl~K32,如果是 32 位指令则 n=K1~K16)。

· 当条件节点 X10=OFF 时,指令不被执行,目的地操作数无变化。

图 A.16

11. 当控制器接受绝对坐标运行指令后,伺服电机向目标位置运行,到达相对于原点的目标位置设置值时停止,称为绝对坐标运行。

当控制器接受相对坐标运行指令后,伺服电机向目标位置运行,到达相对于出发点的目标位置设置值时停止,称为相对坐标运行。

12. 伺服控制系统中,CPU 模块每下一次指令,控制器可执行连续不同的运行动作,运行动作间的逻辑控制由伺服控制模块自行处理。因此,CPU 工作负载较轻,可处理较多其他工作。memory operation 运行模式可进行二轴直线补间运动等较复杂的运行动作控制。

13. memory operation 运行模式中,每个 positioning sequence 可设置不同的输出码。当运行执行时,输出码将输出至操作指令区和运行状况监视区,利用此码的变化监视运行状况或控制其他操作项目。

14. 暂停时间是 memory operation 运行模式所特有的,如果将暂停时间交由 CPU 模块计时,则计时时间少于 1sec 时 CPU 很难分辨,这是 CPU 工作繁忙及扫描时间、通信时间延迟等因素造成的;如果将暂停时间计时工作交由伺服模块进行,则因伺服模块任务较单一,可较精确计时。

15. 机械原点复位完成时,用户原点位置定义值 HP 值自动被写入当前位置 CP。图 A.17 中的位置 4 称为机械原点,当前值为 0 的位置被称为电气原点。如果用户原点位置定义值 HP=0,机械原点位置的当前值为 0,则机械原点等于电气原点。

16. 电机单位是以伺服电机编码器的分辨率来计算运动量的长短或定位的坐标;采用机械单位时,伺服电机运行的距离单位与速度单位均能

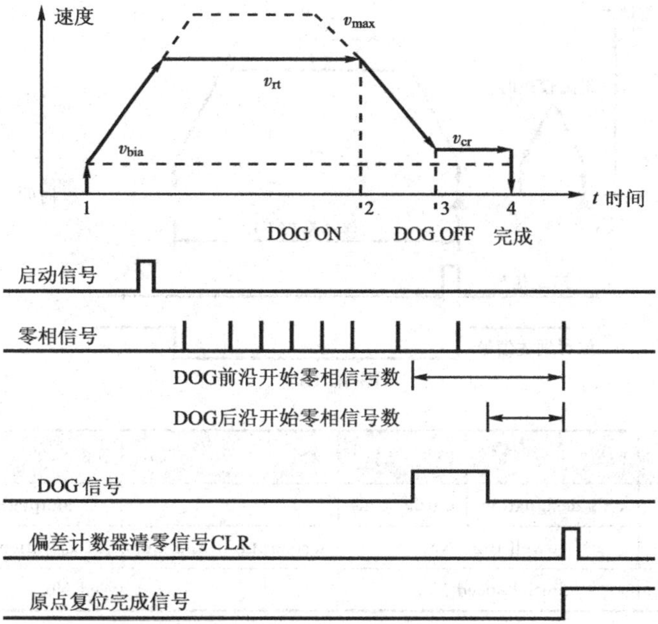

图 A.17 原点复位时序图

换算为共通的单位。因此,只需设置伺服电机运行一圈所需的脉冲数及相对于机构的最终移动量,控制器就能据此换算成机械单位。

机械单位与复合单位的差异在于,机械单位中的速度单位经过了换算,复合单位中的速度单位未经过换算。

17. 一速位置定位运行的定位启动命令下达时,电机如同图 A.18 所示运行。当距离较短而目标速度又非常快时,电机未到达目标速度即做减速停止动作,如图 A.18 左方所示。

电机一速位置定位运行所需参数为启动信号、运行速度、目标位置、位置到达信号。

18. 在 memory operation 运行模式中,一个 sequence 就是一个运行指令,每个 sequence 的数据结构如图 A.19 所示。如果希望 10 个动作连续执行,将 10 个连续的 sequences 由完成码 completion code 设置链接即可。

19. 假设各项基础参数已设置完成。

(1) 编辑二段速的 sequence,选用 DM600～DM700 为编辑区,见表 A.1。

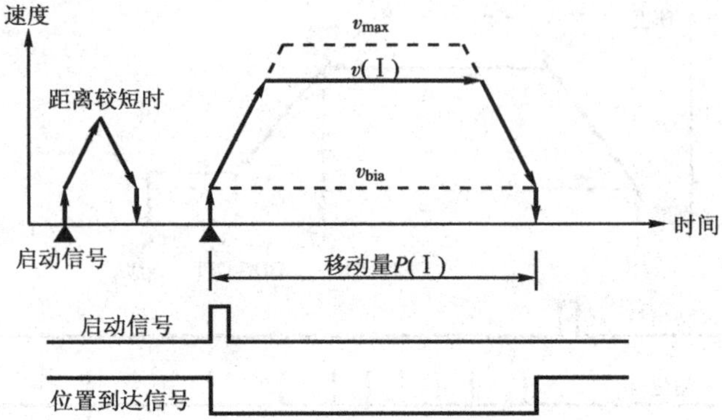

图 A.18

寄存器编号	b15 b12	b11 b08	b07 b04	b03 b00
1000	axis designation	output code	0	completion code
1001	dwell time No.		acceleration time No.	deceleration time No.
1002	initial speed No.		target speed No.	

axis designation: set the bits for active axis to "1"
bit 15: U axis; b14: Z axis; b13: Y axis; b12: X axis
output code: 0～F
completion code: 0～6(BCD)
dwell times No. 00～19(BCD)
acceleration time: No. 0～9(BCD)
dcceleration time: No. 0～9(BCD)
initial/target speed: No. 0～99(BCD)
default setting: 0 000 0000 0000

图 A.19 sequence 的数据结构

(2) 编辑速度资料表，速度资料设置在 DM 区，见表 A.2。

(3) 加速时间及减速时间码均设为 #0，表示使用轴参数设定的加/减速时间为 0。

(4) dwell time 均设定为 #0，表示没有暂停时间，因此不需设定暂停时间参数。

(5) 写入控制器后启动，电机将以 500pulse/sec 的速度运行至 1000 pulse 位置停止，再启动以 1000pulse/sec 的速度运行至 2000pulse 位置停止，完成程序。

20. 在一个直角二轴平面上有两点坐标 P1 和 P2 时，如果希望机构由 P1 点开始直线运动至 P2 点，必须同时开始并同时到达才能完成直线运动。在各轴移动量不相等的状况下，就必须协调 X 轴与 Y 轴间的速度，使 X 轴与 Y 轴的运动时间一致。这就是直线补间运动模式。

表 A.1

设定值	DM 编号	寄存器编号	说　明
1001	DM600	1030	sequence ＃10 X axis designation completion code：automatic dwell time ＃0 acceleration time ＃0 deceleration time ＃0 initial speed ＃1 target speed ＃2
0000	DM601	1031	
0102	DM602	1032	
1001	DM603	1033	sequence ＃11 X axis designation completion code：bank end dwell time ＃0 acceleration time ＃0 deceleration time ＃0 initial speed ＃1 target speed ＃3
0100	DM604	1034	
0103	DM605	1035	

表 A.2

设定值	DM 编号	寄存器编号	说　明
1000 0000	DM670 DM671	1420 1421	position ＃10 CW/absolute/1000pulse
2000 0000	DM672 DM673	1422 1423	position ＃11 CW /absolute/2000pulse

第 4 章

1. 如图 A.20 所示。

2. 控制模块内部数据寄存器必须与 PLC 本体模块数据寄存器进行对应，方便写入及读出控制模块数据寄存器。

3. 当伺服电机控制器不采用电机单位运行时，必定经过单位换算。如发生换算不能整除，则相对运动将忽略余数，由此误差将渐渐累积。

4. 伺服电机 JOG 运行时，可验证并设置各项控制参数为控制器所接受的合法参数，验证控制器与驱动器间的人工接线是否正确，进一步调整驱动器各项参数使电机运行顺畅。

5. 在伺服控制器定位运行程序中，速度及位置参数必须先存入数据寄存器，再由数据寄存器写入控制模块后启动运行，电机才能正确运行。

6. 如果将数据寄存器写入控制模块的动作执行于参数存入数据寄存器之前，则启动运行参数为前次启动时所设置，而非本次设置的参数。

7. 伺服控制器经过单位换算将产生计算误差，绝对坐标运行只产生固定误差，而相对坐标运行时则使误差累积。要避免累积误差，可避免使用相对运动；或注意参数及指令数值的搭配，避免发生计算误差。

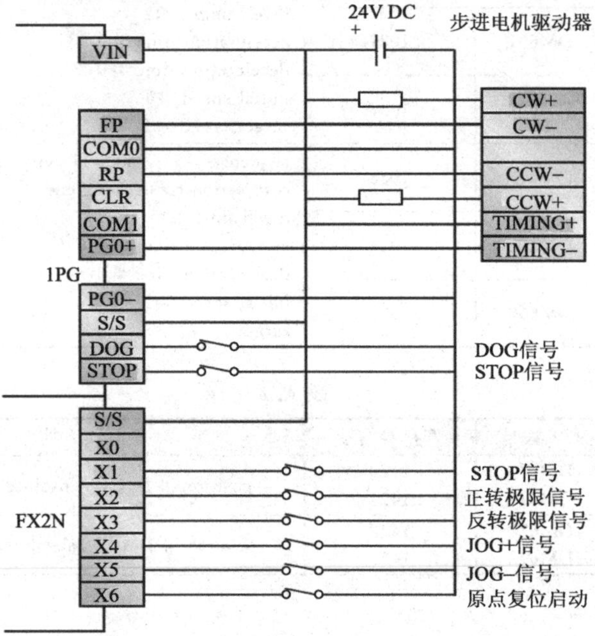

图 A.20

第5章

1. 伺服电机规格大小的选定必须依电机所负载的机构特性而定，即电机输出轴负载的旋转惯量大小、机构的配置方式、机构效率、摩擦力矩等。如果没有负载特性及数据，又没有可供参考的机构，就很难决定选用的伺服电机规格。

2. 物理学上的惯量定义是对于旋转运动的物体所作的描述，数学上的惯量为旋转物体的单位质量乘以单位质量重心与旋转中心距离的平方。如果以 kg 为质量单位，以 m 为长度单位，则惯量单位为 $kg \cdot m^2$。

3. 旋转惯量与转矩的关系：

$$T = J \times d\omega / dt$$

式中，$d\omega/dt$ 为旋转加速度（rad/s^2）；T 为转矩（N·m）；J 为惯量（$kg \cdot m^2$）。

4. 伺服电机规格中有最大输出转矩及电机额定转矩两种参数。选用电机时，最大输出转矩必须大于机构运行的加速转矩与负载转矩之和，电机额定转矩必须大于机构运行的连续实际转矩。

5. 一般步进电机的零相信号由驱动器每 4 步产生 1 个，因此其原点位置易受开机当时电机所停止角度影响。

6. 相同输出转矩下，负载惯量越大，需要越长的加/减速时间越长。因此，进行高频率定位控制时必须尽可能降低运动部件的惯量，也就是降低重量或旋转半径。

相同负载惯量下，较短的加速时间需要较大的输出转矩，两者成反比。

7. 选用伺服电机规格时，依下列步骤进行。

(1) 查明负载机构的运动条件要求，即加/减速的快慢、运动速度、机构的重量、机构的运动方式。

(2) 依据运动条件要求选用合适的负载惯量计算公式，计算出机构的负载惯量。

(3) 依据负载惯量与电机惯量选出适当的假选电机规格。

(4) 结合初选的电机惯量与负载惯量，计算出加速转矩及减速转矩。

(5) 依据负载重量、配置方式、摩擦系数、运行效率计算出负载转矩。

(6) 初选电机的最大输出转矩必须大于加速转矩＋负载转矩；如果不符合条件，必须选用其他型号计算验证直至符合要求。

(7) 由负载转矩、加速转矩、减速转矩及保持转矩，计算连续实际转矩。

(8) 初选电机的额定转矩必须大于连续实效转矩；如果不符合条件，必须选用其他型号计算验证直至符合要求。

(9) 完成选定。

8. 选用步电机时，依下列步骤进行。

(1) 查明负载机构的运动条件要求，如加/减速的快慢、运动速度、机构的重量、机构的运动方式。

(2) 依据运动条件要求选用适合的负载惯量计算公式，计算出机构的负载惯量。

(3) 依据负载惯量与电机惯量选出适当的电机规格。

(4) 结合初选的电机惯量与负载惯量，计算出加速转矩及减速转矩。

(5) 依据负载重量、摩擦系数、运行效率等计算出负载转矩。

(6) 加速转矩与负载转矩的和必须符合选用电机的运行转矩特性曲线及启动转矩特性曲线;如果不符合条件,必须选用其他型号或改变运行条件计算验证直至符合要求。

(7) 完成选定。

9. 步进电机一般为低速运行,电机转矩在高速时逐渐降低,这不同于伺服电机在额定转速内为定转矩输出的运行形态。

10. 步进电机的启动转速必须限制于某一转速以下,才能正常启动。其原因就如同步电机因惯性而无法全速启动,必须由慢速启动后加速到工作速度。该转速区间称为自启动区域。随自启动速度的增加,输出转矩渐渐降低的曲线称为自启动曲线。每种型号的步进电机均有差异。

11. 假设滚珠丝杠驱动的水平运动平台如图A.21所示,重量为15kg,电机每转一圈丝杠移动5mm(电机直接驱动),最高转速为3000r/min,滚珠丝杠惯量为5.88kg/cm^2(由规格表查得),希望加速时间0.1s,加速转矩计算如下。

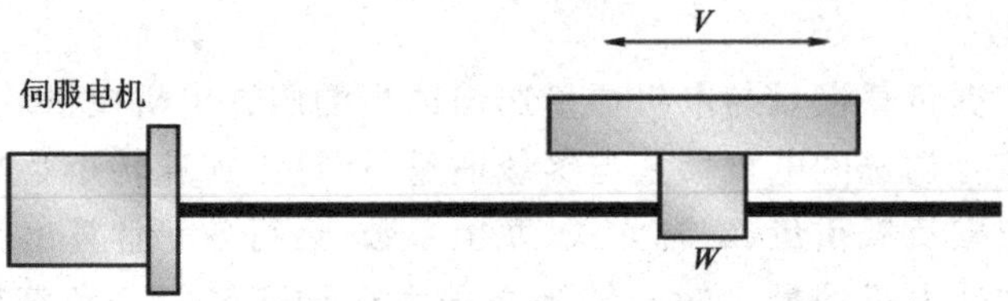

图A.21

(1) 计算惯量

ΔS=5mm, W=15kg,平台惯量为

$$J_{LO}=W\times[\Delta S/(20\times\pi)]^2=15\times[5/(20\times\pi)]^2$$
$$=0.095(kg\cdot cm^2)$$

负载惯量为

$$0.095+5.88=5.975(kg\cdot cm^2)$$

(2) 计算加速转矩

设负载惯量为J_L,电机惯量为J_M,电机转速为N_0,加速时间为t_{psa},加速转矩为

$$T_a=[(J_L+J_M)\times N_0]/(9.55\times10^4\times t_{psa})$$
$$=[(5.975+0)\times3000]/(9.55\times10^4\times0.1)$$
$$=1.876(N\cdot m)$$

附录B　自动控制系统专业名词说明

伺服电机系统属于自动控制系统范围。自动控制系统是电机、电子、机械等不同领域的系统集成,常用的元件专业名词说明如下。

微动开关:安装在机构上的电气元件,机械接触式,用于机构操作定位检测。

光电开关:安装在机构上的电气元件,非接触式。利用光电效应的电子开关回路,可检测机构动作,可用于定位检测、人员安全检测等。其输出一般为有方向性的晶体管开关。

接近开关:安装在机构上的电气元件,非接触式。利用电磁或电容效应的电子开关回路,用于检测机构动作,如定位检测等。其输出一般为有电流方向性的晶体管开关。

电容式接近开关:利用电容效应的电子开关回路,可用于非金属导电性物件的检测,如水、液体、人员等。

隔离电缆:一般用于控制信号接线,其外层覆加铝箔及铜网结构,以隔离外界电磁干扰对电气信号的影响。

对绞隔离电缆:一般用于控制信号接线,其外层覆加铝箔及铜网结构,内层导线为两两成对并且相互如绳索般绞缠一起,对电磁干扰有防护效果。

磁簧开关:安装于机构上的电气元件,机械式触点。在相对应的检测机构上安装磁铁以驱动触点开关,触点本身无电流方向性,但所附指示灯一般有电流方向性。

压力开关:安装于流体管路或塔槽内,检测流体容器或管路压力是否高于或低于设置压力值,一般为机械式触点,无电流方向性。

应力传感器:用于检测对象重量或机构上的张力、应力,模拟式信号输出。

液位开关:检测筒、槽内液体液面高度是否高于或低于设置液面高度。通常利用浮球驱动电气开关,一般为机械式触点,无电流方向性;或利用液体导电效果,以电极棒检测液位高度,以电子电路驱动电气触点动作。

液位检测：如果需要对桶槽内的流体液位进行连续液位检测，必须利用桶槽压力或在槽顶安装超声波、浮力式等检测仪表进行液位检测，输出信号为模拟信号。

温度开关：安装于被检测对象上的检测元件，检测对象温度是否高于或低于设置温度，通常为双金属片式机械触点。

温度检测：安装于被检测对象上的检测元件，检测对象实际温度值，利用金属导体电阻因不同温度而不同，得知对象温度；或利用热电偶原理，以不同金属间电位差检测对象温度；另有非接触式检测，如红外线等。

流量开关：安装于流体管路上，检测流体流量是否高于或低于设置的流量值，一般为面积式，驱动机械式触点开关。

流量计：安装于流体管路上，检测流量大小。流量计利用的物理现象多样，如容积式、差压式、面积式、涡流式、电磁式等。

按钮开关：控制面板用电气操作元件，一般设计成按压后自动复位。

紧急按钮开关：控制面板用电气操作元件，一般设计为按压后自动保持，必须手动复位。

选择开关：控制面板用电气操作元件，一般设计为旋钮或摇臂式切换方式，不能自动复位。

指示灯：控制面板用电气操作元件，作为信号指示用。

继电器：以线圈激磁方式操作机械式电气触点的电气元件，用于简单的逻辑控制。

固态继电器：非机械触点式的继电器，利用电子元件操作，无机械寿命及触点火花噪声问题。

空气开关：主要作为电路短路保护，当用电设备发生短路时，无熔丝开关跳脱切离，使其他用电设备不受影响，如同保险丝的用途。

电磁开关：对用电设备进行负载及加载操作，具有过载保护，过载时自动切离电源，保护用电设备不烧毁。

电磁接触器：对于用电设备进行加载及卸载操作，无过载保护。

直流稳压电源：将市用交流电源整流为直流电源，供设备使用。

稳压电源：电源系统会因用电负载改变而产生电压不稳定的状况，稳压电源可自动调整电压，使设备不因电压过高或过低而受损。

变频电源：将市用交流电整流为直流电源，再将直流电源转换为可变频率、可变电压的交流电源，因此可用于电动机的转速操作。

不间断电源:利用蓄电池电源转换为交流电,当市用电源异常时,自动转换为蓄电池供电。此设备可保持短时间内电源正常,由人工将设备正常停机。

接线盒:将电气线路进行转接的保护盒。

接线端子:电气线路末端的处理元件,使电缆线接线的机械强度及导电度增加。

接线端子台:电缆线与电器设备接线时,必须与接线端子台衔接。

控制箱:设备电气控制元件一般集中安装于一个箱体内,称为控制箱或电控箱。

散热风扇:在控制箱箱板上安装风扇,将箱内热量排出进行散热;相对的,必须有对流开孔,使散热气流循环。当环境较恶劣时,也可使用热交换式散热器,将箱内与箱外空气对流隔绝,避免油蒸气或水蒸气等进入控制箱内,腐蚀或污染箱内器具。

电磁阀:安装于流体管路上,以电磁线圈驱动流体阀门,可利用电气信号操作其开或关。

二口二位单动电磁阀:所谓二口,即阀体有两个流体连接口;二位即有二段位操作;二口二位单动即具有1个流体进入连接口和1个流体流出连接口,可操作开及关二段的电磁阀。二口二位单动电磁阀一般分气体用或液体用。

五口二位单动电磁阀:一般为控制气压缸或油压缸动作的电磁阀,流体流向可变换。因此必须配置5个连接口,包括1个供给气液压口,2个缸体连接口,2个回流连接口。单动电磁线圈ON/OFF只能切换流体方向。

五口二位双动电磁阀:不同于五口二位单动电磁阀的地方是,双动电磁阀具有存储能力。当两个电磁线圈均不激磁时,电磁阀保持原来流体流动方向。因此五口二位双动电磁阀不会因系统电源消失而改变机构状态。

五口三位双动电磁阀:不同于五口二位双动电磁阀的地方是,增加了1个操作位置。两组电磁线圈均不激磁时,流体均不流动,使气压缸或油压缸保持于两端以外的中间位置。

节流阀:调整流体流量,借此调整气压缸或油压缸运动速度,因此也可称为调速阀。

调压阀:为使操作用流体压力稳定,保持不高于工作压力范围,可使用调压阀调整流体压力。

怯水器:压缩空气如未经干燥处理,将使水蒸气凝结,怯水器可将凝结水排除。

气压缸:以压缩空气操作驱动的缸体机构,提供直线运动的推力或拉力。

油压缸:以油压操作驱动的缸体机构,提供直线运动的推力或拉力。

无杆气压缸:无杆机构的气缸,可节省安装空间。

旋转气压缸:气压驱动,进行旋转运动的气缸。

气压夹爪:属气压缸类,制造成夹爪机构,可运用于对象夹取。

油压夹爪:属油压缸类,制造成夹爪机构,可运用于对象夹取,如机加工件的夹取工具。

油压马达单元:提供油压压力的设备元件,为油压泵附加油箱组合。

油压缓冲器:运动机构停止时作速度缓冲用,避免机构间的撞击。

轴承:支撑转动机构轴心的机构元件。

联轴器:传动轴与传动轴相互连接的机构元件。

连座轴承:包含轴承座及轴承的机构元件。

止推轴承:具有径向支撑设计的轴承。

单向轴承:仅可单方向旋转,另一方向无法旋转,如脚踏车后链轮轴承。

滚柱轴承:采用圆柱为滚动元件的轴承。

线性轴承:直线运动用轴承。

线性滑轨:直线运动用轨道元件。

三角皮带:传动用皮带,内侧较窄,截面呈三角形。

平皮带:传动用皮带,为扁平状,可用作输送带。

时规皮带:具有齿状的传动皮带,因齿状与时规皮带轮咬合,传动效率较佳。

时规皮带轮:配合时规皮带使用的皮带轮。

正齿轮:齿形与轴心平行的齿轮,传动轴心必须相互平行配置。

伞齿轮:齿形为扇状的齿轮,传动轴心必须相互垂直配置。

丝杠:具有螺纹加工的元件,转动时可带动螺母运动。

滚珠丝杠:具有螺纹加工的元件,转动时可带动螺母运动;丝杠与螺母间为钢珠滚动式运动，非摩擦式运动。

涡轮涡杆减速器：采用涡轮涡杆传动方式的减速器。

行星齿轮减速器：采用行星齿轮传动方式的减速器。

直流电机：以直流电源驱动的电机，具有碳刷及换向器。其输出转矩特性优良，但需经常维护，因此使用范围逐渐变小。

感应电机：以交流电源驱动，转子与定子旋转磁场感应产生电流而发生转矩，使电机运转(必须存在转差才能运转)。

同步电机：以交流电源驱动，转子磁场与定子磁场同步旋转的电机；无法自行启动，必须以辅助设备启动。

无刷直流电机：具有直流电机特性的交流电机。其驱动电源非正弦波，而是利用霍尔元件检测转子位置，进而切换定子线圈激磁时序，代替碳刷直流电机的换向器功能。必须有驱动电路设备才能使其运转。

油压马达：以油压驱动旋转的马达。

伺服驱动器：驱动伺服电机的电气设备。

伺服控制器：控制伺服电机运转的设备。

编码器：一般指安装在伺服电机输出轴上，可发出脉冲信号的电气元件，用以检测电机轴心的位置及速度。

测速机：检测转速的电气元件，以模拟的电压信号表示转速的快慢。

可编程控制器：简称 PLC 或 PC，为通用型的程序控制器，可依照用户编写的软件程序进行设备控制，为目前工业界广泛使用的控制元件。

人机界面：简称 HMI，又称为触控式屏幕，需配合可编程控制器使用，是近年来发展成熟的控制元件，可代替传统操作的按钮开关、选择开关、指示灯等，将控制面板缩小于屏幕内，节省空间及配线。

光电耦合器：用于电气信号隔离或信号电平不兼容时转换信号电平，如同机械式继电器一般的功能。因属晶体管元件，故可快速反应。

浪涌吸收器：又称变阻器(varistor)，是一种随电压值不同而改变电阻值的电阻。当电压超过额定的电压值时，变阻器的电阻会急速下降近至短路的状态，将浪涌电压引入变阻器内以热的方式散发掉，借此达到稳定电压及吸收浪涌电压的功能，并可因此避免电路元件受到浪涌电压的影响而损坏。